U0953042

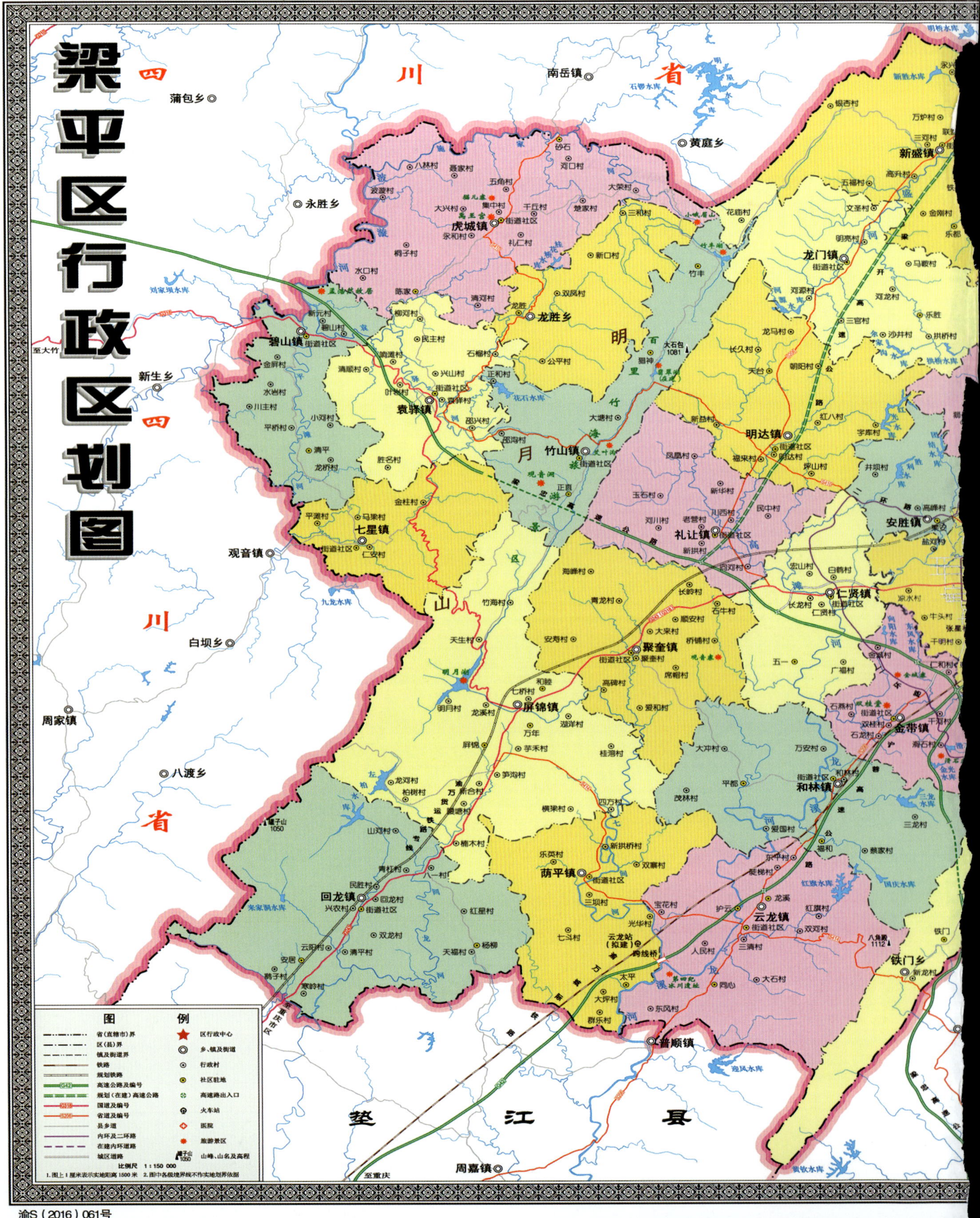
梁平区行政区划图
四川省
垫江县
南岳镇
蒲包乡
黄庭乡
永胜乡
新生乡
观音镇
白坝乡
周家镇
八渡乡
普顺镇
周嘉镇
虎城镇
龙胜乡
碧山镇
袁驿镇
竹山镇
七星镇
明达镇
龙门镇
新盛镇
礼让镇
安胜镇
仁贤镇
聚奎镇
屏锦镇
金带镇
和林镇
荫平镇
回龙镇
云龙镇
铁门乡
明月山
百里竹海
刘家坝水库
石锣水库
花石水库
九龙水库
迎风水库
黄钦水库
至大竹
至重庆
图例
省(直辖市)界
区(县)界
镇及街道界
铁路
规划铁路
高速公路及编号
规划(在建)高速公路
国道及编号
省道及编号
县乡道
内环及二环路
在建内环道路
城区道路
区行政中心
乡、镇及街道
行政村
社区驻地
高速路出入口
火车站
医院
旅游景区
山峰、山名及高程
比例尺 1：150 000
1. 图上1厘米表示实地距离1500米 2. 图中各级境界线不作实地划界依据

渝S（2016）061号

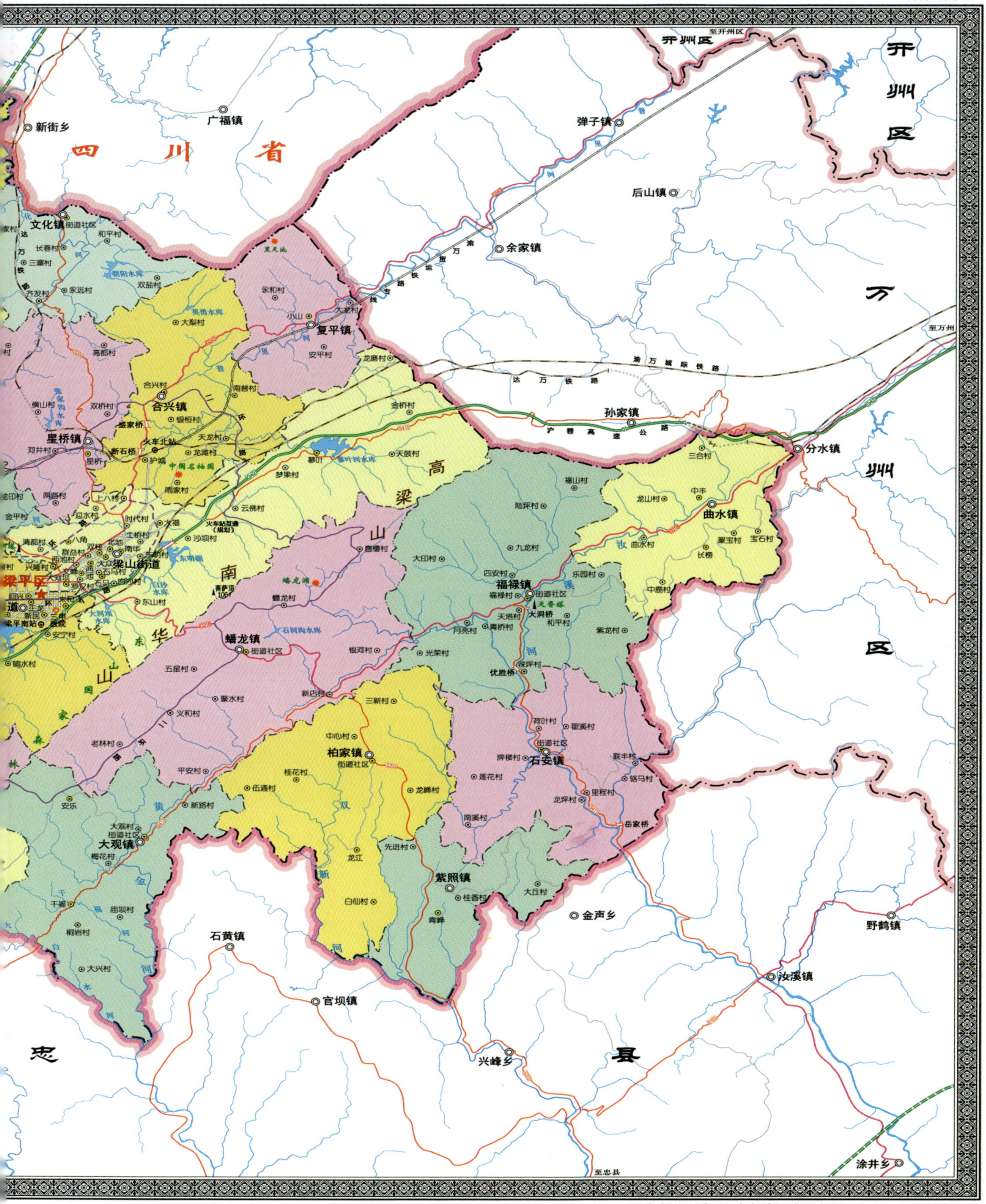

重庆市勘测院（重庆市地图编制中心） 二〇一七年六月

梁平城区图
N
团结水库
备战水库
蒋家坪
矮子坡
滴水岩
蒋安珍院子
安胜乡
渝万货运铁路专线
达万铁路
火车北站
至中国名柚园
十万吨粮食仓库
加油站
职教中心
充气站
党校
内环北二段
内环北一段
竹贤路
竹丰路
文峰塔
德兆环保
利财管道
大北农
平野园林酒店
力帆光彩小学
运管所
天竺小学
国家基本气象站
供电局
悦达北站
北门汽车站
交委
中医院
重百
公安局
人民东路
东城丽景
梁山街道
商务局
人民广场
民政局
学府雅苑
房屋交易管理所
教委
人民医院
名豪酒店
实验小学
食药监局
梁山小学
人民法院
地税局
广播电视台
梁平一中
土宝寨

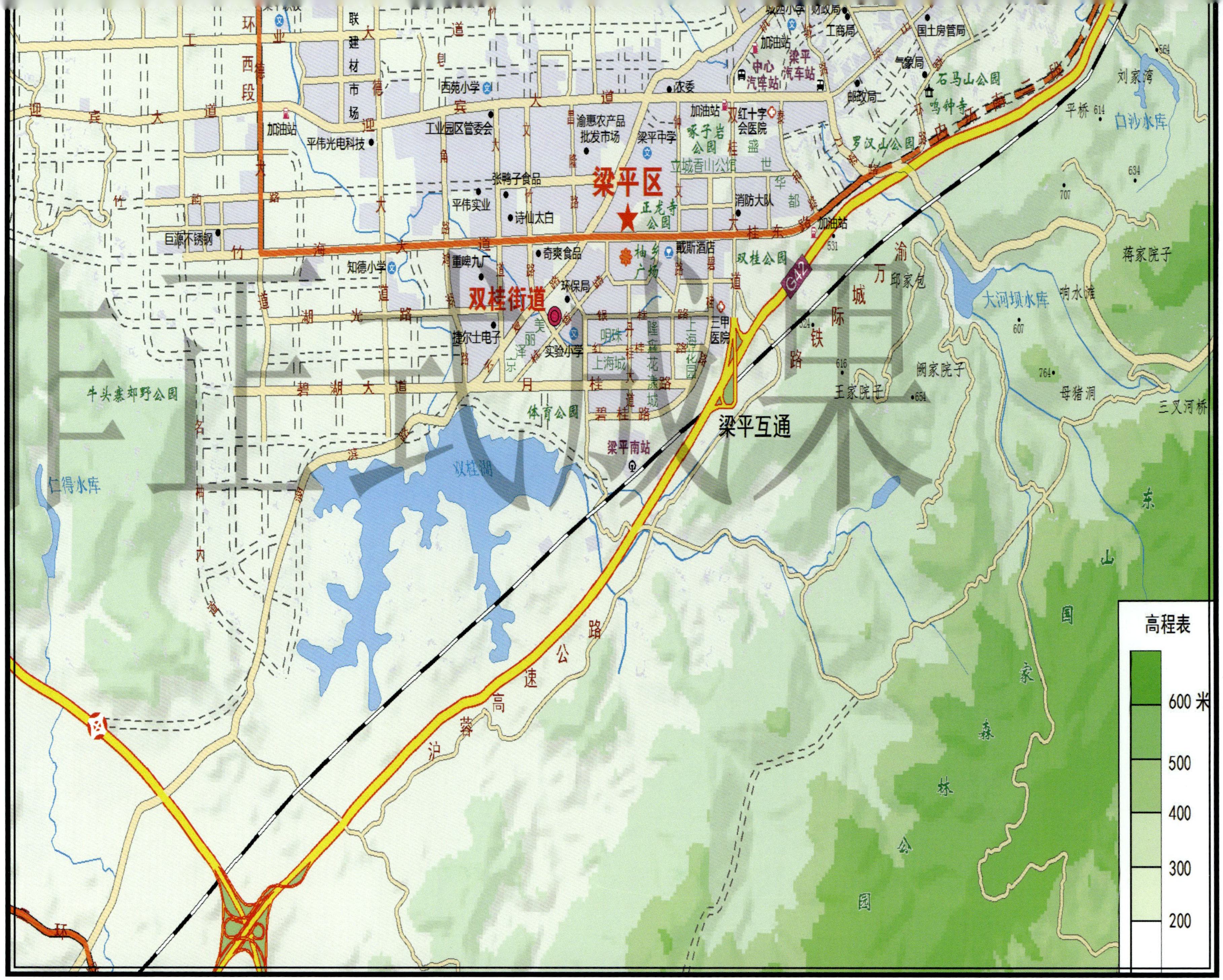

梁平区
双桂街道
梁平互通
梁平南站
双桂湖
体育公园
正龙寺公园
柚乡广场
双桂公园
冢子岩公园
立城香山公馆
石马山公园
罗汉山公园
鸣钟寺
牛头寨郊野公园
仁得水库
大河坝水库
白沙水库
刘家湾
平桥
蒋家院子
响水滩
母猪洞
三叉河桥
阙家院子
王家院子
邱家包
渝万城际铁路
沿蓉高速公路
梁平中学
知德小学
实验小学
西苑小学
工业园区管委会
渝惠农产品批发市场
平伟光电科技
平伟实业
张鸭子食品
诗仙太白
奇爽食品
环保局
戴斯酒店
消防大队
双红十字会医院
三甲医院
捷尔士电子
重啤九厂
巨源不锈钢
联建材市场
国土房管局
气象局
邮政局
工商局
梁平汽车站
中心汽车站
加油站
上海城
明珠
美丽
碧湖大道
碧桂路
湖光路
东山国家森林公园
高程表
600米
500
400
300
200

梁平区公路现状图

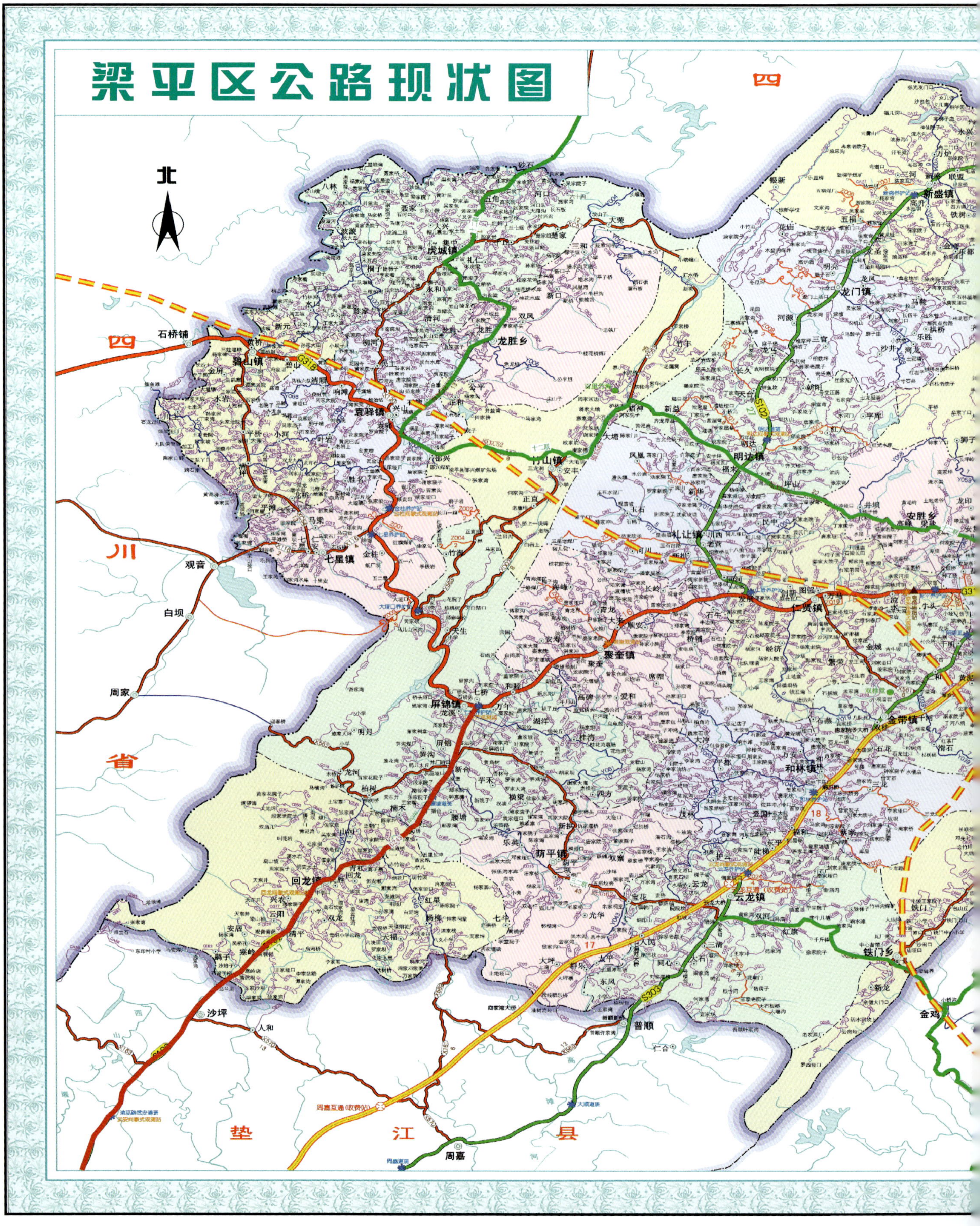
北
四
川
省
垫
江
县
石桥铺
观音
白坝
周家
沙坪
人和
周嘉
普顺
碧山镇
袁驿镇
虎城镇
龙胜乡
竹山镇
七星镇
屏锦镇
聚奎镇
礼让镇
明达镇
龙门镇
新盛镇
仁贤镇
安胜乡
金带镇
和林镇
荫平镇
回龙镇
云龙镇
铁门乡
金鸡
G318
S102
S303

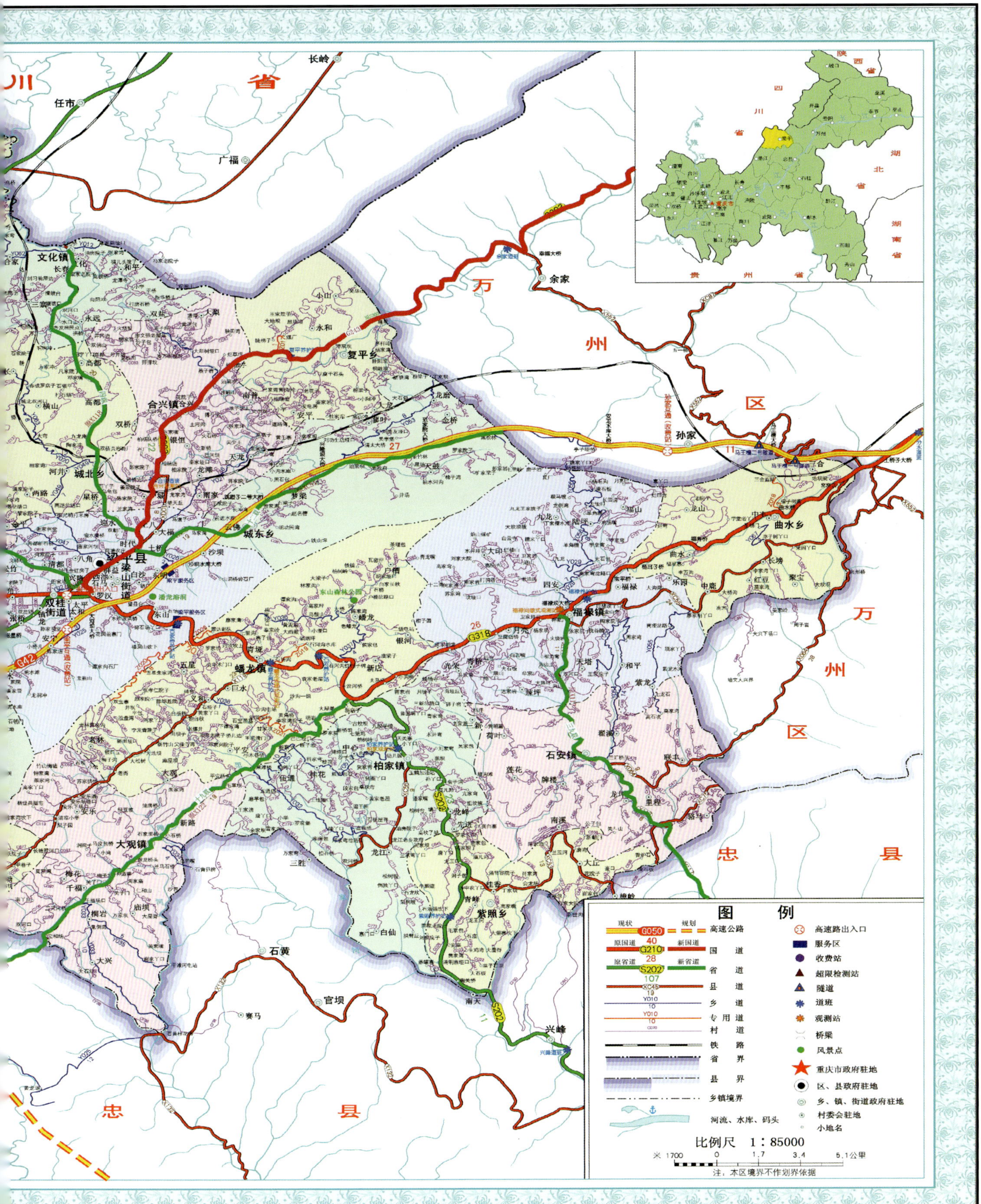

川
省
长岭
任市
广福
万
州
区
余家
孙家
文化镇
合兴镇
复平乡
城北乡
城东乡
梁平县
梁山街道
双桂街道
蟠龙镇
福禄镇
曲水乡
石安镇
柏家镇
紫照乡
大观镇
忠
县
石黄
官坝
赛马
兴峰
四
川
省
陕
西
省
湖
北
省
湖
南
省
贵
州
省
图例
现状
规划
高速公路
原国道
新国道
国道
原省道
新省道
省道
县道
乡道
专用道
村道
铁路
省界
县界
乡镇境界
河流、水库、码头
高速路出入口
服务区
收费站
超限检测站
隧道
道班
观测站
桥梁
风景点
重庆市政府驻地
区、县政府驻地
乡、镇、街道政府驻地
村委会驻地
小地名
比例尺 1：85000
米 1700 0 1.7 3.4 5.1公里
注：本区境界不作划界依据

梁平年鉴

LIANGPING NIANJIAN

2017

梁平区人民政府

图书在版编目（CIP）数据

梁平年鉴. 2017 / 重庆市梁平区人民政府编. --
北京：方志出版社，2017.11
ISBN 978-7-5144-2723-3

Ⅰ. ①梁… Ⅱ. ①重… Ⅲ. ①梁平县—2017—年鉴
Ⅳ. ①Z527.194

中国版本图书馆CIP数据核字（2017）第295700号

梁平年鉴（2017）

编　　者：重庆市梁平区人民政府
责任编辑：黄　彦
出 版 人：冀祥德
出 版 者：方志出版社
地址　北京市朝阳区潘家园东里9号（国家方志馆4层）
邮编　100021
网址　http://www.fzph.org
发　　行：方志出版社图书经销中心
电话（010）67110500
经　　销：各地新华书店
印　　刷：重庆巴南彩印厂
开　　本：889 × 1194　　1/16
印　　张：23
插　　页：38
字　　数：623千字
版　　次：2017年11月第1版　　2017年11月第1次印刷
印　　数：0001~1000册

ISBN 978-7-5144-2723-3　　定价：260.00元

· 版权所有　翻印必究 ·

《梁平年鉴》编辑委员会

顾　　问　杨晓云　蒲继承　郑云山　周仁胜

编委会主任　陈道彬

副 主 任　胡　立

编委会成员　罗　勇　王显贵　刘明山　谭佐祥　余　辉

《梁平年鉴》编辑部

主　　编　胡　立

副 主 编　余　辉

执行主编　文小琴

责任编辑　文小琴　廖　华　成　星　黄增平

美术编辑　黄增平

版式设计　陈　玲

封面设计　颜胡兰

《梁平年鉴》供稿人

（以分目先后为序）

莫琎玮	王　侯	刘　键	谭红梅	唐俊梅	郑贤森	李　静	曾　涛	朱兰兰
高　军	刘志强	刘德成	阮正礼	杨　柯	孙　傲	王　维	蒋利萍	李羡权
赵凤琴	张小燕	张鹏飞	李　果	郑绍凡	李琳琳	杨晓青	王　豪	熊孝东
刘　洋	易小进	黄　河	叶小利	丁红云	曹文静	杨　娜	杨迎春	孙光辉
全洪波	钟德果	唐全锋	魏　民	李　莉	龙海霞	叶民珍	徐　晶	王妮娜
唐　聪	潘英玲	涂　然	冉坛尧	杨培湘	张梁萨	潘文卿	郭　燕	丁红兵
吴　政	涂善伦	高　连	吴政莲	陈文娅	刘　剑	袁　宁	刘　逗	余　乐
陈爱娇	刘　波	黄浩然	向　明	周小娟	金海龙	石小冉	蒋德平	席志宇
肖文爽	王世树	叶小虎	李华莉	张洪英	周亚飞	廖　华	粟先敬	陈高飞
彭良香	李红兵	高雪峰	王　令	周详文	余素娟	李美均	黄星皓	潘　红
潘　杰	余　娅	睦照成	罗　娟	周　玥	毕　珊	徐本立	姜　华	喻　敏
向小娟	白熙隆	陈　龙	陈为军	孙思敏	刘　芳	于书倩	张　莉	朱刚祥
张俊平	陈修明	汪小梅	杨　丽	张译丹	唐　瑕	李晓刚	赵　丽	刘福康
唐彰骏	张　平	蒋显海	徐皓星					

编辑说明

BIANJI SHUOMING

一、《梁平年鉴》于2011年创刊，是重庆市梁平区人民政府主管、区政府办公室主办、区档案局组织编辑出版的政府综合性年鉴。它逐年真实、全面、系统地记载和反映本行政区域自然、经济、政治、文化、生态等领域的情况，具有权威性、系统性、科学性、和实用性。旨在为决策服务、为经济导航、为民众提供信息，为修志积累史料。

二、《梁平年鉴》2017年卷（总第7卷）记述时限为2016年1月1日至2016年12月31日，重大史实适当下延。本着存真求实，力求客观反映经济社会发展中取得的成绩，体现时代特征、地方特色、年度特点。本卷框架结构基本保持稳定，设有12个类目，分别是年度要闻、特辑、梁平概况、政治与法制、经济、社会事业、乡镇（街道）、大事记、文献、统计资料、光荣榜、附录。

三、《梁平年鉴》采取类目、分目、条目的编辑体例，少数分目下增设次分目，以字体、字号等版式设计区别不同层次。条目标题用【 】加黑体字表示。

四、《梁平年鉴》除采用国家新规定的统一计量单位之外，仍沿用“公顷”“吨”“公斤”等计量单位。为免累赘，凡直书月、日而未写年份，即为2016年，数据增加或减少多少未说明与某一年份比较，即为年鉴记载当年（2016年）与上年（2015年）比较。

五、《梁平年鉴》稿件均由区委各部委、区属各部门、各企事业单位、各人民团体、各乡镇（街道）政府（办事处）和驻梁部队提供，并经供稿单位领导审核。统计资料来源于区统计局，因统计口径等原因，一些单位报送的稿件中所用数据与统计资料数据不尽一致的，采用时以区统计局数据为准。

六、《梁平年鉴》稿件有撰稿人署名的于条目后右下角加（ ）表示，没有撰稿人署名的则用撰稿单位名称，同样加（ ）表示。

七、《梁平年鉴》的编辑出版得到了全区各级领导、有关部门和单位的热情支持，在此深表谢意。卷中疏漏、错误之处，恳请指正

梁平新城区夜景

领导关怀

2016年3月25日，市人大常委会主任张轩（中）在福禄镇青桥村视察梁平扶贫攻坚工作

2016年8月25日，市委副书记张国清（中）到明达镇调研产业发展情况

2016年3月3日，市委常委、市纪委书记徐松南（中）在梁平工业园区调研党风廉政建设情况

2016年4月18日，副市长谭家玲（前排左二）在竹山镇调研百里竹海景区开发建设工作

2016年8月15日，市人大常委会副主任夏祖相（左二）一行在礼让镇川西村调研农村综合改革

2016年11月10日，市政协副主席周克勤（中）在梁平调研渝万铁路梁平南站建设工作

2016年4月15日，市人社局局长陈元春（中）在梁平调研基层服务工作

2016年5月20日，市教委主任周旭（右二）在梁平调研教育工作

县主要领导调研

2016年4月6日，县委书记吴盛海（前排右二）在柏家镇检查工作

2016年2月5日，县长蒲继承(中）调研老城区市容市貌及消防安全工作

2016年5月17日，县人大常委会主任郑云山（左二）带队到梁山街道检查党建工作

2016年9月19日，县政协主席周仁胜（中）带领主席成员视察乡风文明建设工作

梁平撤县设区

2016年12月27日召开中国共产党重庆市梁平区第十四次代表大会

2016年12月20日传达撤县设区干部大会精神专题会

撤县设区　2016年11月24日，国务院（国函［2016］185号）批复同意梁平撤县设区；12月2日，重庆市四届人大常委会召开第三十次会议，审议通过了《重庆市人民代表大会常务委员会关于梁平县武隆县撤县设区有关事项的决定》。

梁平区位　梁平位于重庆市东北部，地理坐标东径107°24′～108°05′，北纬30°25′～30°53′。东邻万州区，西连四川省大竹县，南靠忠县、垫江县，北接四川省达州市、开江县。幅员面积1892.13平方公里，政府驻地为双桂街道桂西路6号。

建置沿革　西魏元钦二年（553），置梁山县。先后历经隋、唐、五代十国、北宋、南宋、元朝、明朝、清朝以及民国不同时期的发展，直至1949年12月梁山解放。解放初，梁山县隶川东人民行政公署大竹专区。1952年12月3日，因县名与山东省梁山县同名，遂以境内有平坝而更名为梁平县。1953年3月10日，撤销大竹专区，梁平县划归万县专区（地区、市）管辖至1997年6月，1997年6月后由重庆市直接管理。

重庆市梁平区成立 2016年12月20日，市“四大家”主要领导及有关市领导莅临梁平召开干部大会，宣布撤县设区。

12月27日，召开梁平撤县设区后的第一次党代会（中共重庆市梁平区第十四次代表大会），大会号召全区各级党组织和广大党员干部，要更加紧密团结在以习近平同志为核心的党中央周围，在市委坚强领导下，保持对党的绝对忠诚、对人民的极端负责、对事业的执著追求、对梁平的炽热情感、对发展的崇高责任，解放思想、锐意进取，振奋精神、奋力拼搏，为顺利完成“十三五”规划目标，加快建设“面上保护、点上开发”示范区，如期全面建成小康社会而努力奋斗。29日，选举产生了第十四届区委常务委员会委员和书记、副书记。

2017年1月6日至10日，区十七届人大一次会议、区政协十四届一次会议选举产生区人大、区政府、区政协领导班子。

2017年1月10日，梁平撤县设区挂牌，结束千年“县”治，迈入全新时代。

左起毛大春、李德平、孙代勇、陈孟文（当选区委副书记）、吴盛海（当选区委书记）、蒲继承（当选区委副书记）、张子玉（女）、李钟斌、陈道彬、付云当选为中国共产党重庆市梁平区第十四届委员会常务委员会委员

梁平区委书记吴盛海
为梁平区委揭牌

梁平区人大常委会主任郑云山
为梁平区人大常委会揭牌

梁平区委副书记、代理区长蒲继承
为梁平区人民政府揭牌

梁平区政协主席周仁胜
为梁平区政协揭牌

梁平区委常委、区纪委书记李德平
为梁平区纪委揭牌

人 文 梁 平

2016年12月27日，中国共产党重庆市梁平区第十四次代表大会开幕

2017年1月7日，重庆市梁平区第十七届人民代表大会第一次会议开幕

2017年1月6日，中国人民政治协商会议重庆市梁平区第十四届委员会第一次会议开幕

2016年1月21日，左柏水库开工奠基仪式在屏锦镇龙河村举行

2016年8月15日，重庆巨源技术创新基地暨35万吨七连轧项目签约

2016年9月30日，梁平人民广场举行升国旗仪式

2016年6月28日，党员代表在邓平寿塑像前重温入党誓词

2016年11月2日，重庆·梁平第八届采柚节活动在合兴镇名柚园开幕

2016年6月27日，梁平特色产品展销会暨第十届啤酒节开幕

图说特色工业

重啤九厂生产线

天戈陶瓷

2016年，梁平突出特色培育产业集群，实施特色工业集群三年行动，建立“五个一”机制，同步推进招商、建设、投产和物流销售各环节工作。组建四大特色工业产业招商组，依托“三大招商平台”，引进巨源“七连轧”等工业项目67个，合同引资106亿元；实际利用内资预计达238亿元；平伟实业半导体封测线等9个重点项目建成投产。培育平伟实业等国家、市级知识产权优势企业11家。

全年实现工业增加值1133080万元，增长10.7%。规模以上工业企业实现总产值2127193万元，增长10.9%，增加值增长10.8%。其中，园区工业完成产值1538389万元，增长24.5%。按规模划分，大中型企业总产值1029588万元，增长26.2%，占规上工业总产值的48.4%；高技术制造业总产值316372万元，增长39.3%，占规上工业总产值的14.9%。其中，一支柱四集群特色工业企业规上产值666797万元，增长44.1%。

宏美达丝绸生产车间

第十九届中国（重庆）国际投资暨全球采购会（渝洽会）

咪兔玩具生产车间

巨源不锈钢生产车间

重庆东创机械有限责任公司生产车间

大北农饲料生产车间

图说效益农业

2016年，梁平调整结构特色农业稳步发展，突出梁平柚“扩面创牌”、粮菜“稳面提质”、水产“生态延链”、畜禽“盘大做强”，引导效益农业向全产业链发展。粮食产量、梁平柚、蔬菜、水产、畜禽等特色农业增量提质。

全年农林牧渔业总产值624899万元。其中农业、林业、牧业、渔业、农林牧渔服务业产值分别为357321万元、22452万元、204844万元、33092万元和7190万元。粮食播种面积113.4万亩，增长0.8%。油料播种面积13.7万亩，增长3.7%。蔬菜播种面积27.2万亩，增长2.9%。水果种植面积11.2万亩，增长4.2%。粮食总产量39.0万吨，增长1.0%，肉类总产量7.8万吨。

礼让镇川西村9组退地签字

合兴镇万亩名柚园

金带镇多功能育秧中心

万亩现代渔业园

曲水镇农民专业合作社帮助
农户销售李子

云龙镇辣椒喜获丰收

农民专业合作社安装太阳
能杀虫灯助力柚子生产

市民在龙门镇龙凤社区家
庭农场采摘草莓

油菜高产示范基地

图说城乡建设

双桂城区实验小学

文体中心

2016年，梁平扩容提质建设宜居城市，抢抓土地利用总体规划调整完善和永久性基本农田划定机遇，优化城乡总体规划，完善双桂城区一期公共服务配套设施，中央商务区商业综合体基本建成，规划展览馆投入使用；高标准启动二期功能性牵引项目，双桂湖公园北岸示范段、城市地下综合管廊、体育馆及游泳馆、梁平枫叶学校等重点工程全面开工。改善城区市容市貌，实施迎宾路房屋立面改造。完成棚户区改造14.08万平方米，农村危旧房改造3353户。加快商贸发展，引进跨境电商、进出口贸易等7家企业入驻亿联总部大厦；建成“梁平特色馆”、10万吨粮食储备库。成功申报国家电子商务进农村示范县。

全年实现社会消费品零售总额902890万元，增长14.5%。按经营地统计，城镇消费品零售额839688万元，增长14.3%；乡村消费品零售额63202万元，增长16.5%。

梁平新城

正龙寺公园

竹山镇猎神村

建设中的区人民医院

建设中的双桂湖国家湿地公园

高楼林立

图说基础设施

2016年，梁平加快基础设施建设，启动综合交通枢纽站工程建设，完成“二环路”68公里新建路基工程、318国道仁贤场镇过境公路改线工程、70公里农村公路安保工程、6个乡镇场镇过境公路“白改黑”和150公里村社便道建设。实施城区河道及中小河流综合治理21公里，新建改建农田水利基本设施2230处，实施龙溪河大灌区续建配套与节水改造项目，整治渠道49.83公里。110千伏新城输变电工程加快实施，220千伏城北输变电工程开工建设。新铺设城镇天然气主管网线55.8公里，城镇燃气气化率达97%。实现行政村光纤通达率90.7%、宽带通达率100%，城区3G、4G无线网络覆盖能力分别达99%、90%。

全年基础设施建设投资1366199万元，增长21.1%，占全区固定资产投资的44.0%；民间投资1925717万元，增长8.6%，占全区固定资产投资的比重为62.0%；工业投资883149万元，增长14.7%，占全区固定资产投资的比重为28.5%。

合兴柚园标美路

修建乡村公路

小农水建设如火如荼

梁忠高速仁和互通

渝万铁路列车途经梁平刘家院子隧道

2016年11月28日，渝万高铁
首辆列车驶入梁平南站

二环路云佛村路段全景

图说生态文明

环保执法者代表宣誓

屏锦镇污水处理厂

龙溪河仁贤镇河道整治后

新金带小学全景图

金城寨坡耕地水土流失综合治理项目

2016年，梁平严守底线改善生态环境，突出水环境综合治理，严格落实“河长制”，与四川大竹、开江协作开展水环境区域联动共治，县域6条主干河流水质持续改善，集中式饮用水源地水质达标率100%；实施梁山城区55公里污水管网建设，完成大河河等6.2公里河道整治，新建污水处理厂（站）18个，完成30个行政村环境连片综合整治，城镇生活污水、生活垃圾无害化处理率分别达80%、90%。强化环境执法联动，依法查办环境违法案件53起。

全年环境污染治理投资总额达12593.7万元。工业废水处理量433.51万吨，占排放总量的84.0%；工业二氧化硫排放量4437.51吨，减少0.6%。城市生活污水处理量1199.42万吨，增长17.5%。全区区域声环境噪音平均等效声级为54.9分贝。全年空气质量满足优良天数357天。环境空气细颗粒物（PM2.5）平均浓度为47微克/立方米。

千人保洁行动

城区污水处理厂

云龙镇有机肥制作车间

数字梁平

SHUZI LIANGPING

■ 幅员画积	1892平方公里
■ 年末户籍总人口	930099人
■ 年末常住人口	653600人
■ 地区生产总值	2710170万元
■ 人均生产总值	41138元
■ 财政总收入	334071万元
■ 财政总支出	674330万元
■ 全部工业增加值	1133080万元
■ 农林牧渔业增加值	419935万元
■ 固定资产投资总额	3103829万元
■ 社会消费品零售总额	902890万元
■ 金融机构存款余额	3594680万元
■ 金融机构贷款余额	1189801万元
■ 城镇常住居民人均可支配收入	28990元
■ 城镇居民恩格尔系数	34.6%
■ 农村常住居民人均可支配收入	12485元
■ 农村居民恩格尔系数	35.3%

目 录

特 辑

梁平概况

政 治

经　济

社会事业

乡镇（街道）

大事记

文 献

统计资料

光荣榜

附　录

特　辑

梁平新城区

砥砺奋进的梁平五年

在梁平置县1463年波澜壮阔的历史长河中，自强不息的梁平人民创造了灿若星辰的瑰丽文化，孕育了向善向上的精神特质。在重庆直辖20年的光辉岁月里，梁平人民一直怀揣撤县设区的美好愿望，一贯保持低调务实的工作作风，促改革、抓转型、强产业、兴城镇、重生态、保民生、防风险，聚力推进“面上保护、点上开发”示范区建设各项工作。2016年11月24日，国务院批复同意梁平撤县设区，12月20日市“四大家”主要领导及有关市领导莅临梁平召开干部大会宣布撤县设区，“梁平县”从此划上了圆满句号，结束千年县治，迈入全新时代。

数说梁平五年

2012～2016年是梁平发展史上极不平凡的五年。面对复杂的宏观环境和艰巨繁重的改革发展任务，在市委、市政府的坚强领导下，全县广大党员、干部、群众，深入贯彻习近平总书记系列重要讲话和视察重庆重要讲话精神，全面落实“137”发展思路，躬耕不辍，克难奋进，经济建设、政治建设、文化建设、社会建设、生态文明建设和党的建设取得可观可感的变化，圆满完成了各项目标任务。全县地区生产总值、人均地区生产总值、公共财政预算收入、全社会固定资产投资、社会消费品零售总额等主要经济指标在2012年基础上均翻了一番及以上；市场主体突破4万个，全民创业蔚然成风。五年风雨兼程，凝聚起磅礴力量；五年砥砺前行，书写了壮丽篇章。

——这五年，综合实力显著增强，发展质量明显提升。2016年，全县实现地区生产总值271亿元，比2015年增长（下同）10.6%，其中第一、二、三产业增加值分别达到41.5亿元、145.6亿元和83.9亿元，分别增长5.6%、12.6%和9.7%；完成固定资产投资310.4亿元，增长16%；完成社会消费品零售总额90.3亿元，增长14.5%；实现一般公共预算收入19.5亿元，增长12.3%；全县存贷款余额分别达到365亿元、115亿元，金融业对税收贡献达到6.2%；城镇常住居民人均可支配收入达28990元，增长9.7%；农村常住居民人均可支配收入达12485元，增长10.8%；市场主体达42040户；人口自然增长率为3.55‰。

2012～2016年地区生产总值及其增长速度

单位：万元、%

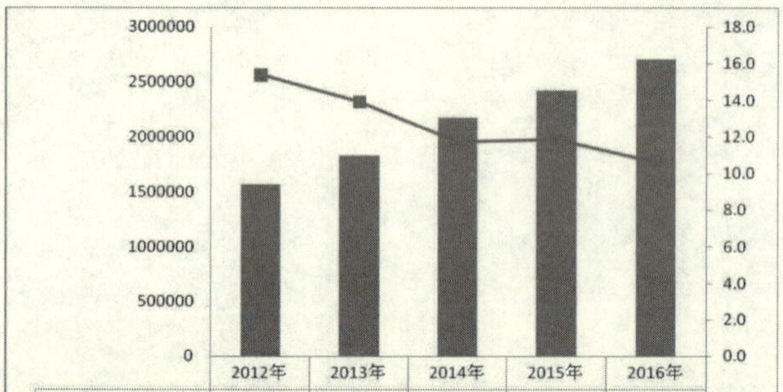

	2012年	2013年	2014年	2015年	2016年
绝对额（万元）	1566506	1826584	2178288	2423308	2710170
增　速（%）	15.4	13.9	11.7	11.9	10.6

——这五年，产城融合提速提质，城市格局焕然一新。注重发挥规划的战略引领和刚性控制作用，不断推动产城融合发展，县城建成区面积达20平方公里。中央商务区“一楼两馆四中心”和柚乡广场全面建成，城市道路、桥梁等重大基础设施投入使用，一批高品质商住楼盘建成入住，教育、医疗、商贸等公共服务配套设施不断完善，近4平方公里的双桂新城一期“五年成城”。二期（双桂湖片区）建设全面启动。改造城市棚户区15.8万平方米，提档升级梁山大道等道路32万平方米，完善雨污管网47公里，实施7个社区环境综合整治，梁山城区人居环境持

续改善。工业园区“四横四纵”道路格局全面形成，5个回居小区、13万平方米标准厂房、3.5万平方米公租房全部建成，产业配套和学校、医院、菜市场、公园绿地等生活设施加快推进。

2012~2016年建筑业增加值及其增长速度

单位：万元、%

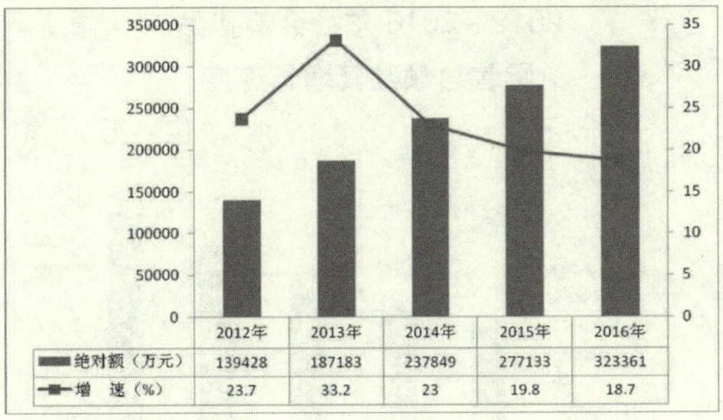

——这五年，特色产业加快集聚，经济结构提档升级。聚力培育特色产业，立足实际淘汰落后产能，调整优化产业结构，三次产业比重由2011年的18.5:49.1:32.4调整为2016年的15.1:53.2:31.7。中国西部（重庆）塑料生态产业园落户工业园区，生态塑料、不锈钢制品上升为市级产业层面，集成电路纳入全市十大战略性新兴产业布局，“一支柱四集群”总产值突破100亿元，占工业总产值的28.6%。利财管道、平伟光电、巨源不锈钢、海螺水泥等一批重点企业投产达效，规上工业企业发展至151家，预计产值达219亿元。粮食产量保持在40万吨左右，梁平柚、蔬菜、水产、畜禽等特色农业增量提质。土地规模流转经营40万亩，建成万亩名柚园、万亩鱼鳅园等大型农业产业化基地40余个。农业龙头企业、农民合作社分别达到163家、899个。获批国家地理标志商标9个。耕种收综合机械化率连续5年保持全市第一。亿联商贸城、商投世纪中心等专业市场建成营业，名豪-重百等城区商圈和11个乡镇商圈联动发展。电子商务快速增量，会展、购物和美食消费持续增长。百里竹海、双桂堂旅游景区加快建设，成功创建3A级景区2个、星级农家乐43家，累计实现旅游收入25.7亿元，年均增长23.8%。全县存贷款余额分别达到365亿元、115亿元，金融业对税收贡献达到6.2%。

2012~2016年全部工业增加值及其增长速度

单位：万元、%

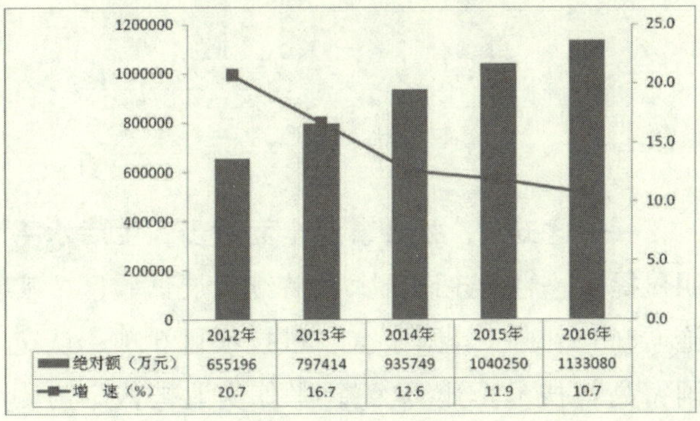

——这五年，统筹城乡协调发展，农村面貌日益改善。渝万高铁、梁忠高速、二环路等重要交通干线建成通车，完成国省干线大修141公里，实施仁贤场镇改道及22个场镇过境公路“白改黑”工程，新改建农村公路1241公里，在渝东北率先实现“4个百分百”目标。蟠水柏调工程、蓼叶水库及大井水厂建成投运，除险加固小型水库44座，治理中小河流45公里。完成160项农网工程，基本实现城乡用电同网同价。乡镇燃气气化率和光纤、宽带、4G等覆盖率大幅提升。成功创建屏锦等3个国家级重点镇，突出管理建设明达等16个风情集镇和合兴龙滩、荫平乐英等12个美丽乡村。建成高山生态扶贫搬迁集中安置点35个、累计搬迁3500余人；建设农民新村46个，改造农村危房1.8万户。实施环保“五大行动”，出台并严格执行“两规范一基金”政策，整治工业企业186家，关闭搬迁整治畜禽养殖场540家；新建4个片区乡镇垃圾收运系统并投运。实施新一轮退耕还林5666.67公顷，森林覆盖率达44.2%，荣获“全国绿化模范县”。

2012～2016 年固定资产投资总额及其增长速度

单位：万元、%

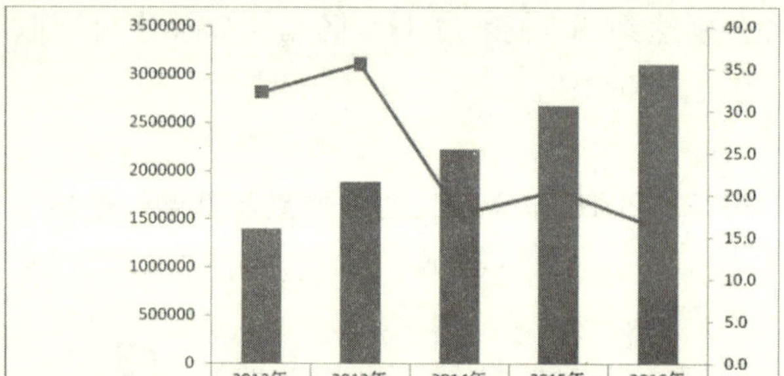

	2012年	2013年	2014年	2015年	2016年
绝对额（万元）	1392117	1887184	2220111	2675263	3103829
增　长（%）	32.2	35.6	17.6	20.5	16.0

——这五年，社会事业全面进步，生活水平明显提高。启动建设国家可持续发展试验区，实施“863 计划”等国家重点科技项目 6 项，认定国家高新技术企业 10 家，平伟实业被认定为国家火炬计划重点高新技术企业，国家授权发明专利增长 27.5 倍。义务教育阶段年巩固率小学、初中分别达 99.9%、99.1%，重点本科上线率比上一个五年提升 7 个百分点，新改扩建职教中心、实验小学（新城校区）等学校 18 所，改造农村义务教育薄弱学校 92 所。一批文化体育服务设施建成投用，文化体育场馆免费开放，“好体育人”为民服务、流动文化服务进村等工作持续推进，全民健身和竞技体育蓬勃开展。成功创建市级文明县城。医药卫生体制改革顺利推进，取消公立医院药品加成，落实国家基本药物制度。迁建县人民医院，新改建标准化乡镇卫生院 18 个、行政村卫生室 186 个、撤并村卫生室 70 个，新增民营医院 3 个，基本形成以“县级为龙头、乡镇为枢纽、村级为网底、民办为补充”的医疗服务体系。城镇登记失业率控制在 3.5% 以内，社保待遇稳步提高，城乡低保实现“应保尽保、应退尽退”。养老服务体系进一步完善，孤残病、困境儿童等困难群体救助水平不断提升。社会治安防控体系建设持续推进，信访工作机制更加健全，安全事故总量连年下降，法律援助实现全覆盖，应急保障能力得到加强，食药品监管体系进一步完善。规范建成上下联动联通的县乡村三级便民服务体系和“群工系统”网络平台。如期高质量完成扶贫攻坚任务。滚动实施市级民生实事和县级十大民生工程，民生保障支出 143 亿元，占一般公共预算支出的 60% 以上。

2012～2016 年社会消费品零售总额及其增长速度

单位：万元、%

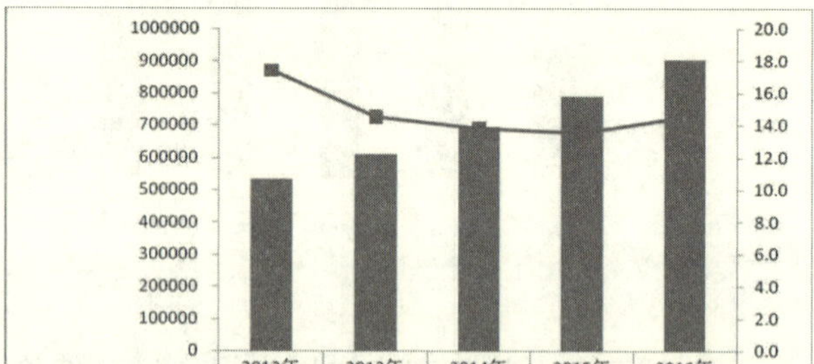

	2012年	2013年	2014年	2015年	2016年
绝对额（万元）	533194	610519	694770	788729	902890
增　长（%）	17.4	14.5	13.8	13.5	14.5

——这五年，民主法治纵深推进，发展环境持续优化。成功申报全国第二批农村改革试验区，农村土地承包经营权退出等多项改革走在全国前列。乡镇财政管理体制持续完善，“营改增”改革平稳实施。完成 32 个县级部门“两集中、两到位”改革，“三证合一、一照一码”商事登记制度改革在全市率先推行。科教、文化、卫生等领域改革都取得新进展。依法行政深入推进，创新建立“3324”重大决策等长效机制；推进政务公开，深化“放管服”工作，行政审批时限压缩率达 59%。完成政府机构改革，编制县、乡镇（街道）两级权责清单。认真开展党的群众路线教育实践活动、“三严三实”专题教育和“两学一做”学习教育，作风建设取得明显成效。自觉接受人大、政协监督，广泛听取社会各界意见，办理议提案 1241 件。全面落实党风廉政建设“两个责任”，强化行政监察和审计监督。双拥共建活动深入开展，军政军民团结不断巩固。

2012～2016年

地方财政收入、一般公共预算收入总量

单位：万元

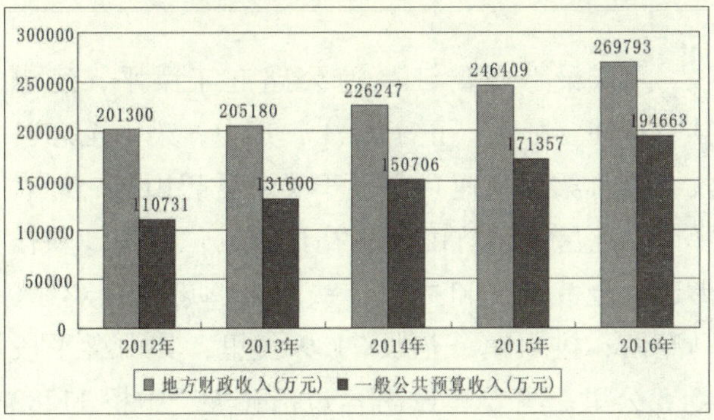

双桂新城区开发建设

高标准总体规划　2011年1月《梁平县城市总体规划（2004－2020）》获市政府批准（渝规区县字〔2011〕2号）。梁平城区主要向城市西南方向集约发展，梁平中心城区由老城区、双桂新区、工业园区和火车站片区组成，形成“三区一片”多中心的城市空间结构体系和以双桂新区、老城区和工业园区为互补的紧奏型带状城市格局。双桂新区规划面积11.4平方公里，人口10万人，按照低碳、环保、绿色、智能的总体要求，秉承“50年不落后、100年不遗憾”的设计、建设理念，将双桂新城定位为梁平县行政中心、城市门户区、重要的对外交通枢纽，体现宜居、宜业、宜游的独具特色、独具风情、独具魅力的“竹韵柚香·湖光禅城”之滨湖山水园林新城。有专家把梁平城市规划概括为“一带三湖双桂堂，三山九丘六通廊，十字金街四门户，悠悠慢道连广场”。其中：

新城一期——即中央商务区，规划范围为北至国道318线、东至万梁公路、西至云复路、南至渝万高速公路收费站以北的东西向道路和桂南路以南、渝万高速公路连接线以西、双桂湖以北之间的用地，规划用地3.8平方公里，居住人口规模5万人，功能定位为梁平城区的行政办公中心、现代商业商务、交通综合枢纽，尽现生态和谐、环境友好、山水相依的城市新中心。

新城二期——即双桂湖片区，规划范围为东临中央商务区、南接双桂湖、西面牛头寨郊野公园、北以桂西路为界，总用地为7.6平方公里（含双桂湖公园3平方公里），规划居住人口5万人，功能定位为为集生态宜居、文化体育、教育卫生、休闲度假、商务会议于一体的综合功能区，与中央商务区功能互补。

高水准开发建设　五年来，双桂城区一期全面扫尾，二期基础设施开工建设。累计完成公建项目投资约23亿元，累计已支付征迁安置费6.69亿元、工程款20.41亿元，商品房开发累计投资70亿元。

完成征迁安置　共征收土地9276亩，拆除房屋45.55万平方米，建成双桂新民居等4处回居安置房43.02万平方米，回居安置4694套36.9万余平方米。

完善基础设施　建成综合大楼、两馆四中心、体育场等公共建筑22.17万平方米并实现搬迁入驻办公；建成丹桂大道等26条19公里城市道路，铺装人行道10.86万平方米，栽植行道树7236株，安装路灯1453盏，建成电力管沟15.35公里、雨污排水管网55公里、自来水管网22公里、天然气管线20.5公里、弱电（视讯）管线23.8公里；建成中央公园、正龙寺公园等4个市政休闲公园（占地面积548亩）；渝万铁路梁平南站综合交通枢纽配套工程基本建成。窝子溪河道景观提升工程、体育场装修及后续工程和福德大道等4条主干道路、城市综合管廊工程、双桂湖公园北岸一期A/B段景观工程等项目正强力推进中。

民生配套设施到位　三甲医院已完成主体工程，正在进行室内装修和设备安装；实验小学双桂新城校区、实验幼儿园双桂新城园区已正常开班办学；临时菜市场已投入使用。城市公共交通、公共停车场、银行网点、医疗服务、药品零售、餐饮服务、生活超市等城市功能配套服务设施正常运转，并不断完善。

商住开发强势推进　双桂城区一期已出让土

地近2000亩，规划开发建筑面积360万平方米，2016年底已开工建设300万平方米，建成230万平方米，销售190万平方米。

渝万高铁梁平段建设

渝万高铁是成渝地区铁路网主骨架线路，也是郑渝昆（郑州至重庆至昆明）快速铁路通道的组成部分。是一条以兼具中短途城际客流和长途区际客流的快速客运专线。由重庆北站引出，沿渝利铁路并行，向东北经江北、渝北、长寿、垫江、梁平至万州北站，线路正线长247公里，设计时速250公里。设重庆北、复盛、长寿北、长寿湖、垫江、云龙、梁平南、三正北、万州北9个站。全线共设桥梁238座，总计118公里，占线路总长的47.88%，项目总投资252亿元，建设工期4年。

渝万高铁梁平段全长46公里，经荫平镇、云龙镇、和林镇、金带镇、双桂街道、梁山街道、合兴镇7个乡镇（街道）34个村99个组，涉及征地3000余亩，拆迁房屋600余户，拆迁面积15万平方米。梁平境内桥梁43座，隧道12座，桥梁比为63%。梁平段总投资41亿元，由中铁二局渝万铁路土建5标项目经理部承建36公里，中交二航局渝万铁路土建4标项目经理部承建10公里。2013年1月进场开工建设，2016年11月28日正式通车运营。这是梁平境内的第二条铁路。

梁忠高速公路建设

重庆梁平至黔江高速公路起于梁平，经忠县、石柱、彭水，止于黔江。其中，梁平至忠县段（简称梁忠高速）起点于梁平县碧山镇、经袁驿镇、七星镇、竹山镇、礼让镇、仁贤镇、双桂街道、金带镇、和林镇、铁门乡、忠县金鸡镇、马灌镇、拔山镇，全长71.9公里，其中梁平段45.5公里。主要建设内容包括：大、中桥11282米/40座（梁平境内32座），隧道总长10860米/11座（梁平境内4座），设置枢纽互通立交2座，一般互通立交6座。梁忠高速公路为双向四车道高速公路，设计时速80公里/小时。全线设礼让服务区1处，铁门开放式停车区1处，G5515梁平、袁驿、梁平西、铁门、金鸡、马灌、拔山收费站7座。

2011年12月24日，梁黔高速公路举行开工典礼。2012年梁忠高速公路梁平段完成项目许可、工可设计、初步设计水土保持评价、地质灾害评价、环境影响评价、矿产压履评价报告、用地报件工作，完成36公里的勘界放线，实物登记和两座隧道等控制性工程的临时用地工作。2016年12月9日凌晨正式通车运营，这是梁平境内的第二条高速公路。

梁平概况

新区夜色

梁 平 概 况

基 本 情 况

【历史沿革】 梁平县史称梁山县，西魏元钦二年（552年）置县，以境内有高梁山为名，治黄土坎（今聚奎镇）。宋开宝三年（970年）以万州石氏屯田务置梁山军（亦名高梁郡），军治今梁山街道，县治由黄土坎迁至梁山街道。元至元二十年（1283年），升梁山军为梁山州，领梁山县，隶夔州路。清雍正十二年（1734年），改隶忠州直隶州。民国元年（1912年），以道统县、梁山县隶川东道。民国18年（1929年），直隶四川省政府，民国24年（1935年）川政统一，全省划为18个行政督察区，梁山县隶第十行政督察区。解放初，梁山县隶川东人民行政公署大竹专区。1952年12月，因县名与山东省梁山县同名，经中央人民政府政务院批准改为梁平县。1953年10月大竹专区撤销后，梁平县先后由四川省万县专区、万县地区、万县市管辖，1998年2月，梁平县属重庆市直管。2016年12月，国务院批准“撤县设区”，2017年1月10日，梁平撤县设区挂牌，结束千年“县”治，迈入全新时代。

【地理位置】 梁平县位于重庆市东北部，地理坐标北纬30°25′~30°53′，东经107°24′~108°05′，辖区面积1890平方公里。东邻万州区，南连忠县、垫江县，西界四川省大竹县，北接四川省开江县、达县。全县东西长65.35公里，南北宽52.1公里。最低海拔221米，最高海拔1221米。梁平县地貌由于地质构造、地层分布和岩性的控制，以及水文作用的影响，呈现出“三山五岭，两槽一坝，丘陵起伏，六水（六条河流）外流”的自然景观，形成山、丘、坝皆有而以丘陵为主的特殊地貌。境内有东山、西山和中山，均呈东北—西南走向，属大巴山脉。东山和西山为“一山两岭一槽型”，中山为“一山一岭型”。在东山和西山之间，有一块由湖泊沉积而成的平坝，即川渝东部第一坝“梁平坝子”，其面积约100平方公里。境内主要河流有高滩河、波漩河、新盛河、普里河、汝溪河、黄金河等6条，分别流入垫江县、四川达县、开江县、万州区和忠县。国道“318”线、渝宜高速公路梁忠高速公路、渝万高速铁路和达（四川达州）万（重庆万州）铁路横贯全境，境内有一航空港——梁平机场。县城距重庆市主城区180公里，县人民政府驻双桂街道。

【气候】

气候概况 梁平气候资源丰富，属四川盆地东部暖湿亚热带气候区域，季风气候明显，四季分明，气候温和，雨量充沛，日照偏少；光、温、水分布同季。主要气候特点是：春季气温不稳定，初夏多阴雨，盛夏炎热多伏旱、洪涝，秋多绵雨，冬季暖和，无霜期较多，湿度大，云雾多。主要气象灾害类型有洪涝、干旱、高温、雷电、大风、冰雹、大雾等。

气候特点

气温 年平均气温为16.6℃，春季（3—5月）平均气温16.3℃，夏季（6—8月）平均气温25.8℃，秋季（9—11月）平均气温17.2℃，冬季（12—2）平均气温6.9℃；极端最高气温为40.3℃（2006年8月15日）极端最低气温为-6.6℃（1977年1月30日）。

降水 年平均降水量为1291.9毫米，春季平均降雨量322.1毫米，夏季平均降雨量570.2毫米，秋季平均降雨量340.5毫米，冬季平均降雨量59.1毫米，日最大降雨量为234.1毫米

(1989年7月10日)。

日照　年平均日照总时数为1270.7小时，春季平均日照时数323.3小时，夏季平均日照时数542.9小时，秋季平均日照时数278.7小时，冬季平均日照时数为125.8小时。　（气象局）

【水文】　梁平位居长江干流与嘉陵江支流渠河的分水岭上，地势高于四周相邻区县，为毗邻地区溪河发源地，无客水过境。县境内有6条主要河流道（铜钵河、普里河、黄金河、龙溪河、新盛河、汝溪河），流域面积1892.13平方公里，年径流总量10.563亿立方米。河道干流长185.8公里，61条支流长691.5公里，年平均流量33.5立方米/秒。主要特征河流长度短，集雨面积不大，径流量不稳定。其中龙溪河干流最长为60.2公里，集雨面积最大为798.13平方公里，其余5条河流长度在36公里以内，集雨面积不超过280平方公里。这些河流发源于低山，上游较陡，平时流量小，大雨时山洪暴发易涨易退，流量变化大，水能蕴藏量不多，可开发量更少。

截至2016年年底，全县共有水情监测站点116个，其中水文站4个，遥测水位站22个，遥测雨量站90个，无线预警广播站218个。

（水务局）

【环境质量】

大气环境　因大气自动监测站设施改造，梁平从2016年9月1日起执行《环境空气质量标准》（GB 3095—2012），全年空气优良天数为346天，其中9月1日至12月31日时段空气优良天数为103天，首要污染物为细颗粒物（PM2.5），可吸入颗粒物（PM10）年平均浓度0.066毫克/立方米、二氧化硫0.011毫克/立方米、二氧化氮0.025毫克/立方米，达到二级标准。全年城区降尘平均值5.5吨/平方公里·月，降水pH范围5.81～6.92，均值为6.20，无酸雨样品检出。

水环境　城区3个集中式饮用水源大河坝水库、沙坝水库和蓼叶水库水质良好，水质达标率为100%。乡镇集中式饮用水源水质达标率为100%。龙溪河普顺断面（梁平出境）为Ⅴ类，与2015年相比，化学需氧量、氨氮和总磷年均浓度分别下降了14.6%、36.7%、18.4%。新盛河（任市河）、汝溪河、普里河水质为Ⅲ类，黄金河水质为Ⅱ类，满足其水域功能要求。

声环境　城区区域环境噪声平均值为54.9分贝，比2015年下降了0.7分贝。道路交通噪声平均值为65.0分贝，比2015年下降了2.9分贝。梁平县城区功能区噪声：昼间等效声级57.7分贝，夜间等效声级45.3分贝。　（环保局）

【自然资源】

野生动物资源　梁平陆生野生动物有74种，隶属16个目，30个科。其中爬行类10余种（2目、3科），鸟类104种（9目、16科），兽类10余种（5目、11科），以及大量的森林昆虫。鸟类数量点的比例较大，占60%左右；爬行纲动物有3种，鸟纲动物有44种，哺乳纲动物有27种；国家级重点保护的动物有8种，市级重点保护的动物有9种。常见的野生动物有：野鸡、斑鸠、鹭鸶、白鹤、红腹锦鸡、野兔、白鹭、苍鹭、绿翅鸭、喜鹊、燕子、雀鹰、灰胸竹鸡、普通翠鸟、松鸦、画眉、山雀、金翅、松鼠、杜鹃、蛇、獾、獐子、野猫、啄木鸟等。

森林植物资源　梁平森林植物种类繁多，绚丽多彩，在重庆植物宝库特别是竹种质资源中占有重要地位。据统计，梁平森林植被有3类、135科、363属、492种。其中蕨类植物18科、28属、42种；裸子植物7科、11属、15种；被子植物110科、324属、435种。珍稀濒危树种13种，其中国家一级保护树种3种，二级保护树种10种。名木古树533株。主要森林类型是次生天然林：马尾松林，是重庆市梁平区分布最广、面积最大的森林植被；柏木林，由于人为活动频繁，林内杂灌木较少。竹类植物11属33种，主要有白夹竹、寿竹、斑竹和慈竹，主要分布于西山，绵延百里，誉为“百里竹海”。

（丁红云）

【矿产资源】

煤炭 主要蕴藏在背斜翼部出露的三叠系上统须家河组地层，东山、西山、中山均有储量，一般煤层厚度0.3～0.5米，煤炭资源储量5000万吨，2015年关闭煤矿6家，正在进行生产的煤矿13家，涉及生产能力78吨。

石膏 总储量2.75亿吨，主要分布于回龙镇左家坝至竹山镇白果坝，走向30多公里。石膏矿产量55万吨/年。

石灰石 总储量100亿吨，其中西山约有储量60亿吨。石灰石矿产量500余万吨/年。

铁矿 地质储量371万吨，含铁量为19.1%～37%，矿体较薄，分布稀疏，品位较低，经济价值不大。

钾矿 地质储量35万吨，厚度0.6～0.8米，氧化钾含量7.9%～12.5%。

泥炭 位于明达镇以南，礼让镇以北，聚奎镇以东的开阔平坝地带，计算储量324.81万吨，剥离比1∶3.2。

天然气 梁平县境内有探明天然气开采储量500多亿立方米，中国石油西南油气田公司重庆气矿设立梁平采输气作业区，在县境内有天然气井50口，其中生产井30口，观察井17口，回注井3口，有输、配气站5座。 （*石小冉*）

【水资源】

地表水资源 梁平县地处高台，为溪河发源地，是一个水资源量较缺乏的区县，水资源主要取决于大气降水，无外来客水调剂。全县多年平均降水量1247.2毫米，多年平均径流总量10.563亿立方米，径流深557.5毫米。由于降水在地域分布上不平衡，径流量有明显差异，浅丘平坝地区853.13平方公里产生的径流量4.791亿立方米，占全县45.4%。低山604.37平方公里产生的径流量3.406亿立方米，占全县31.9%。深丘432.50平方公里产生的径流量2.366亿立方米，占全县的22.7%。

地下水资源 梁平县地下水资源比较丰富，含水层面积1855平方公里，年补给量1.24亿立方米。地下水补给主要靠降水，夏季多，冬季少。全县地下水出露较大的有28处，可开采量为0.19亿立方米。由于受地质构造的影响，梁平县地下水主要集中在东西两山顶部岩溶区，含水量0.649亿立方米，反映出由背斜到向斜不同的地下水类型：由碳酸盐岩类裂隙溶洞水→碎屑岩类裂隙孔隙水→基岩裂隙水的分布规律，富水性由强到弱的特点。

黄泥塘背斜核部是全县地下水蕴藏量最丰富的地区，有5067万立方米/年，占全县地下水总量40.7%。其次明月峡背斜核部为1423万立方米/年，占全县地下水总量11.4%。

表1 **梁平县地下水分布、补给量和可开发量表**

类型		面积（平方公里）	年补给量（万立方米）	可开发量（万立方米）	已开发量（万立方米）	主要分布
松散岩类孔隙水		134	782	193	13	新盛、仁贤、礼让一带
碎屑岩类孔隙水		941	3405	180	60	西山北面坡
其中	构造裂隙水	276	966	60	20	
	红层承压水	665	2439	120	40	
碳酸盐岩类裂隙溶洞水		188	6490	1400	500	东西中山
基岩裂隙水		592	1770	127	27	平坝和浅丘
总计		1855	12447	1900	600	

水质　地表水天然水质，适宜人畜饮用、农田灌溉、水产养殖和工业用水，总硬度在1.54—8.97德度，永久硬度0.28德度，最高硬度0.56德度；暂硬度在1.26—8.69德度；负硬度为0德度；pH值7.0—7.9；阳离子含量每升65.2毫克，最少每升11.1毫克；阴离子含量最多每升201.2毫克，最少每升38.5毫克。（水务局）

【旅游资源】　梁平旅游资源丰富、风景秀丽，汇集了西南佛教禅宗祖庭——双桂堂、中国最大高山竹海——百里竹海、全国第一高笔峰石塔——文峰塔、东山国家森林公园、古冰川遗迹、阴沉木等一大批自然、人文景观。

位于渝万高速公路出口5公里处的双桂旅游区占地30平方公里，有双桂堂、金城寨、滑石古寨、双桂湖、金带古镇等几个景点。景区核心梁平双桂堂是由被誉为“小释迦”的破山海明禅师于清顺治十年（1653年）创建，迄今已有360多年的历史，是全国重点寺庙、全国重点文物保护单位，享有“西南佛教禅宗祖庭”之美誉。双桂堂占地10.67公顷，寺内殿堂林立，布局严谨，组合别致，设计独具匠心，规模宏大，蔚为壮观。各重大殿排列均匀而对称；客堂僧寮分布两旁，天井海坝点缀其间，主次分明，虚实相生，自成体系；回廊曲巷，长亭短榭，廊巷紧连，婉转幽深，引人入胜。该庙历史地位显赫、文化底蕴深厚，其建筑艺术、造像艺术、绘画艺术、诗文艺术等独具风格，是佛学和民间艺术精美之融合，俨然是一个积淀丰富的文化宝库。金带古镇历史文化积淀丰富，地方风韵浓郁。滑石古寨与双桂堂遥遥相望，相距不到3公里，登临寨顶，双桂堂巍峨佛殿尽收眼底。其上有保存较完好的古代军事文化遗址，山水相映，水天一色，景观丰富。金城寨（约300亩）距双桂堂2公里，乃明军将领姚玉麟中军大营之地，破山禅师曾至此开讲说法。该寨山形奇特，植被茂密，果树品种繁多，山顶平坦，视野开阔。双桂湖距双桂堂5公里，湖光潋滟，碧波荡漾，自然风光旖旎，恬静幽雅，给人“碧水共蓝天一色，落霞与归鸟齐飞”的感觉，是人们追求回归自然及乡野情绪、放松愉悦之场所。

梁平西山有中国西部最大竹海——市级风景名胜区百里竹海景区。百里竹海有23333公顷的成片天然竹林，竹类品种37个，负氧离子含量达5219个/立方厘米，为世界卫生组织公布的清新空气标准的5.2倍，2015年被评为“中国森林氧吧”和“避暑目的地最佳养生休闲奖”。景区集竹林、山水、人文于一体，融雄、奇、险、秀、幽、绝于一身，有明月湖、百竹园、观音洞、天星塘、白莲教古墓群、竹丰天池、小峨眉山、猫儿寨、狐狸嘴等50余个景点构成。李光华、王维舟、旷继勋、蔡奎等带领四川工农红军第一路军、第三路游击队在百里竹海进行过游击战斗和党的地下活动，景区竹林茂密、奇峰罗列、山形奇瑰、绿竹倒影、野鸭飞舞、景象万千、风光迷人。自然景观与“竹文化”和人文景观相结合，密布于百里槽谷，形成天人合一，刚柔相济的优化结构，是梁平绝配的自然景观。

东山国家森林公园风景秀丽、环境优美，共有自然、人文景观74处，其中人文景观33处，自然景观41处，森林面积3780公顷。公园景色迷人，洞穴景观、山水一体化特色突出，具有“雄、奇、秀、幽、野”的森林特色。公园由菩萨顶、蟠龙洞、东明湖等三大景区组成。菩萨顶山峦起伏、高耸入云，古代寨堡、现代军事设施雄伟壮观；蟠龙洞溶洞密布，悬崖峭壁，怪石林立，灵木奇树，古驿道，摩崖石刻，古洞蟠龙、崖泉瀑布，历史名人荟萃咏佳篇，传奇而神秘；静谧的东明湖宛如一面明镜，倒映出蓝天白云，峭峦绿树，景象万千，秀美无比。良好的自然、人文背景的珠联璧合是梁平旅游的又一特色景观。

梁平境内还有我国石塔建筑艺术的典型代表——全国第一高笔峰石塔、市级重点文物保护单位文峰塔，民谣曰：梁平有座文峰塔，隔天只有一尺八，言其极高。秋高气爽时节，登塔纵目，沃野翻稻浪，平畴涌金波，景象蔚为壮观。

梁平古冰川遗迹及“阴沉木”的发现进一步

丰富了县的自然旅游景观。阴沉木主要分布于县仁贤镇，是古森林因地层变动而久埋于地层至今仍未腐烂的神奇古木。阴沉木具有很高的旅游纪念收藏价值，是纪念性、艺术性、实用性融合较好的旅游商品。据专家推测，县阴沉木储量第一，梁平地下古木对研究梁平坝子和整个四川盆地的地质形成是最有力的直接证据，对研究植物进化、气候水文、植被环境及生物演变都具有较高科学价值。不久前发现的古冰川遗迹这一独特的地貌景观，其科学意义重大，具较高的观赏性。龙溪河七里滩冰臼群密度大，数量多，保存十分完好，堪称"天下第一臼"。仁贤镇广福村的巨大冰川漂砾和金带镇的冰川泥砾不仅很有特色，且在国内也属罕见。它们的发现对于研究古气候、古地理、全球变暖和人类起源、人类肤色形成都具有极高的科研价值。古冰川遗迹这一地质奇观和"阴沉木"的大量发现系统地证明了古冰川运动存在的事实，它们为县发展科普旅游提供了可能，奠定了基础。

梁平旅游商品特色突出。拥有国家级五大非物质文化遗产：梁平竹帘、梁平木版年画、梁山灯戏、梁平癞子锣鼓、梁平抬儿调。中国三大名柚之梁平柚、家喻户晓的梁平张鸭子、香甜可口的柚子蜜、回味无穷的袁驿豆干等美食和手工精细的竹帘、竹编、竹雕、阴沉木佛珠等工艺品，极大的突显了梁平旅游商品特色。

"四面青山下，渝东鱼米乡，千家竹叶翠，百里柚花香"，走进梁平，就如同走进了一幅山明水秀的锦绣画卷之中，山清、水秀、天蓝、景幽，美丽的田园风光、崭新的城市风貌、神秘的佛教氛围、厚重的地方文化、苍翠的竹海山色和独特的名优产品，使梁平成为一座名副其实的宜居都市后花园，外来投资者的一方热土和旅游观光的胜地。

（旅游局）

【人口和民族状况】

2016 年，全县总人口 930099 人，其中城镇地区人口 292275 人，城镇地区人口占全县总人口比例为 31.42%；乡村地区人口 637824 人，乡村地区人口占全县总人口比例为 68.58%。总人口中男性 485610 人、占总人口的 52.21%，女性 444489 人、占总人口的 47.79%，男女性别比为 107∶100。年度出生率为 12.03‰；死亡率 5.95‰；自然增长率为 6.08‰。总人口中，汉族人口 927308 人，占总人口的 99.7%；少数民族人口 2791 人，其中人数较多的少数民族有土家族 868 人、苗族 430 人、壮族 359 人、侗族 158 人。

（公安局）

【宗教】 梁平县的宗教工作以贯彻落实党的宗教基本方针为原则，引导宗教与社会主义社会相适应，保持了宗教领域的和谐稳定。梁平县现主要有佛教、天主教、基督教三大宗教。双桂堂是全国重点寺庙，西南佛教圣地。

佛教 传入梁平较早，1951 年土改时，全县有寺庙 6 座，和尚 119 人，尼姑 15 人。"文化大革命"期间，僧侣大部分还俗或病故，寺庙大都毁坏，双桂堂因有驻军而得以保全。20 世纪 80 年代后，驻军撤出双桂堂，梁平县对双桂堂进行了一系列大规模的修缮，新建了罗汉堂、大门广场等，将双桂堂建成了著名的佛教朝拜圣地。2016 年，全县的佛教寺庙主要有双桂堂、鸣钟寺、峨嵋寺。

基督教 清咸丰九年（1859 年），英籍吴姓牧师到梁山（梁平）传授基督教，时有教徒 20 余人，隶属重庆教区。1950 年，全县有基督教徒 150 人，"文化大革命"期间，宗教活动停止。1976 年，众教徒遵循"三自"精神（自传、自养、自治），进行正常的宗教活动。

天主教 清咸丰年间（1851—1861 年），法国天主教司马驿将天主教从渠县传入梁山（梁平）。1953 年，全县有天主教徒 663 人。1985 年 10 月，在县城石马山下新建 1 座天主教堂，建筑面积 400 平方米，进入新世纪后，梁平县城天主教堂搬迁至机场路扈家港。

（曾　涛）

国民经济与社会发展

【综合实力稳步提升】 2016 年，全县实现地区生产总值 271 亿元，同比增长（下同）10.6%（图 1），其中第一、二、三产业增加值分别达到 41.5 亿元、145.6 亿元和 83.9 亿元，分别增长 5.6%、12.6% 和 9.7%；完成固定资产投资 310.4 亿元，增长 16%；完成社会消费品零售总额 90.3 亿元，增长 14.5%；实现一般公共预算收入 19.5 亿元，增长 12.3%；全县存贷款余额分别达到 365 亿元、115 亿元，金融业对税收贡献达到 6.2%；城镇常住居民人均可支配收入达 28990 元，增长 9.7%；农村常住居民人均可支配收入达 12485 元，增长 10.8%；市场主体达 42040 户；人口自然增长率为 3.55‰。

图 1　　2011—2016 年梁平县 GDP 总量走势图

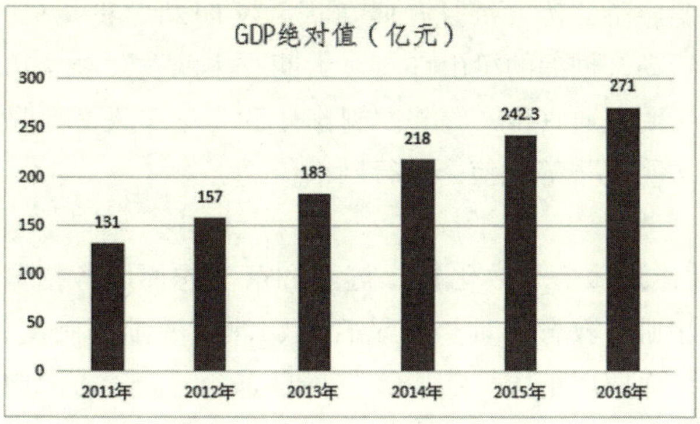

图 2　　2011—2016 年梁平县与全市、全国 GDP 增幅走势比较图

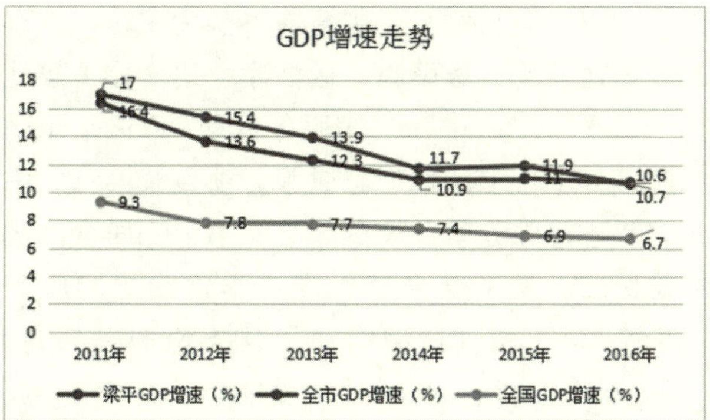

【三次产业协调发展】

农业发展稳中向好。特色农业稳步发展。粮食产量保持在 40 万吨左右，梁平柚、蔬菜、水产、畜禽等特色农业增量提质。培育梁平柚大苗 60 余万株，新（改）建标准化柚园 800 公顷，推行梁平柚标准化生产 1333 公顷；建成万亩名柚园、万亩渔业园、万亩泥鳅园、黑山羊等大型农业产业化基地 40 余个；出栏生猪、肉牛、山羊分别达 74.95 万头、3.39 万头、7.07 万头。农业产业化加快推进。农业龙头企业、农民合作社分别达到 163 家、899 个。培育新型职业农民达 1000 人。土地规模流转经营 2666 公顷，规模经营率 41.2%。耕种收综合机械化率连续 5 年保持全市第一。品牌建设富有成效。新申报无公害农产品 86 个、绿色食品 12 个、有机食品 3 个，地理标志农产品 2 个、市级名牌农产品 8 个、生态原产地保护农产品 3 个。全县农产品网上交易总额达到 12 亿元，梁平柚网络销售额突破 1 亿元。

特色工业加快发展。工业总量持续攀升。全年实现工业总产值 350 亿元，增长 12.9%；增加值 113.3 亿元，增长 10.7%。规上工业企业总数达到 151 家，实现产值 219 亿元，增长 14%。产业集群逐步显现。园区累计入驻企业 165 家，实现工业总产值 210 亿元，其中，“一支柱四集群”企业总数达到 83 户，实现产值 100 亿元，占园区工业总产值比重 47.6%。工业园区双桂组团建成面积达 5.6 平方公里，集中度 64%，产出强度 74.6 亿元/平方公里。发展环境不断优化。认真落实全市企业减负“30 条”，出台“1+6”扶持措施，为民营企业争取国家专项建设基金 3.5 亿元。支持企业创新研发，成立塑料生态产业园院士工作站、高分子材料产业技术研究院、重庆塑料检测中心，新认定国家高新技术企业 8 家、市级企业工程技术研究中心 2 家、产学研协同创新中心 1 家。

文旅商贸扎实推进。商贸消费方面。亿联商贸城（三期）、渝惠农产品批发市场（二期）建成营业，帝豪时代城实现部分招商，“梁平特色馆”、粮食储备库建设完成。引进跨境电商、进出口贸易等7家企业入驻亿联总部大厦。旅游发展方面。双桂堂保护修缮工程全面竣工，百里竹海旅游快速通道等基础设施加快建设；乡村旅游项目如火如荼，滑石古寨、梵华禅境、蟠龙花海等一批富有城郊休闲度假、生态农业观光、民俗风情体验等不同类型的乡村旅游产品效益显现。全年实现旅游总收入10亿元，同比增长29.9%。文化发展方面。组织我县木版年画、竹帘、竹木雕刻等特色文化产品多次参加市级文化特色展会，促进梁平非遗对外交流，提升梁平知名度，带动文化旅游融合发展。

【社会民生持续改善】 巩固扶贫攻坚成果，设立县级后续扶贫基金，全县贫困发生率控制在1%以下，实现法律援助服务全覆盖。十大民生工程扎实推进。建成知德小学等4所学校，启动建设泰和路小学、西南大学附属实验中学双桂湖校区等5所学校，实施城西初中和教师进修校等学校搬迁。完成县人民医院整体装修，精神病医院投入使用，启动工业园区公立医疗机构建设。建成安宁社会福利中心，完成老年大学迁建工作，乡镇（街道）养老机构新增床位200张。居民人均可支配收入增长11.4%，其中农村常住居民人均可支配收入增长10.8%，城乡收入差距进一步缩小。城乡养老保险、医疗保险参保率分别达到96%、95%。就业形势稳定，城镇新增就业13981人，新增创业人数5980人，城镇登记失业率2.98%。适龄人口入学率小学达100%，初中99.7%，高中93%。普通高考重点本科上线1120人，上线率增长3.7个百分点。改造农村危房2000户，实施12个片区12万平方米城市棚户区改造，推进公租房、廉租房并轨统一管理。

（县发展改革委　张弓剑）

精神文明建设

【群众性精神文明创建】 承办全国道德模范故事汇基层巡演活动，认真开展55个市级及其以上文明单位、文明村镇复查工作，文明单位广泛开展志愿扶贫行动。以一家一户干净整洁为抓手推进乡风文明建设，培养干净整洁、尊老爱幼、勤俭持家、诚实守信、邻里和睦的淳朴民风，打造基层示范点2个。在全县各学校开展“孝行·雅行”实践教育。开展“柚乡新风”教育，报台网开设家风文化和孝善文化专栏，编印《家风伴我行》梁平好家训好家风好家庭选编，评选最美家庭36户。

【文明礼仪宣传教育】 媒体媒介大力刊播“讲文明树新风”公益广告，创作的12幅法治年画公益广告在全市推广使用，央视《真诚沟通》栏目以梁平“中国好人”杨贤仁为主角拍摄公益广告，在央视多个频道滚动播出。强化旅游企业文明旅游管理，1个景区获市文明旅游景区，4人分别获文明游客、文明导游和文明旅游志愿者标兵称号，梁平获“寻找重庆文明旅游典范”优秀组织奖。结合露营节、采柚节等旅游节庆加强文明旅游宣传。每月开展“周六文明劝导我参与”活动，创编的梁山灯戏《大朋友小朋友》获全市文明交通宣传一等奖。制作“我是梁平人·我做文明人”等微信，进行网络传播。

【志愿服务长效化】 健全和落实志愿服务招募注册、教育培训、记录管理、评价激励等制度，全面使用重庆“志愿云”信息系统，完善志愿服务站点，表彰奖励十佳志愿者、项目、村社和组织40个、2万元，新增志愿服务组织100个，新增注册志愿者9万人，注册志愿者人数达到17万人。以“善行梁平·德耀柚乡”为主题，常态化开展送关爱、送健康、送洁净、送文化、送礼仪和送平安“六送”志愿服务行动，“梁平年画技法辅导十百千计划”志愿服务项目获第三届中国青年志愿服务项目大赛金奖、第十一届全国优秀志愿服务奖、全国宣传推选学雷锋志愿服务“四个100”先进典型活动最佳志愿服务项目，“爱在柚乡·青春同行”“大手牵小手·节水一起走”获市级银奖，“重庆志愿服务季”“邓平寿志愿服务团”“我们一起奔小康”扶贫志愿服务活动等主题活动有声有色，石马山社区被评为重庆最美志愿服务社区，多人被评为最美“法帮义工”“好体育人”和最美环保、消防、交通志愿者。

【基层道德典型学习宣传】 在镇村、单位建立“好人榜”制度，在广场、公园等地建立“好人广场”，在报台网建立身边好人专栏专题，组织卫计、教育、公安、交通等行业开展“寻找最美”系列活动，9人获评“重庆好人”。编印《星星点灯》梁平身边好人事迹选编。开展“感动的力量”“我和雷锋合个影”等网络文明传播活动10多期。

【未成年人思想道德建设】 积极开展九童圆梦、清明祭英烈、学习争做美德少年、童心向党歌咏、向国旗敬礼、纪念红军长征胜利80周年、纪念“一二·九”等活动。在梁平中学举行第五届成人宣誓仪式，县长颁发成人证书并寄语青年学子。筹资17万元举办“柚乡家信·童书家风”第十二届少儿书信比赛，编印《心中的梁平》少儿书信大赛优秀作品集1000册。1部童剧、2首童谣获市级奖项，4人获评市“最美乡村教师”，3人获评市美德少年，1人被评为市十佳孝心少年，2人分别被评为市孝心少年、慈父慈母，柏家镇龙峰村被评为市慈孝村居，梁平获重庆美德少年展示活动优秀组织奖、“寻找重庆慈孝榜样”公益活动优秀组织奖。2人获市乡村学校少年宫优秀负责人、5人获优秀辅导员、2个项目获特色项目称号，梁平被授予“优秀组织奖”。在全市2016年度乡村学校少年宫考评中获得1个一等奖、4个二等奖、6个三等奖，新建乡村学校少年宫1所。大力开展“红樱桃行动”，建立健全“爱在身边”关爱困境儿童工作机制，打造竹海柚乡助学基金、“爱心妈妈”帮扶、“柚乡助学”行动、“爱心联盟”微心愿行动、“四季有爱”大家访等多个关爱困境儿童志愿服务品牌项目。梁平志愿者开展“冬日针爱”活动被《人民日报》海外版报道。

（县精神文明办）

网言网语·教育

社会结构犹如金字塔，每个人都是砌成金字塔的一块砖，有人在塔尖，有人在塔腰，有人在塔基。所处位置不同，所承担的功能自然不一样。教育的本质，应该是激发、释放每一块砖的潜能。遗憾的是，现在教育的眼睛，一直盯着塔尖上的砖。

常听父母抱怨，说自己的孩子不懂事儿。其实没什么好抱怨的，所谓的事儿其实都是“现在”的事儿。而孩子属于“未来”，不懂“现在”的事儿有什么关系呢，只要他懂“未来”的事儿就行。教育的目标在“未来”，不要把“现在”作为设定目标的依据。

网言网语·善良

有这样一个段子--死神对一对夫妻说：“你们俩只能活一个，做剪刀石头布吧，输的必须死”。丈夫输了，妻子抱着他痛哭：“说好一起出石头的，我出剪刀是想让你活着，你却出了布……”

生活就是这样，挖空心思充满算计未必能赢，一心向善愿意舍弃未必会输。

政　治

渝宜高速公路云龙出口

政　　治

中共梁平县委

【概况】　中共梁平县委工作部门有：县纪委、县委办、县委组织部、县委宣传部、县委统战部、县委政法委、县委研究室、县编办；县委部门管理机构有：县委老干局、县信访办；县委直属事业单位有：县委党校、县委党史研究室；县委工作部门管理事业单位有：纪检监察信息中心、公共资源交易中心、党政专用通信网络管理中心、党员教育中心、干部档案管理中心、网络信息中心、新闻中心、广播电视台、民主党派服务中心、法学会、事业单位登记管理局、老年大学和信访信息中心。

2016 年，中共梁平县委认真学习贯彻中共十八大和十八届三中、四中、五中、六中全会精神，深入贯彻习近平总书记系列重要讲话和视察重庆重要讲话精神，全面落实市委四届九次十次十一次全会等系列重要会议精神，按照统筹推进“五位一体”总体布局和协调推进“四个全面”战略布局的要求，牢固树立和践行新发展理念，紧紧围绕全县“137”发展思路（即围绕建设“‘面上保护、点上开发’示范区”一大定位，做实“产业集聚、城乡统筹、生态涵养”三篇文章，推进“特色工业集群、品牌农业提效、文旅融合发展、城市提质扩容、区域协作联动、民生事业改善、生态环境建设”七项重点）和“345”党建工作思路（即聚焦“凝魂聚气、固本强基、正风肃纪”三大任务，强化“党委主体责任、党委书记第一责任、党委分管领导分管责任、班子其他成员‘一岗双责’”四项责任，突出抓好“正确思想引领、乡风民风文明、集体经济发展、服务功能深化、治懒治乱治奢”五项重点工作），扎实抓好改革发展稳定和党的建设各项工作，实现了“十三五”良好开局。

【县委全委会】

县委十三届十次全会　2016 年 1 月 12 日在行政中心召开。全会深入学习贯彻中共十八大和十八届三中四中五中全会精神、习近平总书记系列重要讲话特别是视察重庆重要讲话精神，以及中央经济工作会议精神和市委四届七次八次全会精神。县委书记吴盛海代表县委常委会作工作报告并部署 2016 年经济社会发展工作；县委副书记、县长蒲继承就 2016 年经济工作作具体安排。会议审议通过了《中共梁平县委十三届十次全会决议》。

【区第十四次党代会】

中共重庆市梁平区第十四次代表大会　2016 年 12 月 26 日至 29 日在区行政中心召开。大会通过了《中国共产党重庆市梁平区第十四次代表大会关于中共梁平县第十三届委员会报告的决议》，批准了吴盛海代表中国共产党梁平县第十三届委员会所作的题为《站在新起点，展现新作为，为加快建设“面上保护、点上开发”示范区而努力奋斗》的报告，通过了《中国共产党重庆市梁平区第十四次代表大会关于中共梁平县第十三届纪律检查委员会工作报告的决议》，选举出中共重庆市梁平区第十四届委员会和中共重庆市梁平区第十四届纪律检查委员会，选举出梁平区出席中共重庆市第五次代表大会的代表。

【推进经济建设】　坚持发展第一要务，按照“137”发展思路，一手抓经济建设、一手抓环境保护，聚力推进“面上保护、点上开发”示范区建设。

坚定推动转型发展　以供给侧结构性改革为

主线，加快产业结构调整，积极稳妥去产能、去库存。27家烟花爆竹生产企业全部关闭并选定销售区域，转型发展工作顺利推进；12家乡镇煤矿全部闭坑，设施设备全部拆除。

大力培育特色工业　围绕生态塑料、集成电路、不锈钢制品、环保产业“一支柱四集群”特色工业，狠抓招商引资、项目落地、创新驱动和发展环境，共引进项目73个，合同引资128.8亿元，累计到位资金82.8亿元，“一支柱四集群”特色工业产值突破100亿元，集群发展态势逐步显现。

狠抓效益农业发展　以全国农村改革试验区建设为契机，突出“梁平柚”品牌打造，优化发展粮菜、水产、畜禽三大特色产业，大力构建“1+3”特色效益农业体系。梁平柚种植面积达1万公顷，年产8万吨以上，并获得全国“一村一品”十大知名品牌第一名。全年销售农产品6亿元，梁平柚1亿元。新申报各类龙头企业73个，农业龙头企业增至163家，农民合作社达899家，家庭农场达946家。

促进文旅融合发展　加强非遗文化保护和传承，成功举办采柚节、采笋节等特色节庆活动。有序推进双桂堂、百里竹海AAAA级景区创建工作，双桂堂保护修缮工程顺利完工，百里竹海景区建设基础性工程加快推进，乡村旅游业态迅速兴起。

加快推进城镇建设　统筹“山水园林新城—特色风情集镇—美丽新乡村”三级同建。双桂城区一期公共服务配套与市政设施建设加快完善，双桂城区二期有序开发，城市棚户区改造有序推进，梁山城区市容市貌明显改善；因地制宜推进风情集镇和美丽乡村建设，金带镇、屏锦镇获评“市级特色小镇”。全县常住人口城镇化率达到43.6%，城市建成区面积达到20平方公里，常住人口达到19万人。

加强生态文明建设　以水环境治理为重点，坚持环保“两规范一基金”制度，关闭整治畜禽养殖场70家，启动龙溪河流域12个乡镇污水管网修复完善工程，33个乡镇（街道）污水处理厂投入运营，龙溪河等主要河流水质持续变好，城乡环境质量明显改善。

改革试点蹄疾步稳　按照市委全面深化改革总体部署，扎实推进各项改革专项和重点改革任务，全县改革工作有序推进。《梁平县2016年全面深化改革工作要点》中16项改革专项较好完成12项，余下4项正按计划持续推进；42项重点改革任务较好完成39项，其余3项待市级部门统一安排部署后启动。其中，农业农村改革备受关注，退地试验做法被全国农村改革试验区办公室《农村改革工作动态》第13期印发推广，吴盛海的农村改革署名文章《问题导向真改革，精准发力求实效》入选农业部《农村工作通讯》；司法体制改革、群团改革取得初步成效。

【推进社会文化事业发展】　按照“五个坚持”原则，大力保障和改善民生，全县民生保障支出35亿元，占一般公共预算支出的60%以上。

坚持不懈改善民生　滚动实施“18+10”重点民生实事。抓住公、廉租房并轨管理政策机遇，完善配套设施，累计交付3785套，2238户居住困难群众搬入新居。实施农村危房改造3353户。优化教育、公共卫生资源布局，建成知德小学等4所学校、县精神卫生中心（一期）、安宁社会福利中心。完成文图两馆扩建和老年大学迁建，建成双桂城区文化体育活动中心。新改（扩）建村（社区）便民服务中心36个。渝万城际铁路、梁忠高速正式通车，“二环路”全线贯通；优化城区客运站设置，开通14个行政村客运。整治山坪塘718口，左柏水库、猎神水库等一批重点民生工程有序推进。设立区级后续扶贫基金，落实常态长效帮扶，贫困发生率控制在1%以下。教育事业持续健康发展，在2016年义务教育发展基本均衡县国家认定中，梁平以94.3的高分名列全市11个区县第一名。

毫不懈怠维护稳定　坚持稳定第一责任，严格落实“党政同责、一岗双责”，常态化抓好烟花爆竹、煤矿和非煤矿山、道路交通、建筑、消防、食品药品、地质灾害防治等领域安全，全年未发生较大以上安全事故。加强烟花爆竹生产企业转型发展、乡镇煤矿关闭、非煤矿山整治、城市棚户区改造、征地拆迁等各领域的风险防控，及时化解矛盾纠纷，社会大局平稳可控。深化“平安梁平”建设，持续开展禁毒工作，严密防范、严厉打击各类违法犯罪活动，群众安全感指数名列全市第一。

【推进民主法治建设】 加强民主法治，营造充满活力、公平正义的发展环境。加强对人大、政协的领导，支持人大依法监督、政协民主监督，鼓励社会监督和媒体监督。不断健全基层党组织领导的基层群众自治制度，强化基层党组织在民主法治建设中的重要作用。全面推进依法治区，2016年，全县明确的45项重要法治任务较好完成34项，持续推进9项，余下2项待市级部门统一安排部署后启动。总体来看，依法治区氛围更加浓厚，法治政府建设机制更加完善，权力监督网络更加细密，司法公信力全面提升，社会治理水平全面提高，普法教育宣传覆盖面进一步扩大。

【推进党的建设】 坚持把全面从严治党作为根本保证，将党的建设与经济社会发展融会贯通，按照“345”党建工作思路，全面加强党的思想、组织、作风、反腐倡廉和制度建设，党的建设与经济社会发展相得益彰，持续营造风清气正的政治生态和干事创业的良好局面。一是深入学习贯彻中共十八届六中全会和市委四届十次全会精神，各级党组织进一步加强和规范党内政治生活，落实党内监督责任，广大党员干部进一步增强了“四个意识”特别是核心意识、看齐意识。二是扎实开展“两学一做”学习教育，坚持带着问题学，针对问题改，围绕发展做，深入开展“三比一争”行动，广大党员干部积极发挥先锋模范作用，比实绩、比奉献、比作风，在大事难事中冲在前、干在先、作表率，争当邓平寿式的共产党员。三是坚持高标准、高质量，圆满完成“三级”换届工作，各级班子的创造力凝聚力战斗力进一步增强。四是扎实推进乡风文明建设，以农户、院落、村庄干净整洁为抓手，让乡风文明成为村民的自觉习惯，让干部作风进一步转变，让党群干群关系更加融洽。五是着力正风肃纪，集中开展“治懒治乱治奢”专项行动，严肃查处一批违纪违法行为；探索容错纠错机制和澄清保护制度，旗帜鲜明地为敢于担当者担当，为敢于负责者负责。六是切实加强常委会自身建设，常委同志以身作则、以上率下，带头讲政治、抓学习、转作风，带头贯彻《准则》《条例》等党内规章制度，县委总揽全局、协调各方的作用充分发挥。

（县委办）

梁平县人大常委会

【概况】 梁平县第十六届人民代表大会常务委员会（简称梁平县人大常委会）有组成人员25人，其中主任1人，副主任5人，委员19人。常委会机关下设“六委两室”，即：办公室、信访办公室、人代工委、财经工委、法制工委、农业工委、社事工委、预算工委，并有梁山街道人大工委、双桂街道人大工委2个派出机构。全县有两级人大组织，包括县人民代表大会及其常务委员会和31个乡镇人民代表大会；有四级人大代表，其中全国人大代表1人，市人大代表22人，县人大代表293人，乡镇人大代表1673人。经2016年县乡人大代表换届选举，共选举出县十七届人大代表296名，乡镇十八届人大代表1720名。

【县十六届人大八次会议】 梁平县第十六届人民代表大会第六次会议于2016年1月29日—2月1日在县城举行。会前，经梁平县人大常委会代表资格审查委员会依法对县第十六届人大代表变动和补选情况进行审查，确认有292名县人大代表资格有效。

大会举行了三次全体会议和三次主席团会议，主要听取和审议了梁平县人民政府工作报告、梁平县人大常委会工作报告、梁平县人民法院工作报告、梁平县人民检察院工作报告；审查和批准了梁平县2015年国民经济和社会发展计划执行情况与2016年国民经济和社会发展计划草案的报告、梁平县国民经济和社会发展第十三个五年规划纲要、梁平县2015年财政预算执行情况和2016年财政预算草案的报告；通过了关于梁平县人民政府工作报告的决议、关于梁平县2015年国民经济和社会发展计划执行情况及2016年国民经济和社会发展计划的决议、关于梁平县国民经济和社会发展第十三个五年规划纲要的决议、关于梁平县2015年财政预算执行情况和2016年财政预算的决议、关于梁平县人大常委会工作报告的决议、关于梁平县人民法院工作报告的决议、关于梁平县人民检察院工作报告的决议。

1月29日，参加梁平县第十六届人民代表大会第八次会议的代表集体视察了双桂湖片区道路工程、巨源不锈钢公司、工业园区、二环路建设、职教中心、渝万城际铁路梁平南站综合枢纽工程、帝豪时代城，并参加了卓航实业有限公司改性塑料加工及拆解循环经济项目开工仪式。

【人大监督工作】 梁平县人大常委会依法开展人大监督和执法检查工作，对县政府2015年度县级预算执行和其他财政收支审计查出问题整改工作情况开展专题询问，听取和审议“一府两院”相关工作报告14项，提出审议、评议意见6项，分别是关于县人民法院未成年人刑事审判工作情况报告的审议意见、关于县人民检察院未成年人刑事检察工作情况报告的审议意见、关于梁平县2016年1—6月国民经济和社会发展计划执行情况的报告的审议意见、关于2016年1—6月财政预算执行情况报告的审议意见、关于梁平县人民政府办理县十六届人大第八次会议代表议案、建议、批评和意见情况的报告的审议意见。

【人事任免】 坚持党管干部和依法任免相统一，全年共审议“一府两院”及本会人事任免职议案12件、辞职议案2件。颁发干部任命书14人次，依法任命国家工作人员3人次，其中县人民政府副县长1人次；常委会办事机构负责人5人次；法检两院检察院、审判员及法院陪审员5人次。根据《全国人民代表大会常务委员会关于实行宪法宣誓制度的决定》和《重庆市宪法宣誓实施办法》的相关要求，对所任命人员均举行了宪法宣誓仪式。免职30人次，其中县人民政府副县长1人次，县政府组成部门主要负责人3人次，常委会办事机构负责人7人次，法检两院检察院、审判员及法院陪审员19人次。接受1名县人大常委会委员辞职，接受1名县人大代表辞职。

【重大事项决定决议】 2016年，梁平县人大常委会依法作出重大事项决定决议20项，分别是关于同意县人民政府进一步调整完善乡镇财政管理体制意见的决定、关于同意县人民政府将梁平县虎城镇等5镇乡集中式供水工程及梁平县龙溪河流域重点支流河段综合治理工程回购资金纳入财政预算的决定、关于梁平县新城区整体城镇化建设项目有关事项的决议、关于批准2016年梁平县政府债券资金安排使用计划的决议、关于梁平县第十七届人民代表大会换届选举的决定、关于乡镇人民代表大会换届选举的决定、关于成立梁平县县乡镇两级人民代表大会换届选举委员会及其办公室的决定、关于批准2015年县级财政决算的决议、关于同意将梁平县城市地下综合管廊项目纳入政府购买服务的决议、关于同意将梁平县枫叶学校建设项目纳入政府购买服务的决议、关于同意梁平县纸箱厂、煤建公司等6个片区棚户区改造项目及梁平县北门农贸巷、人民东路等5个片区棚户区改造项目回购资金纳入财政预算的决议、关于梁平县第十七届和乡镇第十八届人民代表大会代表名额分配的决定、关于设立各乡镇选举委员会的决定、关于批准2016年县级财政预算调整方案的决议、关于同意将梁平县农村联网公路建设工程项目纳入政府购买服务的决议、关于开展第七个五年法治宣传教育的决议、关于重新确定礼让镇第三选区、回龙镇第四选区、和林镇第一选区选举时间的决定、关于增补相关乡镇选举委员会组成人员的决定、关于举行梁平区第十七届人民代表大会第一次会议的决定。

【议案、建议办理】 梁平县人大十六届第八次会议期间，县十六届人大代表共提出议案建议109件（其中议案转建议2件、建议107件）。从内容上看，涉及城乡基础设施建设37件（其中：交通15件、水利8件、城镇规划4件、基础建设4件，国土6件），占34%；经济发展22件（其中：工业企业3件、生态发展3件、农业产业7件、旅游发展2件、环境保护7件），占20%；社会管理21件（其中：市政建设及管理16件、文明建设1件、治安管理3件、烟花爆竹1件），占19%；民生保障18件（其中：教育5件、医疗卫生6件、文化生活3件、社会保险1件、社会养老3件），占17%；行政改革11件（基层经费2件、户籍改革1件、人才引进2件、干部待遇4件、基层组织建设1件、国有资产管理1件），占10%。

经各承办单位的共同努力，县人大十六届八次会议上各代表所提出的109件建议全部办结。共收回《征询意见表》276份，其中通过电话直接联系代表反馈24条意见，对办理工作表示满意、基本满意的有276条，占100%；对办理结果表示满意的有270条，占97.8%，对办理结果表示基本满意的有6条，占2.2%。

【人大调研】 按照市人大常委会的统一部署和县人大常委会2016年工作安排，县人大常委会组织成立专题调研检查组，积极配合市人大常委会开展修改《重庆市实施选举法细则》《重庆市实施代表法办法》《重庆市各级人大常委会人事任免工作条例》《重庆市乡镇人大工作条例》等立法调研和农村产权抵押融资环境、湿地保护工作情况的调研；并对《中华人民共和国农产品质量安全法》《重庆市森林防火条例》贯彻实施情况进行执法检查，对城市棚户区改造工程、优化城区教育资源配置情况进行专题调研，形成调研报告7篇，提出工作意见和建议32条，有力支持和推动了政府相关工作，为保持和促进县域经济社会建设持续、快速、健康发展做出了积极贡献。

【人大代表工作】 2016年，围绕县“137”发展思路、全面深化改革和民生实事等方面的重点工作，认真策划、精心组织开展代表主题活动，对县扶贫攻坚、“二环路”建设、品牌农业建设、环保工作成效和进展等工作进行了集中视察。全年共开展集中视察4次，市人大代表共有70人次参加了集中视察活动，形成视察报告4篇。组织部分市人大代表开展约见活动2次，参加约见市人大代表7人次，形成代表建议3件，参与执法检查的市代表9人次，参与工作评议的市代表6人次。开展专题调研3次，市人大代表共有45人次参加调研，形成调研报告2篇，建议5篇，有力推动了县经济社会持续发展。

县人大代表小组全年组织代表开展集中视察活动108次，参加的代表达到1185人次。重点围绕县十六届人大八次会议审查批准的县人民政府、县人民法院、县人民检察院工作报告中提出的全县经济社会发展目标的落实情况开展了集中视察。主要视察了特色效益农业发展、文旅商贸提档升级、美丽乡村和乡风文明建设、环境保护和水污染治理、医疗卫生教育事业发展、重大项目及农村公路建设等方面的情况，有效监督和促进了政府工作，进一步彰显了人大代表的主体地位。

【换届选举工作】 根据《中华人民共和国宪法》《中华人民共和国地方各级人民代表大会和各级人民政府组织法》《中华人民共和国全国人民代表大会和地方各级人民代表 大会选举法》和重庆市实施《选举法》细则的规定，按照市委、市人大常委会的统一部署，在中共梁平县委和县选举委员会的领导下，县乡两级人大换届选举工作，从2016年7月起已开始全面展开，2016年11月20日（和林镇第一选区、礼让镇第三选区、回龙镇第四选区等三个选区因故延迟选举）为县乡两级人大代表的法定选举日。本次共选举产生县十七届人大代表296名，乡镇十八届人大代表1720名。

2016年12月22日，县人大常委会第五十二次会议，根据代表资格委员会关于梁平县第十七届人民代表大会代表资格审查报告，确认296名当选代表的代表资格有效。

【其他工作】 根据中央、市委和县委的统一安排部署，2016年，县人大常委会党组和机关党总支深入开展了“两学一做”学习教育，集中学习了《中国共产党党章》《中国共产党纪律处分条例》《中国共产党廉洁自律准则》和习近平总书记系列重要讲话精神和《习近平谈治国理政》部分重要论述，对照合格党员标准，深入查找了党组班子和机关正科级及以上党员领导干部自身存在的问题，并逐条进行了整改，进一步坚定了机关干部职工的理想信念，增强了“四个意识”尤其是核心意识和看齐意识，提升了“四个自信”和做好人大工作的责任感、使命感。

在依法履职的同时，常委会主任、副主任积极参与工业园区征地拆迁、梁忠高速公路建设、棚户区改造、梁平柚产业发展、双桂新区建设、重点产业招商引资等全县重点工作，靠前指挥，组织协调，建言献策，为推进我县重点项目建设、促进重点产业发展作出了积极贡献，受到县委充分肯定。（人大办 王 侯）

梁平县人民政府

【概况】 梁平县人民政府（简称县政府），在编人数9人。县政府工作部门27个，直属事业单位2个，派出机构1个，其他机构1个。

2016年，在市委、市政府和县委的坚强领导下，在县人大、县政协的监督和支持下，县政府深入贯彻习近平总书记系列重要讲话精神和视察重庆重要讲话精神，围绕“137”总体部署，统筹推进“稳增长、促改革、调结构、惠民生、防风险”各项工作，为梁平实现“撤县设区”历史性跨越、加快建设“面上保护、点上开发”示范区、如期全面建成小康社会奠定了坚实基础。

【县政府全体会议】 县政府第十六届七次全体会议，于2016年1月19日在县政府常务会议室举行。会议深入学习中央、市委和县委有关精神，传达贯彻全市发展改革工作、全市工业和信息化等会议精神，审议梁平县《政府工作报告》《国民经济和社会发展“十三五”规划纲要》《2015年国民经济和社会发展计划执行情况及2016年计划草案的报告》和《2015年财政预算执行情况和2016年财政预算草案的报告》，谋划细化2016年工作，自觉践行五大发展理念，深化拓展全市五大功能区域发展战略，奋力推动县域经济社会稳步发展。

【经济发展】 2016年地区生产总值271.0亿元，同比增长（下同）10.6%，增速连续多年超过全国平均水平。公共预算收入19.5亿元，增长12.3%，税收收入10.3亿元，增长23.7%。固定资产投资310.4亿元，增长16.0%。工业总产值350亿元，增长12%，增加值113.3亿元，增长10.7%。社会消费品零售总额90.2亿元，增长14.5%。城镇常住居民人均可支配收入28990元，增长9.7%，农村常住居民人均可支配收入12485元，增长10.8%。金融机构各项存款余额359.5亿元，增长17.4%；贷款余额119.0亿元，增长18.5%。

特色工业提速增效 实施特色工业集群三年行动，建立“五个一”机制，同步推进招商、建设、投产和物流销售各环节工作。组建四大特色工业产业招商组，依托“三大招商平台”，引进巨源“七连轧”等工业项目67个，合同引资106亿元；实际利用内资238亿元；平伟实业半导体封测线等9个重点项目建成投产；园区新征土地220公顷，屏锦回龙组团拓展区通过市级认定。培育平伟实业等国家、市级知识产权优势企业11家。落实全市企业减负“30条”，为民营企业争取中央专项基金3.5亿元；县上筹集1.1亿元，出台“1+6”扶持措施；工业园区累计入驻企业165家，实现工业总产值224亿元，其中，“一支柱四集群”企业总数达到83户，实现产值100亿元，占园区工业总产值比重47.6%。

现代农业提档升级　实施“一核一带三区”板块联动，优化调整产业结构和空间布局，突出梁平柚“扩面创牌”、粮菜“稳面提质”、水产“生态延链”、畜禽“盘大做强”，引导效益农业向全产业链发展。梁平柚种植面积达1万公顷，年产8万吨；粮食产量保持在40万吨左右。土地规模流转经营2666公顷，建成万亩名柚园、万亩鱼鳅园等大型农业产业化基地40余个。新增农业龙头企业、农民合作社分别达到40家、85个。获批认证市级名牌农产品4个、国家地理标志农产品2个、生态原产地产地保护农产品3个。耕种收综合机械化率连续5年保持全市第一。

商贸旅游稳步发展　加快商贸发展，引进跨境电商、进出口贸易等7家企业入驻亿联总部大厦；建成“梁平特色馆”、10万吨粮食储备库。成功申报国家电子商务进农村示范县。着力打造“两大”核心景区，完成百里竹海旅游景区总规深化和双桂文化旅游景区总规编制，加速建设百里竹海旅游快捷通道等基础设施；双桂堂保护修缮工程全面竣工。启动特色风情集镇、美丽乡村建设三年行动，金带镇、屏锦镇获批“市级特色小镇”，合兴龙滩等3个村入选“市级美丽宜居村庄”。

城镇建设统筹推进　坚持“三级同建”，突出规划规范引领，产城融合不断深入，双桂新城二期全面启动，试点实施城市地下综合管廊建设，文体中心、双桂湖环湖路等一批功能配套设施基本完工，城区建成区达20平方公里。改善城区市容市貌，完成13.4万平方米棚户区改造，实施迎宾路房屋立面改造。园区双桂组团建成区面积达7.3平方公里，投产企业120户，工业园区“四横四纵”道路格局全面形成，5个回居小区、13万平方米标准厂房、3.5万平方米公租房全部建成，产业配套和学校、医院、自来水厂、菜市场、公园绿地等生活设施加快推进。

基础设施日趋完善　渝万高铁、梁忠高速、二环路等重要交通干线建成通车，完成国省干线大修141公里，完成48公里撤并村通畅工程和行政村农村路面加宽工程，实施240公里安保工程。完成23个公共水厕改造，14.8万平方米人行道铺设，1824盏路灯改造安装，13.8千米河道净化，3353户农村危房改造。全面完成88项农网工程，基本实现城乡用电同网同价。乡镇燃气气化率和光纤、宽带、4G等覆盖率大幅提升。实施环保“五大行动”，严格执行“两规范一基金”政策，持续推进工业企业排污达标治理，关闭搬迁整治畜禽养殖场70家；新开工建设西山片区乡镇垃圾收运系统。

人居环境明显改善　突出水环境综合治理，严格落实“河长制”，与四川大竹、开江协作开展水环境区域联动共治，县域6条主干河流水质持续改善，集中式饮用水源地水质达标率100%；实施梁山城区55公里污水管网建设，完成大河河等6.2公里河道整治，新建污水处理厂（站）18个，完成30个行政村环境连片综合整治，城镇生活污水、生活垃圾无害化处理率分别达80%、90%。强化环境执法联动，依法查办环境违法案件53起，着力化解了一批群众关注的环保热点难点问题。坚持依法、科学、安全处置，平稳关停27家烟花爆竹生产企业，安全关闭12个乡镇煤矿、削减产能50万吨。积极稳妥整改土地流转“非农化”问题，拆除建（构）筑物面积30万平方米，复耕复绿土地697亩，建立规范土地流转长效机制。

【社会事业发展】　始终坚持民生第一目标，兜底线、保基本、促均衡，不断提升公共服务质量和水平。全年民生保障支出34.3亿元，占一般公共预算支出的60%以上。成功获批认定“重庆国家功率半导体高新技术产业化基地”，新获认定国家高新技术企业8家，国家授权发明专利增长45%。义务教育阶段年巩固率小学、初中分别达99.9%、99.1%。一批文化体育服务设施建成投用，全民健身和竞技体育蓬勃开展。医药卫生体制改革顺利推进，基本形成以“县级为龙头、乡镇为枢纽、村级为网底、民办为补充”的医疗服务体系。城镇登记失业率控制在3.5%以内，社保待遇稳步提高，城乡低保实现“应保尽保、应退尽退”。养老服务体系进一步完善，孤残病、困境儿童等困难群体救助水平不断提升。深化平安梁平建设和社会治安综合治理，全区社会大局和谐稳定。

【惠民工程】 滚动实施“18+10”重点民生实事。抓住公、廉租房并轨管理政策机遇，完善配套措施，已累计交付3785套，2238户居住困难群众搬入新居。实施农村危房改造3353户。优化教育、公共卫生资源布局，建成知德小学等4所学校、县精神卫生中心（一期）、安宁社会福利中心。完成文图两馆扩建和老年大学迁建，建成双桂城区文化体育活动中心。新改扩建村（社区）便民服务中心36个。优化城区客运站设置，开通14个行政村客运，“二环路”实现客运全覆盖。整治山坪塘718口，左柏水库、猎神水库等一批重点民生工程启动建设。设立县级后续扶贫基金，落实常态长效帮扶，贫困发生率控制在1%以下。在2016年义务教育发展基本均衡县国家认定中，以94.3的高分名列全市11个区县第一名。

【服务型政府建设】 始终把政府自身建设放在突出位置，坚持科学决策、民主监督、政务公开，致力建设法治政府、服务政府、廉洁政府。自觉接受人大法律监督和政协民主监督，认真办结人大代表建议和政协委员提案。全面贯彻民主集中制，严格执行领导班子议事规则和决策程序，持续推进“3324”重大决策机制，保障行政决策科学化、民主化、法治化。全面推进政务公开，实施权责清单动态管理，健全法律顾问制度，不断提高法治思维和依法行政能力。深化行政审批“两集中、两到位”制度改革。推进“五证合一、一照一码”登记制度改革，优化营商环境。推行行政审批中介服务清单管理制度并向社会公布。实施“互联网+政务服务”，加强统一电子政务云平台的运行和管理，提高服务质效。认真学习党内法规，严格履行全面从严治党责任，规范党内政治生活，强化党内监督。严格落实中央八项规定精神和市委关于党员干部政治纪律“八严禁”、生活作风“十二不准”、领导干部招标投标工作纪律“三要十不准”等规定，拓展“两学一做”学习教育成果，塑造一支低调务实、少说多干、敢于担当、积极作为的公务员队伍，努力建设清廉政府。 （政府办　刘　键）

政协梁平县委员会

【概况】 中国人民政治协商会议梁平县第十三届委员会（简称梁平县政协）有政协委员254名，由中国共产党界、无党派人士界、共青团梁平县委界、总工会界、妇女联合会界、工商业联合会界、科学技术协会界、台湾同胞联谊会界、归国华侨联合会界、科学技术界、经济界、农业界、教育（含文化艺术）界、医药卫生界、少数民族界、宗教界、特别邀请人士界等17个界别组成。

中国人民政治协商会议梁平县第十三届常务委员会成员包括主席1名，副主席6名，秘书长1名，常务委员40名。

政协机关设置综合办事机构1个，即县政协办公室；工作机构4个，即县政协提案联络委员会、经济发展委员会、社会事务委员会、文史民宗委员会；设置直属正科级事业单位1个，即县政协社情民意信息中心。

2016年12月22日，按照《中共重庆市委办公厅、重庆市人民政府办公厅关于印发〈重庆市梁平区党政机构设置方案〉的通知》（渝委办〔2016〕129号）文件精神，梁平县政协机关机构转为梁平区政协机关机构。

2016年，县政协及常委会坚持中国共产党的领导，坚定维护以习近平为核心的中共中央权威，高举爱国主义、社会主义旗帜，牢牢把握团结民主主题，紧紧围绕“137”发展思路，着力发挥协调关系、汇聚力量、建言献策、服务大局的作用，认真履行政治协商、民主监督、参政议政职能，服务科学发展、促进社会和谐，为推动“面上保护、点上开发”示范区建设和如期全面建成小康社会作出了积极贡献。

【全体委员会议】 十三届五次会议，于 2016 年 1 月 28 日至 1 月 31 日在梁平县城举行。全体政协委员出席会议；中共梁平县委、县人大常委会、县政府领导，县纪委、人武部、法院、检察院的领导，驻梁部队、驻梁单位的领导，县级离退休老领导，在梁平的重庆市第四届政协委员应邀出席会议；不是本届政协委员的县属各部门、镇乡及有关单位党政主要负责人，黄埔同学会梁平联络组负责人，镇乡党委统战委员，县政协机关调研员、副调研员列席大会。

会议听取和审议了政协梁平县第十三届委员会常务委员会工作报告和关于提案工作情况的报告；列席县人大十六届八次会议，听取并协商讨论县人民政府工作报告、计划报告、财政报告，协商讨论县人民法院、县人民检察院工作报告。

会议期间，全体委员视察了全县重大项目建设、工业园区建设、新城区建设等情况；会议审议通过了常委会工作报告和提案工作情况的报告；审议通过了政协梁平县第十三届委员会第 5 次会议决议。

会议期间，大会秘书处共收到提案 149 件（含委员小组、民主党派、人民团体、界别和县政协专委会等集体提案 27 件）。经提案委员会审查，并报县政协主席会议审定，决定立案 110 件（并案 25 件），转为意见 9 件，转为社情民意 5 件。

【常务委员会会议】

第 20 次会议 1 月 18 日，召开县政协十三届第 20 次常委会，县政协主席周仁胜，副主席廖文宪、陈命安、王峻波、蒋明书，秘书长谭佐祥出席会议，县委副书记陈孟文、副县长唐诗平，县人民法院副院长卢剑波、县人民检察院副检察长许锋应邀出席会议。

会议学习了习近平总书记视察重庆重要讲话精神和市委四届八次全会、县委十三届九次十次全会精神。协商并同意“一府两院”工作报告（征求意见稿），审议了县政协十三届常委会工作报告（草案）、提案工作报告（草案）。审议通过召开县政协十三届五次全体会议相关事项。

第 21 次会议 1 月 31 日，县政协十三届 21 次常委（扩大）会召开，主席周仁胜，副主席廖文宪、陈命安、王峻波、蒋明书、唐天敏、周毅，秘书长谭佐祥出席会议。县委常委、常务副县长陈道彬应邀出席会议。

会议传达了市政协四届四次会议精神，听取了各委员小组关于县政协常委会工作报告、提案工作情况的报告以及县人民政府工作报告、县人民法院工作报告、县人民检察院工作报告的讨论情况的汇报，通报了大会期间提案征集情况，审议了县政协十三届五次全体会议决议（草案），审议通过了县政协 2016 年工作要点。

县人民法院、县人民检察院负责人应邀出席会议，各委员小组第一召集人及县政协机关委室、中心负责人列席会议。

第 22 次会议 4 月 27 日，召开县政协十三届 22 次常委会。副主席廖文宪、王峻波、蒋明书、唐天敏、周毅，秘书长谭佐祥出席会议。县委常委、统战部部长李钟斌，副县长唐诗平应邀出席会议。

会议传达学习了全国政协十二届四次会议精神，通报了县“十三五”重大项目规划及 2016 年重大项目计划情况。会前，开展政协提案办理回头看活动，组织在家主席会议成员、部分政协常委和提案者视察了城区公交站点建设和公交路线优化、一环路及南环路建设、城区违法建筑拆除、城区停车位建设和停车秩序管理等 2012—2015 年度提案办理情况，与提案办理单位负责人当面交流了意见建议。

会议要求，要认真学习贯彻全国、全市和全

县“两会”精神，明大事、知方向，坚持围绕中心服务大局，贯彻落实“五位一体”总体布局和“四个全面”战略布局要求，牢固树立五大发展理念，紧紧围绕“137”发展思路，扎实开展专题调研、专项视察、协商议政、撰写提案、反映社情民意信息等工作，为助推梁平县经济社会发展献计出力。

会议要求，常委会组成人员要努力作好表率，充分发挥在政协工作中的主体作用、在本职工作中的带头作用、在界别群众中的代表作用，为实现“科学发展、富民兴梁”建言献策，在建成全面小康社会伟大征程中建功立业。

县发改委、县交委、县城乡建委、县规划局、县市政园林局等部门负责人和部分政协委员列席会议。

第 23 次会议　8 月 18 日，县政协召开十三届第 23 次常委会议。主席周仁胜，副主席廖文宪、陈命安、王峻波、唐天敏、周毅，秘书长谭佐祥出席会议，县委常委、统战部部长李钟斌，县委常委、常务副县长陈道彬应邀出席会议。

会议传达学习了习近平总书记在庆祝中国共产党成立 95 周年大会上的讲话和全市换届工作精神，通报了全县上半年经济社会发展、县政府关于水产业可持续发展协商意见的处理情况、县政协十三届五次全体会议提案办理情况，专题协商了梁平县农产品质量安全监管体系建设工作，视察了县特色工业发展情况。

县政府办、农委、科委、水务局、食药监局、工商局负责人及部分政协委员、市民代表应邀参加会议。

第 24 次会议　12 月 6 日，县政协召开十三届第 24 次常委会议。主席周仁胜，副主席廖文宪、陈命安、王峻波、唐天敏、周毅，秘书长谭佐祥出席会议，县委常委、统战部部长李钟斌，县政府副县长胡立应邀出席会议。

会议传达了中共十八届六中全会精神，审议通过了重庆市梁平区政协十四届一次会议日程和议程（草案）；审议通过有关人事任免事项；通报 2016 年度生态文明建设工作情况。

会议认为，中共十八届六中全会是在全面深化改革、全面建成小康社会决胜阶段召开的一次十分重要的会议，具有里程碑意义。十八届六中全会系统总结近年来特别是中共十八大以来全面从严治党的理论和实践，就新形势下加强党的建设作出新的重大部署，必将进一步推进党的建设新的伟大工程。

会议强调，政协组织和政协委员中的中共党员要密切联系政协实际，深刻领会十八届六中全会精神的重大意义，认真抓好贯彻落实；要切实增强“四个意识”，自觉拥护、维护、服从以习近平同志为核心的党中央；要严格执行《关于新形势下党内政治生活的若干准则》和《中国共产党党内监督条例》，深化全面从严治党，团结带领广大政协委员加强政治约束，加强政协委员队伍建设。

第 25 次会议　12 月 23 日，县政协召开第 25 次常委会议，主席周仁胜，副主席廖文宪、陈命安、王峻波、蒋明书、唐天敏、周毅，秘书长谭佐祥出席会议，县委常委、常务副县长陈道彬应邀出席会议。

会议传达学习了梁平撤县设区干部大会精神，协商了县人民政府工作报告及县人民法院、县人民检察院工作报告，审议通过区政协十四届委员会界别设置、参加单位、委员名额及人选和界别小组（联组）及召集人名单。

会议审议了区政协十四届委员会常委会组成人员人选建议名单、主席团成员建议人选名单、提案审查委员会组成人员建议名单（草案）。

会议协商确定十四届委员会第一次会议筹备工作报告、十三届委员会常务委员会工作报告、关于提案工作情况报告的报告人和十四届一次会议未尽事宜。

县人民法院、县人民检察院及县政府办、县委组织部负责人应邀参加会议。

【主席会议】

第 35 次会议　1 月 11 日，主席周仁胜主持召开主席（扩大）会议，副主席廖文宪、王峻波、蒋明书、唐天敏、周毅及秘书长谭佐祥参加会议，县政协委室负责人列席会议。

会议审议了《县政协十三届常委会工作报告（讨论稿）》《提案工作报告（讨论稿）》《关于召开县政协十三届五次全体会议的决定（草案）》《县政协十三届五次全体会议议程（草案）》《县政协十三届五次全体会议日程（草案）》《县政协十三届五次全体会议提案委员会成员名单（草案）》《县政协十三届五次全体会议秘书长、副秘书长名单（草案）》《县政协十三届五次全体会议关于提案截止时间的决定（草案）》《县政协十三届五次全体会议各讨论小组（联组）及召集人名单（草案）》。

会议审议通过《2015年度优秀提案名单》《2015年度优秀社情民意信息名单》《县政协十三届20次常委会议程》《县政协十三届五次会议各次会议执行主席名单、主持人名单》《县政协十三届五次全体会议秘书处成员名单（草案）》。会议还通报了《2015年度委员变动情况》。

会议中，与会人员积极交流发言，提出修改意见，为第20次常委会议和第五次全体会议做好充分准备。

第36次会议　1月30日，副主席廖文宪主持，主席周仁胜，副主席陈命安、王峻波、蒋明书、唐天敏、周毅及秘书长谭佐祥出席会议，政协十三届五次会议提案审查委员会成员、各委室主要负责人列席会议。

会议对十三届五次会议期间收到149提案（含委员小组、民主党派、人民团体、界别和县政协专委会等集体提案27件）进行了审定，决定立案110件（并案25件），转为意见9件，转为社情民意5件。

第37次会议　2月23日，主席周仁胜主持召开，副主席廖文宪、陈命安、王峻波、蒋明书、唐天敏及秘书长谭佐祥出席会议。

会议审议了县政协2016年度协商计划，审议通过了县政协十三届五次全体会议重点提案、2015年度政协工作成果转化等事项，安排部署了2016年度工作。

县政协机关各委室负责人列席会议。

第38次会议　5月26日，主席周仁胜主持召开，副主席廖文宪、王峻波、唐天敏、周毅，秘书长谭佐祥参加会议；县委常委、政法委书记孙代勇应邀出席会议。县政协主席会议成员到县人民法院、县人民检察院实地了解司法体制改革推进情况，并听取县人民法院、县人民检察院关于司法体制改革有关情况的汇报。

县人民法院院长石溅泉、县人民检察院检察长王鸣隆应邀列席会议；县政协办公室、社会事务委负责人列席会议。

第39次会议　7月20日，县政协主席周仁胜主持召开主席（扩大）会议，传达学习市委领导讲话精神及县委贯彻落实意见，研究下半年工作，要求全体成员围绕县委政府中心工作，超前谋划，认真履职尽责，按期完成全年任务。

副主席廖文宪、陈命安、王峻波、蒋明书、唐天敏、周毅，秘书长谭佐祥参加会议。

第40次会议　8月10日，县政协召开主席扩大会议，协商紫照安胜复平撤乡设镇相关事宜，视察渝万高铁、梁忠高速建设情况。县政协主席周仁胜，县委常委、统战部部长李钟斌，副县长胡立，副主席廖文宪、王峻波、蒋明书、唐天敏、周毅，秘书长谭佐祥出席会议。

会议听取了县民政局关于紫照、安胜、复平乡撤乡设镇有关情况的介绍，与会政协委员发表了意见、建议。

会议认为，紫照、安胜、复平撤乡设镇，是三地干部群众的共同期盼，是经济社会发展的必然趋势；撤乡设镇将是紫照、安胜、复平干部群众政治、经济、社会生活中的一件大事，也是全县改革、发展历程中的一件大事；撤乡设镇能够激发三地干部群众干事创业热情，更好地适应经济发展新常态，立足自身优势，挖掘发展潜力、增强发展动力、激发发展活力、拓展发展空间，更好地实现经济社会科学发展。

会议建议，紫照、安胜、复平三地党委、政府要切实按照“五位一体”总体布局，协调推进“四个全面”战略布局和生态涵养发展战略，牢固树立创新、协调、绿色、开放、共享发展理念，全面落实“137”总体部署，紧扣城镇发展功能定位，统筹城乡协调发展，努力在新的起点上实现新的跨越。紫照、安胜、复平进一步明确发展定位、完善发展思路，加快经济社会发展；坚持不懈保障和改善民生，让人民群众共享改革发展成果；着力创新社会治理，切实维护社会和谐稳定；积极、稳妥、有序推进撤乡设镇后的行政区划、单位、地址更名和辖区群众证件更改、换发等工作，方便群众生产、生活及经济社会各项活动。

县政协有关委室主要负责人，县民政局、紫照乡、安胜乡、复平乡负责人及辖区的县政协委员参加协商。

第41次会议　8月22日，县[illegible]主席周仁胜主持召开，会议传达学习了[illegible]委会会议精神，协商讨论梁平撤县设区有关[illegible]会议同意梁平县撤县设区，并做好相关工作。

副主席廖文宪、陈命安、王峻波、蒋明书、唐天敏、周毅，秘书长谭佐祥参加会议。

第42次会议　9月19日，召开主席扩大会议，视察乡风文明建设工作。县政协主席周仁胜，副主席廖文宪、王峻波、蒋明书、唐天敏出席会议，县委常委、宣传部部长张子玉应邀出席。

主席会议成员到蟠龙镇扈槽村、柏家镇龙峰村等地了解乡风文明建设情况。县文明办、柏家镇政府、柏家镇龙峰村分别汇报了乡风文明建设情况。

县文明办及柏家镇、蟠龙镇负责人应邀参加会议，县政协各委室主要负责人列席会议。

第43次会议　9月21日，召开主席会议，视察县“十三五”城区学校规划布局工作。县政协主席周仁胜，副主席廖文宪、王峻波、蒋明书、周毅，秘书长谭佐祥参加会议，副县长唐诗平应邀出席。

主席会议成员到泰和小学、特教学校、天竺小学、枫叶国际学校、知德小学、双桂实验中学等施工现场，了解城区学校规划布局和建设推进情况，听取了县教委关于县“十三五”期间城区学校规划布局情况的汇报。

会议认为，县委、县政府将教育放在优先发展的战略地位，高度重视教育工作，教育工作取得显著成绩。县“十三五”城区学校规划布局合理、规模适度，顺应了城镇化、工业化加快的趋势，能够满足人民群众对教育的多层次需求。

县政协各委室负责人及县教委负责人参加会议。

第44次会议　12月1日，主席周仁胜主持召开，副主席廖文宪、陈命安、王峻波、蒋明书、唐天敏、周毅，秘书长谭佐祥出席会议。

会议审议通过第四十五次主席会和第24次常委会议题、县政协十三届优秀政协委员名单（2015—2016年），审议通过政协重庆市梁平区十四届一次会议有关事项，研究区政协十四届一次会议筹备工作，安排分解市政协副主席周克勤莅梁调研交办任务，研究2017年工作意见。

县政协机关各委办负责人列席会议。

第45次会议　12月13日，县政协召开主席扩大会，协商环保产业发展、跟踪视察龙溪河污染治理工作。县政协主席周仁胜，副主席廖文宪、王峻波、蒋明书、周毅，秘书长谭佐祥出席会议。县委常委、副县长唐军应邀参加会议。

会议认为，发展环保产业是生态文明建设的需要，是“面上保护、点上开发”示范区建设的重要内容，是加快特色工业集群发展的重要举措，大力发展环保产业，取得了可喜成绩。县委、县政府高度重视龙溪河水环境治理等环保工作，建立河长制，落实责任，加大投入，综合治理，全县上下齐抓共管，各级各部门分工协作，广大群众积极参与，龙溪河流域梁平段水环境质量明显改善。

会议希望，抢抓发展机遇，进一步完善规划，细化措施，加强创新驱动，加强政策支持，加大招商引资力度，切实将环保产业做大做强。乘势而行、攻坚克难、保持态势，增添措施，完善河长制，持之以恒之抓好环保工作，不断推进生态文明建设。

县发改委、经信委、农委、环保局、市政园林局、工业园区管委会等部门负责人及部分政协委员列席会议。

【民主协商】 注重发挥人民政协的协商民主重要渠道作用，聚焦全县改革发展稳定的重要问题，广泛开展民主协商。认真执行县委审定的2016年度政协协商计划，积极开展专题协商、界别协商、对口协商、提案办理协商，充分发挥了协商民主重要渠道作用，促进了相关工作的开展和落实。

委员们在全体会议期间就“一府两院”工作报告进行了会议协商，为加快梁平县经济社会发展提出意见建议；相关委员就梁平县环保产业发展和2016年度十大民生工程实施情况进行了专题协商；就梁平县城市棚户区改造进行了界别协商；就梁平县双桂湖片区文化景观建设时行对口协商；就《关于全面推进文旅融合发展的建议》等重点提案进行了提案办理协商；主席（扩大）会议重点协商了梁平县撤县设区和紫照、安胜、复平撤乡设镇等相关事宜。委员们踊跃建言献计，各方人士充分发表意见，协商意见上报县政府后，多项意见、建议被吸纳，为促进相关工作提供了有益参考。

【参政议政】 一是充分尊重和保障各民主党派、无党派人士视察、提案、反映社情民意等权利，积极支持参与履行三大职能。主席会议成员分别联系民主党派成员、无党派人士代表，加强思想和工作交流，切实增进合作。邀请民主党派和无党派人士参加协商、调研、视察，将其提出的加大棚户区改造力度等提案确定为重点提案，由县政府主要领导牵头督办。二是引导各界别根据自身特点开展参政议政，经济界开展“走进乡镇助推发展”活动，深入五大板块发展区域建言献策；特邀界开展“助推中小企业融入资本市场行动”，协调金融机构帮助企业解决上市前期工作的有关困难；农业界开展“农业科技进农家”、医卫界开展“白衣战士乡村行”、无党派人士界开展“法律知识进社区”等活动。积极支持界别充分发挥有序政治参与的重要渠道作用，反映本界别群众呼声和要求，有关意见得到重视、采纳。召开界别座谈会，深入交流发挥界别作用经验，为助推发展凝聚了各界合力。

【提案办理】 2016年，全县政协委员共提交提案149件，经提案委员会审查，并报县政协主席会议审定，共立案110件（含合并25件），不立案14件（其中9件转为意见，5件转为社情民意），立案率90.6%。政协委员提交的提案涉及农业农村、城镇建设、交通基础设施、文化教育和民生保障诸多方面，涵盖了全县经济社会发展中的各个层面；提案反映的问题与全面落实依法治县，大力推进供给侧结构性改革，实施“一支柱四集群”核心战略紧密结合，符合县委、县政府工作重点；提案意见经过深入调查研究，比较具体，具有较强的操作性，为加快政府职能转变、创新社会治理和促进县域经济发展作出贡献。

立案的110件提案中，涉及城乡基础设施建设20件（其中：发展规划8件、交通6件、水利2件、城镇建设4件），占18.2%；经济发展36件（其中：民营企业8件、农业产业10件、水电气2件、商务流通5件、旅游产业6件、环境保护2件、国有资产1件、科技发展1件、金融服务1件），占32.7%；社会管理31件（其中：市政建设及管理18件、交通治理6件、民族文化建设2件、物业管理2件、安全检查2件、司法建设1件），占28.2%；民生保障18件（其中：文化教育11件、社会保障3件、体育医疗卫生4件），占16.4%；行政改革5件（干部待遇3件、编制人事2件），占4.5%。

经各承办单位的共同努力，县政协十三届委员会第五次会议期间立案的110件提案已于7月20日前全部办结。共收回《征询意见表》137份，其中通过电话直接联系委员反馈19条意见。对政协委员提案办理表示满意的有150条，占96%，基本满意6条，占4%。

【反映社情民意】 着力关注并收集和反映交通、医疗卫生、教育科技、文化事业等领域的社情民意信息，为党委政府科学决策提供了参考。编报《社情民意》10多期，《关于将梁平县情编写为我县中小学课外读物的建议》被县委、县政府主要领导批示，县教委积极吸纳，编印了相关读物。《慎重研究解决离岗乡村医生待遇问题的建议》《加强我县民用管道天然气运行管理的建议》等被市政协采用和县级有关部门回复。

【专题调研】 坚持“围绕中心、服务大局”，紧扣县委、县政府重视、人民群众普遍关心的问题，组织政协委员开展专题调查研究。一是通过实地查看、走访座谈、参观考察等方式，针对梁平县环保产业发展进行了专题调研并形成调研报告，为加快县环保产业发展出谋划策；二是深入县内有关镇乡，就县农产品质量安全监管体系有关情况进行了专题调研，同时到市内外有关先进区县进行学习考察，形成了调研报告和协商意见，受到县委、县政府主要领导和有关部门的充分肯定，为县农产品质量安全体系建设起到较好的推动作用；三是围绕双桂湖公园文化景观建设这一主题，深入挖掘县历史文化内涵，实地考察双桂湖公园现状，赴杭州西湖、扬州瘦西湖、苏州园林和开州汉丰湖等地学习借鉴，形成了题为《妆点一湖碧水，彰显地域文化》——关于打造双桂湖公园文化景观建议的专题调研报告，为建设好双桂湖公园，和将县城建成滨湖山水园林城市提出了一些好的建议，得到了县领导的指示和相关部门的高度重视。

【文史工作】 完成了政协文史资料第十五辑《梁平文化史话》的整理编辑出版工作。该书以李克明著述的文本为基础资料，多次组织文史委员和相关人员深入讨论和反复修改，不断挖掘、收集历史资料，补充了一些与之相关的人物、事件的文章，增加了3万多文字资料，70余张图片资料，按照文史资料的相关要求不断进行了必要的技术处理，使之更加准确、完备和允当。该书共计32万字、750余页，分上、下两册，较为全面和系统地介绍了梁平悠久的建置历史，丰富的文化资源，丰硕的文化成果，杰出的艺术成就。

【政协机关建设】 努力建设“学习型、服务型、创新型、和谐型、节约型”机关，切实加强制度建设和信息化建设，不断加强机关思想建设、组织建设、作风建设，积极开展群众路线教育实践活动、“三严三实”专题教育、“两学一做”专题教育，机关干部的政治觉悟和服务意识进一步增强，政协机关成为加强委员联络、增进委员交流、服务委员履职的委员之家。

（政协办　谭红梅）

纪检监察

【概况】 中国共产党梁平县纪律检查委员会机关与梁平县监察局合署办公，实行一套工作机构，两个机关名称的体制，履行党的纪律检查和政府行政监察两种职能，对县委、县政府和市纪委、市监察局全面负责。机关内设机构11个，下属事业单位1个，人员编制37个，其中行政编制28个，事业编制7个，工勤编制2个，在职职工33名。县纪委委员20名，乡镇（街道）设立纪委（纪工委）33个，县一级党和国家机关设置派驻纪检组21个。

2016年12月29日，召开中国共产党重庆市梁平区十四届纪律检查委员会第一次全体会议，选举区纪委书记1名，区纪委副书记3名，区纪委常务委员会委员9名，区纪委委员21名。

2016年，在市纪委、市监察局和县委、县政府的坚强领导下，县纪委（监察局）深入贯彻落实上级决策部署，聚焦中心任务，强化监督执纪问责，扎实开展党风廉政建设和反腐败工作，坚定不移推进全面从严治党，业务考核名列渝东北一等，纪检监察工作迈出新步伐，为全县营造了风清气正的政治生态环境，为经济社会发展提供了坚强的纪律保障。

【县纪委全体会议】 中国共产党梁平县十三届纪律检查委员会第六次全体会议，由中共梁平县纪委常委会主持，于2016年2月2日举行。出席会议的县纪委委员20人，县委书记吴盛海出席会议并作重要讲话，县委、县人大常委会、县政府、县政协领导同志出席会议，乡镇（街道）、县级部门主要负责同志以及乡镇纪委（街道纪工委）书记、县级部门纪检组长、县纪委（监察局）机关全体干部参加了会议。全会审议通过了县委常委、县纪委书记李德平代表县纪委常委会所作的《全面从严治党，把纪律挺在前面，坚定不移推进党风廉政建设和反腐败斗争》的工作报告。

【从严治党政治担当】 牢固树立政治意识、大局意识、核心意识、看齐意识，坚决维护以习近平为核心的党中央权威和集中统一领导；把贯彻落实六中全会精神同开展“两学一做”学习教育结合起来，学思践悟，强化监督执纪问责。严格落实党风廉政建设两个“季报告”“两个责任”笔录式约谈等配套制度，严格贯彻执行《中国共产党问责条例》，严格实行“一案双查”，以督责促尽责，以问责促担责；对2015年以来查办的违反中央八项规定精神及侵害群众利益的不正之风和腐败案件进行梳理，追究了13件案件中24名责任人落实全面从严治党责任不力的责任。

【党风政风建设】 紧抓重要节点，坚持明察暗访，2016年共查处违反中央八项规定精神问题29起32人，给予党纪政纪处分18人，点名道姓通报曝光21人。开展“三治一严”正风肃纪专项行动，围绕全县经济社会发展重点工作，配套出台《服务企业“十严禁”》《城镇棚户区（危旧房）改造“六不准”》《烟花爆竹生产企业转型发展“六不准”》《煤矿关闭退出工作“七不准”》等一系列纪律规定，并在所有公职人员中开展自查自纠、作出守纪承诺并及时处置苗头，实现27家烟爆企业成功转型，12家煤矿一次性关闭退出。抓住关键少数，强化通报曝光，2016年共制作反腐倡廉电视专栏《永远在路上》24期，发布政务微信《莲花微报》33期，下发通报文件6期，将查处的党员领导干部作风问题情况在全县公开曝光。着力营造风清气正的换届环境，严格执行《关于防止干部“带病提拔”的意见》，严把政治关、廉洁关，2016年完成干部廉政审查884人次，其中审查出1人有信访反映、3人被立案调查、1人受到党纪处分，7人受到政纪处分，将审查出的问题反馈相关部门并建议按相关规定执行。在县纪委机关开展“严防失误、力戒延误、杜绝错误”专项行动，在干好本职事、办好组织事上争做合格共产党员。

【体制机制改革】 抓实派驻机构改革，采取“综合派驻＋单独派驻”的模式，设置派驻纪检组21个，其中对6个系统规模大、直属单位多、监督对象多的部门实行单独派驻，实现67个县一级党和国家机关派驻机构全覆盖。抓严政治巡察，成立巡察工作领导小组，完善工作机制，配套系列制度，充实巡察人才库，2016年完成2轮集中巡察，共巡察7个单位党组织，发现突出问题105个，其中问题线索47件。

【监督执纪办信办案】 准确把握和运用监督执纪“四种形态”，2016年全县纪检组织通过函询、诫勉谈话、批评教育等方式处理178人，占55.8%；给予党纪轻处分和组织调整80人，占25.1%；给予党纪重处分35人，占10.9%；严重违纪涉嫌违法立案审查26人，占8.2%。坚持把纪律和规矩挺在前面，2016年县纪委受理群众来信来访来电及网络举报400件次，初核违纪线索339件，比2015年同期增长107.9%；立案查处违纪违法案件116件135人，结案123件，处分140人，立案和结案件数比2015年同期分别增长12.6%、23%，其中受党纪处分116人，政纪处分32人，受双重处分8人，典型案件11件。

【自身建设】 聚焦主责转职能，坚持把履责实效作为评定基层纪检组织负责人考核等次的首要标准，2016年评定纪检监察干部个人年度考核优秀等次13名，提拔重用纪检干部26名，提名考察乡镇纪委（街道纪工委）专职副书记21名。着力督导转方式，加强面上工作指导，实现转变监督方式的整体推进；严肃责任追究，2016年对出现追责情形的19名纪检组织负责人开展集中约谈。从严管理转作风，开展纪检监察干部述责述廉相互评议工作；全县312名纪检监察干部分别向区纪委报告个人有关事项；在查实的违纪线索中倒查纪检监察干部作风问题、履责情况，4名时任和现任乡镇纪委书记因失职失责被警示约谈、全县通报；对反映纪检监察干部的问题线索大起底，共初核纪检干部问题线索7件6人，1名纪检干部被给予纪律处分，为5名问题线索反映不属实的纪检干部予以澄清。

（县纪委　唐俊梅）

组织工作

【概况】　中共梁平县委组织部是梁平县委负责组织、干部和人才工作的职能部门，内设8个科室：办公室、干部一科、干部二科、人才科、干部教育科、干部监督科、组织一科、组织二科等；下属2个事业单位：县考核办公室（正科级事业单位）和县党员教育中心（副科级参公单位）。县委非公经济和社会组织党建工作委员会与组织部合署办公，下设非公工委综合科；县委直属机关工作委员会为挂牌机构，无人员编制。

【“两学一做”学习教育】　2016年以来，按照中央和市委的要求，全县深入开展“两学一做”学习教育，取得了明显成效，在全市“两学一做”学习教育常态化制度化工作座谈会上作了经验交流。

在学上，聚焦党章党规和习近平总书记系列重要讲话精神，以及中央、市委要求部署，以“三会一课”为基本形式开展集中学习8100余次，县管党员领导干部到基层党支部为党员讲党课858次。利用党员领导干部示范讲、党组织负责人全员讲、流动宣讲团巡回讲、“七一”前后集中讲，教育引导全县党员干部自觉加强思想政治教育，自觉用习近平总书记系列重要讲话精神武装头脑、指导实践、推动工作，坚定地在思想上政治上行动上同以习近平同志为核心的党中央保持高度一致，坚决维护党中央权威，“四个意识”特别是核心意识、看齐意识进一步增强。在改上，对照党章党规、系列讲话和市委要求，查找出在纪律、作风，以及在推进烟花爆竹转型发展、水污染治理、特色产业发展等方面存在的问题5064个，通过边学边改，已整改销号4989个。

在做上，开展“比实绩干好本职事、比奉献办好组织事、比作风管好身边事，争当邓平寿式共产党员”的“三比一争”行动，激励广大党员干部在学中干、在干中学，积极推进特色工业发展、城市建设、烟花爆竹生产企业转型发展、乡镇煤矿关闭、非煤矿山整治、土地流转“非农化”整治、征地拆迁、水环境治理、特色风情集镇建设、乡风文明建设等重点工作，涌现出全国优秀共产党员周娟等一批先进典型，层层组织推荐评选市级“两优一先”表彰对象9个，县级“两优一先”表彰对象255个。

在督上，12个督导组通过“不打招呼”“一竿子插到底”的方式，每季度对各单位的学习教育、问题整改情况进行暗访，通报“空学盲学”“承诺之后放空炮”“三天打鱼、两天晒网”等典型问题5例。2016年，《中国纪检监察报》《重庆日报》《当代党员》《机关党建》等刊物先后10余次宣传推介梁平县“两学一做”经验做法进行。

【三级换届工作】

村（社区）“两委”换届情况　成立8个换届选举工作督导组，对换届工作进行全程督察指导，并配合各乡镇（街道）对所辖村（社区）班子情况进行调研。对摸排出的8个市级和24个县级换届选举重难点村，通过“明确县级领导包点指导、派驻督导组重点督导、成立专项工作组具体指导、制定详细可操作的整改方案、开展综合研判”五项举措进行集中整顿，做到先整顿后换届。建立严格的审查审核制度和重要节点提醒机制，严把换届关节，使换届程序步骤一步不省、一步不漏、一步不错。2016年11月中旬，全县343个村（社区）全部圆满完成“两委”换届选举工作，共选出村（社区）“两委”成员2515名，其中党组织委员1710名，村（居）委会委员1740名，“两委”交叉任职935名。全县有村（社区）专职干部1468名，其中村专职干部1085名，社区专职干部383名。换届后，及时加强落选村（社区）干部的心理疏导和帮带工作，确保落选干部思想上畅通、工作上支持、情绪上稳定。

乡镇（街道）换届情况　2016年换届工作中，人事安排坚持三个原则：总体平稳、局部小调。注重本地干部和交流干部、新任干部与继任干部的适当比例，平级交流乡镇（街道）干部占总职数的22%。全程差额、层层择优比选干部。通过单位党组织择优推荐、各考察组组内拉通排名、部务会综合研判“三级遴选”方式，全程差额比选。采取老中青相结合梯次配备。本次乡镇（街道）共调整干部230名，其中，提拔43名（正职3名、副职40名），平级重用2名、平级交流74名、就地转岗82名，免职29名（其中本人书面申请改非2名，免人大主席所任的党委副书记职务24名、调出县外免职3名）。新选拔21名“三类人员”充实乡镇领导班子，乡镇（街道）领导班子成员平均年龄42.6岁，下降1.2岁；80后干部达到67名，60、70、80三个年龄段形成橄榄形结构，比例分别为28.4%、52%、19.6%，干部结构更趋合理。

县级换届情况　依法依规推选“两代表一委员”，对代表委员的条件、程序、结构严格把关，制定了不得作为县“两代表一委员”的12条标准，组建12个县内考察组、5个县外考察组进行实地考察，7名党代表候选人初步人选、21名人大代表候选人初步人选和11名政协委员初步协商提名人选被取消资格。提前谋划，认真落实好日程安排、材料印制、提案议案、会务筹备、选举准备、宣传指导、后勤保障、安全保卫等“三会”筹备工作。积极协助市委干部考察组圆满完成撤县设区后区级领导班子的考察、推荐等工作，区“三会”分别于2016年12月26日—29日、2017年1月6日—10日和2017年1月5日—9日召开，选举产生了区四大班子和法检两院主要负责人，圆满实现组织意图。

【干部教育管理监督工作】　坚持严抓、严管、严治，促使干部低调务实、少说多干，敢于担当、积极作为。建立县管干部培训台账动态管理机制。坚持把党性教育作为干部培训的首要任务，在主体班次全面推行党性教育系统化培训。狠抓中央八项规定精神和市委实施意见落实，严肃换届纪律。编印《换届政策法规选编》6000份，制作“九严禁”“六不准”等风气监督提醒卡1万余份；开展换届纪律巡回宣讲33场，全县各级领导干部参与学习33896人次，“四必看”实现全覆盖。完成对11个单位18名党政主要领导干部的经济责任审计。严格开展领导干部个人事项报告抽查核实工作，抽查县管领导干部、拟提任干部847人次，9名拟提任干部因不如实填报个人事项报告被放下，27名瞒报个人事项干部受到诫勉处理。严格领导干部出国（境）审批管理，收回因私出国（境）证件15份。严格干部考核。精简优化考核指标内容，取消常规性、不能真实反映成效、不符合五大功能区域发展等内容，增设城市棚户区改造、百里竹海景区建设、烟花爆竹生产企业转型发展等6项重点工作加分项目，力求达到以考核推动全县重点工作、重要任务有效落实的目的。

【人才工作】　2016年全县人才工作坚持“围绕产业引人才、跟着项目聚人才”工作思路，以项目化引进培育产业人才为抓手，大力实施人才强县战略。

树立政策导向　深化贯彻人才发展体制机制改革实施意见，相继出台《梁平县特色工业集群三年行动计划人力社保服务工作方案》《梁平县科技计划项目和资金管理办法（试行）》《梁平县关于促进企业技术创新的实施意见》《梁平县专利资助奖励办法（2016 年修订）》《梁平县关于发展众创空间推进大众创业万众创新的实施意见》等创新创业方面的政策性文件，为创新驱动发展注入不竭动力。对接市上“万名专家服务基层行动计划”，举办农村科技、教育卫生等 5 个领域的专家讲座 8 场、考察咨询会 12 场，签订合作协议 13 个；邀请一批国内知名集成电路、生态塑料、不锈钢制品等各类专家莅梁调研、座谈，为全区特色工业产业发展定位导航。

树立需求导向　启动“一支柱四集群”工业产业和“1+3”特色农业人才建设专项调研，收集企业人才需求意愿 160 余项，摸清全区人才需求状况。组织实施县内企业用工招聘会 5 次、县外人才招聘会 1 次，1200 余人与“一支柱四集群”企业达成意向性就业协议。通过与科研单位、在渝高校联合实施 69 项科技创新项目，柔性引进水禽、水产、梁平柚、食品加工等行业高层次专家 38 名。实施“万名专家服务基层行动计划”，共举办专家讲座 8 场、考察咨询 12 场，签订合作协议 13 个。成功创建院士专家工作站，与中国工程院院士、大连理工大学蹇锡高院士签订战略合作框架协议。在市级院士专家工作站项目评审中我县获得了全市第 5 名的好成绩。实施市级创新驱动助力工程示范区建设，企业咨询技术问题 30 余个，签订项目合同 2 个，落地项目 2 个，总金额达到 500 万元，预期效益金额能达到 10 亿元。举办“一支柱四集群”创新创业人才专题培训班 1 期，培养新型职业农民 860 名，培训农村实用人才 1.2 万名。建成 110 套人才公寓并交付使用，解决人才后顾之忧。

树立问题导向　针对基层教育工作者、医务工作者紧缺的问题，通过订单培养方式，向基层选派全科医生 11 名、全科教师 13 名，为全区基层教育卫生事业及时补充了新鲜血液。

【基层组织建设】　按照“减轻基层负担、聚焦服务功能、夯实基层基础、密切联系群众”的思路，精准施策、深耕细作抓实基层党建工作。注重因地制宜，发展壮大村级集体经济。注重便民为民，深化服务群众平台建设。新改扩建 36 个村（社区）便民服务中心，增加文体设施，提升服务水平。稳步推进电商进村 284 个、超市进村 301 个、金融进村 292 个，整改 45 个后进基层党组织，2015 年已脱贫易返贫户实现真脱贫，2016 年新增的 427 户 1111 名贫困户如期脱贫；拓展园区党群服务中心功能，办理各类服务 1050 件 4288 人次，推动企业创造发明专利 6 项，更加重视群工系统的作用发挥，群工系统解决事项率、群众满意率分别达 99.4%、99.5%；强力推进非公领域组织建设，非公有制企业和社会组织党组织覆盖率分别达 85.93%、73.12%，组建率均为 100%；紧盯基层党建重点任务，认真开展“四个专项检查”，分类做好党员组织关系和党籍管理；落实党代会代表和党员违纪违法清查，依纪依规对相关人员进行处理；抓好党费收缴专项检查，健全专人管、足额收、及时缴、定期查的工作机制，推动党费工作制度执行严格到位；督促 5 个未按期换届的基层党组织完成换届，基层组织的政治功能和服务功能持续增强。

【党员发展教育服务】　按照发展党员“控制总量、优化结构、提高质量、发挥作用”的要求，2016 年发展党员 298 名，其中 35 岁及以下党员 211 人，占 70.8%；大专及以上学历 173 人，占 58%；女党员 85 名，占 28.5%。2016 年县管党费收入 7518228.11 元，支出 2822865.26 元，其中下拨下级党组织 318153 元，2016 年年底结余 6415162.44 元。召开返乡流动党员迎春座谈会，向 1180 名返乡流动党员发放慰问金 11.8 万元。提高党内互助金补助标准，向 214 名生活困难党员发放党内互助金 37 万元。发放党龄在 40 年以上未享受相关社会养老保险政策补贴的农村老党员和未享受离退休待遇的城镇老党员生活补贴 936.2 万余元，全县共有 7267 名老党员享受补贴。不断加强党员队伍教育，在中国共产党成立 95 周年之际，周娟同志被中共中央授予“全国优秀共产党员”称号；张兴英、陈晓琴2名同志被市委表彰为“优秀共产党员”，曹刚静、胡平2名同志被市委表彰为“优秀党务工作者”，中共梁平县柏家镇龙峰村总支部委员会、中共梁平工业园区党群活动服务中心支部、中共梁平县双桂街道皂角社区委员会、中共梁平县公安局梁山第一派出所支部委员会4个党组织被市委表彰为“先进基层党组织”；张蕾等98名同志被县委表彰为“优秀共产党员”，胡平等59名同志被县委表彰为“优秀党务工作者”，中共梁平县梁山街道石马山社区委员会等98个党组织被县委表彰为“先进基层党组织”。

【自身建设】 坚持从严治部、从严律己、从严带队伍，下功夫建设讲政治、重公道、业务精、作风好的组工干部队伍。一是强化忠诚教育。带头开展“两学一做”学习教育，持续强化“四个意识”特别是核心意识、看齐意识，坚定自觉地维护以习近平同志为核心的党中央权威，坚定自觉地贯彻落实中央、市委和县委决策部署，切实把爱党护党兴党体现到实际行动中。二是践行公道正派。大力弘扬人梯精神，始终公道对待、公平评价、公正使用干部，做到对党负责、对事业负责、对干部负责。带头抵制不正之风，换届中自觉践行“五个决不”要求，当好选贤任能“守门员”。三是树立干净形象。强化底线意识，教育干部敬畏纪律、克己自律、接受他律，不折不扣执行廉洁自律准则和纪律处分条例、中央八项规定精神以及全市党员干部政治纪律“八严禁”、生活作风“十二不准”等规定，做严守党的纪律和规矩的模范。（组织部）

宣传工作

【概况】 中共梁平县委宣传部为县委主管全县意识形态工作的综合职能部门，内设精神文明建设委员会办公室和5个职能科室，分别为文明办、文明建设科、办公室、理论科、宣教科、新闻科。机关行政编制为14名。县委网络安全和信息化领导小组办公室（挂县互联网信息办公室、县委对外宣传办公室牌子）设在县委宣传部。

2016年12月梁平撤县设区后，中共梁平县委宣传部更名为中共重庆市梁平区委宣传部。

【理论武装工作】

理论学习形成常态 举办“梁平大讲堂”8期，开展县委中心组学习32次。举办了全县宣传思想文化系统理论培训班，收到良好效果。

理论宣传深受欢迎 创新“十微宣教法”拓展理论普及新路径，做法被《重庆日报》《重庆宣传》等刊载。组织各级宣讲员深入基层宣讲800余场次，受众16万人次，“1+X微宣讲”上了央视新闻联播。双桂街道“坝坝宣讲队”被评为全市基层理论宣讲先进集体组织。编印《且歌且行——微讲梁平》理论宣讲读本并免费发放到基层。

理论调研注重实效 多篇调研文章在《人民日报》《光明日报》等报刊发表。完成委托课题项目3项，自主开展调研课题2项，《梁平县文化软实力建设研究》获全市优秀调研成果奖。开展社科优秀成果评奖，评选出各类优秀社科成果16项。

意识形态安全可控 制定下发意识形态工作“1+5”制度，建立“意识形态工作联席会”，召开联席会议10次，县委常委会听取汇报25次，召开专题会议8次。出台系列文件，对各类培训讲座活动进行规范。全年意识形态工作领域无责任事故、无负面影响。

【舆论引导工作】 一是引导热点，新闻宣传有声有色。在报台网推出专题专栏200余个。《梁平报》七一特刊、扶贫特刊得到了《重庆报刊审读》的充分肯定。《梁平微视》推出系列精品微视频42期，其中3期节目在央视播出。二是建好阵地，媒体水平稳步提升。在新媒体平台上策划开展了“星光大道”“中国好声音”赛事及“梁平佛印山云上生态首届露营节”等线上线下活动。“家在梁平”APP下载注册数、“梁平微发布”关注数均达到了30多万，单条信息围观群众和网络关注数达几十万人。多条精品微信被“重庆微发布”采用，微信单条阅读量突破10万，连续几个月发布数排名全市前三，点赞数排名全市前十名。@微播梁平共发布微博6500余条，其中16条信息被市政府新闻办转发，发布数、原创数多月居全市前十。三是完善机制，舆情监管成效显著。制定了重大舆情“一小时一报告”“特事特报”制度和媒体“约谈通报机制”。建立了“十百千万”红色网军队伍，积极开展舆情信息收集分析研判，编印《梁平舆情》90余期，完成市级网评任务151次。重庆网络问政平台回复率在第二季度排名全市第二、三季度排名全市第四。

【文化艺术工作】

基础设施日臻完善 开工建设新区体育馆、游泳馆，升级改造老城影剧院，推进公共文化体育场馆免费开放工作。2万套直播卫星“户户通”设施设备发放安装到位，乡镇场镇数字电视双向化网络全覆盖。

文艺创作成果丰硕 年画传承《薪火》视频获得全国一等奖，开展了梁山灯戏《邓平寿》《棒棒棒棒》等50件文艺作品创作。小说《平湖暗流》被改编为电视连续剧在央视“社会与法”栏目播出。摄制非遗纪录片《小师傅》《非遗梁平》，将在央视播出。梁山灯戏《亲家情缘》、竹琴《八阵图》等10多个文艺精品获市级奖项。多幅摄影作品入围中国艺术节走进联合国“自然中国”摄影美术作品展、重庆生态摄影大赛。编印了《我的家乡》《可爱的梁平》等县情书籍，并成为乡土教材走进全县中小学。

文化活动丰富多彩 承办2016年重庆市文化科技卫生“三下乡”活动启动仪式暨集中服务活动，得到市委宣传部的充分肯定和高度评价。举办纪念建党95周年主题书画展、“跨越——图说梁平五年辉煌成就展”、庆国庆文艺晚会、升国旗仪式、纪念长征胜利80周年、微电影《柚乡陪审员》首映仪式、柚乡周末篮球之夜、柚乡群众大舞台等活动。开展传统文化进校园活动，《实施“163”工程推动传统文化进校园》被作为基层典型案例上报中宣部。组团参加重庆市第五届市运会，收获3金3银3铜的历史最高成绩，并获得了体育道德风尚奖。

【对外宣传工作】

精心策划新闻外宣 开展“全国百名网络总编看梁平”梁平采访活动，多条深度报道被光明网、环球网等87家媒体刊发转载，转发点击量近百万。策划召开7场新闻发布会。在中央媒体、市级媒体刊播正面新闻近1200余条，在《重庆新闻联播》用稿全市排位上升到前十名。

努力抓好形象宣传 组织开展“韩国僧人到梁平双桂堂体验修行”、城市形象彩铃等城市形象宣传活动。组织全县干群参与梁平柚参评全国“一村一品”十大知名品牌网络投票评选活动，梁平柚获得全国第一名，并在央视七套《聚焦三农》栏目上展播一个月，此项工作得到周波常务副部长的肯定，经验上报中宣部、中央网信办。推送的3个基层干部扶贫故事在全市“我的扶贫故事”征文比赛活动中，分别获得了一、二等奖，我部获得了优秀组织奖。

广泛开展对外交流 组织梁平木版年画等5000余件特色文化产品参加重庆文化产业博览会。成立考察组，到浙江长兴、桐庐、陕西户县、福建漳州等地，就媒体融合、乡风文明建设、年画传承保护等进行交流。

【文联工作】

开展群众文化活动 组织县书法家协会部分会员及300名少年儿童在县城广场开展“书写中国梦 春联进万家”活动，为群众免费书写赠送春联10万余幅。组织开展“中国梦·巴渝风·柚乡情”“深入生活 扎根人民”等主题群众文化活动30余场。配合举办“非遗展演季”“柚乡大舞台”庆国庆文艺晚会、庆国庆暨非物质文化遗产展演活动、纪念红军长征80周年音乐会等

一系列文化活动10余场。

举办主题文艺活动　举办纪念来知德诞辰490周年书法展、《诗咏梁平》首发式暨《平湖暗流》作品研讨会。邀请国家、市级知名作家、摄影家来梁平合兴万亩名柚园、合兴李子园、百里竹海等地开展集中采风活动。举办“党在我心中”摄影、绘画、书法等系列文艺作品展、“今日梁平”梁平县经济社会发展图片展、“我的城市我的家”图片展、“梁平秋色”摄影比赛及展览、“美丽乡村　诗意二环”书法美术摄影大赛暨展览等系列文艺活动。

抓好文艺精品创作　规划培育文艺项目，积极组织申报市级资助项目、市“五个一工程”奖、市第七届重庆艺术奖。组织参加重庆市“最美乡村公路”摄影比赛，其中3幅作品分获二、三等奖。县作协名誉主席王鸣隆根据其创作的同名小说改编的电视连续剧《平湖暗流》完成拍摄并于2016年已在央视“社会与法”栏目播出。长篇小说《大山惊梦》在长篇小说选刊上发表，并入选茅盾文学奖评选目录。原创歌曲《竹海神仙》获得重庆市第七届乡村文艺调演三等奖，歌曲《百里竹海美如画》获得重庆市美丽乡村原创歌曲大赛优秀奖，梁山灯戏《亲家情缘》《你的眼我的手》获得重庆市第五届戏剧曲艺大赛获二等奖，曲艺表演《八阵图》获得重庆市第五届戏剧曲艺大赛三等奖。

提高服务管理水平　按照群团改革精神，制定文联改革方案，着力推进体制机制创新，不断提升团结引导水平。指导作协、摄协、民协等圆满完成换届选举工作。健全文艺工作者深入基层采风创作长效机制，参与完善《梁平县文艺创作奖励办法》。注重阵地建设，滑石文苑被市委宣传部命名为首批重庆市文艺创作基地。办好综合性文艺刊物《蓼叶河》，为广大文艺爱好者搭建交流平台。

【社科联工作】　梁平县社科联紧紧围绕县委、县政府中心工作，全面完成各项工作任务。一是强化纽带作用，社团建设积极推进，积极筹备成立传统文化类社团，重点研究梁平的传统历史文化；为所属每个社科社团发放专项工作经费，推动社科社团活动日常化。二是立足本地发展，理论研究成果丰硕，先后承担完成《重庆市基层群众精神文化需求调查》等3项市级课题并结题；评选2015年度优秀社科成果18个并进行汇编整理，呈送领导参阅。三是狠抓氛围营造，科普活动有声有色，创新开展的社科专家“1+X”微宣讲活动，被央视《新闻联播》《重庆日报》等市级以上媒体报道，积极参加“全县科普宣传周”活动，发放了社科知识宣传单和科普读物5000余册（份），县社科联主席被评为全国优秀社科普及工作者。四是开展群团改革，各项任务顺利完成，制定下发《梁平县社科联专项改革实施方案》，完成“梁平群团之家”网站和微信公众号的建设和推广，各项改革任务圆满完成。

（宣传部）

统战工作

【概况】　中共梁平县委统战部是县委开展统一战线工作的专职工作机构，内设办公室、党外人士科、民宗侨台科、经济科4个科室，下属事业单位民主党派服务中心1个。现有人员编制13名，其中行政编制9名，事业编制2名，工勤人员2名。

2016年，在上级相关部门的精心指导下，在县委的正确领导下，县委统战部深入学习贯彻中共十八届六中全会、中央统战工作会议以及市委四届十次全会精神，深入学习贯彻习近平总书记系列重要讲话特别是视察重庆重要讲话及统一战线重要思想，深入贯彻落实《中国共产党统一战线工作条例（试行）》以及市委统战部“四件大事”“六大行动”，紧紧围绕县委“137”发展思路和“345”党建工作思路，结合梁平统情实际，发愤图强、锐意进取，创造性地开展好统战工作。

【教育引导工作】

重要会议及文件学习　深入贯彻学习中共十八届六中全会以及习近平总书记系列重要讲话精神。全年召开了两次统战工作会议，各乡镇（街道）主要负责人、宣传统战委员，县级各部门主要负责人、分管领导参加会议。分别学习传达了十八届六中全会精神、习总书记“七一”重要讲话精神和中央、市委、县委统战工作会议精神；

理想信念教育实践活动　邀请市工商联（总商会）副会长、重庆五洲世纪文化产业集团董事长徐登权为县200余名非公经济代表人士作了辅导报告，以其自身经验告诫企业家们要依法经营、勇于开拓、服务社会、承担责任，不断增强对社会主义的道路自信、制度自信、理论自信、文化自信；组织新一届工商联企业家副主席（副会长）、常执委认真学习《国务院关于建立完善守信联合激励和失信联合惩戒制度加快推进社会诚信建设的指导意见》（国发〔2016〕33号）文件精神，争做诚信经营的表率

统一战线理论教学工作　县财政拨专款10万元，用于编印《梁平县干部统战知识简明读本》及《梁平县中小学统战知识简明读本》。与县教委合作继续在试点学校开展将统战理论纳入国民教育内容活动。与组织部联合印发了《中共梁平县委统战部中共梁平县委组织部关于贯彻落实〈中共中央统战部、中共中央组织部、中共中央党校、国家行政学院、中央社会主义学院关于各级党校、行政学院、干部学院、社会主义学院进一步加强统一战线理论政策教学的若干意见〉的通知》（梁平委统发〔2016〕8号）文件，建立了全县统战理论政策及统战知识教学工作长效机制。会同县委组织部将统一战线理论政策纳入了专题培训班调训计划并督促落实，县委党校、县行政学校和县社院举办的11个主体班次和其他班次都将统一战线理论政策课程纳入教学计划，县社院培训班将统一战线理论政策教学作为必修课，县委党校、县行政学校和县社院主动邀请县政协主席、统战部部长等县级领导及市社院专家为学员授课。

【民宗侨台工作】

民宗领域稳定工作　深入贯彻落实全市民族工作会议精神，并就2016年全县民族重点工作，特别是城市民族工作进行了安排落实；推动2016年民族项目的顺利实施；加强值班值守，确保宗教场所在春节、“6·19”庙会等重大节假日期间安全稳定；完成天主教地下势力、基督教非法传教的调研，开展基础情报收集，为基层宗教工作奠定坚实的基础；全面推进宗教工作“三级网络两级责任制”建设，实现县域范围内100%全覆盖；完成宗教场所结算账户清理、民间信仰统计、道路状况调查、念佛点（经文学习点）摸底等工作。

宗教团体自身建设　成功组建梁平县佛教协会；继续落实教职人员登记备案制度，全面掌握县内宗教教职人员的真实情况，推动宗教教职人员队伍建设工作依法、有序开展；先后举办了暑期谈心活动，2016年宗教界人士暑期培训班、宗教界人士读书班、“党情国情市情”专题讲座等；指导双桂堂承接了韩国僧人到华体验修行涉外活动。

双桂堂保护修缮工程　保护修缮工程顺利竣工并通过验收，修缮工程概算总计为1.13亿元，实际总投入12087.12万元，其中市财政补助资金9046万元，县财政补助1767.04万元，双桂堂自筹1274.08万元。

禅宗文化挖掘　2016年，先后编辑刊印《妙手慈度》《竹禅作品罗汉卷》《破山禅派五溪衍》等三部专著。拟定了《双桂文库》整理出版计划，目前正在进行资料搜集工作。《破山法派禅诗选》编撰完成，即将进入出版程序，《破山法派禅师语录集成》正在进行点校工作。

对台侨务工作　积极协调红旗中学赴台报批工作；珍珠班今年毕业40人，一本21人、二本19人，本科上线率达到100%，年资助金额达到30余万元；协调回龙镇云阳闽商侨心小学建设工作，目前该项目已竣工投入使用；全县有6篇征文在“第十七届世界华人学生作文大赛”中获奖，县侨联获得优秀组织奖。

【民主党派工作】

政党协商计划　与县各民主党派、工商联、无党派人士代表多次商讨协商议题，会同县委办制定《梁平县2016年政党协商计划》，重点围绕"优化发展环境""农村环境整治""加快工业园区基础设施建设""县委全委会文件""县人大、政协、政府换届人事协商""县政府工作报告"六个主题进行政党协商，并从相关部门抽调工作人员协助民主党派、工商联、无党派人士代表成立调研协商组，按《政党协商计划》要求，分专题进行调研协商，形成调研报告经县委办批转，县财政局、经信委等二十余家单位对政党协商调研报告的意见进行了落实与反馈。

民主党派组织建设　全县有四个民主党派的成员活动，分别是民盟（盟员1人）、民建梁平直属支部（会员29人）、致公党（党员1人）、九三学社（社员1人）。其中民建梁平直属支部作为梁平县唯一的民主党派地方组织，于今年初为其协调安排了固定的办公场所（两间办公室和一间会议室），并向县财政申请拨付了10万元办公室装修经费和10万元工作经费。

【党外人士工作】

教育培训　7月举办宗教人士暑期培训班，8月举办非公经济人士培训班，9月举办党外代表人士后备人选培训班，10月举办非公经济人士培训班，12月举办党外代表人士个性化培训班，实现了党外代表人士培训"全覆盖"，突出政治学习，强化思想认同，保持正确的政治方向。

个性化培养　年初制订了年度工作方案，动态物色调整充实了个性化培养名单，落实了挂职锻炼、政治培训、轮岗交流、安排使用等个性化培养措施，进一步推进了党外代表人士队伍建设，不断提高全县党外代表人士队伍建设质量。

强化党外人士的政治安排、实职安排力度　新提拔任用3名党外优秀年轻干部到乡镇担任乡镇人大专职副主席；安排党外政协委员151人，党外人大代表104人，政府工作部门配备党外干部12名，政府工作部门配备党外正职1名；法院和检察院领导班子均配备党外干部；选派1名党外代表人士到重庆市市级部门挂职锻炼。

挂职锻炼　进一步完善《党外代表人士后备人选名单》，在各领域物色选拔5名优秀党外代表人士后备人选，到梁平工业园区、县投资促进局、县信访办、双桂街道、回龙镇等5个重点项目建设单位、招商前沿、关键岗位、基层一线进行挂职锻炼，做好党外人才队伍建设的强基工作。

知联会换届　扈先斌连任知联会主席，各级各部门新推选党外知识分子联谊会会员涵盖了全县无党派人士、新媒体从业人员、新的社会阶层人士和归国留学人员77人。

【经济统战工作】

优化非公经济发展环境　召开了优化民营经济发展环境暨非公经济联席会议，全县各个行业40余家企业代表参加会议并提出了10余条意见建议，县委吴盛海书记高度重视，在全县特色工业集群发展大会上进行了通报，并责令各相关部门要及时主动认领和限时整改；县工商联界别撰写的《关于建立非公经济人士评价政府职能部门长效机制的建议》被县政协列为重点提案，县工商联拟定了《梁平县非公有制经济人士评价职能部门考核办法》，待县委常委会审定通过后组织实施。

加大服务企业力度　召开了扶持实体经济"1+6"措施解读工作会，各相关部门负责人向160余家企业代表充分解读了我县"1+6"措施，明确申请方法和途径。召开"干部进民企促发展"活动座谈会，被选派到企业挂职服务的干部齐聚一堂，交流汇报半年来服务企业取得的成效、存在的问题和明年服务措施。

基层商会建设　11月成立了梁平县青年企业家商会；召开女企业家商会座谈会以及梁平县直属商会建设经验交流座谈会；率女企业家商会、青年企业家商会、建材家居装饰商会负责人及兼职副主席（副会长）赴巫溪县工商联学习借鉴商会建设和轮值制度建设等先进经验。

工商联换届　陈宝涛当选为新一届县工商联执行委员会主席、总商会会长。新一届县工商联（总商会）领导班子中，机关占4名，其中主席（会长）1名，党组书记、常务副主席、副会长1名，专职副主席、副会长1名，秘书长1名；非公有制经济人士担任副主席、副会长37名，占班子成员总数的90.2%。新一届59名常委中，非公有制经济人士55名，占93.2%；新一届116名执委中，非公有制经济人士110名，占94.8%；会员代表260名中，非公有制经济人士代表183名，占70.4%。（曾　涛）

机构编制

【概况】　梁平县机构编制委员会办公室现有机关行政编制5名、机关后勤服务人员编制1名，实有人员5名，核配领导2名。梁平县事业单位登记管理局为隶属于机构编制委员会办公室管理的副科级事业单位，现有事业编制4名，实有人员4名，核配领导2名。

【行政体制改革】

行政审批制度改革　行政审批基本实现规范化，县级部门461项行政审批服务事项从原来的117个科室归并整合到32个行政（审批）服务科，向县行政服务中心或分厅集中，设立服务窗口，实行“一站式”办公。461项行政审批服务事项办理时限由总法定11292工作日压缩至4642工作日，压缩了58.89%，现场办结率由2013年的71.54%提高到现在的87.31%。所有事项均编制了老百姓一看就懂的办事指南和权力运行流程图，事项的设定依据、申请条件及材料、办理进度及结果等内容在县政府门户网站、行政服务中心网站公开。乡镇（街道）的123项行政审批服务事项的执行职能归并整合到人力社保、民政救助等9个行政审批服务岗位。

印发了《梁平县行政服务标准化工作实施方案》，明确了以“规范管理行政服务事项”“规范管理行政服务流程”“规范行政服务行为”“规范行政服务受理场所建设与管理”“规范行政服务监督检查与评价”为行政服务标准化建设的主要任务。编制了《梁平县行政服务标准化规范指南》，制定了一套较为规范、科学、系统、完整的管理体系，明确了质量方针，细化了工作职责，规范了工作流程。

重点领域体制改革　一是统筹推进综合行政执法改革。指导农业、交通、建设等重点领域系统内履行行政执法职能事业单位的职责清理工作，拟定了部门内执法机构优化整合方案。结合承担行政职能事业单位改革试点工作，明确了14个执法机构改革与全县行政类事业单位改革同步实施。二是积极配合推进群团改革。及时修订完善了工会、共青团、妇联等群团组织的“三定”规定，调整完善了职能职责，优化了机构设置，重新核定了领导职数，加强了基层力量配备。三是严格规范土地储备和乡镇规划建设环保机构设置。将县内分散设置的2个土地储备机构整合为1个，剥离了土地储备职能之外的职责，重新完善了其职责任务。将乡镇建设管理办公室更名为规划建设管理环保办公室，乡镇经济发展办公室不再挂环境保护办公室牌子，并重新明确了相关职能职责。

【机构编制管理】

把好总量　以2012年年底统计数为红线，严控机构设置，坚持“有空编的不增加编制、未增加职责的不增加编制、无上级党委政府或机构编制部门明确规定的不增加编制”的“三不”原则，确需增编，原则上内部挖潜解决，坚决守住机构编制和财政供养人员“只减不增”的底线。

做好减法　加大机构撤并整合力度，撤销事业单位4个，收回编制34名。降低人员招录规模，对部分涉及公共服务领域的公益性岗位，采取政府购买服务的方式，缓解用编压力。对机关工勤人员实行“退一收一”，全年共核销机关工勤编制7名。

盘活资源　建立空编集中管理制度，对行政

事业单位分别按比例收回编制，由县编委统筹使用，保障重点行业和领域的工作急需，全年核减67个事业单位人员编制共183名。严把入口、畅通出口，鼓励优先从乡镇或职能弱化的机构中遴选工作人员。

保障需求　加强对余编的集中统一管理，按照“一次审批，分批使用”的方式，全年批准148个机关事业单位启用编制共408名。同时，针对急需人员的重点领域和偏远乡镇，余编使用采取有缺就补、快速审批的方式，切实解决燃眉之急。

加强监督　建立机构编制实名核对制度，重新规范完善了全县机关、群团、事业单位机构编制管理册，并确定专人于每年6月、12月在县编办现场核对机构及人员信息，确保数据的准确性和完整性。强化部门协作机制，形成工作合力，充分发挥编制部门的前置审核作用。

【事业单位分类改革】　做好承担行政职能事业单位改革试点工作，一是全面清理职能。按照“职责法定、政事分开、不留死角”的原则，依法依规从严界定事业机构承担的行政职能与公益职能，并细致剥离划分，与已形成的部门权力清单目录进行反复比对，列出行政职能清理明细表。二是划定试点范围。根据有关法律法规和文件要求，在综合评判事业单位承担的行政职能基础上，确定了改革试点单位名单，做到既要有代表性又要有可操作性。三是做好调研对接。多次深入交委、农委、城乡建委等涉改部门开展专题调研，听取其对改革的意见建议和合理诉求，为改革推进夯实基础。同时积极主动向市编办请示汇报，适时掌握政策动向，着力解决改革面临的难点问题。四是确定改革路径。结合涉改单位的实际和社会稳定等因素，精心制定职能整合、机构调整、编制置换和人员过渡安置方案及保障措施。五是精简机构设置。综合设置公益性事业机构，完善综合服务体系，改革后，事业机构增减相抵，总量将减少21个。

【事业单位登记管理】　做好事业单位登记管理制度改革，全面实施网上登记管理。全年办理设立登记7件、年度报告公示489件，变更登记659件；加强事业单位日常监管，拟定《事业单位法人公示信息抽查流程》，对全区10个事业单位法人公示信息进行了实地核查。全面推进党政群机关统一社会信用代码赋码工作，完成了党政群和垂直管理机关赋码工作，累计赋码96个；及时对登记信息发生变更的统一社会信用代码证书进行了更换。（县编办　朱兰兰）

人事人才工作

【概况】　梁平县人力资源和社会保障局为县政府工作部门。局机关内设科室11个，分别是：办公室、政策法规科、公务员管理科、专业技术人员管理科、人力资源管理科、就业促进与劳务开发科、工资福利科、社会保障科、监督监察科、基金监督科、计划财务科。局属事业单位7个，分别是：县就业和人才服务局（县劳务经济发展局）、县社会保险局、县劳动人事争议仲裁院、县劳动社会保障行政执法大队、县退休干部活动中心、县人事档案管理服务中心、县国家职业技能鉴定所。全系统编制121人。

主要负责贯彻执行人力资源和社会保障法律、法规和方针政策，切实维护用人单位和劳动者双方的合法权益；拟订贯彻执行人力资源市场发展规划和人力资源流动政策的具体办法，综合管理人力资源市场和流动调配工作；拟订统筹城乡就业再就业发展规划，促进城乡统筹就业工作；组织实施城乡劳动者职业培训和各类人才培养、激励政策措施；贯彻落实各类职业培训机构、职业技能鉴定机构发展规划和管理规则；建立覆盖城乡的社会保障体系，执行社会保险法律法规，负责对社会保险基金实施监督管理；贯彻执行《中华人民共和国公务员法》，承办法定、委托或授权管理领导人员的人事任免事项；组织推进事业单位人事制度改革，贯彻落实机关事业单位人员工资收入分配制度改革，审查办理机关事业单位工作人员工（公）伤和离退休手续；会同有关部门落实军队转业干部安置政策和安置计划；承办县政府交办的其他事项。

【人才队伍建设】 开展“万名专家服务基层行动计划”—梁平系列活动，组织工业集群、农林科技、旅游文化、规划建设、教育卫生等5个领域的23名高级专家在梁开展为期2天的活动，签订合作协议13个。协助完善《引进高层次人才若干优惠政策规定》和《高层次人才奖励办法（试行）》。协助县委人才办成立梁生态塑料、集成电路、不锈钢制品、生态环保等4个产业专家咨询委员会，为梁平特色工业又快又好发展提供智力支撑。完成201名机关事业单位工作人员人事调配工作，其中调出县外75人（公务员、参公人员30人，事业单位工作人员45人），县外调入28人（公务员、参公人员3人，事业单位工作人员25人）；城区内调动11人（公务员、参公人员3人，事业单位工作人员8人）；乡镇进城44人（公务员、参公人员6人，事业单位工作人员38人）；系统内调动41人（公务员、参公人员13人，事业单位工作人员28人）；乡镇间调动2人（事业）。选派机关事业单位工作人员学习锻炼100人。

【公务员队伍建设】 全年录用公务员（含参公人员）47人。其中：2013年定向招录培养基层政法干警录用公务员3人，2016上半年公开招录公务员（含参公）25人，下半年公开招录公务员（含参公）8人，从2013年选派大学生“村干部”中考试录用公务员10人，从优秀村干部考试录用公务员1人。计划公开遴选公务员（参公）13人，选聘事业单位工作人员8人，实际遴选6人，选聘5人。完成中层干部备案114人次。与县委组织部联合审批首次县以下机关职务与职级并行18人，其中：晋升副处级5人，晋升正科级13人。为410人优秀公务员，嘉奖一次；68名2013—2015连续三年优秀，记三等功一次。

【专业技术人才队伍建设】 2016年上半年公开（考核）招聘事业单位工作人员95名，其中：教育系统2名、卫生系统72名，其他系统21名；2016年上半年公开招聘教育事业单位工作人员125名。2016年下半年面向社会公开（考核）招聘事业单位工作人员，公开招聘29名、考核招聘53名，考核招聘31名卫生系统人员，公开招聘29名。推荐送评高级职称238名，开展工程系列、教育系列中初级职称评审，共评审中级166名、初级15名。

【执业技能人才队伍建设】 由市总工会和梁平县人民政府联合举办，梁平县人力社保局、县总工会、县交委联合承办的渝东北生态涵养发展区汽车驾驶技能大赛，于4月13日在梁平县新合驾校成功举行。来自渝东北11个区县的44名行业精英，参加了这次大赛，梁平县总工会荣获大赛组织一等奖。加强职业技能培训和鉴定，依托各民办学校搞好职业技能鉴定，到12月底，我县职业技能鉴定主要开展了电工、焊工、家政服务员、中式烹调师、养老护理员等职业工种的鉴定工作，已对3195名城镇下岗失业人员和城镇务工农村劳动者进行了初次职业技能鉴定。

【工资福利与退管服务】 全面启用宏业工资管理信息系统管理工资，并根据组织确认的基本信息，准确核定在职人员工资和退休人员退休待遇。审批机关事业单位工作人员正常晋升增加工资和职务（岗位）变动增加工资11587人次；审批机关事业单位13804名工作人员调整工资标准和41名离休人员增加离休费；审批机关事业单位7481名退休人员增加基本养老金。（“老人”6775人、 “中人”706人）。根据渝府办发〔2016〕221号文件精神，在调整基本工资标准时，按国家规定的额度同幅同步调减全县义务教育学校、公共卫生与基层医疗卫生事业单位、其他事业单位绩效工资理论水平。主管部门以重新公布的绩效工资理论水平为基数，结合实际重新确定所属各事业单位的绩效工资构成比例。按政策规定保质完成各项特殊津贴的审批工作，全年共审批特殊岗位津贴3467人次。审批2015年度机关及参公事业单位2971名工作人员年终一次奖金和2016年度机关事业单位13740名工作人员绩效考核奖、6783名离退休人员健康休养费。认真贯彻执行渝人社发〔2012〕40号、渝人社发〔2010〕223号文件精神。审批死亡职工遗属生活困难补助金295人。做好机关事业单位退休职工的管理服务工作，抓好退休职工两个待遇的落实，让“六个老有”充分得到体现。定期召开退休干部代表座谈会，了解他们的政治待遇、经济待遇落实情况，适时督查各单位执行情况。

【转业干部安置】 2016年接收自主择业军队转业干部7名，计划安置军转干部2名，全面启动“全国自主择业军转干部信息平台”。

（县人社局　高　军）

老干部工作

【概况】 梁平县老干部局有行政编制4人，事业编制1人（老年大学），实有在职职工5人。2016年，全县离休干部有42人，其中代管有5人，副处级以上退休干部296人，建初干部62人。

【落实老干部待遇】 继续抓好全县离退休干部政治生活待遇基础上，2016年财政下拨专项金17.2万元为全县离退休干部进行了健康检查，2016年5月组织全县离退休干部参观了县城二环路建设情况，县委、县政府并安排老同志在县机关食堂聚餐，县领导亲自与老同志共进午餐，让老干部们感受到县委、县政府十分重视老干部工作。在2016年年底，老干部局与县委组织部、检察院、运管所、党校等相关单位对居住在成都易地的离休干部进行了上门走访慰问，了解他们身体及生活状况，并各自带去了慰问金和慰问品。

2016年县老干部局落实了8名企业离休干部工资待遇，为全县离休干部特需费由原来每年每人500元增长到每人每年1000元，同时落实了两名企业离休干部遗孀抚恤金由原来每月546元增长到每月598元。

【关工委工作】 关工委主任由县政协原副主席黄锦山担任，聘请了两名退休干部专门从事关心下一代工作，老年大学新进事业编制1人从事老年大学及关工委的相关工作，同时抽调就近社区老干部服务工作人员1人专门从事关工委工作。

【阵地建设】 2016年以行政中心搬迁为契机，经请示县领导同意，把老年大学搬迁作为“民生工程”改善老年大学办学条件，县财政划拨专项经费60万元改建原行政服务大厅作为老年大学办学场所，添置了教学设施设备，通过改建，老年大学改变了过去长期租场地的困境，办学条件得到了明显提升。（县老干局　刘自强）

信访工作

【概况】 中共梁平县委梁平县人民政府信访办公室（以下简称县信访办）编制9名，实有人数10名，设主任1名，副主任3名，正科级督查专员2名，内设综合科、群工科、接访科、办信科、维稳科、督查科、风险评估科。下设副局级事业单位梁平县信访信息中心，编制10名，实有人数10名，设主任1名，副主任2名。2017年1月5日，因撤县设区，中共梁平县委梁平县人民政府信访办公室变更为中共重庆市梁平区委梁平区人民政府信访办公室（简称为区信访办），2017年1月20日，区信访办正式挂牌。

2016年，全县信访稳定总体态势良好。全县共登记群众来信来访2022件次3309人次，同比件次上升98.42%、人次上升76.67%；群众到市上访74件次115人次，同比件次上升0.07%、人次上升17.35%，其中越级访7件次18人次，同比件次下降65%、人次下降50%；群众进京上访42件次46人次，同比件次上升68%、人次上升70.37%，无大规模到市进京集访和恶性事件发生。

【源头防范】 精准排查各类矛盾纠纷。坚持县、乡镇（街道）、村居（社区）“三级联动”排查化解矛盾纠纷制度，努力将问题解决在当地和初始。2016年，全县累计排查出突出矛盾纠纷228件，已经化解193件，化解率84.65%；超前化解了原西门粮站片区拆迁群体、邑品观邸小区业主等群体拟规模性到县、市集访或进京上访等重大不稳定隐患苗头42件。全面推行社会稳定风险评估。坚持“三不评估三不通过”社会稳定风险评估模式，从源头上预防和减少重大事项、重大决策的社会稳定风险。已备案71件，其中准予实施68件，暂缓实施3件。

【信访处置】 在去年“1+8+X”专项治理基础上，结合全市“3+N”专项治理，2016年在全县开展“1+7+N”专项治理工作，“1”即，对市、县交办的信访积案和中央、市级交办的信访问题，按照“五个一”要求，落实责任领导和责任单位包案限期化解。“7”即，对全县房地产开发、非法集资、物业小区纠纷、征地拆迁、民工工资、棚户区改造、企业转型升级等7大重点领域突出问题开展专项治理；“N”即，由各乡镇（街道）、部门结合实际，梳理本单位的突出信访问题，落实工作措施，进行集中治理。2016年市联席办交办梁平县的9件信访积案已化解7件，化解率达77.8%，县级自排交办的23件信访积案已化解20件，化解率达86.96%。各专项治理牵头单位排查各类矛盾纠纷219件，化解202件，化解率达92.24%。

【信访改革】

打造“阳光信访” 整合“阳光114”、群工系统、“县长信箱”等网络平台，在全县乡镇（街道）、村（社区）建立网上信访代理点，选拔、培训网上信访代理员，推行网上信访代理，提高网上信访占比；把群众信访事项纳入到网上信访信息系统进行统一办理、流转，监督、考核，同步进行群众满意度评价。加大群众信访信息网上录入力度，建立群众信访事项办理网上巡查、网下跟踪督导机制，提高了办理质效，实现了数据全录入、办理过程全公开，方便了信访群众，减少了群众信访成本。

打造“责任信访” 严格按照《梁平县群众信访事项办理流程图》《梁平县依法逐级走访程序示意图》的规范要求进行办信理访。落实首接首办责任制，加强初信初访办理，及时就地解决群众的信访诉求，从源头上减少群众重复上访、预防越级上访。坚持信访突出问题“一把手约谈制度”、信访稳定季通报制度，对突出信访问题和重要不稳定因素实行“点对点交办”，全年县维稳办向各相关单位“一把手”交办各类信访突出问题和不稳定因素83件。

打造“法治信访” 严格推进“诉访分离”，落实政府购买服务，聘请律师全程参与接访，对信访群众开展访前法律服务。新建信访安监系统，维护县群众来访接待中心安全；巩固拓展“违法上访、非法维权”专项治理成果，动态清理“五类”人员，依法精准打击了出租车司机罢运滋事、邑品观邸小区业主违法上访行为，2016，全县依法打击违法上访人员，行政拘留22人、刑事拘留3人、训诫48人次。

（区信访办　刘德成）

行政服务

【概况】 梁平县行政服务中心管理办公室是县政府的派出机构，属正处级行政单位；编制5名，现有4人，设主任1名，副主任2名，内设综合科、协调科（监督科）；下属事业单位梁平县行政服务中心，属正科级公益一类全额拨款事业单位，编制13名，现有11人，设主任1名，副主任2名，内设5个业务科室。县行政服务中心大厅办公面积6300多平方米，36个单位入驻（其中30个县级部门、4个公共服务单位、2个中介服务机构），集中办理323项行政审批服务事项；另设有人社、交巡警、交通分厅，办理对应事项。2016 年共接办件 343026 件，较 2015 同期增长 1.48%。

【行政审批制度改革】

简政放权　2016 年对应取消了 38 项行政审批事项、自主向乡镇（街道）下放 8 项、暂停 10 项；规范了 36 项非行政许可审批事项，不再保留“非行政许可审批”类别。对应精简公安 18 种证明材料，自主取消了 4 项证明材料；精简了企业登记领域和建设领域工商局的申报材料 44 份。

“两集中、两到位”改革　按照“决策、执行、监督”相互分离相互制约的原则，33 个乡镇（街道）全面完成改革。123 项行政审批服务事项的执行职能归并整合到人力社保、民政救助等 9 个行政审批服务岗位；充分落实审批授权，窗口办结（上报）率达 72%，审批时限由法定 2058 工作日压缩至 634 工作日，压缩了 69.19%。涉及社保、民生、计生等办事机构的事项和人员已进驻乡镇（街道）公共服务中心，县级部门派驻的片区办事机构国土所、工商所也在赶场日或预约时间进驻公共服务中心提供“一条龙”服务。

“互联网 + 行政服务”　建成了统一电子政务云平台，增设了市网审平台总服务窗口功能，实现了“一站一窗一网”目标。依托在全市率先建成的第一家电子政务云平台和市网审平台，实现了行政服务中心网站与市网审平台的数据对接，申请人可在重庆市网上行政审批大厅和县行政服务中心网站上进行申报；实现了市网审平台的档案资料向电子档案管理系统推进，确保线上线下一体化。共关闭县级自有审批系统 2 个，市级自建延伸至区县的 7 个审批系统已融入市网审平台；除市级和国家级延伸的审批系统外，26 个县级部门的 255 项行政许可事项在市网审平台统一运行。同时扩大事项范围，除市政府要求的行政许可事项全部在市网审平台运行外，另将 175 项其他行政服务事项（包括部分公共服务事项）纳入了市网审平台运行。全年共通过市网审平台受理事项 52784 件，办结 52467 件，办结率 99.4%，网上申报 217 件，办结 217 件；“网上审批”按时办结率位居全市前茅。

规范行政权力　对 40 个县级部门和 33 个乡镇（街道）的行政权力进行了深度清理，确认保留区级行政权力 4775 项、乡镇（街道）行政权力 245 项，建立了“两单一表一图”。两级行政权力清单均已通过县政府门户网站、县行政服务中心网站向社会公开，主动接受企业和社会各界的监督，推进行政权力公开透明运行。

涉企收费清理　围绕全县特色工业集群发展三年行动计划，对行政事业性收费、政府基金等涉企收费项目进行了全面清理，对涉及工业企业的 33 项收费项目实行先征后返、优惠 50%—70%、纳入政府购买服务等优惠举措，形成梁平县涉及工业企业优惠收费目录并予以公开。据统计，优惠政策出台以来，共减轻企业安全文明措施费、白蚂蚁防治费等费用 3000 余万元。

规范中介服务　对 31 项县级行政审批中介服务事项进行了规范（取消 7 项，3 项由申请人自行选择，5 项改由审批部门委托有关机构进行核查审计，16 项由申请人自行或委托有关机构编制报告、设计专篇，保留审批部门对报告、设计专篇的评估、评审）；在此基础上，对正在实施的 38 项中介服务事项的名称、依据、收费类别、完成时限等内容进行了规范，形成了《梁平县行政审批中介服务事项清单》并予以公开。

【创新服务方式】

“总服务窗口”　进一步完善了行政服务中心创新设立的总服务窗口功能。通过实行“统一登记、统一送达、统一监管”的“三统一”运行模式，把住了行政审批事项办件的“入口”“出口”关，杜绝了行政审批“体外循环”、超时办结等行为发生。同时，总服务窗口还增添了咨询引导功能，由熟悉行政审批法规政策及业务知识的工作人员当值，接受服务对象的咨询，引导服务对象办理，全力打造了优质高效的便民服务窗口。全年预登记9569件，统一送达1842件，接受群众咨询15415人次。

“一厅一费制” 深入推进“一厅一费制”改革，涉及园区企业办理行政审批手续的部门、人员和事项全部进驻到位，集中为园区企业提供了优质高效的“一站式”服务，全年共接件5279件，办结5260件，办结率99.6%。设立了“一费制”缴费窗口，公开了办事指南和收费标准，涉及园区企业的收费已全部纳入“一费制”缴费服务窗口办理，规范了部门的收费行为。

行政审批免费代办服务 组建了由招商牵头部门、落地单位、行政审批部门及行政服务中心的工作人员为成员的行政审批全程免费代办服务队伍；编制了《企业登记领域和建设领域行政审批办事指南》；为落户梁平工业园区和全县所有招商引资工业企业项目，以及县委、县政府确定的重点项目提供“一对一”代办服务；通过跑企业、跑窗口、跑部门、跑现场等方式，变企业跑路为代办人员跑路；建立健全了标准化、协同办理、上门服务、信息共享、责任追踪等五项运行机制；通过上门技术指导和现场办公等方式协调解决代办存在的问题。自6月启动至12月底，共为20家企业代办了行政审批服务事项163项，召开了5次部门联席会，提供技术指导110余人次，解决企业实际困难20余个。

【规范服务平台】

推广运用“群工系统” “群工系统”已覆盖全县50个部门、33个乡镇（街道）、343个村（社区），运用好了村居公开、民事代办、惠民政策、扶贫帮困、求诊问医、就业推荐等服务功能。全年共15566名干部职工安装了群工系统手机版，31%的工作人员通过群工系统反映和解决群众生产生活困难，培训5000余人次，发放宣传品80000份。共受理群众诉求事项9589件，已办结9573件，办结率99.8%；已评价事项9540件，评价率99.7%；评价为满意的事项9502件，满意率99.6%。梁平未出现红、黄灯警告事项，满意率、评价率位列全市第二名，渝东北片区第一名；9条典型案例被市级平台采用，居全市各区县第二名。

健全三级服务体系 全面建好了行政服务中心，完善了园区企业厅和社会事务厅；新改扩建镇公共服务中心2个，实现了视频监控设备全覆盖；新改扩建村（社区）便民服务中心36个，343个村（社区）均已完成规范化建设。

（行管办）

机关事务管理

【概况】 梁平县机关事务管理局成立于2014年12月，是县政府工作部门，位于重庆市梁平县双桂街道桂西路6号。主要负责全县重要公务接待、县级党政机关办公用房的统一调配和管理工作、全县公务用车的管理工作、指导和监督县级机关后勤服务工作、负责制定全县公共机构节能管理规划及相关制度并组织实施以及承办区政府交办的其他事项。下设办公室、综合管理科2科室，行政编制人数5人，实有人数4人，机关工勤人员1名；下设事业单位1个（机关后勤服务中心），内设6个科室，核定事业编制15名，实有人数12人。

2017年1月15日，因梁平撤县设区，梁平县机关事务管理局更名为重庆市梁平区机关事务管理局。

机关事务局扎实开展各项工作，有力保障了党政机关高效运转，积极推进党政机关公务用车制度改革工作，建立健全公务出行车辆保障机制；完成新城区行政中心3.78万平方米办公用房分配和搬迁工作，基本完成全县超标准办公用房清理整改任务；实现公共机构节能工作全覆盖，“十二五”期，全县公共机构人均综合能耗、单位建筑面积能耗、人均水耗比“十一五”时期分别下降16.08%、12.67%、16.05%；全面规范公务接待管理，公务接待经费支出持续下降，围绕中心、服务大局，优质高效地完成重要公务接待任务，圆满完成了撤县升区干部大会及挂牌仪式后勤服务工作；不断规范食堂管理和创新营运模式，保障了公务接待和职工用餐健康安全；积极推进物业管理服务社会化、市场化，着力打造干净整洁、安全和谐的办公环境。

【政务接待】 一是控制政务接待标准，严格执行政务接待标准安排食宿制度、来客接待方案审批制度、接待车辆使用审批制度，加强与相关单位的配合。二是规范接待程序，强化贯彻执行相关规定纪律，严格按照中央“八项规定”、《党政机关厉行节约反对浪费条例》以及《梁平县政务接待工作程序和标准》规范和改进政务接待工作。三是突出梁平地域特色，合理安排接待餐饮以地方土特产、风味名吃为主，突出梁平特色，如梁平卤菜、竹产品系列菜、豆制品、农家菜等，粗菜细做，粗粮精做、按需定做、注重菜的造型和口感，力求务实、节俭。四是始终把政务接待作为第一要务，创新接待、突出梁平地方特色，推进政务接待实现新发展、新提高，展示梁平良好形象，促进了县的对外宣传，为梁平“撤县升区”经济社会发展保障服务，做出了一定的成绩。2016年完成政务接待200批次8000余人次，其中省部级领导莅梁视察15批次156人次。

【公务车辆管理】 严格按照中央、市公务用车改革制度、市车改办的统一部署，积极稳妥推进梁平公务用车改革。

一是车改前核实了全县党政机关公务用车的数据，参改车辆共计349辆，其中一般公务用车203辆，特种专业技术用车6辆，综合执法用车140辆；制定了车改后全县非执法执勤类车辆编制情况，核定非执法执勤类公务用车改革编制为179辆；完成了全县封存车辆的处置，配合县发改委做好2016年8月29日举行的公务车辆公开拍卖会。

二是制定了《梁平县党政机关公务出行车辆保障暂行办法》，特别对车改后公车使用的“六不准和一严禁”做了强调：党政机关不得变相超编制、超标配备公务用车；不得以任何方式换用、借用、占用下属单位或其他单位和个人的车辆；不得接受企事业单位和个人赠送的车辆；不得以任何理由违反用途使用或固定给个人使用执法执勤、机要通信等公务用车；不得以交通补贴名义变相发放福利；不得既领取公务交通补贴又违规乘坐公务用车；严禁机要通信、应急用车等保留车辆或租用车辆上下班接送。

三是配合组建成立了“梁平县公务车辆管理服务中心”。中心于2016年7月1日正式运行，主要负责县级党政机关机要通信用车、应急保障用车和综合执法用车的管理，对重要公务、应急、远距离等公务出行提供车辆保障服务，确保综合执法和重大突发事件的应急用车需要。目前中心配备了车辆19辆（小轿车8辆、越野车7辆、大车4辆），驾驶员14名。

四是完成全县保留车辆的标示化工作。县车改办于2016年12月召开“定向化保障车辆标示化工作会”，全县于12月底完成90辆机要通信和应急保障车的标示张贴工作，完成89辆综合执法车特种专业技术用车的标示喷涂工作，全县保留车辆的标示化已完成。

五是对全县的非执法执勤用车的车型、车号、排量、购价等信息进行了逐一登记，建立了动态管理公务用车“台账”；因公务车辆改革，全县停止参改行政单位购置新车。

六是对县级部分单位的车辆安装财政统付ETC，新增22辆车安装财政统付ETC，已安装19台。

【公共机构节能】

一是大力开展公共机构节能示范单位建设。根据市局的考核要求，结合全县实际情况，开展对全县公共机构节能工作的考核评价。通过公共机构节能工作考核，极大地促进了各公共机构对节能工作的重视程度，提升了公共机构管理水平。

二是加强队伍建设，进一步健全管理体系。进一步健全公共机构节能目标责任制，明确公共机构节能工作责任人，各公共机构成立了节能降耗工作小组，落实了节约资源责任制，明确了具体部门和专门人员负责日常管理，并报节能科存档备案。

三是大力开展公共机构分项节能计量工作，接受市局考核及开展目标责任考评。4 月上旬，在綦江区接受了市局对全市“十二五”（2010—2015 年）期间公共机构节能目标完成情况、节能组织领导、节能制度建设、能源资源消耗计量统计、节能管理和节能措施落实、节能产品技术推广和节能改造、节能宣传与培训、节能资金落实情况等方面的严格检查，梁平在全市“十二五”（2010—2015 年）期间公共机构节能考核结果为合格。

四是加强队伍建设，进一步健全管理体系。进一步健全公共机构节能目标责任制，明确公共机构节能工作责任人，各公共机构成立了节能降耗工作小组，落实了节约资源责任制，明确了具体部门和专门人员负责日常管理，并报节能科存档备案。

五是加强节能宣传、教育和培训，推进能力建设。2016 年 6 月 12 日至 18 日节能宣传周期间开展主题为“节能领跑　绿色发展”、低碳日活动主题为“绿色发展　低碳创新”的宣传活动。向公共机构发放节能宣传画报 800 余张，向市民发放节能宣传单 1000 余份，倡导崇尚低碳环保、厉行节约、合理消费的理念，引导广大干部职工养成良好的节能习惯和意识，从我做起，从节约每一滴水、每一度电开始，从身边小事做起，养成良好节能习惯，为推进全社会节能降耗工作发挥更好的作用。

六是开展网络直报版公共机构节能软件培训。2016 年 11 月 14 日邀请嘉力达软件公司到现场进行公共机构网络直报软件进行现场培训，参会人员 300 余人次，全县公共机构全面实行嘉力达公司网络直报版公共机构节能软件，今后将以网络直报的方式完成报送工作。

七是加强能耗统计与监测，夯实工作基础。健全统计工作机制，稳定节能工作联络员、能源统计人员队伍。建立能源消费计量和统计、能源消耗台账和能源消耗分析制度，改进数据采集、报送、分析手段，加强公共机构能源资源消耗统计平台建设。加强数据审查力度，提高统计数据质量，确保真实可靠。节能科加强了对全区统计成果的分析，一旦发现问题，第一时间以电话或者网络的方式与公共机构能耗统计人员联系，并提出整改地方，杜绝了统计人员的疏忽和失职，提高了统计人员业务素质。

【后勤服务管理】

一是进一步完善机关职工食堂和领导干部食堂的管理服务，努力办成干部职工满意食堂。二是完善“一楼、两馆、四中心”搬迁入住的各项后继工作。三是协助物业公司进一步做好“一楼、两馆、四中心”的物业管理服务。四是做好“一楼、两馆、四中心”的会议室使用管理保障工作。五是做好“一楼、两馆、四中心”的水、电、气费用的收缴管理。（机关事务局）

社会团体

梁平县总工会

【概况】 梁平县总工会行政编制6人，工勤编制1人，事业编制7人；在编在岗人员12人，其中事业人员5人，聘用工资集体协商指导员2人。内设综合部、基层工作部，下辖职工服务中心。2016年，根据《重庆市群团改革试点方案》《重庆市总工会专项改革实施方案》《梁平县群团改革实施方案》以及《梁平县总工会专项改革实施方案》的要求和规定，全县改建乡镇（街道）工会联合会31个，总工会3个，局工委17个，基层工会组织1398个，工会会员194430人，其中新建企业工会26个，建立行业性工会联合会2个，发展工会会员4807人，其中农民工会员2012人。

【职工权益维护】

源头参与组织完善 根据《梁平县人民政府梁平县总工会联席会议制度》，进一步完善劳动关系三方协调会议制度，及时处理和解决劳动纠纷和拖欠职工、农民工工资等问题，召开工资集体协商联席会议，依托工资集体协商专职指导员队伍，针对全县基层组织工会开展平等协商民主管理培训指导工作。县总工会主席由县人大常委会副主任兼任、县总工会党组书记、副主席分别为党代表、县人大代表、县政协委员，各乡镇街道、局工委的工委主任由同级党政副职担任，大多数进入党组织班子，企业工会主席部分进入了企业决策层、董事会。通过以上形式，深度参与涉及职工切身利益的工资增长、劳动就业、社会保障等一大批政策方案的研究制定，从宏观上保障了职工的合法权益的有效维护。

“法律援助”做实做响 根据市总开展的“千名律师”进企业行动部署，梁平县向社会化聘请2名律师进驻企业，为企业和职工提供维权服务、法律援助、法律咨询等服务工作。继续与文才律师事务开展困难职工（农民工）维权法律援助合作，开通“12351”维权服务热线和在线律师法律援助电话，实行24小时在线援助、法律咨询；接待职工维权服务来电、来访咨询300余人次，积极协调配合县人社局等部门解决12起农民工欠薪事件，涉及农民工110余人，拖欠金额875万元。办结5件职工（农民工）法律援助案件，每件援助案件给予困难职工（农民工）1000元补助。

体系建设有序开展 继续把厂务公开同坚持职工代表大会制度和推动工资平等协商、集体合同制度等结合起来，实行总工会领导分片联系指导制度，层层落实工作任务，对厂务公开和民主管理进行巡回检查指导推进工作。已建会公有制企事业单位厂务公开制度和职代会制度建制率达100%；已建会非公企业厂务公开制度和职代会制度建制率覆盖面达90%以上。长效开展职代会、厂务公开建制专项行动和“公开解难题、民主促发展”主题活动，不断提高基层工会工作民主化管理水平。培育县级行业职代会暨集体协商示范点2个，组织行业工会自主开展培训2次140余人次。

安全卫生力度不减 作为县安委会成员单位，按照县委、县政府有关精神，认真做好安全生产工作。积极参与了安全生产月大督查行动，参与了煤矿、非煤矿山、烟花爆竹、农村建房等安全生产事故的调查处理工作，参照有关法律法规的规定，切实维护职工的合法权益和企业的有序生产。同时，通过深入开展“安康杯”竞赛，组织各级工会参加“安全生产月活动”，开展高温天气职工劳动保护监督检查，参与职业卫生联

合监督检查，维护职工生命健康权。2016年，全县“安康杯”竞赛参赛企业达100余家、参赛职工2.6万人次、参赛班组110余个，重庆平伟实业有限公司、重庆梁山群星装饰建材有限公司获优胜企业。广泛组织开展安全生产文化创建活动。与县安监局、县教委联合成功举办第五届“安全在我心中”美术书法大赛，共收到参赛作品195件。

【工会帮困扶贫】

创新举措精准帮扶，建立长效机制脱贫成效显著　根据县委长效扶贫工作部署，全县采取组团帮扶、对口帮扶、精准扶贫的工作方法，高度重视，积极整合资源，创新举措开展长效扶贫工作。对符合条件的50名农民工纳入困难职工帮扶系统实行建档帮扶，发放困难救助资金2.5万元。继续开展牵手互助行动，总工会领导每人联系帮扶贫困户5户，干部职工每人至少联系帮扶贫困户2户，依托金秋助学工程，全年资助庙坝村、和林村建卡贫困户子女考上大学、高中3人，发放助学金9000元。联合和林镇生姜专业合作社继续深入和林村探索扶贫长效机制，引导培训生姜产业发展，提供专业生姜脱贫技术指导130余人次，年人均纯收入增长500元以上，实现以产业为支柱长效脱贫。

加大整合专项资金力度，做实做亮工会“四季帮扶”品牌　一是县政府继续按1:1配套帮扶资金33.75万元。元旦、春节、“五一”、端午、中秋共慰问困难职工和劳模1503人，发放慰问金85.335万元；二是开展困难职工帮扶救助，为25名困难职工（农民工）发放大病救助资金9.15万元；深入联系乡镇，开展对口帮扶工作，采取项目帮扶贫困户10户，慰问贫困户50户，共给予帮扶慰问金5万元；三是开展炎夏送清凉活动，为1000余名奋战在高温一线职工送去防暑清凉药品和物品共计10万余元。四是开展送岗位、送技能活动。举行困难职工（农民工）家政服务、电脑培训、小微企业创办等培训班3期，培训职工182人次，联合就业局举行企业招聘会2期，提供就业岗位800余个。五是联手开展金秋助学活动。联手团县委、县妇联、县残联、县计生协、县红十字协会6个群团部门共同开展了“金秋助学”资金集中发放行动，共资助贫困学生175人，助学金总计53万元。

持续强化职工互助保障，筑牢职工大病医疗第二道屏障　为更好地维护广大职工群众的基本经济利益、健康保障权益，为职工筑起一道化解风险、减少忧患、自我防护的防线，县总工会积极争取党政支持，整合各方力量，创新方式方法，在去年的基础上继续开展在职职工互助保障活动，分别开展了《重大疾病互助保障计划》《住院津贴互助保障计划》。全县共有各级企、事业单位293家14922人参与互助保障，购买互助医疗保险3.2万份，在去年的基础上新增12家单位1574人参与到此项活动中来。县总工会将更好地把这项惠泽职工的好事办好、实事办实，打造成为职工心目中一个互助维权、扶危解困的闪亮品牌，转入正常化、常态化、规范化的可持续发展轨道。

加强建档职工动态管理，继续落实职工、农民工就业创业工作　新增困难职工严格审核、规范操作，一律在帮扶点、帮扶站、县职工服务中心进行公示通过后录入帮扶系统。2次集中开展全县困难职工档案清理工作，共清退死亡困难职工12人、审查脱困职工69人（农民工44人）、审批新增困难职工106人，其中困难农民工72人，单亲困难女职工6人，确保帮扶资金真正用到困难职工身上。依托县职工服务中心，联合就业局、工商局等部门，切实开展就业再就业、家政服务、微企创业培训4期，帮助农民工、“零就业家庭人员”、大中专毕业生实现就业160余人，成功创办微型企业17家。县职工服务中心及各帮服站点发布企业招工信息2500余条次，发放《中华人民共和国劳动法》《工伤保险条例》《就业再就业优惠政策宣传册》《高校毕业生就业创业政策》《农民工维权手册》等宣传资料2万余份；3月份联合人社局、就业局举办“春风行动”大型招聘会、民营企业暨小微企业现场招聘会，累计提供就业岗位800余个。

【工会自身建设】

建组织，强基础　一是优化县级工会组织建设。县委正式印发了《梁平县总工会机关机构编制方案》，县编委正式批复同意撤销梁平县困难职工帮扶中心和梁平县工人俱乐部，组建梁平县职工服务中心，整合原有职能职责和资产，核定编制7名，并纳入财政全额拨款；调整县总工会内设机构，撤销原综合科、维权科，设置综合部、基层工作部。将企业100家以上、职工5000人以上的重庆梁平工业园区工会工作委员会改建为重庆梁平工业园区总工会；将原县交通局、县文广新局、县卫生局工会工作委员会分别更名为县交委、县文化委、县卫生计生委工会工作委员会；增设县财政局、林业局、商务局工会工作委员会，全县局工会工作委员会增加至17个。二是强化乡镇（街道）工会建设。改进乡镇（街道）工会组织设置，将企业100家以上、职工5000人以上的梁山街道、屏锦镇工会工作委员会改建为总工会，其他31个乡镇改建为工会联合会。将31个乡镇（街道）党建办改设为党群办，并设立群团工作综合岗位，明确不少于1人履行工会工作职责。三是实化村（社区）工会组织建设。夯实村（社区）工会组织建设，社区建立区域（行业）性工会联合会或者联合基层工会，村建立联合基层工会。全县共建立村（社区）联合基层工会达276个，全面实现了对村（社区）辖区内的基层单位工会建设、农民工源头入会、农民工会籍转接管理服务和困难职工维权帮扶等工作的全覆盖。四是深化新领域新阶层工会组织建设。在推进基层工会组建广覆盖的基础上，切实开展“新领域建会集中行动”。全面推行在已建立党组织的非公经济组织和社会组织100%建立工会组织，25人以上的单独建立工会，25人以下的建立联合基层工会。重点加强“一支柱四集群”特色工业有带动和示范作用的非公组织工会工作，利用政治荣誉、帮扶发展、物质激励等优势和手段调动非公企业主的积极性，加强党对非公领域工会工作的领导。2016年，共新建基层工会26个，建立行业性工会联合会2个，发展工会会员4807人，其中农民工会员2012人，全县建会率动态保持在97.4%，职工入会率保持在98.6%。工会组织组织建设规范化水平进一步提高，组织台账、会员档案等资料完备率达95%以上，工会主席、委员实行民主选举率达100%，会员实名制管理、信息录入率达100%。

建队伍，强能力　一是抓有人干事。选优配强县总工会班子，根据市委改革精神，适当增加班子兼职、挂职比例，按6名成员配备，其中专职领导3名，挂职1名、兼职2名；在县教育工会、工业园区总工会设专职主席1名，17个局工会工作委员会根据工作需要配备1名副主任（席），具体履行工会工作职责；进一步加强乡镇（街道）工会干部队伍建设，31个乡镇（街道）工会主席均由同级党（工）委班子成员兼任，其中由乡镇（街道）人大主席兼任的有27名，同时均按中层干部正职配备了1名专职副主席。在全县31个乡镇（街道）党群办确定45名干部综合履行工会工作职责。全面落实村（社区）工会主席由村（社区）党组织班子成员兼任要求，在341个村（社区）分别明确1名群团委员具体履行工会工作职责。通过兼职、挂职、义工、志愿者服务、社会化聘请的形式，调整充实基层工会干部27人。全县各级工会专兼职干部达1172人（其中专职189人，兼职983人），保证了各级工会组织有人干事。二是抓经费保障。推动落实行政事业单位按照职工工资总额2%的比例由财政预算安排工会经费的法定政策。合理确定工会经费分配比例，重点向工业园区、乡镇（街道）和基层工会倾斜，明确了对承担重点工作任务和成效突出的基层工会，将给予专项工作经费补助。三是抓作用发挥。不断深化工会组织亮牌子、工会干部亮身份的“双亮”活动，组织全县100名专兼职工会干部开展“五个一”联系结队活动，即联系1个企业工会、联系1名一线职工、联系1名劳动模范、联系1名农民工、帮扶1名困难职工。大力开展工会干部“五必谈”工作，即职工有苗头性、倾向性问题是必谈；职工违章违纪或收到处分是必谈；职工遇到困难或挫折，思想出现波动时必谈；职工间发生矛盾纠纷时必谈；职工岗位变动时必谈。通过“五个一”“五必谈”活动，切实发挥了工会组织作为党联系职工群众的桥梁和纽带作用，进一步密切了工会干部与职工群众的血肉联系，提高了工会工作的群众性，增强了工会干部的责任感、使命感。

建机制，强保障　一是建立健全领导机制。县总工会成立了由县人大常务会副主任、总工会主席李志祥为组长的工会专项改革工作领导小组，统筹部署工会专项改革工作，明确牵头领导及责任人员，加强改革工作统筹安排，并在县委改革办的统一领导下，全面推进实施工会专项改革工作。二是建立健全目标责任机制。县总工会始终坚持问题导向，通过召开群团改革调研座谈会、联席会议，深入基层工会实地调研，发放问卷调查表等形式，征集到涉及工会改革的机构设置、组织建设等方面近40条意见建议。同时结合“两学一做”教育活动，深入查找“四化”问题14条，分解制定16项改革目标任务清单，做到了底数清、情况明。同时挂单推进改革，建立定目标、定任务、定人员、定时限、定责任“五定”工作机制，实行改革目标任务挂账销号办理。三是建立健全工作创新机制。建立“订单式”工会服务机制，依托县、乡镇、村三级工会组织和网上群团（掌上工会）、基层群团服务站等，建立健全职工需求线上线下联合调查制度和定期研判制度，建立了职工需求定期调查机制，每个季度开展一次职工需求调查工作，自下而上收集职工意见和需求，按职工需求实行职工点单。建立了群团改革工作“四联手”机制，印发了《梁平县群团改革“四联手”工作方案》，与妇联、团委联手建设服务阵地、打造服务品牌、联手进入非公经济和社会组织、联手打造培育队伍。

（县总工会）

共青团梁平县委员会

【概况】　中国共产主义青年团重庆市梁平县委员会（以下简称团县委）是党和政府联系广大团员和青年的纽带，是广大青少年利益的代表，是县委、县政府的助手。团县委是中共重庆市梁平县委直接领导的群团组织，编制4名，设书记1名，副书记1名，现实有人数3名。内设综合部、青少年工作部，下设事业单位重庆市梁平区青少年学生校外活动中心（简称青少年活动中心），全额事业编制6名，现有工作人员4名。

【青少年思想素质教育】　2016年，团县委按照“去四化”、增“三性”的要求，贴近青年实际开展青少年思想引导工作，举办“激扬青春岁月·建功梁平发展”五四文艺晚会、“清明祭英烈·共铸中华魂”祭扫活动、“传承非遗·筑梦梁山”公益课堂、“追忆先烈·铭记历史”红领巾研学、红色之旅夏令营、“长大后我就成了你”青少年职业岗位体验、暑期军事夏令营活动22次，牵头建成“梁平群团之家”网站和“梁平群团之家”微信公众平台；973个团支部100%开展支部上网行动，累计发布信息2万余条。成立县青年企业家商会，为青年企业家搭建合作交流平台，开展“支持城乡青年电商创业”为主题的面对面活动，开展“新芽计划”培训3期培训电商青年带头人339名，开展大学生SYB创业培训2期94人。开展“柚乡十佳好青年”评比，在县电视台开辟《奋斗的青春最美丽》专栏，传递青春正能量。相关工作被市级媒体刊载报道18次、县内媒体报道104次，获县领导肯定性批示4次，工业园区党群服务中心群团服务站被命名为市级示范点，公安局第一派出所团支部被评为市级五四红旗团支部、团员网上注册系统获通报表彰，各级团组织和青年荣获市级以上表彰奖励32人次，蒋丽英被团中央、农业部评为全国农村致富带头人。

【青少年合法权益维护】 整合18万元资金，打造4个示范性市民学校，并通过以奖代补的方式确保市民学校正常运转。抓住留守儿童这一重点群体，通过“团组织+志愿组织+志愿者”的模式，开展学业辅导、成长陪护、扶贫慰问等活动，力争做到留守儿童学习有人过问、生活有人关爱、成长有人指引。西部计划志愿者轮值到市民学校为302名留守儿童开展周末课堂，76名返乡大学生为2432名留守儿童开展假期陪护，219名留守儿童参加开放日、研学等公益活动，“冬日阳光·温暖你我”为1029名留守儿童送去新年礼物，筹资50余万元资助贫困学子122名。

【团组织自身建设】 扎实推进群团改革，团县委领导班子按照1正1副2挂1兼配备，撤销综合科、学少科，设置综合部、青少年工作部，调整下属事业单位职能，增加编制3名；完成镇村两级团组织换届，按中层干部乡配备乡镇团委书记；建立教育团工委，实行少先队双总辅制度，按中层干部标准配备教育团工委书记和少先队总辅导员；新建团支部26个。扎实开展“两学一做”学习教育活动，对973名团支部书记进行满意度测评，建立团干部联系青年制度，各级各类团干部联系青年4090名，线上线下开展活动118次；严把团员发展入口关，新发展团员2947名，新发展团员网上注册100%。招募19名西部计划志愿者。规范梁平县青年志愿者协会管理，围绕扶贫攻坚、乡风文明、党政所需、青年所盼开展各类志愿服务志愿活动200余次，吸引1.2万余名青年参与。年画技法“十百千”计划荣获第三届志交会金奖、2个项目获得重庆赛区银奖。

（团县委）

梁平县妇女联合会

【概况】 重庆市梁平县妇女联合会（简称县妇联）是县委、县政府联系广大妇女的桥梁和纽带，基本职能是维护妇女的合法权益，促进男女平等。县妇联内设综合部、维权部，有行政编制5个，事业编制3个，实有干部职工6名，其中主席1名、专职副主席1名、挂职副主席2名、兼职副主席2名。全县33个乡镇（街道）均建有妇联组织，配备妇联主席33名，专职副主席33人，均已按照中层干部正职配备，兼职副主席75人；县属妇委会28个，配备专（兼）职妇委会主任28名；全县303个行政村、40个社区配备妇联主席343、副主席508人。2017年1月5日，因撤县设区，梁平县妇女联合会变更为重庆市梁平区妇女联合会（简称区妇联）。

2016年，县妇联认真贯彻中共十八届三中、四中、五中、六中全会精神，紧紧围绕“两学一做”专题教育和县委“345”党建工作思路，按照中央、市、县群团改革要求，以建设“坚强阵地”和“温暖之家”为统领，以服务大局、服务妇女为宗旨，在妇联改革、改善民生、维护社会和谐稳定等重大问题中准确定位妇联工作重点，全县妇女儿童工作成绩显著，荣获重庆市妇联综合目标考核一等奖。

【基层妇联组织改革】 一是县妇联组织建设有效加强。落实了队伍建设，配备领导班子成员6名，其中配专职成员1正、1副，挂职副主席2名，兼职副主席2名；增加了事业编制3名，县编委已同意考核选拔1名公务员。完成了内设机构和工作职责调整，将内设机构原综合科、维权科改设为综合部、维权部，细化制度分工，并按要求对中层干部进行了任命和备案。二是基层妇联组织建设实现全覆盖。全县303个行政村妇代会全部改建为村妇联，33个乡镇（街道）、40个社区妇联全面完成换届工作，基层妇联组织换届率达100%。全县乡镇（街道）妇联执委502人，村（社）妇联执委4366人。三是服务阵地逐步拓展。妇联进驻工业园县党群服务中心和职工文体活动中心，在党群活动中心建立了妇女之家，定人、定时到服务中心办公，收集女职工的诉求和提供创业就业信息咨询服务；在职工文体活动中心设立心灵驿站吧，采取购买服务的方式，为企业女工提供减压、放松的平台。进驻乡镇（街道）公共服务中心，指导其配备专职副主席1名、兼职副主席2—3名。进驻农村（社区）便民服务中心，设立群团服务窗口，开展群团定点服务。进驻非公经济组织，在亿联、张鸭子等4个非公组织建立妇联组织，落实专人联系妇联工作。四是服务体系得以延伸。县妇联建立了基层联系点制度，即对接联系双桂街道安宁村、梁山街道南华社区，定期参加所联系村（社区）的活动，为妇女群众解决具体问题。重点落实了县妇联干部联系1名留守妇女、1名贫困儿童的制度，即6名干部职工分别联系安宁村8名留守妇女、贫困儿童和大观镇大兴村4名贫困妇女儿童。县妇联创新开展网络工作，建立了“柚乡女性”微信公众号，定期不定期发布妇联工作情况及信息。联合团县委、县总工会积极打造网络服务平台，“梁平群团之家”网站和“梁平群团”微信公众号网络平台已投入运行。

【妇女参政议政】 县妇联积极推动优秀妇女参政议政，广大妇女积极融入社会，关心国家大事、积极参政议政。一是党政女领导干部人数增加。在本届县级党委及政府领导班子中，都配备了一名女性。10个县委工作部门领导班子中有8个配有女干部，占80%；27个政府工作部门领导班子中有17个配有女干部，占63%，其中有1个班子配有正职女干部。全县33个乡镇党政领导班子都配备了女性干部，配备率达100%。二是人大代表和政协委员中女性人数增加，比例提高。县人大代表中，女性代表数79人，占比达26.96%，其中有7名女性常委，占人大常委总数的28%。县政协委员中，女性委员数71人，占比达27.63%，其中有7名女性常委，占政协常委总数的14.58%。三是女性公务员和女性高级专业技术人员人数增加，比例提高。全县有543名女性公务员，比上年增加了13人，占全县公务员总数的24.19%，较上年增长了0.56%。全县机关事业单位中有高级专业技术人员988人，其中，女性有278人，占比达28.14%，同比增长1.08%。四是妇女在村（居）委员会中的地位有所提升。全县村（居）委会100%配备女委员，其中村委会中女委员有503名，占总数的34.4%，村委会主任中女性有46人，占比达15.7%。居委会中女委员有99人，较上年增加18人，占总数的52.66%，同比增长8.88%。

【妇女儿童权益维护】 县妇联充分发挥婚姻家庭纠纷人民调解委员会的职能职责，联合成员单位开展了婚姻家庭咨询、调解等工作。一是主动参与家事审判方式和工作机制试点工作。以县妇联维权部干部、人民陪审员、合适成年人、乡镇（街道）妇联干部为主，先行试点组建家事审判辅助队伍，配合法院开展家事调查、心理疏导、调解、回访、帮教等工作。推荐了8名优秀妇联干部担任梁平县家事纠纷中心调处室的调查帮教员，推荐了45名调解能力强、善做群众工作、具有家事纠纷处理经验的妇联干部、女性人民陪审员加入各家事纠纷调处室的调查帮教员队伍，其中家事调解员18名、调查帮教员27名，已配合法院开展了家事调查、心理疏导、调解、回访、帮教等200余人次。县妇联联合县法院在民政局婚姻登记处的婚姻家庭调解室共同成功调解了96件涉及子女抚养、财产分割的离婚案件。在家事审判诉调对接案件中，县妇联主动联系法院，帮助3名受家暴威胁的妇女申请了人身安全保护令。二是大力宣传《中华人民共和国反家庭暴力法》。全文翻印了《中华人民共和国妇女权益保障法》和《中华人民共和国反家庭暴力法》宣传册1万册，已分发至全县33个乡镇（街道）妇联。开展了妇女维权知识宣传、反家庭暴力维权宣传和禁毒宣传活动6场次，还先后2次邀请县妇女儿童维权律师团律师陈嘉到宣传现场为妇女提供法律咨询服务。三是联动开展妇女权益维护工作。建立完善了县、乡镇（街道）、村（社区）三级妇女信访接待站点。全县33个乡镇（街道）也利用维权投诉站，为多名农村妇女解决了其在人身、财产、婚姻家庭、劳动和社会保障等权益领域遇到的问题。

【创新参与社会管理活动】

"巾帼建功"行动 推荐评出市级巾帼文明岗5个，金带镇石燕村妇联主席吴嗣会为重庆市巾帼建功标兵。县地税局、县农行等机关妇委会组织女职工开展了岗位练兵、技能比武活动16场次。

"巾帼兴业"行动 联合县就业局已开展留守妇女就业技能培训22期，培训妇女人数达千余人。联合县商务局组织妇女开展了电子商务培训班3期。联合县农委、扶贫办、工业园县开展种、养殖、趣味生活等技能大赛35场次，参加人数达2770人。推荐蒋丽英等2名返乡创业女性为重庆市电商联盟成员。

"巾帼促农"行动 新培育"巾帼家庭农场"2个，县妇联联合县农委扶贫办开展扶贫政策宣传、讲座及培训等活动5场次，为5350名建卡贫困妇女提供了帮助。为妇女小微企业提供6万元的创业循环贷款。

【关爱"三留守"及特殊群体】

"关爱服务留守儿童" 建立了群团组织关爱服务留守儿童联动机制、困境儿童联席会议制度，建立完善了困境儿童台账，组建了"爱心父母"队伍，让爱心父母与困境儿童实现了"一对一"结对帮扶。集中开展儿童关爱活动2次，开展"爱心妈妈"即各村（社区）的妇联主席或执委提供了爱心帮扶技能培训1次，印制并发放《儿童成长手册》200册，指导爱心妈妈记录儿童成长历程，切实履行"六个一"的职责。

互助组惠普留守妇女 依托各镇（街）妇联组织、专业合作社、特色产业组织等，实现留守妇女互助组的全覆盖。全年新建"柚乡大嫂"互助组6个，总建成303个，参与人数达24240人，开展留守妇女生产互助等活动1600余场次。深入推进精准扶贫工作，先后推荐8名留守妇女互助组组长参加市级留守妇女互助组组长专题培训。11月，组织83名妇女到市扶贫指导中心参加创业培训。

关心留守老人 更新巾帼志愿者队伍，为行走不便、年龄偏大等特殊的留守老人配备"一对一"的爱心呼唤器1000个，并在金带镇金桂社区、梁山街道双桂社区建立了以社区妇联为中心的"一对多"的爱心呼唤站，巾帼志愿者们为留守老人提供帮助、服务2580人次。

关爱特殊群体 一是慰问帮扶活动。2016年，县妇联联合县委宣传部开展了"情暖你我，柚传爱心·微心愿"圆梦活动，帮助50名贫困妇女、留守儿童、留守老人实现了他们的"微心愿"。通过"Hello小孩"公益项目对屏锦镇两所小学的留守儿童捐赠价值15万元的爱心套餐750套。县妇联通过多方筹资，共筹集10.8万元，为全县640名贫困妇女、贫困儿童及其家庭送去了节日慰问品、慰问金等。二是助学活动。联合工、青、残联等群团组织整合资源，早谋划、早部署，加大了助学的力度，为全县181名贫困学生发放助学金53万元（其中"春蕾圆梦"助学35人，助学金8万元），帮助了更多家庭困难的孩子继续升学。三是"两癌"宣传及救助活动。为提升农村妇女的身体健康水平，对"两癌"的认识和预防有更深的认识，各级妇联开展"两癌"宣传活动40余场次，发放宣传资料2.4万份，动员2万名农村留守妇女参加了"两癌"免费筛查，并争取到全国妇联"两癌"救助款43万元。

【家庭建设】

开展寻找"最美家庭"活动 联合县委宣传部、县文明办开展了2016年寻找"最美家庭"活动，40余户农村家庭积极参与，汪小刚、李国光等4户家庭荣获重庆市"最美家庭"称号，并参加2016年重庆"最美家庭"揭晓仪式。联合县新闻中心开展了"最美家庭"网络评选活动，经过层层评比推荐、社会各界群众广泛参与投票等环节，从近百户家庭中评选出一、二、三等奖和优秀奖共36名。

平安家庭创建 县妇联和县综治办牵头，开展平安家庭宣传活动20余次、发放宣传手册8000余册，评选县级"平安家庭"700余个，目

前各级组织已创建“平安家庭”19.5万户，创建率达60%；镇、县级平安家庭示范户3.14万户，示范户率达10%。

创新家教宣讲方式　制定了“家庭教育流动学校”工作方案，并先后召开了“家庭教育”讲师团成员座谈会2次，各级家教讲师团开展家教宣讲进农村、进院坝、进学校45场次，免费发放各类家教书籍400余册。在梁山街道北池社区，由教育界人士主导成立了梁平县关注家长教育首个公益类平台——“圆梦家长学校”。

【《柚乡半边天》传播女性正能量】　2016年，县妇联的女性电视栏目《柚乡半边天》，爱心女企业家、“重庆好人”李成菊；带领村民致富、创建美好家园的女书记黄明琼；成立虎蜜柚专业合作社、带领400多名村民致富的县人大代表李万玲；照顾盲人婆婆27年的好媳妇郑三碧；收养九个孩子的普通农村妇女雷国珍；照顾18位孤寡老人21年的农村夫妇唐德云、谢联琼；饱受命运打击依然乐观的最坚强女人蒋永英；最美家庭汪小刚家庭、李国光家庭；最美军嫂沈春霞；爱岗敬业的环卫女工刘学菊；为梦想努力奔跑的寒门学子黄双菊；守望相助、共同致富的留守妇女青花椒产业互助组文化青花椒产业互助组；热心社区事务、扶贫济困的巾帼志愿者服务队。截至目前，已经连续播出24期，得到了群众的喜爱好评。（县妇联）

梁平县红十字会

【概况】　梁平县红十字会于2014年10月31日经县编委（梁平编委发〔2014〕42号）批准，由挂靠在县卫生局的事业单位调整为单列机构（副处级，财政一级预算单位，全额拨款，参照国家公务员制度管理），为县委管理的群团组织机构，并经县委批准设立了中共梁平县红十字会党组。机关内设办公室和赈济救护科两个科室（内设机构设领导职数2名）。核定参公事业编制4名，实有4名。其中，常务副会长（党组书记）1名，副会长兼秘书长1名，机关工作人员2名。

2017年1月，被重庆市红十字基金会评为2016年度募捐工作特等奖。

2016年9月，被中国红十字总会评为2016年度报刊宣传先进集体二等奖，副会长郑平获先进个人三等奖，是重庆市区县唯一获此殊荣的单位。

【推进改革】　强基础强“三性”有了明显突破，全县群团改革工作会议召开后，县红会紧紧围绕“保持和增强群团组织政治性、先进性、群众性”这一目标，深入查找“四化”问题，理出承接社会管理服务及职能职责“三个”清单，结合实际，制定了《梁平县红十字会专项改革方案》，明确改革的指导思想、基本原则和目标任务，强化了新形势下红十字会工作职责，对健全红十字会组织体系、创新红十字会工作的方式方法、加强红十字会干部队伍建设等提出了具体的举措和工作目标。该方案上报县委经批准实施后，围绕目标任务，着力在健全组织体系，创新工作方式方法，做实“博爱梁平”服务品牌惠民生上狠下功夫，红十字组织的活力和影响力进一步得到提升，改革目标按时圆满完成。

【筹资募捐】　形式多样筹资募捐取得明显成效，通过加强网络媒体宣传、公开募捐热线和账号、在银行及酒店等公共场所设立捐款箱、联合镇乡开展扶贫募捐、举办大型系列公益服务宣传活动等形式，不断拓展募捐途径，广泛动员社会各方力量奉献爱心，共募集定向、非定向红十字救助基金200余万元，用于贫困乡村开展助学、助老、助医、助残和公益事业建设及精准扶贫等活动，进一步提高了县人道救助水平，被市红基会表彰为筹资募捐先进单位。

【开展“三救”】

开展应急救护培训，着力提高居民自救互救能力　进乡村、进社区培训人员600余人，成立了石马社区志愿者服务队；进机关（党校）培训基层红会秘书长33人，并成立了以33个镇乡（街道）红十字会秘书长为首批队员的“梁平县红十字赈济救援队”；进企业培训人员30人；进校园培训学生2047名；进驾校培训机动车驾驶人员4667人；卫生救护培训师资7人，并自愿登记成为红十字志愿者，建立起了卫训救护培训师资志愿服务队。组织了3000名中小学生参加《全国红十字防灾避险知识竞赛》，并为留守儿童募集《应急知识手册》5320多本，切实提高了居民和学生自救互救能力。

开展应急救援，及时帮助受灾困难家庭 加强备灾救灾仓库管理，投入2万余元资金制作了仓库货架，进一步完善配套设施和救灾物资储备。与乡镇及应急办建立起了灾情统计报送联动机制。积极争取中国红十字总会和市红十字会支持，先后为20个遭受暴雨等自然灾害的镇乡300户困难家庭发放总价值8.56万元的家庭温暖包300个。

开展人道救助，尽力帮扶弱势困难群众 积极开展以“博爱助困、博爱助学、博爱助医、博爱助老”为内容的系列救助活动，救助资金达70余万元，救助特殊群体2000余人次。在开展博爱送万家活动中，为155户特困家庭发放救助金3.1万元；为10名百岁老人送去慰问金5000元；为首例遗体捐献者的家庭送去救助金2000元；为72名品学兼优、家庭困难的学生发放博爱助学金6.3万元；定向募捐救助碧山镇困难群众2.2万元；救助因病致贫困难家庭8户共计1.2万元；慰问石马社区空巢老人6名；累计申报儿童大病救助9人，疾病应急救助4人。联合县青年志愿者协会开展送冬衣活动，共为200余户老人和学生送去价值4.92余万元衣物219件。为青少年儿童赠送价值12500元的《亨利·杜南的故事》动漫图书600本；为全县困难家庭患者免费发放“无极膏”药品价值34.776万元。

【推进“三献”】

造血干细胞血样采集工作扎实开展 积极组建造血干细胞捐献志愿者服务队伍，以项目宣传为着力点，先后5次组织宣传人员进社区、进企业、进镇乡、进学校、进乡村开展造血干细胞捐献宣传活动，同时，利用全县集中无偿献血时间以及固定采血车做好血样收集等工作，切实提高群众对造血干细胞捐献工作的认识和参与积极性。至12月，全县有151人经血样采集成为造血干细胞志愿捐献者，光荣加入中华骨髓库。

无偿献血活动稳步推进 配合县卫生计生委利用各种纪念日以及集中献血活动时机，采取发放宣传资料等方式，加强《中华人民共和国献血法》及献血有关知识的宣传，鼓励引导群众及机关事业单位职工参与无偿献血，1—12月，全县参与无偿献血者达8911人次，献血总量187.2万余毫升，为弘扬人道主义精神和缓解用血难问题做出了贡献。

遗体器官捐献宣传工作进一步加强 充分利用“博爱周”主题宣传、无偿献血月活动时机以及媒体网络、车载广告等载体，积极宣传遗体器官捐献知识。以实施遗体器官捐献宣传项目为契机，制作宣传折页、活动展板、宣传单等，组织宣传人员多形式集中开展活动8次。同时，邀请第三军医大学、西南医院眼科联合在县城人民广场开展遗体器官捐献宣传暨义诊活动，为顺利推进遗体器官捐献工作助力。截至12月，梁平红十字会接受器官和遗体捐献志愿者登记分别为14例和12例，实现成功捐献各1例。

【博爱家园项目】

全面完成香港博爱家园项目3个。完成新加坡红会援建博爱家园项目硬件建设5个，完善了5个项目点基层组织建设，提供生计帮扶基金21万元。成功举办有总会、香港红会及9个省、市、自治区红十字会参加的博爱家园项目评估培训工作会，向总会、市红会及其他省市自治区红会展示了县博爱家园项目的成效。通过不懈努力，争取到第二批香港红会援建博爱家园社区减灾项目3个落地梁平，预计投入项目资金96万元。

【人道文化宣传】

充分利用“5·8 世界红十字日”等时机，大力宣传红十字会相关法律法规、国际人道法和红十字运动知识，宣传“三救三献”核心业务，全年累计发放各种宣传资料近 1 万余份，参加活动人员 1500 余人次。切实加强新闻宣传工作，在各级报刊、网站及时报道红会活动情况和工作亮点 100 篇次，被重庆电视台和梁平电视台报道 8 次，为扩大红十字会的影响力营造了良好的社会舆论氛围。（县红十字会　李羡权）

梁平县工商业联合会

【概况】　梁平县工商业联合会（以下简称县工商联），是县委、县政府联系非公有制经济人士的桥梁纽带，是政府管理和服务非公有制经济的助手，具有统战性、经济生、民间性，以非公有制经济健康发展和非公有制经济人士健康成长为工作主题。县工商联机关行编 5 名，2016 年年底在编 5 人，内设综合科；下属事业单位 1 个——梁平县非公有制经济服务中心，2016 年群团改革新增事业编制 1 名，现有事业编 3 名，在编 1 人。2016 年 7 月工商联换届后，共有执委 116 人，其中企业副主席 22 人、副会长 15 人、常委 18 人、执委 55 人，工商联 6 人。截至 2016 年年底，县工商联共有会员 1904 个，其中：企业会员 888 个、团体会员 41 个（乡镇、街道商会 33 个、行业商会 4 个、其他 4 个）、个人会员 975 个。

【服务民营企业】

思想政治教育工作　一是深入开展“守法诚信、坚定信心”为重点的非公经济人士理想信念教育活动。6 月 16 日，梁平县工商联邀请市工商联（总商会）副会长、重庆五洲世纪文化产业集团董事长徐登权莅梁为全县 200 余名非公经济代表人士作了《“三心二意”做企业　全心全意促发展》辅导报告会。二是 7 月，县工商联（总商会）组织新一届企业家副主席（副会长）常执委认真学习《国务院关于建立完善守信联合激励和失信联合惩戒制度加快推进社会诚信建设的指导意见》（国发〔2016〕33 号）文件精神，争做诚信经营的表率。三是组织新一届工商联（总商会）执委以上成员认真学习习近平总书记 3 月 4 日在全国政协民建、工商联联组讨论交流会上的讲话精神和十八届六中全会精神。

调研建言工作　一是组织工商联界别政协委员开展市场主体发展培育情况集中视察活动。8 月 25 日，县工商联界别政协委员一行现场查看 1 个微型企业和 1 个家庭农场经营发展情况，听取了县工商局就全县市场主体的发展情况介绍，并围绕市场主体的发展培育进行了深入探讨和建言献策。二是在政协五次会议期间，县工商联界别撰写的《关于建立非公经济人士评价政府职能部门长效机制的建议》被县政协列为重点提案，被县委、县政府采纳应用。三是组织工商联界别政协委员积极为地方经济社会发展建言献策，向县政协提交集体提案 2 件、个人提案 17 件。

经济服务工作　一是 2016 年 2 月，梁平县工商联组织召开了优化民营经济发展环境暨非公经济联席会议，收集意见建议 40 余条，县委吴盛海书记在全县特色工业集群发展大会上进行了通报，并责令各相关部门要及时主动认领和限时整改。二是 4 月 7 日，在县工商联组织召开的扶持实体经济“1+6”措施解读工作会上，县经信委、金融办、财政局等单位向工商联会员企业详细解读了政策，为参会的 150 余家非公企业申报享受“1+6”扶持政策指明了方向。三是开展干部进民企促发展活动，组织进企干部召开“干部进民企促发展”活动座谈会，第三批干部进民企促发展活动总结暨第四批启动会。该项活动的开展，使广大企业人士深切感受到党和政府对企业的关心，赢得了挂职企业的一致好评。四是招商引资工作，党政主要领导亲赴市联争取重庆巴中商会、重庆温州商会、重庆福建商会、重庆建材商会等商会支持，在第一届重庆汽车非金属材料技术与应用峰会上，重庆万峰塑胶、重庆鑫洲普昂科技 2 家公司同县政府签订了招商引资意向性协议，协议资金 3.5 亿元。五是梁商看镇乡活动成效初显。为调动县域非公经济人士参与美丽新农村建设热情，引导城市资本下乡，助推乡镇经济社会发展。县工商联组织开展的“梁商看镇乡”活动拉开序幕，40多名企业副主席（会长）及各直属商会负责人赴安胜乡参观考察万亩湿地公园规划情况，目前该活动已初结硕果，区总商会副会长、重庆瑞丰米业有限责任公司董事长熊代福与安胜乡签订了“千亩绿色水稻种植项目”。

【商会自身建设】 一是成立了梁平县青年企业家商会。11月9日，梁平县青年企业家商会第一次会员代表大会暨成立大会在滑石寨度假村会议室召开。会议选举产生了商会首届领导班子，审议通过了《梁平县青年企业家商会章程》，梁平青年企业家商会正式挂牌成立。二是积极做好梁平县信息资源商会的筹建工作。截至目前，该商会的各项筹建工作基本就绪。三是召开直属商会经验交流座谈会，7名直属商会会长齐聚一堂，围绕各自商会建设、活动开展、存在的问题、未来商会建设思路以及对工商联工作的建议等进行了交流座谈。四是组织女企业家商会、青年企业家商会、建材家居装饰商会负责人赴巫溪县工商联学习借鉴商会建设先进经验。

（县工商联　赵凤芹）

梁平县科学技术协会

【概况】 梁平县科学技术协会现有职工6人。县科协主要负责组织科技工作者实施科学知识、科学技术的普及推广，提高公众的科学素质，促进生产力的发展，发挥党和政府联系科技工作者的桥梁和纽带作用，为经济建设服务。

2016年县科协改革工作推进有序有力，组织体系不断完善，运行机制不断改进，工作保障不断加强，“科普为基业，科创为主业”的工作格局正在形成，县科协逐步进入经济建设主战场。成功创建为市级“创新驱动助力工程示范区”，建立了市级“院士专家工作站”，科协改革工作在全市科协系统得到推广，县科协被评为“重庆市青少年科技模型大赛优秀组织单位”。获中国科协、财政部联合表彰的农技协1个，获市科协、财政局联合表彰的科普示范基地1个、科普示范社区1个，2016年梁平县科协在重庆市科协系统年度考核中获得特等奖。

【青少年科普工作】 全年共举办县级青少年科技竞赛活动4次，组织参加市级及国家级竞赛5次，获得市级奖项110人，国家级奖项1人，先进个人28人，获奖率在渝东片区排名第一；承接市科协“启迪童智　科普圆梦”公益系列活动，为紫龙完小送去爱心企业赞助的科普经费2万余元以及一大批科普书籍、教具等，开展“科普大篷车”进校园、反邪教科普知识宣传进校园等活动25次，促进了未成年人科学素质提升。

【创新驱动助力工程】 围绕“一支柱四集群”特色工业体系、“1+3”特色效益农业体系和社会民生需求，县科协切实转变职能职责，发挥联系科技人员广泛的优势，主动进入县域经济建设主战场，围绕“创新驱动助力工程”“院士专家工作站”两大品牌，引进高端技术人才，转化科研成果，推进创新成果与产业对接、创新项目与现实生产力对接，实现科技招商、科学家招商。县科协邀请全国和市级学会、科研院所100余名专家莅临梁平工业园区开展实地考察和调研，开展技术对接4次，形成合作协议15个，签订合作协议5个；组织咨询活动20项，形成咨询报告或建议12个；签订项目合同2个，落地项目2个，落地项目总金额达到500万元，帮助企业解决了生产中的关键技术难题，实现了较好的经济和社会效益。2016年7月，中国工程院院士蹇锡高与梁平县人民政府签订战略合作协议，并被聘任为“梁平县生态塑料产业发展专家咨询委员会首席专家”。12月梁平县已成功建立市级院士专家工作站——“梁平工业园区管理委员会院士专家工作站”。

【“科技下乡”活动】 按照“贴近生活、贴近群众、贴近实际”的要求，以群众喜闻乐见的方式广泛传播科技知识，开展科技培训。承接市科协“三下乡”活动，实施“科普惠农兴村计划”，开展“扶贫攻坚”以及“双联双促双帮”工作，充分发挥“农科专家急诊室”作用，举办农村实用技术培训125次，发放种养殖技术资料4万余份，大力提升了农民科学素质。实施“社区科普益民计划”，面向社区居民开展科普知识进社区、进楼院等科普宣传教育活动76次；建立健全社区科普大学，新添加了投影仪等硬件设施，开设春、秋两季教学班，组织开展教学活动76次，不断提升社区居民科学文化素质。

【科普宣传活动】 全年开展了科技活动周、全国科普日、“防灾减灾日”、防范邪教宣传月、食品药品安全宣传周等大型科普活动18次，深入社区、学校开展“科普知识进万家”主题宣传活动20次，深入企业开展“党的十八届六中全会精神”宣讲活动5次，总计发放宣传资料5万份，受益群众达到10余万余人次。以科普信息化为核心，积极对接“科普中国”、科普网络书屋、重庆数字科技馆等网络科普资源，利用梁平官方新媒体梁平手机报、梁平微发布、家在梁平APP，推送科技知识2400多万条次，阅读量达到100多万条次；率先利用城市公交站台、移动公交车身等城市黄金广告资源，发布科普公益广告；在梁平县行政中心综合大楼、县医院门诊大楼、梁平中学教学楼安装“科普之窗”3处，推广使用网络科普知识；制作“互联网+”系列展架，推广“科普之窗”“科普网络书屋”等，完善更新县报国公园科普画廊等，开启了科学普及大宣传模式，打通了科普资源到人民群众的“最后一公里”。全年共撰写科协外宣信息85条，其中《重庆日报》采用8条，《中国财经报》《中华合作时报》《工人日报》《经济日报》《中国妇女报》、人民网、光明网等国家级媒体采用23条，县科协外宣工作在市科协排名第三。

【科普惠农兴村】 合农技协、科普示范基地等单位开展科技培训36次，培育市、县级农技协、科普示范基地3个，成功推荐县茶叶协会获得中国科协和财政部联合表彰，县友联泥鳅养殖专业合作社科普示范基地获得市科协、市财政局联合表彰，争取奖补资金25万元。 （县科协）

梁平县计划生育协会

【概况】 梁平县计划生育协会（以下简称县计生协）是在梁平县委领导下，协助政府动员广大群众自觉实行计划生育、促进人口与经济社会协调发展和可持续发展的群众团体，是党和政府联系广大育龄群众的桥梁和纽带。县计生协现任会长由县政府副县长胡立兼任；县计生协现有编制6名，退休人员2名，其中班子成员2名，内设科室3个；杨荣忠任党组书记、常务副会长，唐显平任党组成员、秘书长。全县33个乡镇（街道）、341个村（社区）均建有协会组织，建立会员小组2710个，会员中心户6315个，建立流动人口协会5个，协会会员9.1万人。

梁平县计划生育协会和双桂街道大河坝社区计生协会在中国计划生育协会于2016年5月在中国计生协第八次会员代表大会上被表彰为2011—2015年度全国计划生育协会工作先进单位。杨荣忠当选为中国计生协会第八届理事会理事。

【宣传教育】 以全县六大真情互助联谊会片区分会为依托，分别开展大型集中宣传慰问演出活动，集中宣传了十八届五中全会、中国计生协八代会等会议精神以及全面两孩、计生民生、优生优育等系列政策，表彰了“创业致富代表”“幸福家庭代表”“优秀基层计生协会会员代表”等各类型、各层次先进人物，表演了小品《生不生》、梁山灯戏《麻辣亲家俏媳妇》等群众喜闻乐见的计生特色节目。活动期间，全县乡镇（街道）计生协会组织计生赶场活动24场次，参加活动会员2万余人次，走访慰问困难群众510人（户），发放慰问金慰问品10.4万元。

【生育关怀】

关爱计生困难群众　一是重点关注计生特殊家庭，结合群团改革，对新增失独家庭提出了首次慰问“十个一”管理服务清单，全力把党和政府的温暖关怀送入他们家中，全年走访52户89人，送慰问金15.6万元。二是开展元旦、春节慰问活动。紧紧围绕“更温暖、更普惠、更实效”原则，组织开展2016年春节走访慰问活动，对计生特殊家庭实行了慰问全覆盖，慰问计生群众2380户（3492人），发放慰问金、慰问品108.65万元。三是开展困难计生群众临时救助活动。对因灾和大病造成困难的计生群众，核实后对8户困难家庭进行临时救助，发放慰问金1.5万元。

扩大困难学生帮扶面　一是联合县总工会、团县委、妇联、残联、计生协、红十字会等6家群团单位，共同举办金秋助学集中发放仪式，资助全县贫困职工、伤残家庭、贫困计生家庭等类型大学生140余名，高中生40名，发放助学金近50万元，其中计生协资助学子21名，发放助学金7.1万元。二是深入基层主动发掘困难对象。通过走访基层群众，了解家庭特别的贫困计生学子，经过入户调查核实后及时纳入节日慰问、临时救助或长期资助对象。2016年慰问特别困难学子3名，发放助学金5000元，其中纳入长期助学对象两名，拟对其高中阶段每学期给予2000元资助。三是引入社会力量关爱留守儿童。9月，深圳重庆商会、深圳市计生协、重庆市计生协、深圳喂喂科技等单位莅梁在新盛乐都完小开展“渝水情深、关注未来”捐赠活动，捐赠物资总计20.2万元，其中书籍、文体用品、电话卡及现金等价值18万元，捐赠保险2.2万元。

扎实开展计生家庭创业帮扶工作　发掘典型性计生创业家庭线索，跟踪调研发展情况，了解创业过程中的障碍，及时提供信息和物资帮扶。全年资助复平乡肉兔养殖、星桥镇种植园等计生创业典型2.01万元，带动周边计生群众就业23户。

建立离任村计生专干定额补助长效机制　对男年满60周岁、女年满55周岁，担任过村计生专干累计达3年以上的离任村计生专干，每年给予定额补助。2016年向符合条件的601名村（居）离任计生专干及时足额发放慰问金12.02万元。

【协会改革】　根据《重庆市计划生育协会专项改革实施方案》和《梁平县群团改革实施方案》文件精神，在县委的统一部署下，县计生协立足本地实际，按照党政所需和群众所急，与时俱进地开展了群团改革工作。从协会角色定位、工作范畴、评判标准等明确了协会改革目标，从基本职责、服务对象、社会职能明确协会的工作职责。以全心全意服务计生群众为工作出发点和落脚点，引导广大育龄群众听党话，跟党走，不断增强计生协组织的凝聚力、影响力。

强化领导，深入调研　把计生协改革工作纳入今年工作任务之一提早部署。结合计划生育群众自治示范村（居）建设工作，深入全县33个乡镇（街道），46个村（社区），走访党员干部群众126人，邀请部分乡镇（街道）党政负责人、协会秘书长、计生服务对象代表、群众代表召开协会改革座谈会，认真梳理总结建设性意见5条。

把握要点，多方协调　一是主动与市协会和县编办、财政局、卫计委相关部门联系沟通，征求意见，争取政策支持。二是围绕“强三性”“破四化”目标开展调查研究，查摆“四化”问题，撰写并修该专项方案6稿，确保改革方案可行、可靠。

坚决贯彻，指导工作　以镇村换届为契机，推动全县基层协会开展换届工作平稳开展。截至12月底，全县33个乡镇（街道）、341个村（社区）顺利完成换届，并探索将计生协组织向医院、学校、企业、新经济组织和新社会组织延伸，构筑覆盖广泛有效的组织网络。

（县计生协　张鹏飞）

梁平县归国华侨侨眷联合会

【概况】 梁平县归国华侨联合会（简称梁平县侨联）是中共梁平县委领导由县归侨、侨眷组成的人民团体，是党和政府联系广大归侨、侨眷和海外侨胞的桥梁和纽带。2016年，起草了《梁平县侨联改革实施方案》，并以梁委办〔2016〕150号印发，圆满完成县侨联改革任务。

【为侨服务】 宣传《中华人民共和国归侨侨眷权益保护法（修正案）》和《中华人民共和国归侨侨眷权益保护法实施办法》；开展调查研究，倾听归侨侨眷呼声、意见和要求；帮助归侨侨眷做好身份认定工作。端午、中秋、春节等传统节假日走访对象近200余人次，发放慰问金和慰问品计20000余元；助推侨企引进侨资200余万元，侨企年产值达亿元以上；在"第十七届世界华人学生作文大赛"中，梁平县共有六篇征文获奖，其中一等奖1名、二等奖2名、三等奖3名，梁平侨联获得优秀组织奖；积极协调梁平县回龙镇云阳闽商侨心小学建设工作，该项目已竣工投入使用；高度重视"珍珠班"的管理工作，年资助金额达到30余万元，2016年毕业40人，一本21人、二本19人，本科上线率达到100%。

（李　果）

梁平县残疾人联合会

【概况】 梁平县残疾人联合会成立于1991年，主要职能和任务是代表全县各类残疾人的共同利益，宣传贯彻《中华人民共和国残疾人保障法》和《重庆市残疾人保障条例》，维护残疾人的合法权益；团结教育残疾人，全心全意为残疾人服务；承担县政府委托的任务，管理残疾人事务，开展残疾人工作，动员社会力量，发展残疾人事业。内设办公室，业务科，下属公益类事业单位县残疾人服务所。县残联机关和残疾人服务所合署办公。行政编制4人，理事长1人，副理事长1人；事业编制5人。

2016年，在县委、县政府的坚强领导和市残联的正确指导下，县残联认真贯彻落实中央、市委和县委关于残疾人事业的新部署新要求，残疾人事业取得更大进步，残疾人服务保障水平得到进一步提高。2016年度获得全市残疾人工作综合目标考核先进单位和度重庆市残疾人稳定工作先进单位。

【康复工作】 残疾人康复服务能力和水平明显提升。贫困精神病患者服药救助370人，贫困精神病患者住院救助152人；转介60余名0～6周岁残疾儿童到重庆市康复定点机构参加康复训练，发放康复训练补贴5.25万元；为肢体残疾人配发辅助器具270件；为23名贫困残疾人免费安装假肢；为62名听障人士适配了助听器；为1300名有康复需求的残疾儿童和持证残疾人提供了基本康复服务。对全县374名康复协调员进行了业务培训，提升了他们的服务能力；完成了全县36个社区康复站的自查、评估、整改工作。

【教育就业】 一是选送7名视力残疾人到万州参加盲人按摩培训，选送3名中级盲人按摩工作人员参加盲人高级按摩培训，结业率与就业率均为100%。选送2名残疾人参加重庆市3D打印技术培训。二是完成1200名农村残疾人种养殖技术培训，扶持残疾人种养殖大户5户。三是为46名残疾大学生和残疾家庭大学新生资助12.8万元。为401名中小学生发放26.65万元生活补贴。四是积极协助县地税局，加大残保金征收力度，力争做到应收尽收，2016年征收残疾人就业保障金比2015年增长14.1%。

【扶贫解困】 一是2016年春节，县委、县政府高度重视，拨付专款100万元慰问全县1万名贫困残疾人、重度残疾人和因病因特殊情况致贫的残疾人。二是投入600万元为10002人发放重度残疾人护理补贴和贫困残疾人生活补贴。为5189

名贫困残疾人发放水电补助59.7万元。三是认真实施“阳光家园”计划，投入61万元为610户无就业能力重度贫困残疾人进行居家托养。四是投入144万元完成96户贫困残疾人危房改造。五是首次为全县持证残疾人购买人身意外伤害保险。为提高全县残疾人的风险保障水平，减轻政府救助压力，2016年5月，县残联投入40.46万元为全县22247名持证残疾人购买了小额人身意外保险。每人参保金额18元，最高可获赔1万元。

【宣传文体】

残疾人体育工作再上台阶　一是县残联被中国残联和国家体育总局联合表彰为“十二五”期间全国残疾人体育工作先进单位。二是梁平残疾人射击运动员袁洪相参加巴西残奥会比赛，获得第十名的好成绩，受到市委、市政府领导的亲切接见。三是选拔输送2名残疾人运动员到市残疾人体育训练基地训练。四是市残疾人田径锦标赛上，梁平残疾人运动员斩获2个第一名，4个第二名，2个第三名，创历史最高成绩，为他们颁发奖金2.6万元。

不断丰富残疾人精神文化生活　开展了“全国助残日”“爱耳日”“爱眼日”“国际残疾人日”等活动。积极组织全县残疾人参加各种比赛。精心组织残疾人参加2016年重庆市残疾人才艺大赛，选送作品5件。“筑梦善行”2015重庆市残疾人公益片大赛中，蒋胜斌作品《开心一笑》获得优秀奖。梁平在《中国残疾人》、重庆电视台、重庆市残联网站、《重庆残联通讯》、梁平县政府网站、梁平电视台、《梁平报》、政务信息等近几十家媒体刊发了宣传梁平残疾人事业的文章156篇，其中市级媒体以上41篇。

【维权信访】　残疾人的合法权益得到进一步维护。完善公开接访机制，全年未发生残疾人到市进京非正常上访和重大群体性事件，实现了非正常访和群体性事件“零目标”。及时准确地将信访件录入信访系统，做到了事事有回音，件件有着落，群众满意率100%。发放残疾人燃油补贴2名；为3名残疾人发放C5驾照补贴3000元，为5名残疾人申报了路桥费减免。投入36万元完成105户残疾人家庭无障碍改造。

【组联工作】　一是全年共办理第二代残疾人证1409本。二是按照群团改革的统一安排，县残联下发了《梁平县残疾人联合会专项改革方案》，完成了各项改革任务。三是对全县344名助残志愿者进行了培训，提高了他们为残疾人服务的能力。四是根据县委组织部的统一部署，对全县33个乡镇（街道）残联理事长进行了专题培训。五是听力残疾人周娟被评为重庆市2016年度优秀残疾人工作者。六是及时启动全国残疾人基本服务状况和需求信息数据动态更新工作。根据中残联和市残联要求，县残联按时完成了全县2.3万名残疾人基本服务状况和需求信息数据动态更新工作。七是召开了县残联第五届主席团第三次、四次会议，完成了领导班子的交接任务。

（县残联）

法　治

政法委及综治

【概况】　县委政法委是县委领导、管理全县政法工作的职能部门，代表县委领导、管理、指导、监督政法系统各单位，指导乡镇（街道）、县级各部门的政法工作。县社会治安综合治理委员会办公室（简称县综治办）与县委政法委机关合署办公；县委防范和处理邪教问题领导小组办公室（简称县防范办）挂靠县委政法委办公；人民团体梁平县法学会由县委分管领导联系、县委政法委代管。县委政法委内设办公室、政治处、执法督查室、县综治办基层科、县综治办流动人口服务管理科、县防邪办指导科。

2016年，在县委、县政府的坚强领导下，以中央、市、县委政法工作会议精神为引领，紧紧围绕服务“137”发展思路和“平安梁平”“法治梁平”建设目标，全县平安和政法综治工作成效显著。群众安全感指数为97.73%，位列全市第一位，创历史新高，连续五年进入全市前十位行列；政法机关综合满意度为94.64%，位列渝东北片区第一位；政法机关司法公信力为94.92%，与忠县并列渝东北片区第一位。

【三基建设】　2016年，以政府购买服务的方式，招聘495名专职社区治安巡逻队员、39名专职铁路护路队员、79名禁毒专职社工、20名社区矫正工作者、70名特勤，以招聘志愿者的方式组建村（社区）巡逻队达10865人、铁路义务联防队达54人。换届后，全县33个乡镇（街道）政法书记和343个村（社区）综治专干全部配备到位。配备86台社会治安巡逻车，实现社区和无社区乡政府所在村治安巡逻车配备、专职巡逻队组建全覆盖。在县职教中心建立县禁毒反邪教警示教育基地，已正式投入使用。组织政法各部门分条线组织业务骨干参加业务培训和岗位练兵。

【平安综治】

抓实基层平安创建　按照“六有”和“五个一”创建标准，平安乡镇（街道）、平安村（社区）、平安校园、平安医院、平安商场、平安景区、平安家庭“七大”平安创建活动全面完成年度创建任务，平安乡镇（街道）、平安村（社区）创建率达60%以上。成功创建“平安家庭”19.5万户、平安医院10个，县人民医院被命名为2015年度重庆市“平安示范医院”。

抓实社会治安重点地区排查整治　以“渝安1号”专项行动为契机，充分利用多种媒体载体和悬挂标志牌、标语等方式，群众知晓率达到98%以上；采取车巡与步巡、着装与便装定点守候相结合的方式，群众安全感达到100%。全县五个重点整治地区均全部成功摘牌。

抓实校园及周边社会治安综合整治专项行动　为配合迎接“义务教育发展基本均衡县”国家督导认定，夏、秋两季，组织教委、交委、公安、市政、工商、质监等部门联合对全区所有学校周边的交通标志设置、占道经营、车辆乱停乱放、社会治安等环境进行纵向排查，点对点将排查出的200余件（起）安全隐患交办给31个责任单位进行整改。

规范寄递物流安全管理　明确寄递安全管理专项工作组成部门在寄递物流安全管理中的具体职责。2016年收集掌握物流寄递行业信息23家、网点103个，核查寄递从业人员348人，督促相关企业全面落实开包验视、实名登记制度。

抓实铁路护路联防工作　做好辖区达万铁路沿线的护路联防工作，配齐渝万高铁沿线护路力量。在高铁红线外，以治安承包的方式配备兼职高铁护路队员20名，组建一支3人特警快反小组和10人的梁平南站特勤队伍，负责火车站及其周边的安全保卫工作。2016年实现了管辖铁路沿线内涉铁路较大治安、刑事案件、飞石击车、破坏铁路设施、涉路群体事件等案（事件）“五个零发生”。

抓实法学会改革　通过自评和征集法学会团体会员和会员意见，调职能、增活力、补短板、提能力、转作风、强服务，对县法学会职能定位、组织建设、保障等方面进行改革。深入开展“双百”活动和“青年普法志愿者法治文化基层行”活动，组织法律工作者、普法志愿者组成普法宣讲团深入机关、企业、学校、农村，广泛开展法治宣传教育。

【维护国家安全】　反邪教工作以无邪教乡镇、村（社区）创建为抓手，强化摸底排查、教育转化、追逃查失、打击遏制诬告滥诉和“两严一转”等专项活动，实现了未转化人数减少、巩固对象减少、邪教活动减少的良好势头。同时，国家安全重点成员单位履职尽责，实现了资源共享、信息对称、工作对接良好，持续实现重大政治案件、暴力恐怖和重大个人极端事件“零”发生。

【特殊人群服务管理】　管理方面，对重点人员采取专班稳控、每天“点名”，实现在重要节日、活动期间各类重点利益诉求群体和重点人员没有过激行为发生，各类特殊人群总体在管在控。服务方面，坚持人性化关怀、精细化服务。通过以奖代补政策，对全县严重精神障碍患者全面落实监护人；通过“互联网＋社区矫正”监管模式，全县社区矫正人员无一人脱、漏管。

【社会治理】　编制《梁平县“十三五”社会治理规划》，对“十三五”期间全区社会治理重点工作进行部署。全县所有村（社区）网格化建设全覆盖，所有社区深入推行“九有”规范化建设并逐步推行“网格—社区—镇街—县级”四级互动相应机制，实现了对风险隐患的快速发现、快速处置、快速上报。全县每个社区均完成了2个以上的邻里自管会建设，解决了老旧楼院管理难的问题。在双桂街道皂角佳苑二期回居小区通过成立业主委员会、邻里自管会、指定楼栋长，加大小区治安巡逻防控、及时解决邻里纠纷、搭建文化娱乐平台试点开展回居小区自治工作，对解决回居安置小区普遍存在的治理难问题起到良好示范效果。

【自身建设】　一是压实政法系统职责。加强对政法部门班子成员和一般干部监督的同时，通过召开政法部门纪检组长联席会、明察暗访等方式定期对政法队伍纪律作风进行督导检查。通过自查和抽查相结合的方式对政法各部门开展案件评查活动，均未发现有执法过错或重大瑕疵案件。二是严格落实“两个责任”。坚持利用每月工作例会或专题会必讲党风廉政建设相关要求，明纪律、挺规矩。班子成员坚持在分管工作中做到既严明工作纪律必严明廉洁纪律。坚持既支持纪检组职能“三转”，又监督纪检组履行职责情况，做到相互监督相互促进党风廉政建设工作落到实处。三是扎实开展“两学一做”学习教育。严格按照三会一课制度，组织机关全体党员干部深入学习党风廉政建设各项规定。通过亮出职位、每月评比优秀标兵等方式认真开展“比实绩干好本职事、比奉献办好组织事、比作风管好身边事，争当邓平寿式的共产党员”的“三比一争”行动。

（政法委）

公　安

【概况】　梁平县公安局成立于1950年1月，2016年在编人数548人（其中民警517人、公务员2人、工勤人员5人、事业编制人员25人），文职、协勤、特勤、警务室辅警等警务辅助人员404人，内设机构个19，派出所27个，林业专业公安机构1个，现役消防大队列入区公安局业务部门序列。

2016年，梁平县公安局深入贯彻落实中共十八大、十八届三中四中五中六中全会和习近平总书记系列重要讲话精神，以平安梁平建设为中心，主动适应经济发展新常态，着力维稳处突、打击防控、管理服务、公安改革、队伍建设五项重点工作，有效维护了全区社会政治稳定，为“十三五”开局创造了安全稳定的社会环境，公安工作再创佳绩。市公安局主要工作任务绩效评价在2016年的基础上稳中有升，从排名全市第16位上升至第13位，从排名渝东北功能区第4位上升至第2位。同时，通过全市第三方机构民意调查显示，群众对调查的几项工作也稳中有升，群众安全感、公安队伍满意度、公安执法公信力分别从排名全市第4、第8、第9位上升至第1、第7、第6位，从排名渝东北第1、第7、第6位保持或上升至第1位。队伍涌现出一批先进事迹和先进人物，3人荣记个人二等功，7个集体、29人荣记三等功，160人受到市公安局、县委县政府和县公安局嘉奖。

【维护稳定】

矛盾纠纷排查化解有效 在党委、政府领导下，及时摸排化解各类矛盾纠纷122起。认真落实领导干部接访、下访、约访工作，及时回应群众诉求，全年受理群众信访事项352起、394人次。认真落实诉访分离，导入法律程序108起。依法劝阻、批评教育无理缠访信访人13人、训诫闹访信访人4人，引导群众依法、理性表达诉求，维护信访工作正常秩序。

网络舆情管控更加有力 设立“梁平区网络与信息安全信息通报中心”，全面掌握全区重要网站、重要信息系统的安全运行状况。依托互联网四级监控中心，不断强化网上24小时公开巡查执法，依法查处散布网络谣言案件15起、行政处罚5人，抓获违法犯罪嫌疑人95人、上网逃犯2人。

应急处突能力不断提升 2016年，全面清理各类应急预案12项，修订完善10类重大案（事）件处置预案，健全常见案（事）件指挥调度流程，建立重大警情发现、报告、处置、反馈一体化工作机制。按照“结合实际、贴近实战、讲求实效”要求，定期组织相关警种部门和派出所开展实战演练，切实提升应急指挥和现场处置能力。

【打击和防范刑事犯罪】

严厉打击刑事犯罪 以“渝安1号”专项行动为抓手，坚持“以打开路”的主业意识，充分发挥破案打击的拳头作用，始终保持对命案、涉黑涉恶、“枪爆危”“黄赌毒”、多发性侵财犯罪和涉众型经济犯罪的高压态势，打击处理了一大批违法犯罪人员。全年破案1042起、同比上升15.65%，其中破现行八类案件22起、破案率40.74%；破命案4起，破案率100%。全年起诉537人，其中主要犯罪起诉435人，同比上升5.92%，打掉各类犯罪团伙25个，端掉黄赌窝点80个。

重拳整治毒品问题 提出“打出去”的思路，既立足本地打击涉毒违法犯罪，又主动斩断外流贩毒通道，减少毒品来源。全年破涉毒刑事案件109起，起诉涉毒犯罪嫌疑人112人，缴获毒品7.97公斤，铲除毒品原植物939株。坚持打“零包”贩毒，压缩毒品日常供应市场，全年破“零包”贩毒案33起，起诉33人。持续查处吸毒违法行为，萎缩毒品需求市场，全年捣毁吸毒窝点16个，抓获吸毒人员522人，其中强制隔离戒毒201人、同比上升3.61%，责令社区戒毒284人、同比上升0.71%。

推进社会治安防控体系建设 全力推进以“五张网”为骨架的立体化社会治安防控体系建设，增强群众安全感。重点增强治安巡逻力量，招聘治安专职巡逻队员180人，在26个乡镇（街道）建组27个巡逻队，对重点部位开展巡逻防控；组建专门反扒队伍，在扒窃案件易发、高发时段和部位跟踪蹲守捉现行。全年110有效接警48577起、同比下降4.23%，其中，刑事警情1019起、同比下降8.03%；八类刑事案件立案

54起，同比下降14.29%。全县1个A类和4个B类重点整治地区立刑事案件102起、同比下降45.16%，全部顺利通过验收揭牌。

【行政管理服务】 按照“以证管人、以房管人、以业管人”的要求，规范流动人口办理“居住证”，使用信息化工作平台，实现“人房关联”的精确定位管理。建立对对特种行业、娱乐场所动态治安管理工作机制，按照其治安状况划分为A级重点管理、B级加强管理、C级常规管理三级，并实行动态升降。按照“两集中、两到位”要求，实现了消防和印章雕刻行政许可业务进驻县行政审批服务中心，治安、出入境行政许可业务进驻公安分厅。大力推行居住证办理、身份证异地受理、驾驶员考试等试点改革，简化办证办照流程，办理承诺时限由法定时限618个工作日缩减至212.5个工作日，压缩率达到65.61%。实行预约服务、延时服务、错时服务、上门服务和一次性告知制度，全年办理居住证7064个、受理异地办理身份证业务450起，网上微信预约出入境证件办理2231人次、同比上升883%。

【安全监管】 扎实开展“安全生产月”和安全生产“渝州行”活动，防止了重特大安全事故发生，保持了安全事故总量持续下降。深刻汲取永川金山沟煤矿“10·31”瓦斯爆炸事故教训，重点加强对全区56家非煤地下矿山爆破项目、涉危涉爆单位开展安全检查，发现、整改安全隐患78处。深入开展“2016年道路运输平安年”活动，加大交通安全监管力度，查处各类交通违法行为16.5万件，其中酒驾346件、超速14382件、超员4627件、违停13539件。加大火灾隐患排查力度，检查单位3254家，发现、整改火灾隐患4408处，临时查封45家，责令“三停”单位33家，整改销案重大火灾隐患6处。

【科技强警】 2016年，“应指工程”建设顺利建成并将拓展运用。全县“应指工程”安装高清监控镜头720个、交通卡口35套，建成指挥大厅及机房，搭建现场通信指挥系统和350M数字集群通信，实现3G/4G和340M无线图传。同时，争取县委县政府支持，将视频监控向背街小巷和居民小区拓展，对城区、乡镇相关重点部位新建的1200个治安监控、30套交通卡口和39套电子围栏进行立项造册，预计于2018年建成投入使用。持续升级智能化交通系统，在交巡警大队建成智能交通监控分中心，完成了3处违停抓拍系统、7处红绿灯和智能交通监控分中心建设任务，并与“应指工程”对接道路交通卡口36处，实现了路面管、防、控一体化指挥和动态化管控。

【基层基础建设】 梁平县公安局业务综合楼建设项目已完成前期准备工作，主体工程于2016年7月30日正式开工建设，预计2017年7月底完成主体结构建设。投入100余万元，完成了刑侦大队、屏锦所、新盛所、礼让所、碧山所等派出所房屋维修工程；投入363万元对看守所电网、门禁系统、安全设施进行了升级改造；投入81万元建设了执法案中心视频监控系统；投入200余万元完善全局办公家具和办公设备采购，进一步配齐执法记录仪等执法设备。

【告破典型案例】

破获“5·8”系列电信诈骗案 2016年5月8日，梁平县公安局接到群众报警，称有人冒充警察给其打电话，以涉嫌毒品犯罪为由，诈骗其10万元。接警后，县公安局立即成立“5·8”专案组，经过4个月的深入侦查，查明以张某为首，在重庆、广东、贵州等10余个省市疯狂作案的电信诈骗团伙，并逐步掌握了该团伙的成员身份、作案方式、资金流向等。9月，专案经过精心布控，先后抓获犯罪嫌疑人24人，缴获电话、笔记本电脑等作案工具若干，破案120余件，涉案金额200余万元。

破获“5·10”制假售假案 2016年5月，梁平县公安局在梁平县新城“金德管业”门市内查获大量假冒“金德”牌管材、管件。经过进一步循线深挖，摸清了以马某等人为首的制假、售假网络团伙。该团伙勾结“金德”“日丰”“金牛”公司工作人员，将仿制的假冒伪劣产品混杂于正规产品中销往重庆、四川、河北、山东、内蒙古、广州等二十余个省（自治区、直辖市），涉案总金额达1500余万元。11月，在公安部统一指挥下，县公安局成功抓获制假嫌疑人6名，捣毁制假窝点2处，打掉制假生产线4条，缴获假冒“金德”“日丰”“金牛”等驰名商标管件10余吨。

破获全市首例微信红包网络赌博案　2016年5月，梁平县公安局接到群众匿名举报，城内有人在微信群以“抢红包”方式进行赌博，每局输赢万余元。该案为全市首例微信“抢红包”新型网络赌博案，县公安局高度重视，组织相关警种迅速成立专案组，逐步排查出涉案人员，并多方收集固定了大量证据。6月，专案组一举抓获组织赌博的犯罪嫌疑人5人，先后抓获参赌违法人员20余人，缴获作案用银行卡17张，涉案金额70余万元。

【自身建设】

“两学一做”学习教育　以合格党员为标准，深入开展“两学一做”学习教育，局党委班子成员带头讲党课112场次；深入开展自查自纠，梳理并整改共性问题11个方面60个；以活动为载体，开展征文比赛、知识竞赛、党员教育活动月等活动12次，进一步增强党员民警的党性意识、看齐意识和核心意识。

党风廉政建设　落实领导干部“一岗双责”，组织全局民警签订党风廉政建设责任书和廉洁从警承诺书。加强日常教育管理，组织民警职工观看警示教育片《警钟》等6场次，进一步筑牢民警拒腐防变的廉洁防线。组织开展为期两个月的队伍纪律作风教育整顿活动及烟花爆竹生产企业转型升级、煤矿关闭退出和土地流转非农化整治等三项自查工作，并签订守纪承诺书。

业务技能培训　从实战需求出发，不断夯实民警业务基础，组织全局民警分批次参加枪支管理使用学习培训、执法规范化教育训练等，组织60名处突机动队员开展2次实战演练。委托万州金龙战训基地，组织170名民警分7期参加警务实战培训，全部合格。组织全局民警分4批次参加2016年度网上考试，通过率为99.8%。

（县公安局　杨晓青）

检　察

【概况】　梁平县人民检察院有政法专项编制87人，在职干警80人，其中：现有班子成员7人，专委2人。市编办核准设有办公室、政治处、公诉科、侦查监督科、检察技术科、案件管理科、职务犯罪侦查局、法律政策研究室、民事行政检察科、控告申诉检察科、刑事执行检察科、监察室等14个内设部门和驻屏锦镇中心检察室。

全院始终坚持“强化法律监督，维护公平正义”的检察工作主题，立足全县工作大局，以执法规范化、队伍专业化、管理科学化、保障现代化为工作方针，按照“三抓三促三步走”的工作思路和实现“五个一流”的工作目标，狠抓队伍建设、业务建设、检务保障建设、检察文化建设，全面履行法律监督职能，塑造了一支新时期的高素质的检察队伍。

2016年，全院各项检察工作取得新进步，多个集体和个人获得市级表彰，公诉科被评为全市检察机关“党员先锋岗”，黄晓丽被市院评为优秀党务工作者，王豪、孙凤桥被市院评为优秀共产党员，丁金获重庆市检察机关“青年尖兵”称号，张毅获全市检察机关“侦查监督业务能手”称号。

【依法履职】　一是履行审查批捕起诉职能，受理批捕案件266件362人，批捕209件263人，不批捕55件96人；受理起诉案件461件612人，起诉404件523人，不起诉48件68人。二是提升检察服务效能，批捕破坏市场经济秩序犯罪案件2件2人，起诉5件7人。三是查办和预防职务犯罪，立案查办职务犯罪案件6件11人，开展法治宣传和警示教育26次，提供行贿档案查询507次。四是加强司法活动监督，监督立案1件1人，追捕漏犯3人，追诉漏犯9人、漏罪1条；纠正脱漏管5人，办结罪犯又犯罪案件不批捕1件1人；受理民行监督案件54件；办理支持起诉47件，胜诉39件。五是参与社会综合治理，受理举报、控告、刑事申诉113件；开展各类法制宣传活动20余场次，发放资料4500余份，接受咨询500余人次。

【体制改革】 筑牢思想政治基础，通过理论学习、交流疏导、教育指导、纪律管理“四个加强”，将思想政治工作贯穿全过程，抓紧抓牢不松懈。同时，按照全市统一部署，平稳有序推进各项改革任务。建立四项监督机制，探索建立案件跟踪监督、部门内部抽查、内外部监督、业绩考评等四项监督管理机制，以信息化手段实现对所有案件的集中统一管理，将办案活动置于有效监督管理之中。工作成效逐步显现，按照新的办案组织模式，全面落实司法责任制，大量轻刑案件得到快速办理，办案力量、责任意识、司法规范化水平不断提升。

【接受监督】 自觉接受人大监督，向人大常委会专题汇报2次，并认真落实了审议意见。不断深化检务公开，主动邀请社会各界代表150余人次参与检察开放日活动3次；公开程序性信息821条、法律文书546份。开展执法规范化检查2次，评查案件52件。

【队伍建设】 坚定信念正风肃纪，开展示范教育和警示教育学习8次，检务督察15次；有序推进“两学一做”专题教育，创新开展支部“微型党课”14期，不断增强“四个意识”。着力加强队伍素能，开展“每周一课”学习活动16期，组织实务培训21期57人次，开展岗位练兵活动6次。狠抓检察文化建设，开展检察文化活动30余次，根据梁平人民检察院检察长撰写的小说改编拍摄成的反腐剧集《平湖暗流》在央视播出。

（检察院）

法　　院

【概况】 2016年，梁平法院共有内设机构25个，其中人民法庭4个。全院有员额法官及其他工作人员120人，其中，员额法官37人，占30.83%；具有硕士及以上学历11人，占9.17%。共受理案件9054件，审执结8464件。

【刑事审判】 2016年，审结一审刑事案件414件，判处罪犯544人。突出打击重点，严惩严重暴力犯罪和多发性侵财犯罪，审结抢劫、强奸、故意伤害、盗窃等案件135件183人。坚持从严打击涉毒犯罪，审结涉毒犯罪案件86件95人。依法严惩贪污、贿赂犯罪，审结8件13人。依法从宽处理具有法定从轻、减轻处罚情节的被告人，判处拘役、管制、免予刑事处罚118人。对确有悔改表现，适用缓刑不致再危害社会的160名被告人依法宣告缓刑。保障被告人的辩护权利，为14名被告人指定辩护人。

【民商事审判】 2016年，审结一审民商事案件5920件，涉案标的额8.83亿元。依法办理涉及生命权、健康权等人身损害赔偿案件428件，维护公民人身权利。妥善办理婚姻纠纷、赡养继承等家事案件2355件，促进家庭关系和睦。从快办理民工追讨劳动报酬等案件25件，保护劳动者合法权益。加强经济发展新常态的司法应对，规范和引导民间借贷健康有序发展，审结民间借贷纠纷案件745件。规范金融工商秩序，审结涉及金融借款、小微企业的案件143件。规范房地产、建设工程秩序，审结涉及房地产、土地使用权转让、建筑施工合同的案件284件。推动城乡统筹协调发展，审结涉及土地承包经营权、自然资源使用权、农产品流通的案件30件。坚持依法自愿调解原则，落实“调解优先、案结事了”的司法理念，完善与司法、民政等诉调对接机制，调解撤诉结案2224件、调解撤诉率67.95%。

【行政审判】 2016年，审结一审行政案件70件。充分运用协调、和解等“柔性手段”化解行政争议，促成原告撤诉15件；裁定不予受理、驳回起诉以及判决驳回原告诉讼请求、维持被告作出的具体行政行为46件，支持行政机关依法行使职权；判决行政机关撤销、变更具体行政行为11件，促进行政机关规范执法行为。认真贯彻新修订的《中华人民共和国行政诉讼法》《梁平县行政机关负责人出庭应诉工作暂行办法》，2016以来开庭审理的54件行政案件，行政机关负责人出庭应诉19件，出庭应诉率35.18%。

【执行工作】 2016年，执结案件1937件，执行到位金额1.57亿元。健全执行联动威慑机制，曝光失信被执行人1256人，司法拘留135人，移送追究拒执罪2人，并于10月自主研发智能化执行查控信息平台，网络查控986条，远程冻结、解冻472件，远程扣划48件531万元。开展涉民生案件、金融债权案件集中专项执行，执结106件、兑现507.11万元。

【接受监督】 自觉接受县人大及其常委会监督，主动向县人大常委会汇报和专题报告工作3次。深化代表委员联络，走访联络代表委员146人次，邀请旁听庭审、参与执行、参加主题开放日活动97人次，收集意见建议7条；积极接受政协的民主监督、检察机关的法律监督和社会各界的监督，赠阅《柚乡天平》《工作年报》及《人民法院报》等，不断改进法院工作。

【自身建设】 深化主题教育，扎实开展“两学一做”等学习教育，组织专题学习8场次，始终确保法院工作坚定正确的政治方向。坚持岗位练兵，庭审考评87场次、裁判文书评查693份。加强教育培训，组织干警培训185人次。注重青年人才培养，安排到立案信访窗口和人民法庭实践锻炼15人次。狠抓党风廉政，认真落实“两个责任”，严格执行中央“八项规定”等各项禁令要求，委托廉政监督员、市县人大代表及政协委员开展第三方案件回访，共回访案件513件627人次、满意率97.13%，确保公正廉洁司法。

（法　院）

司法行政

【概况】 梁平县司法局为县政府工作部门，内设办公室、政治处、法制科（律师公证鉴定管理科）、基层工作管理科、宣教科、法律援助管理科（法律援助中心）、社区矫正管理局、行政（审批）服务科，下辖公证处、梁平县医疗纠纷调解中心、梁平县矫正帮教管理服务中心。现有政法专项编制62人，事业编制11人，在职职工66人，其中本科54人，专科12人。

2016年，在县委、县政府和市司法局的坚强领导下，梁平县司法局党组带领全局干部职工低调务实、创新思路、积极作为，取得了新的成绩。在市委政法委组织的满意度和公信力民意调查中，县司法队伍满意度为95.39分，公信力为95.7分，分别比2015年多0.89分、0.61分，与忠县并列渝东北第一；在全市司法行政系统综合目标考核被评为“优秀”，同时被命名为2016年度推进基层基础建设优秀单位；梁平县司法局集体获得全国性奖励2次、市级奖励1次、3个司法所获得市级奖励；个人奖励获得全国性2人次，市级11人次、县级12人次、市级三等功1人次、县级三等功1人次；征文活动中获得市级一等奖、三等奖、优秀奖各一篇。

【基层基础建设】 理顺司法所管理体制。明确了司法所为县司法局和乡镇人民政府（街道办事处）双重领导，以县司法局管理为主的司法所管理体制，各乡镇（街道）把司法所工作纳入基层综治平安建设同等重视，把司法所工作人员当做机关职工同等管理，把司法所工作纳入总体工作部署同等考核；加强司法所规范化建设。按照市局关于司法所规范化建设新标准，统一司法所外观标志、内部设置，统一印制司法所“三表、五制度、七簿册”，司法所规范化建设达标率97%；充实司法所工作力量。2016年5月公开招聘20名社区矫正社会工作者，目前全县34个司法所共有工作人员52人，没有无人所；加强基层司法行政业务培训，组织司法所工作人员分两批次参加重庆市司法所长培训，参训率100%；2016年11月“重庆市司法所工作会”在梁平召开，县司法局在大会作交流发言，梁山、双桂、新盛司法所被评为“重庆市优秀司法所”，蒋希伟、张奉玲、周海峰被评为“重庆市优秀司法所所长”。

【人民调解】 积极推动调委会规范化建设。乡镇（街道）人民调解委员会规范化建设达标率100%，村（社区）人民调解委员会规范化建设达标率80%。加快专业性、行业性人民调解组织发展，探索建立职业化、专业化人民调解员队伍，充分发挥人民调解在矛盾纠纷多元化化解机制中的基础性作用，有效化解了涉及烟花爆竹转型发展、煤矿关闭、棚户县改造等一大批重大矛盾纠纷；加强医疗纠纷人民调解队伍专业化建设，全年调处医疗纠纷27件；开展人民调解案件质量评查，通过电话抽查、回访等方式，重点检查了案件数量、质量和案件补贴发放情况；全县各级调委会调处人民调解案件16800余件，调解成功16700余件，成功率达到99%。开展人民调解员业务培训74次，培训调解员5400余人次，参训率100%；2016年我局荣获全国“人民调解宣传工作先进单位”，推荐出1名“全国模范人民调解员”、6名“重庆市人民调解能手”。

【法律援助及服务】 创新推动法律援助工作。制定了《关于完善法律援助制度的实施办法》和《梁平县法律援助办案经费支付办法（试行）》，完善了法律援助便民服务机制，提高了法律援助补贴标准，提高办理援助案件的积极性；加强法律援助规范化、便民化建设，在工会、妇联、残联、人武部、看守所等单位和场所设立法律援助站，最大限度满足群众法律援助需求，确保实现“应援尽援”，全年办理法律援助案件485件；打造“互联网+法律服务”平台。探索建立“口袋律师”法律服务APP软件，将普法教育、律师服务、司法鉴定、公证服务、人民调解等方面融入其中，打造老百姓“贴身的法律顾问”；设立法律政策咨询中心、站点，村（社区）建立“法律诊所”，建立与劳动仲裁、信访以及公检法等部门的沟通协调机制，拓展法律服务覆盖面；强化律师服务和管理。严格按照《梁平县法律服务机构年度考核办法》，对各法律服务机构进行考核和管理；加强律师、公证、基层法律服务、司法鉴定等法律服务行业执业道德和执业纪律教育，规范执业行为，筑牢执业防线；开展“律师服务助产业发展”专项行动，通过律师到信访办、行政服务中心等窗口“坐诊”，进企业开展法治宣讲、“法律体检”等活动，充分发挥律师作用，为经济社会发展和平安建设提供法律服务；开展“基层法律服务质量年”活动，以规范业务档案为抓手，提高基层法律服务行业的办案质量和内部管理水平，基层法律服务工作业务档案合格率为100%；拓展公证服务领域。建立与金融机构的定向合作关系，为全县企业贷款业务、民间借贷、小额担保等提供法律咨询和优质公证服务，助推企业发展“零风险”；开辟绿色通道，为老弱病残孕等群体提供上门服务，为困难群众减免公证费用。全年办理公证案件1121件，同比增长31.8%；加强司法鉴定管理。落实司法鉴定运行机制和司法鉴定质量评价体系，全年办理司法鉴定案件335件，司法鉴定采信率达到95%以上，司法鉴定的权威和公信力明显提高。

【社区矫正】 创新社区矫正管理模式。推行“互联网+社区矫正”APP管理平台，依托线上线下互动，推动社区矫正管理由粗放型向精细化转型，提升社区矫正工作能力和水平；制作社区矫正工作流程图，进一步规范社区矫正工作流程；组织开展社区矫正工作执纪执法交叉检查，强化责任意识，严格教育监督管理，确保社区矫正人员不脱管失控；丰富社区矫正教育内容。创新分阶段矫正、心理矫正、个案矫正、社区服务等方式方法，提高矫正质量和效果；组织社区服刑人员到烈士陵园扫墓、听革命传统故事、刑释人员讲监狱生活，引导社会力量参与社区矫正工作，教育社区服刑人员珍惜美好生活；开展形式多样社区服务。将聚奎镇黄土坎公园打造为社区服刑人员社会服务基地，先后组织80余名社区服刑人员前往参加劳动，各司法所组织辖县社区服刑人员到敬老院、五保户家庭开展义务劳动，通过多渠道、多形式的社区服务，提高“通过劳动体验生活改造思想”的效果。

【安置帮教】 及时核实监所反馈的服刑人员的基本信息，核实率达100%。实现全面对接，对重点帮教人员做到必接必控，对“三无人员”联系解决临时安置救济，落实最低生活保障。目前，全县累计接受社区服刑人员1752人，按期解除1463人，在册289人，无脱漏管、无重新犯罪；全年新衔接安置刑释人员756人，临时救助30人。

【普法依法治理】 全面启动“七五”普法。认真总结“六五”普法工作，县人大常委会审议通过了《关于“六五”普法工作情况的报告》，并决定实施“七五”普法；县委、县政府转发了县委宣传部、县司法局《关于在全县公民中开展法治宣传教育的第七个五年规划（2016－2020年)》的通知，“七五”普法工作全面启动；落实“谁执法谁普法”责任。全年组织新提任领导干部法治理论知识考试25人、抽考领导干部119人，网上干部普法考试13987人，组织150名领导干部旁听法庭审判；广泛开展普法宣传教育。组织普法讲师团到机关、学校、村社开展法治宣讲、“以案释法”等宣教活动60余场次，发放宣传资料4000余份，接受群众现场咨询160余人次；开设普法网站、微信、博客，在电视台、《梁平报》开设法治栏目，在农村、社区设置法治宣传专栏，宣传解读与群众密切相关的法律法规，释放法治实践正能量，提升群众信法的感知度和公信力。2016年有5个村和2个社区被命名表彰为“重庆市民主法治示范村（社区)”。县司法局被市委宣传部、市人社局、市司法局评为“2011—2015年重庆市法治宣传教育工作先进集体”，县普法办被中宣部、司法部、人社部评为“2011—2015年全国法治宣传教育先进普法依法治理办公室”。

【队伍建设】 强化党建主业意识。严格落实党建责任制，认真执行《落实党风廉政建设党组主体责任和纪检组监督责任实施细则》，坚持“一把手”负总责，形成了齐抓共管工作格局；深入开展“两学一做”学习教育活动，坚持高标准严要求，带头查摆整改存在的突出问题4个；强化班子队伍建设。进一步完善机关管理制度，注重沟通协调，司法局班子多年来保持了风正、气顺、心齐、劲足的浓厚氛围。通过座谈会、培训会、专题警示教育会等，加强队伍思想政治教育，通过明察暗访、交心谈心等多种形式，强化执纪问责，切实加强司法行政队伍建设和管理；强化支部能动作用。切实发挥支部带头作用，增选了各支委委员，充实支部力量；设置了党建工作室、开辟了宣传栏，强化了党建阵地建设。各支部紧密结合司法行政职能，深入开展“弘扬孝道．赡养维权”“我为发展做贡献”“助推乡风文明建设”等专项行动，为群众提供方便快捷的法律服务，切实提升司法行政队伍群众满意度和公信力；强化党风廉政建设。继续强化法律援助、公民代理的监督管理，同时将社区矫正、人民调解作为防范重点。实行社区矫正工作调查评估集体研究制度，开展社区矫正交叉检查，实施人民调解全面审查和回访制度，确保无违纪违法情况发生。对轻微的、苗头性问题及时“扯袖子”“咬耳朵”，对违反制度人员及月考评排名靠后的进行诫勉谈话，并责令2人在职工大会上作检讨。

（县司法局）

武　　装

人民武装

【党管武装】　2016年，梁平县人武部始终坚持“双重领导”，当好参谋助手，坚持围绕经济建设大局，服务于地方经济社会发展。注重加强请示报告工作，及时传达国防后备力量建设的政策要求，争取党委政府对武装工作的重视和支持。第一书记多次莅临指导，提出相关要求，为下一步改进工作作风、提高服务质量、强化打仗能力指明了努力方向，提供了基本遵循。

【征兵工作】　始终坚持廉洁征兵，严密有序组织征兵工作。针对今年开展网络征兵的情况，加强了组织领导，及时调整征兵工作机构，制定计划方案，传达上级征兵会议精神，层层签订了征兵责任书，深入各镇乡（街道）进行了检查指导。充分利用电视、报纸、手机、网络媒体和标语、传单、海报、墙报、专栏等载体，采取街头咨询、走村入户、电话信函等形式开展了全方位、多层次的征兵宣传，调动了适龄青年参军热情。同时组织征兵工作人员认真学习征兵政策规定，严格选调体检医生和政治考核民警，组织了体检、政治考核业务培训和封闭式体检，落实了“三级”政治考核、区域联审和走访调查。加强征兵廉政建设，坚持“阳光”征兵，增强透明度，接受社会监督，做到征兵政策、征兵程序、征兵名单、征兵举报电话“四公开”。

【国防教育】　针对当前意识形态领域斗争的尖锐复杂形势，积极争取县委、县政府的支持，紧紧抓住各种机会，紧贴国防教育现实需求，紧贴人民精神生活需要，大力开展国防教育活动。2016年，全县高一新生军训、烈士陵园公祭、学雷锋等国防教育活动极大地掀起了梁平人民爱我国防的热情。

【参建参治　扶贫帮困】　2016年，大力开展扶贫攻坚活动。节假日期间，部领导到合兴镇困难群众家中访贫问苦，送去棉衣、被子和慰问金；开展了结穷亲和捐资助学活动，机关干部职工与合兴镇10户贫困家庭结穷亲，与合兴镇10名贫困小学生结成“一帮一”对子，送去了助学金和学习用品。

【民兵军事训练】　依据《民兵军事训练与考核大纲》，严格落实军事训练活动安排，采取集中训练、成建制训练、分散训练等方式，分3期组织勤务保障队伍96人，完成了野战工程抢修、道路交通保障、公路运输等内容的训练；组织应急民兵分队120人，针对森林防火、防暴器材使用、防暴队形、轻武器射击等内容进行了为期十天的集中训练；坚持每月组织民兵进行点验。通过训练，增强了应急民兵的战备意识，进一步提高了遂行多样化军事任务能力。

【专武干部队伍建设】　针对部分专武干部对业务不熟悉的实际，利用工作会议、民兵训练等时机，对专武干部队伍进行了思想教育和业务培训，积极选送专武干部参加警备区组织的集训，增强了工作能力。3月和12月，组织专武干部进行了为期七天的集中训练，并开展了民兵组织整顿、兵员动员工作等业务培训。　（人武部）

消　　防

【概况】　中国人民武装警察部队梁平县消防大队，现役副团职编制，现有官兵41人，隶属于武警重庆市消防总队，同时接受梁平县委、县政府、县公安局的领导。大队位于梁平县双桂街道太和村2组119号，占地16亩，建筑面积7319平方米。大队担负全县城市消防规划、消防监督管理、审核验收、消防法制建设、部队管理教育、灭火战斗、抢险救援等任务，是一支涉及专业面广、技术密集的部队。2016年，除公务执勤和特殊安保任务，大队共接处警121起，其中火警65起，抢险救援29起，社会救助27起，共出动车辆155台次，出动警力1185人次，疏散、抢救被困人员83人，抢救财产价值达到39.4万元，确保了火灾形势的持续稳定。

【消防设施】 大队管辖高层建筑198栋，其中一类高层建筑16栋，二类高层建筑182栋，消防安全重点单位108个，消火栓468个。建立了33个乡镇、街道兼职消防队，6支政府专职消防队、27支社区志愿消防队，配置有4台小型消防车、1辆消防摩托车、43台手抬机动泵，396件消防器材。所属双桂消防中队配备执勤车9辆，其中1辆移动通信指挥车、3辆水罐消防车、1辆泡沫水罐消防车、1辆压缩空气泡沫消防车、1辆登高平台消防车、1辆抢险救援车、1辆地震抢险救援车；配有火场图像远程传输系统1套、消防特勤器材2套、常规器材40件套。

【消防宣教】 大队充分利用电视、报纸、网络等媒体渠道，通过公告、张贴标语、发送短信等灵活多样的形式，大力宣传消防知识。先后组织开展了“全国科普教育日”、《建设工程施工现场消防安全技术规范》宣贯、“119宣传月”等大型宣传活动；举办各类培训16余期，受教育8万余人，招募消防志愿者5000名；出动宣传人员500人次、宣传车辆140台次，举行队站开放40次，发放宣传画、宣传手册10万余份；举办32个物业服务企业参与的示范型灭火应急疏散演练，使辖区百余栋高层居住建筑具有了灭火应急队伍保障，25个消防控制室均实现持证上岗人数不低于4人的标准；全县“三合一”场所消防安全整治现场会等大型主题宣教活动7次。全年在《法制日报》等中央级报刊电台刊播稿件6条，在《重庆日报》等主流媒体刊播稿件近百条，在县电视台、主流论坛滚动播出消防公益广告900条/月。

【消防工作】 定期分析全县消防安全形势，深入开展严格执法，狠抓社会面上火灾防控，深度开展社会单位“四个能力”建设、建筑消防设施专项整治、中小学校舍火灾隐患整治、彩钢板及人员密集场所、“三合一”场所、“九小场所”、洗浴场所等专项整治行动。全年提请政府专题研究消防工作5次，召开消防工作会议8次，制定了下发了《梁平县2014年度专职消防队建设实施方案》《梁平县消防文员招聘方案》《梁平县市政消防设施建设维护实施方案》。全年检查单位场所3163家次，发现并敦促整改火灾隐患4170处，发出责令改正通知书1920份，发出行政处罚决定书153件，责令“三停”33家，临时查封41家，罚款39.7万元，依法行政拘留7人。

【部队管理】 一是切实转变工作作风。大队党委将精力内移，减少外出应酬和公款吃喝，结合大队实际工作制定了《梁平消防大队关于加强和改进作风建设十项规定》。二是全方位开展理论学习。思想是行动先导，大队采取集中学习与个人自学、全面学习与重点学习、理论学习与实践操作相结合。2016年，共1名官兵荣记三等功，10名官兵获得嘉奖，体现了全体官兵聚精会神谋事创业的良好风貌。

【“三化”建设】 一是突出抓好高层、地下建筑、大型商场市场等人员密集场所、大跨度大空间建筑等场所的灭火救援准备工作，完善和修订辖区高层建筑、地下建筑等重点单位场所三维预案108份，对象预案93份，类型预案15份；二是强化官兵“六熟悉”，完成辖区城镇水源普查；三是开展火灾扑救专题学习106课时，实战演练

78 次。大队以备战片区业务赛为导向，积极准备打造“一星铁军中队”，坚持每周四岗位大练兵，深入开展体技能训练、不断增强官兵的体能、技能素质。在全市消防部队万州片区业务赛中取得了较好成绩，连续五年被重庆市共青团委评为市级“青年文明号”单位。（消防大队　黄河）

武　警

【概况】 2016 年，武警重庆市总队第三支队梁平县中队坚持习主席强军兴军一系列重要思想为指导，坚持把铸牢强军之魂作为最高政治要求，始终把思想政治建设放在首位。全面落实武警党委和重庆市梁平县人民政府的决策部署，牢牢把握“稳中求进”总基调，突出在抓首位铸军魂、抓中心强能力、抓精细促正规、抓风气构和谐、抓班子带队伍上下功夫，推进中队建设向上向好发展，圆满完成了上级赋予的各项任务，较好地实现了“两个确保”，为梁平经济建设、社会稳定作出了突出贡献。中队连续 17 被总队表彰为标兵（先进）中队，连续 34 年安全无事故，先后荣立集体二等功 1 次，集体三等功 16 次，荣立个人三等功 32 次，15 人被总队表彰为优秀共产党员、优秀班长和爱岗敬业标兵，9 次被评为“先进党支部”，7 次被评为“先进团支部”，罗宝春被评为“感动重庆十大人物”。

（武警县中队）

人民防空

【概况】 梁平县民防办公室为县政府组成部门。于 2015 年年初全市机构改革后，现与县城乡建设委员会合署办公。下设事业单位梁平县民防指挥信息保障中心，主要承担应急应战信息化建设、科研开发、设备设施维护管理、应急应战值班和演练保障，执行防空袭斗争信息保障任务。2017 年 1 月 5 日，因撤县设区，梁平县民防办公室变更为重庆市梁平区民防办公室（简称区民防办）。

【人防宣传教育】 2016 年，县民防办继续加强与县党校和教育部门的衔接，丰富教学防空防灾知识。将民防知识纳入党校（行政学校或社会主义学院）教学范围，巩固党校人防专题教育阵地。利用“5·12”全国防灾减灾日、“6·5”警报试鸣活动日、“12·4”法治宣传日，以媒体专栏、广场宣传、防空防灾演练为着力点，并利用横幅、图片、宣传牌、广告站牌等各种形式加大人防知识的宣传力度。今年在党校开班 2 次，为中小学校购买统编教材 5000 余本，活动发放宣传资料 2000 余份，接受现场咨询 1500 余人次。

【人防应急保障】 2016 年城区防空警报器安装数量达到 22 台，城区警报覆盖率达到 100%，同时备有 3 台手摇式警报器应急。新建容纳 3000 人疏散基地（蟠龙镇）1 个，同时完善了金带镇人口应急疏散基地，人防疏散能力进一步提升。新建双桂街道皂角社区为“两防一体化”标准社区并继续维护了梁山街道北池社区的“两防一体化”建设，社区民防组织机构和志愿者队伍日渐壮大，社区应急应战预案逐步完善，宣传教育阵地硬件已经具备。积极协调相关部门，大力争取县政府的支持，顺利于本年度完成了 200 人编制的专业队伍组建组训工作，并根据相关要求协助有关部门参加抢险救灾任务。

【人防工程建设】 目前已有自建人防工程 5 个，分别为上海花园小区防空地下室、梁平帝豪国际城小区防空地下室，兴茂盛世华都小区防空地下室、兴茂时代广场小区防空地下室、戴斯国际酒店防空地下室。其中上海花园小区防空地下室、兴茂盛世华都小区防空地下室、兴茂时代广场小区防空地下室、戴斯国际酒店防空地下室均已竣工投入使用。

（县民防办）

经济

平伟实业

农　　业

综　述

【概况】　梁平县农业委员会是统筹协调和综合管理全县农业和农村工作的工作机构，成立于2008年10月，由原县农办、县移民局、县农综办、县农牧局及县水务局水产和农机职能部门整合而成，与县委农村工作委员会合署办公。内设11个科室：办公室（组织人事科、宣传信息科）、政策法规与农产品质量安全监管科、财务科、发展计划科、农业综合开发科（项目科）、移民综合科、扶贫开发科、农机管理科（渔业发展科）、科教科、畜牧兽医科、行政（审批）服务科，下辖19个站所：梁平县蚕桑科技推广中心、梁平县农业机械化技术推广站、梁平县水产站、梁平县农业技术推广中心、重庆市农业广播电视学校梁平县分校、梁平县农能环保土肥站、梁平县植保植检站、梁平县经济作物站、梁平县农村合作经济经营管理站、梁平县农业行政执法支队、梁平县农机监理站、梁平县种子管理站、梁平县动物卫生监督所（梁平县动物疫病预防控制中心）、梁平县畜牧技术推广站、梁平县农产品质量安全监督管理站、梁平县良种场、梁平县移民工作站、梁平县农业信息中心、梁平县园艺场。在职人员共161人，其中研究生11人，本科54人，专科60人。县委农工委现有基层党支部12个，党员187个。2017年1月5日，因撤县设区，梁平县农业委员会变更为梁平区农业委员会，2017年1月20日，区农委正式挂牌。

2016年，全县农业农村工作有序推进，农村经济持续向好，实现农业总产值62.48亿元，同比增长15.65%（未扣除物价涨跌因素），其中效益农业产值27.44亿元，占农业总产值的45.01%，同比增长60.79%；农业增加值41.99亿元，同比增长5.6%；农村常住居民人均可支配收入12485元，同比增10.8%。

【种植业】　全县农作物播种面积10.7万公顷，其中：粮食作物8万公顷、油料9133公顷，产粮食38.99万吨左右、油料产量1.74万吨。重点打造了三清、清都、蟠铁和曲福四个万亩蔬菜基地，新建蔬菜基地面积267公顷，启动200公顷有机蔬菜生产试验示范，引进蔬菜优良品种50余个，培育蔬菜种植大户140个，蔬菜播种面积2.4万公顷、产量51.33万吨；新建标准化钢架大棚4.2万平方米，人行耕作道15千米，新建冷藏库2座，冷藏能力400吨，有效延长了鲜蔬销售时间，实现了粮（油）菜稳面提质。

梁平柚　编制完成《重庆市梁平县梁平柚产业发展规划》（2016—2025）。全年新建梁平柚标准园666.67公顷，低产果园改造466.67公顷，栽植枳砧梁平柚大苗（3年生）50万株。推广梁平柚标准化生产管理1733.33公顷，其中全程社会化服务733.33公顷，培育梁平柚营养袋苗50万株。在合兴镇龙滩村中国名柚园开展有机梁平柚生产工作，施用生物有机肥1450吨，安装太阳能杀虫灯150盏，监控摄像头60个，悬挂捕食螨3万袋，黏虫黄板、蓝板6万张，配置检测设备设施1套。重庆天农八部农业科技有限公司合兴镇、荫平镇、明达镇、虎城镇、袁驿镇等乡镇开展梁平柚溯源系统建设，为35万株梁平柚挂配电子标签。搭建网上电子营销平台，实现线上、线下销售，通过电商销售梁平柚达0.8万吨。购买洗果机、塑封包装机械8台（套），年包装能力达到2万吨以上。建成1000吨气调贮藏库2个，加工生产柚子茶、柚子糖、柚神酒、柚子精油等系列产品，年加工梁平柚果达0.8万吨。

蔬菜　全县蔬菜基地面积8667公顷。梁山街道番茄、莲藕，和林生姜，云龙镇黄瓜、萝卜，蟠龙镇、大观镇、铁门乡的高山蔬菜，曲水镇、铁门乡辣椒，福禄镇榨菜等均形成了特色，播种面积均在133.3公顷以上。全县有连片承租农民耕地常年从事蔬菜生产的业主大户140余户，面积最小的1.3公顷，面积大的达到133.3公顷。新建冷藏库2座，冷藏能力400吨。在重庆双福蔬菜农贸市场、万州农贸市场等地设蔬菜门市5个，面积达240平方米，定点销售梁平蔬菜，年销售蔬菜达18万吨，同时在县内各农贸市场开设直销门市，与永辉、重百等超市对接，开展农超合作。云龙镇三清村蔬菜基地，创建有机蔬菜基地3000亩，施用生物有机肥2500吨，安装监控摄像头64个，太阳能杀虫灯150盏，悬挂黏虫板45万张，按照有机蔬菜生产标准生产，提高蔬菜产品品质，目前辣椒、萝卜等蔬菜品牌已进入有机农产品转化期。梁山街道、回龙镇、仁贤镇等乡镇（街道）集中连片发展莲藕，新建荷叶亭、观光步道等设施，成为新农村建设的一道美景，也带动周边休闲观光农业的发展。梁平香顺调味品厂、梁平县会峰辣椒专业合作社，先后投入90余万元进行技改和开拓市场，按照“公司+基地+合作社+农户”模式和“良种统供，技术统培，产品统收，保护价保底”的原则，在曲水镇、铁门镇、福禄镇等地发展辣椒400公顷。梁平县涪晟食品加工厂投入资金100余万元，购置新设备，扩大生产线，发展榨菜666.66公顷。

水果　建成青脆李生产基地333.3公顷。其中曲水镇聚宝村133.3公顷，梁山街道天鼓村、东山村高山李子基地100公顷，城北乡高都村李子基地33.3公顷，合兴镇合兴村100公顷。采取种苗统一供应，组织专业人员拉线定点统一定植，连片栽植青脆李嫁接苗25万株。新建蓄水池12口，机耕道1800米，人行耕作道8200米。利用产业扶贫，建设李子基地，发展乡村旅游业，吸引广大游客前来赏花、采果，经济、社会、生态效益明显。建成仁贤镇葡萄采摘园和草莓采摘园，面积66.7公顷。梁山街道、双桂街道等县城周边乡镇（街道）发展伏淡季水果生产，利用地理优势，先后建成“农家乐”10余家，带动周边农户发展伏淡季水果面积133.3公顷，全年伏淡季水果产量达到2.4万吨，产值5800万元。

名优茶　全县茶叶总产量248吨，产值4200万元，其中名优茶产量75吨，产值1750万元。平川茶厂引进先进加工设备和技术，“猪沼茶”生态循环示范面积500亩，亩产值达到5000元以上，并带动休闲观光农业发展。龙胜乡建成甜茶种植基地66.7公顷。屏锦镇有机茶叶生产基地面积达33.3公顷。

粮油基地建设　实施6667公顷粮油高产创建示范片项目，包括小麦示范片、油菜示范片、玉米示范片和水稻示范片，计划实施5333公顷，实际完成6667公顷，项目已通过市级专家组验收，平均增产10%以上。

农业生态环境保护　建成中小沼气工程1处，实施测土配方施肥技术9万公顷，应用配方肥7996吨，集中成片水稻秸秆还田腐熟技术1.2万公顷，还田秸秆鲜重9.72万吨。完成60户养殖场的污染整治，县域农业治污减排能力显著提升。

【养殖业】　2016年，全县出栏生猪72.56万头，减3.6%，出栏禽1269.9万只，减10.80%，出栏肉牛2.79万头，增12.08%，出栏羊3.25万只，增23.1%，存栏蜂群达到12.6万群，其中西蜂10.1万群，产蜂蜜3805吨渔业养殖场面积达到12.6万亩，增3.58%，水产品产量1.8万吨，增10.2%。渔业总产值2.59亿，增17.01%。

水产　2016年，全县渔业养殖面积2680公顷，水产品产量2.0001万吨，渔业经济总产值5.3亿元。新挖鱼（鳅、鳝）池180公顷，改造池塘面积102.7公顷，推广鱼—菜、鱼—花、鱼—稻共生面积113.3公顷，推广生态稻—鳅、藕—鳅养殖面积800公顷，建成池塘低碳高效循环流水养殖基地33.3公顷，成功创建部级健康养殖示范场7个，扎实有效推进农业部水产健康养殖示范县和全国水产标准化示范县创建工作。

生猪　加强屏锦和袁驿人工授精站的技术培训和管理，按月进行质量抽检，指导生猪人工授精，完成畜牧良种补贴精液10万份。完成宣传发动工作，完成生猪保险8.2万头，母猪1.3万头，收益保险2.25万头。

牛　山羊　发展50头以上规模肉牛养殖户10户，100只山羊以上规模养殖户200户：其中组织重庆玖旺牧业开发有限公司等14家业主建设2016年中央现代农业专项资金项目，项目总投资454万元（中央现代农业专项资金250万元）；组织重庆市梁平县霸兴农业开发公司等13家业主建设2016年市级现代特色效益农业切块资金项目，总投资272万元（市级特色效益农业切块资金148.5万元）；依靠云龙恒进公司等养殖业主，种植牧草433.3公顷，总投资1625万元。开设“梁平县科学养羊技术培训班”等专题养殖技术培训班，累计培训学员200余人次，积极开展标准化草食牲畜养殖技术上门点对点培训及服务工作，推广“畜—沼—菜”“畜—沼—果”“畜—沼—草”等循环农业发展模式，发展生态循环农业，累计服务750余人次。

蜜蜂　建设30个年存栏蜜蜂100群以上的标准化养殖场，带动打造13万群蜜蜂产业。

畜禽　建成10万只自动化蛋鸡养殖场1个，公司加养殖场的模式建成标准化肉鸡养殖场10个，特色肉鸡养殖场2个，引进种猪480头。

生态治理　编制《畜牧业发展规划（初稿)》，配合环保局编制了《畜禽养殖污染防治规划（初稿)》，合理规划养殖场，促进畜禽养殖合理布局。关闭搬迁禁养区畜禽规模养殖场。在核实龙门、屏锦、袁驿等乡镇近200户畜禽养殖场的基础上，确定关闭搬迁70个养殖场（梁平府办发〔2016〕139号），于11月30日前全部完成，补助资金资653万元。推行“雨水分离、干稀分离、沼气处理、农牧结合”的污染综合防治措施，大力发展生态、安全、高效、健康养殖，开展畜禽养殖废弃物综合治理，通过建设沼气池、污水池、干粪池、排污管网等设备，按1头生猪当量与0.6～0.8亩种植地结合，完成治理限养区和适养区内养殖场32个。

动物疫病防控　2016年春秋季动物疫病防控工作效果明显，应免动物免疫密度、疫情普查、消毒驱虫、持证戴标率均达到100%，全县无重大动物疫病发生。同年11月，随着张南高速公路袁驿动物卫生监督检查站正式开通，原318国道碧山检查站关闭，全县指定道口动物卫生监督检查站布局更趋合理，有效的防范了市外疫情传入，保障了全县畜牧业健康发展。

【农业机械】　2016年，全县农机总动力达58.94万千瓦。完成水稻机插秧1.6万公顷、机收2.8万公顷，机插、机收水平分别达到55.2%和96.8%，主要农作物耕种收综合农机化水平首次突破60大关、达到60.1%。农机具应用为农民实现节本增收效益2.51亿元。县农机推广站、农机监理站荣获“2016年度全国农机科普先进集体标兵”称号。

农机推广　全年共推广各类补贴农机具6841台套，其中新增插秧机35台（其中乘坐式插秧机8台），烘干机4台，大中型拖拉机19台，联合收割机135台；使用中央补贴资金822.57万元，未发生骗取、套取农机购置补贴资金的情况。集中培训插秧机、收割机、拖拉机操作人员350名、国Ⅲ柴油发动机及烘干机保养维修骨干人员53名，鉴定农机操作人员171名。全年新增农机大户（含农机作业服务型家庭农场）7个、农机合作社3个、农机服务企业（含作业、经销、维修）11个。在全市率先引进履带式玉米机播与机收、大型牧草收获等机具开展试验示范并获得全面成功。全县连片66.7公顷以上机插秧“整村推进”村数量达到7个，新增水稻机插秧推广面积2000公顷。完善熟化稻油轮作、稻肥轮作等机械作业技术路线与模式。实施水稻、梁平柚生产社会化服务2666.67公顷，完成稻草机械化切碎还田面积2.3万公顷，完成宜机化地块整治43.7公顷、土地深松680公顷。

农机监理　利用农机驾操协会、农机合作社、农机安全短信三个平台，散发宣传资料26700多份，发送农机安全宣传短信78100人次。推动“平安农机”创建活动向纵深发展，全县新增1镇、1村创建平安农机达标，新建成3个示范乡镇（大观镇、明达镇、礼让镇）公安驻农机警务室。全年办理拖拉机注册登记11台、联合收割机注册登记40台；新办拖拉机驾驶证143人，联合收割机驾驶证5人。开展农机安全生产专项检查，检查拖拉机768台次，查处违法行为96起，排查隐患29起，整改率100%。建立外省籍拖拉机村组、乡镇、县三级动态台账，备案登记830台。全年无一般及以上农机安全事故发生。

【农业综合开发】

新型现代农业综合开发重点项目区　项目区位于梁平中部区域，紧邻梁平区城，涉及安胜乡、梁山街道、星桥镇3个乡镇（街道），拟建高标准农田面积3333公顷，建设时间为2015—2017年，总投资约8000万元。项目区内基础条件优越，优势条件突出，已形成“有机稻、绿色菜、生态鸭、经果林”四大特色产业。2016年投资1526万元，在梁山街道清都村建设高标准农田633公顷。

梁平县龙溪河流域现代农业园区试点项目　项目区位于梁平县中部，距梁平县城12公里。园区辖区面积19平方公里，耕地面积1720公顷，粮食种植面积占耕地面积的75.6%。园区包括仁贤镇仁贤村、宏山村、长龙村、五一村、广福村，金带镇石燕村、金城村、双桂村，礼让镇同河村等9个村，建设时间为2014—2016年，三年内总投资23114.42万元。2016年度园区投资3376.19万元，其中财政投资2400万元，业主自筹976.19万元。建设高标准农田640公顷，扶持1家农业龙头企业和1家农民合作社实施财政补助项目2个。

生态综合治理项目　2016年梁平县农业综合开发投资584万元，在合兴镇实施生态综合治理项目1个，生态综合治理面积0.5万亩。

产业化经营项目　2016年梁平县农业综合开发扶持产业化经营财政补助项目2个，其中梁平县1000吨柚果加工新建项目总投资210万元（财政资金100万元，业主自筹110万元），由重庆明乾农业开发技术有限公司在双桂工业园区实施；梁平县400吨梁平柚智能储藏保鲜库新建项目总投资212万元（财政资金100万元，业主自筹112万元），由重庆天农八部农业科技有限公司在合兴镇雨家村实施。流动资金贷款贴息项目3个，中央财政贴息额83万元，分别由重庆市同盟农业开发有限公司、重庆香顺调味品有限公司、重庆梁山威特嘉食品有限公司实施。

【扶贫开发】　2016年，全县以巩固提升9567户28073名脱贫人口的脱贫成果，识别出326户899名低收入群众重点精准帮扶，一对一结对548户1438名建档立卡贫困人口精准帮扶，扶贫资金规范使用管理、认真整改审计发现问题等为抓手，成立33个198名干部组成的扶贫工作队和10个贫困村驻村工作队，33名县级领导担任脱贫攻坚工作督导长，66个县级部门参与脱贫攻坚工作，全力助推脱贫攻坚。

2016年积极争取市级财政扶贫资金800万元，县财政安排300万元长效扶贫资金，重点对贫困人口的教育、医疗、产业、因灾和危房等的帮扶和低收入群体的再扶持，实现精准“滴灌”防返贫。严格按照标准和程序开展农村扶贫对象动态调整工作，重点关注尚未解决“两不愁、三保障”的低保户、残疾人家庭和C、D级危房户，坚持应进必进应扶尽扶的原则，根据“四进、七不进、一出、三不出”方法，识别出548户1438名贫困人口，按照“十个精准”的要求精准帮扶精准施策。创新探索的“产权划转到户、定制担保到村、精准扶贫到人”防返贫长效机制得到国家领导人的亲自批示，在《重庆扶贫专报》（第29期）、国务院扶贫办《扶贫信息》（2016年第167期）登载，供全国、全市学习和借鉴。

【三峡移民】 开展移民政策宣传，加强部门配合协作，强化重点人头稳控和矛盾隐患摸排，努力解决移民实际困难和问题，全力维护移民信访稳定；开展后期扶持，发放农村移民后期扶持直补资金341.745万元，城镇移民困难扶持0.52万元，直补移民5880户次22796人次；完成2016年度库区基金项目申报，申报项目39个，库区基金补助1114万元，项目全部完成后，可新（扩）建、硬（油）化移民安置区公路及人行便道45.666公里，加固山坪塘1口，加固小型桥梁2座，新建社区服务中心办公楼主体工程600平方米，受益移民1588人；完成2017年度三峡后续工作项目申报，梁平县云龙镇、荫平镇农村移民安置区精准帮扶项目获批。项目总投资1621万元，申请三峡后续工作专项资金1621万元。项目建成后，将硬化和扩宽移民安置村公路33.3公里；完成2018年三峡后续工作规划实施项目库编制；开展三峡后续职业技能培训，全面完成2015年度培训任务446人，完成2016年度培训机构比选和2017年度培训计划申报。

【农村改革】 2016年梁平农村改革获得中央深改办《改革情况交流》（第5期）三次点名肯定，一是县委书记、县长任组长的试验区工作领导小组“双组长”模式；二是制定的《农村改革工作考核办法》纳入农业工作考核权重达30%；三是建立试验区干部容错机制给改革创新者以更大的空间，弘扬、激发改革正能量。2016年，中农办、国务院参事室、国家发改委、农业部、中国社科院、四川社科院、重庆市人大常委会、重庆市政府办公厅等单位的领导和专家先后到梁调研并给予充分肯定，《半月谈》《经济日报》《农民日报》《重庆日报》等主流媒体广泛报道梁平农村改革情况，黑龙江省政府发展研究中心及江苏省徐州市、贵州湄潭、山东青岛、西藏曲水、重庆秀山等30多个省市县慕名到梁取经，成效非常显著。

农村集体产权制度改革 按照“稳字当头、早改早好、成员认可、农民获利”的思路，探索出“稳快简省”的农村集体产权制度改革办法，创建了“二固二予促三化”模式，创新了成员确认“两个九”认定办法和“宽定”原则及“简设股权”机制，截至2016年年底，完成227个村、1674个组量化确权和股份合作制改革，占全县涉农村级单位总数71.6%，涉及176544户，界定成员545953人，配置成员股份545953股，量化确权资产达17296.44万元。赋予权能改革制度开始形成，梁山街道东明村、竹山镇街道社区成立了新的集体经济组织，给成员户颁发了“股权证”，2016年实现年度分红每股129元、39元。改革以来已有6户7人去世，依程序办理了股权继承。屏锦镇万年村谢红银以其村集体资产股权和流转土地经营权作为反担保措施，由村融资担保基金担保，在农商行获得贷款20万元。

农村土地制度改革 农村土地承包经营权退出试点探索出“363”退地办法。即坚持“尊重农民意愿、守住政策底线、严控退用结合”三条原则，建立“退出条件、退出程序、补偿标准、退地补偿金筹集、退出土地管理利用、退地农民保障”等六方面机制，创新“整户退出、集中用地，整片退出、定制用地，整社退出、统一用地”三种方式。这一做法被农业部纳入《全国农村改革试验区改革实践案例集》第二辑（农政综函〔2016〕109号），排位第二。土地流转管理试点探索出“构建三大体系，创新五项机制”的农村土地流转“体系联动”模式全程服务管控。这一成果已经得到转化，农业部对其进行了通报肯定（农政发〔2016〕4号）。截至2016年年底，全县土地流转总面积达3.3万公顷，土地流转率达51.3%；农村土地适度规模经营率41%，经营农村土地6.7公顷以上的业主450个、面积约8667公顷；规范合同签订率95%以上，鉴证农村土地承包经营权流转331宗、3904公顷，交易额25236万元。

新型农业经营体系建设 继续在屏锦镇万年村、礼让镇川西村两个改革试验核心区农民人均

可支配收入高于全县平均水平15%以上，土地规模集中度、农业社会化服务农户覆盖面均达82%以上，从事农业经营的农户家庭收入80%以上来源于务农收入。 （县农委）

林 业

【概况】 梁平县林业局是主管全县林业行政工作的县政府组成部门，担负全县森林生态建设、森林资源保护、国土绿化、推进林业改革职责。内设办公室（政策法规科）、规划资金管理科、造林绿化管理科（县绿化委员会办公室）、森林资源管理科（行政审批科）4个职能科室，下设森林公安局（县森林防火指挥部办公室）、林业行政执法大队、森林病虫防治检疫站、林木种苗和林业科技站、森林资源监测中心、护林防火大队、县林场、县竹海林场8个事业单位。梁平县林业局机关公务员编制15人，机关工人编制2人。森林公安局政法专项编制13人，林业行政执法大队事业参公编制3人，森林病虫防治检疫站全额事业编制3人，林木种苗和林业科技站全额事业编制10人，森林资源监测中心全额事业编制3人，护林防火大队全额事业编制4人，县林场80%差额事业编制89人，县竹海林场80%差额事业编制72人。

2016年，完成植树造林1.2万公顷（其中人工造林4000公顷，森林抚育6000公顷，低效林改造2000公顷）。义务植树200万株。林地保有量达到8.8公顷，活立木蓄积增长到350万立方米，森林面积增加到8.5万公顷，森林覆盖率提高到44.85%。林业总产值突破14.5亿元，竹产业产值达到7.44亿元。参保公益林4.4万公顷。审批采伐林木1405.27立方米。双桂湖国家湿地公园启动建设。国有林场改革启动。“国家森林城市”启动创建。百里竹海野生鸟类专项调查和全县野生动物资源分布专项调查圆满完成，为县野生鸟类保护、鸟类生境及栖息地改造提供了依据和对策，填补了县野生动物资源分布情况空白。健全森林防火物资子库4个，储备森林防火物资15万余套，实现全年无重大以上森林火灾，无人员伤亡的“零目标”。诱捕松墨天牛14.3万头，飞机防治松林3333公顷。松材线虫病疫情发生单位14个，枯（病）死松树发生1764公顷、2.9万株。查处涉林案件23起，处理违法犯罪人员30人，铲除非法种植罂粟784株，收缴野生动物9只、制品20公斤，收缴及销毁松疫木原木8.72立方米、板材25.53立方米。成功召开中国林学会竹子分会，专题研讨梁平竹产业发展；邀请国内竹子专家专题会诊梁平竹产业。改造低效竹林6万亩。完成火车南站、双桂湖北岸、桂香路、德兆环保、梁平中学等城市绿化建设。

【植树造林】 2016年，坚持“集中连片、突出重点、打造亮点、发展产业、稳步推进”的总体思路，部门分工合作，城乡统筹联动，切实加强组织领导，建立健全造林绿化目标责任制，层层分解落实任务，完善保障措施，加快推进造林绿化步伐，造林绿化工作取得显著成绩，全面完成市下达营造林生产任务1.2万公顷，其中，人工造林4000公顷（国家重点工程造林3333公顷、一般造林667公顷）；完成森林抚育任务6000公顷（中央财政森林抚育2667公顷、一般森林抚育3333公顷）；完成低效林改造任务2000公顷。全民义务植树蓬勃开展，全区累计义务植树200余万株。

【天然林资源保护】 2016年，以保护森林资源为核心，以改善生态改善民生为宗旨，以培育森林资源为重点，严格工程规范管理，认真落实目标责任制。全面落实公益林管护4.5万公顷，乡镇（街道）与管护人员签订公益林管护合同315份，国有林场与林场职工签订管护责任书52份，落实管护人员413人，较好地保护了森林资源；兑现集体林区森林生态效益补偿资金2.4万公顷，完成天保工程二期封山育林建设任务667公顷。

【退耕还林】 2016 年，全县在梁山街道办事处、蟠龙镇、星桥镇、大观镇、石安镇、合兴镇、屏锦镇、曲水镇、荫平镇、虎城镇、云龙镇、袁驿镇、和林镇、复平乡、金带镇、仁贤镇、明达镇、安胜乡、回龙镇、聚奎镇、竹山镇、文化镇、碧山镇、铁门乡等 24 个乡镇（街道办事处）实施新一轮退耕还林 3333 公顷，投入资金 1500 万元。营造梁平柚、油茶、花椒、核桃、香椿、油桐等经济林 3 万公顷，营造柏木、杉木等生态林 367 公顷。涉及退耕农户 3.75 万户（其中贫困户 0.137 万户），涉及人口 11.25 万人（其中贫困人口 0.4795 万人）。

【森林资源管理】 2016 年，梁平林地面积增加到 8.8 万公顷，占辖区面积 46.73%；森林面积增加到 8.5 万公顷（其中林业部门管理的森林面积 7.1 万公顷，占 83.5%）。森林覆盖率提高到 44.85%。拥有天然公益林 4.4 万公顷（其中重点 1.1 万公顷，地方 3.4 万公顷），商品林 4.4 万公顷。严格采伐限额管理，结合松材线虫病疫木除治，全面禁停马尾松商品性采伐，全年审批采伐林木 1405.27 立方米（占年采伐限额指标的 4.66%），确保了森林资源稳步增长。严格占用林地管理，从严征占用林地审核审批，杜绝乱征滥用林地行为，全年审核审批征占用林地 18 宗，使用林地面积 51 公顷。

【野生动物保护】 加大野生动物保护力度，从严管理野生动物驯养繁殖经营许可。开展了“野生动物驯养繁殖安全隐患大排查大整改行动”，收缴野生动物 9 只（其中野生鸟类 1 只，泰鳄 1 只），收缴野生动物制品 20 公斤。加强迁徙候鸟及其栖息地保护，开展了“保护候鸟‘清网’行动”，多形式开展宣传活动。为摸清野生鸟类家底，为野生鸟类保护、鸟类生境及栖息地改造提供依据和对策，开展并完成百里竹海野生鸟类专项调查，共记录鸟类 112 种，隶属 14 目 42 科，其中国家Ⅱ级保护鸟类 9 种，即凤头蜂鹰、凤头鹰、赤腹鹰、日本松雀鹰、普通鵟、游隼、红翅绿鸠、灰林鸮、斑头鸺鹠。“三有动物”83 种。

【集体林权制度改革】 深化集体林权制度改革是林业改革中具有根本性的基础工作，是林业实践科学发展观的根本要求，也是市场经济条件下林业事业发展的内在要求。2016 年，调处林权纠纷 3 起，涉及面积 0.3 公顷。依法有效地化解了矛盾纠纷，维护了林区社会和谐稳定。抢抓机遇，全面推进林权抵押贷款，办理林权抵押贷款登记 4 宗，贷款 465 万元，抵押林地 239 公顷。探索林业防灾减灾体系，提高林业抵御风险能力，天然公益林参保“政策性森林保险”4.4 万公顷。

【林业有害生物防治】 梁平认真贯彻“预防为主，科学防控，依法治理，促进健康”的林业有害生物防治方针，春、秋两季分别开展松材线虫病普查，普查乡镇（街道）33 个和国有林区，普查松林 2.3 万公顷，普查覆盖率 100%；抽取并鉴定样本 1942 个。确定松材线虫病疫情发生单位 14 个，涉及 87 个村（管护站），360 个组，1209 个小班。集中除治枯（病）死松树 32894 株，除治自然灾害或其他原因致死松树 53774 株，并对疫情发生小班周围农户和涉木企业进行全面清理。生物防治马尾松毛虫、蜀柏毒蛾、刚竹毒蛾、山竹缘蝽等林业有害生物 1.2 万亩，虫情危害得到有效控制。挂放 APF－I 型诱捕器 2000 套对松材线虫病的传播媒介—松墨天牛进行诱捕，诱捕松墨天牛 14.3 万头，有效降低了松墨天牛的虫口密度。飞机施药防治松墨天牛 2 次，防治松林 3333 公顷。开展宣传活动 27 次，发放宣传资料 2.5 万余份，制作发放宣传袋 1 万余个。开展林业植物检疫执法行动 39 次，出动人员 245 人次，查处行政案件 5 起，处理违法犯罪人员 5 人，收缴及销毁松疫木原木 8.72 立方米，松疫木板材 25.53 立方米。2014—2016 年林业有害生物普查全面完成，调查面积 74 公顷次，采集标本 6354 个，制作林业有害生物标本 59 种 139 套，拍摄普查照片 1658 张；普查发现，林业有害生物167种（其中虫害133种，病害30种，有害植物3种，鼠兔害1种），发生面积9547公顷（其中虫害8120公顷，病害227公顷，有害植物1080公顷，鼠兔害120公顷）。

【森林防火】 2016年，梁平按照“预防为主、积极消灭”的森林防火方针，切实做好责任落实、宣传动员、巡查督查、监督管理、演练培训和应急值守等工作，有效保护了森林资源和人民群众生命财产安全。一是森林防火重视程度增加。县委、县政府高度重视森林防火工作，县领导多次督查森林防火工作、多次召开森林防火工作专题会议。二是落实森林防火监管体系。县政府同33个乡镇（街道）和2个国有林场签订了《森林防火目标责任书》，各乡镇（街道）也层层签订了防火责任书，严格落实县护林防火指挥部成员单位包乡镇（街道）、国有林场，乡镇人民政府（街道办事处）领导包片、脱产干部包村、村干部包组、组长包本组、护林员包山头地块的分片包干制度，确保森林防火责任层层落实到位。三是突出抓好宣传培训。以宣传《森林防火条例》《重庆市森林防火条例》为抓手，加大森林防火法律法规和森林火灾避险扑救知识的宣传力度。在梁平电视台及户外电子显示屏滚动播放森林防火宣传广告及宣传教育片2万条次，出动森林防火宣传车7000余台次，编发手机报短信8000余条，印发宣传单、宣传手册、宣传画等各类资料15余万份，实现了森林防火进千家万户。强化物资储备。四是加强物资储备。储备各类森林防火物资15万余套，下设森林防火物资子库4个。下沉水基型灭火器、三号工具等各类常用扑火工具2万余件（套）。

【林业产业】 2016年，梁平坚持“一个核心，多元发展”的林业产业总体思路，加快林业产业发展步伐。林业产业呈现多业并举，稳步推进的良好势头，林业产业工作取得较好成效。林业总产值达到2.2450亿元（其中林木的培育和种植0.7335亿元，竹木采运0.6140亿元，林产品的采集产值0.8975亿元）。林业企业发展到197家（市级林业龙头企业3家）。改造低效竹林4000公顷，新造油茶233公顷，林业贷款贴息林业龙头企业3家，贴息34.00万元。

【林业科技】 2016年，梁平林业科技以推进林木良种化进程为核心，狠抓措施落实。开展打击制售假劣林木种苗和侵犯林业植物新品种权专项行动3次；利用科普宣传月、科技活动周及林业技术培训等形式，组织林木技术人员送科技下10余次，发放宣传资料1600余份，培训林农1000余人次。指导苗圃30家，育苗2886公顷，在圃苗木2333.3万株。重点工程造林良种使用率达到78.5%。

【国有林场】 2016年，国有林场以营林生产管理、森林资源保护、基础设施建设、森林病虫害防治为抓手，加快国有林场改革。依托国家、市、区生态建设工程，完成中幼林抚育1000公顷、低产低效竹林改造467公顷、农业综合项目任务200公顷、国家战略储备林项目167公顷、珍稀树种及特殊树木培育项目67公顷。大力加强森林防火工作，悬挂防火牌300余块，书写防火宣传标语5000余条，张贴护林防火文件230余份，悬挂防火横幅40副，出动防火宣传车467台次，发放森林防火联络名片1300余张，清理防火林道路、防火隔离带70余公里。除治松材线虫病疫木18312株，诱捕松墨天牛15347只。完成林区公路拓宽降坡9公里，公路抢险6公里，清理垮塌方1000余立方米，砌筑堡坎360多立方米，公路硬化1.4公里，修建护林道路63.65公里，新建管护房420平方米、改建200平方米。种植黄精3公顷，接待森林旅游游客33000余人次。

【湿地管理】 梁平湿地管理坚持以“保护优先、科学修复、合理利用、持续发展”的基本理念，积极开展建设。2015年12月国家林业局批准重庆梁平双桂湖国家湿地公园试点建设，规划总面积323.88公顷（其中湿地134.7公顷），湿地率41%，计划投入资金1000万元，将建成湿地保育区、恢复重建区、宣教展示区、合理利用区、管理服务区五个功能区。2016年，成立建设领导小组，设立重庆市梁平区湿地保护管理中心，完成规划设计及施工图设计，投入建设资金200万元。（林业局　丁红云）

水　　利

【概况】　梁平县水务局是主管全县水务行政管理、水资源管理、水利工程建设管理等工作的行政机构，内设办公室、财务审计科、政策法规科、规划计划科、水利科、供水排水科共6个科室，下辖11个直属事业单位（含1个二级局）、12个水利水保片站（含48个小型水库管理单位）、5个国管水库管理单位（含2个中型水库、3个小型水库）、14个乡镇供水公司，2个水利施工企业。2017年1月，因撤县设区更名为重庆市梁平区水务局。

截至2016年年末，全县已建成各类水利工程37491处，其中：水库76座［中型3座，小（一）型22座，小（二）型51座］，山坪塘4679口，引水堰72处、石河堰15处，泵站107处，窖池920口，机电井31622处。总蓄引提水能力达1.88亿立方米，全县有效灌面达到37.28万亩。

【水利改革】　深化小型水利工程管理体制改革，完成全县小型水利工程确权颁证，落实水利工程的管护主体和责任，建立了分级管理模式。农业水价综合改革试点成效明显，健全完善小型农田水利工程维修养护资金使用管理、农业水权管理、农业水价管理和节水奖补管理办法，用水协会内部管理制度和农田灌溉设施工程管护体制机制建设，实施高效节水灌溉项目5550亩，提升了试点区农田灌溉保障能力。

积极推进简政放权和权力清单化管理，依法依规取消、整合保留15项行政审批事项，建立水行政检查“双随机”抽查制度，全面推进网上行政审批改革，落实行政许可事项一次性告知、并联办理、限时办结制度，确保行政权力在网上公开透明。严格执行取水许可和水资源费、水土保持补偿费征收规定，共征收209.99万元。

水生态文明城市建设深入推进，开展9个重要水功能区24个项目参数监测，全县3个重要饮用水水源地水质达到或优于Ⅲ类标准；实施盐井口水库至小沙河连通工程，增加生态利用水量620万立方米；治理水土流失面积21.23平方公里。

全面深入推进水利改革发展，多方位开拓水利资金筹措途径。全年共筹集5.4亿元基金和商业贷款资金，支持全县水利工程建设。

【民生水利】

全年完成水利投资6.19亿元，实现水利行业收入6712万元，为经济社会可持续发展提供了有力的水利保障。2016年，单位组织的“大手牵小手、节水一起走”志愿服务项目荣获第三届中国青年志愿服务项目大赛重庆赛区选拔赛银奖、梁平县十佳志愿服务项目。

骨干水源　左柏水库可研报告获批，2016年1月正式开工建设，实施民房拆迁补偿安置、工矿企业拆除、电力通信线路拆迁和移民复建公路建设10.5公里；整治山坪塘718口，清淤扩容17.86万立方米，新增及恢复蓄水能力164.32万立方米，新增及恢复灌面1.59万亩，受益人口2.466万人。

防洪保安　一是实施梁平县龙溪河工业园区河段综合治理工程，综合治理河道长度3.63公里；龙溪河重点支流河段综合治理工程，综合治理小沙河梁山街道山洪沟、七间河竹山镇河道、荫平镇山河沟、龙洞河金带镇（双桂堂）河段11.9公里。二是完成梁平县英勇小（一）型病险水库除险加固工程建设，恢复防洪库容25.60万立方米，恢复兴利库容85.50万立方米，恢复灌溉面积4500亩，保护耕地1200亩，保护人口1500人。三是新建聚奎、明达、龙门3个遥测水位站，2016 年 10 月通过了竣工验收。

农村饮水 新建供水工程 172 处，共解决柏家、蟠龙、城北、复平、福禄、曲水、石安、紫照、大观、铁门 10 个乡镇 1960 人饮水安全问题，通水入户率 100%。同时，水质检测中心常年对水源水、出厂水、末梢水进行监测和评价，2016 年梁平县疾病预防控制中心监测数据显示，全年水质综合合格率 92.5%，出厂水合格率 90%，末梢水合格率 97.5%。

农田灌溉 实施龙溪河大灌区续建配套与节水改造项目，整治渠道 29.645 公里。新建、改建、整治塘坝、水池、排灌沟渠等各类农田水利基本设施2253 余处，新增、改善灌面 2.66 万亩。

水生态环境 实施盐井口水库水源地水资源涵养及水生态修复工程项目。配置库滨植被带 73607 平方米，水源涵养林 12984 平方米，自然湿地 13494 平方米，建设生态廊道 19 米，生态沟渠 60 米，农村院落防治生态工程 30 户。实施 2016 年梁平县国家农业综合开发水土保持项目高滩河项目区天鼓小流域等水土流失综合治理项目，治理水土流失面积 21.23 平方公里。

移民后扶 全年发放移民直补资金 655 万元；完成项目建设 2866 万元，其中：修建农村公路 19 处长 47.8 公里，公路桥梁 2 座，人行便道 3 宗长 6.7 公里，整治山坪塘 38 口，整治渠道 1 处，河堤整治 1 处，小型水利设施 1 处（新建便道和蓄水池），水库滑坡体整治工程 1 处，村级服务中心 1 处，完善库区和移民安置区的基础设施，改善移民生产生活条件。

【水利规划】

十三五总体规划 力争用 5 年时间，基本建成“六大体系”：水资源合理配置体系、城乡供水保障体系、防洪抗旱减灾体系、农田灌溉保障体系、水资源保护和江河健康保障体系、水利科学发展的制度体系，实现城乡水利统筹协调发展新格局。计划新增蓄水能力 5673.5 万立方米，新增灌面 5.2 万亩，恢复改善灌面 16.44 万亩，治理水土流失面积 76.9 平方公里，农村集中供水率达到 90%、自来水普及率达到 85%、水质达标率达到 95% 以上。居民饮水满足小康社会要求，农田灌溉保障能力全面提升，水生态环境明显改善，城区防洪标准达到 20 年一遇，乡镇防洪达标率达到 90%，防灾减灾应急预警体系全面建立，水利基层服务体系建设和水利管理服务能力明显增强。

十三五规划总投资 “十三五”期间“六大体系”建设项目规划总投资 53.12 亿元：一是水资源合理配置体系建设。拟新、扩建中小型骨干水源工程 12 座，中型左柏水库基本建成、中型龙象寺水库开工建设，拟新、扩建七里沟、中心等小（一）型水库 7 座，新、扩建猎神、汤家湾、水堰沟等小（二）型水库 3 座；完成河库水系连通工程 5 处。二是城乡供水保障体系建设。拟新建双桂湖片区、新城水厂一期、续建创业园片区、改扩建大河坝水厂等城区供水项目 4 处；新建新盛、竹山、安胜、盐井河等 4 处乡镇集中供水工程；新建农村饮水巩固提升供水工程 172 处。三是防洪抗旱减灾体系建设。拟整治城区河道 1 处；龙溪河七里滩河道、龙溪河和林镇综合治理等中小河流治理工程 8 个；城镇排水除涝工程 4 个；抗旱引调提水工程 5 处；完善山洪灾害防治和水文监测平台 2 个及有关站点建设；治理农村河道 80 条 240 公里。四是农田灌溉保障体系建设。拟开展西山、朝阳水库、汝溪河、波漩河等 4 个中型灌区节水配套改造；强化小农水重点县建设；拟改扩建提灌站 39 座。五是水资源保护和江河健康保障体系建设。拟开展双桂湖生态湿地公园建设；拟开展 5 个坡耕地项目、5 个水土保持重点工程项目建设；继续实施库区、移民安置区移民后期扶持工程。六是水利科学发展的制度体系建设。继续推进城乡及农业水价改革；拟建设水文站、水文巡测基地各 1 个，水质监测点 7 个；进一步强化水利信息系统建设；购置应急物资设备；继续推进水利科技创新；强化基层水利队伍建设。

【防汛抗旱】

强化防汛抗旱工作机制建设　坚持落实以行政首长负责制为核心的防汛抗旱责任制；及时修订完善防汛抗旱预案，加强山洪灾害、气象信息预警预报；加强防汛抗旱基础设施的建设和管理，建立现代化的防汛抗旱信息系统；强化科学调度和防汛安全检查，确保防汛抗旱工作取得胜利。

强化防汛抗旱基础设施建设　启动左柏水库（中型）工程建设；完成梁平县英勇小（一）型病险水库除险加固工程建设；整治城镇河道19.6公里，完成小沙河梁山街道河段、七间河荫平镇河段、龙溪河金带镇河段、小沙河支沟河段、龙溪河工业园区河段，岸线划界总长27.8公里。

全面夺取防汛抗旱胜利　2016年，成功抗御了“5·6”“6·1”“6·25”“6·30”暴雨灾害袭击和较重夏旱，最大限度保障了人民群众生命财产安全。

汛情情况　2016年最为严重的是“5·6”暴雨灾害，短时强降雨引起的灾害突发性强。灾害导致梁山、双桂、仁贤等30个乡镇（街道）87850人受灾，紧急转移安置422人，因灾伤病6人，房屋倒塌70间，农作物受灾面积2924公顷，绝收面积191公顷，因灾造成直接经济损失7053万元，其中水利设施损失258.2万元。

【水行政管理】　一是强化行政管理，深化审批制度改革。积极推进简政放权和权力清单化管理，规范办理水行政（审批）服务，清理规范行政审批中介服务事项，依法依规取消、整合实施15项行政审批事项，建立健全水行政审批事中事后监管制度体系，全面推进网上行政审批改革，落实行政许可事项一次性告知、并联办理、限时办结制度，确保行政权力在网上公开透明。2016年办理水行政许可10件。（其中：水保方案4件、水土保持设施验收4件、取水许可1件、涉河建设1件）二是做好普法宣传，提高公众法治观念。利用“世界水日”“中国水周”“六五普法”等宣传活动为契机，多形式开展水行政法律法规宣传教育，进一步提高全社会水法制意识和水资源保护意识。三是严格执法行为，提升依法行政成效。以加强队伍建设提高能力为保障，严格按照依法治国的方针，建管并举的治水举措，建立水行政检查“双随机”抽查制度，积极有效地开展水行政执法工作。2016年共出动执法巡查车辆220余台次、执法巡查2350余人次，巡查河道247.59公里，调查处理水事违法案件共15起，其中立案调查处理3起、办结2起、责令限期拆除恢复13处、责令采取补救措施2处，协助县水土保持站开展预防监督执法检查175次，检查项目175个，发出生产建设项目水土保持工作告知书148份，发出限期补办水土保持方案和水土保持设施验收通知书12份，协助业务科室办理水行政许可10件，共处罚款15000元全部上缴财政专户，严格执行罚缴分离和收支两条线管理制度；将所有案件全部按照行政执法办案程序进行了立案、调查、取证、告知、审签、处罚、结案，无一例案件申请行政复议和行政诉讼，结案率100%。（水务局　曹文静）

工 业

综 述

【概况】 梁平县经济和信息化委员会是宏观管理全县工业经济运行的综合工作机构，内设综合科、规划运行科、能源保障科、产业发展科、经济信息科、安全监督管理科、招商服务科七个科室，管理梁平区中小企业服务中心，主要负责贯彻落实发展中小企业的各类方针政策，推动企业技术创新，为中小企业提供政策、信息、法律和人才培训等服务。

2016年，在县委、县政府的正确领导下，按照“137”发展思路，严格按照特色工业集群发展“三年行动计划”相关任务开展各项工作，全县工业经济呈现出稳中有进、持续向好的良好势头。

【工业经济】 2016年，工业总产值350亿元，同比增长12.9%；工业增加值113.3亿元，增长10.7%，增速位于渝东北考核组第1位；规上工业总产值213亿元，增长11%；新增规上企业22户。以平伟实业、巨源不锈钢、利财管道等为代表的特色产业实现了稳步增长，集群效应开始逐步显现。

【特色产业】 全年以产业规划引领发展，集成电路封测与应用规划、不锈钢制品发展规划、环保产业规划已进入专家评审阶段。创新服务平台推进快速，成功争取重庆市塑料检测中心、重庆市高分子材料产业技术研究院、中国（西部）塑料生态产业园院士工作站、高品质不锈钢冷连轧工艺与自动化技术创新基地授牌及中石油塑料原材料分拨中心落户梁平，产业链条雏形初显。梁平功率半导体封测基地获国家高新技术产业化基地认定，实现国家级产业基地零突破。“一支柱四集群”产业加速壮大，企业总数达到83户，产值首次突破100亿元，增长33.3%。

【招商引资】 牢固树立“梁平的希望在工业，工业的关键在招商”发展理念，搭建了与市经信委等市级部门、商会、协会招商网络，组建了生态塑料等四大产业招商组，常年在珠三角、闽三角、长三角、重庆招商，深化了四大家主要领导带头招商制度，全年参加渝洽会、厦洽会等大型会展活动20余次，成功举办第二届中国国际工程塑料产业创新峰会、梁平县特色产品展销会暨啤酒节、采柚节等大型招商推介活动10余次。2016年共签订正式合同67个，合同引资106亿元，到位资金82.8亿元，其中“一支柱四集群”特色工业项目62个，合同引资97亿元。

【项目建设】 2016年，全县工业新改扩项目66个，完成工业投资88亿元，增长14.7%。平伟光电产业园、巨源不锈钢自来水管、不锈钢垃圾箱、宏铭工业地产一期等30个项目建成投产；融康彩印包装正在进行设备安装和调试，2017年4月份投产；德兆小康环保已经试产，即将全面投产；豪威尔塑胶等项目推进快速。

【企业服务】 组织利财管道、宏铭实业、张鸭子食品等企业申报市级民营资金、科技成果转化资金、乡镇企业贷款贴息、中小企业发展专项资金等，全年累计争取各级扶持资金近5000万元。增大国有担保公司资本金，建立了2000万元县级中小微企业融资基金，积极争取中央专项建设基金和市级应急周转资金，共为企业争取中央专项建设基金4.34亿元、市级应急周转资金5128.5万元和基金贷款300万元，降低了企业融资成本。全面贯彻落实市政府涉企30条政策，出台了《涉及工业企业优惠收费目录》，降低制度性成本3235万元，发放稳岗补贴299.70万元，减免社保费7100万元，实现4216户纳税“营改增”，为出口企业办理免、抵、退税额2790万元。

【安全稳定】 全年处理信访件共42件，办结率100%。干部下访接访群众共计60余次，在解决原乡镇企办室非在编人员养老和医疗补助问题和原开元化工的遗留问题上，积极回应群众期待，依法及时就地化解矛盾纠纷，充分地发挥了第一道人民防线的作用。同时积极推进供给侧结构改革和土地非农化整治，共转型关闭企业58家，去除相关联产值30亿元以上，其中转型烟花爆竹27家，关闭煤矿12处、小砖厂12个、其他企业7家。全年经济环境安全平稳，有序可控。

（县经信委　杨　娜）

生态塑料

【概况】 自2015年“中国西部塑料生态产业园”成功授牌后，中国西部塑料生态产业园已引进项目78家，落地43家，其中投产企业22家（规上企业12家），在建21家。2016年实现产值28.5亿元。

【重庆利财管道有限公司】 重庆利财管道有限公司是中财招商投资集团旗下的塑料管道专业生产企业，是中财集团实业生产基地之一，是一家既有继承又有发展、既有沉淀又有创新的产销一体化新型实体公司，于2013年11月正式成立，2014年10月正式投产，注册资金10080万元，厂区面积达7万平方米，全部建成后年产能可达10万吨，产值20亿人民币。它是一家集科研、设计、制造、销售与服务为一体的专业化管道企业，产品涵盖PVC－U排水系列，PVC－U螺旋消音管系列，PVC－U电工套管系列，PE给水系列以及PP－R冷热水系列等五大系列一千多个品种。

2016年5月公司年产2.5万吨塑料管材建设项目开工建设，固定资产投入1300万元，流动资金500万元，建设工期18个月，建设生产车间一个，建筑面积5212平方米，购置一条波纹管生产线、一条PE生产线及相关配套设备。此项目是“中国西部（重庆）塑料生态产业园”首家入驻重点企业。项目自开工建设以来，受到重庆市委、市政府高度重视，为重庆市重点建设项目，市委、市政府领导先后莅临公司视察、调研。

【重庆科环亚塑料科技有限公司】 该公司成立于2014年2月，注册资本100万元，公司位于梁平工业园区A区，占地30余亩。公司主要承担塑胶制品的生产加工和销售任务，其主要产品是塑胶锡焊盘、汽车配套塑胶零件、日用塑料制品等，与四川省大西洋集团订立了长期的战略合作协议。该公司的土工格室改性塑料新型材料生产项目已完成投资1200万元。建成生产线1条，购置安装设备设施10余台/套，形成年产塑料土工格室500吨以上。产品是广泛适用于各种土建工程的新型环保材料，可用于边坡防护、土体拦固、河渠保护、承载稳固。项目全部建成后，年产值将达到5000万元以上，年税收800万元以上，年利润600万元以上，可提供就业人员300人以上。

（县经信委　杨　娜）

集成电路

【概况】 梁平县电子信息产业以功率半导体器件封装、LED冷光源制造、芯片制造、液晶显示器及配套器件电子和电脑配件产品制造等为主体，是梁平县“一支柱四集群”特色产业之一。现入驻企业24家，投产11家（其中：国家火炬计划重点高新技术企业1家、国家高新技术企业3家）。2016年实现产值32亿元。

【重庆平伟实业股份有限公司】 公司是集电子

元器件、光电产品应用、电子专用材料等产品的开发、生产、销售于一体的整流器件生产企业。公司成立于2007年2月，注册资金3.5亿元，现有资产5.4亿元，员工1200余人，其中技术人员200余人。2016年，生产制造半导体器件100亿只，出口创汇3000万美元，主要销往欧、美、东南亚及中国港、台地区，主要客户有三星、DELL、富士康、伟创力、思科、华为、联想等国内外500强和知名品牌企业。产品技术质量属国际先进水平，产销量名列全国同行业前茅。

2016年，全年实现产值12.8亿元，创利税4300余万元，就业1156人。投入研发资金2000余万元，研发新产品16个，其中获市高新技术产品10个；获得专利25项，其中发明专利6项（含美国发明专利1项）；承担国家项目1项，地区项目4项。公司先后荣获“国家火炬计划重点高新技术企业”“国家知识产权优势企业”“重庆市创新型企业”“重庆市优秀民营企业”“重庆市100家成长型企业”“梁平县2016年度优秀工业企业”等多项荣誉称号。

【重庆捷尔士显示技术有限公司】 该公司是一家专业针对在特殊环境使用的电子产品设计、开发、生产和销售专用订制的液晶显示器（LCD&LCM）；显示模组、背光源、触摸屏和配套电子元器件的高新技术企业。公司位于梁平工业园区，成立于2010年2月，注册资金500万元，现有资产1.05亿元，员工358余人，其中专业技术人员36名，占地面积约2万平方米。

2016年实现产值4.22亿元。全自动全制程STN生产线主要生产TN、HTN、STN、FSTN、COB、TAB、COG、TFT、CSTN等，年产64万组，广泛用于汽车、家用电器、工业设备、仪器仪表等领域，产品已销往中欧、美、日、韩及中国香港地区等诸多国家和地区。

（县经信委　杨　娜）

不锈钢及机械产业

【概况】 梁平县不锈钢及机械产业主要是不锈钢制品、机械工业以装载机、液体挖掘机、液压钻机、农耕机、缝纫机配件、汽摩配件等几十个品种。现入驻企业28家，其中投产企业21家，规上企业10家。2016年实现产值27亿元。

【重庆巨源不锈钢制品有限公司】 重庆巨源不锈钢制品有限公司成立于2013年9月，地处重庆市梁平县工业园区，属“重庆市十大战略性新兴产业”规划项目之一，占地面积400余亩，总投资30亿元，年产不锈钢制品30万吨，是集产品研发、生产、销售于一体的不锈钢制品企业。公司现有研发、生产、销售、管理团队达200多人。主要经营不锈钢装饰管、卫生级饮用水管、燃气管、连接管件、医疗用不锈钢制品、工业用不锈钢特种材料、民用不锈钢制品及建筑装饰用不锈钢制品等，产品钢种涉及200系、300系、400系等。在设备先进、管理一流的基础上，为在不锈钢行业中做大做强，特成立了以新材料学博士、硕士等专业技术人才齐集的企业研发团队，并与重庆大学、东北大学、中国金属材料流动协会不锈钢分会、重庆新材料产业联合会等科研院校形成产学研联盟。研发团队有20余人，研发设备投入5000多万元、研发基地（研发大楼和制品车间）占地面积约5000平方米的，主要研发超纯铁素体不锈钢、抗菌不锈钢、医用不锈钢等前沿产品。

2016年公司被评为重庆市第一批国家“高新技术企业”，研发中心被授予“重庆合金材料及制品工程技术研究中心”。公司属中国金属流动协会不锈钢分会常务理事单位、重庆市新材料产业联合会理事单位。

【重庆东创机械有限责任公司】 重庆东创机械有限责任公司，位于重庆市梁平工业园区，注册资金2000万元，公司一期建设于2014年6月建成并投产，公司致力于重型装备液压油缸尖端技术的研发和应用，液压机再制造技术开发、高端汽车零部件的研发和制造。公司高度重视产品研发与技术创新，公司目前与重庆大学、上海交通大学、济南铸锻所、北京机电所等科研院所开展了紧密的技术合作。公司是西部地区规模与技术实力最强的重型装备液压油缸、再制造液压机研发企业，汽车精冲零部件业务填补中国西部的空白。（县经信委　杨　娜）

环保产业

【概况】　梁平县环保产业重点打造集环保装备、环保产品、再生资源利用为一体的环保产业体系，现入驻企业5家，其中投产企业2家，规上企业2家，目前重庆德兆小康环保工程有限公司的城市生活垃圾资源处理项目正在建设中，2016年实现产值2亿元。

【重庆德兆小康环保工程有限公司】　该公司的城市生活垃圾资源处理项目已于2015年8月1日开工，将于2017年6月正式投产。该项目总投资1.5亿元，其中：一期投入1亿元、二期投入5000万元。该项目已向梁平县发改委申请2016年度第一批专项建设基金用于新建标准化厂房建设项目和设备购买。总用地面积2.3万平方米，其中办公区占地面4017平方米，生产区占地面积1.9万平方米。（县经信委　杨　娜）

煤炭工业

【概况】　梁平县煤炭工业管理局成立于2011年6月（梁平编委发〔2011〕30号），挂牌在梁平县安全生产监督管理局，下设梁平县煤矿安全监督管理办公室，为隶属于梁平县煤炭工业管理局管理的副处等级单位，经费来源为财政全额预算，全面履行县煤炭工业管理局赋予的各项职责。煤管办核定事业编制12人，设主任1人、副主任2人。内设5个科室：综合科、行业管理科、安全监管科、信息调度应急救援科、职业病防治科，核定科长职数5人。

【行业管理】

基本情况　2016年，全县有煤矿企业1家，矿井1对，所有矿井均属瓦斯矿井，邵新煤化公司核定生产能力300kt/a，从业人员829人，生产原煤23.91万吨，同比下降20.26%，生产焦炭87310吨，同比下降7.48%；生产焦油4247吨，同比上升149.68%，上缴利税2127万元，同比上升8.63%，煤炭工业经济运行总体平稳。

关闭退出　2016年，实现了12家乡镇煤矿全部安全闭坑，削减产能50万吨，按市政府要求的时间提前了三个半月，超前完成了市委、市政府赋予梁平的改革政治任务，彻底消除了梁平乡镇煤矿的安全隐患，确保了“安全、集访、冲突”三个零目标的实现，化解煤炭过剩产能工作圆满收官。

【监管执法】

2016年，组织开展煤矿安全监管执法84矿次，出动监管执法人员340余人次，排查出安全隐患278条，督促整改完成242条，整改完成率87%，其余未整改完成隐患均在积极组织整改中，均未超出规定整改时限；实施经济处罚20.5万元。（县煤管局　杨迎春）

电力工业

【概况】　国网重庆梁平县供电公司供电网络覆盖全区33个乡镇（街道）、315个行政村，用电客户数33.04万户。公司现有变电站15座，装机容量达74.96万千伏安，比上年增加3.85万千伏安，年供电能力10亿千瓦时。其中220千伏变电站1座，110千伏变电站4座，35千伏变电站10座，其中35千伏变电站比上年增加1座。现有公用10千伏线路83条，线路总长2632.12千米，配变3922台，线路比上年增加8条115.51千米，配变增加280台。

2016年，公司紧密围绕“面上保护、点上开发”的示范区建设目标，认真落实“137”发展思路，加快梁平电网建设速度。公司完成售电量7.26亿千瓦时，完成电力销售收入4.48亿元，上缴税金1674万元，同比增长11.82%。代收城市建设附加费1186万元。获得“梁平县2016年度重点纳税工业企业”“梁平县2016年度安全生产目标考核先进单位”“梁平县2016年度二环路建设先进集体”等荣誉称号。

【电网建设】

电网建设推进有力 一是输变电工程建设。2016年，35千伏青垭输变电工程、35千伏新盛输变电工程建设竣工投运；110千伏梁平新城输变电工程进入收尾阶段；新建完工新城10千伏线路3回；新建完工梁平三甲医院专线供电工程；竣工投运渝万铁路梁平南站供电工程和梁平南牵引站220千伏外部供电工程。二是配网建设。2016年配网建设项目97个，总投资13206万元。完成农网改造升级工程67项，资金9528万元；完成大修项目26个，资金2900万元，主要涉及“二环路”线路迁改、隐患治理、低电压台区整治等；完成技改项目4个，资金778万元。三是渝万铁路梁平南站供电工程建成投运。2016年9月，梁平南牵引站220千伏外部供电工程建成投运。

电网规划提前布局 一是“十三五”规划期间将建设220千伏城北变电站，新增容量36万千伏安。二是建设110千伏花园、明达、大观变电站，新增容量26万千伏安。三是建设35千伏虎城、聚奎变电站，新增容量8万千伏安。预计到2020年，梁平220千伏电网变电容量达60万千伏安，110千伏电网变电容量达64万千伏安，35千伏电网变电容量达16.81万千伏安。

供电质量大幅提升 一是加强隐患整治。2016年，公司组织消除缺陷1590项，整治隐患34项，完成184个低电压台区治理。二是加强电力通道安全隐患排查治理工作。排除树障21300余棵；整治电力线路隐患82处，整治率79.6%；排查校园安全隐患21处；排查整治竹山旅游重点项目隐患362处。三是迎峰度夏工作。组织开展特巡、夜巡、测温测负荷工作83次，配变消缺53项、10千伏线路消缺7处、台区紧急缺陷处理26个。梁平在今年迎峰度夏最高负荷18.77万千瓦，创历史新高，由于应对措施得当，圆满完成了迎峰度夏供电任务。四是配网技术监督工作。完成配变负荷及温度测试844台次；开展配变接地体电阻测试、处理工作454台次。截至2016年年底，梁平县城镇供电合格率累计为99.9804%，同比上升0.026个百分点；农村供电合格率累计为99.9564%，同比上升0.038个百分点。

【供电服务】 围绕全县“137”发展思路，认真贯彻落实县委会议精神，坚持“强基础、优服务、建机制、促提升”为核心，切实践行“四个服务”宗旨，为梁平新常态发展提供要素保障。一是服务重大项目。针对2016年梁平重点建设项目工程，中心积极开通绿色通道，新增2台公变用以保障园区施工用电。为新城建设提供临时施工电源共计1660千伏安，有力保障了梁平南站广场工程、体育馆、梁平三甲医院等重点项目建设的如期完工；支持竹山旅游经济建设。主动对接相关部门，加快线路迁改工，投入资金340万元，线路迁改共计362处，涉及袁驿、竹山、明达等6个镇乡。二是提升供电服务水平。梁平供电公司通过持续加强低电压台区治理，强化配网抢修指挥平台应用，强化内部基础管理，不断完善服务功能建设，积极推广非现金缴费方式，进一步落实“一对一”大客户服务经理制等手段，极大地提高了供电质量及服务水平。三是积极推进电价体制改革，降低企业成本。2016年，公司积极落实“稳增长”政策，为工业企业减免基本电费404.88万元，减收临时接电费68.62万元，落实财政奖励110.98万元，减免城市公用事业附加费近200万元；开展预存电费清退500余万元；达成四家企业直接交易。四是积极践行社会责任。2016年完成中高考、各类重大庆祝活动保电工作 20 余次，共计 189 人次。积极开展了“给交警送清凉”“国网情暖春苗心，关爱留守儿童”“送安全进校园、进社区”等活动，以及定点扶持城北乡狮子村 16 户贫困家庭，慰问驻梁部队等，得到了社会各界一致好评。

（梁平供电公司　孙光辉）

天然气工业

【概况】　重庆梁平天然气有限责任公司主要负责梁平县境内两个街道办事处和 14 个乡镇天然气供气管理任务，用气客户 9.5 万余户，年供气 3000 余万立方米，资产总额 1.3 亿元，上缴税金 590 余万元。

公司现有天然气配气站一座，天然气无人值守站两座，并建有 CNG 加气站一座，服务全区所有 CNG 车辆。截止 2016 年底，公司管网总里程共计 1024 公里，调压箱、柜 1600 余台，阀井 140 余座。

2016 年，公司坚持科学持续发展，把安全工作放在非常突出的重要位置。以燃气集团“0234N”和“01310”安全管理模式为目标，以“安康杯”“劳动竞赛”为载体，提升员工业务技能和安全意识，确保安全生产，截至 2016 年 12 月 31 日，实现安全生产二十余年无重大、特大安全事故，以“服务县城经济发展，服务广大客户”为出发点，调整工作思路，自我加压，突破供气瓶颈，强化优质服务，努力实现燃气集团“树燃气品牌，建全国一流燃气企业”的战略目标。近年来荣获国家二级安全标准化生产企业，重庆市文明单位、重庆市“守合同重信用企业”、重庆市售后服务先进单位、梁平县优秀工业企业、重点纳税工业企业、A 级纳税企业等荣誉。为梁平县最大的城市燃气供应与综合服务商。

【工程建设和安全保障】　2016 年公司不断加大管网基础建设投资和安全投入力度，现有高都铺气田增压站至镇龙配气站 φ159 气源管线工程在建，该项目全长 14.2 公里，设计日供气量为 25 万立方米，总计划投资额 2270 万元，该工程建成后将进一步优化供气结构，增强用气的保障能力，促进梁平经济社会发展。2012—2016 年总投资额 4315 万元，其中，管网建设投资 3100 万元，安全投入 1215 万元，主要包含隐患管网整改、老旧设施改造、安全生产及用气宣传、管网防腐检测与信息化建设。

【优质服务】　2016 年，以燃气集团的 11533 服务标准为主线，全面落实和巩固燃气集团客户服务管理规范，组织专人到工业园区企业和县城各商业用气户征求意见，召开用户代表座谈会，汇报公司服务工作，对收集的意见和用户代表提出的批评、建议、意见，公司召开专门会议，逐一整改落实，新建设的供气管线保障了我公司供区客户用气高峰的用气需求。通过努力公司在申报、安装、验收、供气、报修工作方面，服务质量明显提升，首问接待制进一步得到落实，长年坚持 24 小时值班制度，为客户提供有效服务，对用户报修的，维修人员半小时内到现场处理，经回访和问卷调查统计，对公司服务满意和基本满意率达到 98.8%。

（梁平天然气有限责任公司）

工业园区建设

【概况】　重庆梁平工业园区管理委员会（简称：园区管委会）为县政府派出机构。机关核定行政编制 11 人，机关后勤服务事业编制 1 人，内设 6 个科室和其中在规划建设科加挂行政审批科牌子、经济发展科加挂工程预审科牌子；下设 2 个财政全额拨款的公益类事业单位，事业编制 26 人。2016 年年末，实有在编在岗职工为 33 人。

【基础设施建设】　一是建成三个回居小区和 3.5 万平方米公租房。福德锦城、万和康城、颂和时代城共计 26 万平方米回居房如期竣工并顺利回居安置，3.5 万平方米公租房全部完工，目前正在加紧办理竣工验收手续。二是建成“四横四纵”的道路交通格局。建成竹海大道东段、工业大道西延伸段、名柚大道等道路9条和竹海大道桥梁等桥梁3座，盐河路中段等三条道路完成招标即将开工，拓展区二期名柚大道北段等四条道路完成设计、预算等前期工作。三是土地整治有序推进。全年完成土地整治660亩，已征地范围内的平场工作基本完成。四是水电气要素保障有力到位。新建供水管道5公里、供气管道4公里，完成巨源等电力专线3条和2条公用电力线路安装，实施完成金浙、金竹、金安三条高压线路园区段迁改下地，为卓航、豪威尔等18个项目安装施工用电和施工用水，确保了项目顺利开工建设。五是园区功能配套逐步完善。建成公厕、垃圾中转站2座及园区农贸市场1个，改造升级竹海大道、紫竹大道人行道，实施城市污水管网B线改接工程，完成拓展区一期道路亮化工程，新安装路灯700盏。

【企业服务】 牢固树立“企业的需要是我们工作的方向”的服务理念。一是深入实施“企业服务专员制”“手续代办制”“一厅一费制”和“并联审批制”，简化审批程序，提升办件效率。二是建立企业办件跟踪回访制度，将回访成绩与干部晋升、绩效考核挂钩，对服务质量进行监督，确保持续为企业提供高效、优质的服务。三是定期召开企业座谈会，将企业反映的问题分解到科室、细化到人头，定期上报问题解决进度情况。四是加大投入，加强水电气等生产要素保障，完善功能配套；积极协调金融机构，解决企业融资难题。全年共筹集资金19.6亿元，并获批国开行重庆分行融资3亿元授信，累计为79户中小企业担保贷款2.2亿元，有效支持了县域经济发展。

（工业园区）

招商引资

【概况】 梁平县投资促进中心于2010年12月成立，核定事业编制15个，设主任1人，副主任4人，科长职数4人，内设综合科、项目信息科、投资促进科、服务协调科四个科室。2013年11月，经中共梁平县委、县政府研究决定将隶属于发改委的投资促进局变更为经信委管理，2014年更名为投资促进中心。2016年，县投资促进中心按照县委、县政府的安排部署，坚持“面上保护、点上开发”原则，紧扣梁平特色产业集群发展，立足资源和政策优势，加大招商宣传推介，加强招商队伍建设，加推项目考察洽谈，加强项目落地服务，招商工作取得了显著成效。

【总体运行情况】 2016年，全县共签约招商引资项目122个，协议引资275.87亿元。其中正式合同83个，合同引资150.85亿元。正式合同中：工业项目67个，合同引资106.28亿元；其他工业项目5个，协议引资9亿元。工业以外项目16个，协议引资44.57亿元。其中生态塑料45个、合同引资60.98亿元；集成电路8个、合同引资15.3亿元；不锈钢制品7个、合同引资16.2亿元；环保装备项目2个，协议引资4.8亿元。促进44个企业落地，其中投产8个，在建36个。

【工作措施】

主动作为，扩大宣传 一是采取“招商引资+互联网”方式，落实专人精心优化改进梁平招商网，进一步完善充实园区建设、投资服务、产业政策和招商动态等方面的信息。二是充分利用网站、电视、报纸杂志等各类媒体，微信公众号和梁平微发布等微信平台全方位、多角度宣传展示新梁平和梁平特色工业，做好对外宣传。三是继续保持与广东塑料网、浙江塑料网及其他涉塑网站、杂志交流合作，让更多涉塑企业了解梁平、关注梁平、投资梁平。四是利用国内各大商贸洽谈会、展会、论坛活动和各行业协会、商会的年会等开展招商推介活动，发放各类宣传资料约1万余册。

发挥优势，平台招商 一是依托中国塑协、重庆市经信委和梁平县政府三方联合打造中国西部（重庆）塑料生态产业园的大好机遇，进一步用好用活中国塑协和市经信委的优势资源，加强

与市级部门联系对接、加强与中国塑协和有关专委会以及部分重点省市塑协的交流合作。二是积极与全国以及有关省市教文具和玩具行业协会联系对接，争取尽快在教文具、玩具领域招商引资有所突破。三是积极参加市级集中招商活动，积极谋划参加渝洽会、厦洽会等重大活动，举办柚花节、啤酒节、采柚节等重大活动的集中招商签约，扩大招商影响、增强招商实效。

优化队伍，联动招商　一是继续保持与各招商职能部门的紧密团结，共同助推招商引资不断取得新突破。二是积极探索乡（镇）联合招商模式，商请有条件的乡镇（街道）落实兼职招商人员，配合专职招商人员驻外招商，招商成效纳入所在乡镇（街道）招商工作目标考核统计，实现联动招商。

加强服务，促进项目落地　一是强化服务保障，建立审批快速通道、专职服务团队，实施“一站式”服务。二是制定项目落地服务方案，对长期签而未建、建不投产、投产未达效的项目一一梳理，针对项目建设难、投产难等问题定期召开协调会，协调企业建设所遇到的困难和问题，促进签约项目早落地、早建成、早投产、早达效。

（投资促进局）

交通　邮电

交　通

【概况】　梁平县交通委员会是主管全县交通工作的政府职能部门，主要负责贯彻执行交通法律、法规、规章和方针政策，拟定全县综合交通发展战略，组织编制综合交通规划、年度计划，承担公路建设、公路养护、运输服务、交通执法、地方铁路建设、通用航空发展、邮政涉地事宜协调等职能职责。内设办公室、规划计划科、建设管理科、综合运输科、法规安全科、财务审计科6个职能科室，下辖县公路局（含县公路管理养护所）、县道路运输管理所、县交通行政执法大队（县公路路政管理大队、县港航管理处）、县公路工程质量监督站4个委属单位。全系统总编制数为366个，其中行政编制13个、事业编制351个、机关工勤编制2个，实有在编人数委机关15人，其他事业单位共321人。共有各级党组织17个，其中党委1个、党总支2个（梁平县公路局党总支、悦达运输党总支）、党支部14个（10个机关事业单位党组织、3个非公党组织和1个国有企业党组织）。

2016年是“十三五”规划的开局之年，县交委在县委、县政府及市交委的坚强领导下，坚持以“137”发展思路为引领，以“两学一做”学习教育为契机，以服务民生为根本，狠抓基础设施建设，强化行业监督管理，“两高两铁二环七射多连线”交通格局全面形成，较好地完成了年度各项工作任务。全年交通投资完成约27.7亿元（其中地方交通固投完成约8.38亿元，“两高”投资完成约19.32亿元），超额完成8%（年初目标25.7亿元）。被交通运输部、公安部、国家安全监管总局评为2015年“道路运输平安年”活动成绩突出市级管理机构；继“十一五”获得全市养护管理优秀单位后，作为全市五个区县之一再次获得“重庆市十二五干线养护管理优秀单位”称号。

【基础设施建设】

高速公路　一是梁忠高速建成通车。12月8日梁平境内总长45.6公里的梁忠高速建成通车，极大地缩短了梁平至忠县、梁平至大竹的时空距离，届时梁平境内共有渝万、梁忠两条高速公路过境，互通出入口5个。二是梁（平）开（江）高速取得进展。签订了《合作建设梁（平）开（江）高速公路意向性协议书》，并就双方合作开展方案研究达成一致意见，县交委已联系渝勘院规划所12月正式启动方案研究。三是梁忠高速金带下道口建设获得审批。为促进全县经济发展，在梁平已有4个下道口的情况下，积极向市交委争取并获得审批，设立新的下道口作为补充。目前已完成下道口及其连接线方案，正在进行初步设计。

高速铁路　2016年11月28日，渝万高铁建成通车，其中梁平段46公里，初期每天21.5对旅客列车停经梁平南站，届时梁平共有渝万、达万两条铁路过境。

通用航空　一是推动前期规划论证。先后委托中国民航工程咨询公司、西南民航程序设计室、空军设计局等设计单位，完成了梁平通用航空规划、飞行程序设计和可行性研究报告以及机场路面检测、电磁环境监测、全向信标台选址和环评等工作。二是对接军方取得支持。目前可研报告已上报军委联合参谋部待批，空域审查已完毕，军地协议已通过空军审查。三是启动环场道路建设。完成了机场环场道路方案设计，正在进行道路施工图设计。四是大力推进招商引资。初步谈定待军方批复后中航通飞公司和重庆通航入驻梁平机场。

综合枢纽站　一是牵头手续审批，为工程开工奠定基础。牵头协调新梁集团、万运集团两家业主单位完成了可研、环评、国土、规划、工程许可等前期审批手续。二是狠抓工程进度，为全线通车创造条件。10月底完成了枢纽站车行、人行进出主通道和消防匝道建设，确保了渝万铁路11月28日顺利通车。2016年年底，广场主体工程已完工，正在进行装修，道路工程全面完工；班线车站和公交车站主体工程已浇筑80%。

国省县道　完成G318线福德铺路段升级改造、G243线合兴场镇至火车站4.5公里大修工程、梁山街道白沙水库至大河坝水库环道5公里硬化；S206线云龙镇绕场路1.7公里路基工程已完工；S410线袁驿至龙胜7公里升级改造、回龙镇八一村、红星村与屏锦镇楠木村断头路2.2公里正在施工；S410线县城至板板桥6公里、国有东山林场菩萨顶至“二环路”连接路9公里、S414线云龙场镇至屏锦场镇16公里升级改造正在进行施工图设计。

农村联网公路　“二环路”开启文旅相融新模式。“二环路”68公里新（改）建路段及附属设施（含观景台）于6月完工，其中，“二环路”青垭口至安乐场10公里、蟠龙洞至蟠龙岔路口7公里两段升级改造项目进入招标程序。全线贯通后，民众自发掀起了“二环路”旅游观光高潮，并在多个信息平台得到群众的好评和肯定。同时，启动了“二环路”志修编、制作了二环路赋、手册、U盘等附属文化产品。

旅游路产业路　双桂堂旅游区道路工程、百里竹海旅游公路明达至竹山段已完工；百里竹海旅游公路袁驿至竹山段、天生桥至竹丰湖段升级改造正在施工建设；荫平镇七斗村旅游产业路6公里路基工程完工；县城至明达岔路口进入招标程序。

桥梁及安保工程　袁驿镇平桥移建改造工程、碧山镇华滩坝桥新建工程、云龙镇绕场公路牛头湾桥新建工程3个桥梁项目正在施工；丁家大桥、万安大桥、大河坝桥、新盛桥、断石桥、南华桥6座危桥改造已完工，其余危桥改造项目已启动建设；梁平县公路安保工程完成安装243.5公里。

地质灾害项目　G318线K1893+050地灾整治工程完成35%；G318线K1929+500地灾整治工程完成75%，；G318线K1974+100地灾整治工程完成50%；S202线K391+850灾害防治工程完成90%。

交通信息化　按照交通运输部“智慧交通”要求，围绕“安全监管、应急指挥、形象展示、效能监督、视频会议”五大目标，用时3个月，建成了梁平交通应急指挥中心，形成了“交委—委属单位—基层站（中队）”三级监控和指挥体系，拥有自主独立主干网络、运营商网络、卫星电话网络等三重通信保障，整合市交委及其行业局和县交委下属各单位建设的业务系统21套。

【客货运输】

运输概况　2016年，全县公路客运量1522万人，客运周转量73978万人公里，货运量1863万吨，货运周转量247805万吨公里。铁路旅客发送方面，梁平火车站发送272219人次，梁平南站发送95166人次（自11月28日渝万高铁开通算起），铁路货运量29.18万吨，其中到达28.5万吨，发送0.68万吨。

运输企业　全县客运企业共7家，车辆693辆。其中，公交企业4家，车辆73辆；出租企业2家，车辆174辆。货运企业共41家（其中危货运输企业2家），个体运输业户2818户，从业人员11000余人，货运车辆5277辆。

客运站点　全县汽车客运站共37个，其中一级站1个，二级站1个，四级站35个。新开行2条公交线路，投入12台公交车实现老城与梁平南站的有效衔接，方便市民出行，对城县103和204两条公交线路进行了优化调整，增设公交招呼站点12个，新建农村客运招呼站亭57个、招呼站牌48个。

客运线路　开行各类客运班线163条，其中省际班线10条，县际班线12条，县内班线129

条，城市公交线路12条。

维修驾培　全县维修企业共307户，其中一类3户，二类21户，三类专项183户，摩托车修理100户，机动车综合性能检测1户，驾校4所、驾驶员培训中心1处。

水运和船舶　全县有船镇乡12个（梁山街道、双桂街道、和林镇、云龙镇、荫平镇、屏锦镇、竹山镇、虎城镇、碧山镇、龙门镇、文化镇、明达镇），通航客渡船河流1条（龙溪河），有船水库6座（沙坝水库、张星桥水库、盐井口水库、竹丰水库、朝阳水库、红光水库），各类船舶80艘（其中客渡船5艘、自用船59艘、渔业船16艘），通航里程8公里，渡口22个。

【道路养护】　管养国省县道公路总里程由383.032公里增加到627.4公里。管养公路平均优良路率为89.88%，其中，国道优良路率为97.24%。

日常养护　清扫路面5867余万平方米；清理水沟1053910米，开挖水沟2012米；清理路肩254万平方米；清理绿化台杂草126公里，清除绿化台弃土458立方米；清理涵洞进出口和洞身土石方1273.9立方米；冲洗路面污染物620000平方米；对原列养路段进行了行道树粉刷2次；对行道树杀虫178.5公里；清伐枯死行道树1131棵，完成预防性养护任务20公里。

桥梁养护　更换桥梁栏杆128.7米，疏通泄水孔1642个，清除河床堆积物2630立方米，建设桥梁步道2个，清理桥梁步道60个，完成桥梁定期检测158座。

公路绿化　新栽植行道树3815棵，新增绿化1979平方米。在梁平二环路等公路沿线形成了“草坪—鲜花—树木”立体绿化带，被民众称为“最美公路”。

水毁修复　清除坍方1.117万立方米，修复水毁涵洞6道，修复挡墙123立方米，修复路面21278平方米。

安保设施　粉刷国道示警桩、警墩1220个；示警墩、桩及防撞墙、部分桥梁护轮带等涂刷反光漆和黄色涂料3386平方米；清洗安全护栏108公里。

地灾修复　完成S202线K391+300－K391+500处钢筋砼抗滑桩、挡土墙的80%，完成G318线K1974+100处两排抗滑桩板墙、截排水的30%。

【交通行政执法】

案件办理　查处各类案件2189件（其中：非法营运四轮车69件、超限运输258件、路产赔偿97件、违法构建筑26件、污染公路7件），办件准确率100%；试点了行政处罚简易程序；同时，精简办事流程，开展权责清单，做好行政许可和行政处罚等信用信息归集与公示等工作，方便群众办事。

路政治超　办理路政许可55件，正确率100%；共检测货运车辆272213台次，现有管控标准的车辆超限率控制在5%以下；收取公路占赔补偿费626.2万元，罚款128.2万元；试点G318线K1953+700处超限运输车辆动态监控检测执法卡口和后台处罚系统建设，目前已完成财政评审。

运政审批　按照“两集中、两到位”和网审改革工作要求，进一步清理行政审批项目，保留行政权力事项205项；截至11月底，接办件共13913件，办结率达100%，办件准确率达100%；指导全县驾培机构大力推行“计时培训、按学时收费、先培训后付费”服务模式，推行比例达100%

工程质监　2016年对70个公路在建工程进行了质量安全监督，总计监测里程618.4341公里；全年共开展监督检查192次，发出责令改正通知书49份，质量监督意见书13份，监督（指导）意见书5份，质量检测结果通知单13份，查处质量安全违法违规行为21起；将全县33个乡镇（街道）分为三大片县，成立3个项目监督组对交通在建工程实行分片县管理；购置了全自动车载落锤式弯沉仪、激光平整度仪、立柱埋深检测仪等仪器设备，进一步夯实硬件基础，提高检测效率。县质监站被确定为全市交通质监行政执法行业“三基三化”建设首个试点单位。

【安全监管】 2016年共排查企业830家次，查处安全隐患502项，整改完毕500项；开展安全培训及举办安全生产知识竞赛共计10余次，初步建立“双随机”抽查方式，制定了随机抽查事项清单，并建立随机抽查对象名录库；联合公安、安监部门联合印发了《关于道路交通隐患排查整治规划的请示》；修订了梁平县交通委员会《水上交通事故、突发公路自然灾害、道路运输保障、出租汽车公共突发事件应急预案》四个预案。成功完成“2·14”暴雪、“5·6”暴风雨、“6·2”洪灾等恶劣天气公路保畅任务。全年道路运输和交通在建工程无监管责任事故，水上交通连续23年无事故。

【行业稳定】 加强信息研判，及时回复阳光114、梁平信箱、96096等信访件136件、网络舆情21个；圆满完成春运、“十一”黄金周等重大运输保障任务，县运管所被市运管局评为春运工作先进单位。在县委、县政府的统一领导部署下，联合公安等相关部门妥善处置“3·25”出租车停运事件。同时，通过组织开展网络预约出租汽车管理、特殊勤务等业务知识培训，进一步强化管理。

【文明建设】

“两学一做”学习教育 14个支部均完成9次以上集中学习，党员领导干部分别带头上党课，同时4个督导组严格督查，确保学习取得实效；通过在梁平交通网设立专栏、举办“两学一做”知识竞赛、送学上门等多种方式，确保学习教育全覆盖，保证每名党员学深学透；召开纪念建党95周年暨表彰会，组织全体党员重温入党誓词，对10名优秀共产党员、3名优秀党务工作者、2个先进基层党组织进行了表彰，营造创优争先良好氛围。

党风廉政建设 在抓好效能建设的基础上，深入贯彻党风廉政建设责任制，结合明察暗访制度，扎实推进反腐倡廉建设；严格落实中央八项规定和市委、县委实施意见，全系统开展廉政学习90余次，组织观看警示教育片12部；强化关键领域监管，县交委“三公”经费持续下降。

文化建设 完成《梁平交通志》（1987—2015）编撰工作，编制《坦途》《路》《咫尺千里》《征程》等多部专题片，其中《路》作为2016年梁平春晚的压轴节目参加演出，较为全面的展现梁平交通新面貌；成功举办梁平县交通系统第六届职工运动会及“二环路”书画摄影展，丰富职工精神文化生活。县公路局荣获重庆市公路行业文明创建暨文化建设工作示范单位。

长效扶贫 按照《中共梁平县委办公室 梁平县人民政府办公室关于印发〈梁平县推进长效扶贫工作意见〉的通知》（梁委办〔2016〕33号）文件精神，贯彻落实长效扶贫工作机制，共组织交通系统干部职工到铁门乡长塘村开展实地走访300余人次，为帮扶贫困户送去了白糖、月饼和食用油，落实铁门乡职工结对帮扶资金14000元，进一步巩固了2015年脱贫成果，确保脱贫户不返贫。

对外宣传报道 中央电视台13频道（CCTV13）对梁平318国道部分路段积雪结冰快速处置力保畅通进行了报道；中央直属党报《经济日报》对“渝万高铁预计今年年底通车”进行了报道；中央文明办主办的《精神文明报》报道了梁平县交委创建全国文明单位的专版；人民网报道了“渝万高铁通车在即”简讯；《西部开发报》报道了重庆梁平交通巨变铺就发展快车道的专报。市级报刊《重庆日报》报道7篇，重庆电视台报道新闻2次，及多家市、县级报刊、微信公众平台发布了交通建设、“二环路”等相关简讯。

（县交委）

邮 政

【概况】 2016年，梁平邮政分公司承担着普遍服务、基础服务的邮政局所共39处，其中代理金融网点31个，纯邮政网点8个，由县分公司对各网点实行管理职责。下设四个职能部门（综合办公室、市场经营部、金融业务部、渠道建设部），下辖5个专业部门（商函广告公司、集邮公司、报刊发行公司、电子商务公司、分销业务部）、4个班组（邮运组、邮件组、投递组、安保小队）。拥有从业人员215人，其中AB类人员143人、劳务派遣人员56人、非全日制人员7人、劳务承揽人员9人。新增房屋面积350平方米，房屋面积达到19938平方米，有固定资产3288.33万元，电子化支局39处，新增邮运车1辆，新增投递电动四轮车6辆，电动三轮车8辆，投递配送能力不断提升；新增ATM（含CRS）12台，星易付POS机136台，商易通助农取款41台；新增“梁平—文化”“梁平—虎城”两条邮路，优化调整了邮运班次及邮运时限，目前，区域内汽车邮路里程达到980公里，运行综合时限率达100%。

【邮政业务】　2016年开办有商函广告、集邮、报刊订阅、快递包裹、同城快速、特快专递、邮政储蓄、国债、基金、汇兑、保险、三农分销（酒水、化肥、种子、农药等）、代发离退休养老金、代办车险、农村电商、代售火车票、代售飞机票、代售汽车票、代收水电气费和通信话费、代销烟草、双税双代等业务。

【经营业绩】　2016年，梁平邮政分公司完成业务收入7535.86万元，同比增幅28.53%，完成全年奋斗目标的106.61%，与2014年相比净增1867.06万元。其中，代理金融业务收入6100万元，完成基本目标进度的114.51%，完成奋斗目标进度的108.89%，同比增幅29.31%；代理金融余额规模达到，34.24亿元，市场占有率为12.81%，同比增长0.89%，新增市场占有率19.75%，同比增长8.1%；新增储蓄余额59779万元，完成进度178.44%，同比增幅21.15%。代理新保保费27771万元，完成进度165.31%，同比增幅26%；函件业务收入149.52万元，同比下降4.61%；包裹快递业务收入262.17万元，同比增幅89.34%；报刊业务收入242.96万元，同比增幅5.46%；集邮业务收入206.87万元，同比增幅24.35%；分销业务收入405.95万元，同比增幅35.53%；电子商务业务完成收入95.06万元，同比下降0.37%。

【一体两翼战略】　2016年，分公司将集团公司“一体两翼”经营发展战略作为工作的重中之重，创新思路，抓重点求实效。一体是以邮政窗口资源为基础，以市场需求为导向，积极打造适应现代电子商务模式的线上线下为一体的综合便民服务平台。两翼指金融翼和寄递翼：金融翼是指以银行服务为基础，包括保险、证券、资产管理等综合性金融服务，让客户享受到足不出村的金融服务。寄递翼是指依托中国邮政遍布城乡的网路优势，以电子商务寄递发展为契机，重新确立邮政在寄递市场的主导者地位，满足广大客户寄递需求。

【推进农村电商】　一是全年建成1个农村电商运营中心，12个乡镇农村电商便民服务站，230个村级服务站点；建成邮乐特色馆1个，上线产品116余种。二是成功试水电商项目，2016年成功开发了“梁平柚”项目，通过邮乐、淘宝等线上平台实现网上销售1.8万件，销售金额达21万元，带动包裹收入13万元；除此之外，曲水李子、殷家坝萝卜、礼让豆筋、袁驿豆干、和林生姜等梁平土特产均作为重点项目进行开发。三是积极打造“快递下乡电商进村”项目，得到了市商委及梁平县政府的肯定。“快递下乡”共同配送项目采用“3+4”的模式，三固定（固定人员、固定线路、固定频次）、四统一（统一价格、统一流程、统一服务、统一补贴）。每天由固定的专人负责揽收，经处理中心分拣、封发后，通过每天6班次邮运车辆运送至各乡镇网点，再由网点投递人员实行派单制直投到户或投送至村级便民服务站，并严格执行“T+1”时限，保证了当日妥投率在75%以上。“电商进村”采用“3

+6+9”的模式，“三大资源”（线上平台、线下渠道、连接纽带）、“六不出村”（购物不出村、销售不出村、金融不出村、便民生活不出村、物流寄递不出村、创业不出村）、“九免费”（免费培训农村电商相关知识；培训合格后免费赠送软件、免费安装操作系统、免费上门服务指导；达到规定业绩后免费签订加盟协议、免费获得工作服、免费装修、免费获得设备使用权、免商品配送费）；“电商进村”工作主要利用线上、线下、邮掌柜三大资源，采用“销售+仓储+包装+物流配送”的经营模式，并对农村电商合作商户提供九项免费服务，围绕农产品进城、工业品下乡、本地生活服务三大方面，实现农村居民“六不出村”。

【代理金融服务】 为全力服务好地方群众，梁平邮政全年共计召开115场送服务活动，活动主题新颖多样化，针对不同类别的人群，开展了父亲节、端午节、中秋节、重阳节主题活动。并与县老龄委、老体协会联合开展了“邮情夕阳经、爱洒重阳节”大型歌舞表演活动，与大河社区联合举办了“独子女会员日及庆六一表演”活动等，赢得了良好的社会口碑及群众称赞。同时，打造了一支专业的理财经理队伍，做好网点客户维护工作，大力提高了网点客户维护的能力，提升了客户维护水平。

【发展寄递类业务】 梁平邮政不断转变发展方式，大力发展寄递类业务。一是成立包裹中心，建成一支专业揽投队伍。分公司通过调研，根据市场发展要求和客户寄递业务需求，成立梁平邮政分公司包裹中心，组建了一支16人的专职揽投队伍，基本满足营分运投的发展要求。二是大力开发本地特产。通过对市场的调研走访，推出柔性定价机制，推广一票多件增值业务、仓储配送一体化服务，做好快包专项营销活动。三是做好运行质量管控，提升用户用邮体验。针对运行质量影响较大的短板问题（邮件及时妥投率、虚假信息、规格收寄处理不达标等），采取组织培训、严格监控、及时处置等方式进行解决。同时，针对客户反映邮件信息更新不及时、出口邮件积压严重的情况，安排专人对其进行跟踪查询，及时给客户反馈信息，积极与网运方、投递局沟通，同时针对邮件丢失、或因时限等原因造成邮件损坏的，建立了良好的赔偿机制，大大提高了邮件时限，提升了用户用邮体验。

（县邮政局　李　莉）

电　　信

【概况】 中国电信股份有限公司梁平分公司是中国电信股份有限公司在梁平县设立的县级分公司，于2003年年底随集团公司在美国纽约和香港证券市场实现收购上市。是具有固定网、移动网、互联网资源和品牌优势及发展实力的全业务运营商之一。主要提供基于固定通信、移动通信、卫星通信、互联网接入及与此相关的系统集成、技术开发、增值等业务与综合信息服务。

【业务范围】 分公司拥有覆盖全县的本地通信网，并集光纤、卫星通信传输手段为一体，技术先进、安全可靠。固定电话、互联网及互联网应用技术系通信运营企业主导地位，系名副其实的信息化建设和应用推广主导力量。主要经营包括国内、国际各类固定电话业务、移动通信、数据通信、多媒体通信、宽带接入业务、计算机互联网和电信增值业务，以其尖端的技术、优良的设备、专业的人才、先进的管理为全县党政机关、企事业单位、人民群众和每一位投资者提供满意的电信服务。目前，已经在全县建成全光网，百兆光纤进村入户消除数字鸿沟，IPTV（数字电视）丰富农村文化生活，是唯一能在全县包括广大边远农村地区提供宽带、移动、IPTV（电信数字电视）三网融合产品、服务民生的通信运营企业。

【经营业绩】 2016年分公司以巩固党的群众路线教育成果和开展“三严三实”“两学一做”教

育活动为契机，在领导班子的带领下，力行务求实效，外树品牌形象，内强队伍建设，打造和谐企业，大力倡导企业在员工成长中发展，员工在企业发展中成长的企业文化精神，分公司得到了长足发展，2016 年全年完成考核收入 7540 万元，完成预算进度 101.82%，全市排名第 22，区县二类分公司排名第 7。纳税总额 324.5 万元、净利润。752.4 万元。以“发展模式转变、营销行为转变”为主题，坚持“发展是第一要务、一切服务于市场”的经营方针，加大建设资金投入，提升业务产品品质，移动通信 4G 实现城区及农村场镇全覆盖，全县行政村光纤传输覆盖率达100%，同时实现了全光传输 100 兆入户及 4K 超高清 IPTV 互动视频，率先完成乡镇场镇 4G 信号全覆盖，高标准地提供了为民服务、满足客户需求的通信能力和资源基础。长期以来，中国电信梁平分公司始终围绕“服务社会、服务民生”的行风建设为主题，以诚信经营、和谐服务、社会效益和企业责任为重点，坚持为民服务创先争优，秉承“用户至上，用心服务”的理念，以机制创新为动力，以精确管理为手段，以资源优良配置为保障，以强化产品内涵满足需求为目标，树立开放、合作、共赢的心态面向市场和客户，在推进本地经济社会信息化，促进城乡统筹发展，引领和主导信息消费需求等方面发挥着主力军作用。

【公司发展】　在新形势下，将以党的十八届三中、四中全会精神为引领，认真贯彻落实习近平总书记讲话精神，努力践行党的群众路线，按照“三严三实”精神和服务社会的总体要求，紧紧围绕集团公司发展战略和市公司工作目标，转变观念，科学发展，创新服务，全面树立互联网 + 意识的动态思维，主动适应、把握全县创新、协调、绿色、开放、共享的经济发展新常态，整合资源融入全县“137”发展思路，强化品牌创新，坚定贯彻落实国务院提速降费要求，持续推进“012”战略，“0”即 IPTV（数字电视），数字电视免费看；“1”指一根光纤宽带，宽带 20M 起步，百兆宽带引领上；“2”指智能手机，一根光纤拉动 2 部手机，让用户享受国际主流 4G。“012”战略让广大用户家庭通信费支出减半，百姓得到实惠，为促进社会经济发展，推动国民经济信息化进程，提升梁平全社会综合信息服务品质做出新的贡献。　（中国电信梁平分公司）

移动通信

【概况】　中国移动通信集团重庆有限公司梁平分公司（以下简称梁平移动分公司）成立于1999 年 9 月，隶属于中国移动通信集团重庆有限公司，全面运营重庆境内 139、138、137、136、135、134、147、150、151、152、157、158、159、182、183、184、187、188 的数字移动通信网络。2014 年 2 月 21 日，移动 4G 在梁平正式商用。梁平移动全面建设拥有快速传输数据、高质量、音频、视频和图像功能的 TD－LTE 制式移动 4G 网络，极大地满足了广大用户流量激增的需求。

2016 年，梁平分公司在各级领导和社会各界的大力支持下，以“主动务实的新思维、积极健康的新风气、与时俱进的新行动”为指导思想，坚持“服务 · 业务”双领先战略，深入推进产品、营销与服务的深度融合，奠定了移动事业蒸蒸日上的基础。同时，分公司始终秉承“正德厚生，臻于至善”的核心价值观，时刻不忘肩负的社会责任，积极参与社会各项公益活动，为梁平县的和谐发展做出了积极贡献。先后获得各级政府机关、行业主管部门授予的统筹城乡农村信息化体系建设工作组织奖、诚信承诺单位、售后服务先进单位、重庆市“信息下乡”工作优秀集体、中国移动重庆公司先进单位、“消费者信得过企业”“重合同守信用单位”“梁平县新农村建设先进单位”“市级文明单位”“全国模范职工小家”等多个荣誉称号。

【市场发展】　2016 年，梁平移动市场发展以 4G用户、家庭宽带、流量经营为主线，为让更多的用户使用高品质的4G网络和家庭宽带目标而奋斗，截至2016年年底，用户数逾35万人，互联网宽带接入用户达3万人，全年税收达543万元。在竞争激烈的市场环境中，在县委、县政府的关心和指导下，在县各级部门的支持下，梁平移动仍保持着主导运营商的地位。

在4G发展方面，梁平移动全年坚持大力开展低端4G手机优惠活动，用户免预存，全年累计销售低端机10万余台，惠及用户10万余人。

在家庭宽带发展方面，为了让更多的用户用上移动光宽带，全年建设家庭宽带户线资源4万余线，实现了乡镇以上用户全覆盖的目标，推出飞享58套餐即可免费领取20M移动光宽带一条，免费使用手机看家，极大降低了用户的宽带费用，在此基础上，发展家庭宽带1万余户。

流量经营上，积极响应国家降费提速的号召，在流量方面推出假日流量礼包、夜间流量包，降低套餐外流量费用、限时流量包赠送等活动，降低了用户的流量使用费用。

【服务水平】 梁平分公司长期以来诚信经营，以客户为中心，“用户至上，用心服务”理念，分公司领导重视服务建设，组织健全，责任明确，成立由分公司领导为组长，市场部服务主管牵头，集团客户部、建维部、综合部相关人员组成的服务监督小组，建立了分公司用户投诉快速响应机制及每月服务分析例会制度，并将用户投诉满意度纳入绩效考核。为促进前台服务水平的提高，在市公司的指导下，分公司继去年开展的“为民服务·创先争优”服务提升行动基础之上，搭建“全业务流程投诉防控体系”，全面跟踪服务客户，满足客户需求，获得广大用户好评。

2016年，梁平移动严格按照国家工信部要求，全面完成用户的实名制工作，使实名制比例达99%。特别是为了更好地为客户服务，2016年“3·15”期间，分公司名豪广场开展便捷服务推广和客户互动活动。重点推广“便捷、高效”的服务诉求，提升和推广掌上营业厅、微信、热线和营业厅等核心渠道的便捷服务，以及增值业务统一查询和退订方法的宣传等服务举措，极大地提高了客户感知。

【网络质量】 “网络质量是企业的生命线”，梁平移动深知为服务民生，网络必须要先行，坚持“客户为根、服务为本”的理念，着力提升4G网络质量，将打造卓越网络、提供可靠的通信保障作为网络工作的核心目标，致力于通过持续提升的网络质量、卓越的通信保障能力和不断完善的电磁辐射管理，打造负责任的安全通信网络。着力解决用户关注的热点、难点问题，加强网络运行、维护管理，保证网络通信质量。

2016年，梁平县应急保障活动纷繁，除了平安完成每年的春节、国庆等节日保障外，还经过周密组织和安排，顺利完成了梁平县重要节日及春节联欢晚会等多个大型活动的应急通信保障任务。

在网络建设上下足功夫，克服了选址及业主纠纷上的重重困难，全年分公司共计新建4G宏站400余个、室分超100个，实现了梁平各行政村的全量覆盖，网络覆盖率稳定在100%，通话质量持续提高，很多弱覆盖的区域得到较为明显地改善，实现优秀网络指标全达标；网络呼叫性能也得到较大幅度地提升，4G网络下载速率高达40M。截至2016年年底，梁平县已实现4G网络全覆盖，乡镇场镇区、高速公路、风景区以及部分农村高流量区域4G网络全覆盖，良好的网络能力为全业务发展提供了强有力的支撑。

【社会责任】 梁平移动始终不渝地恪守“沟通从心开始”的服务理念，始终不渝地把源于社会、服务社会、奉献社会放在重要位置，坚持“正德厚生、臻于至善”企业文化理念，积极参加文明城市、文明社区等属地的共建活动，组织员工开展交通安全培训，倡导员工自觉遵守交通秩序。帮助需要帮助的人，广献爱心，这是梁平分公司一贯的追求，县政府组织的各类捐赠活动，员工们都积极参与，尽自己的最大能力献爱心，将扶贫济困、互助友爱的传统美德进一步弘扬和发展。2016 年，梁平移动领导先后两次前往紫照乡慰问贫困家庭，送温暖，送祝福。

梁平移动以“创无限通信世界，做信息社会栋梁”为企业使命，坚决实施以信息化带动工业化发展的战略决策，长期致力于梁平信息化建设，减小城乡数字鸿沟。公司依托最新的信息技术、IT 工程技术、移动通信技术和移动互联网技术，于各种平台创新研发、运营了 MAS、ADC、农信通、大数据精准分析、行车卫士、1258266 务工热线等全方位的信息化业务，全面服务城市与农村、集团单位与个人，有力支撑和推进梁平信息化建设进程。

2016 年，梁平移动协助梁平教委完成全县 104 所教育教学机构的“教育城域网”项目，实现全县教育教学资源共享；为宣传部完善了《梁平手机报》大平台建设，实现了日发送 10 万户的量，让广大市民快速便捷了解梁平新闻资讯，时事热点；搭建县人民医院至各中心卫生院的视频专线；建设完成了“应急指挥系统”，通过全县 800 多个摄像头，其中，乡镇 400 多个摄像的实时监控，实现对交通线路上车辆运行情况的管理，更有效的维护交通秩序，保障市民生活品质；同时梁平移动还成为梁平数字化城市唯一技术支撑运营商，为梁平数字化管理提供基础的网络设施建设。　（移动梁平分公司）

联通通信

【概况】　中国联通梁平分公司肩负着打破通信市场垄断局面的重任起步。成立以来，梁平联通学习实践科学发展观，践行社会责任使命，在品牌建设、业务发展、企业形象提升等方面都取得进步和突破，为更好地促进梁平经济的和谐稳定发展做出应有的贡献。2016 年，全面进入 4G 发展快车道的中国联通，正经历着企业发展历程上的机遇与挑战。站在新的时代节点上，秉承“创新改变世界”的理念，中国联通梁平公司在发展中调整结构，在创新中增强活力，提升整体综合实力，推进跨越式的新发展。

【网络先行】　中国联通梁平分公司 WCDMA3G 网络 100% 覆盖县城城区、乡镇；GSM 网络 100% 覆盖县城、乡镇，大部分行政村也实现 GSM 网络覆盖；FDD4G 网络覆盖县城、乡镇。渝万高速路及重点旅游景点网络覆盖率达 100%，重点商业场所和高档小区实现室分覆盖。梁平联通网络建设不断纵深推进，在推进 4G 网络建设的同时，完善 2G 和 3G 的深度覆盖。梁平的网络覆盖得到明显改善。与此同时，为提升国际漫游服务能力，中国联通和国际运营商开展漫游合作，中国联通的 GSM 语音覆盖 249 个国家和地区的 611 家运营商，GPRS 覆盖 216 个国家的 490 家运营商，3G 覆盖 163 个国家的 413 家运营商，4G 覆盖 112 个国家和地区的 158 家运营商。借助这张遍布全球的庞大网络，联通用户无论漫游到世界任何角落，都可以通过联通的通信网络聆听世界的声音。

【服务推陈出新】　2016 年，按照服务融于发展，服务促进发展的工作要求，梁平联通公司围绕用户从入网到使用的过程，推进、强化接触点服务执行的规范化、标准化，提升销售前端服务、维系工作的协同作战能力。通过一系列利于用户的服务工作的开展，梁平联通的服务短板指标得到较大提升，用户感知得到较大提升。

【经营举措】　梁平联通公司认真贯彻落实集团公司、市公司的要求，本着服务一方百姓、助力一方经济的业务拓展目标。一方面以 4G 发展为契机，充分结合区域特点开展品牌宣传、产品营销互动，前移销售服务窗口，提高业务办理便捷性。二是借助“智慧沃家”活动，大力推广，将优惠惠及千万家。2017 年，梁平联通分公司将一如既往地围绕“以客户为中心、以服务促发展”服务理念，坚持技术、业务和服务的全面创新，以 4G 行业应用提高政府和企业信息化水平，坚持为行业客户提供以创新科技为核心的全方位、高品质的信息化服务。　（联通梁平分公司）

城乡建设与环境保护

城乡规划

【概况】 梁平县规划局成立于2010年4月，主要负责全县城乡规划编制、管理、审批及测绘管理工作。内设办公室（行政审批科）、政策法规科（监察科）、规划编制科（测绘管理科）、城市规划管理科、村镇规划管理科，下辖规划监察执法大队、测绘地理信息管理中心、城市规划管理办公室、规划与地理信息服务所、规划设计院等5个事业单位。现有人员编制总数68名，其中行政编制7名，事业编制60名，在编人员60名。

2016年，梁平县规划工作荣获重庆市区县城乡规划目标考核一等奖。规划局办公室被市妇联表彰为“重庆市巾帼文明岗”。在重庆市区县优秀规划设计及实施项目评比中，体育馆、游泳馆规划荣获编制类一等奖，明达镇红八村白菓佳苑集中安置点规划荣获编制类二等奖；和林镇和林中心小学荣获实施类一等奖，职业教育中心校园、兴茂·时代广场A区、双桂公园提升改造、乾街改造更新项目、云龙镇人民新村美丽乡村环境综合整治与景观提升项目、荫平镇乐英村美丽乡村、金带镇滑石村梵华禅境等7个项目荣获实施类二等奖。

【规划委员会】 以规委会为平台，充分发挥规划的统筹引领作用。组建第四届规委会，制定形成《梁平县第四届规划委员会工作规则》《梁平县专家咨询委员会工作规程》。全年组织召开专家评审会47次，评审方案150余项。实行重大规划方案规委会集体审查，共组织召开规委会5次，审查双桂湖公园西南区桥梁工程方案，梁平县碧湖大道中段概念城市设计、梁平县新区体育馆和游泳馆建设项目方案、梁平县职教中心二期建筑方案，梁平枫叶国际学校方案设计，双桂湖梁山小学方案设计，双桂湖公园北岸示范段一期方案及建设事宜，梁山城区修补更新规划、城市道路贯通和综合管网提升改造规划、西大街传统风貌保护规划，百里竹海艾叶沟修建性详细规划等30余个规划方案，大多数方案已付诸实施，为全县科学发展提供了有力的规划支撑。

【规划编制】 坚持引入一流的设计理念、邀请一流的设计机构、委托一流的设计大师，高起点、高标准、高水平编制各项规划。

城乡规划 秉承“多规合一”理念，以实现规划一张图为目标，有力推进“多规合一”工作，启动中心城区城规与土规技术层面一张图工作，基本解决“两图合一”，实现城规与土规在空间、用地规模的合一。城乡总体规划（2014年编制）上报市政府。完成梁平县美丽山水城市规划，梁平县域基础设施专项规划，梁平县域生态空间管控规划等19项专业专项规划，实现规划全覆盖。完成161个行政村村域现状分析及规划指引编制工作。

重点项目规划 完成老城区修补更新规划，老城区城市道路贯通和综合管网提升改造规划，城市内环规划方案及多媒体宣传片，双桂城区一期滨河景观施工图设计，双桂城区二期海绵城市施工图设计，双桂城区二期地下综合管廊（5.3公里）施工图设计，火车南站广场景观施工图设计，机场路（跨越雕塑—梁中段、跨越雕塑—扈家巷段）景观改造工程施工图设计，邓平寿展览馆施工图设计，粮食物流园回居房安置小区规划方案设计，以及双桂湖北岸施工图、观澜台、林荫广场等节点优化，西区、南区深化设计、北岸管理用房片优化方案设计等，着力城市品质提升，塑造梁平特色风貌。完成明达镇红八村白菓佳苑集中安置点规划方案，梁平县紫照乡粑子坵风貌整治规划，袁驿镇高速路出口至场镇路口及道路景观规划，竹丰村回居安置点等规划方案的编制，有力助推美丽乡村风情集镇建设。

【规划实施】 2016 年，按照“山水园林城市—特色风情集镇—美丽乡村（社区）”三级同建的路径，推进建设宜居宜业宜游的滨湖山水园林城市。

山水园林城市　高标准建设双桂城区，着力完善双桂城区一期、二期公共配套设施、公共空间，推进双桂湖公园 AB 示范段、梁平南站广场景观、综合管廊、慢行系统、体育公园、双桂城区一期滨河公园、枫叶学校、游泳馆体育馆、西南大学附中、梁山小学等民生项目实施，指导立城香漫林、兴茂时代广场、云湖天地等精品宜居小区建设。开展城市一环、西大街风貌研究、梁山城区道路管网提升等涉及重大民生工程的研究编制，打造山环水映闲适安宁的宜居慢城。

特色风情集镇　坚持规划先行，充分挖掘各乡镇地方建筑风貌、特色产业优势。完成全县 31 个乡镇特色风情集镇调研工作，形成梁平县特色风情集镇调研报告。同时，为充分彰显乡镇特色，规划建设碧山华滩坝、袁驿古驿新城、云龙龙溪锦苑等项目。完成梁平县未定级保护性建筑的普查工作。

美丽乡村　坚持因地制宜、分类指导原则，致力改善农村人居环境，指导实施云龙人民村、龙门三官村、礼让川西村等一批农民新村建设。持续深入推广使用梁平县农房建设标准图集，按照城镇型、乡村型、旅游型、经济型等四个类别，结合土地政策占地 90 平方米（三人户）、120 平方米（四人户）、150 ㎡（五人户）形成 20 个户型方案供村民免费选用，推进乡风文明建设，确保乡风文明建设工作扎实有效开展。

【规划管理】 一是完善规划管理体制，推动城乡规划管理一体化，实现规划管理“纵向到底、横向到边”要求。二是大力实施精细化管理，利用三维仿真系统进行方案审查及竣工核实，实行“三统一、四到场、五步骤”精细化管理，严格管住材质、管住色彩、管住风貌，确保建设品质。全力推进《梁平县城市道路及市政管线工程规划建设管理办法》的实施，加强城市地下空间规划管控。三是提升行政审批效率，开展建设领域并联审批，形成“一家受理、联合审查、同步审批、限时办结”的“一站式”审查机制。并对服务园区企业测绘上减半收取中介费用。四是加速推广建设工程公告牌制度，推行政务公开，加强对建设工程的批后监督管理。五是依法核发各类规划许可，全年共办理“一书两证一核实” 211 件，其中，选址意见书 36 件；建设用地规划许可证 44 件，用地面积 188.69 万平方米；建设工程规划许可证 60 件，建筑面积 133.48 万平方米；建设工程竣工规划核实 55 件，建筑面积 148.58 万平方米。

【智慧梁平】 切实提高梁平县规划水平和科学管理水平，促进城市的和谐、可持续发展，实现城市智慧化管理和运行。

基础测绘工作　2016 年测绘成果汇交 42 件，面积约 10 平方公里；对梁平两家测绘单位进行资质注册和测绘成果保密检查。实现全域 1892 平方公里 1:5000 地形图、城市规划区 70 平方公里及各乡镇规划区、农村居民点 1:500 地形图全覆盖。实现二环路 400 平方公里地形三维及城区建成区 20 平方公里精细三维模型全覆盖。为全县重要项目提供了基础测绘数据支撑。

智慧梁平建设　完成城区 2016 年度建筑物信息调查更新。完成城区地下管线普查和管网信息系统建设，普查地下管线共长度约 650 公里。建设完成梁平县规划管理移动平台，成功实现地图浏览、实时定位、专题信息查询、距离和面积计算、数据更新等功能。利用三维仿真系统对新区体育馆、游泳馆、职教中心、枫叶国际学校、泰和路公园和泰和路小学等重要规划设计项目进行评审。为全域实现规划精细化管理提供了数据平台和技术支撑。

【违法建筑整治】 一是完善机制。制定违法建筑整治有奖举报、巡查发现、联动执法、限制水电气、限制产权、目标考核、督查督办制度等12项工作制度。严格落实乡镇（街道）、县级部门职责，形成“快速联动、无缝对接、齐抓共管”的整治合力。二是开展专项行动。开展党政机关、国有企事业单位、公职人员违法建筑专项整治工作，将公职人员是否有瞒报、漏报、拒绝整治违法建筑作为提拔、评优的前提条件，对瞒报、漏报、拒绝整治行为的公职人员，由县纪委严格问责，已约谈公职人员8名，全县整治公职人员违法建筑8550平方米。三是严控新增违建。实行网格化无缝巡查，共消除新增违法建筑1.6万平方米，小产权开发及新增违法建筑得到有效遏制。同时，针对群众反映屋顶防漏问题，实行统一风貌的“平改坡”工程审批，今年共审批54户“平改坡”工程。四是开展成片整治。有力开展违法建筑成片整治，在东城丽景、东山城等小区以及机场路等重要路段持续开展拆违整治行动，已拆除存量违法建筑近9.6万平方米。

（县规划局　王妮娜）

城乡建设

【概况】 梁平县城乡建设委员会是县政府的工作部门。内设办公室（信访办、计划财务科）、建筑管理科、执法科（法制科）、城镇建设综合开发管理科（住房建设科、民防科）、村镇建设科（县城镇化建设办公室、统筹城乡建设科）、行政审批服务科（勘察设计科、建筑节能科）等6个科室。下属梁平县城市建设管理办公室、梁平县建设工程施工安全管理站、梁平县建筑工程质量监督站、梁平县建筑工程招投标管理办公室、梁平县城乡建设档案馆、梁平县建设科技发展中心、梁平县民防指挥信息保障中心等7个单位。现有编制数82名，其中：行政编制13名，参公事业编制10名，事业编制58名，机关工勤编制1名；实有在编在岗人数71名，2016年12月2日，国务院批复同意梁平撤县设区，梁平县城乡建设委员会于2017年1月5日更名为重庆市梁平区城乡建设委员会。

【城乡建设】 2016年，全县常住人口城镇化率提高1.47个百分点，达到43.08%，扩大城镇建成区面积2平方公里，达到35.77平方公里，新增城镇人口2万人，达到30.3万人。

争资跑项　筹集棚改资金14.1亿元，其中争取中央专项补助资金4600万元；专项建设基金7000万元。以92.7分第二名的成绩获批市级5个城市地下综合管廊试点城市之一，将获得市级补助资金1.17亿元，争取综合管廊专项建设基金3000万元。争取到村镇建设项目资金5852.55万元，同比增长43%。其中，农村危房改造资金3527.25万元；市级中心镇项目资金1500万元；争取到美丽宜居村庄3个（农民新村市级示范点）项目资金300万元；争取到改善农村人居环境市级示范片1个项目资金450万元（全市10个之一）；传统村落2016年保护建设资金75万元。成功申报屏锦镇为市级特色小镇；石马支路建设工程争取到中央预算内资金820万元。

专项规划　先后编制形成了《重庆市梁平区“十三五”城镇化建设规划》《重庆市梁平区排水（雨水）防涝综合规划》《重庆市梁平区雨水控制与资源利用专项规划》《重庆市梁平区道路低影响开发专项规划》《重庆市梁平区海绵城市专项规划》《重庆市梁平县地下综合管廊专项规划》《梁平县2017年城市综合管廊建设计划》《梁平县“十三五”城市综合管廊规划》《梁平县“十三五”城市基础设施建设规划》《梁平县建筑节能与绿色建筑“十三五”实施方案》等10项专项规划，城乡建设规划编制引领作用更加明显。

新区建设　进一步完善双桂城区一期公共服务配套设施，中央商务区商业综合体基本建成，规划展览馆投入使用；高标准启动二期功能性牵引项目，双桂湖公园北岸示范段、城市地下综合管廊、体育馆及游泳馆、梁平枫叶学校等重点工程全面开工。一批高品质商住楼盘建成入住，教育、医疗、商贸等公共服务配套设施不断完善。

棚改工作　启动15个片区棚户区改造，完成棚改中期评估方案优化，获市政府批准改造总量44.63万平方米，3987户。完成房屋征收协议签订1803户14.08万平方米。超额完成了市城乡建委下达的780户和区年度12万平方米改造任务。消除了部分市民居住安全隐患，提升了梁山城区形象。

村镇建设　顺利完成了屏锦镇道路白改黑、袁驿镇平桥移建及刷坊街道路改造、新盛镇绕城公路一期等三个市级中心镇项目建设。启动实施了31个乡镇的特色风情集镇管理建设，建成曲水长榜村、合兴龙滩村、文化三寨村3个市级美丽宜居村庄示范点，合兴镇龙滩村被住建部评为第四批美丽宜居村庄示范，改造农村危房3353户（其中：D级750户）。

【房地产开发】　全年完成房地产开发投资23.1亿元，全县共有46家开发企业，新开工建设商品房面积94.36万平方米，竣工面积83.43万平方米。进一步提升开发楼盘建设品质。新办理资质手续及资质延期（变更）36件；监管项目资本金2525万元，解控项目资本金7294万元，监管预售资金12268万元；新建项目手册23次，核验项目手册199次，发放“两书”29466套。

【建筑业管理】　全年完成建筑业产值115.7亿元，同比增长24.8%；征收城市建设配套费1.68亿元，同比增长12%。全县现有建筑企业55家。其中，施工总承包企业27家（一级企业1家：重庆玉屏建筑工程有限公司迁入，二级企业5家，三级企业21家）、专业承包企业7家、劳务分包企业21家（其中有19家企业既有劳务又有专业承包模版脚手架专业）。完成建筑业企业资质标准主要人员实名入库1134人，新办理注册建造师33人，变更注册建造师128人。

【行政审批】　继续实行行政审批“服务指南一次性告知制、报件登记回执制、服务对象评价制、即报即办和限时办结制”等五项制度，落实行政服务“两集中、两到位”改革举措，归并整合初步设计审批、施工图审查合格书备案等10项职能到一个科室，行政审批服务举措更加健全。全年累计完成初步设计审批42件85.3万平方米；办理建筑工程施工图设计审查备案57件126.6万平方米；发放建筑工程施工许可64件135.9万平方米；完成建筑工程竣工验收备案50件124.3万平方米。无缓批、漏批、错批等情况发生。

【质量监管】　全面落实五方责任主体项目负责人质量终身责任制，严格建设资质、施工现场、原料进入监管，工程质量治理两年行动圆满收官。立城·香漫林项目代表全市顺利通过了住建部建筑工程实体抽查，全县楼盘质量得到住建部和市城乡建委的肯定。全年监督竣工验收项目54个130万平方米，工程合格率100%。完成35项住宅工程分户验收监督检验，签发《竣工返修通知书》9份。开展专项巡查、检查6次，签发整改通知书14份，局部暂停施工通知书15份，监理企业行为整改通知书2份，建成6个项目工程实物样板，处理工程质量投诉141起，质量投诉处理率100%，全年未发生一起建筑质量安全事故。

【安全管理】　进一步落实了安全生产“党政同责、一岗双责”责任制，领导班子、工作人员规范建立履职台账，建立健全了行业安全稳定工作责任体系，安全生产例会制、企业“一岗双责”制、诚信评价黑名单管理制、安全生产检查技术服务外包制等一系列制度全面落实，行业巡查检查更加密集，安全管理更加从严。监管在建工程项目79个190万平方米，建筑起重机械82台；累计排查隐患1560处、发出隐患整改通知249份，安全竣工验收项目63个，竣工面积143万平方米，所有隐患整改率均达到了100%。累计申办平安卡11087张，全面实行在监工程从业人员平安卡实名制度，刷卡率100%，在极端天气以及重大节假日发出预警信息2000余条。建成扬尘控制示范工地5个。全县建筑施工安全形势持续稳定可控。

【招投标监管】 2016完成了建筑工程招标共计70个，建筑面积约122.16万平方米，工程投资额达20.83亿元，工程应招标率达100%；其中公开招标工程34个，建筑面积21.59万平方米，投资总额5.60亿元，公开招标率100%；符合邀请招标的工程2个，建筑面积8.39万平方米，投资总额达1.729亿元；符合直接发包的工程34个，建筑面积92.189万平方米，投资总额达13.509亿元。受理工程合同备案55件，工程监理合同备案44件，建筑工程劳务分包合同备案13件。

【建筑节能】 全年通过建筑能效测评与标志151件共107.3万平方米，节能标准执行率达100%，在城市规划区范围内新建公共建筑强制执行一星级绿色建筑设计标准。推动打造梁平枫叶学校、梁山初中教学楼等一批绿色建筑。继续加强对执行绿色建筑项目的技术指导和动态监管，提高新建建筑强制执行绿色建筑标准的比率。

【建设档案】 全年签订《建设工程档案报送责任书》18份，开展档案业务指导110余人次，收集审验工程项目档案138项，专项验收工程档案138项；新入库工程档案155项6827卷，工程电子档案138盘，馆藏城建档案达34011卷，工程电子档案752盘。

【技能教育培训】 全年举办三期关键岗位继续教育培训362人，进行职业技能鉴定517人，组织实施了2016年建设行业专业技术管理岗位新增培训760人、统考875人次。完成建设行业高技能人才培养104人。组织开展节能专项宣传活动，举办建筑节能专题讲座1次，培训从业人员200余人；开展安全生产大型宣传活动4次，接受咨询人数1000余人；完成平安卡培训10000余人次；培训人防队伍骨干30余人，发放人防宣传资料2000余份。

【工程交易服务】 执行一个“窗口”服务、一票结算制度，简化收费环节，规范收费行为。全年共办理建设工程交易记录55宗，建筑面积106.89万平方米，交易额14.47亿元。

（城乡建委）

市政园林管理

【概况】 梁平县市政园林管理局（综合行政执法局）内设8科1室，行政编制15名，工勤编制2名；下设县城管执法大队1个参公事业单位，县环卫所、县市政所、县绿化处、县公园和风景名胜区管理处、县数字化管理中心、县城管第一执法大队等6个事业单位和县洁美环卫公司1个国有企业，参公及事业单位人员编制127人，临聘人员共642人。2017年1月5日，梁平撤县设区，梁平县市政园林管理局正式更名为重庆市梁平区市政园林管理局

主要职责：负责梁平县城主次干道的清扫保洁，道路管理维护，雨污管网、照明灯、桥梁、公园、市街绿化、公厕、牛皮癣、渣土运输、店招标牌的管理，生活垃圾清运、处理及生活垃圾处置费、污水处理费的征收；行使市容环境卫生、市政设施和园林绿化执法权，行使公安和工商的部分执法权。

【市政基础设施】 2016年，共投入资金1331万元，完成大河路、桂西路、大众路等路段道路维护21065.55平方米，城市道路完好率保持在98%以上；更换雨水篦子201套、维修检查井136个；新建并维修人行道护栏1265米、更换大河路、机场路车行道中央隔离栏杆213米；维护

报国公园、双桂公园等公园护栏、花台、步道、公厕等设施200余处。开工建设城区污水管网工程，其中工业园区建成竹丰路西段等路段污水管网11公里，双桂城区建成碧湖路、知德大道等污水管网8.5公里，梁山城区新改建白沙河前段、石马路中段、白沙河中段、北门农贸市场封闭河道等路段污水管网4.9公里。启动实施县城梁山城区污水管网全接入工程，完成梁山城区南华、北池、西池等社区三级管网改造约6公里，并对双桂街道回兴社区黑臭水体进行了治理。

【园林绿化】 2016年，共对1200余株行道树进行修枝整形，累计修剪草坪1万余平方米，共除草80万平方米、施肥30余吨，顺利完成全年病虫害防治和抗旱保苗工作；完成丹桂大道、月桂路、青桂路提档升级苗木移植工程，共移植栾树等乔木500余株，各类灌木700余株；改造、补栽绿化带10余条，补植灌木共计10万余株，补植市街、公园地被植物2万余平方米、藤蔓攀爬植物8000余株；完成云湖路交叉口铜牛雕塑“开拓”的安装工作，成为了县又一标志性城市景观。

【城市环境卫生管理】 2016年，完成城区240万平方米的清扫保洁工作，机械化作业率85%以上；坚持对133个垃圾收运点实行密封式运输，并与“公交式”垃圾收运新模式相结合，确保每天约170吨生活垃圾日产日清；完成火车南站、体育场、柚乡广场等地7座公厕的新、改建工作和32座直管公厕化粪池清掏工作；改造招贴栏18块，改建石马山、祥和、重百、东门垃圾站4座，新购置环卫作业车辆16辆；启动环卫层级管理前期相关工作，将133372平方米背街小巷环卫保洁工作交由街道社区进行管理；在人民广场、重百商场周边及梁山路段推广安装18处垃圾房，实行垃圾收运全密闭；在17个小区推行生活垃圾箱，有效提高生活垃圾前端收集率；全面启动了全县204个行政村的农村垃圾治理工作。

【城市生活垃圾及污水处理】 2016年，县城北垃圾处理场共收集和处理生活垃圾14.07万吨，其中屏锦、云龙、蟠龙、明达等垃圾中转站47491吨，直运垃圾8121吨，接收生活污水处理后的污泥及覆盖土6750.79吨。全年县城区生活垃圾收集处理率达100%，垃圾处理场渗透液收集处理率达100%。完成全县13个污水处理厂的移交工作。

【城市照明设施】 2016年，完成主次干道、背街小巷315盏路灯的新建及改造工作，更换城区路灯老旧线路6250米，维修城区路灯1080盏，维修配电箱12个，维修更换火门147个。实施路灯“即坏即修”机制，做到亮化无“死角”，确保城市亮灯率达98%以上。完成2017年迎春灯饰的安装工作。

【数字化城市管理】 2016年，县市政园林局大力推进网络舆情监测机制、舆情专人办理机制、12319电话回访机制等，促使投诉问题处置落到实处。全年，数字化城市管理平台共有效立案8207件，按时结案8154件：事件类有效立案6526件，按时结案6508件；部件类有效立案1681件，按时结案1646件；“53312319城管服务热线”上报17件，有效立案10件，按时结案10件；微信平台上报498件，按时结案498件；平台转办重庆市政信息中心案件51件，按时结案51件。

【综合行政执法】 2016年，共规范“骑门摊”6000余次，整改流动摊点9000余次，并将桂西路作为全县占道经营规范管理街区进行示范管理。取缔了原梁山路新源临时菜市场，将原菜市的占道经营摊点全部搬迁进入新建的农机驾校菜市场。通过使用“城市语音警示系统”，处理非法广告172起，“牛皮癣”得到有效控制。拆除私拉条幅1000余条，户外广告牌300余块，大型楼顶破损广告6块。积极开展扬尘污染治理，创建（巩固）扬尘示范道路5条，共查处带泥车辆50余起，未密闭运输车辆100余起，不按规定线路行驶20余起，责令抛洒滴漏整改的643起，其中处罚32起。　（市政园林局）

给排水建设

【概况】　梁平县龙泉供水有限责任公司成立于1971年4月，是隶属于重庆市水投集团的集自来水生产、供应及管道安装、维修等为一体的全资子公司；拥有二级城市供水资质，施工总承包三级市政公用工程资质；现有沙坝、大河坝、大井三座水厂，设计日供水能力4.8万立方米，在册职工113人，拥有资产19527万元，管径100毫米以上的供水管道长147余公里。

县城供水　供水范围涉及县城新（老）城区、安宁新区、工业园区、火车站片区及周边农村，供水面积12.5余平方公里，用水户62000户，供水人口20万余人，2016年售水量841.03万吨。

乡镇供水　自2004年实施农村供水工程以来，梁平水利人发扬“求实、负责、奉献”的精神和本着“民生水利惠民生”原则，共完成城乡饮水安全建设总投资43213.42万元，其中：中央投资23387万元，市级补助资金9173万元，地方配套及群众自筹10654.25万元。共建成各类饮水工程14833处，其中：20立方米/天以上集中供水工程106处，20立方米/天以下集中供水工程418处，分散式工程14309处。累计解决了城乡居民66.5万人和126所农村学校3.46万师生的饮水不安全问题。全县现有乡镇供水企业（单位）14个，供水厂站29个，日供水能力4.57万吨。

【水资源状况】　梁平县水资源分布不均，主要靠降水拦蓄，无外来客水补给，水资源保障能力较为匮乏，工程性、资源性、水质性缺水矛盾突出。全县可开发利用水资源量4.2亿立方米，人均水资源量1130立方米，是重庆市平均水平的63%、全国平均水平的51%，人均水资源量偏低。2016年，全县用水总量1.6512亿立方米，其中工业用水量0.2493亿立方米，农田灌溉用水量0.8875亿立方米，林牧渔畜用水量0.1896亿立方米，城镇公共用水量0.0631亿立方米，居民生活用水量0.2436亿立方米，生态与环境补水量0.0181亿立方米。

地表水　梁平县无过境客水，地表水资源主要由降水形成的地表径流构成，无外来客水调剂。全县多年平均降水量1247.2毫米，多年平均径流总量10.563亿立方米，径流深557.5毫米。丰水年（保证率20%）全县径流量为13.73亿立方米，大于平均值30%；平水年（保证率50%）10.03亿立方米，低于平均值5%；枯水年（保证率75%）7.71亿立方米，比平均值少27%；干旱年（保证率95%）4.96亿立方米，比平均值少55%。不同频率的径流量相差较大，反映出水资源的不稳定性，容易发生旱洪灾害。

地下水　全县地下水分为碳酸盐岩裂隙溶洞水、碎悄岩裂隙孔隙水、基岩裂隙水与松散类孔隙水四个类型。梁平县地下水比较丰富，含水层面积1855平方公里，年均补给量1.24亿立方米，含水量0.649亿立方米，可开采量0.19亿立方米，占总含水量29.3%，现状年已开采766万立方米。地下水补给主要靠降水，夏季多，冬季少。由于受地质构造的影响，梁平县地下水反映出由背斜到向斜不同的地下水类型：由碳酸盐岩类裂隙溶洞水、碎悄岩裂隙孔隙水、基岩裂隙水的分布规律，富水性由强到弱的特点。黄泥塘背斜核部是全县地下水蕴藏量最丰富的地区，有5067万立方米/年，占全县地下水总量40.7%。其次明月峡北斜核部为1423万立方米/年，占全县地下水总量11.4%。

天然水质　梁平县地表天然水质较好，适合人畜饮用、农田、水产养殖和工业用水。经多点取样化验：总硬度在1.54－8.9德度之间，永久硬度一般为0.28德度，最高0.56德度。pH值7.0～7.9；阳离子含量为65.2毫克/升，最少为38.5毫克/升。英勇水库和沙坝水库的水质更好，含碳酸钙镁，无有害离子，各项的含量都在规定范围内。沙坝水库的水除供城镇居民生活之用外，还适于酿造啤酒和缫丝，可保证产品的优良质量。

地下天然水质，矿化度低，属中性、微酸性或微碱性的占多数，可分为四类：（1）重碳酸钙或重碳酸钙镁类分布在三条背斜的翼段，以及梁平向斜龙滩段和金鸡向斜紫照、石安一带。（2）重碳酸钠或重碳酸钙类主要分布在虎城向斜一带。（3）重碳酸、硫酸盐类分布于明月峡和黄泥塘两背斜核部。（4）重碳酸、氯化物类分布在虎城向斜袁驿镇，及南门场背斜和梁平向斜、任市向斜新盛段交汇一带。浅层地下水矿化度一般为小于或等于0.5克/升的淡水。重碳酸钙、镁和重碳酸氯化物水的矿化度多数小于0.5克/升或0.3克/升。硫酸盐水一般为咸水，矿化度在1克/升以上，平坝地区埋藏在70～80米以下。这类水不适宜于饮用、灌溉，对水质要求高的工业也不能使用。

【供水设施建设】

城市供水设施建设　一是创业园片区供水一期工程，工程项目于2013年10月开工建设，2013—2016年共完成工业园区福德大道、中央商务区永兴路、丹桂大道、桂西路、竹青路、桂东大桥等供水管道安装长32公里，其中2016年完成了5公里。二是新城片区城市供水工程（创业园片区二期、双桂湖片区），项目于2016年9月开工建设，2016年年底共完成竹丰路、体育东路等共计4公里。三是盐井河水厂工程项目前期工作全面完成，土建及设备安装、监理标段招标限价已送财政评审。工程投产后，将保障工业园区企事业单位和居民生活用水，有力地推动了区域经济社会的可持续发展。

农村供水设施建设　2016年，实施梁平县农村饮水安全巩固提升工程，解决了福禄青桥村、复平乡小山村等10个市级贫困村1960人的饮水安全问题。新建供水工程172处，其中：集中式供水工程9处，分散式供水工程163处。

2016年，争取农发行专项基金3700万元，改扩建了虎城、袁驿、新盛、屏锦、竹山5镇乡集中式供水工程和对屏锦、礼让、新盛、回龙、大观、福禄等城镇供水管网改造。改造后，5水厂生产能力由1.25万立方米/天增加到2.9万立方米/天。

【供水安全保障】

供水管理制度　根据水利部《村镇供水工程运行管理规程》（SL688—2013），结合自身实际情况，制定和完善了制水管理制度、24小时值班制度、安装维修制度、原水及管网巡查制度、材料及药品管理制度、供水安全管理制度、外来人员进出水厂登记制度等一供水管理制度。

加强水源保护　对集中式供水的饮用水水源地依法划定了饮用水水源保护区，在保护区范围内醒目的地方树立《水源保护公告》碑牌，书写宣传标语、悬挂警示牌，禁止任何单位和个人在饮用水水源保护区从事各项开发活动和排污行为。加强饮用水水源日常巡查，适时打捞水面漂浮物，对造成饮水工程水源污染的，按照“谁污染、谁治理”的原则，实行限期治理，确保水源水质。

加强水质监管　严格按照制水操作规范要求投放聚合氯化铝（净水剂）和二氧化氯（消毒剂），定时排污，定期或不定期清洗水池等供水设施。强化水质监测，坚持供水公司、县供排水管理站、县水环境监测站和县卫生监督所四级水质监督制度，确保供水水质。（水务局）

环境保护

【概况】　梁平县环境保护局为政府组成部门，内设办公室、污染防治科、建设管理科、生态保护科。有下属事业单位2个，分别为环境行政执法支队和生态环境监测站。有在职人员57人，其中：机关8人、行政执法支队参公人员24人、生态环境监测站事业人员25人。

【污染防治】

蓝天行动　淘汰黄标车521辆，淘汰老旧车374辆。完成26家加油站油气回收治理。巩固鲁班路等5条扬尘示范道路，创建和巩固兴茂．盛世华都等5个扬尘工地。完成金带铝业废气治理。完成高污染燃料禁燃区12.0平方公里划定，与垫江县签署大气环境保护联防联控协议。

碧水行动　完成水十条工作方案、黑臭水体实施方案及龙溪河、新盛河、黄金河、铜钵河水体达标方案编制。与四川大竹、开江及垫江分别签署铜钵河、新盛河、龙溪河联动共治协议。完成城区喜鹊河河道综合整治和污水管网建设。建成投运乡镇村污水处理厂（站）40座，移交市环投公司实行三方运营。完成屏锦等15个乡镇污水处理厂二三级管网建设，建立了乡镇村污水处理厂运行监督管理机制。完成新增14个集中式饮用水水源地保护区划分。

宁静行动　设立119个区域噪声点位、20个道路交通噪声点位、9个功能区噪声点位，强化网格管理。创建枫丹一号小区为市级安静居住小区；开展噪声检查专项整治行动，妥善处置群众噪声污染投诉问题70件次。

绿地行动　委托技术单位编制了生态保护红线细化方案，积极推进双桂湖湿地公园建设工作。

田园行动　建成德兆城市生活垃圾处置项目，完成45个村庄环境连片整治项目。划定畜禽养殖禁养区，关停搬迁畜禽养殖场70家。

总量减排　完成11台10蒸吨/时及以下的燃煤锅炉淘汰工作，完成72个规模化畜禽养殖污染治理，关停乡镇煤矿12家、烟花爆竹企业27家。梁平海螺水泥有限责任公司脱硝设施稳定运行并达标排放，氮氧化物排放量较2015年下降357吨。严格执行“批项目、核总量”制度，全面实行排污权交易，全年交易企业19家，购买化学需氧量131.63吨，氨氮6.47吨，二氧化硫780.46吨，氮氧化物2344.9吨，成交金额371.3万元。

【环境执法】　建立了四级监管网格体系，落实了乡镇环保工作人员，配齐了乡镇执法车辆及相关执法、办公设备，指导督促乡镇开展环保执法。竣工投用环境监测执法大楼，投入69万元建立移动执法系统，投入290余万元添置监测仪器设备。联合公安、检察院、法院联合开展“百日环保执法专项行动”。全年共计查处环境违法案件57件，罚款129万元，移送法院强制执行15件，实施查封、扣押3件，公安机关行政拘留4件4人。

【环境监测】　成环境质量监测任务，获得环境空气质量监测有效数据（含降水）64128个，地表水环境质量5100个；集中式饮用水源地水质1554个；乡镇河流水质考核断面水质4620个。声环境质量7063个。完成2家国控、1家市控、16家县控及31家污染源减排监测任务，共获得有效数据10000余个。完成环评现状监测、排污申报监测及建设项目竣工环境保护验收监测78个，获得监测数据7000余个。参加了市质监局组织的2016年度检验检测机构能力验证中水质能力验证、重庆市环境监测实验室能力考核，考核合格。

【环境宣传】　开设环保专版、专栏、专题，正面宣传报道生态环保工作20余件，网络新闻发布稿50余篇，梁平环保新浪、腾讯微博4691条，环保政务微信808条。成功举办以“推进生态文明建设倡导绿色生产生活”为主题的重庆环保世纪行采访活动；开展防灾减灾日、科技活动周、6·5世界环境日主题活动；组织57所学校19309个学生开展“生命之水”科普教育活动，举办环保绘画大赛，开展机场环境集中整治活动，全年开展重大环保社会宣传活动5次。

（环保局）

商贸服务业

商　　贸

【概况】　梁平县商务局是县政府组成部门，内设办公室（信访办）、流通发展科、电子商务科、市场运行科、特种行业和特殊商品管理科（安全生产监督管理科）、投资促进科、粮油管理科、外经贸科、行政（审批）服务科等9个科室，下属一个事业单位梁平县商务行政执法支队（军供站、粮油监测站）。机关行政编制为21名（县纪委2名同志不占编），机关后勤服务人员事业编制为3名。有在职人员23人，其中：公务员20人（包括县纪委2名同志），工勤人员3人；离退休职工83人。梁平县商务行政执法支队，事业编制10人，现有在职人员10人，退休4人。

2016年，全县社会消费品零售总额达90.2亿元，同比增长14.5%，增速排名渝东北地区第3位、全市第5位；商品销售总额达到150.6亿元，同比增长15.6%；住宿餐饮营业额达到25.8亿元，同比增长19.5%。限额以上商贸企业总数达到195家，其中亿元以上企业8家。

【城乡商贸】　编制《梁平县现代商贸服务业发展“十三五”规划》。以专业市场建设为抓手，以打造重百名豪、柚乡广场、园区亿联3个城市商圈为核心，不断推动城市、乡镇、社区三级商圈网络联动发展。提档升级重百名豪商圈，建成商业设施面积30万平方米，各类商业网点总数达到2000余个。柚乡广场商圈建成商业设施21万平方米，各类商业网点约400个，帝豪时代城、柚香广场地下商场、兴茂·时代广场等大型商业设施加快建设。园区亿联商圈不断做大做强，已形成建材家居、五金机电、农机农具、汽车贸易、塑料、小商品、皮草、超市等多个功能交易区，日均交易额约350万元。优化发展屏锦、云龙等11个重点乡镇商圈，建成南华社区等6个社区商圈。成功创建乾街市级特色夜市街、兴茂市级美食街。发展国家钻级酒家5家，五叶级绿色饭店1家。向宏超市被评为全市50强市级农村示范超市，大舜水禽、佳美食用菌被评为全市100强经销大户。

【外经贸经济】　2016年全县共有11家企业实现进出口业绩，进出口总额2.2425亿元人民币(3390万美元)，同比增长29%（20.76%），增速排名全市第7位。其中出口总额1.47亿元人民币（2227万美元），同比增长26.66%(18.66%)；进口总额7722.25万元人民币(1163万美元)，同比增长33.7%（24.98%）。新增重庆悍豹机电制造有限公司、重庆欧美加塑胶电子有限公司、重庆渝潮发电子有限公司、重庆汉电科技有限公司等4家外向型企业。编制《梁平县对外开放发展“十三五”规划》，与重庆出入境检验检疫局签订《共同推进梁平县对外开放发展合作备忘录》，设立万州出入境检验检疫局梁平办事处。

【电子商务】　2016年，梁平县电子商务在公共服务、物流、人才培育、网货供应体系建设过程中全面发展，成功申报国家电子商务进农村综合示范项目。进行全县农村电商物流资源整合，聚集12家主要物流快递企业推行共同配送。全县全年累计开展电商人才培训2680余人次，组织培育覆盖全县33个乡镇（街道）的农村电商带头人370余名。挖掘电商创业典型，建成梁平县仁贤镇宏山村创业示范基地。建成梁平特色馆，集聚全县农特产品、文化工艺旅游产品、工业产品进行展示展销。对“梁平造”农特产品进行信息化包装推广，培育农产品网货品牌数量达36个。组织梁平柚优秀网店评选、梁平柚网红直播活动，推动梁平柚网上销售，实现梁平柚网络销售7000吨、销售额突破1亿元。鼓励和支持传统企业转型，推动传统生产企业与农村淘宝、邮乐购、工商融e购、淘实惠等电商平台进行对接触网销售，形成了一批以奇爽、上口佳、张鸭子等为代表网货生产企业，实现线上线下融合发展。引导发展社区电商，搭建起“大兴超市”“在家点点”等社区电商平台，建成30余个社区线下销售配送网点。

【现代物流】 编制《梁平县现代物流发展“十三五”规划》。争取国家专项基金1亿元，启动梁平物流园区建设，与万州区政府签订《万—梁现代物流战略合作框架协议》，打造铁、公、水多式联运物流大通道。建成奇爽食品8000吨冷链中心及梁平柚、青花椒、食用菌、泥鳅、水禽等特色农产品产地集配中心12个，冷链物流水平不断提高。依托供销合作社三方物流园，整合邮政、顺丰、申通等快递企业，打造全县电商物流配送中心。引导大都发、敬远等本地大型商贸企业成立联盟发展共同配送，已完成7000平方米仓储设施，正在搭建配送平台。布局城区末端物流取送点26个，城市末端物流体系初步形成。

【成品油与液化石油气】 截至2016年年底，全县已建成投入运营加油站34座，其中：中石油14座，中石化3座，中石油迅发公司（高速服务区）1座，民营加油站16座。全年共销售成品油11.57万吨，其中：加油站销售柴油3.91万吨，汽油3.76万吨，直销柴油3.9万吨，非油品业务收入994万元。完善了《“十三五”加油站行业发展规划》，开展了油品质量升级专项整治工作，完成了汽油国五标准的升级。全县共有6个液化石油气充装站（东山、明兴、盛东、佳禾、袁驿、锦竹）和60余个零售网点，从业人员200余人。全年销售液化石油气1310吨，二甲醚70吨，液化石油气用户1.2万余户。开展了液化石油气行业安全专项整治，进一步规范全区液化石油气充装、经营、储存、使用行为，加强废旧钢瓶的回收和报废工作。

【再生资源情况】 截至2016年年底，全县已建成再生资源回收网点300余个，年回收废旧物资30余万吨；建成再生资源分拣中心1个，年分拣拆解能力达10万吨以上，加工处理能力2万吨，产值2500万元。其中年拆解汽车5000余台，拆解、清洗、修复加工汽车零件500余吨，2016年实现销售收入1500余万元；建成废旧玻璃加工、废旧金属铸造、再生玻璃酒瓶喷涂、塑胶制品加工等再生资源回收利用企业，2016年实现销售收入近3亿元。

【酒类管理】 一是抓酒类备案登记工作，新增酒类备案登记49户，累计备案登记2876户，备案登记率达99%以上；二是加强酒类溯源管理工作，要求批发商100%领购并使用酒类流通随附单，零售商100%索要随附单；三是加大日常监管力度，开展酒类流通环节专项整治行动。

【餐饮服务】 截止2016年底，全县限额以上餐饮住宿企业达到45家，餐饮住宿从业人员5000余人，年营业额达25.8亿元。一是发展壮大餐饮行业协会，先后发展会员企业90余家，发挥政府与企业的桥梁、纽带作用，为商贸经济发展服务。二是开展各类培训，提高竞争能力。组织企业参加第26届中国厨师节、第六届重庆农家乐旅游休闲节、梁平第八届采柚节特色商品暨美食展销周等国家、市、区级培训展会活动。三是组织企业参加各类评选活动。滑石寨度假村、冲锋餐饮被评为市级住宿餐饮企业50强，美食林、朱家面馆、福德鸡、中意格格等企业共获得“中国名小吃”授牌6块和“重庆市级名小吃”授牌4块。四是引导企业提档升级，加强绿色餐饮、信息餐饮等方面发展。

【保供工作】 一是保供应急能力大大增强。年初与12家保供企业签订了保供协议，同时保供应急网点增加到88家。保供应急物资品种更加丰富，包括米、面、油、肉、蛋、奶等各种生活必需品，以及铁锹、砍刀、镐、帐篷、洗衣粉、肥皂等应急物质，品种共达35种，总价值达到500多万。二是加强了对市场的监管力度。特别是节假日前，组织力量对保供企业和大型商场、超市、集贸市场等进行检查，掌握市场供求动态和保供物资储存情况，严防哄抢、踩踏等各种恶性事故发生。

【商务执法】 全年开展执法检查57次，其中酒类专项执法检查5次，共检查500余户；石油液化气及成品油专项执法检查3次，粮食专项检查4次，单用途商业预付卡专项执法检查2次，配合其他部门执法检查2次；共计出动执法车辆60余车次，执法人员300余人次，查处案件32起，行政处罚8050元。 （县商务局）

粮　　油

【概况】 2016年，梁平区商务局认真贯彻国家粮食收购政策，认真落实区政府粮食安全行政省长责任制考核办法，积极推进粮食流通依法行政，强化粮食市场监管。抓好储备仓库建设管理，全力推进10万吨粮食仓库及配套设施建设项目。全区地方储备增至71672吨（其中：稻谷61672吨、玉米10000吨、动态储备大米200吨），粮食加工业稳步前行，实现年加工大米61640吨，饲料加工269352吨，有力保证了全区粮油市场的基本稳定，确保了粮食安全。

【粮油流通基础设施】 2016年度对瑞丰米业有限公司、昌鑫植物油厂两个企业进行了技改，提升了应急保供能力；国有粮食企业10万吨粮食仓库及配套设施建设项目接近尾声，实现了年底部分仓间装粮的目标；大力推广农户科学储粮建设，共推广实施36000套，实现了全区所有乡镇全覆盖。

【粮油加工业】 2016年，全县粮油加工企业纳入统计范围的30家，比上年减少了2家。全区大米年产量61640吨，食用植物油年产量2100吨，饲料年产量269352吨。粮油加工业呈现出以下主要特点：①民营企业占据主导地位；②饲料工业企业经济总量优势明显；③主要经济指标全面增长；④大米、饲料加工企业生产规模态势良好；⑤科技含量得到增强。

【地方粮食储备】 地方储备粮是政府的调控粮，是政府确保粮食安全的重要手段。截至2016年年底，全县市级储备粮规模达71672吨（其中：稻谷61672吨、玉米10000吨），委托重庆市储备有限公司代储区级储备9500吨，动态储备200吨（应急大米）。 （县商务局）

供　　销

【概况】 梁平县供销合作社联合社是直属县政府全额拨款参照公务员管理的事业单位。主要负责全县烟花爆竹统一归口经营管理、指导推进全县农村合作经济组织发展和参与农村现代流通网络建设、指导系统做好化肥储备和供应工作及对再生资源、农副产品等经营进行组织、协调和管理。内设综合科、经济发展与信息科、合作指导科、烟花爆竹专营管理科、财务会计科。2016年，按照县委政府“137”发展思路和“1+3”农业产业布局，继续深化落实供销合作社综合改革，全面完成本年度工作目标任务。全系统完成销售总额22.8亿元，同比增长11.81%；农产品经营额（含市场交易额）23.98亿元，同比增长9.51%；连锁销售额2.9亿元，同比增长10%；企业实现利润总额2305万元，同比增长10.29%；资产负债率51.34%，同比减少0.45%；所有者权益8098万元，同比增长12.8%．从2009年起至2016年连续八年在全市区县供销合作社系统综合业绩考核中荣获特等奖。

【农民合作社】 2016年新发展农民合作社91个，把规范发展农民专业合作社作为重要工作。突出重点，强化监管和引领，对各级重点支持的农民合作社进行重点调研，了解其经营状况，特别是2012年度以来获得县级以上资金支持的情况进行清理，清理资金900余万元，指导其规范运行，对财务不规范的及时纠正。严把关口，建立退出机制。在培育农民合作社中，坚持在发展中规范，在规范中发展。加强实地考察，对不符合条件的，不支持办理合作社，对常年未运行的“空壳”合作社，劝其注销或退出。采取参股、项目支持、业务合作、技术培训、打造示范等手段，对“1+3”重点产业合作社进行扶优扶强、重点建设，参股合作社1个、项目扶持29个。组织30多个柚子合作社等各类经营主体“联系、联合、联动、联营”，做好梁平柚等农特产品销售体系建设。成立梁平县农民合作社服务中心，为农民专业合作社提供工商注册、项目包装、财务代账等服务。

【控（参）股企业】 2016年，县供销合作社控股企业3个：梁平县新合储运有限责任公司、梁平县新合农资有限责任公司、梁平县新合烟花爆竹有限责任公司。参股企业1个：梁平县大都发商贸有限公司。

梁平县新合储运公司是一家从事汽车货运、维修、驾培、机动车检测、报废汽车回收等业务的龙头企业。2016年实现各项营业收入1707万元，实现净利润124万元，汽车安全技术性能检验37836辆，回收报废车辆962台。公司三方物流一期工程基本完成。新合驾校培训结业各车型学员3398人，招生学员3011人。

梁平县新合农资公司是一家集农副产品购销、冷藏及农资商品批发、配送的龙头企业。2015年被全国供销合作总社认定为全国农业产业化重点龙头企业，并多次荣获“全国百佳优秀农资经销商”称号。2016年销售各种农资商品3352.6吨，实现销售额615万元，销售种子15.7吨，实现销售40.5万元。公司冷库储存各种水果2400吨，农产品交易市场实现交易额2.327亿元，交易量4.76万吨，完成24个村的“三进”农超建设。

梁平县新合烟花爆竹公司针对全市烟爆产业转型升级，厂家整体退出生产经营的情况，攻坚克难，建立了比较完善的采购、营销、批发、配送等服务网络，维护了烟花爆竹市场安全、有序经营。

梁平县大都发商贸有限公司是一家集批发、零售、连锁配送于一体的企业，是政府应急保供单位。2016年新发展电商网络500多个，配送店300多个，销售粮、油、米、面及日用品1.1万吨，解决下岗职工及农民工就业120余人。

【基层社建设】 新发展基层社3个，积极参与农业社会化服务。以基层社改造重建为契机，做实服务载体。依托社有企业领办创办基层社，不断完善农资、农副产品、日用消费品、再生资源、烟花爆竹等五大传统连锁经营网络服务体系。依托各乡镇（街道）基层供销社加强农资、农技、机械化等培训20余场次，培训农民500余人，全系统共培训农村各类人才达1000余人。

【协会工作】 依托农合会和经纪人协会开展对农产品经纪人、农民合作社理事长、农业社会化服务组织负责人的职业技能培训。邀请专家，对重点专业合作社理事长和农产品经纪人，开展电子商务培训2次400余人。协会组织专业合作社农产品开始触网销售，梁平柚、碧山黑花生、川平茶叶、蜂产品、和林生姜、殷家坝萝卜等特色农产品实现销售额50多万元。

【农资供应】 针对农业生产季节采取有效措施应对，搞好农资服务保障。在春耕前夕积极组织调动储备各类农资物资2800吨，保障春耕生产；在春耕期间，组织服务队、部分基层社、300余个专销点开展农资送货上门服务，配送化肥、农膜等1600余吨；指导系统农资配送超市开展“两放心、三到户”“农资绿色诚信服务”等服务活动；结合精准扶贫成果巩固工作，对新增扶贫对象免费送农资2000公斤，为帮扶虎城镇清河村送去农业产业帮扶资金5000元。完成组织部安排的24个农资超市进村工作。

【烟花爆竹经营】 面对生产企业的转型升级，供销社继续做好烟花爆竹销售、配送及烟花爆竹零售网点经营安全监管工作。控股公司从湖南、江西等地正规厂家购进优质烟花和爆竹产品118750件，其中爆竹59750件、烟花59000件，保障了节日市场供应，对全县475个烟花爆竹经营网点进行规范性检查，收缴非法产品150件，责令整改8户。全年共出动车辆165次，查处和收缴非法生产、运输、储存烟花爆竹450件。

（县供销社　杨培湘）

盐　业

【概况】 2016年，梁平盐业分公司始终坚持"效益优先、兼顾规模"指导思想，按照"增量、增利、树品牌、强网络"总体思路，紧扣"营销市场化、管理专业化"两条主线，紧盯市场、苦练内功，按照公司既定目标，扎实开展各项工作，取得了较好的成绩。

全年盐商品销售4923吨，其中：口盐销售3468吨（其中：品种盐销售965吨），行业用盐销售1455吨。非盐销售总额1827万元，其中：调味品销售101万元，粮油销售1261万元，酒类销售163万元，家用日化销售43万元，白糖销售258万元。

【提高服务质量】 根据县域公司的工作要求，细化目标，落实责任，着力提升服务质量。一是加强对各片区网络考核评比，奖惩逗硬。二是严格要求营销人员每月送货、铺货、客情维护必须达到15天，按照外勤"365"（全年）的要求，规范营销人员工作流程。三是通过强力铺市、现场促销、店面陈列等一系列措施，提升商品的铺市率、知名度。四是利用各种资源渠道发展新客户，逐渐培养和组建起可以信赖、为我所用、实现双赢、为企业求发展的有效网络体系。

按照县域公司的统一步伐，及时调整产品结构，重点培育品种盐市场，以满足市场多样化需求。通过宣传资料、报刊、现场咨询解答等多种形式积极推广多品种盐系列，强化公众意识，进一步提高盈利能力。

【拓展非盐商品】 以增强非盐产品盈利为抓手，积极面对市场竞争，大力销售毛利率高、市场需求大的产品。一是对非盐产品销售实行任务分解，责任到人，建立分配激励机制，逗硬考核，严格奖惩，激发全体员工的斗志。二是通过强力铺货，扩大市场份额。在全县范围轮流不间断的铺货，实行最低限额铺货标准、上不封顶的激励机制，使网络商品的销售量稳步提升。三是抢抓销售旺季，积极把握商品销售时间性。例如：夏季是饮用水销售旺季，公司抢抓娃哈哈水销售时机，通过强力铺货，开展商品陈列等方式积极营销，通过全司的努力，销售晶钻水完成3300余件。四是精心组织力量，加强团购渠道的开拓。抓住机遇，与"奇爽"食品厂、"上口佳"食品厂、"渝每滋"食品厂等多家企业建立了长期合作关系，并指定专人进行客情维护，用优质的产品、良好的信誉、一流的服务得到了客户的肯定。五是通过召开订货会的形式，加强与客户的沟通。为拓展非盐商品销售渠道，促进非盐商品销售，于3月、9月举办了2016年春季和秋季订货会。据统计，参加客户120余人，落实订单200余万元，收到了较好的效果。

【市场监管】 2016年，分局利用食盐市场联合整治行动和"双随机一公开"工作为契机，加大对食盐市场的管控力度。出动盐政稽查车辆54台次，出动执法人员133人次，重点检查行业用盐单位286户，零售商超200余家，查处盐业违法案件3起，查获私盐89.2吨，参与盐业行政诉讼2次，进一步稳定了食盐市场秩序。

调整手段，突出重点，形成高压严打态势

分局加大了食盐市场整治力度，组织执法人员对城乡农贸市场、运输沿线、省际边界、零售商超和行业用盐单位进行重点整治，对发现异常的单位或个人宣传盐业法律法规，要求其立即整改。2016年在开展食盐市场检查时查获：梁平双胞胎饲料有限公司违法渠道购进“红双环”饲料添加剂氯化钠33.9吨；亿和饲料有限公司直接从索特盐厂购进“三峡牌”饲料添加剂氯化钠19.3吨；梁平博之鸣畜产品公司违规从江苏金坛盐厂购进工业用盐56吨，查扣36吨。

注重宣传、超前防范，培育理性成熟的食盐消费行为　分局采取多种途径、利用各种载体，有广度、有深度的宣传盐业法律法规。一是突出重点宣传。将农民、学生、家庭妇女、食盐经营个体、用盐企业和运输企业作为重点宣教对象。二是宣传形式多样化。充分利用报纸、杂志、宣传手册等新闻媒介宣传盐业法律法规以及食用加碘盐的意义和要求。三是利用“3·15消费者权益保护日”等宣传活动，增强了民众自觉抵制私盐，帮助消费者培养理性、成熟的食盐消费行为。

借助外力，整治和规范市场秩序　2016年，分局围绕食盐食品安全目标，主动加强与政府及相关职能部门的联系，采用“政府领导、部门配合、群众参与、盐业主管”的方式，最大程度的发挥他方力量，进行盐业市场整顿，进一步规范了市场。

内强素质、外树形象，提升盐政队伍依法行政的能力　“工欲善其事，必先利其器”，强化盐政执法队伍建设是保障合格碘盐供应的重要保证。分局始终以内强素质、外树形象为管理目标，加强对执法人员的学习培训，新增盐政执法人员1名，旨在提高其执法整体水平和政策掌握水平，为依法行政奠定了牢固的基础。

【基础管理】

抓党建工作，推动企业和谐平稳发展　一是继续巩固党的群众路线教育实践活动成果，扎实开展“三严三实”专题教育活动和“两学一做”学习教育活动，进一步加强领导干部党风廉政建设，不断增强领导干部执政为民的自觉性和拒腐防变的主动性。二是充分发挥群团组织作用，营造企业和谐发展氛围。通过组织职工开展手机摄影大赛、“两学一做”知识竞答、劳动竞赛等活动，丰富了员工文化生活，激发了员工的工作热情。三是建立健全制度，支部严格遵循“三会一课”制度、党员活动日制度、民主生活会制度、民主评议党员制度，使党支部的工作更加规范化。

推进标准化建设，夯实管理基础　一是持续推进“双贯标”工作，按照新版质量体系要求规范经营和管理，严格规范化操作，履行程序。二是加强NC财务业务一体化管理的学习和运用，提升了营销工作信息化管理水平。

加强仓储物流管理，确保商品安全　一是加强日常检查，对商品出入库的过程监督，坚决杜绝“白条”出库。二是落实每月仓库盘点工作，确保账实相符。三是加强物流管理，减少物流配送成本，促进营销工作顺利开展。

加强安全主体责任制的落实，强化安全管理　按照安全工作主体责任制的要求，把抓好安全管理放到与抓经济工作同等重要位置，加强企业安全标准化建设，与各责任人签订了安全责任书，开展安全专题会议2次，确保安全生产主体责任制的落实。加强车辆安全运行的监管，严格执行派车制度和维修保养制度，做到每月定期检查考核驾驶员行车记录工作，加强驾驶员出车前的安全督查，做到车辆运行的安全。不遗余力加大隐患的排查和整改，强化了出租房安全的宣传和隐患排查，与租赁单位签订了安全责任书。通过有效管理，全年无重大安全责任事故发生。

（梁平盐业分公司）

烟　草

【概况】　2016年，梁平县烟草专卖局（分公司）有员工135人（在岗合同工90人，内退职工4人，病休职工2人，离休干部1人，退休职工38人）。局（分公司）下设一室五科一部：办公室、政工科、综合管理科、财务审计科、专卖内管与法制监督科、专卖监督管理科（下设政务大厅、5个稽查队）、客户服务部（下设一片区、二片区）；拥有注册资金122万元，总资产1825.8万元，全县有卷烟零售客户3064户。

【卷烟销售】 2016年，梁平烟草分公司以卷烟营销为中心，深挖消费潜力拓展市场为目标，面对严峻的销售形势，先后打出了狠抓基础管理工作、推出营销主题活动、所辖线路有序分区、优化绩效考核等系列“组合拳”。一是每月采取自下而上的需求预测方式，确保了次月需求预测贴近市场，全年预测吻合度达到90%；二是加强货源组织衔接，按上月客户销售调整客户档次，结合客户周销售和档位分配紧俏卷烟；三是多次开展“春节送节到消费者”“指导零售户合理购进卷烟”“消费者在哪里，我们就到哪里”等系列营销活动，全员参与，重心下沉、阵地前移；四是通过利用客户分档，紧俏溢价品规带动，充分满足差异化需求，解决销量增长点、结构提升点问题，以聚焦消费聚焦市场一线为着力点，向消费环节发力，充分发挥消费拉力。全年共实现销量20600箱，实现销售收入5.09亿元，税利总额7235.76万元，其中税金7515.6万元。

【专卖管理】 2016年，梁平县局围绕营销中心工作，以专卖管理为重点，扎实推进案件查处、市场监管、许可改革、内部监管等各项工作。一是整合原有稽查力量，成立三支稽查机动队及两个片区市场稽查队，各司其职，坚守专卖底线，不断强化市场监管检查频度，增强快速响应能力和市场监管能力；二是9月起按市政府统一部署开展“利剑”行动以来，县局深化协作机制，形成多方合力打击涉烟违法犯罪，与公安、工商、交巡警、路政、派出所等部门多次开展联合执法。以实际行动贯彻落实向专卖要市场、要销量、要效益的目标；三是许可证新办证增速明显放缓，进入动态平衡阶段，依法依规使用许可证快速退出机制，加大异常许可证清理力度，真正实现宽进严管。2016年局共查获各类违法经营烟草专卖品案件196件，案值46.64万元。行政处罚与行政许可案件均无复议、诉讼。

（烟草专卖局　潘文卿）

旅　游　业

综　述

【概况】 梁平县旅游局为县政府组成部门，内设办公室、旅游经济发展科、旅游行业管理科3个科室，下属梁平县旅游营销中心、梁平县旅游安全监察执法大队2个事业单位。现有行政编制9名，后勤服务人员事业编制1名，下属事业编制6名。主要负责宣传贯彻执行党和国家、重庆市有关旅游工作的法律、法规和政策；组织实施旅游国家标准和行业标准；统筹协调全县城乡旅游经济发展、旅游行业管理工作及承办县政府交办的其他事项。

2016年，梁平旅游发展工作在市旅游局和县委、县政府的正确领导下，全面融入全市“大旅游经济”发展，强化领导，形成合力。一是调整梁平县旅游经济发展领导小组组成人员，组成了以县长任组长、相关部门负责人为成员的旅游经济发展领导小组，统筹全县旅游资源，推动部门联动，解决旅游产业发展中的重大问题，努力推动旅游产业成为供给侧改革的先导和县域支柱性产业；二是分别组建了百里竹海旅游度假区开发建设指挥部（下设重庆百里竹海旅游度假区开发建设有限公司）和双桂堂旅游景区指挥部，负责推进百里竹海旅游度假区和双桂文化旅游区两个核心景区开发建设。抢抓机遇、狠抓落实，完成旅游项目固定投入42.4亿元，共接待游客300万人次，其中接待过夜游客64.18万人次，实现旅游总收入10亿元。全县旅游产业呈现出稳中有进、稳中有为的良好态势。

【旅游资源市场开拓】

2016年，秉承“竹海禅城·重庆梁平”旅游整体形象，进一步创新了旅游宣传营销模式，广泛开展对外推广工作。一是组织参加“第十二届海峡旅游博览会”“2016重庆都市旅游节暨城际旅游交易会”“渝东北区域旅游互动营销活动涪陵行、垫江行、石柱行、万州行、巫溪行”等20余次旅游宣传营销活动，累计播放旅游宣传片2000余分钟，发放宣传资料15000余份，展示特色旅游商品3000件次，表演地域特色文艺节目10余场。二是不断依托《中国旅游报》《重庆日报》、重庆旅游政务网、高铁视频、高速T型广告、户外LED等主流媒体、户外广告、网络媒体平台宣传推介梁平旅游，大大提高了县旅游的知名度。三是全面唱好旅游营销“四季歌”，成功举办柚花节、李花节、采李节、佛印山云上生态露营节、采柚节等8次特色文化旅游品牌活动。

【旅游景区设施建设】

2016年全县旅游景区建设推进有力。一是旅游项目争资效果明显，积极争取国家专项债券建设基金4.6亿元，其中百里竹海旅游度假区基础设施建设项目9800万元、双桂文化旅游景区基础设施建设项目36200万元，可拉动其他资金23亿元。二是百里竹海旅游度假区投入3.515亿元，融资1.3亿元，完成了百里竹海旅游度假区总体规划深化及重要节点控制性详细规划，百里竹海景区快速通道建成通车，并入选市规划局、市地理信息中心发布《重庆美丽乡村地图之公路篇》，启动袁驿至竹山、明达至县城旅游通道建设，度假区“三纵一横多连线”的路网格局结构初步形成；度假区1500亩旅游地产指标和4000亩耕地土规调整方案已报市国土房管局审批；搬迁原住居民89户，新建3处90户竹海人家；度假区内水、电、气、通信等基础设施建设已逐步铺开。三是双桂文化旅游景区投入4.78亿元，完成了景区概念策划及总体规划编制，修订了修建性详细规划方案；完成了双桂堂旅游环道（甬道），完成双桂堂（二期）保护修缮工程，完成了河道整治及环境绿化工程。四是建成梵华禅境、响水峡谷、金城寨玫瑰园、蟠龙花海、佛印山等5个乡村旅游景点并开园迎客，响鼓岭、毛安寨、天宝山、蟠龙洞、大白水、青凉洞休闲露营地、大观高山生态休闲观光农业示范园等乡村旅游景点正在紧锣密鼓的建设中。

【旅游行业监督管理】

2016年全县旅游市场秩序井然有序。一是结合高温汛期安全检查、不合理低价游整治、安全生产百日攻坚和节前安全检查等行动，开展企业安全检查106次，开展联合执法检查28次，解决和整改安全隐患128起，隐患整改资金投入达21.35万元；二是结合“12301”全国旅游投诉举报平台正上线，建设统一受理、处理的旅游投诉处置平台，开展旅游投诉调解3次，挽回游客损失5万余元；全年无旅游安全责任事故和重大旅游投诉事件发生，实现“健康、安全、质量、效益”四统一目标。三是旅游厕所革命初显成效。新建4所A级标准旅游厕所并投入使用，同时加强已建旅游厕所使用管理工作，做到整洁干净、布局合理、标志醒目、设备齐全、功能完善，逐步解决了游客“如厕难”“难如厕”的现实问题。

观　音　洞

观音洞为国家AA级旅游景区，位于百里竹海市级风景名胜区的南大门，总面积600余亩，景区内有香火鼎盛的小寺庙，建庙已1000多年的历史，相传是唐朝末期由三名躲避追杀的青年武士所建。庙内有一股涓涓细流，甘淡清甜，四季不竭。沿石级而下，是成片的竹林和古朴精巧的竹楼，沿竹楼北边的青石小径步行三四百米就进入了两山相夹、峭壁环立的黑龙潭峡谷，峡谷内十余丈长的瀑布从天而泻，雾花飞溅，别有洞天。以市级风景名胜区百里竹海为依托，以自然风景为基调，集文化娱乐、休闲度假为一体的综合性旅游景区。

景区小巧别致，内涵丰富，有两山相夹、峭壁环立的黑龙潭峡谷，雾花飞溅、别有洞天的飞练瀑布，绿浪翻滚、环境宜人的寿竹林、苦竹林等自然风光，还有体验性、参与性极强的湿地游乐园，古朴久远的小寺庙以及功能齐备、风格独特的游客接待中心。秀美的风光，清新的空气，古老的文化，完善的设施，观音洞景区是久居喧嚣城市的人们的良好去处，是休闲纳凉的最好选择。

（旅游局）

金　　融

人民银行梁平支行

【概况】　2016 年，中国人民银行梁平县支行（以下简称支行，虽梁平县撤县设区，但支行没更名仍用原名）有在册职工 27 人、聘用制职工 3 人共 30 人。内设办公室、货币信贷与调查统计科、国库会计科、货币金银科、保卫科 5 个职能部门。支行设立中华人民共和国国家金库梁平县支库和重庆市梁平县地方金库。

2016 年，支行以开展学党章党规、学系列讲话，做合格党员的“两学一做”学习教育为契机，继续坚持以打造优秀县支行为中心，认真贯彻执行稳健货币政策和各级人民银行工作会议精神，高效服务地方经济发展，提高金融服务水平，维护辖区金融稳定，基层央行履职能力和水平进一步提升，实现了学习教育和业务工作两不误、两促进。支行获得万州中心支行年度综合目标考核优秀，并荣获 2016 年万州中心支行对外履职效能劳动竞赛一等奖、调研信息工作先进单位等荣誉称号。

【货币政策传导】

强化“窗口”指导引导信贷投向　积极鼓励金融机构加大对实体经济、中小微企业的支持，通过召开金融座谈会、形势分析会、调研督导等措施，大力推进金融支持“美丽乡村”建设，推行“个人助业”“就业再就业”“农村专业大户”“巴渝新居”“土地收益权保证”贷款新产品。2016 年年末，全县金融机构各项存款余额 359.47 亿元，较年初增加 53.2 亿元，增长 17.37%，；各项贷款余额 118.98 亿元，较年初增加 18.58 亿元，增长 18.51%。

社会融资规模保持合理增长　2016 年，支行围绕梁平县委、县政府经济社会建设目标，拟定的《中国人民银行梁平县支行金融支持地方经济发展指导意见》等 3 个货币信贷、金融生态环境方面的指导意见被区政府批转；上报的 2 篇信息材料得到区政府主要领导的批示。同时，积极推动建立应收账款融资服务平台，全年为梁平企业达成融资 24.3 亿元，实现跨境结算额 114.93 万元，帮助梁平新梁集团公司成功发行企业债 9 亿元。

信贷增长平稳结构进一步优化　2016 年，存款增速和贷款增速处于全市中等水平，分列 19 位和 18 位。存款中住户存款占比高达 74.35%，当年净增为 12.77%。贷款结构呈现“长多短少”的特点，即中长期贷款规模大、短期贷款规模小。从行业贷款情况看，一、二产业贷款呈下降趋势，第三产业和个人贷款占比较高。新增贷款投向主要在租赁和商务服务业、水利环境和公共设施、个人贷款及透支方面。年末银行机构新增个人及个人消费贷款 6.87 亿元，余额达 67 亿元，较年初增长 11.43%。

“三农”信贷支持力度有所加大　2016 年梁平县被人行重庆营业管理部确定为全市农村土地承包经营权抵押贷款试点区县。支行向县政府起草的《农村承包土地的经营权抵押贷款试点工作方案》获批转执行，试点工作稳步推进。年末，全县农村“三权”抵押贷款余额达到 58144 万元。全年涉农银行对 4 个“美丽乡村”建设试点村累计投放贷款达 322.5 万元。认真落实重庆市《关于加大渝东北渝东南生态发展区信贷投放的政策意见》，做好信贷增量的财政奖补资金审核申报工作，全县银行机构获市生态奖补资金 15.06 万元。

【金融业务创新】

农村信用工程建设取得突破　认真落实2016—2020年信用镇、信用村创建五年目标规划，在县政府的支持下，支行牵头制定的《梁平县信用镇、信用村创建活动方案》的被县政府批转执行。经过努力，梁平县第一个“信用村”于2016年10月，在屏锦镇万年村成功实现授牌。

进一步创新镇级担保基金模式　2016年，支行加强与县农委合作，采取“企业＋镇政府注资＋新型农业经营体系试点项目资金＋合作银行”的方式，在屏锦镇万年村设立了全县第二家村级担保基金。并成功发放首笔贷款40万元。此项创新工作，获得了农业部经管司副司长黄延信、万州中心支行等领导的积极肯定。

大力开展金融精准扶贫工作　着力推动惠普金融加快发展，分解落实扶贫任务和扶贫示范项目，督促辖区金融机构认真做好金融精准扶贫统计和防止返贫、致贫的金融服务工作。2016年，全县共建成金融扶贫示范点13个，其中7个示范点经验收为合格示范点。

【金融管理与监督】

强化金融稳定　进一步建立健全金融稳定工作机制，配合金融办建立辖内金融机构运营情况报送制度，开展对非法集资和非法金融活动情况调查，确保了不发生系统性、区域性金融风险。同时，组织力量开展了对辖区各商业银行涉农信贷导向效果的评估工作。

强化征信管理　进一步强化征信工作的合规意识与法治意识，加强对各金融信用信息基础数据库接入机构和征信查询的合规管理，严防个人信息的滥用和泄露。加强对社会征信知识的宣传，积极开展征信知识进乡村、进校园、进机关活动。2016年，支行免费为社会提供个人征信查询9901笔，企业征信查询128笔，办理机构信用代码782份。

强化反洗钱监管　追踪金融机构可疑交易报告情况，加大对金融犯罪案例的分析，适时发布洗钱风险提示，强化风险防范意识。2016年，支行组织开展了对3家金融机构的反洗钱走访，1家金融机构的反洗钱质询，3家金融机构的反洗钱及结算账户专项执法检查。

强化金融消费者权益保护　组织开展辖区金融机构2015年金融消费权益保护工作评估。全面建立“金融知识与金融法治知识宣传站”，2016年新建宣传站31个，总数达到33个，实现了各镇（乡）的全覆盖。同时，“3·15”期间，支行组织辖区银行业金融机构开展了以“权利·责任·风险”为主题的宣传教育活动。

强化《存款保险条例》贯彻落实　认真组织开展存款保险投保机构信息收集、风险监测和法人机构存款保险风险评级和实施风险差别费率，开展对法人金融机构的存款保险核查和保费征收工作，提高银行经营的稳健性。2016年，支行针对个别银行存在的风险隐患，通过及早介入，风险预警、约谈谈话、现场调查等方式，切实保障了存款人的权益。

【维护金融稳定】

充分运用人民银行“两综合、两管理”手段　认真落实金融机构统计、重大事项及重要信息资料报告制度，按照支行制定的《梁平县金融机构综合评价管理办法》，开展了对辖内各银行业金融机构的综合评价考核、金融统计工作考核评比，做好存款准备金的差异化管理。

加强对法人金融机构澳新村镇银行的管理　认真落实对村镇银行法人金融机构的激励约束机制；开展了对农业银行“三农事业部”、村镇银行营运考核及农村商业银行中央银行专项票据兑付后续监测考核；

加强对关键领域重点领域的监测　高度关注辖区经济金融运行重点领域风险状况，加大对金融机构重大事项报送考核，提升金融机构的处突能力。与县公安局联合成立了梁平县联合整治支付结算重大违法犯罪办公室；联合梁平县金融办开展了对辖内2家融资性担保公司、3家小贷公司的日常性检查走访，联合工商、公安、县金融办开展了对辖内各投资公司的非法集资情况调查；与梁平澳新村镇银行联合开展了金融统计突

发事件演练；与三峡银行梁平支行开展了防抢劫演练。

加大对违规金融机构的处罚力度　规范综合执法、专项检查程序，认真开展行政执法检查和专项排查整治工作。2016 年，支行组织开展了对农业银行梁平支行的综合执法检查，针对其瞒报、虚报贷款行为，上报万州中心支行给予经济处罚 8000 元。

【金融服务工作】

不断优化支付服务环境　加大农村金融自助服务终端的布放力度，结合电子商务、金融服务、便民超市“三进村”工程，助推村级电子商务服务点以及具备条件的助农服务点开通网上支付、手机支付等新型电子支付业务。2016 年年末，全辖 ATM 机、特约商户、POS 终端分别达到 215 台、2070 户、2237 台；银行卡发放 241.44 万张，人均持卡量为 2.2 张。

切实履行经理国库职能　认真办理国库核算、会计核算业务，积极推动税费缴纳的电子化。截至 12 月末，共办理国库业务 270509 笔，金额 1642018.68 万元，其中办理税费收纳 240211 笔，电子化率达 99.47%；办理 ACS 会计业务 1248 笔无差错；核准开立人民币银行结算账户 1208 户、撤销账户 665 户、变更账户信息 2007 户。

保障市场人民币供应　科学统筹发行基金调拨，扎实开展现金服务“三大工程”，满足市场人民币的合理流通供应。2016 年，全县共投放现金 18.40 亿元，回笼现金 28.75 亿元，净回笼 10.35 亿元。其中 10 元及以下小面额 2842 万元，回收残损币 3.75 亿元。狠抓反假货币工作，深入推进农村反假货币长效机制建设，全年收缴假人民币 30.02 万元。

持续开展金融知识普及活动　2016 年，支行组织开展征信、反假币、反洗钱、3.15 金融消费者权益保护、《国家金库条例》颁布 30 周年、打击和防范经济犯罪、“信用记录关爱日”等内容的集中宣传 6 次，向市民发放各种宣传资料 3 万余份，牙膏、香皂、洗衣粉、洗洁精、毛巾、矿泉水等小物品 3000 余份，接受群众咨询 4000 余人次。同时组织辖区各银行机构及业网点开展各种宣传达 120 余次，发送各种宣传资料 5 万余份。

（人民银行　丁红兵）

银行业监督管理

【概况】　中国银行业的监督管理委员会万州监管分局梁平办事处按《中华人民共和国银行业监督管理法》，根据万州银监分局的授权，负责监管梁平区范围内银行业金融机构的监督管理。重点是依照《中华人民共和国银行业监督管理法》对辖内各银行业金融机构实施现场和非现场检查；保护辖内金融消费者合法权益；收集辖内有关金融风险的信息并向上级报告；完成银监分局交办的其他工作任务。2016 年，梁平辖银行业金融机构 9 家，114 个营业网点（含 7 个自助银行），设立自助存取款设备 210 台，金融机构从业人员 1081 人。全县银行业金融机构实现了稳健经营、健康发展，各项存款 359.14 亿元，较年初增加 53.9 亿元，增幅达 17.66%；各项贷款余额 121.02 亿元，较年初增 20.6 亿元，增幅达 20.51%；贷款质量控制良好，不良贷款占比仅占 0.34%。全年继续保持“零案件”目标。

【促进银行业服务实体经济】　一是召开梁平县银行业金融机构会议，传达贯彻银监会、重庆银监局及万州分局年初工作会议精神，强调各银行业提升服务实体经济的责任意识和服务意识，全面促进各家银行建立“服务实体经济不仅是银行履行社会责任的需要，更是银行内生的最基本功能”的经营理念。同时，强调各银行要具有服务实体经济和风险控制两种能力，促进各银行完成“县城当年新增可用资金主要用于当地的”政策目标。二是根据银监会政策，要求各银行业金融机构支持重点领域和项目。引导银行优化信贷资源配置，围绕本县经济发展纲领，着力支持战略性新兴产业、科技创新、现代服务业等领域，促进地方产业结构升级换代。三是支持并协调辖区外银行业金融机构加大梁平县域经济的信贷投入。引导部分银行信贷投放梁平实体经济，助力改善县域金融服务不足的状况。到年底，辖区9家银行业金融机构各项存款359.14亿元，较年初增加53.9亿元；贷款余额有新突破达121.02亿元，较年初增加20.6亿元。

【严密防控平台贷款风险】 一是严格防控融资平台风险。按照银监会及万州分局有关要求，梁平银监办对辖区有政府融资平台贷款五家贷款行的每月贷款增减变化进行了监测，按月收集贷款统计月报，特别对新增贷款余额的银行业金融机构开展了调查并进行了风险提示。同时，按要求督促辖区银行建立了全口径平台贷款到期情况台账，按月统计并对还款进度进行详尽分析。要求银行开展近三年到期平台贷款偿债风险专项排查，做实还款方案。二是密切关注梁平辖内政府发债置换银行贷款工作，与当地财政部门共同做好政府债券置换银行业金融机构贷款工作。到年底，辖区7家融资平台公司贷款余额286750万元，比上年底增长31150万元。2016年来尚未出现偿付本息风险，各平台公司还款方案中均无还款缺口。

【保持案防高压态势】 一是强化政策传导。根据银监会年初案防要求及万州分局对辖内案防安保工作意见，梁平银监办及时向辖区银行传达全国及万州辖区案防工作要求，要求银行认真贯彻银监会关于案件防控工作的两个《工作意见》，以落实防范操作风险“十三条”为主线，重视案件风险的事前防范。二是强化风险排查。在要求银行进行案件风险滚动式排查的基础上，梁平银监办对辖区9家银行业金融机构开展了重点风险领域排查。三是联合开展银行业机构安全评估工作。今年银监办与当地公安部门联合开展了银行业金融机构安全评估，维护了金融机构的安全稳定。四是督促辖内金融机构节日期间对安全工作全面开展自查，并在全年的重点节日期间抽查辖区各家银行业金融机构在乡镇的各网点。辖区银行业继续保持“零案件”目标。

【参加各项现场检查】 一是派员参加重庆银监局“两加强两遏制回头看”现场检查项目，全程参与检查万州辖区内两家银行业金融机构的检查任务。同时，做好梁平本辖两家被查机构的协查工作，对其中一家银行违规问题进行了20万元罚款的处罚。二是重点开展了梁平本辖两家银行业金融机构的安全检查工作。三是参加和处置梁平农行关于“重庆储户120万元存款蒸发”网络媒体事件的核查工作，并密切关注梁平农行后续处置情况。四是对辖内各项宣传工作进行督察和巡查，今年对辖内按照上级要求的小微企业宣传、保护银行业消费者权益、普惠金融宣传、打击非法集资等宣传工作开展了暗访和巡查，并对其开展情况及时向上级汇报。五是按照万州分局固定资产清理要求配合开展了监管办的清理工作，并上报清理情况。六是对监管办内部安全保卫及节能减排工作开展了自查，并对存在的问题进行了整改。

【宣导监管政策】 一是多次积极向当地县委县府宣导银监会监管工作主要指导思路，宣讲银行业监管新政策、新要求，特别是强调政府平台公司贷款的相关监管政策，以得到当地党政理解和认可。二是参与及配合重庆市政府参事一行莅临梁平“三权融资”的重点调研工作。三是为当地党政部门建言谏策，为当地经济金融建设提出有益建议和科学化策略，得到了当地党政及有关部门的采纳和运用。四是积极参加当地党政及相关部门的各种会议和有益活动。 （银监办　吴政）

农业发展银行梁平支行

【概况】 中国农业发展银行梁平县支行隶属重庆市分行领导，按照国家的法律法规和方针政策，以国家信用为基础筹集资金，承担农业政策性金融业务，代理财政支农资金的拨付，为农业和农村经济发展服务。内设办公室、信贷业务部、会计结算部。开办的业务按性质分为资产业务、负责业务和中间业务三大类。资产业务包括信贷业务、投资业务和其他业务；负债务包括存款业务、债券业务和其他业务；中间业务包括国际结算类、国内结算类和其他。

【信贷业务】 信贷业务分为中央储备粮油贷款、粮食仓储设施贷款、棉花储备贷款、棉花收购贷款、调销贷款、国家全额补贴储备糖贷款、地方储备糖贷款、国家储备肉全额补贴贷款、地方储备肉贷款、储备羊毛贷款、国家和省级化肥储备贷款、市县级化肥储备贷款、农业生产资料贷款、产业化龙头企业贷款、农村流通体系建设贷款、农村土地流转及规模经营贷款、其他涉农企业贷款、农业科技贷款、农村土地整治贷款、改善农村人居环境建设贷款、棚户区改造贷款、农民集中住房建设贷款、县域公共基础设施建设贷款、农业综合开发贷款、整体城镇化建设贷款、重大水利工程建设专项过桥贷款、水利建设贷款、农村路网建设贷款、棚户区（城中村）改造贷款、异地扶贫搬迁项目贷款等业务。2016 年发放贷款 128000 万元，年末贷款余额 190000 万元。新增存款 117000 万元，年末存款余额为 170000 万元。

【投资业务】 投资业务分为企业理财、产业投资基金、信贷资产证券化和中国农发重点建设基金。2016 年支持农发专项基金 22 个，金额 87948 万元。

（农发行梁平支行　涂善伦）

工商银行梁平支行

【概况】 工商银行梁平支行成立于 1985 年，现有员工 75 人，营业网点 4 个、24 小时自助银行 7 个、离行式自动取款 ATM 机 4 台。开办存贷业务，公司机构及个人开户、结算、汇划业务，代理保险、基金、理财产品业务和电子银行、手机银行业务及互联网金融 E－ICBC 等。能为客户提供多样化金融服务，业务全面、结算快捷、技术先进、信誉良好。其中贵宾理财中心一个，配有高端客户理财室，有国内金融理财师（AFP）为客户提供专属理财方案。

2016 年工商银行梁平支行认真贯彻执行中共十八大和十八届三中、四中、五中、六中全会精神，按照县委县政府十五规划要求和上级行党委提出的“转型、创新、质量、效益”总体发展思路，主动适应“新常态”，进一步调动各项经营要素，加大市场营销力度，发展速度不断加快，经营规模迅速扩大，经营效益快速增长，经营结构得到优化，社会形象大幅改善，员工士气明显提升，支行逐步进入良性发展的快车道，有力地支持了县域经济的发展。2016 年行长经营绩效考核系统内靠前，不良贷款率保持为零，内控评价达一级水平，连续 18 年无重大差错事故发生。

【主要经营情况】

存款　截至 12 月 31 日，支行各项存款总额达到 22.63 亿元，较年初增加 1.39 亿元。

贷款　截至 12 月 31 日，支行各项贷款总额 15.89 亿元，全年累计投放额达 1.9 亿元，主要投向县内重大建设工程项目和小微企业。

中间业务　支行全年累计完成中间业务收入 1198 万元，实现税收 427.2 万元，其中营业及附加 25.53 万元，所得税 1812.48 万元。

利润　实现拨备后利润 5436.88 万元。

【内部管理】

坚持党建引领，培育实干担当精神　一是强化党组织抓党建的主体意识和责任意识，发挥党员干部的带头示范作用，加强党对工会、团支部的领导，以党建工作带动并促进群团工作的开展，全面从严治党，提升党员队伍的创造力、凝聚力和战斗力。二是持续开展工作作风整顿活动，努力使员工思想认识明显提高，工作纪律明显好转，工作作风明显改进，为业务发展营造良好的内部环境。三是强化业绩考核，突出工作实效。支行严格按照上级行的考核导向，建立“以

业绩论英雄，以业绩定收入”的分配机制，加大对员工工作业绩的考核力度，严格奖惩，实现绩效考核的科学和公平、公正。四是加强网点竞争力提升工作，努力提升网点综合服务能力。深入贯彻总行党委网点竞争力提升工作相关要求，以解决表现突出的服务问题为切入点，不断拓宽思路、创新方法，积极推进竞争力提升七大工程、网点布局优化、网点智能化改造建设，加强精细化管理，提升服务品质，着力打造服务效率高、客户体验佳、群众口碑好的“客户满意银行”。

强化培训机制，加强员工队伍建设　坚持培训为改革发展服务、为员工成长成才服务、为业务经营发展服务理念，注重培训质量、讲求培训效果，努力培养与业务快速发展相适应的员工队伍，全面提高员工综合素质。全年自主举办培训班11个，参培人员612人次，参培率达100%。

注重员工行为管理，加强各类风险防范和内部控制，从严格治行　一是支行按照上级行和监管部门工作要求，通过“十大重点领域和关键环节”专项排查治理、强化外部欺诈与声誉风险管控，实现内控案防有力。二是严格执行业务处理流程，发挥各岗位职责，加强对客户投诉和突发事件处理能力，有效控制操作风险。三是认真落实“一岗双责”，履行“两个责任制”的各项内容。坚持风险分析例会制度，廉洁从业，合规经营，实现业务发展和内控管理两不误、两促进。

（工商银行梁平支行）

农业银行梁平支行

【概况】　2016年，农业银行梁平支行内设部门6个，辖营业机构15个，在职员工237人。围绕市分行党委工作重心，遵循坚持“15156”工作指针，切实将思想和行动统一到分行新一届党委的部署和要求上来，重点工作同步推进，实现有为有位，争创主流银行。各项核心指标完成质量有较大幅度提升，全行业务经营保持了总体平稳、稳中有进的发展态势，综合绩效考核“三农行”第1位，同比提升4位，创历史最高成绩。继续保持重庆市级“文明单位”“爱国卫生先进单位”“模范职工之家”称号，支行荣获总行“三农对公业务先进集体”、市分行“信用管理先进集体”、市分行代理保险业务“组织推动奖”等荣誉称号，屏锦支行、聚奎支行获评市分行代理保险“十佳网点”荣誉称号。

【业务发展】

存款业务　各项存款余额87.51亿元，比年初净增11.53亿元，其中储蓄存款余额68.34亿元，较年初净增4.31亿元；公营存款余额19.17亿元，排“三农行”第一，较年初净增7.23亿元，排第一。存款总量市场份额居同业第二位，存款增量市场份额居同业第三位。

贷款业务　各贷款余额达28.83亿元，当年增长5.72亿元，增量位居全县金融机构第一位。其中，对公贷款实现双升，余额达到16.91亿元，市场份额达到36%，较年初净增3.07亿元，增量份额为全县商业银行的74%，位居第一位。个人贷款余额11.91亿元，同比增加2.65亿元，增量份额为全县商业银行的40.8%，位居第一位。

中间业务　2016年全行中间业务收入受资产带动大幅增加，表列中间业务收入3612万元，分行落帐手续费收入40万元，实现考核中收3652万元，同比增加1103万元，同比增幅43.27%，完成市分行全行计划的107.54%。

“三农”业务　各网点积极探索服务“三农”新模式，密切与乡镇政府联系，加强了银政、银企合作，大力支持农业、农村、农民经济发展，服务“三农”工作得到县委、县政府和社会各界普遍赞誉。2016年，农户贷款累计发放693笔，发放金额21512万元；累计收回766笔，收回金额21582万元；2016年年末余额17207万元，比年初下降70万元，下降0.4%。

【综合管理】

党建和企业文化建设　全行员工在支行党委的正确领导下，紧紧围绕“一个中心、两根支柱”，以“15156”工作指针为总方略，从严从实抓思想、管干部、强基础、转作风、严执纪，党建工作扎实推进，深入开展“两学一做”学习教育，根据总行、市分行党委的部署，支行党委先后集中学习10次，从自身工作实际深刻剖析问题原因，真正用实际行动践行“两学一做”。紧紧抓住“一个中心、两根支柱”，对照重点任务，结合工作实际，主动在服务“三农”和实体经济、推进改革发展、强化风险管理、提升客户服务水平中发挥战斗堡垒和先锋模范作用。支行营业部党支部被重庆分行评为“先进基层党支部”；支行多名党务工作者和党员被重庆分行评为“优秀党务工作者”和“优秀共产党员”。梁平西池支行党支部党员邓官华以其先进的事迹被中国银监会授予全国银行业“学雷锋标兵”称号，今年在“两学一做”共产党员岗位标兵评选中，被评为总行级“岗位标兵”。全面贯彻落实中央八项规定、农业银行28条措施、市分行改进作风8项措施和厉行节约反对浪费条例，突出作风建设，弘扬整风精神，坚决反对“四风”。狠抓党风廉政建设和反腐败工作，全面落实“党委主体责任和纪委监督责任”，扎实开展“知法　守法　敬法”警示教育活动，保持干部队伍清正廉洁。

支行注重发挥工会、共青团组织的职能作用，相互协调，齐抓共管，大力建设“职工之家”。在工作之余，由工会、共青团组织开展各项文体娱乐活动，寓教于乐，使企业文化建设变得生动活泼、绚丽多彩。根据市分行总体规划，做到月月有活动：基层柜员技术练兵比赛、趣味竞技活动、厨艺大赛、“我的服务故事”演讲比赛等。抓五小建设，给员工打造一个崭“新”的家。支行全年用了近10万元为屏锦、北正街两个支行建好了小食堂，完成了全行12个食堂建设。积极参与公益事业。3月份，到德康老年中心开展了“学雷锋”行动，为老人们带去了欢乐；9月份，到虎城镇永和村看望慰问贫困学生，助其圆梦“象牙塔”，为其送去了5000元农行专项助学金；10月份“九九重阳”时，对县内老劳动模范进行了走访慰问，送慰问金1200元，同时还主动参与地方扶贫脱贫攻坚工作，制定帮扶措施，发动员工捐款捐物1万余元，帮助他们走出困境。

队伍建设　着力抓二级支行班子建设，进一步完善干部考核评定办法，对内部管理不到位、风险控制不落实、业务发展差的班子坚决进行调整。加快青年干部培养，2016年支行提拔中层干部2人。在抓业务发展同时抓好教育培训，提高员工职业能力，先后开展信贷、财会、网上银行、理财等业务知识培训和中层干部管理技能提升培训、网点效能提升培训、外拓营销培训等。

运营财会管理　认真贯彻落实总分行“比学赶超”要求，围绕全行财务目标，以预算管理、资源配置和绩效考评为抓手，扎实开展工作，全面夯实财会管理基础，改进监管工作方法，努力提高基础管理和运营风险管控能力。积极举办各项业务培训，开展柜员技能测评，提升运营质量。

风险内控管理　完善各项激励机制，加强绩效二次分配。以“员工行为、信贷、财会、运营、科技”五大领域为工作重点，强化基础管理，夯实业务发展基础，加强尽职监督，促进合规经营。加强风险管理，夯实信贷基础，内控评价保持一类行。

安全管理　较好完成全年安全生产和案件防控基础管理工作，无各类案件事故发生。金库优秀率100%，营业网点优秀率100%，视频监控中心优秀率100%。切实落实安全保卫“三化三达标”管理，发挥先进典型行的示范引领作用。

（农行梁平支行　何高连）

中国银行梁平支行

【概况】　中国银行梁平梁平支行辖营业机构3个（营业部、北正街经营性支行、广场经营性支行），支行机关内设2个部门（综合管理部、业务发展部）。在职职工56人，男员工30人，女员工26人，具有大专以上文化程度51人。2016

年，梁平支行继续深入贯彻党的十八大会议精神，紧紧围绕“协调发展”主题，综合经营，努力践行“担当社会责任，做最好的银行”战略目标，围绕“四个三”，以“快速发展为目标，强化管理为保障，优质服务为支撑”，着眼于“内生动力”，完善各项考核激励机制，强化内部管理，加强队伍建设，拼尽全行之力，夯基础、搭平台、增后劲、求突破，促进支行业务快速健康发展。

【业务经营情况】

存款业务　截至12月31日，支行个人核心时点余额增速实现历史最高水平，成功跨上11亿元新台阶，达到111446万元，比年初净增21064万元，超越历史最高水平，全口径市场份额比年初提升0.27个百分点，提升幅度居四大行第1位。日均新增11，467万元，位居分行第三组第2位，分行排名第19位。

人民币单位存款余额47624万元，比年初新增11061万元；人民币单位存款日均余额42515万元，较年初新增5668万元。

资产业务　截至12月31日，个人资产业务余额60386万元，比年初新增16151万元，增幅达40%，高于全县银行机构个人贷款平均增幅24个百分点，跑赢了大市。公积金贷款比年初新增4137万元，全行排名第12位。公司授信资产总额18302万元，比年初下降2589万元。

资产质量　截至12月31日，支行各类不良资产余额282万元，不良率为0.5%，控制在分行许可范围之内。其中个人住房贷款及信用卡不良余额282万元，公司不良贷款余额为0。

财务指标　截至至12月31日，至12月31日，支行实现考核拨备前利润2287.36万元，与去年同比降幅8.69%；实现净利润1272.11万元，与去年同比降幅18.94%。

【综合管理】

业务营销　一是打好宣传牌，在扩大支行美誉度的同时做好产品宣传；二是打好产品牌，利用优势产品，努力拓展客户群体；三是打好感情牌，争揽存款大户；四是打好联动牌，做好公私联动营销；五是打好跨境牌，努力拓展公司业务；六是打好创新牌，实现公司中间业务收入发展新突破。

内控案防　2016年，支行认真开展了内控案防管理工作，致力于打造支行内控合规文化。除每月开展例行内控检查、召开内控例会外，还主要开展了员工行为继续深化管理年活动，学案例、讲操守、防风险主题警示教育活动、内控案防专项治理活动、内控案防主题演讲活动。除此之外，支行还组织开展了打击银行卡非法买卖专项行动、打击电信欺诈活动、打击非法集资活动、金融知识进万家宣传、征信宣传等宣传活动。通过上述活动的开展，较好的对支行各业务条线内控案防薄弱环节进行了梳理，对暴露出来的问题进行了及时整改，业务核算质量不断提高，确保了支行安全平稳运营。因内控案防工作突出，支行被重庆市分行评为2014—2015年度安保工作先进单位、2016年度内控案防专项治理先进集体、三名员工被评为内控案防专项治理先进个人。

党团建设　严格按分行党委要求打造支行党员之家，在条件成熟的营业网点和部门成立了基层党支部以及支行本部党支部。认真开展“两学一做”学习活动，以党建带团建，引领全行员工肃风气、正态度，一心一意谋发展。

（中国银行梁平支行　吴正莲）

重庆农村商业银行梁平支行

【概况】　重庆农村商业银行梁平支行下辖46个营业网点，18个便民服务点，1家自助银行，400余名员工，存贷份额均居全县金融同业第一位，是全县资产规模最大、机构人员最多、服务地域最广的地方金融机构。近年来，梁平农商行秉承“根植地方　服务大众”理念，立足实体经济，认真践行社会责任，坚持服务三农、服务中小微企业、服务县域经济的市场定位不动摇，为支持县域经济发展做出了重要贡献。

【存款业务】 截至2016年12月末（下同），各项存款余额137.51亿元，较年初净增14.78亿元（其中，储蓄存款较年初净增10.98亿元，公司存款较年初净增3.8亿元），存款总量、增量份额持续保持全县同业第一。

【贷款业务】 各项贷款余额30.57亿元，较年初增加1.59亿元。其中，不良贷款余额1782万元，不良贷款占比0.58%；收回表外不良贷款本息952万元。

【经营效益】 实现经济增加值（EVA）13800万元；按照新的考核口径，实现营业收入1.8亿元，各项支出3.8亿元；全年缴纳税金5554万元，同比多增762万元，增幅15.9%，位居全县同业之首。 （农商行梁平支行）

邮政储蓄银行梁平支行

【概况】 中国邮政储蓄银行重庆梁平区支行成立于2008年1月，内设综合管理部、个人金融部、公司业务部3个部门，下辖35个营业网点，其中4个自营网点、31个邮政代理网点，现有员工68人。2016年6月，支行办公地址由梁山街道梁山路84号搬迁到双桂街道戴斯国际B2栋写字楼新办公室。2016年自营收入4394.35万元，报表利润1865.98万元，全市排名较2015年上升3位；缴纳税金263.43万元，因税制“营改增”，较2015年减少10.18万元。自成立以来，邮储银行始终坚持“服务三农、服务中小企业、服务社区”的零售银行市场定位，充分利用网络优势，紧密联系广大城乡群众，与财政、社保、水电气等部门积极协作，开展代收代发社会养老金、代收水、电、气费、代发农业直补等惠民服务，服务梁平经济社会。

负债业务 2016年个人储蓄余额达424329万元，新增61613万元，其中银行余额为81894万元，邮政代理余额为342435万元；公司存款余额33251万元，新增3176万元。

资产业务 2016年共发放贷款2933笔，金额69559.9万元，净增22398万元，结存2316笔，余额81914万元，贷款增幅达26.8%。资产质量优良，不良贷款率为0.24%，从贷款五级分类来看，不良贷款合计197.89万元。

中间业务 2016年累计代收49.23万笔，金额63087.99万元，累计代付85.8万笔，金额86748.93万元。全年累计完成大理财12396.3万元。电子银行结存客户21180户；新增手机银行2012户，手机银行结存客户18169户。信用卡新增1725张，激活2051张，结存10370张。

服务地方 支行金融IC卡应用已覆盖社保、医疗、社区服务等多个领域，2016年，累计发放金融IC卡17190张，为客户提供差异化、多层次的金融服务。一是发放城乡统筹养老金发放金户、发放种粮补贴等众多面向基层的财政转移支付资金、代收养老金、代收水、电、气、通信费、代收财政非税收入等，让全县居民足不出户就享受到实实在在的金融服务。二是积极开展送金融下乡活动。投放各种小面额人民币926万元，收回残损币12365万元，解决商户小面额人民币少，残损币流通困难的难题。三是积极参加监管部门组织的反假币、反洗钱宣传，送金融知识下乡等活动，让人们能识别假币，远离洗钱犯罪、民间借贷活动。四是加强支付环境建设。2016年新增自助设备16台，现有自助设备60台；大力推广网上银行、手机银行、电视银行等电子交易渠道，积极利用社交平台推出微信银行、微博银行、易信银行，打造多样化的电子金融服务渠道。 （刘 剑）

重庆银行梁平支行

【概况】 2016年年底，重庆银行梁平支行人民币一般存款余额13.70亿元，其中：储蓄存款余额达7.74亿元，公营存款余额为5.96亿元；全年累计新发放各类贷款441笔，金额46328万元

（其中启动力贷款80笔；小微企业贷款82笔；一手房按揭贷款12笔；二手房按揭贷款4笔；个人综合消费贷款68笔）。

【围绕效益抓业务】 2016年1月梁平支行根据自身业务发展实际情况，制定出全行2016年工作目标计划，推行全员营销方案，做到早计划、早安排、早行动、早见成效。同时，实行按季考核和中间业务单项考核，充分调动各方主动性，紧紧围绕支行业务发展工作中心，抓住业务发展重点，展开积极营销，拼抢市场份额。支行在努力开拓市场与控制风险相结合、促进支行业务持续发展的同时，坚持以发展为主旋律，做好效益大文章，始终把开拓市场，提升市场份额和风险控制放在重要位置，取得了一定的业绩。

支持小微企业发展方面，细分小微企业行业，通过与各行业对应的政府职能机构进行有效的衔接（包括：农委、经信委、再就业局、工业园区、工商等），借助行业协会对本地小微企业以联系会的方式进行座谈，了解企业融资需求，解决微型企业融资难题。全年共发放小微企业贷款82笔，贷款金额26051万元，户均贷款额318万元，在小微企业中树立了良好的口碑，获得企业主的好评。

资产业务上，通过与政府部门的合作，抢抓土地整理、百里竹海旅游开发区建设等符合监管要求的政府类项目，同时坚持以业务转型为导向，充分依托工业园区、担保公司为平台，大力发展中小微型企业、个人住房按揭、三农贷款等，营销工作取得一定成效。

【强化内控提质效】 强化内控管理，重视教育培训，积极推进企业文化建设。全年在巩固案防和反商业贿赂工作成果基础上，按照银监会、总行对内控和案防工作部署，持续开展主要业务领域的自查自纠，加大重点领域的风险防控，通过对各业务条线逐项的风险点的梳理，提高了员工对风险的识别、防范、化解能力，确保了银行资产安全。日常工作中，把合规经营、合规从业摆在首位，立责立规立人，完善内控体系，落实主体责任，抓实合规管理，强化底线思维，强化员工行为管理，员工行为排查动态化、精准化、长效化，通过多项举措持续提高管理质效。

【围绕安全出效益】 加强安保消防工作，杜绝安全事故发生。安全无小事，注重加强日常的基础管理工作，对各级安全防范措施及责任层层落实到人，支行始终坚持“人是安全防范的核心”“防范胜于治理”的原则，不管形势如何变化，始终绷紧教育这根弦，做到警钟长鸣。防范“重业务、轻安保”的思想苗头，强化责任意识，管好自己的人，看好自己的门，办好自己的事，切实做到守土有责，责无旁贷，确保各项措施落到实处取得实效，做到安全工作人人有责、一岗双责的大保卫格局。

【加强党建促发展】 支行党支部以党的十八届五中全会精神为指引，深入学习贯彻习近平总书记系列重要讲话精神，认真贯彻落实总行党委关于“一岗双责”的要求，一手抓党建工作，一手抓经营工作，两手都要硬。支行通过职工大会、党支部学习等形式持续开展中央八项规定精神和反“四风”宣传教育活动，将党风廉政建设和反腐败工作与员工日常行为、职业操守教育相融合，要求全行员工都应以党员的标准严格要求，增强政治意识、大局意识、核心意识、看齐意识，结合重庆银行“有梦想、有精神、有爱心、有原则、有担当”的“五有”核心价值观引导党员干部和职工，坚定理想信念，团结奋斗，知难而进，共同为支行的发展奋力打拼。

（重庆银行梁平支行　袁宁）

三峡银行梁平支行

【概况】 重庆三峡银行梁平支行成立于2008年12月25日，作为重庆三峡银行重组后在主城区以外设立的第一家分支机构，秉承着三峡银行“一切为你着想”的服务理念，以服务地方经济建设为己任。2016年重庆三峡银行梁平支行有在职职工19人，内设营业部、小企业中心、零售业务部、公司业务部、综合部5个职能部门。

2016年，在梁平县委、县政府的坚强领导下，在相关部门的正确指导与大力帮助下，支行领导班子引领干部员工沉着应对风险挑战，主动适应经济发展新常态，以“抓发展、防风险”为导向，以“提升管理”为主题，以“改革、发展、风控、服务、文化”为主线，坚定走“综合化、特色化、差异化、精细化、专业化”发展道路，奋力开拓创新，强化风险管控，推进经营转型，切实践行社会责任，较好地完成了主要目标任务，保持了健康平稳的发展态势。

【业务经营】 截至2016年12月31日，各项存款时点余额164379万元，较年初增加28743万元，增长率为21.1%；各项授信余额94853万元，较年初下降39355万元。其中：表内授信余额30853万元，较年初下降2955万元；表外授信余额64000万元，较年初下降36400万元；完成总行模拟利润5095万元，较上年增加104万元；支行不良资产35万元，不良资产率为0.037%，下降0.021%，各项指标符合审慎监管要求。

【服务建设】 秉承“一切为你着想”的服务理念，主动契合地方经济发展，努力提升金融服务质量效率。以地方经济发展战略为年度业务营销指引，引导金融资源向城市公用设施建设和生态特色城镇、新农村建设倾斜。通过产品和渠道创新，扩大资金投放力度，通过委托贷款方式向污水管网项目授信2.5亿元。同时贯彻落实国家相关政策，深化“小微企业”金融服务，通过运用还本续贷产品、搭建综合服务金融平台，着力解决小微企业融资难题，促进小微企业发展。

【内控管理】 2016年，在“三期叠加”大背景下，坚持底线思维，通过健全机制，完善制度，加强监督检查，进一步强化内部控制，狠抓全面风险管理工作，切实强化信用风险管理，精细化管理，高度重视声誉风险管理，圆满实现零案件目标，促进支行持续健康发展。

【社会责任】 一是支行认真落实国家精准扶贫、精准脱贫工作精神，积极响应县委县政府精准扶贫精准脱贫工作部署，强化金融服务，积极投身公益慈善事业，主动做好金融扶贫工作，突出“精准”，积极运用总行“富民贷”“扶贫贷”扶贫专属新产品。组织员工积极响应总行“三峡送爱”扶贫捐助活动，支助梁平中学贫困生，响应县委县政府捐献一天工资活动号召，较好地践行了社会责任。二是积极支持小微企业发展。通过提高审批效率、创新风险管理模式、调整信贷结构、运用“连续贷”“循环贷”等新产品、主动下调贷款利率等举措，破解小微企业“融资难”“融资贵”“融资慢”难题取得一定成效。三是推行“财富人生卡全球全免费”，致力惠普于民。自2012年10月以来，积极推行银行卡免费服务，免收客户境内外银联ATM跨行取款及转账手续费、用卡年费、小额账户管理费、开卡工本费、短信通手续费、挂失费、换卡费、开立存款证明等多项费用让利于民。

（三峡银行梁平支行　刘　逗）

重庆梁平澳新村镇银行

【概况】 重庆梁平澳新村镇银行是澳大利亚和新西兰银行集团有限公司（简称澳新银行）在中国全资设立的首家村镇银行，注册资本为人民币3000万元，是梁平唯一的一家法人银行，位于重庆市梁平县梁山街道人民南路83号（名豪酒店对面）。自2009年9月对外营业以来，本行始终秉承澳新银行“诚信、协作、尽责、尊重、卓越”的价值理念，立足于“服务地方，服务三农，服务小微”的市场定位，坚持以“支农、支小、支微”为宗旨，通过借鉴澳新银行国际先进的理念并结合梁平地方经济的特点，不断优化业务流程，创新金融产品，提高服务水平，竭诚努力为梁平当地广大农户、涉农企业、个体私营业主、小微企业、专业合作社以及城镇居民提供全方位、专业、优质的金融服务，支持地方经济发展。

【存贷业务】　梁平澳新村镇银行以服务“三农”为己任，为梁平当地广大农户、涉农企业、个体私营业主、小微企业、专业合作社以及城乡居民提供存款、贷款、结算等金融服务。梁平澳新村镇银行的贷款产品具有操作便捷、审批高效、定价合理等特点，能够有效合理的满足广大客户的需求，深受当地客户的信任和喜爱。截至2016年年末，梁平澳新村镇银行累计共发放各项贷款833笔合计6.93亿元。有效地支持了当地养殖业、农田水利、交通运输、批发和零售、服务、制造、加工、建筑等十多个行业的客户，极大地促进了梁平地方经济发展。

【经营业绩】　截至2016年年末，梁平澳新村镇银行存款余额1.65亿元；贷款余额3699.05万元；实现营业收入960.62万元；上交营业税、企业所得税32.54万元。

【企业责任】　在发展自身业务的同时，梁平澳新村镇银行不忘切实认真履行社会责任：自成立初期就连续三年开展了“小康之路，澳新相助”梁平柚帮扶计划，向遭受龙卷风受灾地区捐建卫生站、义捐义卖救助生病学子、定点进行助学支教、送爱心进社区等公益活动，为梁平和谐社会发展作出了应有的贡献。同时，梁平澳新村镇银行严格按照人行、银监、银协的要求，积极组织开展各类宣传活动以丰富广大市民们的金融知识。

重庆梁平澳新村镇银行将通过不懈的努力和创新，不断健全和完善金融功能和提升服务品质，坚定不移地为“真正成为值得市民信赖、客户满意的梁平人民自己的银行”而努力！

（梁平澳新村镇银行）

人寿保险梁平支公司

【概况】　中国人寿梁平支公司于1983年在梁平开展业务，1996年6月产寿险分业为中保人寿梁平县支公司，1999年更名为中国人寿梁平县支公司，2003年6月30日股改后变更为中国人寿保险股份有限公司梁平县支公司。公司下设：综合管理部、个险销售部、银行保险部、团体业务部、客户服务中心。在全县主要乡镇设有11个农村营销服务，由个险销售部管理。截至2016年12月31日，公司共有员工人24人，派遣员工10人，架构个人代理人935人。

【业务范围】　经营人寿保险、健康保险、意外伤害保险等人身保险业务。代理包括车辆保险在内的中国人寿财产保险股份有限公司的部分业务。经中国保险监督管理委员会批准其他业务。

【经营成绩】　2016年，中国人寿梁平支公司在县委、县政府以及区金融办等职能部门的关怀和支持下，在市分公司的决策指导下，在社会各界高度信任和帮助下，公司上下同欲、共谋发展，以“全心全意为客户服务”为理念，以“强基础、固管理”为总基调，各项工作“早规划、强落实”为总步调，积极推进各项工作转型升级。2016年度支公司各项指标在去年基础上再创新高。持保持保险市场份额的主导地位；并且按照县委、县政府的部署上门慰问贫困户，为贫困户捐款捐物，圆满完成了结对帮扶贫困户脱贫工作。

为认真贯彻落实国发〔2014〕29号《国务院关于加快发展现代保险服务业的若干意见》文件精神，支公司不断改革创新，强化管理，努力使中国人寿成为完善我区地方金融体系的支柱力量、改善民生保障的有力支撑、促进经济提质增效升级的高效引擎和转变政府职能的重要抓手。为积极拓展“三农”保险广度和深度，2016年支公司积极响应国家号召，积极履行社会责任，在全区范围内持续推进农村小额人身保险、“孝老安康”老年人小额人身保险、扶贫意外及医疗保险、孕产妇及新生儿意外及医疗保险等普惠保险，为全区上万户低收入群体和50岁以上老年群体提供了保险保障。

截至2016年12月31日，共达成总保费收入22158.25万元，首年期交保费3716.16万元，短险保费874.45万元，支付赔款达17009.6万元，赔案件数为2618件，满期给付13332.86万元。公司合同管理规范，严格履行合同约定，勇于承担社会责任，设立有24小时服务热线供消费者报案咨询，如遇客户交通不便时公司组织人员送赔款到家，2016年为千万家庭提供了保险保障，促进了社会稳定。为地方创利创税218.3万元。为推进梁平经济发展和保障人民群众生产生活提供了坚强有力的保险保障。（陈爱娇）

财产保险梁平支公司

【概况】 中国人民财产保险股份有限公司梁平支公司是总公司按照行政区划设置的县域财产保险企业，内设经理室、综合部、直销业务一部、中介业务一部、中介业务二部、个代营销一部、车上业务部，下辖袁驿营销服务部、屏锦营销服务部，在册员工35人。公司于1982年恢复经营国内财产保险业务，在当地党委、政府和上级公司的正确领导下，公司历届领导班子带领全体员工以“人民保险服务人民”为使命，秉承“以人为本、诚信服务、价值至上、永续经营”的经营理念，弘扬“求实、诚信、拼搏、创新”的企业精神，坚持以市场为导向，以客户为中心，与时俱进，积极履行优秀企业社会责任，为促进改革、保障经济、稳定社会、造福人民提供了有力的保险保障。

【经营活动】 支公司以支持和保障地方经济建设为己任，在服务经济社会发展全局和广大客户的实践中，创造和积累了市场领先的企业核心竞争力。公司在梁平开办有财产保险、责任保险、信用保险、保证保险、短期健康保险和意外伤害保险以及农业保险门类齐全的财产保险业务，经营险种近260余种，客户群体遍布全县城乡。公司不断完善销售和服务网络，在拓展保险覆盖面的同时，创新服务手段，提升服务水平，为客户提供专业化、差异化服务支撑。公司在全国开通365天24小时服务专线“95518”，随时随地为客户提供报案、咨询、投诉、保险卡注册、车辆救援、预约投保和客户满意度回访等服务，同时，通过开展“铸金牌服务，为梦想护航”客户节活动，丰富公司限时服务、承诺服务内涵，扩大了中国人保财险品牌影响力。

【保险业绩】 2016年，支公司上下干部员工群策群力，克艰破难，克服国际金融危机蔓延带来的不利影响，牢牢抓住国家扩大内需经济政策有利机遇，趋利避害，扬长避短促进公司的长足发展，全年实现保费收入5730万元，与上期相比，净增保费1021万元，增幅达21.7%，保费计划完成率达100%，业务规模实现新的跨越。当年共办理各类赔案16812件，累计支付赔款2786万元，未决赔款准备金1708.42万元，为广大客户生产、经营和生活稳定提供了有力保障。经营过程中，公司坚持科学发展、精细化管理，经营效益得到稳步提升，当年实现承保利润730万元，利润率达12.8%，完成全年利润计划。公司自觉做到依法合规经营，全年按时缴纳各种税金384万元，实现人均创税11万元，有力地支持了县域经济建设，实现经营效益和社会效益双丰收。

（财产保险梁平支公司）

财政　税务

财　　政

【概况】　梁平县财政局是县政府组成部门，内设办公室、预算科、国库科、农业财务科、企业财务科、社会保障科、经济建设科、行政政法科、财法会管科、教科文科、政府债务管理科、乡镇财务管理科、监察室、政府采购办 14 个科室，直属县财务结算中心、税费征收管理局、国库集中支付中心、国有资产监督管理局、投资评审中心 5 个事业单位，在职职工 84 人。

2016 年，县本级公共预算收入完成 19.5 亿元，增长 13.6%，其中，税收收入完成 10.3 亿元，增长 26.4%；非税收入完成 9.2 亿元，增长 2.2%。全县基金预算收入完成 7.2 亿元，国有资本经营预算收入完成 0.3 亿元。2016 年全县财政总收入完成 86.8 亿元，增长 13.1%。全县财政总支出完成 84.1 亿元，增长 13.8%。其中：公共预算支出完成 67.8 亿元，增长 7.9%；基金支出 16 亿元，国有资本经营预算支出 0.3 亿元。有力保证了社会保障、基本运转、人员经费等方面的支出需要，促进了全县经济和社会事业的健康协调发展。

【攻坚克难聚财力】　财政部门始终把抓收入放在各项工作首位，主动适应经济新常态，狠抓财政收入，在高基数下实现了历史性的新跨越。一是抓收入。加强税收征管，积极应对实施“营改增”后税源、税收征管环节变化，加强财税部门协调联动，落实征管责任，坚持“抓大不放小”，在加强重点税源企业、主体行业领域和重点税种征管的同时，进一步强化零散税收和欠税清缴，努力挖潜增收，全县辖区税收收入完成 16.2 亿元，较上年增加 2 亿元，增幅 13.9%。严格非税收入征管，完善非税收入征管办法，持续推进财政票据电子化暨非税收缴管理系统改革，严格规范减免、缓征行政事业性收费和政府性基金，确保依法征收，应收尽收。二是争资金。在县四大家的带领下，充分发挥自身职能，努力向上争资争项，成效显著。全县共争取专项资金 66.9 亿元，争取专项转移支付资金 15 亿元，县财政争取市政府债券资金 23.86 亿元，有效地缓解了县乡财政困难，为全县经济社会发展提供了有力的财力保障。三是管债务。积极争取上级政府债券资金，争取到市政府政府债券 23.86 亿元，其中：新增债券 10 亿元，置换债券 13.86 亿元。在政府债务管理上，建立了严格的政府债务审批制度和风险预警机制，进一步规范政府性债务举借、使用、偿还和担保行为，完善“借、用、还”相统一的债务管理机制；严格控制融资成本，将全县融资成本控制在 6% 以下；积极置换高息债务，坚持节支也是增收的理念，2016 年全县置换政府高息债务 21.47 亿元，节约资金 6500 万元，切实缓解财政支出压力。四是控支出。强化落实各项节支措施，牢固树立过“紧日子”思想，严格控制一般性支出，规范差旅费、会议费和培训费等公务活动，推动公务支出管理科学化、规范化和透明化，全县“三公”经费下降 9.3%。

【千方百计保民生】　财政部门始终坚持把改善和保障民生作为财政保障的重点，把增进人民福祉、提升幸福指数作为根本出发点，切实加大民生投入，让更多群众享受改革发展成果，共浴公共财政阳光。2016 年全县民生支出 35 亿元，同比增长 16.6%，占一般公共预算支出的 60% 以上。一是优先保障教育投入。大力实施薄弱学校改造和教师周转房建设，落实营养改善计划，兑现乡村教师岗位生活补助，教师各项工资福利待遇实现按时足额发放，义务教育经费保障机制得到巩固。二是加大社会保障投入。积极扶持就业、创业，兑现稳岗补贴1160万元，发放小额贷款1.07亿元，财政贴息630万元。认真落实企业和机关事业单位退休人员增资政策，积极筹措资金及时足额发放企业职工养老保险金8.7亿元、城乡居民养老保险金1.7亿元。加大困难群体支持力度，及时拨付资金4.2亿元，确保了城乡低保人员生活救助资金、城市“三无”和“五保”人员生活救助金、伤残人员补助和优抚对象抚恤金、城乡医疗救助等资金按时足额发放。三是加大医疗卫生投入力度。将城乡居民医疗保险财政补助标准由人均380元提高到420元，基本药物零差率补助、药事服务费补助和村医补助有效落实，村标准化卫生室改造全面完成，新区三甲医院建设顺利推进，公立医院改革稳步实施，有效缓解群众“看病难”“看病贵”问题。四是加大生态文明建设投入力度。筹集资金3.7亿元，深入开展环保“五大行动”，重点实施农村环境连片综合整治、乡镇污水处理厂建设，大力推进美丽乡村、乡风文明建设，人居环境进一步改善。

【统筹兼顾强管理】 坚持以改革创新为动力，推进依法理财。一是深化预算管理改革。调整基本支出标准体系，细化项目预算内容，健全预算绩效评价制度，全面推开政府和部门预决算信息公开，继续深化国库集中支付和公务卡改革，加强结转结余资金管理，进一步盘活财政存量资金，收回1.1亿元统筹用于社会发展重点项目建设，提高财政资金使用效益。二是进一步调整完善乡镇（街道）财政管理体制。坚持财力下沉，针对乡镇（街道）计划生育社会抚养费大幅减收，及时调整完善乡镇（街道）财政管理体制，增加乡镇（街道）财力转移支付2500万元，促进乡镇（街道）协调发展。三是深化财政评审改革。全年评审项目417个，送审金额31.75亿元，审定金额26.4亿元，审减资金达5.35亿元，审减率16.85%，有效节约财政资金。四是深化政府采购改革。全年完成政府采购成交金额3.3亿元，节约资金3000万元。五是深化国有资产管理改革。切实加强国资管理，开展盘活闲置国有资产工作，组建国有资产经营管理公司，盘活存量资产，确保国有资产保值增值；全面完善国企法人治理结构，加强了对县属重点国有企业领导人员管理；加大国有企业改革步伐，完善法人治理结构，盘大盘强国有企业。全县国有资产总计237亿元，国有资产保值增值率为106%，国有企业实现收入5.9亿元，上缴税费0.27亿元，利润总额0.25亿元。

【多措并举稳增长】 坚持把发展作为第一要务，认真落实中央“稳增长”和供给侧改革要求，积极应对经济下行压力，妥善处理财政与经济的关系，实施积极的财政政策，注重发挥财政政策和资金的引导功能，激发经济增长的活力和动力。

全力助推经济转型发展 坚持需求侧和供给侧共同发力，积极支持供给侧改革。筹集资金3亿元，促进27家烟花爆竹企业转型升级；筹集资金1亿元，全面完成煤矿关闭工作；安排资金0.6亿元，推进土地流转“非农化”整改和小砖窑关闭，确保了经济和社会稳定发展。

积极落实减税降费政策 全面推开“营改增”试点，降低企业负担，继续执行小微企业减半征收所得税、增值税和营业税起征点上调及西部大开发等税收优惠政策，认真落实进一步取消和暂停征收行政事业性收费政策，降低社会保险缴费比例，激发经济发展活力。

加大财税扶持力度 积极落实全县出台的“1+6”扶持实体经济政策措施，安排工业发展专项资金、经营发展基金、种子基金、中小微型企业扶持资金、产业集群发展资金和上级专项资金1.3亿元，大力培育生态塑料、集成电路、不锈钢制品、环保四大产业集群，积极支持龙头企业、小微企业科技创新，落实贷款贴息补助、场地租金补贴、项目投资补助、升规奖励、水电气补贴等政策，支持大众创业、万众创新。

加大"三农"投入 安排资金8.5亿元，支持扶贫攻坚、农业支持保护补贴、退耕还林、农业综合开发、农田水利建设、公路基础设施建设和美丽乡村建设，让公共财政阳光普照广大农村。加大重点项目资金保障。坚持"一要吃饭、二要建设"的理念，抢抓宽松货币政策有利时机，整合债券资金、融资资金、专项基金和财政资金60亿元，确保了新区、园区、棚户区、旅游景区等重点项目资金需要。

【规范管控抓廉洁】 坚持抓党风廉政，队伍建设提档提质。深入开展"两学一做"教育活动，强化"资金有限、服务无限"意识，切实转变工作作风，不断提升服务效能。一是规范权力运行，打造清廉财政。建立健全了一系列财政管理制度，做到用制度管钱、管事、管人；加强国企党风廉政建设，始终保持惩治腐败的高压态势；加强国企领导党性教育、法治教育、警示教育，引导国有企业领导人员坚定理想信念，正确履职行权；加强国有企业监督管理，建立健全国有企业"三重一大"集体决策机制、国有企业考核机制、国有企业人事管理机制、国有企业问责机制等体制机制。二是提高办事效率，打造效能财政。推行首问负责制、现场办理制、限时办理制、特事特办制度。三是加强机关作风建设，打造廉政财政。深入落实党风廉政建设责任制，实行"一岗双责"，局党组每季度专题研究全局党风廉政建设工作，落实专人具体抓党风廉政工作。做到逢会必讲党风廉政，邀请县委、县检察院等领导为全体干部职工上廉政党课。四是增强服务意识，打造服务财政。开展了"三个一活动"，让到财政办事的人"听到一声问候、看到一张笑脸、喝到一杯热茶"，切实树立财政干部形象与党风廉政建设，打造阳光财政。

（财政局 黄浩然）

国家税务

【概况】 梁平县国税局有在职干部职工137人，离退休干部68人（其中，离休干部1人）。全局内设10个职能科室，1个直属机构（稽查局），8个派出机构（办税服务厅，第一、第二、第三、第四、第五、第六、第七税务所），1个事业单位（信息中心）。县局设机关党委、基层党支部11个。有中共党员153人，其中在职党员107人，离退休党员46人。主要负责辖区增值税、消费税、企业所得税、车辆购置税等税种的征收与管理。截至2016年12月，辖区内登记纳税人共19688户。其中，企业5856户，个体工商户12917户（其中双定户达起征点以上的有370户）。一般纳税人835户。

【国税收入】 面对宏观经济下行，重点税源减收等严峻形势，全局坚持把组织收入摆在首位，迎难而上，努力调动各方积极因素，抓早抓实抓细组织收入工作，确保了税收收入的稳步增长。全年累计组织税收60123万元，同比增长42.13%，增收17821万元，完成重庆市局年初计划的136.02%。其中：入库县级收入20935万元，同比增长114.39%，比去年同期增收11170万元，完成年度计划的140.27%。剔除新增四个行业县级收入8271万元，完成12664万元，比去年同期增收2899万元，增长29.69%。在渝东北生态涵养发展区11个区县中，税收总量和增幅均排第五位。

【税收征管】 2016年，面对营改增试点、深化国税地税征管体制改革、金税三期换版升级等税收征管改革任务，全局干部职工凝心聚力、勇于担当，确保了各项改革工作顺利推进。5月1日顺利实现了4216户试点纳税人税制的平稳转换，打通了增值税抵扣链条，为助推地方经济发展注入了新动力。10月1日如期实现了金税三期优化版的成功单轨上线运行，为税收现代化插上了金色翅膀。稳步推进深化国税、地税征管体制改革。通过国地税共驻行政服务中心、互设窗口、互派窗口人员或增设地税窗口等方式，实现纳税人"进一家门、办两家事"的目标。深化税邮、税银、税警合作，实现了全县21个委托邮政代开普通发票网点的全面上线；加强与重庆银行等金融机构的合作，推行“税易贷”，为助力实体经济发展提供融资服务；加强“税警联动”，建立税警联席会议制度，成立了公安派驻税务联络机制办公室，切实形成了税收共治合力。

【依法治税】 牢固树立“依法进行税收减免也是依法治税的重要内容；不落实优惠政策也是收过头税”的观念，扎实抓好税收优惠政策的落实，充分发挥税收保障和改善民生的职能作用。2016年，全局共减免各类税金38035万元，减税红利遍及各个行业，促进了地方经济发展。其中，促进小微企业发展减免税金6983万元，支持“三农”减免税金22998万元，促进西部大开发减免税金1942万元，支持其他各项事业减免税金3877万元，改善民生减免税金1200万元。全年办理出口退税2790万元。严格税收执法行为，坚持用法制理念统领税收全局工作，用法治标准评判工作成效。强化税收执法责任制、执法责任追究制，认真开展税收执法督察，全面提高执法正确率。强化重案审理，防范执法风险、堵塞执法漏洞，全年共受理稽查局移送重大案件6件，审结6件。进一步加大税务稽查力度，营造公平、公正的税收环境，提高纳税人纳税遵从度。2016年，全局共检查辅导各类纳税人14户，累计查补入库税款、滞纳金、罚款758.62万元。

【服务发展】 进一步清理行政审批事项，简化办税流程，精简报表资料，切实减轻了纳税人办税负担。认真落实“二维码”一次性告知制度，进一步推行并完善首问责任、限时办结、预约办税、延时服务等多元化服务方式，为纳税人提供周到、便捷、个性化的办税服务。大力推广应用税收APP软件、梁平国税“12366”微信公众平台、短信服务平台以及纳税服务QQ群等服务平台，及时发布最新税收政策、涉税注意事项，解答纳税人咨询，实现与辖区纳税人的及时交流与沟通。推行全市通办，方便纳税人自主选择办税服务厅，打造多元化办税格局。积极推行重庆国税12366电子税务局，广泛宣传和动员，强化内外培训，初步形成以实体办税、网上办税、自助办税“三位一体”的多元化办税格局，为纳税人提供更高效、便捷的服务。按照服务深度融合、执法适度整合、信息高度聚合的要求，进一步加强国地税深度合作，取得了新成效，实现了优势互补，形成了工作合力。 （县国税局 向 明）

地方税务

【概况】 梁平县地方税务局内设8个职能科室，下辖1个稽查局，1个办税厅、7个基层税务所，建有机关党委，下设10个党支部，建有团支部、妇委会等群团组织。2016年，全局共有干部职工142人（其中：在编在册职工100人，临聘职工22人，退休职工20人），平均年龄42.8岁。大专以上干部职工131人，占职工总数92.2%，取得学士学位19人，取得硕士学位1人。

【税费收入】 2016年，共组织税费收入176841万元，增收29746万元，同比增长20.22%（同比数据中剔除了2015年6—12月营业税入库额，下同）。其中税收收入101869万元，增收22077万元，同比增长27.7%；社保费收入70272万元，增收6615万元，同比增长10.39%。税收收入中：中央级税收收入11234万元，减收870万元，同比下降7.2%。市级税收收入9303万元，增收1160万元，同比增长14.2%。区县级税收收入81332万元，增收21787万元，同比增长36.6%。

【税收特点】 分行业来看，房地产业增长强势。2016年，建筑业、房地产业、租赁和商务服务业等行业位居前三甲，占收入总额的71.8%，较去年上升18个百分点，也是增收最多的3个行业。房地产业受棚户区改造货币化安置及行业形势回暖等因素影响，商品房销售面积实现了78万平方米，增长19万平方米，增幅32.8%；销售金额实现了35亿元，增收9亿元，增幅36.4%，拉动税收快速增长。建筑业增长主要受房地产市场回暖、固定资产投资增长较快影响。从税种来看，契税、营业税、企业所得税等税种入库金额居前3位，占收入总额的55.8%。增收较多的税种有契税、房产税、营业税、土地使用税、耕地占用税等。房地产市场回暖导致契税、营业税实现增收。新梁投资、园区建设分别自查补缴以前年度税款9984万元、8523万元，引起房产税、土地使用税大幅上涨，也是契税增收的原因之一。城市建设、工业园区建设大力持续推进是耕地占用税增收的主要原因，也是公共管理、社会保障和社会组织增收的主要因素。

【税种管理】　抓好企业所得税汇算清缴工作的宣传、辅导、申报三个环节，编印400本汇算清缴操作手册分发给纳税人，完成2015年度307户企业所得税的汇算清缴工作，汇算清缴率达100%，补缴税款421.04万元。2016年度企业所得税预缴率为75.75%，入库企业所得税9425.10万元。12万元以上个人所得税自行申报880人，个人所得税代扣代缴系统覆盖率为78.17%，明细申报率为99.40%。入库资源税4054万元，煤炭资源税入库276万元。房产税、土地使用税分别入库6049万元、7955万元，增幅分别达215.22%、84.44%。

【税收征管】　高质量完成“营改增”任务，有力确保2016年5月1日全县“营改增”税制的顺利转换。抓好“金三换版”工作，确保“金三”优化版如期上线。加强重点税源监控，逐渐建立“分类明确、重点突出”的监控体系。加强税收分析，对税收数据进行深度剖析，挖潜增收。推进电子征管档案和电子税务局上线，电子税务局上线2021户。全面应用风险管理平台，开展全流程风险管理。全面深化国地税合作，与县国税局联合推进纳税辅导、税收宣传、税款征收、信用等级评定等24项合作事宜。

【税收法治】　开展领导干部“会前学法”活动，完善《领导干部日常学法制度》《预防和化解涉税行政争议实施办法》等。编制行政权力、责任事项目录、行政权力事项登记表及运行流程图，保留行政权力共计104项，图表270页。抓好公职律师的推荐，做好税务行政复议、诉讼案件的应诉准备，组织人员参加税务行政诉讼案件的旁听。推进法治税务示范基地建设的申报及创建工作，制定并印发法治税务示范基地评价标准，收集整理并编制印发创建资料7大项700多页。

【服务发展】　围绕“生态涵养区”发展战略，针对生态塑料、光电、不锈钢加工、环保四大产业，打造立体式、集约化导税服务，强化前台人员业务培训和考核，优化发票相关业务办理流程，全面推行免填单服务，为县上招商引资创造良好的税收服务环境。围绕棚户区改造，大力开展税收优惠政策宣传，印发税收宣传单5000余份。充分利用办税服务厅LED显示屏、展板、《梁平报》、梁平微发布、税企QQ群、“二维码”一次性告知等载体，广泛宣传税收优惠政策。2016年，共对91677户次纳税人实行各项税收减免19716.21万元，切实涵养了税源。

【纳税服务】　在重庆市地税系统2016年度满意度工作评比中取得综合满意度得分96.36，进入前十行列，较2015年提升6个名次。针对2016“房产新策”，提前对导税、审核、窗口人员进行房地产交易契税、营业税优惠政策培训。从着装规范、仪容礼仪、岗前准备等方面，制发“九条规”工作机制。推出“二维码”一次性告知服务，让纳税人轻松享受“掌上服务”。以第三方为载体，依托梁平县商业联合会，成立纳税人权益维护中心，由商业联合会在税务机关和纳税人之间搭建起“沟通、和谐”的桥梁。

【社保及代征规费管理】　2016年，社会保险费收入70272万元（其中：养老保险46860万元、失业保险789万元、医疗保险20188万元、生育保险723万元、工伤保险1712万元），为全年社保征收计划数6.033亿元的116.48%，比去年同期增收6615万元，同比增长10.39%。地方教育附加1391万元，增幅5.38%。教育费附加2083万元，增幅4.78%。残保金征收1046万元，增长902万元，增幅626.39%。工费经费征收171万元，与2015年持平。

【税务稽查】 2016年，共检查29户，审结27户，结案27户，结案率为93.1%，有问题的26户，选案准确率为96.3%；组织企业自查10户。查补收入2625.60万元，入库2625.60万元，入库率为100%。其中查补税款2276.45万元；处以罚款78.59万元，处罚面为92.3%；加收滞纳金211.76万元，加收滞纳金率为9.30%；督导自查收入58.80万元。2016年查出1000万元以上案件1件，100万元以上案件3件。

【党风廉政建设】 制定下发县局、科所一级“两个责任”任务清单，将党风廉政建设责任细化为具体可操作的一项项工作任务并落实到人。落实廉政约谈制度，“一把手”坚持每年与每一个干部职工进行1次谈话，共谈话120余人次。结合“两学一做”学习教育，开展廉政教育专题学习，深入学习《中国共产党廉洁自律准则》《中国共产党纪律处分条例》《中国共产党问责条例》等各项纪律。组织干部职工学习市局《警醒与防范》案例以“案”为镜。认真开展廉政文化月活动，通过领导讲廉政党课、传承好家风家训等6项活动，营造浓厚的廉政文化氛围。

【精神文明建设】 依托地税器乐队、舞蹈队、声乐队等10个文体小组，引导干部职工开展积极向上的文体活动，特别是器乐队，已发展成拥有二胡、架子鼓、扬琴、巴乌、电子琴、阮等多种器乐，32人参加的队伍，能够完整演奏乐曲30余首。成立关爱留守儿童志愿服务队、敬老助残志愿服务队、扶贫济困志愿服务队3个自愿服务活动队，92名党员志愿者活跃在基层一线，开展“爱心汇聚力量，真情共筑希望”关爱留守儿童、“衣旧情深”捐赠、“弘扬传统美德，真情暖夕阳”慰问演出等系列志愿活动，大力弘扬地税正能量。

（地税局　周小娟）

经济监督管理

发展和改革

【概况】　梁平县发展和改革委员会（简称：县发展改革委）为县政府综合经济管理部门。机关核定行政编制 27 人，后勤服务人员事业编制 1 人，内设10 个科室和1 个派出机构；下设1 个参公管理事业单位，2 个财政全额拨款的公益类事业单位，核定参公事业编制 3 人，事业编制 12 人。2016 年年末，实有在编在岗职工为 40 人。

“思全局、谋大事、抓改革、促发展”。县发展改革委肩负着提出全县国民经济和社会发展战略、发展政策和目标，拟定中长期发展规划和年度发展计划，贯彻落实国家、市宏观经济调控政策等工作；承担着宏观经济的监测与引导，产业结构转型升级，重大项目管理，固定资产投资，统筹城乡综合配套改革试点，指导全县招投标、价格监管、价格认定、保持物价水平总体平衡等重要工作。

2016 年，县发展改革委在县委、县政府的坚强领导和市发展改革委的指导支持下，深入贯彻落实习近平总书记系列重要讲话精神，坚持以供给侧结构性改革为主线，以“137”发展思路为引领，服从服务于县域生态涵养发展，狠抓实体经济，不断开创“面上保护、点上开发”新局面。切实抓好综合经济、项目管理、城乡统筹、价格监管等各方面工作，有力有为地促进经济大发展、环境大保护、民生大改善，荣获 2016 年综合目标考核一等奖。

【规划编制管理】　编制印发了《梁平县国民经济和社会发展第十三个五年规划纲要》，精心组织全县工业、教育、交通、水利、城市基础设施等十五个重点专项规划的专家评审会，已全部通过县政府常务会审定，除交通规划外其余全部印发。积极配合县委、县政府开展梁平撤县设区后的发展思路、龙溪河流域生态经济带建设、全县民间投资及房地产市场等综合性调研。代县政府草拟了全县供给侧结构性改革、战略性新兴服务业发展、信用信息体系建设，以及全市深化拓展五大功能区发展等文件精神的贯彻实施意见及我县工作方案，为领导决策提供了思路。加强全县经济社会发展信息的收集、整理、运用，跟踪 2016 年全县国民经济计划执行情况，编制完成《关于梁平县 2016 年国民经济和社会发展计划执行情况及 2017 年计划草案的报告》，完成了各季度经济形势分析及工作建议，编写《加快农村一二三产业融合发展》《深化拓展五大功能区域发展建议》等发展参阅 3 篇。

【固定资产投资】　完成全社会固定资产投资 310.4 亿元，同比增长 16%。

投资总额　投资总额（不含跨区、农户投资）281.4 亿元，同比增长 18.5%。按构成分：建筑安装工程完成投资 221.8 亿元，同比增长 19.7%；设备工器具购置完成投资 39.3 亿元，同比增长 21.7%；其他类完成投资 20.3 亿元，同比增长 1.5%。按三次产业分：第一产业完成投资 21.7 亿元，同比增长 3.3%；第二产业（工业）完成投资 87.2 亿元，同比增长 16.5%；第三产业累计完成投资 172.5 亿元，同比增长 21.8%，其中房地开发完成投资 23.1 亿元，同比增长 13.2%。

跨区投资　跨区投资 25.0 亿元，同比下降 4.2%，其中电力、燃气及水的生产和供应业投资 1.2 亿元，同比下降 46.2%；交通运输、仓储和邮政业投资 23.2 亿元，同比下降 0.6%；信息传输、计算机服务和软件业投资 0.7 亿元，同比增长3.4%。

农户投资　农户投资4.0亿元，同比增长2.7%。

【项目资金争取】　因2016年争资成效显著，2017年3月，县发展改革委被县委记“集体三等功”，并给予表彰。

争资立项　围绕产业发展、公共服务、民生工程等方向，争资立项大有突破。百里竹海、棚改、职教中心二期、左柏水库、德兆环保、巨源不锈钢、梁平柚产业一体化等37个项目累计获批国家专项建设基金25.24亿元，位居全市前列。争取中央预算内和市级资金2.77亿元，超过年初预定目标的38%。下达和转下达项目投资计划38个，总投资额7.06亿元，有力支撑了梁平经济发展和民生改善。

项目储备　收集储备三年滚动投资计划项目474个，计划总投资940.4亿元，其中，纳入市级三年滚动投资计划储备项目114个，总投资235.4亿元，项目数量、投资总额在全市各区县中分列第二位、第四位。

监督管理　扎实开展项目稽查工作，全年共开展稽查行动10次，对进展缓慢项目进行逐一排查，提出整改要求。严格依法实施招投标核准129件，涉及金额15亿元；累计办理企业投资项目核准及备案125件，总投资162.30亿元。

【重点项目建设】

市级重点项目　全县18个重点项目纳入市级管理，其中重点建设项目17个，总投资279亿元，年度累计完成投资77.5亿元。其中渝万铁路（梁平南站综合交通枢纽基建部分）、梁忠高速完工并投入运营；梁平柚电商平台、平伟集成电路封测产线建设（一期）等项目建成并运营；现代农业综合示范工程、新区体育场内部装修、亿联国际商贸城（一期）工程主体、城区棚户区改造等项目加快推进。

县级重点项目　135个县级重点项目累计完成投资102.8亿元，完成年度投资目标任务（100亿元）的102.8%。116个重点建设项目全部开工，19个重点前期项目有序推进。

新区项目　新区基础设施县级重点项目29个，完成投资18.7亿元。其中规划展览馆已建成投用；中央商务区滨河公园、体育公园及双桂湖公园一期景观工程、道路及配套工程等项目有序推进。

园区项目　园区基础设施县级重点项目13个，完成投资2.64亿元。完成拓展区（一期）3.5万平方米公租房、三个回居小区配套设施建设；工业园区拓展区道路、盐河桥及市政工程建设有序推进。

工业项目　县级重点工业项目14个，完成投资38亿元。其中三方物流项目、新型功率半导体器件及集成电路封测产线建设已建成投产；年产2.6亿个彩印包装箱生产、年产25000吨电力、五金配件项目、中国西部塑料生态产业园项目有序推进。

重点民生项目　承接市级民生实事18件，自主实施十大民生工程，完成投资35亿元。其中市级民生实事超额完成任务，实现14个行政村通客运；完成34公里农村公路安保工程建设；在医疗、卫生、住房、教育、文化领域项目成果丰硕。县级民生实事进展有序，完成老年大学迁建工程；“二环路”全面通车；改造农村危房2000户。三甲医院、知德小学、左柏水库等有序推进。

【统筹城乡配套改革】

美丽乡村实现破题　整合美丽乡村项目资金2000余万元。以村容整洁攻坚行动、乡风文明提升活动和美丽乡村示范工程为抓手，农村环境卫生和乡风文明有了明显提升。合兴龙滩、荫平乐英、新盛银新3个县级示范村示范先行，柏家龙滩、曲水聚宝等9个特色鲜明的县级培育村进展积极。

项目资金保障有力　围绕镇乡产业发展，加大对特色农业、水利、交通等项目的包装策划及资金争取力度，全年争取中央投资1.47亿元，争取专项建设资金11.33亿元，整合龙溪河流域国家级现代农业示范园提档升级工程项目资金7000余万元。

推进乡镇联动发展　代县委、县政府草拟《梁平县推进县域协作联动发展的意见》。根据县内各区域和功能定位，将全县划分为“一核一带三区”，确定了各板块、各乡镇发展重点，明确了在基础设施互联互通、主导产业协作发展、基本公共服务均衡推进、生态环境共建共享等四个方面的主要任务。通过一年来的工作推动，各板块协作机制更加健全、基础设施更加完善、主导产业更加突出、公共服务更加便捷、生态环境更加美好。（县发改委　金海龙）

公共资源交易管理

【概况】　梁平县公共资源综合交易平台实行“一委一办一中心”三级机构模式，实现了公共资源交易的“管办”职能分离：一是县公管委负责交易活动中重大事项的决策和领导；二是县公管委下设县公管办，负责协调和日常监管，现有主任1名；三是县公管办下设县公共资源招投标交易中心，为副局级事业单位，负责交易活动的组织和鉴证服务，编制数14人，实有13人，其中主任1名、副主任2名，内设综合部、交易一部、交易二部3个科室，科室负责人3名。

平台紧紧围绕全县“137”发展思路和“345”党建工作思路，以“规范操作、科学管理、廉洁高效、增收节支”为目标，积极探索新体制机制，深入开展公共资源交易改革调查研究，确保了公平竞争、公平交易，为全县经济社会发展提供了重要的服务保障。2016年，组织交易活动316次，交易金额24.21亿元，增收节支2.14亿元，其中建设工程和政府采购节支资金1.18亿元，土地出让和产权交易增收资金9611.5万元，审批限额以下项目800余个，涉及金额约2.4亿元。

【建设工程招投标】　始终坚持以制度建设为保障，确保交易管理规范化、系统化，将依法合规、程序化操作和主动服务贯穿到招投标工作各个环节，确保整个交易过程公开、公平、公正。一是完善管理制度。积极起草梁平县进一步落实公共资源综合交易管理工作的规范性文件，并以“两办”名义下发了《关于进一步落实公共资源综合交易管理工作责任分工的通知》等制度，建立打击领导干部违规插手招投标、变更招投标方式、围标串标、非法转包分包等行为的新工作机制。二是调整进场标准：100万元（含100万元）以下的建设工程和50万元（含50万元）以下的服务类项目，由项目业主报县公管办审核后自行竞争性比选确定施工单位或服务单位。三是积极推动交易改革。投标保证金使用网上进退系统；建设工程招投标不再实行所有投标企业资格和工程量清单全评审，先根据报价等评出得分前七名，并对前七名进行资质和工程量清单评审。本年度组织建设工程招投标121次，交易金额约13.88亿元，节约财政资金1.04亿元，节约率为7.5%；审批限额以下项目800余个，涉及金额约2.4亿元。

【政府采购】　全面贯彻落实《政府采购法》，以规范采购行为为重点，紧紧围绕“依法采购、优质服务、规范操作、廉洁高效”的服务宗旨和“重服务、重效率、重规范”的工作思路，不断拓宽采购渠道，规范采购行为，认真完成各项采购任务。一是实行评标专家异地抽取制。重大项目的评标专家实行异地抽取，确保评标的严肃性、公正性。二是创新评标办法。政府采购综合考虑价格、技术、财务状况、信誉、业绩、服务等因素进行综合评审，防止恶意低价等不正当竞争。三是制定了交易中心行风建设实施方案、服务承诺等相关制度。四是调整进场标准：20万元（含20万元）以下的政府采购项目，由项目业主报县政府采购办批准后自行采购。本年度成功组织政府采购活动153次，交易金额2.18亿元，节约财政资金1365.77万元，节约率为6.27%。

【产权交易】 平台继续坚持对国有资产、交易各方“两个负责”的宗旨，按照公开透明、严格程序、规范管理、高效便捷、优质服务的原则，严格依照法律法规及各项规章制度，探索出符合县情的产权交易方式，有效促进了国有资产运营收益最大化。平台坚持以多种形式竞价、最高价成交的方式进行竞买或竞租，交易现场由县国资局、业主等部门全程监督。本年度成功组织产权交易活动9次，交易金额78.40万元，溢价金额1.5万元，溢价率为1.91%。

【土地出让】 为优化国有建设用地出让程序，规范交易行为，坚持“公开、公平、公正”的原则，平台不断加强土地出让改革，降低土地出让交易服务费累进费率，全县工业用地出让交易服务费按五折收取；同时强化土地有形市场的职责和功能，维护了交易市场秩序交易管理，精心组织土地招拍挂工作。2016年度成功组织土地出让交易活动33次，交易金额约8.34亿元，溢价金额9610万元，溢价率为11.52%。（县公管办）

国土资源和房屋管理

【概况】 梁平县国土资源和房屋管理局（以下简称区国土房管局）承担全县土地资源管理、矿产资源管理、地质灾害防治、权籍管理、房地产市场管理等多项工作职能。全系统共有189名干部职工，局机关设11个科室、下属8个事业单位、12个基层国土房管所、1个国有公司。

【土地管理】

土地规划调整完善 按照重庆市国土资源和房屋管理局（以下简称市国土房管局）制定印发的《重庆市土地利用总体规划（2016—2020年）调整完善工作方案》（渝国土房管〔2016〕386号）文件要求，为扎实推进梁平县土地利用总体规划调整完善工作，成立了组织机构，落实了工作经费和技术承担单位，完成了动员部署、资料收集、外业调查等工作。一些重点项目选址，因不符合土地利用总体规划确定的建设用地范围，需进行局部调整。完成了6批次共9个项目的土地利用总体规划符合性审查。

土地征收 2016年，梁平县共计征收土地1867.6亩，农转非人数690人；城内棚户区改造签订协议1785户，房屋建筑面积13.6万平方米。

土地资产管理 2016年，梁平县共出让土地32宗，面积638.4亩，出让综合价金81146.2万元。其中：工业用地6宗，面积191.9亩，综合价金1843万元；商住用地23宗，面积385.8亩，综合价金76745.9万元；其他用地3宗，面积60.8亩，综合价金2557.3万元。划拨土地供应13宗，面积241.6亩，划拨价款9798.7万元。

耕地保护 2016年，梁平县的耕地保护责任目标为：耕地保有量117万亩、基本农田保护面积106.35万亩，土地开发整理补充耕地4000亩，建设高标准基本农田6万亩。截至2016年年底，梁平县土地开发整理项目新增耕地7800亩，建成高标准基本农田8.86万亩，超额完成重庆市政府下达的目标任务。

土地整治复垦 市级土地开发整理项目：实施了和林镇平都村等5个市级全面整治项目，实施规模2.1万亩，投资7524万元，已完成审计；仁贤镇宏山村等4个全面整治工程，实施规模1.44万亩，预算投资7044.3万元。县级土地开发整理项目：市国土房管局下达给梁平县补充耕地任务0.4万亩，已验收屏锦镇桂湾村等19个项目，实施规模为7.4万亩，新增耕地0.78万亩，超额完成目标。

实施农村建设用地复垦项目227个，实施规模1.23万亩。其中，已验收取得合格证的项目76个，面积4855亩；已通过市级现场抽查验收项目24个，实施规模1161亩；已施工未通过市级验收项目31个，实施规模1184亩；已组装未施工项目95个，实施规模5099亩；已组装建卡贫困户农村建设用地复垦项目1个，实施规模2.73亩。

地籍管理 向财政申请专项资金25.68万元，通过竞争性比选确定了作业单位，组织作业单位完成了2015度土地变更调查相关工作，启动了2016年度土地变更调查工作。

【房屋管理】

房地产市场管理 2016年共办理商品房预售许可证47件。商品房实际销售总面积为82.1万平方米，其中住宅72.8万平方米，销售总面积同比增长39.7%，住宅销售面积同比增长43%，住宅成交均价与去年基本持平。

房屋安全管理 开展城镇老旧建筑安全排查整治，共排查房屋1344栋，23.5万平方米；存在隐患房屋369栋，7.2万平方米；完成整改146栋，3.4万平方米。鉴定城镇疑似危房，共出具373份房屋安全鉴定报告。其中B级危房5栋、C级危房72栋、D级危房296栋。开展白蚁防治工作，全年共签订白蚁防治合同132份，面积102万平方米，防治合格率达百分之百。同时，为全县近51户，1.8万平方米农村房屋进行了免费防治。

房屋征收管理 2016年拆迁房屋369户（不含棚改户），拆迁房屋总面积7.4万余平方米；完成了1033户征地拆迁回居安置工作；为有效地推进房屋拆迁货币化安置，制定出台了征地拆迁货币化安置政策，梁平县从2016年9月1日起住房拆迁全部实行货币化安置，截至12月底，已安置1656户，支付安置款82334万元。

物业管理 做好物业小区维稳工作。协调处理东方天籁、枫丹壹号、香樟豪庭、锦绣家园等小区涉及物业引进、消防管网整改、物业收费调整等信访事件10余起。开展物业服务主体活动。开展“物业服务企业四公开”320余次，“项目经理接待日”300余次，“设备开放日”310余次，“业主满意度调查”120余次，提供“志愿服务活动”260余次。加强物业小区安全排查。深入全县50余个小区开展物业管理区域安全隐患排查工作达200余次。

住房保障 2016年，各保障性住房项目加快了基础配套设施建设步伐，进行了天然气、有线电视、小区监控、路灯及道路改造等工程，新增2663套保障性住房交付使用。全县保障性住房共计4347套，其中已交付管理3785套（乡镇893套，县城2892套），未交付562套。完成保障性住房分配2218套（乡镇170套，县城2048套）。实施首次公租房摇号配租312套，廉租房分配245套（乡镇103套、县城142套），分配第二批公租房301套。

公房管理 加强公有房屋管理，维修由住户申请，转变为维修人员主动下街道检查，发现隐患，现场处理。全年共计大修4户，中修130户，疏通清理化粪池12处，翻捡屋面、换檩角等225户，维修开支共计24万元。对公有房屋管理存在的漏洞和住户私转公有房屋户头等问题，重新签订了公有房屋租赁合同。

权属登记 2016年共鉴证土地承包经营权11宗，土地面积1280.3亩，鉴证农村房屋所有权157宗，建筑面积21191.72平方米。共核发不动产权证书10777本，登记证明7617件，林权证1本。发放农村房屋产权证2277个，办理农村房屋设定抵押登记130户，抵押建筑物面积33822.11平方米，抵押融资2014.49万元，全县农村房屋在押600户，抵押建筑物面积近17万平方米，抵押融资金额9702.52万元。开展了全县国有土地房屋登记档案数据清理核查整合建库工作，7月11日不动产登记系统正式上线运行，全县国有土地房屋实现了全面上线运行不动产登记系统、停旧发新的目标任务。

【地质矿产管理】

地质灾害防治 编制了《梁平县2016年度地质灾害防治方案》；落实群测群防员313名，片区负责人33名，发放地灾防灾“明白卡”359份和避灾“明白卡”2319份；组织地质队对全县359处地灾点逐一核查，确保地灾信息系统实时更新；开展地灾防治知识培训35次，应急演练359次，参与群众6000余人；完成了27户82人的搬迁避让金土工程；治理了重庆市2016年重点防治地质灾害隐患点复平乡大龙村6组跳石沟危岩。

矿产资源管理 编制《矿产资源规划（2016—2020）》；开展矿产领域“打非治违”工作，查处超层越界开采企业3家，收取罚没款13万元；委托地质队对全县矿山企业进行实地核查，对非法开采的企业移交执法大队、安监等部门调处；开展采矿许可证年检工作，收取矿补费103万元，矿山环境恢复治理保证金109万元；依法办理采矿许可证16家，收取采矿权价款及使用费15万元。

【执法监察】

动态监察 全年开展土地动态巡查416次，及时制止违法行为416件，全部处理在萌芽状态；查处土地违法案件61件，下达处罚告知45件、处罚决定42件，处理结案22件；查处非煤矿山案件11起；参与检查房地产企业8个，制止房屋违法装饰装修行为14起；参与打击非法挖掘阴沉木16次。另外，全力做好土地流转“非农化”后续整改工作，12个第三批拆除整改项目已基本拆除复耕到位，并得到了国家土地督察成都局的认可。配合有关部门做好12个砖厂的拆除复耕工作，12个砖厂已于12月底拆除到位。

卫片执法 变更调查下发遥感检测图斑115个，面积1087.1亩。经合法性判定，确定违法图斑29个，面积58.8亩。本年度矿产卫片执法监督检查疑似违法图斑11个，其中涉及疑似无证开采7个，疑似越界4个。经实地核查，判定合法图斑4个、伪变化图斑3个、违法图斑4个。

【信访和提案办理】

2016年，收到各级各类信访件293件，其中上级交办15件，县纪委转办7件，政府公开信箱20件，114政务平台转办33件，信访办交办及直接来信来访等98件，领导干部接访120件。主要涉及农房办证、宅基地复垦、违法占地、房地产销售、物业管理等。

【队伍建设】

按照市委、县委部署要求，国土房管局精心组织实施“学党章党规、学系列讲话，做合格党员”学习教育（以下简称“两学一做”学习教育），突出问题导向，带着问题学，针对问题改，把“两学一做”学习教育与中心工作紧密结合。一是学得深入。制订了详细的学习计划安排表，深入学习党章党规、习近平总书记系列重要讲话精神，全年开展了8次“两学一做”集中学习，确保学习内容不偏不倚，并通过测试竞赛等方式提升学习效果。二是讲得透彻。党组书记、成员结合工作情况，运用身边事例，开展专题党课9次，并要求每名党员讲认识、写体会、强化互动交流，达到了入脑入心的目的。三是改得到位。系统全体党员干部结合学习内容，通过自己找、群众提、同志帮、组织点等方式找出问题，建立了问题整改台账，制订了整改措施，深化学习效果。四是做得严实。通过开展“三比一争”行动，县国土房管局把学习成果转化为工作行动，在执法监察、土地流转“非农化”整改等急难险重工作中发挥党员干部示范带动作用，促进社会和谐稳定。

（县国土房管局　石小冉）

审　计

【概况】 梁平县审计局是县政府组成部门，设有办公室、综合法制科、财政审计科、行政事业审计科、投资审计科、经济责任审计科、计算机应用审计科；下设县审计中心。2016年，人员编制36人（县审计中心20人），实有31人。

2016年，梁平县审计机关完成审计项目124个，其中组织实施审计项目114个，参与实施审计项目10个。查出主要问题金额636155万元，其中违规金额63966万元、管理不规范金额572189万元；损益（收支）不实金额1682万元；审计处理处罚金额97664万元，其中应上缴财政63590万元、应归还原渠道资金330万元、应调账处理金额30975万元；审计发现非金额计量问题18个；审计促进整改落实有关问题金额76699万元，其中增收节支45865万元、已调账处理金额28064万元；审计后挽回（避免）损失14772万元。移送司法机关、纪检监察机关和有关部门处理事项14件，涉及2人，金额340万元。出具审计报告和专项审计调查报告124篇，被批示、采用80篇；提交审计信息59篇，被批示、采用26篇。提出审计建议171条，被采纳171条；推动完善规章制度1项。向社会公告审计结果2篇。

【跟踪审计】 出台了众创空间、农村污水处理设施运行监管相关政策措施2项，推进了体育馆和游泳馆工程、渝万铁路梁平南站交通枢纽工程等2个重大项目工程的建设，推进了国土房管局、公共资源招投标交易中心等4个部门涉企收费优惠政策地落实。

【财政审计】 完成财政预算执行审计项目10个，审计查出主要问题金额582572万元，揭示了少计少缴税费、人为调节收入进度、资金滞留闲置、账外资产等问题。

【经济责任审计】 对12个单位19名党政主要领导干部开展了任期经济责任审计。审计查出主要问题金额9326万元，其中违规金额200万元，管理不规范金额9126万元。

【固定资产投资审计】 完成政府投资审计项目77个，送审金额164732万元，审减工程款14738万元，审减率8.9%。

【企业审计】 完成企业审计项目3个，审计发现企业少申报缴纳印花税、企业所得税，超比例担保，担保保证金未专户核算，少计提准备金等企业经营和财务管理方面存在的问题，涉及主要问题金额4843万元。

【专项资金审计】 完成专项资金审计（调查）项目7个，揭示未按规定征收缴纳收入、违规改变项目计划和资金用途等问题，查处主要问题金额21601万元。

【信息化建设】 建成大数据分析室，建立审计数据定期上报制度，采集2012—2015年财务数据和业务数据130G，完成数字化审计分析平台项目建设，建立财政审计模型180个，部门审计模型181个。

【内部审计】 全县各部门、各企事业单位设内部审计机构65个，其中专职机构8个；配备内部审计人员257人，其中专职审计人员25人。2016年，各内部审计机构共完成审计项目401个，促进增收节支595万元，提出的建议和意见被采纳390条。（县审计局　蒋德平）

统　　计

【概况】 梁平县统计局是县人民政府组成部门，内设办公室、综合核算科、工业能源统计科、固定资产投资统计科、第三产业统计科。统计局所属参公事业单位有：梁平县社会经济调查队（普查中心和民调中心挂牌于社会经济调查队），级别为副科级。统计局人员编制23个，其中机关编制10个，实有人员11人；梁平县社会经济调查队编制数13个，实有11人。

2016年，统计局在县委、县政府的正确领导下和市统计局的精心指导下，紧紧围绕“137”发展思路，以提高统计能力、数据质量、服务水平为目的，以开展“两学一做”学习教育活动为契机，加强党风廉政建设，努力提升服务水平，较好地完成了各项工作任务；获重庆市统计局2016年度区县统计工作考核三等奖。

【调查项目】 梁平县统计局承担的常规性国家统计调查项目主要有：国民经济核算，基本单位统计，规模以上工业统计，建筑业统计，批发和零售业、住宿和餐饮业统计，固定资产投资统计、房地产开发统计、能源统计、新型金融业统计、劳动统计、科技综合统计、社会综合统计、利用内资统计、人口变动情况抽样调查，劳动力调查，服务业重点企业调查等。

【重大国情国力调查】 全国人口普查每10年进行一次，在逢0的年份实施。全国农业普查每10年进行一次，在逢6的年份实施。全国经济普查每10年进行两次，分别在逢3、8的年份实施。

【统计服务】 2016年，梁平县统计局与时俱进，加强统计服务意识，提高统计人员自身素质，提升统计服务水平，做到“数库”与“智库”并重。一是完成统计资料编制及发布工作。发布梁平县2015年国民经济和社会发展统计公报，编印《梁平统计年鉴》250余本、《梁平统计月报》1000余册及《梁平经济社会发展状况》等资料，保证了党政领导决策所需的基本数据，夯实“数库”基础。二是加强统计资料深度开发工作。提高统计分析研究和预判能力，推进统计向“数库”“智库”并重转变，全年完成统计信息12期、统计资料分析14期、统计工作29期，为领导决策提供智力支持。其中，《关于2015年下半年民意调查结果的通报》《梁平县2016年度民意调查追踪调查结果报告》分别得到县领导批示。三是积极开展各级各类调查工作。完成县委、县政府及部门的社情民意调查工作共七次，全国1%人口抽样调查等工作，受到领导及相关部门的认可。四是着力推进统计基层基础工作。按照上级相关文件精神，以统计工作扁平化管理为抓手，切实加强重点镇街统计基础建设和统计队伍建设，筑牢统计基础建设根基。下拨重点镇街专项经费10万元用于统计基础建设，确保重点镇街统计基础建设取得明显成效。五是完善各类监测评价体系建设。圆满完成了2015年梁平县妇女儿童两纲监测工作、全面建设小康社会进程监测工作。

【农业普查】 认真做好第三次全国农业普查工作。一是做好遥感测量等技术培训及设备采购工作，开展农作物面积遥感测量现场试点。二是结合实际，制定普查人员培训计划，抓好普查业务培训；制定数据处理方案，开展农普地图绘制和普查小区划分等工作，做好前期准备工作。三是抓好普查摸底工作，掌握全县农户、规模户和农业经营单位等普查对象的基本情况，协同国土、农业、林业等部门建立相应的数据库，为组织实施入户登记奠定基础。

【统计宣传】 一是以“9·20”中国统计开放日、“12·4”国家宪法日和“12·8”《统计法》为契机，宣传统计法规知识和统计业务知识，在社会公众和统计部门之间架起一座沟通的桥梁。二是利用“数据重庆”APP平台开展宣传。对安装服务进行查漏补缺工作，使其能便捷使用。三是利用新闻媒体进行宣传。定期向梁平政府网站提供相关材料与数据。四是强化基层统计培训、宣传。以会代训，开展对乡镇、部门统计从业人员进行统计专业知识上的讲解与培训，使他们能够更好的从事统计工作。

【统计法制】 一是依照统计法律法规，制定全县统计法制工作要点，加强统计法制建设，夯实统计基础工作，全面推进依法统计，有效提高统计数据质量。二是加大执法检查力度，严查统计违法行为。开展“一套表”联网直报违法违规和不规范报送行为整治工作。通过统计执法检查，进一步规范基层统计从业人员资格以及报表上报程序，确保统计数据质量，为统计服务提供法律保障。 (县统计局 席志宇)

工商行政管理

【概述】 梁平县工商局是梁平县人民政府主管市场监督管理和行政执法工作的职能部门。主要负责全县各类工商企业和个体工商户的登记注册及监管、商标广告、合同中介、非公党建、企业信用、电子商务、经济检查、市场监管、消费维权等系列工作。2016年12月，因梁平撤县设区，重庆市梁平县工商行政管理局更名为重庆市工商行政管理局梁平区分局。

2016年，工商系统在县委、县政府和市工商局的坚强领导下，紧紧围绕市局“315”总体要求和全县“137”总体部署，按照吴书记“干好本职事、办好组织事、管好身边事”“三好”要求，进一步发扬“三为三商”精神，坚持扭住发展干、抓住关键干、创造创新干、齐心协力干的工作理念，各项工作取得明显成效，为服务全县“点上开发、面上保护”示范区建设做出了积极贡献。

【服务放管服改革】 一是围绕简政放权，商事制度改革激发了创业热情。稳步推进企业“三证合一”“五证合一”和个体“两证整合”工作，发放“五证合一”营业执照350张、个体“两证整合”营业执照310张；削减工商登记前置和后置审批事项，扎实推进“先照后证”“网上审批”等系列改革，安排专人起草农村集体经济组织章程，让创业者感受改革带来的实惠，全县市场主体连续保持5000户的增长（今年新发展5105户），总量达42065户。二是围绕放管结合，事中事后监管探索了新机制。稳步推进企业年报公示和“双随机”抽查工作，年报率连续8个月排名全市前列；探索实施广告信用分类监管，新注册商标381件，全县商标总量达3882件，全市排名14位，较去年上升10位；完善消费维权“诉转案”对接机制，深入开展12315“五走进”活动，全年受理消费投诉举报286件，挽回经济损失50余万元；扎实开展“红顶中介”清理规范，调研信息被蒲继承县长、纪委李德平书记做出重要批示。三是围绕优化服务，方便快捷助推了生态涵养发展。按照“提质、扩量、增效”要求，扎实开展回龙镇微企创业服务平台试点工作，在初审基础上增设交叉检查、局长办公会审核关口。全年，新发展微企713户，带动就业4280人；按照“清理、整顿、规范”要求，5—11月由局领导带队逐村、逐社、逐户实地检查，开展3次微企集中清理，共清退34户，退款93.2万元，微企清理、整顿、规范工作得到县人大常委会郑云山主任高度肯定；按照“方便、快捷、优质”标准，在登记窗口推行“上门、延时、跟踪、贴心”和“全天候、无缝隙，全方位、零距离”工作规范，全力营造“亲商、清商、安商”良好发展环境，局登记窗口连续10年被评为“红旗窗口”；大力实施精准扶贫，帮助复平乡、龙门镇42户贫困户、136名贫困人口脱贫致富。

【服务供给侧改革】 一是全面清理不正当竞争行为。推行“1333”执法办案新模式，研发手机APP执法办案电子工具书，被市局《工商动态》和《中国消费者报》刊载，查办案件27件，案值近500万元；稳步推进法治工商建设，对435项行政权力进行清理，分别编制目录表、登记表和运行流程图；核审案件27件，开展行政指导45件，调解纠纷4件，全年实现行政复议、行政诉讼双零目标；行政处罚信息公示代表市局迎接总局检查获好评；无传销县综合考评第一名；情报工作在前10个月中被市局点名表扬6次，并在执法办案培训会上作经验交流；网络案件查办实现质的飞跃，是去年的2倍多。二是全面清理处置“僵尸企业”和“空壳公司”。围绕“三去一降一补”供给侧改革，对连续2年未年报、长期未经营的“空壳公司”和“僵尸企业”进行全面清理，全年被列入经营异常名录的121户企业在荣誉评定、招投标等环节受到联合惩戒，155户个体户在申请贷款时受到约束，15人次法院判决的“老赖”在工商登记中受到限制；归集企业信用信息5000余条，被市局采用4017条，数据质量准确率连续12个月保持100%。三是全面清理整顿投资咨询和金融类公司。清理32家投资咨询类企业，其中变更4户，注销8户，吊销8户，提前4个半月完成消减任务；扎实开展格式合同、房地产开发企业等专项行动，积极参与全县烟花爆竹、非煤矿山关闭工作，共发现无照经营269件次，向其他部门抄告信息1254条；成功承办渝东北电子商务、企业监管、非公党建、“两学一做”等6个片会，信用信息工作被市局一、二季度重点工作通报点名表扬，电子商务工作被市局第三季度工作通报点名表扬，荣获2016全国电子商务进农村示范县称号。

【夯实“担当之责”】 一是抓实队伍建设，“三位一体”党建工作迈上新台阶。围绕机关党建、系统党建、非公党建“三位一体”党建工作，坚持将党建工作与业务工作一起谋划、一起安排、一起检查，切实将党建工作扛在肩上、放在心上、抓在手上；坚持局党组中心组每月、机关职工每周三例会、支部每周五党课学习制度，抓实一个班子、两支队伍（党员、骨干）建设，切实提升“领导单位全面建设、解决自身突出问题、完成上级交办任务”三种能力；探索建立非公党建工作汇报和信息报送制度，指导非公企业党组织扎实开展“金点子”评比、“七一”献礼等活动。全年，培育市级示范点1个，县级示范点4个，协助新建非公党组织2个，发展党员6名，2名非公企业党支部书记被选为党代表。二是丰富“两学一做”内涵，学习教育特色明显。按照“党组学、大家谈、问题找”的工作思路，坚持党组带头学原文，带头谈体会、带头讲党课、带头查问题、带头改作风，促使全局上下争做“三好、四线、五带头”标兵，实现了“一个支部一个堡垒、一名党员一面旗帜”目标；在局机关设置形象展示室、青年干部活动室，开设“年轻干部话党建”论坛，举办“红盾夜校”讲座，开展中心组学习12次，局领导上党课16次、讨论发言26人次，学习篇目50余篇，观看《永远在路上》教育影视片8部，查找问题111条，整改97条，整改率87.5%；在市局组织的十个项目业务知识技能竞赛中，企业监管、执法办案等5个项目顺利进入全市决赛。其中，党规党纪知识竞赛获集体二等奖，扈模英获个人第一名；电子商务知识竞赛获集体二等奖，全市第六名；商标广告知识竞赛获全市第七名；蒋锋被评为全系统“最美工商人”。三是突出基层基础建设，工作生活环境更加优美。坚持人财物向基层倾斜，完成梁山二所、袁驿、屏锦等所新建改造，对机关食堂进行重新装修，在局办公楼新建停车场；加大执法装备投入，为局监察室配备真空摄像仪，为基层所配备执法记录仪、便携式打印机、执法车等装备；加大节能减排力度，“三公”经费实现零增长，水、电、气、燃油能耗分别下降2.3%、2.2%、2.5%和3.1%。对全局所有固定资产进行了二维码打印贴标，固定资产清理做到“数据准、情况明”。

【长鸣“警钟之声”】 一是坚持逢会必讲，抓实“两个责任”落实。严格执行从严治党党组主体责任、班子成员“一岗双责”和纪检组监督责任，坚持逢会必讲、下所必查、每月必提“三个必须”，将责任清单细化分解到科所，明确责任要求和完成时限；在全局推行“痕迹化”管理，实行任务安排痕迹化、服务监管痕迹化、考核奖惩痕迹化，做到有章可循，有据可查。二是运用“四种形态”“红脸出汗”成为常态。进一步理顺纪检组工作职责，明确局纪检组不再参与的8项工作；采取“三个三”措施认真贯彻落实市局“七严禁”要求，在局机关电梯、20个科所办公室醒目位置悬挂“七严禁”警示牌，为全局110名干部职工办公电脑设置“七严禁”屏幕保护；加大纪律约谈力度，对全局52名从事微企发展工作的在职职工进行廉政约谈、廉政承诺、廉政签字，实现“三个人人”目标。全年组织谈话2人，通报批评15人，行政处分3人。三是突出监督执纪问责，纪律作风整顿成效斐然。扎实开展以“明责任、敢担当，强纪律、守底线”为主题的纪律作风整顿，紧盯重要节点、突出问题、关键人群，持之以恒改进作风；加大明察暗访工作力度，坚决防止“四风”反弹，形成持续震慑。累计开展明察暗访28次，走访相关部门及服务对象465人次，督促相关科所整改落实11项，梳理风险防范点7个，纪律提醒23人。

（县工商局）

就业和人才服务

【概况】 梁平县就业和人才服务局于2015年12月29日经县编委（梁平机编发〔2015〕128号）批准，由原梁平县就业服务管理局、梁平县劳务经济发展局、梁平县人才交流服务中心、梁平县就业再就业培训中心整合而成，是隶属于县人力资源和社会保障局管理的公益一类正科级事业单位，内设科室9个，分别为：办公室、财务科、失业保险科、职业培训指导科、创业指导科、劳务开发科、人力资源服务科、城乡就业统筹科、流动人员档案管理科，人员编制22人，实有人数20人。

主要负责为劳动者和用人单位提供公共就业服务和人才服务；职业技能、就业创业等职业培训；相关档案管理；高校毕业生登记；人力资源市场日常管理；组织开展人才招聘会和人才交流活动；落实相关措施，宣传贯彻党和国家相关方针、政策和法律、法规，开展相关业务，促进就业再就业、失业保险和劳务经济工作健康协调发展。

2016年，全县城镇新增就业14351人，为年度目标任务3150人的455.59%；城镇登记失业人员就业5802人，为年度目标任务1800人的322.33%；城镇就业困难人员就业1894人，为年度目标任务450人的420.89%；城镇登记失业率为2.97%，比年度控制数低0.73个百分点；开发公益性岗位安置1124人就业，为年度目标任务700人的160.57%。

【就业创业培训】 积极为有创业意愿并符合条件但缺乏资金的创业人士提供创业担保贷款，2016年共计发放创业担保贷款1097笔10983万元，回收943笔8497.05万元，贴息资金629.09万元；引领大学生成功创业67人；新增创业人数5980人，全县返乡创业户数21959户，累计吸纳就业人数47667人，使全县人民感受到了县政府对创业人员的高度重视，进一步促进了创业带动就业。

为有效提高就业创业者的工作素质和能力，结合重点企业人力资源保障技能岗位需求，针对性地开展“定向、定岗、订单”式的培训。截至12月，开展各类培训共计5571人，其中职业技能培训2360人，创业培训880人（微型企业创业培训34人），就业适应性培训2331人，引领大学生成功创业67人；培训农村劳动者13657人，家庭服务从业人员培训人数619人，新市民培训3035人，农村劳务经纪人培训400人，发展家政服务企业15户（新增3户），从业人员6310人，全年实现劳务总收入70亿元，为梁平建设提供了强有力的技能人才支撑。

【就业帮扶援助】 一是认真组织开展“就业援助月”“春风行动”“高校毕业生就业服务月”“农民工日”“就业扶贫招聘活动”等专项活动，宣传和落实了中央和市里出台的各项就业创业扶持政策。二是在全县10个贫困村及所在乡镇（街道）新开发公益性岗位200个，成立公益性劳动组织31个，安置贫困人员就业187人。三是坚持常年随时办理求职登记、职业指导和职业介绍业务，积极架设求职者和用人单位双向选择桥梁。2016年在全县各级公共就业服务机构免费办理各类人员求职登记5579人次，免费开展职业指导5184人次，成功介绍3387人就业。四是适时举办大型招聘会。2016年在县人力资源市场、县人民广场、乡镇场镇共举办现场招聘会83场，县内外入场企业810个，累计提供就业岗位1.37万个，进场求职人数3.9万余人，现场达成意向性就业人数7800余人。五是规范各项补贴，使其落到实处。本着应发尽发的原则，落实社保补贴，通过严格的身份审查，全年为4072人次发放社保补贴1159.14万元，6872人享受职业培训补贴457.67万元，3195人享受职业技能鉴定补贴68.85万元；开发公益性岗位1128个，发放公益性岗位补贴65万元；认真做好稳岗补贴工作，通过宣传、申报、审核、公示等环节，为53户企业发放稳岗补贴299.7万元。

【公共服务体系建设】 2016年年底，按照“统一规划、分步推进” “科学配置、整合资源” “统筹协调、多方支持”的建设原则，已有30个乡镇（街道）纳入了新型乡镇（街道）劳动就业社会保障服务中心建设项目，其中有25个新型乡镇（街道）劳动就业社会保障服务中心已经验收合格并正式投入使用；有75个社区和268个村建立了村级劳动就业和社会保障服务站，实现村（社区）建站率100%。目前，梁平“县—乡镇（街道）—村（社区）”三级公共服务体系基本形成。 （县就业服务局）

价格监管

【市场调控】 加强对粮油盐禽蛋等重要商品价格的监测和预警，保障重要商品供给充裕，确保市场通道顺畅，抑制通胀预期。完成农产品成本调查任务，准确及时完成市物价局安排的相关测算、调查工作。

【价费管理】 出台2016年梁平县行政事业性收费和经营服务性收费目录清单，及时取消、免征部分行政事业性收费、经营服务性收费。制定了公租房租金价格、部分景区门票价格和部分小区物业服务收费标准，规范了幼儿园收费，对梁平中学新修学生公寓、梁平职教中心学生公寓收费进行审核和调整；开展城区居民用水用气阶梯价格前期工作；扎实开展梁平一中收费、黑石包水厂和柏家水厂供水、农村客运票价等成本监审（调查）；制定企业减负方案，加快落实企业用电、用气政策，协调直供用电、用气交易，为企业营造良好价格环境。

【价格执法】 加强民生价格监管，维护群众合法权益；加大节假日市场价格行为监管，对旅游景点、教育、药品、交通、天然气价格等巡查，进一步规范价格行为；开展涉企涉农收费专项检查工作；畅通民意诉求渠道，县“12358”全年共受理价格举报120件，举报办结率100%。全年共查处各类价格违法行为案件4件，经济制裁231.5万元。

【价格认定】 围绕“服务司法、服务政府、服务社会、服务系统”宗旨，稳妥开展价格认定服务。全年共开展涉案财物价格认定143件，涉及标的金额88.1万元，认定物品900余种，为公安、司法等行政执法机关办案提供了合理、科学、实用的价格参考依据。（县发改委 金海龙）

质量技术监督

【概况】 梁平县质量技术监督局是梁平县负责质量管理、计量管理、标准化管理、认证认可管理、产品质量监督、特种设备安全监察工作的综合管理和行政执法部门。全局共有行政编制（含行政执法专项编制）17名，机关后勤服务事业编制2名，2016年年底在职行政编制人员15人，在职机关后勤服务人员2人，其中党员16人。全局内设办公室（监察室）、法制科（行政许可管理科）、质量科（标准化管理科）、计量科（认证认可监督管理科）、特种设备安全监察科5个科室；下设1个直属行政机构（重庆市梁平区质量技术监督执法大队），负责查处本地区违反质量技术监督法律法规的行为；办理质量技术监督行政处罚案件；负责有关质量技术监督的举报投诉工作。

2016年，梁平县质监局紧紧围绕市质监局、县委和县政府决策部署和梁平发展定位，以“创新提质增效”为主题，开拓创新、扎实履职，聚力推进质量服务发展项目化、质量安全监管标准化、技术能力提升链条化、队伍建设制度化“四化”建设，圆满完成了年初确定的各项目标任务，全县质量基础工作得到进一步加强，促进了区域经济发展，得到了政府的肯定、企业的认可、群众的赞誉。

【质量管理】 主动汇报争取，县政府召开了质量强县领导小组会，印发了《贯彻实施质量发展纲要2016年度行动计划》和《梁平县2016年重点工业产品质量提升行动工作方案》等文件。对全县33个乡镇（街道）进行质量工作考核，重庆名牌培育工作纳入“特色工业突破年”目标任务考核，质量安全工作经费列入财政预算。开展质量状况分析，组织编制了《2016年重庆市梁平县质量状况分析报告》，分析质量工作存在的问题和原因，提高质量工作对策措施的针对性、有效性。推进“质量强园”，积极构建“依靠政府、联合部门、抓住企业、监管产品”的大质量工作机制，通过集中培训园区企业、重点培育园区品牌、加强园区企业管理体系指导等措施，促进园区企业产品质量和产值的双提升。培育指导全区4家企业申报重庆名牌产品和知名产品，梁平县海螺水泥有限责任公司和重庆自勇科技有限公司分别获得重庆名牌产品和重庆知名产品称号。大力支持品牌建设，将质量奖、重庆名牌奖励纳入了梁平区创新驱动奖扶范围，对获得中国质量奖、中国质量奖提名奖、重庆市市长质量管理奖、重庆市市长质量管理奖提名奖的，分别一次性奖励50万元、25万元、20万元、15万元；对首次认定的重庆名牌产品、重庆知名产品，分别一次性奖励10万元、5万元。

【计量管理】 积极开展基层医疗机构强检计量器具免费检定工作，联合县卫计委等相关单位，率先于4月底完成全县乡村社区医疗计量设备免费检定工作，为32家乡镇卫生院、2家社区卫生服务中心、458家村卫生室共检定计量器具1519台（件），顺利通过验收组考核，为乡镇社区医疗机构免费25万多元。加强对重点领域计量器具监管，组织对区级医疗机构、自来水公司、电力公司、天然公司、煤矿、加油站、治超站等重点单位的计量器具开展专项监督检查，集中约谈了存在问题的计量器具使用单位负责人，督促其及时整改；集中对重百、永辉超市等大中型超市、农贸市场、电子计价秤销售门市、配制眼镜店等大众领域的计量器具的配备、使用、检定情况进行监督检查，及时查处违法行为，切实保障了消费者的合法权益；积极参与重庆·梁平第八届采柚节活动，对龙滩名柚园和梁平柚经销摊点用于贸易结算的计量器具提供免费检定，为规范梁平柚公平交易做出了贡献。

【标准化管理】 指导帮扶企业开展标准化建设。鼓励指导企业参与企业产品标准自我声明公开，指导帮扶6家重点企业成功通过国家标准委企业产品标准信息公共服务平台开展企业产品标准自我声明公开，全县共有22个企业标准进行了自我声明公开。鼓励小型企业建立企业标准体系，指导企业完善企业标准体系建设，鼓励企业开展“标准化良好行为”创建活动。目前，重庆蜀达饲料有限公司等2家企业已通过企业标准化良好行为确认。推进农业标准化示范区建设，进一步加强对已通过验收的梁平柚市级标准化栽培示范项目检查，确保项目持续提高；指导帮扶重庆水生农业开发有限责任公司深入建设梁平县泥鳅养殖农业标准化示范区项目，促进了全县特色产业发展。

【认证认可管理】 筹建重庆塑料检测中心，围绕梁平产业发展定位，立足千亿级塑料生态产业园项目，积极争取筹建重庆塑料检测中心建设。通过前期项目申报等各项准备工作，已于2016年10月31日完成重庆塑料检测中心揭牌仪式。目前，正积极配合县经信委等相关部门实施项目建设工程，推进技术服务向产业链的深度延伸。完善质量技术服务，全面开展认证“双提升”活动，组织对5家检验检测机构和6家获得强制性产品认证企业进行大检查，要求检验检测机构落实检验检测信息“三公开”，建立样品盲样流转机制，对企业原材料进货检验、过程控制、CCC认证标志管理和使用等方面进行规范。开展检验检测机构能力验证工作，组织梁平水质监测站、环境检测站和疾病预防控制中心3家检验检测机构参加水质（铅、氨氮）和高性能减水剂（减水率、7天抗压强度比）的能力验证检测，全县3

家检验检测机构均通过能力验证。

【特种设备安全管理】 以开展特种设备“三大战役”“五大行动”为主线，以“三落实，两有证，一检验，一预案”为抓手，不断夯实基础、提升能力，全面推进特种设备安全监察工作规范化建设，实现全年特种设备安全生产“零事故、零死亡”的工作目标。截至2016年年底，全县共有注册在用特种设备1955台（件），比上年新增163台（件），年增长9%。其中电梯964台（新增203台），压力容器720台（减少35台），起重机械115台（减少31台），锅炉96台（新增22台），场（厂）内机动车辆56台（新增2台），游乐设施4台（新增2台）。注册气瓶共42227只（其中液化石油气瓶36000只，氧气瓶1000只，车用气瓶5227只）。县内长输油气压力管道189.5公里，城镇燃气管道177公里，工业管道101公里。全年累计共出动检查人员320人次，检查特种设备企业118家，排查出安全隐患116处，下达安全监察指令书116份，立案查处21起，隐患全部整改到位。

【行政执法】 进一步推进工业产品生产企业落实产品质量安全主体责任，对全县7家获证企业实施了分类定级监管，突出监管重点，提高监管工作的针对性和有效性。及时掌握和了解辖区内产品质量监督抽查状况，加强质量监督，依法开展监督抽查后处理工作。对烟花爆竹、电线电缆、农资、眼镜配置、儿童玩具等涉及民生的重点消费品开展专项执法检查。2016年，共出动执法人员519人次，检查企业300家次，立案查处各类质量违法案件49件，当场处罚5件。全年共办理举报投诉11件（质量方面2件，计量方面5件，特种设备方面4件），调解质量纠纷1件，办结率100%。在行政处罚案件办理中做到处罚与教育相结合，查处一个，教育整顿一批，提升一片，指导督促企业整改，消除产品质量安全隐患。

（质监局）

食品药品监督管理

【概况】 重庆市食品药品监督管理局梁平县分局（简称县食药监分局）负责辖区内食品（生产加工、流通、餐饮环节）、药品、保健食品、医疗器械、化妆品安全监督管理及食品安全综合协调职责。全局共设办公室（监察室）、综合科、法制监督科、行政审批科、食品监管一科、食品监管二科、药品监管一科、药品监管二科8个内设科室和梁山街道食药监所、双桂街道食药监所2个直属所，现有在编在职工作人员46人，其中机关24人，直属所22人。

2016年3月18日，县食药监分局由梁山街道顺城街181－4－1号迁址到梁山街道双桂路429号。

2016年，全县有食品生产企业70家，食品小作坊及加工户745家，食品经营单位4864家，其中学校及托幼机构食堂259家，食品从业人员16900余人；涉药单位866家，药品从业人员3500余人，其中生产企业1家，批发企业4家，零售药店281家；化妆品经营企业160家（含美容美发机构）。

2016年，县食药监分局在县委、县政府和市食品药品监督管理局的正确领导下，认真贯彻落实中共十八大和十八届三中、四中、五中、六中全会精神，以“两学一做”学习教育活动为抓手，按照“四个最严”总体要求，紧紧围绕保障公众饮食用药安全这一中心任务，坚持“日常监管从严、专项打击从重”的原则，以持续深入打击行业“潜规则”为重心，通过强化日常监管和开展各类专项整治，认真落实监管责任，严打违法犯罪行为，有效规范了食品药品市场秩序，各项工作成效明显，全年未发生食品药品安全事故。

【法律法规宣传】 2016年通过GSP学习、食品药品安全会议、食品安全知识大讲堂、安全知识“三进”、法制宣传月、“3·31”主题宣传日等形式开展各类宣传活动41场次，发放宣传资料20000余册。通过梁平电视台、《梁平报》、梁平网、《梁平手机报》、微信公众号等多渠道宣传食品药品安全知识，不断提升公众的食品药品安全意识。电视台、《梁平报》《梁平手机报》、梁平网等媒介采用宣传稿件40余篇。

【“四品一械”监管】

食品　以冻肉市场、食品添加剂、学校食堂及周边、食用农产品等为重点开展各类专项整治14次，先后查处经营未经检验检疫冻肉案件9件，查扣涉案冻肉及制品619千克；连续查处假冒“郎酒”系列案件27件，查扣违法配制酒147瓶，货值金额5.88万元，向公安机关移交假冒食品案1件。大力开展全覆盖监督抽检和食品快速检测，全年完成食品监督抽检788批次，检验合格764组，合格率96.9%，完成食品品种快检327组，合格率96.3%，食品安全总体形势持续稳中向好。针对监督抽检不合格产品，均严格按照“三个100%”要求进行了后处理。全年出动执法人员3500余人次，检查食品市场主体6600余户次，共查处违法案件207件，处罚没款114.46万元。此外，圆满完成了元旦、春节、中秋、国庆、“6·19”庙会、高中考等12起重大活动和节庆期间食品安全保障任务。

药品　以严查违法违规行为、规范药品市场秩序为总体目标，先后开展零售药店专项整治、药品流通领域专项整治、含特殊药品复方制剂专项整治、中药饮片专项整治等系列整治行动，全年共出动执法人员1000余人次，检查药品企业1300余户次，发出责令改正通知书200余份，对企业负责人开展约谈12次，立案查处违法案件118件，处罚没款14.85万元。完成药品抽样110批次，收到不合格检验报告3批次，合格率97.3%。

保健食品　开展保健食品销售市场专项整治，重点打击假冒保健食品及租赁场所夸大功效虚假宣传等违法行为，整治市场乱象，对全县13家保健食品专卖店负责人进行集中约谈并签订《保健食品经营企业质量安全承诺书》，推动全县保健食品市场秩序明显好转。全年完成保健食品抽样检测任务10批次，合格率100%。全年立案查处保健食品违法案件4件，处罚没款1.3万元，查扣违法保健食品497瓶（盒），货值金额5.55万元。

化妆品　开展化妆品专项整治，采取集中整治和分段治理相结合的方式，重点对大中型美容美发场所、化妆品批发市场等区域，美白祛斑、美体瘦身、烫发染发等重点产品加强日常监督管理，边整治边规范，边宣传边引导。全年共检查美容美发场所169家，下发《责令改正通知书》76份，查处化妆品违法案件11件，处罚没款2.53万元，现场销毁过期化妆品货值金额达2.7万元。完成化妆品风险监测与监督抽检任务28批次，不合格1批次，风险监测不合格3批次。建立化妆品不良反应监测哨点2个，上报化妆品不良反应26例。

医疗器械　扎实开展医疗器械流通领域违法经营行为专项整治，以个体诊所、村（社区）卫生室等医疗器械高风险单位为重点对象，着力整治非法经营、夸大宣传、使用无证产品等违法行为。全年完成医疗器械抽检16批次，合格率100%；检查医疗器械经营使用单位600余家次，监督检查覆盖率100%；立案查处违法案件35件，处罚没款37.34万元，进一步规范了全县医疗器械经营使用行为。

【监管能力建设】

完善监管体系，全面实现网格化管理　全面推进监管队伍建设，31个乡镇非直属所分别配备了3~5名工作人员。截至2016年年底，全县直接从事食品药品监管的执法人员达到151人，341个村（社）配备了食品药品安全协管员，县、乡（镇）、村（社）的三级监管网格全面建成。围绕基层所监管能力建设，为33个乡镇（街道）监管所配齐了快检室硬件设施和检测试剂，先后开展3次理论培训和1次实作轮训，组织33名基层所长参加市局主办的所长培训班，开展了5次执法办案集中培训和多次实地指导，有效提升基层监管所监管能力，全县31个乡镇非直属所全部实现食品药品违法案件“零突破”。不断巩固食药监与公、检、法、司“五位一体”合作机制，抽调精干力量组建执法大队，强化行刑衔接工作，合力打击食品药品违法犯罪行为，全年召开县食安委成员单位工作例会4次、联席会议6次。向公安机关移交假药案2件、假冒食品案1件，公安机关对1起暴力抗法当事人处以行政拘留，极大震慑了违法犯罪分子。

健全制度机制，提升监管能力和服务水平 与各乡镇（街道）签订《梁平县2016年食品药品安全工作目标责任书》，将食品药品安全纳入地方经济社会发展实绩和综治考核内容，确保基层政府主体责任有效落实。将食品经营许可、食品小作坊备案等行政审批事权下放至基层监管所，极大方便了群众办理许可手续。严把市场主体准入关，对已下放到乡镇的审批项目进行监督检查，确保符合资质的企业进入食品药品市场。8月正式启动“两证合一”工作，全年共办结食品药品企业许可申请1717件，比2015年增加31.67%，无一件许可超出承诺时限。全面开展“三小”和家宴服务提供者备案管理工作，全县食品市场主体持证（备案）率达到90%以上；积极组织药品从业人员参加执业药师考试，全县药品零售企业执业药师配备率首次超过50%，为逐步实现全县药品零售行业人员专业化打下良好基础。全年支持和新发展食品生产企业2家，食品流通和餐饮服务企业1563家，新开办药品批发企业1家，在新城配套便民服务设施工作中引入药品零售企业4家。

广泛宣传引导，不断巩固社会共治格局 继续推行“三亮二开一公示”和痕迹化监管模式，将每户食品生产经营单位行政许可情况、监管（协管）责任人信息、安全监管等级等信息上墙公开公示，促使市场主体主动接受社会监督，执法人员自觉落实监管责任，实现了社会监督网格化管理。稳步推进政务公开，定期将行政许可信息和已办结的违法案件在分局网站上进行公示，曝光企业违法行为；及时转发总局、市局公布的不合格产品信息，让社会监督、让市场倒逼。全年公布行政处罚案件375件，公布不合格产品信息28条，在对企业实施社会惩戒的同时，进一步方便了群众知晓。积极扩宽举报投诉途径，通过电视台、《梁平报》、分局网站、分局微信公众号等途径广泛公布“12331”投诉举报热线及分局投诉举报电话，实现举报投诉24小时全程畅通，全年接受群众投诉、举报81件，所有受理件均按时办结回复，处理率100%。（食药监局）

安全生产监督管理

【概况】 梁平县安全生产监督管理局为县政府工作部门，在册职工31人。内设办公室、综合协调科（工矿商贸安全监管科）、职业安全健康监管科、矿山安全监管科、危化品安全监管科（行政审批服务科）等5个科室，直属事业单位有梁平县安全生产监察执法支队（参公）、梁平县安全生产应急救援指挥中心。

2016年，县安全生产工作在县委、县政府的正确领导下，牢固树立“以人为本”的安全发展理念，按照“党政同责、一岗双责、齐抓共管、失职追责”的工作要求，狠抓隐患治理，强化监管执法，深化“打非治违”，坚决遏制较大以上事故、努力减少一般事故，确保了全县安全生产形势的总体平稳。

【推进烟花爆竹行业转型】 梁平原是全国22个烟花爆竹生产重点县之一，有烟花爆竹生产企业27家，从业职工1.2万人，年产值15亿元以上。2016年，坚决执行市委、市政府重大决策部署，严格按照依法、科学、安全的原则，强化调研宣传，扎实开展烟花爆竹转型发展工作。坚持从严监管与服务转型并重，确保特殊时段安全稳定。并进一步强化烟花爆竹生产企业停产后的“打非”力度，实行乡镇（街道）负责人“一对一”日常监管，强化昼夜巡查等安全防范措施。确保全县27家烟花爆竹生产企业整体退出成功转型发展，实现了三个“零目标”，圆满完成了阶段性工作任务。

【扎实推进专项整治】 2016年，始终抓住非煤矿山、危化烟花爆竹等重点行业安全生产工作不放松，制定细化方案、明确整治责任，加强联合执法，完善工作机制，落实“四个一律”措施，加大对矿山无证开采、非法违法经营危险化学品等非法违法打击整治力度，规范安全生产秩序。全年非煤矿山开展安全检查268余次，下达检查记录268份，发现隐患866条，发出整改指令38份，停产整顿处罚28次，经济处罚6次，共计罚款11.2万元。全面开展危险化学品和烟花爆竹打非治违工作，开展专题宣传292次，没收非法储存销售烟花爆竹成品3350件，没收非法销售柴油8吨，罚款3.5万元，警告教育8人，治安拘留8人。

【提升全民安全素质】 进一步加强安全生产宣传教育工作，坚持以加强教育培训为基础，以安全文化创建为载体，以各类新闻宣传媒体为平台，深入开展形式多样、内容丰富的安全生产宣传活动，取得了良好成效。一是加强日常安全生产宣传培训。建立日常化、制度化的培训机制，加强安全生产宣传力度，从安全文化的高度提升宣传品质、实效。共举办非煤矿山、危化品、烟花爆竹企业及一般工商贸企业负责人、安全管理人员和特种作业人员等人员培训班35期，培训5100人，进一步提升了企业安全生产水平。二是注重安全生产信息化建设。以信息化促进公开化，有效提升隐患排查系统、事故统计系统、市安监局网上办事系统等系统的应用能力信息化。抓好网站建设，加强整改、充实和维护，实现了网站建设从无到有，从有到优的跨越提升。三是拓宽宣传渠道，丰富宣传内容。以“安全生产月”为重点，创新宣传手段，拓展宣传载体，在全社会普及安全生产知识，深入开展安全知识进社区、进学校、进企业等“十进”活动。全县开展义务宣传10万余人次，发放宣传单、宣传资料、宣传书籍30多种共5万份；统一印发“打非治违”通告3万份，张贴到各乡镇（街道）、社区、交通要道等醒目位置。

【规范行政执法】 县安监局以“两学一做”为契机，紧紧围绕规范行政权力运行、深化行政审批制度改革等重点工作，不断加强法治建设，完善依法行政工作机制，规范行政执法行为，强力推进依法治安，安全生产领域法治建设工作取得了明显进展。一是建立健全安全生产行政执法责任制度，约束监管执法权力。严格处罚程序及处罚标准，对所有的执法案件，在立案审批、调查取证、处罚告知、作出处罚决定、送达、执行、公布等各个环节，都严格执行程序规定，形成“用制度管人，用制度管事，用制度执法”的良性执法机制。二是规范行政执法自由裁量权和行政执法文书，促进依法行政。强化执法人员法律法规学习，防止行政处罚中执法不公、“同案不同果”“同案不同罚”等损害安监形象的问题，更好地发挥自由裁量权在加强经济社会管理、促进社会公平、提高办事效率等方面的作用。三是开展安全生产诚信体系建设。建立安全生产不良信用记录制度及安全生产诚信“黑名单”制度，把行政执法融入诚信体系，加大违法企业的违法成本，让守法经营、安全生产成为企业的自觉意识。

（安监局）

网言网语·感悟

老鼠嘲笑猫的时候，身旁必有一个洞。

我们可以躲闪一头大象，却躲不开一只苍蝇。

成功便是站起来比倒下去多一次。

失败并不意味着你浪费了时间和生命，只表明你有理由重新开始。

网言网语·职场

刘备的经历告诉我们：做老板，完全可以从摆地摊做起。

孔明的经历告诉我们：进小公司，有时比进大企业更有发展空间。

马谡的经历告诉我们：专业课学得再牛，工作也可能一败涂地。

杨修的经历告诉我们：高得比领导还高明，会死得很惨。

社会事业

山羊养殖

科技　气象

科 学 技 术

【概况】　梁平县科学技术委员会是县政府组成部门，主管全县科技和知识产权工作。内设综合科、科技创新发展科、知识产权科，机关编制人数7名，在编人数6人。下辖1个事业单位：梁平县生产力促进中心（梁平县科技信息服务中心、梁平县科技金融服务中心），事业编制人数7名，在编人数5名。

2016年，全县科技工作在县委县政府的高度重视下，始终坚持“137”发展思路，紧紧围绕建设“面上保护、点上开发”示范县工作目标，立足全县中心工作和重点工作，大力实施创新驱动发展战略和知识产权战略，推进以科技创新为核心的全面创新，充分发挥科技创新在县域供给侧结构性改革中的支撑和引领作用，打造发展新引擎，培育发展新动能，促进县域经济社会可持续发展。2016年获批建设“重庆国家功率半导体高新技术产业化基地”和“国家知识产权强县工程试点县”，新获认定市级企业工程技术研究中心2家、市级产学研协同创新中心1家、高新技术产品28个、国家高新技术企业8家、市级科技型企业27家、国家知识产权优势企业1家、市级知识产权优势企业4家、市级知识产权试点企业4家。科技新闻宣传82次（市级及其以上媒体宣传我县科技工作15次）。获县级及以上表彰先进集体、先进个人5项次，承接市委科技创新实绩考核在渝东北生态涵养发展县排名第2位。

【科技政策】　2016年，通过深化科技改革，出台《关于深化改革扩大开放加快实施创新驱动发展战略的实施意见》《关于促进企业技术创新的实施意见》（企业创新19条）、《关于发展众创空间推进大众创业万众创新的实施意见》《梁平县创业种子投资基金管理办法（试行）》，修订和完善《梁平县科技计划项目和资金管理办法（试行）》（科技计划“后补助”改革）、《梁平县专利资助奖励办法（2016年修订）》，营造了创新创业生态环境。

【科技项目】　2016年，设立创新发展基金1000万元，支持实施县级科技计划项目54项。

【科技金融】　2016年，设立县科技金融服务中心，组建1000万元县种子基金（其中市财政出资400万元，县政府出资600万元）。成立县种子基金投资决策委员会，成功举办重庆市创投每周行走进梁平暨县首届创新创业大赛，评选出20个优胜项目作为县种子基金拟支持对象。

【科技成果】　2016年，全县创造并在“国家科技成果登记系统”登记科技成果39项。

表2　　2016年梁平县科技成果登记一览表

序号	科技成果名称	成果完成单位	成果登记号
1	一种可折叠带发卡梳子	重庆市木缘坊工艺品有限公司	梁平科成字2016Y001
2	一种用于梳子生产的打磨机	重庆市木缘坊工艺品有限公司	梁平科成字2016Y002
3	鼓风式收集废料的梳子打磨机	重庆市木缘坊工艺品有限公司	梁平科成字2016Y003
4	一种双向可调不停机木梳开齿机	重庆市木缘坊工艺品有限公司	梁平科成字2016Y004
5	一种带有木屑收集箱的双向可调木梳开齿机	重庆市木缘坊工艺品有限公司	梁平科成字2016Y005
6	一种梳子开齿机的旋转式夹持装置	重庆市木缘坊工艺品有限公司	梁平科成字2016Y006
7	一种抽风式自动收集木屑的木梳开齿机	重庆市木缘坊工艺品有限公司	梁平科成字2016Y007
8	一种带有可拆卸折叠手柄的滑槽镶嵌式梳子	重庆市木缘坊工艺品有限公司	梁平科成字2016Y008
9	一种带有渐变式手柄的可折叠发卡式梳子	重庆市木缘坊工艺品有限公司	梁平科成字2016Y009
10	一种带有可拆卸手柄的弹性镶嵌式梳子	重庆市木缘坊工艺品有限公司	梁平科成字2016Y010
11	一种便携式多用途梳子	重庆市木缘坊工艺品有限公司	梁平科成字2016Y011
12	一种便携式可折叠双用梳子	重庆市木缘坊工艺品有限公司	梁平科成字2016Y012
13	自动清洁的可伸缩式梳子	重庆市木缘坊工艺品有限公司	梁平科成字2016Y013
14	一种带有波纹手柄的可折叠发卡梳子	重庆市木缘坊工艺品有限公司	梁平科成字2016Y014
15	防止豆皮粘锅的豆浆锅	重庆魏钇科技有限责任公司	梁平科成字2016Y015
16	制备柚子酒的方法	重庆市昌鑫植物油有限责任公司	梁平科成字2016Y016
17	竹制品或木制品黏合剂的制备工艺	重庆知德文化传播有限公司	梁平科成字2016Y017
18	自行式液压搅拌机	重庆宏工工程机械有限公司	梁平科成字2016Y018
19	长竹丝制备工艺	重庆知德文化传播有限公司	梁平科成字2016Y019
20	竹帘画白堂心漆料的制作工艺	重庆知德文化传播有限公司	梁平科成字2016Y020
21	全自动豆棒生产设备	重庆一根豆筋有限公司	梁平科成字2016Y021
22	钻孔打桩一体机	重庆宏工工程机械有限公司	梁平科成字2016Y022
23	钻孔打桩拔桩一体机	重庆宏工工程机械有限公司	梁平科成字2016Y023
24	带上料机构的自行式液压搅拌机	重庆宏工工程机械有限公司	梁平科成字2016Y024
25	黄栀子中药酒及其制备方法	重庆市柚神酒业有限责任公司	梁平科成字2016Y025
26	池塘低碳高效流水养殖技术创新与应用	梁平县鸿韵渔业有限公司	梁平科成字2016Y026
27	速冻鲜豆筋制作工艺研究与应用	重庆魏钇科技有限责任公司	梁平科成字2016Y027

续表

序号	科技成果名称	成果完成单位	成果登记号
28	贴面封装二极管焊接工艺和工艺所用多点点胶工装以及多点上芯工装	重庆平伟实业股份有限公司	梁平科成字 2016Y028
29	一种带有二次提升功能的钻孔打桩一体机	重庆宏工工程机械有限责任公司	梁平科成字 2016Y029
30	自上料滚筒式液压搅拌机	重庆宏工工程机械有限责任公司	梁平科成字 2016Y030
31	活化炉进料结构	重庆亿豪活性炭有限责任公司	梁平科成字 2016Y031
32	多层玻钝硅芯片轴向封装超高压二极管	重庆平伟实业股份有限公司	梁平科成字 2016Y032
33	薄型贴片封装双向 GPP 超高压二极管	重庆平伟实业股份有限公司	梁平科成字 2016Y033
34	LED 模组中铝基板和散热器之间导热硅脂的填充方法	重庆平伟光电科技有限公司	梁平科成字 2016Y034
35	灯具智能控制系统	重庆平伟光电科技有限公司	梁平科成字 2016Y035
36	一种竹丝漂白工艺	重庆知德文化传播有限公司	梁平科成字 2016Y036
37	竹丝漂白工艺	重庆知德文化传播有限公司	梁平科成字 2016Y037
38	用于电子元器件混料自动检测分料气轨上的自动排料槽	重庆平伟实业股份有限公司	梁平科成字 2016Y038
39	活化炉送风结构	重庆亿豪活性炭有限责任公司	梁平科成字 2016Y039

【科技平台】 2016 年，获批认定的市级科技创新平台 3 个。

表 3　**2016 年市科委认定科技平台一览表**

序号	平台名称	依托单位
1	重庆市合金材料及制品工程技术研究中心	重庆巨源不锈钢制品有限公司
2	重庆市卤制食品工程技术研究中心	重庆市梁平张鸭子食品有限公司
3	重庆市高聚物环保材料及制品产业技术协同创新中心	重庆市森宝木胶有限公司

【高新技术企业】 2016 年，全县新获批认定国家高新技术企业 8 家，每家企业获得市财政一次性后补助资金 20 万元。

表 4　**2016 年新获批国家高新技术企业名单一览表**

序号	企业名称	证书编号	补助资金（万元）
1	重庆市卓航再生资源回收有限公司	GR201651100118	20

续表

序号	企业名称	证书编号	补助资金（万元）
2	重庆市森宝木胶有限公司	GR201651100201	20
3	重庆魏钇科技有限责任公司	GR201651100227	20
4	重庆平伟光电科技有限公司	GR201651100288	20
5	重庆宏工工程机械有限责任公司	GR201651100394	20
6	梁平县丰疆生物科技有限公司	GR201651100571	20
7	重庆巨源不锈钢制品有限公司	GR201651100633	20
8	重庆知德文化传播有限公司	GR201651100639	20

【科技型企业】 2016年，全县纳入“重庆市科技型企业信息管理系统”统一管理的企业达27家，每家企业获得市科委2万元科技创新券。

表5　**2016年梁平县市级科技型企业一览表**

序号	企业名称	科技创新券（万元）
1	重庆平伟实业股份有限公司	2
2	重庆平伟光电科技有限公司	2
3	重庆捷尔士显示技术有限公司	2
4	梁平县天胜电子有限公司	2
5	重庆市时新电子有限公司	2
6	重庆市森宝木胶有限公司	2
7	重庆利财管道有限公司	2
8	重庆市卓航再生资源回收有限公司	2
9	重庆市久三建材有限公司	2
10	重庆巨源不锈钢制品有限公司	2
11	重庆宏工工程机械有限责任公司	2
12	重庆市胡特建材有限公司	2
13	重庆自勇科技有限公司	2
14	重庆市宏胜伞业有限责任公司	2
15	梁平县春雄农业机械有限公司	2
16	重庆市都梁实业有限公司	2
17	重庆亿豪活性炭有限责任公司	2
18	重庆市梁平张鸭子食品有限公司	2

续表

序号	企业名称	科技创新券（万元）
19	重庆上口佳农业开发有限公司	2
20	梁平奇爽食品有限公司	2
21	重庆一根豆筋有限公司	2
22	重庆魏钇科技有限责任公司	2
23	重庆香顺调味品有限公司	2
24	重庆市昌鑫植物油有限责任公司	2
25	梁平县丰疆生物科技有限公司	2
26	重庆市咪兔实业有限公司	2
27	重庆知德文化传播有限公司	2

【高新技术产品】 2016 年，全县新获国家“高新技术产品（服务）”认定 28 个。

表 6 **2016 新获批国家高新技术产品（服务）认定一览表**

序号	单位名称	产品名称	产品证书号
1	梁平县奇爽食品有限公司	Q 爱柚	2017A1287
2	梁平县天胜电子有限公司	网络变压器电性参数测试仪	2017A1288
3	梁平县天胜电子有限公司	24PIN 变压器测试仪	2017A1289
4	梁平县天胜电子有限公司	网络变压器取件器	2017A1290
5	重庆宏工工程机械有限责任公司	打钻一体机 HG 系列	2017A1291
6	重庆宏工工程机械有限责任公司	搅拌机 HG 系列	2017A1292
7	重庆捷尔士显示技术有限公司	VA 型液晶显示器	2017A1293
8	重庆巨源不锈钢制品有限公司	薄壁不锈钢管道连接件	2017A1294
9	重庆巨源不锈钢制品有限公司	镀镍不锈钢管材	2017A1295
10	重庆利财管道有限公司	中空壁消音管	2017A1296
11	重庆平伟实业股份有限公司	50N06F 场效应晶体管	2017A1297
12	重庆平伟实业股份有限公司	PS20U100FCT 肖特基整流二极管	2017A1298
13	重庆平伟实业股份有限公司	PSB30U50CTR 肖特基整流二极管	2017A1299
14	重庆平伟实业股份有限公司	XND18 新能源光伏专用模块	2017A1300
15	重庆平伟实业股份有限公司	KBJ1006L 桥式整流器	2017A1301
16	重庆平伟实业股份有限公司	GBP206L 桥式整流器	2017A1302
17	重庆平伟实业股份有限公司	D1Z6 阻尼二极管	2017A1303

续表

序号	单位名称	产品名称	产品证书号
18	重庆平伟实业股份有限公司	4N65F 场效应晶体管	2017A1304
19	重庆平伟实业股份有限公司	GBJ1506L 桥式整流器	2017A1305
20	重庆平伟实业股份有限公司	GBL406L 桥式整流器	2017A1306
21	重庆上口佳农业开发有限公司	竹笋生产系统	2017A1307
22	重庆市咪兔实业有限公司	多功能车载毛绒玩具	2017A1308
23	重庆市森宝木胶有限公司	阻燃型纸箱胶粘剂	2017A1309
24	重庆市时新电子有限公司	贴片式微动开关	2017A1310
25	重庆市卓航再生资源回收有限公司	XJL－005 五代小加力	2017A1311
26	重庆亿豪活性炭有限责任公司	亿豪牌变压吸附专用竹质活性炭	2017A1312
27	重庆自勇科技有限公司	耐张线夹	2017A1313
28	重庆自勇科技有限公司	穿刺线夹	2017A1314

【科技合作】　2016 年，围绕“一支柱四集群”特色工业集群和“1＋3”特色效益农业的培育和发展，广泛开展科技合作和引资引智。柔性引进塑料、集成电路、不锈钢、水产、梁平柚、食品加工等行业高层次专家 52 名。引进以浙大科发集团董事长陈晓锋、杉杉控股董事局副主席胡海平等创业导师及团队入驻“筑梦众创空间”。邀请国家集成电路产业投资基金总裁丁文武、中国科学院微电子研究所所长叶甜春、电子科技大学光电信息学院院长蒋亚东等国家级集成电路行业专家为梁平县集成电路产业发展定位导航。推动与电子科技大学、重庆邮电大学及 CETC 重庆声光电公司等院所合作，助力梁平县集成电路封测与应用产业发展。强化与西南大学、重庆畜科院等高校和科研院所合作，为梁平柚、优质粮菜、水产、畜禽、蜜蜂、竹产业、农副产品深加工提供人才和技术支撑。重庆平伟实业股份有限公司“半导体光电产品创新创业团队”纳入“重庆市五大功能县域创新创业团队支持计划”，重庆市梁平张鸭子食品有限公司董事长刘昌仁入选“重庆市‘三百’科技领军人才支持计划”。开展科技引资，编制完成《梁平县集成电路封测与应用产业集群发展规划》，策划集成电路引资项目 17 个，签订集成电路产业引资项目合同 8 个，合同引资 12 亿元，到位资金 7.5 亿元。

【重大科普活动】　2016 年，集中举办了 2016 年保护知识产权宣传周和科技活动周重大科普活动。

知识产权宣传　2016 年，以“加强知识产权保护运用，推进建设知识产权强县试点县”为主题，组织开展“知识产权宣传周”“专利周”集中宣传活动，制作并发放宣传资料 50 类种，3.5 万余份，宣传画 0.3 万余张，宣传手册 0.2 万余本，出动宣传车 42 台次，举办知识讲座 34 场次，展示专利产品 300 余件、侵权产品 14 种 250 余件、假冒伪劣商品 50 种；接受咨询 2.2 万余人次、受教育群众达 3.5 万余人。

科技活动周　2016 年，以“创新引领·共享发展”为主题，组织开展科技活动周，大力宣传科技支撑经济社会发展、惠及民生的重要作用，积极引导广大公众参与科普活动，理解科技创新、支持科技创新、参与科技创新，发放资料 4.2 万份，展示实物设备 430 件，开展各类技术

培训85场次，接受企业、群众咨询3.1万余人次。“科技活动周”活动被重庆市科委评为一等奖。

【可持续发展】 贯彻落实县委、县政府《关于加快建设国家可持续发展实验县的实施意见》，扎实推进六大重点任务和十大重点示范工程建设，全面完成可持续发展实验县建设年度目标任务。金带镇、合兴镇、明达镇和平伟实业有限责任公司积极开展可持续发展示范乡镇、村（社县）和示范企业建设，全面推进可持续发展实验县建设的体制机制创新。配合国家21世纪议程管理中心，完成了国家可持续发展实验县创新能力检测数据调查和自评工作。

【知识产权】 大力实施知识产权战略，进一步提升了企业知识产权创造、运用、保护和管理能力，增强企业知识产权保护和维权意识。全县申请专利483件，同比增长58%（其中发明专利120件，同比增长106%），申请国际专利1件，实现国际专利零突破；专利授权279件（其中发明专利14件，完成年度计划140%）。有效发明专利68件，专利密度达1.05件/万人，同比增长45%，发明专利申请量占申请总量的30%，全县创新能力、创新质量显著提高。2016年，共兑付专利资助奖励97.82万元，知识产权创造新增产值超10亿元，知识产权质押融资1000万元。联合县商务局、食药监分局等部门和单位，开展打击侵犯假冒专利执法10余次，检查商品286种，营造诚信经营的良好氛围。新获认定“国家知识产权优势企业”1家、“市级知识产权优势企业”4家、“市级知识产权试点企业”4家，完成生态塑料、集成电路、不锈钢三大产业知识产权区域布局试点专利分析，启动2家企业国家知识产权贯标工作。获批国家知识产权强县工程试点县，获得国家知识产权人才工作先进集体表彰，并与重庆大学、重庆理工大学建立知识产权产学研战略合作关系。

表7 2016年新获认定知识产权优势（试点）企业一览表

序号	类型	企业名称
1	国家知识产权优势企业	重庆捷尔士显示技术有限公司
2	市级知识产权优势企业	重庆一根豆筋有限公司
3		重庆市卓航再生资源回收有限公司
4		重庆市久三建材有限公司
5		重庆亿豪活性炭有限责任公司
2	市级知识产权试点企业	重庆平伟光电科技有限公司
6		重庆宏工工程机械有限责任公司
7		梁平县友缘竹木有限责任公司
8		梁平县丰疆生物科技有限公司

（县科委）

气　　象

【概况】　梁平县气象局为国家基本气象站，为中央直属事业单位，由重庆市气象局和地方人民政府双重领导，并实行双重财务体制。内设管理机构2个：办公室（法规科）和防灾减灾科（人工影响天气办公室）；直属业务单位2个：气象台和气象服务中心；地方气象事业单位2个：梁平县自然灾害预警预防管理中心、梁平县防雷中心。2016年全局职工总数29人，其中在职职工20人，离退休职工9人。

2016年，县气象局在重庆市气象局和梁平县委、县政府的正确领导和关心、支持下，全面贯彻中共十八大、十八届三中四中五中全会、市委四届七次八次全会及全市气象局长会议精神，深入贯彻习近平总书记系列重要讲话精神，落实重庆市气象局、县委、县政府的各项部署，牢固树立“五大发展理念”，主动适应梁平经济发展新常态，坚持公共气象发展方向，全面推进气象现代化建设、全面深化气象改革、全面推进气象法治建设、全面加强气象部门党的建设。以提质增效为中心，以信息化为基础，着力发展智慧气象，进一步提升气象防灾减灾、公共气象服务、气象预报预测、气象信息化的能力和水平。优化人才发展环境，进一步增强气象科技、气象人才的支撑能力。努力实现梁平气象事业“十三五”开好局、起好步，再上新台阶，为梁平全面建成小康社会提供更加有力的气象保障。

【基本职能】

行政管理职能。主要是负责气象灾害防御管理、突发事件预警信息发布平台运行管理、防雷减灾管理、人工影响天气管理、气候可行性论证、气象探测和资料管理、气象预报管理、气象服务管理、气象科普宣传、气象执法检查和监督、气象灾害敏感单位认证等社会职能的管理以及局内党务、政务、气象文化建设、气象宣传、计划财务、后勤服务等内部事务的管理。

直属业务单位职能。主要是承担基本气象业务和公共气象服务工作；开展综合气象观测、灾害性天气监测、气象预报预警工作；开展决策气象服务、公众气象服务、专业专项气象服务，发布突发事件预警信息；开展人工影响天气、气象灾害调查、气象灾害风险区划、气象灾害评估工作；开展防雷工程设计技术评价、防雷安全检测等气象服务工作。

【气候概况】　梁平气候资源丰富，属四川盆地东部暖湿亚热带气候区域，季风气候明显，四季分明，气候温和，雨量充沛，日照偏少；光、温、水分布同季。主要气候特点是：春季气温不稳定，初夏多阴雨，盛夏炎热多伏旱、洪涝，秋多绵雨，冬季暖和，无霜期较多，湿度大，云雾多。主要气象灾害类型有洪涝、干旱、高温、雷电、大风、冰雹、大雾等。

气温　年平均气温为16.6℃，春季（3—5月）平均气温16.3℃，夏季（6—8月）平均气温25.8℃，秋季（9—11月）平均气温17.2℃，冬季（12—2）平均气温6.9℃；极端最高气温为40.3℃（2006年8月15日）极端最低气温为-6.6℃（1977年1月30日）。

降水　年平均降水量为1291.9毫米，春季平均降雨量322.1毫米，夏季平均降雨量570.2毫米，秋季平均降雨量340.5毫米，冬季平均降雨量59.1毫米，日最大降雨量为234.1毫米（1989年7月10日）。

日照　年平均日照总时数为1270.7小时，春季平均日照时数323.3小时，夏季平均日照时数542.9小时，秋季平均日照时数278.7小时，冬季平均日照时数为125.8小时。

【气象服务】

做好气象监测、预警预报、防灾减灾等工作，提高气象防灾减灾质量效益　一是进一步完善监测网络建设。完成金带、合兴、龙门、曲水、仁贤五个区域骨干站站点建设，完成合兴、云龙自动土壤水分站建设。完善本局新型自动站，完成综合观测业务集成平台（MOPS）的业务运行，基本实现观测自动化。二是强化气象灾害预警预报服务。准确地预报了汛期主要气象灾害趋势（涝重于旱，暴雨次数教常年偏多）、三次强降温（2.12、3.7、11.12）、八次暴雨天气（5.6、6.1、6.2、6.20、6.24、6.30、7.14、8.16）、五段连阴雨（1月4—13日、2月9—15日、4月20—26日、9月23—28日、10月7—18日）天气过程。发布预警信号87次。短临预报、中短期预报空间分辨率达乡镇，短时临近预报可提前1个小时，暴雨、强对流过程天气预报准确率可达90%。三是加强气象灾害预警信息发布、气象灾害预警预防管理。按照政府办《关于建立全县突发事件预警信息发布平台终端运行情况通报考核制度的通知》要求，每月对发布平台分中心、乡镇工作站平台终端运行情况进行考核。按时完成了预警信息接收对象库清理，建立了手段丰富、覆盖城乡立体化、全方位的气象灾害信息发布系统。四是提高气象灾害防御能力。开展暴雨洪涝灾害风险普查，启动暴雨洪涝和大风灾害风险区划，组织乡镇实施气象灾害风险识别、登记、评估工作，划分风险控制责任，指导乡镇街道按照《梁平县人民政府办公室关于印发标准化气象灾害防御乡镇建设实施方案的通知》要求，完善乡镇气象灾害防御组织领导，建立责任落实机制，制定气象灾害防御工作制度和考核制度，清理完善气象信息员队伍，配合气候中心制作乡镇气象灾害风险图330张，制定气象灾害应急预案。完成金带、紫照、回龙、屏锦、竹山、石安、福禄、复平、城北、明达10个标准化气象灾害防御乡镇的创建工作，完成双桂街道、安胜、袁驿、七星、曲水5个市级标准化气象灾害防御乡镇的创建工作。五是加强部门联动，组织联合会商。召开气象灾害联席会议4次，开展联合会商4次，向政府提交联合会商材料4篇，为政府防御气象灾害提供了科学的决策依据。六是积极开展人工增雨作业，上半年围绕增雨防雹、水库蓄水开展人影作业7次，发射火箭弹22枚。七是加强气象信息员培训，充分发挥气象信息员在防灾减灾中的作用。

做好专业专项、重大社会活动气象保障服务

做好春耕春播、夏种、病虫害防治、农业气象灾害监测预警等专业气象服务，做好春运、春节、两会、五一、高考、中考、采笋节、柚花节、啤酒节、国庆节、采柚节和县里重大活动气象保障服务。2016年共报送决策服务材料278期，重大活动气象保障服务材料68期。围绕公众需求，开展了山洪地质灾害、交通道路、森林防火、高温中暑等预报预警服务，做好各类突发事件应急保障气象服务，提高政府和社会对气象服务的满意度。

深化气象为农服务 宣传推广精细化智能服务平台的使用，开展智慧农业气象服务。目前已完成了12户农业大户的边界绘制和信息录入，并进行了系统使用培训，完成7户（云龙三清蔬菜基地、合兴镇龙滩柚子园、梁平县园坝泥鳅专业合作社、城北乡明俊蔬菜基地、重庆顺杰水产养殖有限公司、星桥镇双桥村养殖大户、重庆润丰农业开发有限公司）农业气象精细化智能服务示范户。开展“直通式”农业气象服务用户877户，新型农业经营主体覆盖率达到100%，形成了“平台支撑、基地示范、辐射群众”的农业气象服务格局。通过物联网自动化控制系统建设，推广基于农业气象要素的自动喷滴灌农业气象适用技术。

加强气象灾害敏感单位安全管理 组织对全县中型水库开展气象灾害风险评估和认证工作，制定了《梁平县中型水库气象灾害敏感单位安全管理工作实施方案》，水务局发文《关于开展梁平县中型水库气象灾害敏感单位安全管理工作的通知》，联合水务局对中型水库气象灾害敏感单位进行实地验收。

加强防雷安全社会管理，规范执法 对全县加油、加气站及学校等重点场所开展防雷安全生产隐患大排查大整治，共检查了加油加气站、炸药雷管仓库、危化场所等重点场所34家，发放检测报告48份，对存在防雷安全隐患企业及单位跟踪督查，督促企业完成整改，并健全和落实防雷安全管理制度。按要求实行“双随机一公开”制度，建立“一单两库一细则”，并严格按照双随机制度开展检查。规范执法检查行为，列入梁平县工业园区联合执法检查试点改革单位，与县级相关部门开展联合执法，有效提高了执法效能。

服务好梁平城镇建设和工业发展　对全县46个新建项目开展了防雷设计评价，共出具设计评价意见46份，提出修改设计意见20份；对59个已建成项目进行了防雷竣工检测，共出具竣工检测报告232份，出具整改意见60份；开展施工监审198次。

做好行政审批制度改革　按照“接住、放开、管好”的要求，强化分类指导、上下协调、有序承接。完善规章制度、审批程序和事中事后监管措施，强化事前指导和事中事后监管。统一按照气象部门行政审批办事指南、流程，规范行政许可行为。积极推进网上行政审批工作，将全局所有行政审批事项纳入市网审平台办理，大力提高行政审批办事效率。2016年共办理行政审批事项95件，其中，防雷装置设计审核36件，防雷装置竣工验收59件，平均提前2个工作日办结。

（县气象局）

档案　史志

档案地方志

【概况】　梁平县档案局（馆）为县政府直属事业机构，主管全县档案、地方志工作。内设办公室、档案管理科和地方志编纂管理科，定编11人，局（馆）长1名，副局（馆）长2名，科室负责人3名，现有在职职工11名。

2016年，县档案局（馆）以加大档案、地方志服务力度，增强依法治档意识；规范档案、地方志业务，档案开放鉴定、丰富馆藏内容、挖掘档案和地方志信息资源为主线；档案、地方志工作切实履行“为党管档、为国守史、为民服务”和“为党立言、为政存绩、为民立传、为史留鉴”职责，推进了全县档案、地方志事业持续健康发展。全年档案、地方志工作取得新成果。被重庆市地方志办公室表彰为“2016年度地方志工作先进单位”“2016年度区县年鉴工作先进单位”“重庆年鉴2016年卷组稿工作先进单位”。

【档案服务】　2016年，县档案局（馆）服务建设项目取得新成果：积极指导、主动服务梁忠高速梁平段、渝万城际客运专线梁平段、梁平县城二环路、竹山旅游快速通道、梁平县2016年农业综合开发等建设项目档案的收集和整理。服务农业农村取得新进展：按照《梁平县档案局、梁平县民政局关于转发〈城市社区管理办法〉的通知》要求，指导全县28个社区313个行政村完成2015年档案整理归档工作。按照县农委、县农村改革试验区工作领导小组办公室、县档案局联合印发的《梁平县农村集体产权制度改革档案管理办法》《梁平县农村集体产权制度改革档案归档范围及保管期限表》要求，对全县31个乡镇、2个街道办事处的农村集体产权制度改革办公室主任和兼职档案员进行了档案整理业务培训，并深入各乡镇指导完成档案整理工作。服务民生取得新成绩：为方便群众查阅档案和政府公开信息，县档案馆严格执行公休日预约查档制度，并开辟了档案信息查阅窗口。全年免费为2108人次提供档案利用服务8946卷（件）次，打印数字化档案8621页、复印5135页，为农机员、农技员、蚕桑员、乡镇企业办人员、民办教师、退役军人养老保险、工龄党龄确定、特殊工种认定、婚姻关系证明、计生奖扶、房地产权属、纪检监察案件调查取证及红旗中学、实验小学校史编纂等提供了大批翔实可靠的依据。

【档案发展】　2016年，县档案局（馆）依法治档力度不断加强：局里派出3名档案执法人员参加市档案法治培训，按照《中共梁平县委办公室、梁平县人民政府办公室关于印发〈梁平县行政权力清理规范工作实施方案〉的通知》精神，对2015年9月30日之前设定的行政权力事项进行了清理。清理后，保留行政权力23项，形成了梁平县档案局行政权力事项统计表、登记表、权责事项目录表和行政权力运行流程图，进一步规范了行政权力运行。县档案局（馆）制定了《梁平县‘七五’档案法治宣传教育规划（2016—2020年）》，并利用“6·9”国际档案日和“12·4”全国法治宣传教育活动，向群众普及档案法律知识，增强社会档案意识和档案法制意识。县档案局、县教委组成综合执法检查组对21个县直管学校进行档案行政执法检查。县档案局（馆）认真按照档案法律法规的规定，结合《国务院办公厅关于施行〈中华人民共和国政府信息公开行政案件若干问题的规定〉》和《最高人民法院关于审理政府信息公开行政案件若干问题的规定》，积极参与李中泽诉梁平县档案局公开达万铁路征地图行政诉讼案件的出庭应诉工作。目前，二审判决驳回了李中泽要求县档案局公开达万铁路征地图的诉讼请求。县档案局（馆）档案资源不断丰富：制定了《梁平县档案馆“十三五”档案接收计划（2016～2020年）》，并向各乡镇人民政府、街道办事处和县级部门印发《梁平县档案馆2016年档案计划》，按计划接收了县市政局、综合执法局、紫照、新盛、曲水等乡镇政府5个单位的到期档案784卷、归档文件12615件，使馆藏档案达到了165427卷，归档文件588590件，为满足人民群众档案利用需求奠定了基础。

【档案抢救】　一是保护性抢救馆藏民国档案：聘请人员全年裱糊馆藏民国档案1067卷，草拟档案卷目录3877条、卷内目录42158条、装订案卷3877卷。二是稳步推进民国档案目录体系建设：组织专人按照国家档案局业务规范录入馆藏民国档案案卷目录35304条报国家档案局、并按照国家档案局民国档案卷内目录著录要求，修改馆藏民国档案卷内目录20万条。清理界定馆藏抗战档案2017卷33689件120674页，完成《抗日战争档案汇编梁平县档案馆卷》竞争性项目的申报工作。

【档案开放】　安排业务人员对馆藏民国梁山县政府民政科民国19年至民国33年（1930—1944年）的文书档案1996卷进行了逐卷逐件逐页鉴定，形成文件级目录27298条，其中延期开放档案文件级目录402条，开放档案文件级目录26896条。

【档案信息】　2016年，制定了《梁平县档案馆藏档案“十三五”数字化工作规划（2016—2020）》，局（馆）馆藏数字化存量案卷32708卷、归档文件521106件；存量案卷数字化率21.46%，存量归档文件数字化率91.13%，馆藏存量档案平均数字化率56.3%。全年局（馆）共扫描馆藏档案39万余页，使数字化档案达到182万余页。

【《重庆年鉴》组稿】　2016年，根据“重庆市人民政府办公厅编辑出版《重庆年鉴》（2016卷）组稿工作的通知”精神，及时安排专人，深入全县有关部门和单位搜集、整理、核实资料，编撰完成6000余字的“梁平县2016年度经济社会发展概述”和“梁平县‘四套班子’领导干部名录”的组稿工作，并在市志办规定的时限内完成编辑上报任务。

【《梁平年鉴》编辑】　按照中共梁平县委办公室、梁平县人民政府办公室《关于做好〈梁平年鉴〉（2016年卷组稿工作的通知）》精神，加强组织领导，落实编纂纲目和撰稿责任单位，将任务分配到各乡镇（街道办事处）、县级各部门和有关单位。全书共12个类目、26个分目、文字数量达60万字，成就图片58张。在编辑《梁平年鉴》（2016年卷）中，围绕县委、县政府贯彻落实中央和重庆市决策部署，坚持“137”总体发展思路，坚持“稳中求进”总基调和生态涵养发展总体要求，一手抓经济大发展，一手抓环境大保护，牢牢把握改革和发展的新变化、新进展、新突破，重点突出年度特点、特色和亮点，图文并茂，客观真实，全面系统地反映了梁平县2016年度各行各业各项工作快速发展所取得的显著成绩。

【部门行业志编纂】　2016年，县档案局（馆）组织编纂、指导、编写完成并付印出版部门志5部：《梁平县地方税务志》《梁平县人口和计划生育志》《梁平县交通志》《重庆市梁平红旗中学校志》《梁平县公安志》。编写完成并上交重庆市志部门分志的梁平篇：《重庆市残疾人事业志·梁平篇》《重庆市志·中国共产党志党校工作分卷·梁平篇》《重庆市地名志·梁平分志》。

【部门行业志评奖】　2016年，根据重庆市地方志办公室文件通知精神，经过严格推选和市级有关领导及专家评定：《梁平县志》（1986—2005）被评为市司马迁奖；《梁平县民政局志》（1986—2010）被评为市一等奖；《梁平县供销合作社联合社志》（1951—1988）、（1989—2009）上下册和《梁平县梁山街道社区卫生服务中心志》（1952—2012）分别被评为市二等奖。

（县档案局）

党史研究

【概况】 中共梁平县委党史研究室是梁平县委直属参公副处级事业单位，现内设综合科，核定编制4人，在职3人。主要承担和组织党史研究、党史学习教育、党史宣传、党史纪念活动、党史资料征集、党史咨询、党史业务指导、党史遗址保护和场馆建设等职能，始终发挥“以史鉴今　资政育人”的宗旨。2016年，中共梁平县委党史研究室以贯彻落实中央10号文件和全市党史主任会议精神为动力，在市委党史研究室的悉心指导及县委的坚强领导下，按照市委党史研究室“五个一”工程部署，围绕县委中心工作，着力抓创新，转作风，展优势，党史工作取得了新成效。

【党史编研】 2016年，以“一突出、两跟进”为导向，坚持不懈抓好党史研究工作，全面落实市委党史研究室“五个一”工作部署，努力提升党史研究水平。

基本党史著作　广泛收集资料，准确记载和反映历史，圆满完成《中国共产党梁平县历史·第一卷（1927—1949）》15万字初稿。

党史大事记　根据市委统一部署，编纂完成《中国共产党重庆历史大事记·梁平县卷（1927—2006）》，经县委审阅，已送市委党史研究室等待印刷。

人物传记　为纪念红军长征胜利80周年献礼，公开出版发行了反映以四川第三路红军游击队总指挥李光华革命战斗生涯及川东游击军战斗历程为主题的《挥戈震山河》一书。全书共计42万余字，以传奇的手法讲述了李光华及四川第三路红军游击队、川东游击军等一批梁山好儿女，在这片土地上抛头颅洒热血的英勇悲壮历史。

专题研究　编撰完成了反映梁平县公安系统改革开放以来取得的成就《改革开放实录——公安系统》；出版了反映梁平璀璨人文文化的《梁平——可爱的家乡》一书，全书以丰富的图片文字，力求展现梁平经济提档加速过程中焕然一新的精神面貌；出版了《蟠水柏调工程记事》，总计18万字，记录了在县委、县政府的高度重视和坚强领导下，“蟠水柏调”工程修建完成的历程，全书坚持实事求是原则，全面系统、客观真实、丰富正确地记载“蟠水柏调”工程的立项、修建、使用等历程和现状，充分展示和彰显这一民心工程取得的辉煌业绩和闪光足迹。

资料数据库建设　按照征集、保管、利用并重的原则，采用档案资料和数字资料库“双轨制”模式。全年征集红军相关资料6卷，共计约5万字；征集公安系统资料8卷，共计约10万字；征集蟠水柏调工程相关资料共17卷，共计约10.5万字。加快电子资料库建设步伐，专人专责，完成了数字化档案700页，数字化资料60万字，图片552张。

【党史宣传】

开展《重庆党史二卷》的学习宣传活动　联合县委组织部、县委宣传部印发了《关于认真组织学习宣传〈中国共产党重庆历史〉二卷的通知》（梁委史〔2016〕1号），要求全县各级党组织高度重视学习宣传《重庆党史二卷》，做到了每个基层党组织至少有一册，县处级以上领导干部人手一册，确保了学习活动落到实处。我室相关领导干部还带头学习，积极推动《重庆党史二卷》进党校主体班课堂，并在乡镇、部门开展宣讲活动50余场次，营造了良好的学习氛围，引导了广大党员、干部更好地理解党的路线、方针、政策，从而更加坚定了中国特色社会主义的道路自信、理论自信、制度自信、文化自信，进一步提高了广大党员干部的思想觉悟，增强为人民服务的宗旨意识。

开展“六个一”系列纪念红军长征胜利80周年宣传教育活动　一本献礼书籍（出版了反映梁平红军事迹的《挥戈震山河》，向全县各级党组织赠阅1000余册）、一次缅怀活动（组织200余人缅怀革命烈士，参观革命遗址，宣传红军在梁平的相关事迹）、一批主题展板（以红军在梁平为主题，制作16幅展板在学校、社区等地展出，观看人数5万余人）、一个全媒体专栏（在梁平电视台连续一周滚动播出《红色记忆》专题片，在《梁平报》和家在梁平APP上连续10期刊载红军相关事迹，在《梁平手机报》上推送相关信息24条，宣传活动也被媒体多次报道，其中重庆电视台报道2次，梁平电视台报道5次，《梁平报》报道7次）、一个主题宣讲（成立宣讲团，弘扬红军长征精神，深入机关、学校、社区、农村、企业、军营，宣讲36场，受众10000余人）、一场运动会（举办了以缅怀著名革命烈士李光华的“光华杯”全民运动会，400余人参加），取得了显著成效，社会反响强烈。

开展红岩纪念活动　组织100名中小学生在县烈士陵园开展了“追忆红岩·铭记历史”纪念活动，以展板的形式介绍梁山七英烈（在渣滓洞牺牲的梁平烈士）的相关情况，并安排室工作人员宣讲七英烈的英勇事迹，活动中，全体学生重温入队（入团）誓词，并向烈士敬献了鲜花，深切缅怀革命先烈，激发了学生的历史使命感和责任感，弘扬了爱国主义主旋律。

党史遗址保护　一是在党史遗址普查的基础上，将石马山光华亭、李大荣烈士墓等申报为县级革命遗址，并启动相关保护措施。二是做好邓平寿事迹陈列馆相关工作。已将邓平寿陈列馆申报为县级爱国主义基地。现有场馆全年累计接待市内外参观团体68批次，参观人数3000多人。在新馆建设方面，积极主动联合相关部门、乡镇专项整理邓平寿相关文字和图片资料，全力做好邓平寿事迹展览馆布展的资料征集工作，其中，文字资料约60万字，图片资料1326张。

【党史交流】　2016年6月17日，县委党史研究室主要领导带队赴大足参加全市党史纪念场馆建设工作会议，并作了发言。市委党史研究室主要领导、大足区委相关领导、各区县党史研究室负责人等出席了会议，会议对全市党史部门在加强革命遗址保护、推进党史纪念场馆建设、充分发挥教育功能作用等方面的做法和经验作了交流，并参加了大足区革命历史陈列馆开馆仪式。

（党史办）

教育 文化

教 育

【概况】 梁平县教育委员会是主管全县教育事业和语言文字工作的县政府组成部门，内设办公室、基础教育科（县语言文字工作委员会办公室、体育卫生艺术教育科）、职业教育与成人教育科（民办教育科、行政审批科）、组织人事科、规划财务科、纪检监察科、安全稳定办公室（信访办公室）、督导室（县人民政府教育督导室）等8个科室。核定行政编制26名、工勤编制2名，实有22名。直属事业单位8个：教师进修学校（重庆市广播电视大学梁平工作站）、大学中专招生委员会办公室（高等教育自学考试工作委员会办公室）、教育科学研究所、教育行政执法大队、教育服务中心、教育经费结算中心、学生资助管理中心、教育信息技术与装备中心。梁平县教育工会挂牌在县教委机关办公。

2016年，梁平教育系统认真贯彻中共十八大和十八届三中、四中、五中、六中全会精神，围绕全县经济社会发展要求和群众需要，大力推进学校布局调整，着力实施教育民生工程，努力深化教育综合改革，切实提高教育教学质量，全县教育事业实现跨越发展。是年，全县有各级各类学校188所，比上年减少1所，下降0.5%；在校学生123519人，比上年增加77人，增长0.06%；有教职工7804人，比上年增加67人，增长0.87%。全县学校占地287.23万平方米，比上年减少8.7万平方米，下降2.78%；校舍建筑面积138.88万平方米，比上年减少0.53万平方米，下降0.38%。全年教育经费总收入136701万元，比上年增加15848万元，增长13.11%；总支出143332万元，比上年增加20953万元，增长17.12%。

【学前教育】 实施第二期学前教育三年行动计划，加强幼儿园等级动态管理，支持社会力量举办学前教育，学前三年毛入园率达85%，普惠覆盖率达94.1%，初步形成“公办为主、民办为辅”的发展格局。贯彻落实《3～6岁儿童学习与发展指南》，5月27日，举行以“幼小协同、科学衔接”为主题的学前教育开放观摩活动暨宣传月启动仪式。西苑小学工业园幼儿园、屏锦三小幼儿园建成全县学前教育培训基地。新审批3所民办幼儿园。取缔星桥镇非法办园1个。

【义务教育】 优化教育资源配置，采用“免试划片、网上申报、学位控制”规范招生秩序。5月，出台招生文件，召开招生工作会。6月，开始招生登记、网上审核。7月，完成到校报名，新生年级标准班额比例100%。实施“领雁工程”二期项目，云龙中学、云龙小学、顺安完小等3所学校按计划开展4项任务，方略专家和本地专家完成4次入校指导、2次集中培训，2次到上海访学。4月19日，响滩完小被市委宣传部、市环保局、市教委授予“重庆市绿色学校”称号。4月26日，实验小学、来宝小学被市教委命名为“重庆市第三批义务教育阶段艺术特色学校”。5月4—5日，召开义务教育均衡发展暨校园保洁行动现场推进会。5月20日，重庆市义务教育发展基本均衡区县创建工作现场推进会在梁平召开，市教委主任周旭，市政府教育督导室、市教委相关处室、直属单位负责人，万州等25个区县教委相关领导200余人参会，梁平为兄弟区县提供推进义务教育均衡发展的经验。5月26日，来宝小学李雪娇、红旗中学李潇川、实验小学杨昕寰获“百名重庆美德少年”称号，西苑小学孙皞坤、西苑小学孙凡迪、梁山小学徐晨皓、和林镇中邓洪平、蟠龙镇小单涵、荫平初中傅欣雨、柏家中学蓝奇丹获“重庆美德少年提名奖”。8月23日，实验小学、仁贤镇小、虎城初中被市教委评为“重庆市美丽校园”。12月8日，礼让中学被市教委评为“2016年重庆市最美校园书屋”。12月28日，梁平接受义务教育发展基本均衡区（县）国家督导认定，在全市接受督导认定的11个区县中，以最高分94.3分的成绩通过国家督导认定。

【特殊教育】　特殊教育实行零收费，形成以随班就读为主体、特殊教育学校为骨干的特殊教育体系。实验中学、聚奎镇中、来宝小学、福禄镇小建成特殊教育资源室。健全特教工作制度，加强安全管理，确保师生安全。规范学生日常行为，提高学生生活自理能力。改善特教学校办学条件，加强校园文化建设。完善教研制度，加强教学常规管理，提高特教质量。特教学校教师汪雪涛参加重庆市渝东北片区第一届培智说课比赛，荣获二等奖。1月18日，特教学校校园情景剧《特别的爱给特别的你》获“第七届全国特教学生艺术会演”二等奖。特教学校周娟被中华全国总工会授予“全国五一劳动奖章”称号。

【普高教育】　3月2日，召开高2016级“一诊”分析会；4月23日，召开高2016级“二诊”分析会。5月3日，印发普通高中招生办法，重点高中招生任务的70%分配到各初中学校。按照“提高质量、突出特色”发展思路，深化高中课程改革。全县参加普通高考5381人，比2015年减少1434人、减幅21%，上重点本科线1120人，上线率20.8%，同比提高3.7%；一般本科线及以上3018人，上线率56.1%，同比提高6.4%；专科线及以上5269人，上线率97.9%，同比提高2.9%。

【职业和成人教育】　巩固办学规模，全年中职招生2135人，三年在校生5592人。推进产教融合，创新合作方式，巩固发展校企合作企业，职教中心与树德科技、3158科技、福建奥金服饰、重庆纳德集团腾泽有限公司签订产教融合校企合作协议；梁平职校与梁平县天圣电子有限公司、重庆市捷尔士显示技术科技有限公司、梁平县自勇科技有限公司开展合作。5月13日，在职教中心举办中国（重庆）产教融合助推区域经济发展现场观摩暨经验交流会。贯通五年一贯制、“3+2”“3+4”人才培养通道，全年1442人毕业，就业升学共1388人，就业升学率达96.26%。全县504名中职学生参加统一高考和高职单招，499名学生上线，上线率为99%，本科上线188人，专科上线311人。参加第十二届全国中等职业学校“文明风采”竞赛，职教中心教师杨香飞、赵毅、彭雪莲、田筱获国家级优秀指导教师奖，职教中心学生张帅、邵海霞、邓勇、周芷岚获国家级等级奖。12月20日，梁平职校校长谢明书被市民办教育协会授予“优秀举办者”称号。12月28日，职教中心校长李少军被市职教学会授予“重庆2016年职教感动人物”荣誉称号。发挥网络教育作用，推进全民终身学习。将传统文化融入成人及社区教育，开展生产生活技能知识培训。2月22日，被市教委认定为“重庆市社区教育示范区”。推进全国农村职业教育和成人教育示范区迎检验收工作。

【教学科研】　以构建多元高效课堂为轴带，制定并实施“整体推进，城乡联动→素质提升，培训牵动→分类集群，探究互动→解惑释然，指导驱动→活动展示，引领带动→克难攻坚，科研撬动→创新践行，考核推动”的应用方略，构建“优势集群，强强联合”型、“领雁群飞，点面辐射”型、“特色共生，孵化精品”型三类“研讨型集团”，开展城乡结对帮扶、教师返教进城、学校全员赛课、片区竞赛推优、全县技能比武、到市学科大赛、撰写反思评选等七大活动，实施“领雁工程”，推进“卓越课堂”建设，探索音体美“大课堂”模式，促进城乡教育一体化发展。坚持立德树人，实施“家校共育·立德树人”行动计划，成立全国首个家校共育专业委员会，实验小学、梁山小学、实验幼儿园被确定为“家校共育指导基地”“家长与教师合作协会”基地学校。是年，各类培训教师14665人次，举办各类讲座46场次，分9期集中指导教师774人次，实地指导21所学校，专项调研49所学校，召开片区研讨会33次；组织教师参加重庆市各类学科、技能大赛，获市级一等奖10人次、二等奖26人次、三等奖7人次、优胜奖3人次、集体三等奖2项；1421篇教师论文参加重庆市各类大赛，获一等奖183篇、二等奖378篇、三等奖731篇，2541篇；教师论文参加县级评选，获一等奖346篇、二等奖629篇、三等奖911篇；教育科研结题17项、立项38项、在研102项。开展“一师一优课、一课一名师”活动，被教育部评为优课24节，被重庆市评为优课88节，获市级等级奖153个。

【教师队伍】 通过考核招聘、公开招聘、免费师范生安置和县外调入等方式补充教师213名。委托高等院校培养小学全科教师和学前教育免费师范生74名。通过空缺岗位递补聘任高中初级专业技术人员475名。取得新职称635名，西苑小学彭世伟、梁平中学邓绍辉被评为正高级教师。创新干部选拔任用办法，调整任命学校中层及以上干部61名、免职42名，竞争上岗任用1名。校长教师交流轮岗323名，其中县级骨干教师19名。创建9个县级名师工作室，招收学员111名；创建5个县级教师工作坊，招收学员67名；2名教师成为重庆市第三批名师工作室学员。15名教师被评为重庆市中小学骨干教师，西苑小学彭世伟被评为重庆市中小学骨干校长。实验小学、西苑小学、礼让初中、七桥初中被确定为重庆市首批中小学校长培训实践基地，8名校长被确定为重庆市中小学校长市级培训专家库人选。启动建立乡村教师荣誉制度，拟对6715名乡村学校从教30年、20年、10年的教师颁发荣誉证书。建立师德师风长效机制，开展“梁平好教师”人物评选和“践行社会主义核心价值观·传递教育系统正能量”征文比赛和“学习周娟精神·践行核心价值观”主题演讲比赛，评选“梁平好教师”50名。城东小学伍三云、碧山镇中石思富、太平完小朱传淑获“重庆好人”称号。2月1日，清平完小袁春霞、屏锦二小方彦、明达镇中王豪锋、屏锦一小李慰玲被授予“重庆市最美乡村教师”。3月24日，县教委陈高飞被市教委评为“2015年全市教育政务信息先进个人”。7月1日，特教学校党支部书记周娟赴京参加中国共产党成立95周年庆祝大会，被中共中央授予“全国优秀共产党员”称号。4月29日，召开“两学一做”学习教育动员部署大会。104个基层党组织2200余名党员教师开展“两学一做”集中学习研讨。7月29日，西苑小学钟雪英、梁山初中许纲美被市教委评为“重庆市优秀德育工作者”，西大实中陈文春、实验小学罗昌波被市教委评为“重庆市优秀班主任”。加大办信办案力度，受理信访举报61件，共问责21个单位34名人员。

（县教委　陈高飞）

文　化

【概况】 梁平县文化委是根据县委、县政府机构改革精神，于2014年12月25日由原文广新局和原体育局合并组建而成。新成立的文化委为县政府工作部门，承担着推进文化体育体制机制改革创新、发展文化体育事业和产业、提升公共文化体育服务水平等职能职责。内设综合科、艺术竞技科、体育科、产业发展科、新闻出版传媒科、后勤服务管理科6个科室。下设图书馆、文化馆、文化遗产保护中心、文物管理所、青少年（儿童）体育学校、文化市场行政执法大队6个委属单位，共有编制65名、其中委机关12名；实有人员51人、其中委机关10人。

2016年，文化委全力推进双桂城区体育馆、游泳馆、体育场以及梁山城区文化馆、图书馆改建等重点项目建设，开展周末篮球之夜、柚乡群众大舞台、实施送流动文化进村等文化民生实事，抓好优秀传统文化的传承发展，推进文化体育产业发展，不断提升全县公共文化体育服务水平和文化体育产业发展水平。

【文化体育阵地建设】 全年推进实施了9个县级文化体育重点项目，其中中央预算内投资项目4个、县级重点项目1个、其他民生类重点建设项目4个。其中，双桂城区体育馆及景观工程项目和游泳馆项目是2015年11月2日国家发改委下达的国家第三批专项建设基金项目，中央补助资金体育馆700万元，游泳馆1700万元。根据设计“体育两馆”合并建设，总占地面积为35亩，总建筑面积28961.91米，总投资约2亿元，“体育两馆”将建成3500座中型体育馆和1500座中型游泳馆。两馆于2016年10月完成招投标并进入实质性建设，年末已完成了地下车库开挖工作。梁平文化馆图书馆改造项目选址在梁山大道广电大楼，总建筑面积6000平方米，规划建成一个集舞蹈、书法、摄影、美术、阅读等门类较为齐全的文化生活阵地，项目总投资1700万元，并于年底建成。经过全县人民共同努力，体育场外围体育景观公园、双桂堂竹帘年画项目、梁山城区体育馆、游泳馆、影剧院等项目完成建设或升级改造，双桂街道皂角社区等6个社区健身点完成建设，投入30余万元改造原社保局门球场，稳步推进农体工程扫尾工作，全县公共文化体育场馆设施均实现免费开放。文峰塔修缮保护后成为梁平文旅结合的新地标。

【文化体育活动开展】 2016年，组织开展了一系列富有梁平特色、深受群众喜爱的文化体育活动，示范引领了全县60万人次的群众文体活动开展，打造了“柚乡群众大舞台”“柚乡周末篮球之夜”两项文体品牌活动。“柚乡周末篮球之夜”体育活动吸引了全县33支队伍、460余名运动员参加，比赛历时9个月、历经比赛142场，吸引5万余人参与。组团参加重庆市第五届运动会，梁平代表团派出180余名运动员、教练员参加了9个大项的比赛，收获了3金3银3铜的历史最高成绩。参加2016年重庆市全民健身运动会9个项目的比赛，喜获2枚金牌及优秀组织奖。大力推进文化体育惠民工程，全年实施流动文化服务进村累计达1400余场，镇村覆盖率100%，群众送演出、送图书、送展览讲座、送辅导培训、送法规政策宣讲等流动文化服务。免费放映社区惠民电影、农村惠民电影、学校及爱国主义教育专场等惠民电影5000余场。深入开展“好体育人”行动，推进体育场馆免费低收费开放、健身技能培训、国民体质监测、体育赛事活动等工作，让人民群众共享文体改革发展成果。好体育人代表杨贤仁成为中央电视台公益广告《真诚沟通》人物主角。

【文艺创作】 2016年，搭建群众文化共建共享平台，开通梁平文化馆官网及手机微信平台，融入了重庆市公共文化物联网，辅导创作了《竹海神仙》《百里竹海美如画》《柚花飘香》《星光闪亮》等脍炙人口的艺术歌曲，广场舞蹈《梁山调》荣获重庆市广场舞大赛三等奖，歌舞《竹海神仙》获重庆市第七届乡村文艺会演三等奖，梁山灯戏剧目《你的手我的眼》《亲家情缘》均获市第六届戏剧曲艺大赛二等奖，曲艺《八阵图》获市第五届曲艺大赛表演奖。

【文化遗产保护】 2016年，完成全国第一次可移动文物普查工作，共普查登录文物978件/套。双桂堂二期文物修缮工程通过市级专家小组验收。国保单位双桂堂保护利用设施建设工程成功立项，涉及建筑面积5150平方米。专著《梁平木版年画》获第四届中国非物质文化遗产保护学术成果奖。完成了与中央电视台合作拍摄5集梁平非遗专题片，大型舞台精品艺术工程——梁山灯戏《好人邓平寿》剧本已通过审核，即将排练。

【公共图书馆】 2016年，完成图书馆新馆搬迁工作，新图书馆位于原文广新局大楼4～10层，建筑面积达3000平方米，按照县级一级图书馆标准建设。内设书刊借阅、报刊借阅、少儿阅览室等10余个功能室，拥有完备的查询、借还、安防等管理系统。大力开展全民阅读、书香梁平建设工作。财政拨款100万元新馆增购图书5万余册、电子图书40000余册，续配农家书屋2万余册图书、期刊。与民政局共建视障阅览室1个，购进盲文图书100余册，视听设备1台。共享工程支中心完成了4TB电子图书安装运行。全年图书馆各借阅室共接待读者45000余人次，共享工程支中心共接待读者19000余人次，借还图书期刊62600余册。窗口解答咨询办证情况440余人次，咨询其他事项1200余人次。购置流动图书车一辆送图书、送阅读服务到军营、社区、街道等，组织流动服务图书车下基层活动20余次，开展以《老年人书画摄影展》《科普进校园宣传展》《新书推荐展》《非遗成果展》《书画创作展》等展览活动12次，现场发放图书7500余册。设立福禄、蟠龙、龙门、袁驿、聚奎、仁贤、梁山街道7个乡镇（街道）图书借阅点，对33个乡镇的585个文化服务中心、农家书屋管理员进行图书业务辅导培训，丰富全民阅读成果。全县在开展重庆市第八届“红岩少年”读书活动网络知识竞赛中，组织40所小学参赛、3533人答题，取得了一等奖2个、二等奖2个、三等奖2个、优秀奖6个的好成绩；在讲故事大赛中，梁山小学吴瑗言荣获市级二等奖。县图书馆、实验小学荣获重庆市第八届“红岩少年”系列读书活动优秀组织奖。

【新闻出版传媒】 梁平县广播电视台成功创建二级台，广播电视安全播出保障水平和防范能力全面提升。安装开通直播卫星设备近2万套，有效地解决了全县边远山区群众看电视难问题。全县广电网络投资800万元，铺设光缆（光纤）400多公里，乡镇场镇数字电视双向化网络改造工作全面完成，建成15个行政村光纤到户十点工程项目。全面完成狮子岩台无线发射台中央广播电视台无线数字化覆盖工程建设任务。组织开展机关正版软件授权许可服务期限核查整改工作，制定自查整改工作方案，建立完善长效管理机制。

【文化市场监管】 严格抓好法治宣传、日常执法监管、扫黄打非、安全生产监管、文化市场各项制度的推行等“五项重点工作”，认真落实文化市场监管职责，采取日常检查与随机抽查相结合的方式，加强对网吧、歌舞娱乐场所、电子游艺场所、出版物市场、印刷企业、游商书摊及校园周边文化市场经营场所的日常执法监管，严厉打击违法违规经营行为。严格开展“净网2016”“清源2016”“秋风2016”“护苗2016”“平安2016”各专项行动，严厉打击制售传播“藏独”反动和非法出版物及宣传品，有效杜绝网络淫秽色情信息传播。重点抓好安全生产监管，与文化市场经营业主签订《守法经营暨安全生产责任书》，督促文化市场建立健全安全生产制度，督促开展场所安全生产培训和演练，增强文化市场从业人员的安全意识，进一步提高文化市场安全生产水平。宣传贯彻落实“一户一档”制度、“双随机”制度、“警示名单”管理制度、重大文化执法决定法制审核制度、案件信息公开制度等，全年出动执法人员3864人次，检查经营场所1152家次，立案15件，办结案件15件，其中网吧违规经营案件14件、印刷企业违规案件1件，取缔游商书摊9个，收缴非法出版物1950余册，发放宣传资料3000余份。

【文化产业】 2016年，出台了《梁平县人民政府关于加快发展体育产业促进体育消费的实施意见》、拟定了《梁平县文化产业发展规划》等相关政策文件，完善了文化产业发展的扶持配套政策，加快文化产业人才培训和素质能力提升，推进行政权力公开透明优化行政服务。组织文化企业参加中国（深圳）国际文化产业交易博览会、重庆文化产业博览会、中国西部文化产业博览会等文化交流活动，组织企业人员参加市级文化产业培训会议3次，成功举办了“首届重庆文化惠民消费季—梁平启动仪式”，梁平30家文化企业参与重庆文化企业消费联盟，消费季期间，向市民提供180万元优惠。2016年，新注册文化企业

86家，培育年营业收入超5000万元的民营文化体育“小巨人”1家。全区完成文化及相关产业投资总额近40亿元，较去年同期增加20%。文化企业投入重点产业项目资金达1.5亿元，较去年同期增加0.5倍。体彩销售额达7770万元，较去年增加4928万元，增幅达173%。

（县文化委　彭良香）

广播电视

【概况】　1955年6月，成立梁平广播站，1995年6月，成立梁平有线电视台，1998年1月21日，梁平县人民政府梁府函〔1998〕3号《关于同意合并县广播电台、县有线电视台的批复》，根据中共中央办公厅〔1996〕37号文件治散治滥的精神和关于“现有县广播电台、电视台、有线电视台要合并为一个播出实体”的规定，同意将“梁平人民广播电台”“梁平县有线电视台”合并为“梁平县广播电视台”，呼号为“梁平县广播电视台”。2010年7月28日，梁编委〔2010〕35号文件，梁平县广播电视台机构性质变为隶属县委宣传部管理的局级事业机构，经费来源为财政全额预算，核定事业编制33人。梁平编委发〔2011〕99号《梁平县机构编制委员会关于明确县广播电视台等事业单位机构类别和规格的通知》，经县编委第十八次会议研究，同意县广播电视台机构类别和规格为公益二类事业单位，副处等级。

梁平广播电视台宗旨：围绕中心，服务大局，关注民生，做县域舆论宣传的主阵地。

主要职责任务：充分发挥主流媒体的“喉舌”作用，办好梁平电视台综合、生活两个频道节目，建设好梁平网络电视、手机电视以及公众微信平台等新媒体，促进媒体融合发展。

内设机构：办公室、总编室、新闻部、专题部、新媒体部、广告部、技术安全播出部、财务室等8个部门。办公用房2800平方米。现有在编人员29人，10名退休人员，临时聘用人员35人。

【节目制作】

自办节目　2016年，梁平广播电视台自办节目:《梁平新闻》《要闻回顾》《交通在线》《警方时空》《永远在路上》《柚乡半边天》《我爱我家》《党建大联播》《人文梁平》《历史上的今天》《为您服务》《映像三峡》《天气预报》。

外购节目　2016年，梁平广播电视台外购节目:《环宇地理》《畅游天下》《拍案说法》《跟我出发》《新视界》《不健不散》《大有名堂》《精品纪录》《第一首映》《妈妈宝宝星计划》《超级美味》。

【舆论引导】　梁平广播电视台充分利用党组会、职工会，原原本本学，联系实际学，迅速把思想和行动统一到习近平重要讲话精神上来，统一到中央对学习宣传贯彻重要讲话精神的工作部署上来。一是始终坚持强化“四个意识”，立即行动、周密安排，迅速形成学习宣传贯彻热潮以强烈的政治意识、大局意识、核心意识、看齐意识，把学习宣传贯彻好习近平总书记重要讲话精神落细落小落实；二是始终坚持党媒姓党，坚决爱党、护党、为党，牢牢把握正确的政治方向，认真落实“48字方针”，牢记职责和使命，坚定理想信念，对党绝对忠诚，始终在思想上政治上行动上同以习近平为核心的党中央保持高度一致。

【“主流”引导】　2016年，梁平广播电视标准化建设年初顺利通过市文化委专家组的验收，节目质量、技术保障、基础设施等各项工作迈上新台阶。一是围绕学习贯彻十八届六中全会精神，开辟了《学习贯彻党的十八届六中全会精神》专栏，动员和激励了全区干部群众统一思想，振奋精神，为贯彻落实十八届六中全会精神鼓劲出力。二是紧紧围绕“137”发展思路，开辟了《特色工业集群》《品牌农业提效》《城市提质扩容》《民生事业改善》《生态环境建设》等多个专栏，主动服务，全程跟进项目建设进展情况及工作的亮点、难点，充分展现了各单位抓项目、促发展的力度和创新举措。三是围绕大力实施创新驱动发展战略，开辟了《创新驱动发展》专栏，紧扣“一支柱四集群”特色工业和“1+3”特色效益农业发展，及时让群众知晓其重大意义，营造了全县上下共谋新发展的良好氛围。四是围绕“两学一做”学习教育，抓好全县“345”党建工作宣传，广泛宣传党员干部积极发挥先锋模范作用，在大事难事中冲在前、干在先、作表率的典型经验。五是积极策划开展乡风文明建设，开辟《文明乡村　幸福家园》专栏，及时策划了《龙峰故事》系列报道，陆续策划推出了近20条系列报道，以民生视角生动地介绍了柏家镇龙峰村开展乡风文明建设的先进做法及实际效果，为全县扎实推进乡风文明建设提供了经验做法，形成了宣传声势，反响很好。六是围绕全区重点工作、重大事件、重要活动，推出了《党代表风采》《代表委员风采》《感动梁平十大人物》《辉煌“十二五”》《记者走基层》《我为党旗添光彩》《微访谈》《我们的2016》等十多个专栏，以百姓的视角，展示了梁平经济社会发展的成绩，做到高起点策划、低调务实宣传，接地气。共开辟了20多个紧扣中心、基调鲜明的新闻专栏和专题报道。七是外宣工作有突破，外宣组深度提炼采写了反映梁平龙溪河整治、传统农业向现代农业转型、四大产业集群等方面创新经验的外宣稿件，向外界充分展示了梁平良好的投资环境。在央视新闻频道播发新闻稿件9条，其中央视《新闻联播》用稿1次。在重庆新闻频道编发各类新闻稿件470多件，在《重庆新闻联播》累计用稿近200条。2016年，对外宣传工作突破前十位，进入全市37个区县台第一阵营。首次被重庆广电集团评为“对外宣传工作先进集体”。八是打造开播品牌栏目《梁平微视》。该栏目先后推出“飞阅梁平”“唱响梁平”和“身边”等系列精品微视频42期，其中3期节目在央视播出。反映梁平二环路建设的《咫尺千里》、反映乡风文明建设的《龙峰记忆》以及《娘的目光》《飞阅双桂堂》《柚香美滋味》《竹海神仙》《百里竹海百里爱》等精品微视频，在观众中引起强烈反响。九是围绕区委、区政府的中心工作和当前老百姓关注的热点话题推出的一档深度访谈栏目《对话》，陆续录制《我们的新五年——聚焦“十三五”规划》《特色工业扬帆起航》《“容错纠错”机制解读》等12期专题节目。

【拓宽传播渠道】　2016年10月，梁平手机台开始正式上线，该手机台是一个集电视直播、新闻快讯、政务平台、民生服务等功能于一体的官方手机客户端。实现了电视节目在手机上的同步收看，促进传统媒体和新兴媒体的有效深度融合。梁平手机台已经成功组织实施了2017年春节联欢晚会、渝万高铁、梁忠高速开通、采柚节、采柚大比拼、双桂堂腊八施粥活动、“我要上春晚”等重大活动的全程现场直播。2017年春晚直播，梁平手机台当晚的点击人数达26300人次。

【无线数字覆盖工程和基础设施建设】　一是高质量高标准完成中央预算内项目—大狮子岩基础设施建设工程，大大改善了两个高山无线发射台站的基础条件和值机人员的生活条件，提高了发射台的安全保障，实现了梁平本地两套电视节目的光纤接收和传输。二是年内完成了大狮子岩和箩斗寨中央广播电视无线数字化覆盖工程。区域内60%左右的群众可以通过无线发射免费收看到中央、重庆和梁平本地共16套广播电视节目，党的舆论宣传阵地不断扩大，文化建设成果更多惠及广大人民群众。

【节目播出保障】　2016年，结合实际情况，电视台与各部、室签订了《2016年度安全工作责任书》，将安全责任落实到人，贯穿到日常工作当中，并将安全编播与每个职工的年度考核、绩效挂钩。

加强技播部的安全考核　为了完成电视节目的安全播出，技术播出部坚持以岗位责任制来要求每一岗位人员；以制度来考核每月的完成进度；以技术规范和设备的完好率来保障不出现重大技术事故；以技术维护人员、机房值班人员熟练技能来保障不出现重大的责任事故。为了完成电视节目的安全播出，技术播出保障人员一致坚持周检、月检、年检制度，重要播出保障期前还要对全部的设备进行全面巡检，确保播出设备的完好率，确保广播电视节目的安全播出。

完善安全播出制度　制定完善了《机房值班制度》《技术维护制度》《安全播出制度》《值班制度》等，管理制度等统一成书并制作上墙。

明确播出机房供配电管理责任　为了完成电视节目的安全播出，对播出设备机房进行了改造。随着梁平县广播电视台业务的不断扩大，以二级台达标技术标准对设备机房的要求，原设备机房已经不能满足电视台发展的要求。根据今后五年发展要求做了机房改造规划，使设备机房的可扩展性、布局的合理性、电源可靠性、设备的稳定性都大大地提高。11 月底以前完成了设备搬迁工作，让广播电视播出设备住进了一个宽敞、整洁、舒适的家。

规范机房设备及连接线标志　机房严格按照技术要求，线路走向规范，线路标志明确，维护维修更加方便快捷。

加强供配电设施管理　对配电房进行了改造装修，安装了防盗门措施，增加了照明设施，柜后对外电表已移至安全地方，电柜前方的坑洞已填补并铺上了绝缘胶，堵塞了老鼠洞，彻底消除配电房的安全隐患。

加快备播系统配置建设　新增了备播系统和垫片，播出系统监控和应急切换已经换到同一工作台上。

完善节目播出管理　制定完善了编辑制作、安全播出的相关规章制度，进一步明确了各类节目的各层级责任人以及相关审批程序，严格执行播前审查、重播重审制度，明确了节目制作和播出环节的交接程序。制定了节目三级审查制度，编委会每天都要对新闻节目进行审查打分考核，新闻制作完成后，制作人员、值机人员签字确认节目时长和播出时间。总编室主要负责节目播出全过程的统筹和管理，每天的节目播出串联表都以存档。

建立安全播出应急机制　建立了四级反应机制和快捷、有效、准确的安全优质播出指挥系统，调整充实了《梁平县广播电视台播出安全应急处置预案》等 7 个预案，应急处理流程张贴上墙，并定期组织演练，切实提高安全保障和处置突发事件的应对能力。

加强安全值班　严格执行领导值班制度和重要播出保障期领导一线带班制度，坚持播出机房 24 小时值班。在重大节日和活动期间，电视台领导现场指导，由技术部正副主任分别在播出机房值守，出现问题及时处理，确保播出工作万无一失。每天安排由台领导带班的安全值班，负责全台的日常安全及重要部位的巡查。在重要节假日、重要播出期采取多岗值班制，加强技术人员、台安全播出指挥部成员的值班。全年没有发生台内停播、错播事故，实现广播电视“零插播”，顺利完成了“元旦、春节、五一”、国庆、“G20”“世界互联网大会”等重要保障期的安全播出工作。

【“两学一做”学习教育】　2016 年，按照区委的安排部署，区电视台结合实际工作，制定了时间表和任务图，从严务实开展学习教育。从 4 月开始，开展党员领导干部讲党课 5 次；开展集中学习 8 次，学习讨论 3 次；通过分解任务、建立台账、座谈评议等方式，查找并完成领导干部个人整改问题 16 个，党组织整改问题 3 个，党员个人整改问题 4 个。先后成功开展了庆祝建党 95 周年的“七个一”系列活动以及“好记者讲好故事”比赛，在全台党员干部中营造“三比一争”浓厚氛围。其中，参加市委宣传部组织的“好记者讲好故事”比赛获得全市三等奖。

【党风廉政建设】　2016 年，继续把牢思想“总开关”，坚持抓好党风廉政建设责任制的落实，积极履行主体责任，督促其他班子成员履行“一岗双责”，定期研究党风廉政工作，及时传达学习上级重要会议及文件精神并解决突出问题。利用廉政谈话、微信短信等各种形式开展正面教育和警示教育，严格执行党规党纪，坚决落实“八项规定”，带头廉洁自律，起到示范带头作用，切实加强干部作风建设。对照《关于新形势下党内政治生活的若干准则》和《中国共产党党内监督条例》，严格执行党内政治生活纪律，贯彻民主集中制，注重发扬民主，坚持集体决策，自觉按照党的组织原则和党内政治生活准则办事，切实做到纪律面前人人平等、执行纪律没有例外，切实抓好党风廉政建设。

表 8　　梁平县广播电视台

2016 年度获得县市级以上奖项统计（单位）

序号	获奖名称	颁奖单位	备注
1	荣获 2016 年度广播区县业务合作“电视节目交流先进集体二等奖”。	重庆市广播电视集团（总台）	
2	荣获 2016 年度广播区县业务合作“知识产权保护先进集体二等奖”。	重庆市广播电视集团（总台）	
3	荣获 2016 年度广播区县业务合作“电视对外宣传工作先进集体奖”。	重庆市广播电视集团（总台）	
4	荣获 2016 年二级广播电视台	中共重庆市委宣传部、重庆市文化委	

表 9　　梁平县广播电视台

2016 年度获得县市级以上奖项统计（个人）

序号	获奖名称	获奖人	颁奖单位	备注
1	荣获 2016 年度重庆区县广播电视好新闻奖（新闻论文）二等奖。	李韦华	重庆新闻工作者协会	
2	荣获 2015—2016 年度重庆市广播电视优秀作品（消息）二等奖。	姜孝辉　周孝亮 孙莎莎　向泓羽 陶　治　游天君	重庆市文化委	

（广播电视台　李红兵）

党校教育

【概况】 中共梁平县委党校、县行政学校与县社会主义学院实行三块牌子、一套班子合署办公。学校内设行政后勤科、科研资政室、教务教研室、电教信息科、学员管理部五个科室，编制 23 名。现有在岗职工 19 人，其中参公人员 9 人，专业技术人员 10 人。退休职工 16 人。2017 年 1 月，撤县设区，中共重庆市梁平区委党校、重庆市梁平区行政学校、重庆市梁平区社会主义学院正式挂牌。

2016 年，县委党校在县委的正确领导和市委党校的悉心指导下，认真贯彻落实全国、全市党校工作会议精神及市委党校相关要求，充分发挥县委党校、县行政学校、县社会主义学院教育培训、科研资政、理论宣讲“主渠道、主阵地、主力军”作用，紧紧围绕中心、主动服务大局，真抓实干，各项工作再创佳绩。荣获全市党校行政院校系统 2016 年度办学考评一等奖和工作创新奖。

为大力弘扬和传承邓平寿精神，按照市委组

织部把邓平寿精神作为全市党员领导干部党性教育的要求，2016年6月，邓平寿干部学院工程建设正式启动，该工程拟投资2600万元，规划建设总面积7264平方米，其中弘英楼6494平方米，新建学员食堂770平方米。

【干部培训】 根据《2013—2017年全县干部教育培训规划》，全年共举办主体班23期，培训各类干部1307人次，其中主体班7期264人次，专题班5期285人次，其他班11期758人次。多方比选确定邓平寿事迹陈列馆、明达万亩泥鳅生态养殖园、合兴万亩名柚园、梁山街道八角村等党性教育、产城融合、效益农业和美丽乡村建设8个现场教学基地。7个主体班264人次开展体验式教学。领导干部班、农业产业班等5个班次358人次到北碚区、万州区等市内区县开展现场教学。此外，发挥理论引领作用，围绕“两学一做”学习教育、十八届六中全会精神开展专题宣讲31场次，受众群众1550人。

【教学改革】

办学影响力明显提升　2016年9月，县委书记陪同市委党校谢金峰常务副校长一行莅临党校调研，对党校工作给予了充分肯定。2016年，在市委党校精品课比赛中获片区一等奖，在重庆市统一战线第四届教学竞赛片区赛中获二等奖，在重庆市统一战线教学视频竞赛活动中获市委统战部、重庆社院二等奖。

强化理论教育和党性教育课程设置　坚持问题导向，加强集体备课、试讲、评审、专家点评等工作，因地制宜地设置理论教育和党性教育教学单元及专题，全年理论教育达616课时，党性教育达252课时，编印《2016年春季理论教育和党性教育专题讲义汇编》1期。

加强实岗锻炼，拓展延伸党性教育效果　坚持把党性教育贯穿于培训全过程，将实岗锻炼与扶贫攻坚等急难险重中心任务紧密联系起来，增强党性教育实效性。中层干部素质能力提升培训班2期63名学员深入偏远镇村进行“五个一”实岗锻炼（开展一次深入走访活动、开展一次群众接访、参加一次农业生产、帮扶一批贫困户、形成一篇调研报告）。

坚持问题导向推进行动学习法和结构化研讨　在领导干部进修班、内设机构负责人培训班中引入行动学习法和结构化研讨。聚焦梁平县“十三五”规划和县域“一核一带三区五大板块”设计培训主题，按照“聚焦问题—调研实践—反思总结—形成成果”的流程，组织学员“走出去”到点上调研、实地访谈，“坐下来”研究探讨对策建议，让学员带着问题学，带着任务学，较好地解决了学—思—用结合的问题。学员调研报告汇编《学习简报》3期，被《柚乡论坛》采用2篇。

领导干部上讲台形成制度　县委、县政府主要领导带头到党校主体班讲党课，带动班子成员、县级部门和乡镇负责人上讲台116人次464课时，其中县领导到党校主体班上课39人次156课时，县级部门和乡镇（街道）负责人到党校讲课77人次308课时。

【教学科研】

科研成果丰硕　一是文章发表多。在《领导科学》《重庆日报》等省市级报纸杂志上公开发表论文44篇，在各级内刊上发表论文56篇。二是课题结项多。重庆社院重点课题《社会主义学院学科建设与党外人士培训》顺利结项，《城市地下管线建设存在的问题及对策研究》等4项市级课题成功结项，2016年课题立项取得重大突破，共有7个课题获批立项，其中重点项目1个，一般项目6个。三是科研成果获奖多。《加强科技工作者思想政治引领的思考》等10篇获市级等级奖，《论城管执法的现状问题及解决对策》等21篇获区县级等级奖。

资政作用凸显　以建立和完善科研资政服务机制为突破口，围绕县域经济社会发展进行深入细致地调查研究，服务能力明显增强。《残疾人脱贫致富的根本路径在于就业》等12篇调研报告被县委《工作研究》采用；《弘扬梁平传统精

粹　打造梁平文化名片》等6篇资政文章得到县委书记、县长肯定性批示，7篇得到副县级领导肯定性批示。1篇文章获重庆行管学会2016年学术年会一等奖，并在学术研讨会上交流发言。同时，积极为教师、学员、中小学生搭建科研资政和学习平台，编辑出版《柚乡论坛》2期、《决策参阅》15期，修订《梁平县中小学统战知识简明读本》（小学、初中、高中版），发挥了“小平台、大舞台”作用。（县委党校　高雪峰）

两报一微一端

【概况】　1998年9月19日，《梁平报》正式创刊。2011年10月24日，梁平县机构编制委员会正式下发《关于成立梁平县新闻中心的通知》（梁平编委发〔2011〕62号），梁平县新闻中心在梁平报社的基础上正式组建成立，文件明确县新闻中心为隶属于县委宣传部管理的副处等级公益类事业单位，经费来源为财政全额预算，核定事业编制20人，主要职责涵盖编辑出版《梁平报》《梁平手机报》，办好梁平新闻网，负责网络舆论监督、引导等工作。

2011年11月15日，梁平编委发〔2011〕99号文件《梁平县机构编制委员会关于明确县广播电视台等事业单位机构类别和规格的通知》，同意县新闻中心机构类别和规格为公益一类事业单位，副处等级。

因成立梁平县网络信息中心，自2012年6月4日起，梁平县新闻中心不再承担网络舆情管理职能，梁平网划归梁平县网络信息中心，调减梁平县新闻中心事业编制4名、副职领导职数1名。2012年11月19日，梁平县机构编制委员会同意增核县新闻中心事业编制2名。

2012年11月19日，梁平编委发〔2012〕88号文件《梁平县机构编制委员会关于同意增核县新闻中心事业编制的批复》，同意增核事业编制2名，达到18名。

2015年12月27日，梁平编委发〔2015〕134号文件《梁平县机构编制委员会关于县委宣传部所属事业单位宗旨和职责任务的批复》，将县新闻中心主要职责任务调整为“围绕县委、县政府的中心工作发挥主流媒体的舆论阵地作用。编辑出版《梁平报》等传统媒体；编辑发送《梁平手机报》等新媒体，推进媒体融合发展”。具体职责任务中新增了“编辑发送‘家在梁平’新闻综合客户端（APP）、‘梁平微发布’微信公众号”。“根据新闻学、信息技术和传播体系的不断发展，及时创办新的宣传载体，占领新媒体阵地”。

2016年4月28日，梁平编委发〔2016〕34号文件《梁平县机构编制委员会关于核减县广播电视台等单位事业编制的通知》，核减事业编制1名，实际为17名。

县新闻中心有在编人员13名，临时聘用人员21名，内设机构有办公室、编辑部、记者部、通联部、广告部和新媒体部。

【服务宗旨】　《梁平报》《梁平手机报》、“梁平微发布”微信公众号、“家在梁平”新闻综合客户端（APP）以“贴近实际、贴近生活、贴近读者”为理念，以“宣传党的方针政策；服务发展大局，关注社会民生”为宗旨，及时准确地传达县委、县政府的声音；紧贴老百姓生活，为读者提供服务性、实用性的各种资讯和便捷的平台服务功能。

【《梁平报》】　《梁平报》为周三刊对开4版彩色大报，2016年共出报154期（总第1627—1780期），每期赠阅量为1.5万份。

2016年，《梁平报》紧紧围绕中心服务大局，为实施“137”发展思路，加快建设“面上保护、点上开发”示范区提供强有力的舆论支持。一是特刊宣传效果好，“七一”特刊获报刊审读专家肯定。2016年，《梁平报》十分重视特刊这一报道形式。4月3日《民生实事——看得见的幸福》16个版，4月7日《脱贫攻坚》16个版，6月23日《坚持“137”发展思路　聚力打造“一支柱四集群”特色产业》特刊4个版，

7月1日《党旗飘飘别样红·辉煌95》特刊44个版，11月28日，《渝万高铁开通》特刊12个版。《重庆报刊审读》总第2052期以《既有高度又接地气的建党95周年宣传——述评〈梁平报〉“党旗飘飘别样红”特刊》为题，总第2075期以《一个聚民心，励民志的扶贫脱贫宣传策划——述评〈梁平报〉“脱贫攻坚”特刊》为题，对《梁平报》推出的特刊报道给予高度肯定。二是“学习贯彻市委领导调研梁平重要指示精神及县经济形势分析会精神——梁平在行动”大型系列报道反响强烈。三是“干好本职事、办好组织事、管好身边事”宣传深入人心。原文转载了《重庆日报》刊登的《干好本职事、办好组织事、管好身边事》（作者系原中共梁平县委书记吴盛海）。撰写刊发了四篇评论员文章。在“柚乡会客厅”栏目中开设话题“干好本职事　办好组织事　管好身边事”，刊发各级各部门干部职工和社会各界人士对落实“干好本职事、办好组织事、管好身边事”要求的认识和具体做法。截至12月底，已刊发专题文章125篇。四是“一支柱四集群”特色工业宣传声势浩大。开设“工业强县看园区”“来自重点项目建设的报道”“坚持‘137’发展思路　大力推进中国西部（重庆）塑料生态产业园建设”等专栏，不间断报道来自“一支柱四集群”产业方面的新闻、深度报道等。五是“走进龙峰”成为梁平美丽乡村的最亮名片。“美丽乡村”是“美丽中国”的一部分，梁平县以村容整洁攻坚行动、乡风文明提升活动和美丽乡村示范工程为抓手，将广袤农村建设成为“生产发展、生活富裕、生态良好、乡风文明”的美丽新乡村和幸福家园，大山深处的龙峰村就是最美乡村之一。《梁平报》派出记者蹲点龙峰村进行深入采访，开设“走进龙峰”专栏，“龙峰印象”“龙峰家风”“龙峰民风”“龙峰先锋”“龙峰故事”“龙峰传承”子栏目，用镜头和笔墨讲述村民思想观念、农村环境、卫生习惯的新变化，为全县美丽乡村建设提供了借鉴，成为全县美丽乡村的最亮名片。六是长效扶贫宣传精彩纷呈。今年的扶贫工作宣传，重点采用调查报道的方式，产生了极好的宣传效应。3月28日《梁平报》一版倒头条《高梁山下乡村美——梁山街道东明村壮大村级集体经济小记》获《重庆报刊审读》总第2088期《一篇报道脱贫致富新路径的好文章——点赞梁平报〈高梁山下乡村美〉》充分肯定。七是《党旗飘飘别样红》出版赠阅。将7月1日《梁平报》特刊《党旗飘飘别样红·辉煌95》中刊登的文章集结成册，印制8000册，并赠阅到全县各级各部门，包括乡镇村组和社区、学校、医院等。

【《梁平手机报》】　《梁平手机报》因其传递及时准确、接收方便快捷、覆盖面广等优点而成为宣传县委、县政府重大决策，推动落实各项工作的重要舆论载体，其影响力愈来愈大。县新闻中心通过编前会、专题会议等形式多次开展手机报采编业务培训，严格规范手机报稿件采写要求、报送渠道，确保当天的消息次日见报。

《梁平手机报》实行免费赠送，2016年读者群达到13.5万户以上，其中移动手机读者10万户、联通手机读者2万户、电信手机读者1.5万户。赠送范围涵盖全县所有党政机关干部职工，全县事业单位人员，全县所有党政机关、事业单位退休人员，县内所有大中小微型企业及个体经济从业者，村组干部，市民代表等。

《梁平手机报》为周二至周六各出版一期，每期四至六帧。本年度新开设“深入扎实开展‘两学一做’学习教育”“红军长征胜利80周年·红军在梁平”等栏目，发出好声音，传递正能量。改变封面形式，采用图片封面，每期都更新，展示梁平美景、经济社会发展以及新闻内容，增加可读性、差异性。新增今日话题、横店影讯、科普梁平等栏目，通过有奖问答的方式增强与读者的互动。开设“民生发布”专栏，及时发布民生资讯，增强实用性。

【“梁平微发布”微信公众号】　“梁平微发布”微信公众号（lpwfabu）是中共梁平县委、梁平县人民政府官方微信公众号，由中共梁平县委宣传部主办，梁平县新闻中心承办。

自2015年创办以来，各级领导十分重视“梁平微发布”的发展。本着“服务发展大局，关注社会民生”的创办宗旨，“梁平微发布”主要发布县内外要闻，传播网络热点，鉴赏美文美图，推介养生健康知识，提供沟通交流平台，发送生活购物资讯等。

2016年，“梁平微发布”微信公众号关注数突破20万。根据县委统一部署，2015年12月14日，“梁平报”微信公众号更名为“梁平微发布”，更名后，组织实施了“我要上春晚”“星光大道”梁平赛复活赛投票等一系列线上线下活动，形成了“梁平微友惠”活动品牌，经过12个月的努力，关注用户数提高到20.11万人，实现了跨越式的发展。7月10日，稿件《休闲纳凉去哪儿？梁平这些避暑胜地带你飞!》；11月4日，稿件《时光不可辜负，来梁平遇见最美秋色！错过再等一年!》被“重庆微发布”微信公众号采用。重庆外宣信息2016年第5期，在“微经验”栏目中刊发《“梁平微发布”打造优质政务微信公众号》。11月25日稿件《定了！渝万高铁28日开通，26日开始售票!》阅读量突破100000+。月度总发布数、总阅读量、总点赞量多次位于全市前茅。

【“家在梁平”APP】 “家在梁平”APP（原“看梁平”APP）于2014年年底上线，2015年全新升级改版，2016年实现了两大突破，一是服务功能上线。“家在梁平”各栏目在信息更新方面更为及时迅捷，同时为市民提供了便利的生活服务和精彩的互动平台，引进“点可达”信息服务平台和“大兴商城”。二是下载量突破10万。开展了“最美医生护士”“中国好声音”、梁平人气奖投票、“梁平佛印山云上生态首届露营节”等线上线下活动，打造出“梁平乐享派”网友线下互动活动品牌，目前下载量已达10.5万户（截至12月底）。

【工作成绩】 2016年春节后策划的“新年新气象”宣传别具一格，2月17日头版刊发的《节后上班，书记、县长在忙啥?》获《重庆报刊审读》专家高度肯定，《重庆报刊审读》总第2019期以《一个给百姓以信心和希望的策划——述评〈梁平报〉〈节后上班，书记、县长在忙啥?〉》为题，对此进行了深入分析和充分肯定。

《重庆报刊审读》总第2052期以《既有高度又接地气的建党95周年宣传——述评〈梁平报〉“党旗飘飘别样红”特刊》为题，对《梁平报》推出的特刊报道给予高度肯定。县委书记吴盛海批示：“请再编辑成册，印发给全县党员干部，作为爱党爱国、建设我们梁平美好家园的学习教材。”县长蒲继承批示：“好！”县委副书记陈孟文批示：“继续保持和发扬。”

《重庆报刊审读》总第2075期以《一个聚民心，励民志的扶贫脱贫宣传策划——述评〈梁平报〉“脱贫攻坚”特刊》为题，对《梁平报》推出的特刊报道给予高度肯定。区委书记吴盛海批示：“《特刊》编辑的同志们辛苦了！请发扬成绩，继续努力，办出上级肯定、百姓点赞的高水平。”代理区长蒲继承批示：“望再接再厉，创造更多精品。”区委副书记陈孟文批示：“值得肯定。”

3月28日《梁平报》一版倒头条《高梁山下乡村美——梁山街道东明村壮大村级集体经济小记》获《重庆报刊审读》总第2088期《一篇报道脱贫致富新路径的好文章——点赞梁平报〈高梁山下乡村美〉》充分肯定。

在第六届重庆区县报新闻奖评选活动中，县新闻中心共14件作品获奖。其中，一等奖3件，二等奖6件，三等奖5件，获奖数量和比例在全市区县报中名列前茅。

（县新闻中心）

梁　平　网

【概况】 梁平县网络信息中心成立于2012年6月4日（梁平编委发〔2012〕38号文件），2015年12月29日调整了编制和内设机构（梁平编委发〔2015〕127号），是梁平县财政全额预算的正科等级事业单位，目前核定事业编制18名，内设科室5个，目前在编人数8名。主要负责梁平网、梁平政务微博的运营管理及网上舆情监测服务等工作。

梁平网（http：//www.lpnews.net）于2011年8月上线、2012年11月完成首次改版，2015年4月完成技术升级和全新改版。是梁平县委、县政府主办，县委宣传部主管，梁平县网络信息中心承办的综合性新闻门户网站是梁平县继《梁平报》、梁平电视台之后的第三媒体，是重庆市网络媒体协会首批会员单位，也是全市首批（梁平唯一）获准具备新闻资质的区县网站。

【服务栏目】 梁平网整合了网络、电视、报纸、政务微博等多种资源，开设了头条新闻、热点新闻、镇街联播、部门动态、专题推荐等8个新闻频道，房产、汽车、人才招聘、旅游酒店、休闲美食等5个商业频道，开通了行行摄摄、大美梁平、问政平台等互动栏目。

【服务特色】 资源整合，共聚合力，变小新闻为大宣传。梁平网将网络、电视、报纸、政务微博、网络问政等多种资源进行整合，是梁平本地综合性新闻门户网站，梁平网已成为世界了解梁平，梁平走向世界的重要窗口。

【服务效果】 目前用“梁平网、梁平、梁平新闻”等关键词在百度等搜索引擎中搜索，梁平网排名均靠前。网站日点击率在5000左右，目前网民最爱通过梁平网了解梁平的最新新闻资讯、在梁平报数字报上查询新闻报道、查看视频新闻等。梁平网在网民的关注和鞭策下将进一步提高办网质量，成为世界了解梁平，梁平走向世界的重要窗口。（网信中心）

卫生　计生

卫生计生

【概况】　梁平县卫生和计划生育委员会是主管全县医疗卫生计生工作的政府工作部门，内设办公室（信访办公室）、组织人事监察科、规划财务统计科、政策法规综合监督科（行政审批科）、体制改革和药政科（医药卫生体改办）、疾病预防控制科（卫生应急办公室）、医政医管科教科、中医科、基层卫生科、妇幼健康科、计划生育指导科（流动人口计划生育服务管理科）、计划生育家庭发展科等12个科（室）。核定行政编制27人，实有23名；爱卫办核定参公事业编制2名，实有1名。

2016年，全县有各级各类医疗卫生计生机构609个。其中县级医疗卫生计生机构9个（人民医院、中医医院、妇幼保健计划生育服务中心、疾病预防控制中心、卫生计生监督执法局、基本药物采购中心、计划生育流动人口管理所、计划生育药具管理中心、人口资源信息中心），乡镇卫生院（计划生育服务站）32所，街道社区卫生服务中心（计划生育服务站）2个，村卫生室462个，民营医院5家，个体诊所及医务室99个。全县卫生计生系统人员共4481名，其中在编1884人，个体诊所及医务室162人，乡村医生739人，民营医院374人。开放床位3753张（包括民营医院520张），执业（助理）医师1218名，执业护士1263名，每千人拥有床位数5.74张、卫生技术人员5.04人。2016年，门诊272.78万人次，住院12.92万人次。

2016年，全县户籍总人口93.39万，自然增长率为3.55‰，常住总人口73.39万，符合政策生育率97.70%，出生人口性别比107.38，人口平均预期寿命77.44岁。

【医药卫生体制改革】

稳步推进区级公立医院改革　一是成立深化医药卫生体制综合改革试点领导小组和公立医院管理委员会，出台《梁平区深化医药卫生体制综合改革实施方案》《梁平区公立医院管理委员会工作实施方案》。二是继续巩固基本药物制度，实现政府举办所有医疗机构（含村卫生室）全部实行药品零差率销售（中药饮片除外），县人民医院、县中医医院、县妇幼保健计划生育服务中心、基层医疗机构基药占比分别为53.78%、60.70%（含中药饮片）、51.47%、94.80%，全区药品零差率销售23200万元，为患者减少支出3480万元。三是持续推进临床路径管理及单病种付费工作，临床路径管理病例已拓展18个专业、82个病种临床路径、50个单病种付费管理，全年进入临床路径管理9869人，进入单病种付费治疗3315例，累计结余费用约100万元。四是严控医药费用不合理增长，县人民医院、县中医医院次均门诊费用增幅分别为－0.23%、1.91%；人均住院费用增幅分别为1.13%、0.66%；药占比分别为33.21%、32.02%；百元医疗收入消耗卫生材料分别为22.89元、18.99元。

探索建立“2+2+3”卫生计生服务模式　一是深化“医联体”“卫协体”内涵，初步建立上下联动、横向协作的运行机制。医联体内组织专家巡诊10次、教学查房36次、免费培训18人次；卫协体各成员单位与县中医医院完成大型设备检查协作13例。二是推进“两片”模式，着力整合卫生计生资源，努力实现服务理念的转型升级。在“东山片区卫生计生统筹发展示范片”内开展医师多点执业试点，对15名医师进行多点执业备案，会诊疑难危重病人30人次，开展中医诊疗服务80余次；在“西部片区全生命周期健康服务示范片”探索“从负一岁到终老”的健康管理模式，有效促进各成员单位基本公共卫生计生服务均等化水平共同提高。三是探索“三廊”路径，搭建互动提升平台，力促基本医疗、公共卫生服务均等化提质提效。2016年，全县18个地处中部的医疗卫生成员单位在县卫生计生委的牵头下，成立中部片区公共卫生计生均等化服务示范走廊，梁山街道社区卫生服务中心、县第二人民医院、礼让中心卫生院分别牵头形成东线、西线、北线三条走廊，充分发挥和扩展“医联体”分院的探索成果，着力提升常态化的基本医疗和公共卫生均等化、规范化服务水平。

分级诊疗取得初步成效　印发《梁平县推进分级诊疗制度建设实施方案》《关于做好高血压糖尿病分级诊疗试点工作的通知》。在医联体、卫协体先行先试，启动高血压、糖尿病慢病分级诊疗工作，推行高血压等10个乡镇常见、多发病种为主的乡镇版临床路径管理。通过医联体、卫协体“绿色通道”，成员单位上转疑难、危重患者700例，县级医院下转康复治疗、后续治疗患者400例，预约县级医院专家会诊150人次，预约手术30例。

【计划生育工作】

稳妥实施“全面两孩”政策　召开梁平县计划生育工作领导小组会议，审议出台《梁平县关于落实“全面两孩”政策改革完善计划生育服务管理的实施意见》《梁平县计划生育目标管理责任制实施方案》。2016年全县共办理生育服务登记7087例（一孩3216例，二孩3871例），再生育审批189例；网上登记、办证率达“两个100%”。

全面落实奖励扶助政策　2016年新增3180人享受农村部分计划生育家庭奖励扶助，并实行分类建档，其中独女户685人，双女户300人，奖扶及时率为91.61%。投入207.77万元为20117名国家奖扶对象和计划生育特别扶助对象及子女购买城乡居民医疗保险；继续执行农村独生女报考市内高校和初中升县内职高中加分照顾政策，418名农村独生女享受报考市内院校（升县内职高中）加5分的优待政策。

落实计生特殊家庭“9个1”制度　落实1次首慰问。联合县计生协为新增失独家庭每户送去3000元慰问金，2016年共慰问54户。购买1份住院护理险。为815户（1294人）计生特殊家庭购买意外伤害保险和住院护理险。健全1项农村“五保”、城镇“三无”人员兜底机制。将农村年满60岁的符合条件的计划生育特殊家庭纳入农村“五保”、城镇“三无”人员供养，全县332人纳入该体系，计划生育奖（特）扶对象享受民政救助1727人。签约1位家庭医生、建立1份健康档案、开展1次健康体检、开通1条就医“绿色通道”、成立1支帮扶队伍。将计划生育特殊家庭纳入家庭医生签约式服务管理，建立健康档案，开展定期体检，共签约1241人，开展健康体检服务1228人次，参检率达98.95%，建档率、签约率、建卡率达到3个100%；全县所有公立医疗卫生单位均开通计划生育特殊家庭就医“绿色通道”，共减免挂号费和药事服务费个人承担部分319人次10073.88元。对全县失独、伤残、手术并发症三类特殊计生家庭实行春节走访慰问全覆盖，对失独家庭及计生手术并发症患者每户发放精神慰问金1000元，独生子女伤残家庭每户发放精神慰问金500元，走访慰问计生群众2380户，发放慰问金及慰问品共计108.65万元。

深化四项计划生育扶助工程　落实困难家庭扶助工程。对遭遇各种灾难亟须援助的计生困难家庭，给予一次性500元至2000元的紧急救助。开展创业家庭扶持工程。培育计生创业大户2户，带动计生群众就业23户。落实贫困学生助学工程。2016年为21名计生贫困独生子女大学生发放一次性助学金7.1万元。继续实施离任专干爱心工程。自2008年开始对男年满60周岁、女年满55周岁，担任过村计生专干累计达3年以上的离任村计生专干每年给予定额补助。

出生人口性别比逐年下降　认真贯彻落实全

国整治“两非”工作电视电话会议，通过健全制度、强化监督、全力打击、落实责任，着力推进出生人口性别比综合治理工作深入开展。2016 年机构直报出生人口性别比为 109. 90，较 2015 年同期 110. 51 下降 0. 61，较 2015 年高于 107 的部分下降 17. 43%。县卫生计生委联合县食药监分局、县工商局、县妇联开展“两非”行政执法检查 4 次，对辖区内医疗点、私人诊所、药品批发商、零售药店实行检查全覆盖，查处医疗机构“两非”案件 3 件。

计划生育服务质量有效提升　守住母婴安全底线。依托县人民医院组建全县孕产妇、新生儿危急重症救治中心和福禄、袁驿、屏锦 3 个分中心，出台《梁平县危重孕产妇应急预案》，建立健全全县产儿科急救通道和会诊、转诊救治机制。提升全县药具管理服务水平。免费发放新婚大礼包 6000 余份，在乡镇人口密集处设立药具自取箱 350 个，在医疗机构及城区公共区域安装网络式自助药具发放机 52 台。人口家庭信息平台数据质量大幅提升。2016 年从公安导出全员户籍人口个案信息 92. 65 万条与人口家庭信息平台进行户籍人口比对；流动人口信息提交率达 97. 25%，接收反馈率达 98. 63%；全员人口信息覆盖率达 99. 82%，准确率达 97. 61%，群众政策知晓率达 92. 63%。

【卫生计生服务体系建设】

加快县乡村三级医疗服务体系建设　一是积极推进县级医疗服务体系建设，完成“三甲医院”外装饰工程、二期土石方平场工程，内部装修及附属配套工程完成 70%；县精神卫生中心业务综合楼一期主体工程及室内装修工程完工即将投入使用；启动县中医医院园区分院及园区妇女儿童医院建设。二是大力开展“群众满意的乡镇卫生院”创建，袁驿中心卫生院、屏锦中心卫生院、云龙中心卫生院成功创建国家级“群众满意乡镇卫生院”。三是着力改善基层设施设备情况，为 240 个村卫生室配置“健康一体机”，累计配置“健康一体机”359 台。四是编制完成《重庆市梁平县“十三五”区域卫生规划（2015—2020 年）》《重庆市梁平县“十三五”卫生计生事业发展规划（2015—2020 年）》《重庆市梁平县“十三五”城区医疗卫生资源配置规划（2015—2020 年）》。

信息化建设惠民提速　建成覆盖市、县、乡、村四级卫生信息专网，建成以电子健康档案和电子病历为基础的区域卫生信息云平台，实现区域内及跨区域医疗卫生信息互联互通和数据共享。基层医疗卫生机构管理信息系统全面建成，于 2016 年 7 月 21 日通过市级专家组验收。通过区域卫生信息平台可实现预约挂号及电子健康档案和病历公众服务。依托县人民医院建设贯穿市、县、乡三级远程会诊信息系统，初步实现县人民医院与基层 5 个试点单位的并口联网，实现远程会诊、远程教学及远程影像诊断等功能。同时，在县人民医院开展银医建设，通过银医自助终端，病人可以自助挂号缴费，打印检查检验报告单。开展居民健康卡试点，完成县、乡两级居民健康卡用卡环境改造及 28837 份居民健康卡基础信息采集工作，完成 2370 张居民健康卡制卡任务，实现基于居民健康卡的基本医疗和公共卫生服务应用。

【公共卫生工作】

公共卫生应急管理　成功处置水痘、手足口病、一犬伤多人事件等聚集疫情 83 起，发病病例 443 人，无死亡、无扩散蔓延和二代病例发生，继续保持多年来无较大突发公共卫生事件发生，突发公共事件报告及时率、规范处置率均达 100%。

公共卫生服务均等化水平　扎实推进 12 大类 46 小项基本公共卫生服务项目，2016 年共拨付经费 3008. 31 万，每常住人口人均补助 45. 42 元，乡村医生专项补助经费 384. 48 万元；深入开展“你健康，我服务”主题宣传活动，制作宣传画 10 万份，有效提高基本公共卫生服务群众知晓率；累计建立电子健康档案 540595 份，电子建档率 81. 62%。孕产妇系统管理率、住院分娩率、产后访视率分别为90.10%、99.97%、94.66%；0~3岁儿童系统管理率为86.69%，0~6岁儿童保健管理率为87.56%；八苗全程接种率96.12%；高血压规范管理率70.25%，糖尿病规范管理率70.68%，老年人健康管理率77.70%；严重精神病检出率4.77%，严重精神障碍患者规范管理率70.52%；结核病管理率99.00%；完成家庭医生签约服务144814户469843人，签约率达常住人口的70.94%。

公共卫生服务项目　待孕妇女免费发放叶酸6667人，普服率97.10%；农村孕产妇住院分娩补助4765名，发放补助190.60万元；新生儿听力筛查4729例，筛查率为68.62%；新生儿疾病筛查5444例，筛查率为92.3%；为0~6岁儿童开展残疾筛查57322人次，筛查出阳性儿童15人，到县妇幼保健计划生育服务中心复筛6人，其中4人转市级评估；预防“艾梅乙”母婴传播，全年免费检测孕产妇5679例。

【中医药事业发展】　以云龙中心卫生院、屏锦中心卫生院为示范打造精品“中医馆”，建成独立的中医诊疗服务区。中医药特色优势有效发挥，拥有县中医医院针灸康复科、骨伤科2个国家特色专科，区中医医院脑病科、肛肠科2个市级特色专科，重庆市中医药特色社区卫生服务中心1个（梁山街道社区卫生服务中心），县中医医院脑病科被评为重庆市中医重点专科建设项目。中医预防保健服务能力加强，全县65岁及以上老年人接受中医药健康服务39301人，服务率46.97%；0~36月儿童接受中医药健康服务9752人，服务率47.76%。认真开展县级中医药“师带徒”工作，全县24名继承人全面完成本年度传承工作指标任务。加强中医人才队伍建设，13名中医医护人员参加上级中医业务培训，乡镇卫生院中医医师占医师总数38%，社区卫生服务中心中医医师占医师总数43%。

【医政管理】

加强医疗质量和安全管理　深入开展“进一步改善医疗服务行动计划”、抗菌药物临床应用专项整治、医疗机构处方病历评比活动，医疗机构服务能力和水平全面提升。开展“平安医院”创建，对县人民医院等24家医疗卫生机构命名为“平安医院”。积极探索符合梁平实际的医疗风险分担机制，全县乡镇卫生院及以上医疗机构医疗责任保险实现100%全覆盖，村卫生室和个体诊所等医疗机构参保率达到75%。开展“服务百姓健康行动”大型义诊和卫生“三下乡”活动，免费发放各种预防、保健、医疗宣传资料59007份，发放农民健教读本1350本，展出健教版面275块，免费义诊24745人次，收治义诊住院患者142余人，减免患者费用49753元。

加强采供血和血液管理信息化建设　2016年共组织无偿献血8911人次，献血量187.2万余毫升，共报销血费、返还用血补偿金35万元，严格临床用血管理，对全县医疗机临床用血情况进行全面检查，建立临床用血应急机制，全县临床用血成分输血达到100%。

做好培训教育及学科建设工作　完成基层在岗人员转岗培训9人，参加市级培训45人次，成功申报市级继续医学教育项目44项。全面加强学科建设，申报重点项目1项，面上项目5项。县人民医院消化内科获得重庆市市级临床特色专科建设项目，《磁共振高分辨容积扫描技术与高分辨弥散成像在肺癌中的临床应用研究》《梁平居民幽门螺杆菌感染现状及抗生素耐药情况调查》获批为市卫生计生委2016年医学科研计划面上项目。积极组织各医疗机构申报梁平县2014—2015年度科学技术进步奖。县人民医院《ICU患者家属对疾病的认知度与医疗纠纷的相关性研究》《经皮椎体后凸成形术中骨水泥的灌注量和分布对预后的影响》获二等奖，县妇幼保健计划生育服务中心《产前心理指导对分娩方式的影响》、县第二人民医院《针刀治疗膝关节半月板损伤的临床研究》获三等奖。

【卫生计生综合监督执法】

严格依法行政　积极推行“放管服”改革，

审批时限压缩60%。清理卫生计生权力清单302项、负面清单1项、责任清单5大类22项。全面推行“双随机一公开”，建立健全重大决策合法性审查和法律顾问提前介入制度，严格规范性文件合法审查和定期清理。

加大监督执法力度　严厉打击非法行医行为，查处各类非法行医案件21起，共处罚款4.9万元；开展公共场所卫生监督，立案查处公共场所11户次，处以2.5万元罚款；开展卫生监督协管服务，巡查协管服务对象1962户次，巡查发现违法线索210条；加强饮用水卫生监督，立案查处饮用水卫生5件，处罚款1.9万元；加强学校卫生监督管理，完成全县147所学校和托幼机构传染病防治、教学环境、饮用水卫生监督检查；立案查处无证生育1例，处罚款2000元。

做好违法生育积案清理、执行、兑现和结案工作　扎实开展违法生育积案清理、执行、兑现和结案工作，共查处违法生育案件283例，征收社会抚养费220.26万元。

【重点民生实事】

三项重点民生实事顺利完成　一是加强村级卫生室医疗配置标准化建设。联合县质监局完成全县基层医疗计量器具免费检定，基层医疗计量器具免费检定申报率100%、检定率100%；完成23个行政村卫生室（含3个贫困村卫生室）建设并验收合格，为122个村卫生室配置基本设备。二是落实农村妇女“两癌”检查及救助项目，完成宫颈癌筛查17100人、乳腺癌筛查5289人。三是加大孕妇产前出生缺陷筛查力度，完成免费孕优检查4016人、唐氏筛查3108人。

【扶贫攻坚行动】

扶贫攻坚行动深入开展　与扶贫开发办联合制定下发《建卡贫困患者调查工作方案》，召开全县建卡贫困患者调查工作会，认真开展全县建卡贫困患者调查及建档立卡贫困患者“因病致贫、因病返贫”患者调查工作，分别于5月底和6月底前，顺利完成市级下达的5672户建卡贫困户中6823名患病人员病情调查及国家级下达的311户826人的调查工作任务。

【爱国卫生工作】　认真做好城乡环境卫生整洁行动，顺利通过市级卫生城区复核验收。积极开展第28个爱卫月系列活动及春秋季灭鼠、夏季灭蚊蝇活动，共投放鼠药8000公斤，开展鼠密度监测12次，蚊、蝇和蟑螂密度监测6次。深入开展市级卫生单位创建，新创建市级卫生单位2个，市级生态卫生村2个。全县现有市级优秀卫生单位7个，市级卫生单位19个，市级生态卫生村8个；县卫生红旗单位136个，县卫生先进单位99个，生态卫生村55个。

【党的建设】　一是深入开展“两学一做”专题教育活动，建立并落实中心组学习制度、支部连线制度。深化“纪检卫”共建活动，组织机全体党员和全县基层医疗卫生单位主要负责人60余人到万州三峡监狱开展警示教育，在全系统掀起向重庆市优秀共产党员陈晓琴学习的高潮。二是抓好执纪问责，2016年全系统给予行政开除处分1人，行政降级处分3人，行政警告处分1人，诫勉谈话1人，通报批评3起，22人作出书面检查，挽回经济损失26.5万元，向县纪委移送重大问题线索2件。三是加强安全稳定工作，县、乡、村三级联动加强对失独家庭地关注，全县无一例失独家庭入市进京上访。强化医患沟通制度，有效化解医疗纠纷78件。深入开展安全生产大排查、大整治工作，实现安全事故“零目标”。

（县卫计委　余素娟）

社会保障　人民生活

民　政

【概况】　梁平县民政局是主管全县民政工作的县政府的工作部门，承担着基层政权建设、社会福利保障、救灾救助和行政事务管理等职能。2016年年末，局机关行政编制18名，工勤人员编制1名。行政编制中，领导职数设置为：局长1名，副局长3名，纪检组长1名。内设1室5科，即办公室（信访办公室）、基层政权和民间组织科（行政审批科）、优抚安置科（县双拥工作领导小组办公室）、救灾救助科、社会事务科、社会福利慈善科。隶属县民政局管理的公益类事业单位8个，即社会福利院、军队离休退休干部服务管理中心、革命烈士陵园管理处、婚姻登记处、殡仪馆、救助管理站、最低生活保障事务中心（医疗救助管理中心、救助家庭经济状况核查认定中心）、社会福利服务中心。县老龄工作委员会办公室（副局级）设在县民政局。

2016年，县民政局深入学习贯彻党的十八大和十八届三中、四中、五中、六中全会精神和习近平总书记系列重要讲话精神，紧紧围绕县委、县政府中心工作，坚持“137”发展思路引领，认真践行“以民为本，为民服务，为民解困”的服务宗旨，真抓实干，负重拼搏，千方百计为服务对象办好事、解难事，实现“民生保障坚强有力，服务水平稳步提升，民生项目全面推进”，民政事业取得长足发展，县殡仪馆获全国殡葬工作先进集体，全市民政工作综合考核优秀。

【区划地名及勘界】

行政区划　贯彻国务院行政区划管理的《规定》，保持了行政区划的稳定。2016年末，全县有乡镇（街道）33个，其中镇26个、乡5个、街道2个。村民委员会268个、村民小组2108个；城镇社区居民委员会75个、社区居民组571个。

继续开展撤乡建镇工作。指导紫照乡、安胜乡和复平乡完善撤乡建镇工作方案，广泛征求各部门意见，上报相关资料。

地名管理　2016年，完成了新盛镇银杏村、双桂街道泰和公园更名；双桂新区柚乡广场命名；大观镇已建成21条道路、明达镇已建成9条道路及双桂街道已建成1条道路命名；清理非标准地名33条，并对其进行督促整改。继续开展县第二次全国地名普查工作，完成了全县地名普查登记（草）表的填报收集，地名调查目录的整理，地名历史资料的收集整理及相关内业处理等工作。按照时间安排和步骤，将提请市级检查验收，建立完善普查档案，开展普查成果转化和开发应用等。

勘定行政区域界线　根据《行政区域界线管理条例》，认真进行界线维护工作，与垫江联合开展界线联检。认真做好界桩维护和边界管理工作，相邻双方群众没有发生过边界纠纷，各级界桩完好无损。

【城乡低保医疗救助和临时救助】

社会救助体系　一是通过实地走访调研，修改完善了《农村低保家庭农副业收入核算办法》，为进一步完善农村居民最低生活保障制度，规范农村居民最低生活保障家庭收入核算，准确核算农村低保家庭农副业收入提供了有力的政策依据；二是制定宣传方案，组建政策宣传队，利用场镇赶集日，通过发放宣传资料、制作宣传展板、悬挂宣传标语、设立政策咨询台等方式做好《社会救助暂行办法》《重庆市人民政府关于切实加强和改进最低是生活保障工作的意见》等政策的宣传工作，在加强救助政策宣传的同时，促进了惠民政策的落实；三是修订了《城乡医疗救助实施办法》，提高了医疗救助水平和医疗救助资金使用效益，出台了《梁平县民政局关于因病致贫家庭重病患者纳入医疗救助范围的通知》（梁平民政发〔2016〕60 号），将因病致贫的重病患者和一些低收入边缘户纳入了医疗救助范围；四是以“以民为本、为民解困、为民服务”为宗旨，坚持“公开、公平、公正”，突出“救急难”，确保市、县、乡镇（街道）三级救助网络体系正常运转；五是出台了《梁平县人民政府关于进一步健全临时救助制度的通知》（梁平府发〔2016〕7 号）和《梁平县民政局梁平县财政局关于委托乡镇人民政府（街道办事处）审批小额临时救助的函》（梁平民政函〔2016〕31 号），进一步规范对象认定、救助标准和审批程序，切实解决城乡困难群众突发性、紧迫性、临时性生活困难。六是规范城乡特殊困难家庭建档对象，使符合条件的低保边缘群体得到了及时救助和帮扶，同时根据建档人员家庭经济收入状况变化，提供转介服务。

救助工作机制　一是利用乡镇（街道）政府政务服务大厅的社会救助申请受理综合服务窗口，进一步规范了提出申请、受理转办、调查核实、县级审批、结果反馈和资料归档的工作流程，制定了工作职责和分办（转办）制度。各乡镇（街道）和县级有关部门均严格按照“一门受理、协同办理”的工作要求，充分发挥社会救助托底线、救急难、可持续的功能，进一步提高了社会救助管理水平。二是建立了“经济状况部门联动审核系统”，系统依托电子政务专网，专用服务器安置在县政府机房内，由系统开发公司每年能进行系统维护和安全管理。同时，投入资金 35 万余元为各乡镇统一配备了专用电脑、扫描仪、平板电脑等办公用品，以确保核查工作的有序开展。三是通过接入“重庆市社会救助家庭经济状况核查认定信息管理系统”，实现了救助对象的车辆信息、工商信息和公积金信息 3 个方面的实时比对。同时，通过县级核查平台，实现了与县财政局、县社保局、县卫计委、县残联等 4 个部门的数据实时共享。四是对城乡低保对象采取“逢进必查”的方式开展核查工作，凡是申请城乡低保的困难对象，必须先行进行核查，同时，对原在册低保对象定期复查，以进一步确保城乡低保对象的准确性。五是建立了市、县、乡镇（街道）三级“一站式”医疗救助信息化管理系统，医疗救助“一站式”结算系统与医疗保险结算系统实现无缝对接，医疗救助与基本医疗保险、大病保险、疾病应急救助、商业保险等信息管理平台互联互通互享。完善定点医疗服务机构资金垫付和财政拨付机制，由民政部门向同级财政部门提出支付申请，同级财政部门通过“城乡医疗救助基金专账”直接支付给定点医疗服务机构。六是完善定点医疗服务机构资金垫付和财政拨付机制，由民政部门向同级财政部门提出支付申请，同级财政部门通过“城乡医疗救助基金专账”直接支付给定点医疗服务机构。

救助规范管理　一是继续推行城乡医疗救助“一站式”服务，采取了与医疗保险同步结算的方式，方便了城乡困难群众就医，使“看病难”问题有所缓解；二是对确需到上级医疗机构或跨县域异地医院就诊的医疗救助对象，积极探索重特大疾病医疗救助异地就医费用结算机制，在重庆市范围内定点医疗服务机构意见实现了异地结算，救助对象产生的费用各区县实行收支两条线；三是对城乡低保对象和医疗救助对象实行动态管理，做到有进有出；四是积极作为，依托村（居）委会、村（居）民小组、村（社区）网格长、志愿者等社会力量，主动发现辖区居民遭遇突发事件、意外事故、罹患重病等特殊困难线索，及时与救助对象取得联系，宣传救助政策，深入救助对象家中调查，对符合救助条件的及时给予救助，解困难群众燃眉之急。

城乡低保救助　2016 年 12 月，全县城乡低保对象 10973 户 19988 人，累计发放低保金及补助金 5299 万元。其中，城市低保对象 2457 户 3815 人，占全县非农业人口的 1.85%，人均月补差 342 元，累计发放城市低保对象生活保障金及各类补助金1617万元；农村低保对象8516户16173人，占全县农村总人口的2.25%，人均月补差211元，累计发放农村低保对象生活保障金及补助金3682万元。7月，再次提高城乡低保保障线标准，城市低保由每人每月420元提高到每人每月460元，农村低保由每人每月230元提高到每人每月300元。开展走访慰问活动，为城乡困难群众发放节日慰问金202万元。

表10　2015—2016年梁平县城乡低保情况统计表

年份	城乡低保			其中						提高城乡低保保障线标准	
				城市低保			农村低保			城市低保	农村低保
	户	人	发放低保金及补助金（万元）	户	人	发放低保金及补助金（万元）	户	人	发放低保金及补助金（万元）	每人每月（元）	每人每月（元）
2015	8814	16565	3249	2457	3922	1375	6357	12643	1874	420	230
2016	10973	19988	5299	2457	3815	1617	8516	16173	3682	460	300

2016年共为三类群体（原襄渝铁路矽肺病约为253人、原襄渝铁路伤残民工约为40人、60年代精简退职职工约为156人）发放救济金390.25万元（矽肺病救济金约291.98万元；伤残民工救济金约78.53万元；精简老职工救济金约19.74万元）。根据《重庆市民政局重庆市财政局关于提高六十年代精减退职老职工及襄渝铁路西线伤残民兵民工救济费标准的通知》（渝民发〔2006〕189号）精神，2016年对原精简退职职工救济费标准340元/月，每人每月增加40元。

城乡医疗救助　实现了医疗救助对象在重庆市内定点医疗机构就医“一站式”结算，提高了医疗救助效率。2016年医疗救助支出2505万元，其中，资助参保38346人次，支出资助参保金367万元，城乡医疗救助61366人次，发放医疗救助金2138万元，其中，普通疾病和重大疾病住院救助20589人次，发放救助金1784万元，门诊救助40777人次，发放救助金354万元。

临时救助　实现了临时救助金县民政局直发，2016年，实施临时救助4390人次，发放临时救助金1131万元，其中，大额临时救助1140人次，发放临时救助金900万元，小额临时救助3250人次，发放临时救助金231万元，有效解决了城乡困难群众临时生活困难，保障他们的基本生活权益。

【特困人员救助供养及儿童保障】

特困人员救助供养　到2016年年底，梁平县共有乡镇（街道）敬老院29所（含因高铁占地拆迁的梁山街道敬老院），同时推行了敬老院“自主管院、以副养院”模式，执行敬老院“268”管理制度。落实特困人员救助供养政策，做到应保尽保，截至2016年12月底，梁平县共有五保户3371人，其中集中供养456人，2016年全年发放特困人员基本生活费共1506.8万元。

儿童保障　倾情关爱孤儿、困境儿童及艾滋病病毒感染儿童，确保生活救助。根据市局相关文件精神要求，落实社会散居孤儿、困境儿童及艾滋病病毒感染儿童每人每月600元基本生活费，全年共发放生活补助115.62。

【救灾救助】

灾害救助　2016年，梁平先后遭受风雹、洪涝、干旱等6次较大自然灾害袭击。全区33个乡镇（街道）普遍遭受“6·1”“6·25”“6·30”“8·11”暴雨洪涝灾害；双桂街道、仁贤镇、新盛镇等乡镇遭受“5·6”风雹灾害，全县小范围风雹灾害次数明显增多；曲水镇、合兴镇、复平乡等遭受7—8月干旱灾害。

“6·1”暴雨洪涝灾害中，24小时内共55个雨量监测站点累计雨量达50毫米以上，25个雨量监测站点累计雨量达100毫米以上，其中新店村雨量监测站点达到147.1毫米，金带镇1400余亩生姜被淹，石安镇南溪村小学进水被迫停课1天，因滑坡或房屋进水共紧急转移318人。

“6·30”暴雨洪涝灾害中，全区13个雨量点雨量达100毫米以上，58个雨量点雨量达50毫米以上，区内龙溪河、七涧河、平滩河等河流河水猛涨，河道两旁水稻、蔬菜大面积被淹，云龙等乡镇山坪塘受损，回龙镇、云龙镇场镇进水，回龙镇连夜紧急转移受灾人员130户502人，聚奎镇因灾死亡1人。

“5·6”风雹灾中，新盛镇、梁平县城、曲水镇最大风速达20米/秒以上，大棚蔬菜、果木受灾严重，工业园区内基础设施和厂房受损较重，全县因灾伤病6人。

全年灾害共造成全县244601人受灾，因灾死亡1人，因灾伤病6人，紧急转移安置1386人次，因旱需生活救助2841人，农作物受灾面积8548公顷，其中成灾面积4953公顷，绝收面积682公顷；农房倒塌188户305间，农房严重损坏383户663间，一般损坏房屋4552户9822间；因灾造成直接经济损失16658万元，其中农业损失7574万元，工矿企业损失2370万元，基础设施损失3890万元，公益设施损失410万元，家庭财产损失2035万元，其他损失381万元。农房恢复重建142户，每户补助建房资金1万元（其中低保户补助1.2万元），可与其他项目资金打捆使用，用于倒房重建。全年下拨自然灾害救助资金725.5万元，其中应急生活救助114.6万元，倒房重建补助148万元，冬春生活救助资金432.9万元，安排救灾物资储备资金30万元。

灾情管理　2016年，全面实行乡镇（街道）网络报灾，全年共通过国家自然灾害灾情管理系统上报灾情6次，均做到了及时准确规范，在全市灾情报告情况评估中获市民政局救灾处通报表扬，全县灾情管理经验在全市救灾工作会上进行了交流发言。全县《切实抓好乡镇（街道）网络报灾》获“全市民政工作创新奖”。在全国第八个“防灾减灾日”宣传活动期间，深入开展了以“减少灾害风险建设安全城市”为主题的系列防灾减灾宣传，进一步提高了公众防灾避灾意识和自救互救能力。严格按照《梁平县自然灾害救助应急预案》（梁平府办发〔2013〕128号印发）的要求，完善自然灾害救助体系，规范救助行为，提高全县应急救助能力，推进救灾物资储备仓库建设，增加救灾物资品种和数量。汛前，采购救灾棉被1800床、棉衣700件，主要救灾物资仓库储备能满足紧急转移安置6000人所需。培训乡镇（街道）、村（社区）灾害信息员146名，完成全县412名灾害信息员信息数据录入工作。

【双拥优抚安置】

双拥　元旦、春节、“八一”建军节期间，县委、人大、政府、政协“四大家”主要领导带领双拥领导小组成员单位和相关部门负责人走访慰问驻梁部队官兵和军队离退休干部，赠送慰问金、慰问品30余万元。县人武部、县双拥办、县文化委联合举办了梁平县2016年“爱我梁平，扬我军威，固我国防”军民文艺联欢晚会，军民共庆建军89周年；9月29日，举行了主题为“缅怀先烈、建功立业”的烈士公祭活动，共计500余人参加了公祭活动；开展纪念红军长征胜利80周年系列活动。积极支持部队基础建设，县民政局协调梁平供电公司投入4万余元，帮助驻梁95645部队更换变压器；扎实开展双拥在基层活动，县文化委成立双拥文化宣传队，开展送文化进军营活动，为驻梁通讯部队送去流动图书

300余册，为创造和谐梁平提供了坚实保障。

优抚　全面落实各项优待抚恤优待政策。为7609名优抚对象发放抚恤补助金4466.59万元，发放医疗补助699.85万元，为701名在乡重点优抚对象报销医疗补助费27.84万元，新农村合作医疗单位确认范围内的医疗费用最高报销比例达100%，最低为88.7%。为全县675名义务兵兑现义务兵家庭优待金540万元。县财政投资48.2万元完成了县革命烈士陵园内106座烈士墓的修缮工作和园区内的道路硬化、绿化等工作。

安置　贯彻落实《退役士兵安置条例》，稳步推进退役士兵安置政策改革。2016年，接收2015年秋冬季248名（其中转业士官9名；城镇退役士兵42名，农村退役士兵206名）；符合政府安排工作条件的转业士官9名，4名安置在机关事业单位，4名安置在区属国有企业，1名选择自谋职业安置。培训自主就业退役士兵169名。发放退役士兵自主就业（自谋职业）一次性经济补助金877.2万元。

表11　**梁平县烈属、因公牺牲军人遗属、病故军人遗属定期抚恤金标准表**

（从2016年10月1日起执行）

单位：元/年

烈属	因公牺牲军人遗属	病故军人遗属
21030	18050	16980

【老龄工作】

2016年年末，全县60岁以上老年人178420人，占全县总人口的19.18%，其中70岁以上的73843人，80岁以上21203人，90岁以上2144人，100岁以上11人。空巢老人20332人，农村留守老人7538户，失能老人3166人，半失能老人4267人，失智老人1146人。进一步强化“大老龄”工作思路，坚持“党委领导、政府主导、社会参与、全民行动”的老龄工作方针，切实加强组织协调，创新工作方式，强化为老服务意识，提高为老人服务水平，积极推动各项老年法律法规政策的落实，大力实施助老惠老项目，切实保障和改善老年民生，促进老龄事业全面协调可持续发展。

老龄宣传　大力宣传新《中华人民共和国老年人权益保障法》和各种惠老政策，助推老龄工作深入开展。一是深入学习宣传习近平总书记关于加强老龄工作的指示和重要讲话精神，坚持“党委领导、政府主导、社会参与、全民行动”的老龄工作方针，积极应对人口老龄化。二是充分利用文件、会议、街头宣传、印发宣传单等方式，继续深入宣传新《中华人民共和国老年人权益保障法》和各种助老惠老政策，加深全区干部群众对老龄工作的了解程度。三是适时公布全县老龄人口和老龄事业发展的数据情况，对人口老龄化形势进行宣传，传播积极老龄化、健康老龄化理念。四是组织并深入开展了“老年节”和10月“敬老月”各项宣传庆祝敬老活动，全县敬老活动异彩纷呈。五是组织开展老龄问题调研工作，选送调研文章6篇参加市评选。县老龄办龙武智获一等奖1篇、县委党校谭仕荣获三等奖1篇，县老龄办获优秀组织奖。

老龄活动　一是认真完成了市老龄办布置的工作任务，并上报了工作总结。制定了老龄工作年度计划，对年度工作进行安排和布置。二是全年组织召开老龄工作专题会议2次，及时传达布置相关工作和进行业务培训，提升为老服务水平。年底对工作进行了全面的总结。三是联合原县文化委、县老干局、县老体协，组织参加重庆市第三届老年人运动会梁平代表团参赛工作，并取得良好成绩。四是开展第二届敬老文明号创建和敬老爱老助老模范申报工作，指导配合原县卫生计生委开展卫计系统敬老文明号的创建申报工作。紫照乡卫生院获第二届市级敬老文明号称号，县福利院来代琳获全国敬老爱老助老模范人物称号。五是进一步推动基层老年协会建设，为全县33个乡镇（街道）采购配送了30.79万元的物资，支持协会的规范化建设。六是积极主动参加了第十一届中国（重庆）老龄产业博览会的学习观摩，开阔视野，促进全县老龄产业的发

展。七是组织协调好各老年团体开展广泛经常的宣传、教育和文体活动，及时报送老龄工作信息。

老年优待　一是做好90岁以上老年人的高龄津贴审批工作。经审批，全县有90周岁以上老年人1478人，其中百岁老人11人，享受年度高龄补贴107.87万元。二是坚持90岁以上高龄老人“六大传统节日”长效慰问制度，组织开展了元旦、春节和老年节走访慰问百岁老人活动，元旦、春节、“五一”、端午、中秋、国庆6个节日共发放慰问金16.8万元。三是积极配合局行政审批科，对行政审批服务事项、行政权力权责清单进行了清理、完善。督促各乡镇（街道）按规定办理“敬老优待证”，并在年底进行了统计，全年共办理“敬老优待证”1199人。

老年维权　做实老年维权，保障老年人合法权益，继续会同县司法局开展了“夕阳关爱，赡养维权”专项活动和长期性的老年法律援助行动，县法律援助中心和各乡镇（街道）法律援助工作站为城乡老年人提供赡养法律援助，保障老年人的生存权、受赡养权等合法权益。

助老惠老行动　大力实施各种助老惠老工程，让更多的老年人享受到政府的温暖和社会的关爱。一是继续有力推进“孝老安康工程”的实施，2016年度参保老年人34157人，其中民政对象老年人10136人参保，民政资助保费30.408万元；面上社会老人24021人参保，财政补贴保费31.546万元。2016年12月，组织召开专门会议，对2017年度的“孝老安康工程”工作进行了安排布置。二是切实“关爱失能老人”，发文收集上报全县102名失能老人扶助物资需求，争取市老基会免费物资支持169件，其中轮椅61辆、护理床15张、淋浴椅66把、防褥疮垫10床、尿不湿17片。

【基层政权和社区管理】

村民委员会建设　一是有计划地开展农村社区建设试点工作。积极探索农村社区建设试点工作。综合考虑经济、交通等方面的因素，从全县33个乡镇（街道）的行政村中，按照10%的比例筛选了30个行政村作为首批试点村开展农村社区建设工作。二是研究制定了《村（社区）办理群众涉证事项清单》，严格村（社区）工作事项准入制度，继续组织开展村（社区）减负工作，由原来的212项缩减为79项，深入推进村（社区）减负增效。三是联合县委组织部出台了《关于做好城乡社区协商有关工作的通知》，建立了村（社区）协商制度，切实维护了基层群众利益。四是出台了《梁平县2016年村务（居）务公开目录》，规范了公开内容、时间、程序和方式，对村（居）务公开内容定期或不定期开展督查，取得了一定的成效。五是圆满完成第十届村（居）委会换届选举工作。按照全县第十届村（居）民委员会换届选举工作方案，343个村（居）委会依法平稳有序地完成了村（居）委换届选举工作。全县268个村共选出新一届主任268名，副主任263名，委员798名。75个社区共选出新一届主任75名，副主任75名，委员276名。村（居）委会换届选举的直选面分别达到100%和97.3%。六是2016年，全县3238名离任村（居）“三职”干部领取定额补助金额共计2954950元。落实了村（居）务监督委员会工作经费和误工补贴511500元，社区专职工作者和社区机构，共划拨经费10523692元。

社区居民委员会建设　一是从经济发展、基础设施、交通条件、城镇化率等方面，对全县303个村开展了充分的调研工作，确定了35个条件成熟的行政村改为社区，并进行了必要的风险评估，扎实稳步地推进了全县“村改居”工作。截至2016年，共有268个村委会，75个社区居委会。二是利用闲置的社区办公用房，改建了双桂街道皂角社区、云龙镇龙溪社区养老服务中心，完成了计划内的2个建设任务，并超额完成了计划外的4个建设任务。

表12 2016年梁平县村（社区）离任“三职”干部补助表

序号	乡镇、街道	村离任三职干部人数	村离任三职干部补助金额	社区离任干部人数	社区离任干部补助金额	合计
1	梁山街道	143	126450	52	47500	173950
2	双桂街道	78	67550	32	30350	97900
3	蟠龙镇	111	99200			99200
4	星桥镇	59	58600	11	7600	66200
5	合兴镇	61	51200	37	32000	83200
6	复平乡	33	28650	6	6350	35000
7	安胜乡	54	54200			54200
8	仁贤镇	59	54800	15	11000	65800
9	金带镇	66	56500			56500
10	聚奎镇	114	109050	1	550	109600
11	礼让镇	86	86600			86600
12	明达镇	72	73500	10	10900	84400
13	龙门镇	98	79000	28	27300	106300
14	新盛镇	128	117250	14	12650	129900
15	文化镇	74	69000			69000
16	屏锦镇	178	165450	40	39300	204750
17	回龙镇	141	127750	18	14250	142000
18	荫平镇	93	84400	39	34950	119350
19	云龙镇	118	107750	35	34000	141750
20	和林镇	64	54550	31	26000	80550
21	铁门乡	18	13750	10	7250	21000
22	袁驿镇	65	64800	5	5100	69900
23	碧山镇	38	35600	16	12500	48100
24	虎城镇	125	107250	12	9650	116900
25	龙胜乡	20	18100	8	5800	23900
26	竹山镇	13	11500	33	23350	34850
27	七星镇	29	30050	3	1900	31950
28	福禄镇	140	129150	3	2800	131950
29	曲水镇	69	59600	29	24200	83800
30	石安镇	119	125000	3	3000	128000

续表

序号	乡镇、街道	村离任三职干部人数	村离任三职干部补助金额	社区离任干部人数	社区离任干部补助金额	合计
31	紫照乡	56	54750	24	18350	73100
32	柏家镇	103	92850	19	19450	112300
33	大观镇	53	50450	26	22600	73050
	合计	2678	2464300	560	490650	2954950

【社会行政事务管理】

民间组织管理　2016 年，新登记成立社会团体 11 个，民办非企业单位 7 个，变更登记社会团体 9 个，民办非企业单位 7 个，为 81 个社会团体和 93 个民办非企业单位实施了年检。紧紧围绕县域经济发展，立足安全稳定大局，在全县社会组织中中广泛开展行业行业自律与诚信文明创建活动。协会大力发挥“一条主线、两个作用、三个着力点”作用。即：一条主线：以服务为主线，努力为会员单位办实事、办好事。两个作用：一是“桥梁”作用，及时向企业传递政府的声音，及时向政府反映企业的诉求，搭建政府与企业之间信息畅通的桥梁。二是“纽带”作用，为会员搭建会员之间、会员与外界交流的平台，促进企业相互合作和向外拓展。三个着力点：一是增加协会的实力，二是激发协会的活力，三是提高协会的服务能力。

婚姻收养登记　2016 年办理结婚登记 6151 对，离婚登记 1997 对，补发结婚证 2722 对，补发离婚证 151 对，登记合格率、准确率、群众满意率均为 100%；依法收养登记 8 件。为推进婚姻登记机关规范化、标准化建设，加强婚姻登记信息化建设，积极组织人员进行历史婚姻登记档案的收集、整理，完成了 1960 年以来登记历史数据补录任务。

殡葬管理　一是加大力度宣传绿色、文明殡葬。利用新闻媒体、报纸、传单以及春节、清明等各个祭扫时机，努力创新宣传形式，提高文明殡葬主动性。二是积极规范梁平县城内的治丧活动，对城区内非法治丧点相关人员进行政策解读，劝诫其关闭了多个非法治丧服务点，使文明治丧等殡葬法规政策家喻户晓，深入人心。三是安全工作、行风作风建设始终如一，积极保持良好殡葬队伍形象。

2016 年县殡仪馆共火化遗体 457 具、殡仪服务（承办治丧活动）91 场次、公墓销售墓穴 2 格位。免除 174 具城乡困难群众遗体的基本丧葬服务费用和部分困难群众的治丧服务费用共计 182228 元；免除 13 具刑事案件、交通肇事逃逸遗体的费用 562571 元，积极落实了城乡困难群众殡葬减免政策，为梁平殡葬树立了良好的文明社会窗口新形象，被民政部表彰为“全国殡葬工作先进集体”。

救助管理　2016 年共接待求助人员 404 人次，外省籍受助人员 131 人，本市籍受助人员 246 人，无法查明身份的精神病人及智障人员 27 人次；其中成年人 377 人，未成年人 27 人次；护送返家的 97 人，家属接回的 35 人；常规医院住院治疗 6 人，送精神病医院治疗 5 人。

积极主动向救助对象提供服务，对城区几条主要道路昼夜巡视，做到发现一个露宿街头和流浪乞讨者，救助一个。全国救助工作宣传日较好地宣传了民政救助政策、救助工作。“寒冬送温暖”救助物资准备充足、加密巡查，确保了流浪乞讨人员安全过冬；“夏季送清凉”，杜绝了生活无着流浪、乞讨人员因酷暑、饥饿、疾病等因素导致意外事故的发生。梁平县流浪未成年人保护中心于 12 月正式投入使用。

【社会福利院】　2016 年，梁平社会福利院按照

"1441"工作思路，坚持"党政结合、医养结合、软硬环境结合、国家收养与社会休养结合"4个结合；突出"医疗养老，环境养老，安全养老，幸福养老"4个重点，以扎实开展"两学一做"学习教育活动为推手，取得了良好成效。职工队伍整体素质明显提高。职工参加社工考试1人取得初级、2人取得中级资格；1人取得会计初级资格。完善了一批管理制度。医疗养老取得明显成效。与梁平利民医院建立了老人医疗服务长效机制，确保了24小时有医疗保障，做到了急病不出房，常规病不出院。环境养老取得明显成效。改造了部分园林绿化结构。引进多种优良花种和树种，对部分果树进行升级换代，对部分区域规划为种植季节蔬菜。安全养老取得明显成效。职工和老人安全防范意识明显增强；落实并完善了安全工作层级管理责任制，全院用电用水、设备设施、食品、车辆、财务等重点部位安全检查形成常态；消防安全演练增强了消防安全防范技能；更换了一批将过期灭火器，益智楼防水和公寓楼顶隔热板安装处理等。幸福养老得明显成效。完善了部分娱乐活动设施。老年人有益活动持续开展；老人守法守纪意识和生活习惯得以全面提升。其他养老工作取得明显成效。认真做好国家收养人员接受、管理、服务、医保、入户、办证等工作；积极联系公安、财政、残联、老年委等相关部门，得到了有力支持；积极争取社会各界对老年事业的关注、捐助，得到社会各界现金、物质折合人民币近4万元，其中永辉超市爱心卡2万元。

【慈善事业】　一是广泛宣传《中华人民共和国慈善法》，大力开展"慈善情暖万家"、中小学校师生"情系慈善一元捐"，机关、企事业单位职工"慈善双日捐"等品牌项目。二是成立乡镇（街道）慈善分会、村（居）工作站和建立完善"梁平慈善网站"。积极宣传倡导辖区机关、企事业单位参与捐赠活动。三是牵线搭桥，引进北京罗麦科技有限公司启明公益基金会、广东狮子会等爱心企业、爱心人士积极参加爱心捐赠活动。四是加强产业扶贫，将全区33个乡镇54个需帮扶产业上挂区慈善会官方网站，通过宣传介绍、支持贫困群众发展乡村旅游、特色农产品种养殖业等，为缺乏资金、技术的产业户搭建桥梁，帮扶贫困群众脱贫。截至2016年12月25日，全区共募集款物1234.71万元，取得了显著成绩，首次突破千万，同比增幅251%。区慈善会分别荣获重庆市慈善总会2016年度"慈善筹募先进单位""慈善宣传先进单位"两项荣誉。（民政局）

社 会 保 障

【概况】　2015年7月31日，按照全市整合社保经办机构的统一要求，撤销原梁平县社会保险局、梁平县医疗保险局、梁平县城乡居民社会养老保险局，组建新的梁平县社会保险局，为隶属于县人力资源和社会保障局的正科级一类财政全额预算事业单位。编制57人，内设科室16个，分别为：办公室、基金财务科、参保征缴一科、参保征缴二科、参保征缴三科、职工养老待遇一科、职工养老待遇二科、居民养老待遇科、职工医保待遇科、居民医保待遇科、工伤生育待遇科、退休管理科、稽核督查科、公共信息科、社保卡管理科、医疗协议机构科。梁平县社会保险局主要负责贯彻落实社会保险政策，经办全县社会保险各项业务。

【社会保险覆盖】　全年社会保险参保扩面人数累计达132.93万人次。其中：城镇职工基本养老保险参保60707人，完成市下达目标任务（51495人）的117.89%；城乡居民养老保险参保346929人，完成市下达目标任务（344130人）的100.81%；城镇职工医疗保险参保52346人，完成市下达目标任务（51502人）的101.64%；城乡居民合作医疗保险参保797735人，完成市下达目标任务（801500人）的99.53%；失业保险参保人24344人；工伤保险参保40754人，完成市下达目标任务（40735人）的100.05%；生育保险参保30840人，完成市下达目标任务

（30767 人）的 100.24%。

【社会保险费征收】 全年征收社会保险费 111586.88 万元（其中财政补助 34707.36 万元，利息收入 65.45 万元）。其中：征收城镇职工基本养老保险费 37646.95 万元（不包括两类人员 1914.52 万元、超龄退役军人 8213.66 万元），完成市下达目标任务（36546 万元）的 103.01%；征收城乡居民养老保险费 4388.09 万元，完成市下达目标任务（3800 万元）的 115.48%；征收职工医疗保险费 23221.39 万元，完成市下达目标任务（22233 万元）的 104.45%；征收年城乡居民合作医疗保险费 43808.45 万元，其中个人保费征收 9035.64 万元，完成市下达目标任务（9057 万元）的 99.76%，财政补助到位收入 34707.36 万元（其中：药事服务费 465 万元），利息收入 65.45 万元；征收失业保险费 853.17 万元；征收工伤保险费 1776 万元，完成市下达目标任务数（1453 万元）的 122.23%；征收生育保险费 746 万元，完成市下达目标任务（653 万元）的 114.24%。

【社会保险待遇发放】 全年社会保险待遇发放累计达 445.68 万人次，发放金额达 169668.02 万元。其中：城镇职工基本养老保险有离退休人员 45551 人（含两类人员 26619 人），支付基本养老保险待遇 86651.24 万元（含两类人员 28513.46 万元），同比增加 10534.92 万元，增长 13.84%，月人均养老保险待遇 2291.33 元（不含两类人员）；城乡居民养老保险 148.88 万人次享受待遇，支出 16963.15 万元，同比减少 899.14 万元，减少 5.03%，月人均居保待遇 110.37 元，发放居保人员死亡补助金 4550 人 530.51 万元；职工医疗保险 115.75 万人次享受待遇，职工医保基金总支出 21149.52 万元（统筹基金支出 8648.7 万元、个人账户支出 10289.78 万元、大额医疗支出 2211.04 万元），其中，区内协议机构基金使用总支出 16405.96 万元（统筹基金支出 5626.77 万元、个人账户支出 9762.11 万元、大额医疗支出 1017.08 万元）；城乡居民合作医疗保险 176.31 万人次享受待遇，居民医保基金总支出 40012.56 万元，其中住院支出 28226.12 万元、门诊支出 10243.9 万元，大病支出 1542.54 万元，支出总费用与去年同比增加 6173.35 万元，增长了 18.24%；工伤保险 773 人享受待遇，支出 3327.44 万元，其中工伤医疗费 310.24 万元、体检及鉴定费 24.33 万元、一次性伤残补助金 1502.8 万元、1 至 4 级定期待遇 288.99 万元、工亡遗属补助 142.09 万元、工亡待遇 197.73 万元、解除合同一次性医疗补助金 861.26 万元；发放失业保险金 404.24 万元，发放农民工一次性生活补助金 154.66 万元，缴纳基本医疗保险费 199.55 万元；生育保险 805 人享受待遇，支出 1185.04 万元，其中生育产假津贴 1010.10 万元、生育医疗费用支出 174.94 万元；代发各类人员补贴 303 人 379.07 万元。

【社会保险基金监管】 依法开展征缴和支付环节的稽核工作，强化对定点医疗机构的监管，规范审计稽核程序。全年分别完成基本养老保险、医疗保险、工伤保险、生育保险稽核 25 户 4000 人、57 户 8118 人、57 户 8178 人、35 户 6311 人。对稽核中发现的违规企业依法发出整改通知，限期整改，分别追回因违规少报缴费基数而少缴的养老保险费、医疗保险费、工伤保险费、生育保险费 356.94 万元、360.9 万元、21.35 万元、18.71 万元，共计 757.9 万元。全年对 17.22 万名领取养老保险待遇人员资格进行了核查认证，认证率达 96.51%，发现 720 名职工养老待遇领取人员重复领取居保待遇、1139 名超龄退役军人重复领取居保待遇，共涉及金额 315.6 万元，目前已全部追回。针对部分医疗机构违规行为，共下达了 31 份违规事项处理决定书、追回医保基金 72.54 万元，处理违约金 196.46 万元，合计 269 万元。

【社会保险改革推进】 认真准备机关事业单位养老保险前期工作，全面完成了全县机关事业单位的两次数据采集工作，共采集单位信息 582 户，在职人员信息 14064 人，退休人员信息 6588 人；稳步推进超龄退役军人参加养老保险工作，办理 1198 名超龄退役军人参加养老保险，缴纳养老保险费 8213.66 万元，第一批申报的 544 人全部按规定补发养老保险金 1179.47 万元；扎实推进建筑项目参加工伤保险，参加工伤保险建筑项目累计 74 个，征收工伤保险费 197.87 万元，为 6591 人提供了工伤保险保障；有效推进社会保险全民参保登记工作，完成了符合条件人员参加城乡五项社会保险的基本信息登记工作，并全部导入信息系统。

【社保惠民政策落实】　养老保险待遇调整工作圆满完成，全县共有 16910 名企业退休人员、26346 名城镇超龄人员和征地农转非人员享受调整养老保险待遇政策，月人均调整养老金分别为 157.68 元、106.58 元；积极开展“送温暖惠民生”活动，在春节、五一、中秋、国庆等重要节日慰问 80 周岁以上高龄退休人员 2449 人次，发放慰问金 12.1 万元；国有企业单解人员享受养老保险补贴当期审核通过 168 人，累计达 6082 人，当期发放补贴金额 1742 万元，累计发放补贴金额 8182 万元；双解人员累计达 4 人，当年发放补贴 7749 元，累计发放补贴 6.7 万元；严格执行市人社局、市财政局阶段性降低社保缴费费率方案，从 2016 年 5 月起阶段性降低养老、医疗、失业保险费率，其中，降低城镇企业职工基本养老保险单位缴费比例 1 个百分点，从 20% 降至 19%，降低参保企业城镇职工基本医疗保险单位缴费比例 0.5 个百分点，从 8% 降至 7.5%，降低失业保险缴费比例 1 个百分点，单位和职工个人缴费比例各降低 0.5 个百分点，均由 1% 降至 0.5%，全年共为全县 462 户困难企业、447 户小微企业减免社会保险费达 7106.39 万元；原村干部养老保险待遇发放 183 人 15.95 万元，月人均 72.6 元，原民办教师养老和医疗补助发放 8183 人次 77.32 万元，原放映员养老和医疗补助发放 262 人次 29.96 万元，原农机农技员养老和医疗补助发放 488 人次 256.68 万元；公费医疗共有 616 人次享受待遇，支出 239.3 万元；补换社保卡业务下沉到镇乡（街道）社保经办平台，全年共为群众办理补换社保卡 10377 张，新制作社保卡 17676 张，维护 14109 张社保卡的基础信息。

（县社会保险局）

劳动关系及维权

【概况】　梁平县劳动人事争议仲裁院是隶属于县人力资源和社会保障局的副科等级事业单位，内设科室 3 个，分别为：综合办公室、立案室，案件审理室，人员编制 6 人。主要负责草拟劳动人事争议仲裁工作制度和发展规划、处理劳动人事争议方面的法律法规以及宣传咨询、承办县劳动人事争议仲裁委员会的日常工作、专兼职劳动人事仲裁员的联络和管理工作、劳动人事争议基层调解委员会的建设和业务指导。

县劳动社会保障行政执法大队是隶属于县人力资源和社会保障局的副科等级事业单位，人员编制 6 人。主要负责宣传劳动保障法律、法规和规章，督促用人单位贯彻执行；检查用人单位遵守劳动保障法律、法规和规章的情况、受理对违反劳动保障法律、法规和规章行为的举报、投诉；依法纠正和查处违反劳动保障法律、法规或者规章的行为。

【劳动保障监察执法】　2016 年，结合市人社局的统一部署，全面完成了农民工工资支付、清理整顿人力资源市场秩序、规范劳务派遣和劳务派遣用工行为等专项执法检查。主动监察用人单位 193 户，涉及劳动者 10586 人。书面审查用人单位 95 家，涉及劳动者 6244 人。共办结举报投诉案件 129 件（投诉案件结案率 100%），为 1800 名劳动者追发工资等待遇 2214.7413 万元，同时会同区信访办、公安局、城乡建委等部门成功协调处理了合兴镇渝欧陶瓷有限公司拖欠职工工资案、双桂堂利达通劳务公司欠薪逃逸案、顺盛依山郡聚众讨薪案、双桂堂山地园林公司拖欠民工工资案等重大群访集访事件，有力保障了劳动者的合法权益，维护了社会稳定。

【争议调解仲裁】 共受理案件461件，其中立案受理案件218件，各级调解组织调解上线案件243件，涉及劳动者人数466人，涉及经济标的512万元，按期结案率100%，终局裁决案件比例8%。此外，协同乡镇劳动争议调解组织，承担12家关闭煤矿、30家烟花爆竹企业转型发展和机关事业单位车改三大工作中的劳动争议调解工作和相关政策解释工作，涉及劳动者2万余人。

【工伤认定】 全年认定工伤553件，不予认定8件，不予受理2件，驳回工伤认定申请9件，撤回申请10件，共计确认各类工伤认定案件582件。（高　军）

人民生活

【城乡居民收入】 2016年常住居民人均可支配收入达到19353元，比上年同期增加1976元，同比增长11.4%，增幅居渝东北生态涵养区第二位。其中：城镇常住居民人均可支配收入达28990元，同比增长9.7%，增幅均居渝东北生态涵养区第三位；农村常住居民人均可支配收入达12485元，同比增长10.8%。增幅均居渝东北生态涵养区第二位。

四大项收入均成增长态势　工资性收入增长渐缓，2016年城镇常住居民人均工资性收入15398元，同比增加1246元，增长8.8%，比2015年降低1.9个百分点，农村居民人均工资性收入为4888元，增长12.6%，比2015年降低了1.8个百分点；城镇居民经营净收入和财产净收入保持快速增长，2016年收入绝对额分别为4221元和2611元，同比增长14.6%和12.9%，农村居民经营净收入和财产净收入增长减慢，增幅分别比上年减少8.5个百分点和3.2个百分点；转移净收入增速加快，2016年城镇居民转移净收入绝对额为6761元，增幅为7.7%，比上年增加了3.55个百分点，农村居民转移净收入为3323元，增幅比上年增加了6.4个百分点。

表13　　2016年梁平城镇居民人均可支配收入

指标名称	绝对值（元）		比上年±（元）	增幅（%）	占比（%）		增长贡献率（%）
	2016年	2015年			2016年	2015年	
可支配收入	28990	26427	2563	9.7	—	—	—
一、工资性收入	15398	14152	1246	8.8	53.1	53.6	48.6
二、经营净收入	4221	3682	539	14.6	14.6	13.8	21.0
三、财产净收入	2611	2313	298	12.9	9.0	8.8	11.6
四、转移净收入	6761	6280	481	7.7	23.3	23.8	18.8

表14　　2016年梁平农村居民人均可支配收入

指标名称	绝对值（元）		比上年±（元）	增幅（%）	占比（%）		增长贡献率（%）
	2016年	2015年			2016年	2015年	
可支配收入	12485	11268	1217	10.8	—	—	—
一、工资性收入	4888	4343	545	12.6	39.1	38.5	44.8

续表

指标名称	绝对值（元）		比上年±（元）	增幅（%）	占比（%）		增长贡献率（%）
	2016年	2015年			2016年	2015年	
二、经营净收入	3805	3565	240	6.7	30.5	31.6	19.7
三、财产净收入	469	448	21	4.7	3.8	4.0	1.7
四、转移净收入	3323	2912	411	14.1	26.6	25.8	33.8

城乡差距持续缩小　农村常住居民可支配收入增幅高于城镇，城乡收入差距逐步缩小。2015年，梁平城镇常住居民人均可支配收入26427元，农村常住居民人均可支配收入11268元，城乡收入比为2.35，2016年，梁平城乡收入比为2.32，缩小了0.03。

工资性收入仍是收入主要来源　2016年，全县城镇居民工资性收入人均增长了1246元，占可支配收入比重为53.1%，农村居民工资性收入增长了545元，占可支配收入比重的39.1%，仍是支撑城镇居民收入的主力。

结构更加多元化　就城镇居民和农村居民四大项收入构成单独来看，城镇居民工资性收入和财产净收入贡献率降低，分别比上年减少10.5个百分比和1.1个百分比，经营净收入和转移净收入贡献率有所提高；农村居民的收入结构与城镇居民有些差异，工资性收入和转移净收入贡献率提高，较去年相比增加了1.3个百分比和17.3个百分比，经营净收入和财产净收入较去年降低了17.7个百分比和0.9个百分比。

【城乡居民消费支出】　从消费结构上看，2016年梁平消费八大项支出均呈增长趋势。

表15　**2016年梁平城镇居民消费支出**

指标名称	绝对值（元）		比上年±	增幅（%）	占比（%）
	2016年	2015年			
消费支出	20568	18823	1745	9.3	—
（一）食品烟酒	7112	6540	572	8.8	34.6
（二）衣着	1906	1840	66	3.6	9.3
（三）居住	3371	3121	250	8.0	16.4
（四）生活用品及服务	1551	1414	137	9.7	7.5
（五）交通通信	2785	2484	300	12.1	13.5
（六）教育文化娱乐	1839	1754	86	4.9	8.9
（七）医疗保健	1376	1188	188	15.9	6.7
（八）其他用品和服务	628	482	146	30.3	3.1
通过互联网购买的商品和服务	211	170	41	24.3	1.0

表 16　　2016 年梁平农村居民消费支出

指标名称	绝对值（元）		比上年 ±	增幅（%）	占比（%）
	2016 年	2015 年			
消费支出	11147	10383	764	7.4	—
（一）食品烟酒	3937	3802	135	3.6	35.3
（二）衣着	729	668	61	9.1	6.5
（三）居住	1981	1819	161	8.9	17.8
（四）生活用品及服务	879	762	116	15.2	7.9
（五）交通通信	987	974	13	1.3	8.9
（六）教育文化娱乐	1102	1013	89	8.8	9.9
（七）医疗保健	1092	965	127	13.2	9.8
（八）其他用品和服务	441	379	62	16.5	4.0
通过互联网购买的商品和服务	16	3	13	422.6	0.1

恩格尔系数进一步下降　2016 年梁平城镇居民恩格尔系数为 34.6%，农村居民恩格尔系数为 35.3%，分别比去年下降了 0.1% 和 1.3%。

新型消费支出强势增长　随着互联网的不断渗透，网络购物逐渐成为梁平城乡居民的消费新方式。淘宝、微商、滴滴、优步、美团等等新型消费热点层出不穷，新消费群体持续扩大。2016 年梁平全体居民人均网购支出 97 元，同比增长 38.3%，占生活消费支出 0.6%。其中，城镇常住居民人均网购支出 211 元，同比增长 24.3%，占生活消费支出 1%；农村常住居民人均网购支出 16 元，同比增长 422.6%，占生活消费支出 0.1%。

医疗保健支出进一步上升　随着经济社会的快速发展，全民医保已实现全覆盖，农村医疗保障体系也不断完善。一是医院的医疗设备和环境不断完善，使城乡居民就医的医疗成本有所增加，在一定程度上引起居民医疗保健费用支出的增长；二是城乡居民的医疗保健意识有了显著提高，越来越多的人更注重健康，保健费用等消费品的支出也显著增长。2016 年，城镇居民医疗保健消费支出 1376 元，同比增加 15.9%，农村居民医疗保健费消费支出 1092 元，同比增加 9.8%。

人情消费增速减缓　随着八项规定的出台和人们意识的转变，以婚丧嫁娶、乔迁新居、长辈过寿等事由而操办庆典宴席的社会现象得到抑制，2016 年，梁平城镇居民婚丧嫁娶礼金支出持续降低，人均礼金支出为 1965 元，较去年同期下降了 14.6%，农村居民婚丧嫁娶礼金支出 1532 元，同比增长 5.8%，但增速比去年减少了 19 个百分点。　（国家统计局梁平调查队）

乡镇(街道)

农民新村(梁山街道八角村)

乡镇（街道）

梁山街道

【概况】 梁山街道系梁平区旧县城所在地，城区建成区面积近7平方公里，是梁平区的经济、文化中心。东与复平乡接壤，南连蟠龙镇，西邻双桂街道，北接星桥镇。国道318线和“两高一铁”横贯全境，区位优势明显。

政区沿革 梁山街道前身为梁山镇人民政府，梁山镇古为巴国之地，因有梁山寨而得名，始建于西魏元钦二年（553年），迄今已有1400多年历史，宋代在此设梁山军，元朝在此设梁山州。1949年12月解放时建立中城镇，1951年中城镇升格为城关镇人民政府，1956年4月城关镇人民政府又改为城关镇人民委员会，1959年再建城关区人民公社，1968年建立城关镇革委会，1981年改为梁山镇人民政府，隶属于梁平县中城区；1992年10月撤区并镇，由城西乡、天竺乡、安宁乡、梁山镇合并为新建制的梁山镇人民政府；2009年11月撤销梁山镇建立梁山街道办事处；2011年10月因区划调整撤销原城东乡后整体并入梁山街道管辖。2015年8月行政办公地点迁至梁山街道人民南路1号，2016年12月因梁平撤县设区更名为梁平区梁山街道办事处。

政区划分 梁山街道办事处设内设机构6个、所属事业单位5个，下辖7个城市社区和3个农村社区、62个居民小组，18个行政村、129个村民小组。7个城市社区为南华社区、北池社区、大众社区、双桂社区、西池社区、文峰社区、石马山社区；3个农村社区为八角社区、大福社区、蓼叶社区；18个村为清都村、迎水村、上八村、沙坝村、东山村、土桥村、白沙村、东明村、时代村、群益村、罗汉村、石马村、西池村、云佛村、梦梁村、天鼓村、金桥村、龙磨村。

人口 面积 梁山街道行政区域面积10600公顷，户籍人口103729人，常驻人口近14万。

自然条件 梁山街道位于北纬30°39′47″～30°43′14″，东经107°46′51″～107°52′03″，地处“四川盆地”东部平行岭谷区，地势南高北低、东高西低。地形以浅丘为主，丘陵占50%，低山占30%，平坝占20%。属亚热带季风性湿润气候。多年平均气温16.7℃。境内有高滩河支流小沙河水系和普里河支流龙滩河、李家河水系，小沙河水系由东南向西流入双桂街道，龙滩河、李家河水系由南向东汇入万州余家乡，河道总长度54.4千米，流域面积401平方千米。

【经济发展】

2016年，全街道实现经济总量483352万元，比上年增长7.8%，社会零售品总额34.43亿元，同比增长14.4%；农民人均可支配收入14894元，同比增长11.2%，城镇居民可支配收入29840元，同比增长10.7%。

农业 2016年，农业总产值达到23133万元，同比增长13.2%。突出发展粮菜、柚子、李子三大特色产业，着力培育“1+3”农业产业体系，完成农作物播种面积4364公顷、粮食总产量12455吨，其中小麦150吨，水稻6622吨，玉米1491吨，薯类3969吨，油菜籽458吨。蔬菜25191吨，水果及瓜果7212吨。

全街道现有农业产业化龙头企业13家，农民专业合作社78家；建成近郊以清都、八角为核心的蔬菜基地200公顷，远郊以天鼓、东山李子园为基地的高山李子133公顷，以及梁山柚180公顷，初步形成了以蔬菜、高山水果、生态农业、优质粮油为特色的效益农业板块。

2016年畜牧业生产中，生猪出栏3.09万头，家禽出栏46.3万只，山羊出栏548只，牛出栏140头，建成蜜蜂50群以上的2个，存栏蜜蜂1万群。检疫合格生猪产品6.35万头，处理不合格生猪产品105头，有效保证上市猪肉产品质量。

2016年年末，全街道森林面积4501公顷，其中：国家公益林420公顷，地方公益林1547公顷，商品林1667公顷，退耕还林867公顷（其中竹林653公顷），林木覆盖率48%。完成松材线虫病山场疫木清理9700余株，疫区入户清理2600户。完成封山育林200公顷。

2016年，全街道拥有大型农业机械65台（辆），完成水稻机插秧434公顷，完成机耕2053公顷，完成水稻机收820公顷，完成农机深松整地27公顷。

以农村集体资产量化确权改革为重点，顺利完成其余20个村、154个组的集体经济组织产权制度改革工作。

工业　现有规模以上工业企业7家，中小企业2365家，个体工商户5916家。2016年，工业产值总产值32亿元，其中：规上工业产值完成了17.7亿元，同比增长10%。工业固投资8.3亿元，同比去年增长16.9%。

商业贸易　初步形成以名豪、乾街、三峡风步行街、依山郡为核心的四大商业街区，商业网点157个；建成各类专业市场6.5万平方米，形成以电子商务、汽配汽贸、五金机械、家具建材、粮食物流等多业态商贸格局，带动就业3万余人。2016年社会零售品总额34.43亿元，同比增长14.4%

财政金额　2016年上级财政补助3594.4万元，本级非税收入34.68万元。

【社会发展】

文化艺术　文化团体5个：老年艺术团、群众艺术团、老年大学、梁山乐团、老体协梁山分会。各类艺术表演团体5个，演职人员700人，剧院（场）1座，座位1000个，年演出150场次，观众达5万人次；综合文化站1个，建筑面积1208平方米，藏书8000余册，2016年全街道开展各种文体活动210次。

公共文化服务　全年组织开展各种文体活动143次，其中大型群众文化活动5次，村（社区）群众文体活动45次；新建农体工程3个和1个社区体育健身点，完成了8个村520户卫星接受器的安装。

文化遗产　非遗项目5个：梁山灯戏、癞子锣鼓、竹帘、抬儿调、梁平年画。其中“梁山灯戏”被列入世界（国家）非物质文化遗产，灯戏“抢公公”荣获重庆市首届乡镇文艺调演金奖。

文物保护　市级保护1个、县级7个。

教育　有市级重点中学2所，区级重点中学校1所，职业教育学校1所，特殊教育学校1所，各类小学5所，民办学校3所，各类幼儿园18所。小学适龄儿童入学率100%；初中适龄人口入学率100%，小升初升学率100%，九年义务教育覆盖率达100%。

医疗卫生　有区（县）级医院3所，乡镇级医院2所，各类卫生站、卫生室、卫生点50余个，市民享有方便的公共卫生服务。

体育　体育场地：体育馆1个、体育场5个、台球室3个、乒乓球俱乐部3个、羽毛球场4个、门球场3个。八个社区都配有健身器材。街道以“打造品牌，繁荣文化，提高素质”为宗旨，组建了各种文体队伍43支，开展了丰富多彩的群众性文体活动，多次在参加市、区文体活动比赛中荣获大奖。

社会保障　2016年城镇最低生活保障户数871户，人数1413人，支出584万元，月人均345元；城市医疗救助2218人次，民政部门资助参加合作医疗2364人次，共支出30万元；临时救助226人次，支出37万元。

农村最低生活保障户数206户，人数391人，支出86万元，月人均184元；农村医疗救助1267人次，民政部门资助参加合作医疗831人次，共支出11万元。

国家抚恤、补助各类优抚对象492人，抚恤事业费支出366万元。

2016年新增就业人员3306人;“4050”人员等就业再就业人数800余人;900余名下岗失业人员实现了再就业;年末城镇登记失业人数约115人,城镇登记失业率低于3.4%;发放“4050”社保补贴2609人,补贴金额达749万元;开发公益性岗位安置55人;完成小额贷款960万元。

【基础设施】

交通设施建设　新建农村联网公路3公里(其中:沙坝村、云佛村、天鼓村各1公里);完成公路硬化9.75公里(其中:东山环道5.75公里、天鼓村2公里、金桥村2公里);启动职中改线道路改造0.6公里;二环路11公里建设任务已完成并通车。

农民新村建设　蓼叶移民新村示范工程全面完成。对127户移民群众房屋进行风貌改造,新建31亩经果林,新建公路628米,修建活动广场1000平方米,完善公路两侧景观绿化,新建人行道路5公里;完成刘家桥农民新村28户6380平方米房屋、雨污管网及广场绿化等建设,16户群众入驻新居。东山村跳马滩居民点达到39户9500平方米,同时完善了进出道路、雨污管网和人行道便道、河堤护栏等基础设施;东山村花园寨农民新村全面建成,30户高山生态移民群众提前入驻新居。累计投入补助资金88.05万元,完成街道辖区33户、建筑面积2640平方米农村D级危房,以及25户、建筑面积2500平方米农村C级危房改造。协助工业园区启动了粮食物流园回居房主体工程建设工作。

【名胜旅游】　旅游名胜古迹8处:烈士陵园、光华亭、军用机场、钢厂旧址、刘举皋故居、南岩石刻、仁安洞石刻、文峰塔。

【重点工程】

环境保护　建立农村“门前三包”和城市“门前五包”责任制度,激发群众自觉参与热情;建立城乡垃圾收运体系,按照“户分类、村收集、镇运输、县处理”的农村生活垃圾处理模式,配置垃圾勾臂车1台,勾臂垃圾箱12个,手推车27辆,垃圾桶180个。大力推进以白沙河、小沙河、大河等为主的水环境整治,开展河道清淤除白6.5公里,修建河道护栏6公里,规范排污管网约6公里。关停河道家禽、生猪等养殖场86家,关闭饮用水源域内经营性场所4家,设立饮用水源地保护标志47处,有效保护饮用水源。

棚户区改造　2016年共在10个片区完成签约1414户,总签约面积10.37万平方米;全年共支付956户,补偿面积68372平方米,支付补偿款3亿余元,整体支付率达到67%,实施房屋拆除5万余平方米。

乡风文明　坚持以“干净整洁”为抓手,建立一支由53人组成的生态保护员队伍,加强常态化的清扫保洁;建立农村“门前三包”和城市“门前五包”责任制度,激发群众自觉参与的热情;建立生态文明监督检查制度,开展日检查、周评比、月通报、季小结、年考核促评机制,把村容整洁作为考核干部工作能力的硬指标,促进工作落实到位。

【党政建设】　街道党工委下辖37个党组织,党员3686名。深入开展“两学一做”学习教育常态化制度化,基层组织的政治功能和服务功能发挥正常。新建便民服务中心1个;新建社会组织党组织8个,发展党员18名,慰问老党员200余人次,发放老党员生活补贴30余万元;村(社区)党员干部参训率、便民服务中心规范化建设、非公企业党组织党建指导员派驻、后进基层党组织整顿转化均实现100%。

(梁山街道　黄星皓)

双桂街道

【概况】　双桂街道办事处为县政府派出机构。2016年实有编制数80人,其中机关行政编制数50人,机关后勤服务事业编制数2人,参公事业编制数6人，事业编制数22人（含工勤技能编制数1人）。2016年在岗职工共75人，其中行政在岗46人，机关工勤在岗2人，事业参公在岗6人，事业在岗21人（含工勤技能在岗1人）。

双桂街道办事处目前办公地点位于梁平区双桂街道迎宾路136号（武装部院内），已建成综合业务服务楼。距“西南禅宗祖庭”双桂堂7公里，东临梁山街道，西临仁贤镇，北临安胜乡，南临金带镇，辖区面积58平方公里，耕地面积1325公顷，森林面积969公顷，绿化率32%。下辖大河坝社区、太和社区、正龙社区、皂角社区、张桥社区、回兴社区、新民社区等7个社区居民委员会，安复村、安宁村、黄泥村、凉水村、牛头村、千明村、松竹村、响水村、兴隆村、盐河村等10个村民委员会，共139个村（居）民小组，户籍总人口47612人，人口出生率17.5‰，死亡率5.4‰，人口自然增长率12.1‰。地势系平坝浅丘，海拔高度450～600米，地势东高西低，季风气候显著，四季分明，年降水量1300毫米左右，常年平均气温16.5℃。日照偏少，常年平均日照为1336小时。春季气温不稳定，初夏多阴雨，盛夏炎热多伏旱，秋多绵雨，冬季暖和，无霜期较长，湿度大，云雾多。土质以灰棕紫泥土为主，土层深厚，有机质含量丰富，土壤养分高，宜种性强。境内现有水库2口，山坪塘35口。

【经济发展】

农业　2016年农业总产值13663万元。农作物总播种面积3292公顷，粮食产量10001吨，其中水稻6469吨，玉米1360吨，小麦101吨，薯类产量1989吨，油菜籽产量525吨。蔬菜产量29571吨，水果及瓜果产量11996吨，水产产量达476吨。全年生猪出栏30495头，猪肉产量3796吨；家禽（鸡、鸭、鹅）出栏81.8万只。森林面积969公顷，其中：退耕还林242公顷、公益林171公顷、商品林556公顷。围绕“1+3”特色效益农业产业发展，组织策划申报中央、市、区现代农业发展项目10个。培育区市级农业龙头企业10家，新增专业合作社10家，家庭农场5家，农业经纪人12人。开展蔬菜、水果等特色农产品种植技术培训，辐射带动金针菇、莲藕等农产品收购、加工及销售。

工业　2016年培育重庆渝美滋俊杰食品有限公司和重庆宏工工程机械有限责任公司2家规上企业。组织渝美滋、胡特建材等6家企业参加梁平县特色产品展销会，组织企业进行产业技术创新专项资金、重庆市工业振兴专项资金等资金申报。完成瑞丰米业、重庆博之鸣畜产品有限公司2家规上企业安全标准化建设。2016年街道工业总产值226亿元（含园区），其中规模以上工业总产值达到161亿元。

商贸　2016年社会消费品零售总额达16.1亿元，同比增长14.6%。固定资产投资项目32个，投资金额达10.73亿元。成功申报重庆华江汽车服务有限公司、梁平县蚬木酒店有限公司、重庆锦辉餐饮文化管理有限公司、天农八部销售公司等4家为限上商贸企业。协助凉水村农村淘宝开展“6·18”家电销售节活动，增加销量金额30%以上。培育重庆本位电子商务有限公司1家，销售梁平柚、土鸡蛋、老咸菜等本地特色农副产品。

【社会发展】

文化艺术　2016年有文化服务中心1个，村级文化活动中心10处，社区文化活动中心7个。各类图书室15个，藏书4.3万余册。开展全民读书活动17次，送文化演出到辖区17个村（社区），开展送电影下乡、书画展、摄影展等群众喜闻乐见的文化活动60余次，完成张桥社区、凉水村、千明村及兴隆村农体工程的申报、建设工作。驻村干部长期坚持深入村组院坝、企业宣讲安全生产、扶贫脱贫、环境保护、就业帮扶等各项政策，开展院坝集中宣讲活动200场次，走访农户5千余户，发放各类宣传资料1.2万余份，受众达4万人次。

教育　有小学5所，初级中学1所，国家级重点中学1所，职业技术学校1所。小学适龄儿童入学率、初中适龄人口入学率、小升初升学率、九年义务教育覆盖率均达100%。

医疗卫生　有社区卫生服务中心1个，红十字医院、梁平正骨医院、梁平仁济医院等私立一级医院3所，村（社区）医疗卫生机构19个、乡村医生35个。社会养老公寓1所、床位200张，安宁养老中心正在修建，预计2017年年底投入使用。

体育　组建各种文体队伍12支，开展了丰富多彩的群众性文体活动。辖区内的区体育馆、体育中心、体育广场已陆续完成修建，双桂公园、正龙寺公园、知德公园等便民文体资源正在随着新区建设发展完善。

广播电视　完成300户“户户通”的讯息开通及安装播放工作，广播电视覆盖7个社区和10个村，实现了覆盖率100%。

社会保障　2016年城乡居民合作医疗参保人数达到3.8万人，指纹验证养老保险领保人员9000余人。城镇新增就业人员1314人，城镇登记失业人员就业949人，城镇就业困难人员就业215人，新增创业人数120人。开展新市民培训253人；发放小额贷款56笔582万元。加大职业介绍服务力度，发布各类用工信息196条，提供就业岗位257个。落实重点人群就业帮扶政策，为330名灵活就业困难人员核发社保补贴170余万元。

建立扶贫脱贫长效机制，对新增的8户、22人建卡贫困户加大帮扶力度。2016年发放各类优待抚恤金205256元；发放五保户、孤儿、困境儿童、慈善救助金13000元；发放各类社会救助金29535元。开展“关爱民生，送温暖”活动。走访慰问群众870户、3124人次，发放慰问金90000元。资助城乡低保、农村五保、城市三无人员、一二级重残人员、建档特殊困难家庭户、在乡重点优抚对象、孤儿、困境儿童等“八大对象”参加合作医疗保险1364人、投入资金156620元。投资39024元为2092位老人购买意外伤害保险。“5·6”风雹发生后，第一时间查看灾情，向区民政局争取了62000元专项救灾资金，发放给110户严重受灾户。

【基础设施】

一是加强社区管理，新成立新民、回兴2个社区，调整太和、正龙2个社区，并对街道进行了远期社区规划。皂角社区被评为“重庆市和谐示范社区”。成功解决东方天籁小区弃管问题，引进物管企业入驻。协调区市政局将龙翔建材小区下水管网纳入三级管网改造项目。改造升级锦绣家园污水管网、监控设施。二是硬化公路13公里。三是扎实推进农村道路联网工程建设工作。完成安复村百里竹海景区旅游道路放线、挖沟筑埂、竹木砍伐等工作。四是安装天然气170户。五是完成140户C级、10户D级危房改造工作。六是完成兴隆村便民服务中心规范化建设。七是推进安宁养老中心主体工程完工。

【重点项目建设】

一是推进征地拆迁与回居安置工作。完成双桂雅苑二期、福德锦城、万和康城、颂和时代城等小区1028户、3985人的回居安置工作。实施工业园区拓展区征地拆迁工作，签订协议418户、1681人，拆迁建筑面积126442平方米、安置建筑面积80747平方米，支付拆迁房屋补偿款10634万元、房屋货币安置款24207万元，已支付37512万元。推进新区双桂公园北段、枫叶国际学校、顺安路片区房屋拆除135户，拆除面积39331平方米。二是开展棚户区改造和立面改造工作。签订国有土地房屋房屋征收协议380户，签约面积3.73万平方米；拆除履令不停的在建违法建筑218户、4万余平方米。房屋补偿金额1.26亿元。拆除房屋面积2.34万平方米。实施迎宾路立面改造4.1万平方米。三是持续开展违法建筑整治。违法建筑日常巡查375次，下达停建告知书60份中自拆28户、3631平方米；完成区整治办和市规划局交办的违法建筑处理19件。四是推进乡风文明建设。组织开展乡风文明宣传教育，改善陋习陋俗，分别发放一万余份《双桂街道乡风文明建设宣传手册》和《致群众的一封慰问信》。加强生态环境治理，实施河道整治。完成大河河上游1280米堤岸河床和污水管网建设；加快实施小沙河及支流5.6公里河道整治；规划大河河及回兴片区17公里污水管网建设，启动龙强建材小区雨污管网改造；关闭畜禽养殖场9家，查处违法建设养殖场1家；整改安宁污水处理厂管网200米，修建容积32立方米化粪池1座；组织河道清漂6次，清理垃圾50余吨。

（双桂街道）

仁 贤 镇

【概况】

地理位置　仁贤镇位于梁平县中部，地处梁平坝子腹心地带，距县城9公里，交通便捷，地处平坝浅丘地区，南北地势稍高，东西略平缓。是西北部14个镇乡通往梁平城区的交通咽喉，318国道横贯全境，2012年启动建设的梁黔高速公路梁平出口紧邻场镇，境内已纳入梁平工业园区A区战略发展规划，区位优势凸显。

政区沿革　仁贤镇史称“沙河铺”，历史悠久，人杰地灵，是明代著名理学家来知德故里，因来知德之父（来朝）义还遗金，被朝廷敕封义士，赐乡名为仁贤，素为文明礼仪之乡。民国初置仁贤镇，民国30年（1941年）改仁贤乡，1958年改公社，1983年复置仁贤乡，1992年建立仁贤镇。

政区划分　1997年，辖21个行政村和1个街道社区。2004年辖仁贤（原仁贤、五星、沙河合并）、凉水（原凉水、福德、七一合并）、白鹤（原白鹤、石樑、三元合并）、宏山（原宏山、华安、双路合并）、长龙（原长龙、鲢鱼、灵宝合并）、五一（原五一、麒麟、同力合并）、广福（原广福、龙安、新立合并）7个行政村。2009年下半年，凉水村被划归双桂街道管辖。

人口　面积　2016年年末，总面积41平方千米，辖区总人口31510人，其中流出人口10360人。总人口中，男性16307人，占51.8%；女性15203人，占48.2%。出生率12.7‰，死亡率5.6‰，人口自然增长率7.1‰。

自然条件　地处平坝浅丘地区，南北地势稍高，东西略平缓，海拔高度最低处420米，最高处558米。国道318线公路横穿镇境。境内有龙溪河、白沙河，河道总长12公里。白沙河属龙溪河水系，从仁贤村观音桥东入境，自东向南，在广福村熊家桥南出境。

【经济发展】

农业　2016年粮食作物播种面积2337公顷，粮食产量13374吨，农业总产值达21798万元。新增土地流转79公顷，全镇累计流转土地661公顷，全镇规模经营业主达到33人，6.67公顷以上流转面积到达568.87公顷。全年完成水稻全程机械化生产社会化服务172公顷，完成机耕2000公顷，机防2.6万；共发展农业公司2户，注册了2个农业品牌（“三方田”有机富硒大米和黄秋葵花茶），申请农产品品牌QS认证一个（龙铭山庄秋葵花茶）。“一园三基地”建设已初具规模，龙溪河流域现代农业园区已经形成，千亩葡萄草莓采摘基地已完成了32公顷、莲藕蔬菜基地完成了160公顷、千亩特色水产养殖基地已达45公顷，各基地年总产值已超过7000万元。全镇莲藕种植面积160公顷，绿色无公害富硒大米39公顷，巨菌草种植20公顷，秋葵、佛手等中药材种植19公顷，特色农业年产值已超过4000万元，农业品牌效益逐步凸显。

工业商贸　全镇规模以上工业企业1家，规模以下工业企业47家，限额商贸企业2家；工业总产值实现3.79亿元，其中规模以上工业产值实现5212万元。截至2016年年底，镇辖区内微型企业已达1460家，2016年新增市场主体29家。

财政金融　2016年，全镇地区生产总值达到10.45亿元，一般公共财政收入1696.25万元，固定资产投资5.1亿元，社会消费品零售总额达到28369万元，农村居民可支配收入达到12371元，城镇居民可支配收入达到21498元，城乡居民存款余额达到8.4亿元，贷款余额达到2900

万元，全镇经济社会保持了良好的发展势头。

重大项目　完成投资292万元的龙溪河流域现代农业园区水产养殖基地改扩建项目，扩建养殖基地17公顷；总投资3840万元的高标准基本农田全面整治项目已全面完工；总投资8000万元的市级土地整治项目基本竣工，提前完成土地流转非农化整改工作；完成双河口大桥建设，辖区农业产业大道全线贯通；完成境内7.12公里盐井口水库管道连通工程；完成山坪塘清淤整治37口，提升灌溉面积1333公顷；完成农村危旧房改造216户；投入200余万元完成了宏山等镇村两级服务中心规范化建设；累计新修村组公路21.8公里，硬化21.1公里。

二环路（仁贤段）从白鹤村4组邹文俊处起至仁贤村猫儿丫处，全程8270米，共涉及仁贤、白鹤、宏山3个村，9个村民小组，项目总投入533万元。2016年实施完成了二环路扫尾工程的水沟边坡、搭接路项目，目前该工程已全部完工并通过市、县级验收。

【社会发展】

文化艺术　综合文化站活动室向群众免费开放，建成农家书屋6个。组织群众参与广场健身操、坝坝舞、钱棍100余次；组织人员进村居教授文艺骨干及文艺爱好者各类舞蹈培训10余次；联合仁贤镇中学、小学、医院等镇属单位，成功举办“仁贤镇纪念建党95周年庆祝晚会”，给全镇广大党员干部同志以及周边群众带来一场视听盛宴。开展了卫星直播电视户户通工程前期工作，完善了镇2016年800套“户户通”工程任务的资料收集、登记以及收费工作，确保设备有序的发放及安装。

教育　2016年末有幼儿园4所，在园幼儿730人，专任教师18人；小学2所，在校学生1699人，专任教师93人，小学适龄儿童入学率100%；初中1所，初中在校学生498人，专任教师75人。初中适龄人口入学率、小升初升学率、九年义务教育覆盖率均达100%。

卫生计生　2016年末有镇中心卫生院1所，各级医疗机构16个。病床70张，各类医务人员专业卫生人员63名，其中中级职称医师20人，助理级医师18人，护理人员13人，其他医护人员12人。医疗检测设备9台，其他设备设施2台。为186对夫妇办理生育服务证。办理新增奖扶122人、特扶6人、一般扶2人，办理独生子女父母参加城乡居民社会养老保险增发基本养老金91人。开展“计生赶场”宣传3次、青春期健康教育活动1次。对失独家庭11户20人、独生子女伤残家庭23户37人、手术并发症3人进行慰问、帮扶。

体育　投入10万元翻修了篮球场、羽毛球场，为群众提供了更好的锻炼健身场所。镇政府广场拥有健身器材43件。积极开展各项健身活动100余次，积极开展镇村（社区）篮球友谊赛30余次。完成了宏山、五一、白鹤村“农民体育健身工程”建设。

社会保障　2016年全镇共发放优抚金138万余元，慰问金及医疗补助13.877万元，高龄补贴2.138万元。全镇享受低保有447户760人，其中：农村低保370户648人；城镇低保77户112人。农村五保人员77人，城镇三无人员16人。敬老院入住16人。参加城乡居民养老保险人员共14120人，其中老年人员3516人，正常参保人员10604人。正常领取养老待遇人员6350人，每月发放养老金60万余元。办理新参加养老保险622人，办理死亡待遇183人。帮助305人登记失业人员实现再就业，305人城镇新增失业人员实现再就业，为17人落实就业资金贷款170万元；办理社保补贴12人。

【基础设施】

场镇设施建设　完善场镇基础设施建设，新增路灯26盏，铺设路灯管线1500米。投资20余万元对场镇对观音桥至仁贤桥老318国道两边进行了人行道改造工作，新装砼路沿1200米，维修翻新人行道透水砖2700平方米，新安花岗石树圈344个，补栽了行道树400余株。

农民新村建设　2016年度15户D级危房，

119户C级危房改造对象全部落实到户，已全部完成改造。加大生态环境建设的投入，建设污水1、2、3级管网4800米，维护污水管网5.1公里，新增垃圾箱13个、垃圾桶20个，有效缓解无处倒垃圾难题。（仁贤镇　潘　杰）

金带镇

【概况】　金带镇位于梁平县中部，县城边缘。东依蟠龙镇，南临和林镇，西连仁贤镇，北靠新城双桂街道，辖区面积31.45平方公里。西距重庆市主城区190公里，东距万州区80公里，距县城9公里，是重庆主城联系渝东北地区重要陆路交通要塞，渝宜高速、梁忠高速和渝万城际铁路均贯穿全境，标准化沥青路从县城直通双桂堂。

金带镇因咸丰八年（1857年）在双桂堂（又名金带寺）内挖出一条金带而得名，民国初置石柱镇，民国36年（1947年）改为金带乡，1958年改为公社，1983年复置乡，1992年10月，撤区并乡建镇时，将原来的光明乡、金带乡合并建立金带镇，2017年1月5日，梁平县金带镇变更为重庆市梁平区金带镇。2009年，将千明村、牛头村、黄泥村划归双桂街道管辖，调整后的金带镇辖7个行政村，即仁和村、金城村、千河村、滑石村、石龙村、石燕村、双桂村，55个村民小组，1个街道居委会，即金带街道居委会，3个居民小组。2016年末，全镇户籍共7017户，总人口18400人，其中：城镇人口3743人。

金带镇山、丘、坝兼有，以丘陵为主。镇内溪流众多，有滑石、金光、向阳、东风等4个各具特色的水库。气候上属于四川盆地东部暖湿亚热带气候区域，季风气候显著，四季分明，气候温暖，年平均气温为16.6°C，雨量充沛，日照偏少。

【经济发展】

2016年，全镇实现经济总量34905万元，同比增长约15%；固定资产投资完成2.91亿元，同比增长11.5%；社会消费品零售总额达到11218万元，同比增长14.5%；农民人均可支配收入13303元，增长11.4%；国地税收入完成887万元；金融机构各项存款余额达4.8亿元。

商贸旅游　境内有国家AAA级旅游景区2个，星级农家乐12个，中小型超市15个，食品流通单位76个，餐饮服务单位37个，小型作坊14个。2016年，金带镇以双桂堂为核心，全力打造全域旅游，稳步推进滑石古寨国家AAAA级景区创建，基本完成景区内高空索道、生态探险、水上娱乐、卡丁车跑道等游乐建设项目，梵华禅境、金城玫瑰园先后开园；成功举办渝东北首届风车艺术节、梵华禅境香水百合花节；成功承接全市农家乐联席会；完成“二环路”（金带段）建设，建成金带观景台；完成统筹城乡环道白改黑工程1.4公里以及滑石村8公里新建路段路面油化工程。

农业　全镇耕地面积1647公顷，森林面积960公顷，农作物总播种面积2459公顷，粮食作物播种面积1688公顷，总产量8802吨，蔬菜面积634公顷，产量11098吨，园林水果305公顷，产量3304吨。全镇现有67公顷以上标准化桑园2个，花卉苗木200公顷，有养猪大户8户，生猪存栏20390头，年出栏量20630头，家禽存栏289000只，出栏781000只。大力推广机械化作业，全年实现机耕1833公顷，机插58公顷，机收653公顷，耕种收综合机械化率72%。培育新型农业生产经营主体14个。强化森林病虫害防治，全年除治病死、风倒、工程建设枯死松树3009株，水稻病虫害统防统治面积75公顷。开展梁平柚全程社会化服务试点，全面完成全镇80公顷梁平柚幼年树“四肥三药一修剪”和7公顷成年树“三肥三药一修剪”全程社会化服务试点。2016年，农业总产值完成1.64亿元。

工业　全镇有规模以上企业2个，烟花爆竹零售网点16家，微型企业共114户（其中2016新发展14户），个体工商户共646户（其中2016年新发展53户），农民专业合作社33户（其中2016年新发展1户）。规上工业企业凌鹤科技、一根豆筋两家规上企业产值达7764万元，利税达159万元，成功签订浩盛新能源、滑石体验游乐项目、奇爽柚园、金城玫瑰园等招商引资协议10个，协议招商金额1.85亿元，到位资金超过6306万元。2016年，工业总产值完成2.99亿元。

【基础设施】

场镇建设　全镇场镇面积1平方公里，城镇常住人口6482人。2016年，按照县委“九有六无四化”风情集镇工作部署，集中力量对仁和场、双桂场303省道两侧进行场镇综合整治，投入资金100余万元完善场镇基础设施建设，其中：改造公厕3处，改造仁和街下场口停车场400余平方米，改造场镇店招店牌935平方米，改造双桂中学至益得桥人行道2400余米，安装路沿石480余米，福园排水沟改造600余米，场镇自来水管道改造1300余米。

美丽乡村　全镇有双桂福园、百花寨、金玉良苑农民新村3个。2016年，全镇深入推进农村环境综合治理，启动石龙村及“二环路”沿线农户的房前屋后及庭院绿化、美化、亮化“三化”建设，完成益德桥至接待中心的线路升级改造；完成石龙村创建绿色村庄的申报工作；加快农村危旧房改造，完成161户农村危房信息核录工作，启动71户农村C级危旧房、10户D级危房改造工作；完成涉及渝万铁路、梁忠高速、农村基站通信12座塔基建设任务，埋设安全界桩54个，加快推进水系路系恢复工程建设，解决20多处道路和排水问题。

生态建设　深入开展生态文明及乡风文明“三比三看”活动，积极推进生态镇、生态村创建工作；完成仁和、双桂福园、石柱坪三个区域生活污水管网摸底调查设计工作；组织开展“共建生态文明、共享碧水蓝天”、生态文明环保志愿服务、环保知识进农户等活动；投入500万元，启动全镇人居环境综合整治项目；加强农村环境整治运行机制建设，完善垃圾清运系统，配置14个垃圾箱体，356个垃圾桶，4辆电动三轮摩托车等环卫设施，组织保洁及河道清漂队伍，定期对养殖场、水源地等环保重点环节开展检查；全面完成金带污水处理厂建设，并投入试运行。

水利建设　整治山坪塘44口，其中2016年新整治山坪塘15口；新增管道2条5.5公里，解决全镇1万余人饮水安全问题；全年新建蓄水池2处，完成5000吨供水厂扩建工程以及2公里河道整治清淤、5处沟渠整治项目，完成东风水库溢洪道整治；启动双桂堂段河体工程；完成双桂村、石燕村、千河村、滑石村、石龙村的农业水价改革项目；全镇总用水量为12.5万立方米，水质达标率为100%。

【社会发展】

文化体育　全镇有综合文化站1个，各类图书室7个，藏书2万多册，有双桂堂1个国家级文物保护单位，滑石寨、双桂渡槽、滴水岩3个县级文物保护单位，有健身广场2个，健身器材30余套，修建塑胶篮球场1个、塑胶羽毛球场2个，综合文化站实行免费开放，组织开展柚乡吹手大赛、“巴渝风·柚香情”送文艺演出、农禅家风·万福金带等各种文化活动，举办癞子锣鼓、吹手传承班2期，唢呐1期，开展送文化下乡活动8次，播放露天电影60余场，协助完成电影《小师父》的拍摄。

教育　现有初级中学、中心小学、新金带小学各1所，幼儿园3所。双桂中学在校生440余人，教职工52人。小学在校生1145人，教职工71人，幼儿入园率达100%。2016年，各中小学加快推进义务教育均衡发展，荣获均衡教育先进单位，全年开展“留恋课堂”专题研讨会20余次，上研究课80人次，专题讲座18人次。

卫生计生　现有镇中心卫生院1所，各类医务人员32人，病床46张，专业卫生技术人员26名，执业医师4人，执业助理医师6人，公共卫生助理员2人；有村级卫生室8个，个体诊所1个，乡村医生17人。2016年完成城乡居民医疗保险征收220.611万元。建立居民健康档案

12650份，开展居民签约服务2828户9260人，完成计划免疫针次2256针次。开展健康教育咨询活动12次、健康教育讲座27期。

广播电视　全镇有线电视用户3600余户，广播村村响覆盖全镇，有高音喇叭78只。

社会保障　全镇集中供养五保老人18人、分散供养59人，共有城镇低保户63户93人，农村低保185户375人，其中：2016年新增城镇低保39户57人，新增农村低保131户249人，新增五保户4户4人，落实贫困重度残疾人居家托养11人。全年发放各类救济资金21.36万元，救助贫困残疾学生6人、流浪乞讨人员5名，严格落实优抚供养政策，全年新增孤儿1人；发放抚恤补助及医疗补助78.6万元，办理超龄退役军人参加城镇养老保险20人，发放高龄老人生活补助金1.66万元；成立梁平县金带镇慈善分会，募集善款16万余元；登记核实资助参保人员891名。完成养老保障扩面145人、到龄养老保险审核195人、死亡待遇审核86人，完成指纹认证2851人。办理小额贷款120万元，换发新办“就业失业证”10本，办理特病证81人次，办理“4050”补贴18人次共计61749元，新办补办医保卡772张。

综治维稳　充分发挥32名安监协管员的作用，2016年共开展安全隐患大排查240余次，下达安全隐患整改指令书5份，对未进行整改到位的2家企业处罚1000元，查获非法经营烟花爆竹案1件，执行拘留1人，查获非法储存烟花爆竹案1件，查获危险化学品（柴油）非法储存、销售案1件；全年共查处交通违法行为200余件，共办理餐饮服务许可10件，食品流通许可18件，“四小”备案4件，注销餐饮、食品流通证件7件；扎实开展抽检和快检工作，送检食品药品17批次，全年处理投诉举报食品药品案1件，查处食品药品案8件，其中食品过期案3件，药品过期案4件，医疗器械过期案1件，共处罚款1.8712万元。全年开展治安巡逻480余次，化解各类矛盾纠纷300余件，查处治安案件77件，接警348件，结案率、出警率均达100%，破获刑事案件31起，打击违法犯罪人员9人，城乡居民生命财产安全得到保障。全年有在册社区矫正人员1人、刑满释放人员4人，均未出现脱管、漏管和重新犯罪现象，全年办结法律援助案件3起，有效地维护了辖区群众的合法权益。全年共收到群众来信45件次，接待群众来访422件次，开展干部大下访3670余次，接访群众980余人次。

【名胜旅游】

金带镇是重庆市20个统筹城乡集中建设示范镇之一，曾先后被评为重庆市特色风貌小城镇、市级卫生镇、市级文明镇、重庆市特色旅游景观名镇。境内旅游资源丰富，有全国重点佛教寺庙、西南佛教禅宗祖庭、国家AAA级旅游景区——双桂堂，国家AAA级旅游景区——滑石古寨，以及花果山金城寨、漏米岩、滴水岩等各具特色的旅游资源，此外，还有待恢复的破山、竹禅等名人遗迹、遗物等。（金带镇）

礼让镇

【概况】　礼让镇位于重庆市梁平县腹心地带，地势平坦，兼有浅丘，海拔最低点444米，海拔最高点950米。东邻仁贤镇，南接聚奎镇，西达竹山镇，北依明达镇，辖区面积45平方公里。气候温和，雨量充沛，土壤以冷砂黄泥、扁砂黄泥、暗紫色水稻土为主，呈中性到微酸性，土质肥沃。拥有耕地21372亩，森林面积10920亩，蕴含煤、泥炭、铁、石灰石等矿。有小（二）型水库一座，山平塘96口，13.5公里龙溪河干流贯穿境内6个村，红光河、玉石河、齐河、策安河4条区1级河流和李家坡水库河区级2级跨5个村，水源丰富。辖老营、川西、同河、新拱、河川、玉石、凤凰、新华、民中9个村、77个村民小组，1个街道居委会、4个居民小组，总户数10056户，总人口27281人。礼让镇素有“巴渝豆筋之乡”“全国民间文化艺术之乡”美誉，辖区内山清水秀，人杰地灵，民风淳朴，治安环境优良。区位优势明显，距县城15公里，距梁平火车站20公里，距渝万高速公路入口15公里，梁忠高速公路、318国道、102省道贯穿全境，公路纵横交错，交通四通八达。

【经济发展】

工业　2016年年底规模企业3家，中小企业60家，个体工商户825家。2016年全镇工业总产值实现6.75亿元，工业固定资产投资完成1000万元，新增小微加工企业5家，新增豆筋加工户68户。完成铭峰煤业有限公司、金深煤业有限公司、宜兴农业开发有限公司的土地流转“非农化”整治工作。关闭新华、三星两个煤矿。

农业　开展33公顷渔业绿色食品养殖试点工作；支持3家农业企业、专业合作社等经营主体打造重庆知名豆筋、渔业产品品牌；渔业园区基础设施提档升级，完成33公顷鱼池标准化建设，争取低碳循环高效流水养殖池市区级资金500万元，新建低碳循环高效流水养殖池32槽；新发展适度水稻规模种植27公顷；蔬菜规模种植7公顷；完成水稻机插秧补贴试点面积56公顷，培训水稻科技示范户40户；完成一般农户耕地地力保护补贴1263公顷，机收1233公顷。建成礼让镇农产品质量监督管理站和礼让镇农机警务室。开展森林防火检查12次、渔业安全检查2次、农机车辆和农机具安全管理及从业人员的安全教育12次。农村常住居民人均可支配收入13954元。

商业贸易　2016年年末共有商业网点175个，从业人员1150人，社会消费品零售总额完成19236万元，比上一年增长14.4%。开展30人次电子商务人才培训，建成阿里巴巴农村淘宝站点1家；加强培养市场主体，新增小微商贸企业6家，培育2家限额以上商贸企业。

财税金融　2016年镇财政总收入3363.36万元。实际入库税收249.07万元，其中：国税116.07万元，地税133万元。

【社会发展】

文化体育　非遗文化国家级1个，市级5个，县级34个。群众文化艺术表演团体28个，演职人员158人；综合文化站1个，建筑面积340平方米，藏书5600册。2016年全镇开展各种文体活动14场。来宝小学“癞子锣鼓”和礼让中学“草把龙”传承基地被市教委列入重庆市“均衡教育”示范学校。全镇参加中央电视台拍摄的“梁平非遗”文化专题节目7月下旬在央视播出。完成700面地面卫星接收入户安装工作。

教育科技　拥有中学1所，小学2所，幼园班21个。小学适龄入学100%，初中100%。辖区内中学在校学生1023人，小学2所在校学生1672人。全镇共有教师178名。来宝小学2016年获得了教育综合一等奖。

医疗卫生　卫生院1个，占地面积5200平方米，建筑面积6220平方米，病床66张，现有在职职工49人，卫生技术员42人，其中，专业技术人员中副高级职称3人，中级职称8人，初级职称25人，具有大专以上学历的27人。区域内直辖村卫生室和地名村卫生室14个，70%以上村卫生室达到“标准化服务村卫生室”的标准。个体诊所1个。

社会保障　2016年农村最低生活保障户数363户，人数611人，支出215万元；城镇最低生活保障户数40户，人数46人，支出23万元。镇慈善会正式成立，共募集捐款近30万元。实现城镇新增就业840人，城镇登记失业人员就业再就业110人，帮助“4050”就业困难人员就业14人，开发公益性岗位6人。发放小额担保贷款250万元。医保筹资25452人，筹集资金3368820元。办理村干部养老保险35人，老营村新征地养老保险26人，原农技（农机）员养老和医疗补助14人，退役军人养老保险38人，完成原乡镇（公社）老放映员及原乡镇企办室非在编人员参保工作。

长效扶贫　全镇通过组织9个脱贫工作队，97名帮扶责任人，整合各类扶贫资金666.89万元，用于产业带动450人次、低保兜底43人、就业安置20人次、医疗救助120人次、教育资助71人次，帮助全镇226户678名建卡贫困户人均可支配收入达到6048元，稳定越过国家扶贫标准线。2016年全镇新增贫困户2户8人。

农村改革　构建新型农业经营体系，新增各类家庭农场5家，渔业信息服务中心1家，渔业销售企业2家；规模经营面积达到667公顷。全国承包地推出试点在川西村9组进行，共15户农民已经完成申请，组、村、镇、集体审核，退地面积5.4公顷，兑现退地补偿款114.968万元。川西村、玉石村、新华村、民中村完成农村产权制度改革试点工作。

环境整治　龙溪河川西河福拱桥断面水质有效改善；完成场镇周边2.2公里二三级污水管网工程的建设并投入使用；管网覆盖区域污水收集率达70%；关停龙溪河沿岸流域禁养区内10家畜禽养殖场；试点礼让万亩渔业园污染整治，加强养殖投入品管理，依法规范、限制使用抗生素等化学药品，逐步实现渔业园生态建设。

换届选举　完成梁平县代表选举和镇、村两级换届工作，选出县代表9名，镇代表56名。开展村级换届选举新任的村（居）干部集中培训2次。

【基础设施】

交通设施　礼让境内涉及同河、新拱、河川三个村全长6.9公里梁忠高速公路全线贯通通车。

农民新村建设　农民新村建设：完成市级农民新村川西村民点"旖旎苑"少尾工程建设，43户房屋全部建设，道路、堡坎、篮球场、广场、管网等基础设施全部完善。同河村县级美丽乡村培育村，按照相关标准做到村容整洁、庭院整洁。六合水产办公楼封顶，严格审批改建房屋50户，机关职工签订违法建筑承诺书50份，完成19户D级危房改造，135户C级危房改造。完成了城镇发展用地和9个村农村居民点建设用地的规划，正在调规。　（礼让镇　眭照成）

聚奎镇

【概况】　聚奎镇位于梁平县中西部，距梁平城区14公里，东临仁贤镇，南接和林镇，西界屏锦镇、竹山镇，北连礼让镇，318国道纵贯全境，省道渝巫路横穿而过。全镇辖12个村民委员会109个村民组，1个街道社区居委会5个居民组。2016年年末户籍人口42247人，其中城镇常住人口1.2万余人，城镇化率28.4%。

据县志载，西晋始置梁山县于此，历经500年。清末民国初期才子辈出，修建八角聚星楼，聚奎以此得名。聚奎，龙飞凤舞远近闻名，中华武术源远流长，被人们称为"武术之乡"。

聚奎镇辖区总面积57平方公里，地势平坦，最高点猫儿石海拔843米，最低点黄土坎海拔438米。地处亚热带季风气候区域，年降雨量1100毫米，年平均温度16℃。蕴藏有丰富的煤矿、石灰石和阴沉木资源。旅游资源独具特色，很具开发价值的福星庵、观音寨等都是旅游观光的极好去处。耕地面积3187公顷，人均0.08公顷，全部为水浇地。

【经济发展】

经济社会总量跃上新台阶　2016年，全镇GDP完成7.36亿元；工业总产值达到6.0952亿元，城镇居民人均可支配收入达到21884元，农村常住居民人均可支配收入达13916元，社会消费品零售总额达31725万元。完成招商引资合同协议资金5000万元；完成固定资产投资30640万元；银行存款余额7.66亿元。同时，2016年全镇新增个体工商户79户，个体总数达1002户；新增企业36户（其中微型企业11户，家庭农场13户），企业总数达271户；新增专业合作社6户，合作社总数达36户。

产业发展取得新成绩　全镇紧紧围绕绿色发展之路，有序推进了香椿、鳝鱼、蓝莓、观音寨保护开发、爱河花谷旅游打造五大特色产业发展进程。其中，香椿种植面积近667公顷，美丽香椿标准化示范园已基本建成；完成了27公顷生态鳝鱼养殖示范园基础建设，做好了鳝鱼养殖基地规划设计；投入建设资金30万元发展蓝莓产业，栽植蓝莓1.3公顷共8000株，实现了亩产100斤，亩产值达10000元；大力发展乡村旅游，投资2000万元全力打造集观光、休闲、娱乐为一体的乡村旅游度假区——“爱河花谷”旅游景区，目前正有序推进。2014年席帽村成功申报为第三批中国传统村落，并编制了《梁平县聚奎镇席帽村传统村落保护发展规划（2015—2030）》，按照其原貌修旧如旧，同时进行保护性开发。

【社会发展】

社会保障水平显著提高　2016年参加城乡居民养老保险人数达16752人，城乡居民合作医疗保险率达92%以上；累计发放养老金820余万元；新增城镇就业人员315人，下岗失业人员再就业48人，发放小额贴息贷款435万元。2016年发放民政救助资金、低保金、五保金、优抚资金660万元，医疗救助金47万余元，全镇城乡低保、农村五保、困难群众生活得到基本保障。

科教文卫事业不断进步　优化办学条件，切实保障对教育的投入，成立百万教育助学基金，已助学近50人。坚持以提高教师思想道德素质和学生思想道德水平为抓手，开展诚信、文明礼仪教育，优化办学条件，深入推进素质教育。全面建成1个标准化卫生院和12个标准化卫生室，不断提高基本公共卫生服务水平。广泛宣传卫生计生政策，做好计生家庭奖扶、特扶工作，2016年新增奖励扶助对象103人，资金奖励145万元。农村独生女高考加分9人，中考加分7人。

评选出“新乡贤”42名，开展梦想课堂宣讲活动22次。邀请县文联、作家协会等多家单位采风并联合编印了《蓼叶河·聚奎专刊》。加强12个村级文化室（农家书屋）标准化建设，安寿村文化大院已建成并投入使用，政府购买公共文化下乡演出26场。

综治维稳工作协调并进　一是坚持逢场天书记、‘镇长联合接待群众’，其他班子成员轮流定点接访群众制度。实行综治、信访和司法调解三位一体的工作机制，2016年共接访群众2849人次，走访群众10566人次，化解矛盾纠纷80余件。狠抓网格化建设，落实“四位一体”治安巡逻防控工作，增强了群众安全感。切实做到“一把手”负总责，其他班子成员“一岗双责”，把影响社会稳定的问题解决在了基层，化解在了萌芽状态。二是充分发挥村（居）民自治的作用，配合做好矛盾纠纷化解工作，各村（居）共妥善处理各类矛盾纠纷400余起，成功化解300余起，顺利化解因产业发展、烟花爆竹企业转型、土地流转等工作产生的不稳定因素，为构建平安稳定聚奎提供了坚强保障。三是加大社区康复试点、戒毒康复及吸毒人员动态管控，保持对毒品犯罪活动严查严打的高压态势，在堵源截流上取得了较好成效。成功创建了市级无邪教乡镇，有10个村（社区）成功创建无邪教单位，为加快全镇发展创造了安定的社会环境。

【基础设施】

城乡面貌发生新改变　完成帝豪奎星广场商贸城住房和商业用房建设，建设面积10993平方米。完成聚奎场镇停车场建设近7000平方米。完成场镇二级污水管网建设2400米。启动了聚奎镇第二小学建设工作。开展了场镇综合整治，拆除乱搭乱建各类棚、伞（钢架）480个；规范各类经营摊位，调整粮食农副产品、竹木制品、水果交易市场和小商品流动摊位交易点；整治了各类车辆乱停乱放。进一步了完善场镇基础设施，投入180余万元对红亮农贸市场、双河街、中心街排水（污）管道、场镇公路、人行道路面、路灯进行了维修。绿化千峰河道种树480株。全年检查房屋建设120宗，发现违规违法建筑14宗，纠正违规建筑5宗，查处违法建筑9宗，自拆8宗，强拆1宗。

农村基础设施建设进程加快　2016年整合财政、交通、农委、水务对口帮扶资金235万元，硬化修建农村公路4.2公里，人行便道5000米，新建场镇停车场3950平方米，整治农村道路安全隐患7处，全面完成清晏桥、潘家桥修建工作。完成8个村的国土治理工作，面积达33298亩，修建便民道、耕作道6238米，修建排水够沟28843米；10个村开展了土地平整工作，面积21575亩。

美丽乡村建设顺利推进　积极推进以席帽村为试点的美丽乡村建设，全镇美丽乡村建设和农村环境卫生综合整治初见成效。积极开展观音寨保护工作，完成1.8公里通向公路改造工作。推进农村危旧房改建75户，改建面积21000平方米。对开展农村危旧房改建安全监督检查200人次。进一步完善农村危旧房改造信息系统，完成D级危房14户、C级危房126户的信息完善工作。修建海峰村便民服务中心会议室，完善使用功能。

【烟花爆竹生产企业转型】　2016年，7家生产企业九个车间已全面停止生产，涉危机器和剩余危险化学品已全部拆除和处理，员工补偿全部兑现，土地、厂房已全部移交政府。

【扶贫攻坚】　通过产业扶贫、就业培训等措施持续帮扶提高贫困家庭收入，解决事关贫困群众切身利益的实际问题，确保2016年新增的20户46人农村建卡贫困户真脱贫、快脱贫；建立长效扶贫机制，加强脱贫户的后续跟踪服务，巩固扶贫攻坚成果，防止返贫现象发生。完成2015年482户1339人、2016年新增20户，46人建卡贫困户小额意外保险购买，并对建卡贫困户意外伤害、意外事故积极协助联系保险公司进行理赔，认真发挥好中间桥梁作用。

【环保工作】　完善了2013—2016年环保档案资料，做到污染源一企一档。更新了畜禽养殖场统计信息，外出检查80余次，发现污染企业3家、污染源10处，沿河道排查污染企业2次，排查整改直排河道贩牛场1处，并积极督促贩牛场整改、搬迁。全年检查工业企业污染情况38次下达整改通知书4份。　（罗　娟）

明　达　镇

【概况】　明达镇历史悠久，清雍正八年（1730年）建场，距今285年，史称杨家嘴，民国初置明达乡，1992年由原明达乡和原天台乡合并建镇。位于县境西北部，东邻安胜乡、城北乡，南接礼让镇、西靠竹山镇、北倚龙门镇，距城区16公里，辖区面积58.9平方公里，耕地面积3135.2公顷（其中田1953.72公顷，土79公顷）；常规林地（有林权证）面积1229.44公顷，可变林地（有林权证）面积867.9公顷；集镇建成区面积2.5平方公里。全镇辖9个村民委员会（即明达村、福来村、坪山村、红八村、字库村、朝阳村、龙马村、长久村、新益村），74个村民小组；2个社区居民委员会（街道社区居委会、天台社区居委会），15个居民小组；2016年末户籍人口30764人，10529户（其中非农业人口4156人，农业人口26608人），集镇常住人口3659人。2016年居住人口出生285人（其中男性142人，女性143人），人口计划生育率94.53%，人口自然增长率2.7‰。境内拥有两处县级非物质文化遗产保护区——红岩洞遗址、红八渡槽。

【经济发展】

2016年，全镇实现经济总量48659万元，固定资产投资51278万元，社会消费品零售总额12401万元，规上工业企业产值20159万元，公共财政预算收入1934万元，农民人均纯收入达到13222元。

农业　一是泥鳅产业提质增效。今年投入509万元流转土地34公顷，其中塘鳅20公顷。硬化园区便道，建设园区内排水沟、引水渠等基础设施。推广水生蔬菜等种养结合模式，建成养殖污水综合净水系统。依托红泥生态园区大力实施“水彩空间星创天地”众创空间和“气象服务水产发展"等项目，推动大众创业万众创新。通过“大户带小户”，繁养能力不断加强，3个繁育基地繁育寸片7000万尾，实现产值1000万余元；2300余亩养殖区出产泥鳅400余吨；延伸泥鳅繁育加工销售产业链，投入560万元，完成了泥鳅加工园区道路硬化、环境绿化、供电安装及设施设备添置，推动泥鳅深加工企业达标生产。目前，回味食品公司已成功研发、生产、上市“鳅娃儿”6种口味的休闲食品，组建了专业销售团队，通过线上线下，建立了成熟稳固的产品销售渠道，现已申报为规上企业。二是柚园建设成果显现。全镇围绕旅游公路沿线合理布局，改造梁平柚园33公顷，引进业主启动新益村、明达村2个标准化柚园建设，目前新益村已完成土地流转、沟渠开挖及便道建设，梁平柚文化广场即将平场建设；明达村流转土地55公顷。引导梁平柚专业合作社做特做优，3个服务主体完成梁平柚社会化服务107公顷，新栽梁平柚4.2万株。三是传统农业巩固提升。大力推广先进适用农业技术，依靠科技主攻单产，增加总产，提高品质，全年粮食播种2669公顷总产量14859吨；测土配方施肥3008公顷，水稻保险213公顷、机插秧271公顷、机耕1871公顷、机收1408公顷。

工业　全镇规上工业2个（梁平回味食品有限公司、梁平裕丰米业），总产值15463万元，增速28.6%；规下企业38个，工业个体户40家，规下工业总产值（含个体）43678万元，增速10%。

商贸　完善场镇商贸市场土地调规、地票购买、招拍挂及基础设施建设，着力打造“一农副产品交易一小商品市场”核心商圈；整合长久、红八农村淘宝服务站和新益、红八、坪山“三进”示范站等资源，大力推动农村电商物流经济，实现农产品购销同互联网的有效对接，其中：红八村农村淘宝服务站绩效显著，一直领跑全县。境内有标准化集贸市场1个，中小型超市8个、汽摩销售点4个、小型酿酒作坊15个。

财政　全年一般公共预算收入完成2526.27万元，增长35.31%；支出完成2515.90万元，增长34.81%。

金融　2016年有各类金融网点2处，辖区存款余额3.85亿元，贷款余额1800万元。

【社会发展】

文化艺术　建立了6支村级业余文艺队伍，组织社区老年秧歌队、军鼓乐团、明达书法协会在全镇范围内进行巡回展演10次；开展以“看变化，爱明达”为主题的政府购买公共文化服务下乡活动40余场次，受到群众一致好评。

广播电视　安装“户户通”卫星接收器1600户。

教育　全镇布局为一所中学两所小学，小学下辖四所村小，全镇在职教工164人，退休教工71人，在校学生2607人。辖区内多名教师被上级教育主管部门表彰为“教育教学工作先进个人”“教育宣传先进个人”“梁平好教师”“优秀辅导员”等；明达镇中荣获梁平县2016年度教育教学质量考核一等奖、综合考核二等奖，明达镇中心小学荣获梁平县2016年度教育教学质量考核二等奖、综合考核三等奖；明达镇教育管理中心荣获梁平县综合考核三等奖。各项论文获市教育科研成果奖53篇，获县教育科研成果奖68篇。学生获国家级奖励9人次，获市级奖励15人次，获县级奖励81人次。同时，统筹协调教育资源，加强教研教改，输出优质生源，完善配套了一批教育基础设施建设，优化了教育发展环境。

医疗卫生　2016年年末有中心卫生院1所、各类医疗机构1所，门诊部1个，病床65张，专业卫生技术人员34名，其中主治医师1人，执业医师3人，执业助理医师7人，注册护师2人，注册护士4人。全年，居民健康电子建档2.1万人，家庭医生签约1.6万人，老年人体检1995人次，重点人群签约率100%，传染病疫情报告100%。严格计生利益导向，885人享受奖励扶助，45人享受特别扶助。大力宣传两孩政策，一孩、两孩生育实行登记制度。

体育　组织队伍参加县级篮球比赛，并荣获第七名；同时，组织队伍多次参加县举办的其他各种文体比赛，取得优异成绩。组织开展庆“七一”登山活动，共300余人参加；举行各类单项体育活动4次，全民健身效果显著。

社会保障　扩宽就业渠道，组织就业培训2期160余人次，提供就业岗位180个。积极为个人创业和企业融资提供小额担保贷款37笔370万元。城乡居民养老保险扩面201余人，城乡居民医疗保险参保27500人，指纹认证3486人。按照城乡低保“应保尽保”要求，全年纳入低保678人、五保102人，积极落实社会救助、社会福利和慈善等工作，发放各类困难补助、救助资金370万元。

生态文明　整治和关闭12家畜禽养殖场，执行环保违法排污案件2件。开展庆“七一”暨生态建设乡风文明宣誓活动，新增垃圾桶固定投放点40处80个，组织党员干部对辖区公路沿线垃圾全面清理3次，彻底解决垃圾收集死角。建立健全村（居）保洁员清扫保洁制度，设立生态环保基金，长效投入生态绿化、环保宣传、河渠清淤、垃圾清运、环卫设施、保洁员队伍建设。镇生态文明建设成果多次承接市、县检查，是全县的示范试点。

【基础设施】

风情集镇建设　坚持建管并举，建立5项机制，组建宣传、保洁、巡逻、督导、执法5支队伍，通过开展“抓建设秩序管理、抓酒席承办规范、抓流动摊点归位”等3项具体行动，规范集镇建设管理。完成市民广场平场硬化、管网铺设、路灯安装及绿化靓化工程，实施3个卫生公厕改造工程，整修场镇店招店牌798米。政府大楼装修完成财政评审。集镇建设成果写入县政府2016年工作报告。

农村房屋建设　规范建筑安全管理，落实施工员包工建房制，采取停水停电措施，查处农村违法建房13处，有效遏制农村违法建房行为。开展“十三五”危旧房改造调查，对全镇232户贫困户危旧房进行调查核实，已启动25户D级危房和82户C级危房改造。严把政策关，完成辖区村民建房审批工作，办理乡村建设规划许可证102户19541平方米。

美丽乡村建设　加强同四川美术学院合作，整体包装策划打造新益村竹海之门景区、红八村田园风光乡村旅游和朝阳村生态康体旅游品牌，落实新益村安置点规划建设等工作。

交通设施建设　明达至百里竹海旅游公路建设及行道绿化美化已全面完工并通车使用。明安路（明达—安胜）改扩建项目已完成公路边界放线、林木清除、土地清表和房屋拆除搬迁工作，即将于12月启动施工。全年硬化农村公路4.8公里。公路建设尤其是旅游公路及其延伸工程的建设，刷新了明达交通网络布局，推进了全镇旅游资源综合开发利用进程。

【名胜旅游】

名胜古迹

红岩洞景区：红岩洞是西南佛教圣地双桂堂的分支，原建于清乾隆二年（1737年），后被破坏，寺前两对石狮，已移至双桂堂山门前，现仅存岩上石刻。红岩洞虽受损毁，但岩石雕刻栩栩如生，香火旺盛，每年庙会，游客络绎不绝。

红八渡槽：作为重要历史遗存，承载着广大劳动群众的辛勤和智慧，农业水利作用发挥至今，被评定为梁平县非物质文化遗产加以保护。

土特产品

梁平柚：作为传统梁平柚主产区，种植总面积5300余亩，现有梁平柚树22万余株，其中挂果树12万余株，年产柚果10000余吨。

明达泥鳅：共流转土地386公顷用于泥鳅养殖，从事泥鳅产业发展的业主15家，现有塘鳅173公顷，稻藕鳅247公顷，泥鳅深加工企业1家，拥有“鳅娃儿”等泥鳅品牌商标3个，主要供应鲜活泥鳅及泥鳅休闲食品。

竹工艺品：梁平县来福竹木种植专业合作社的竹制品已获得国家专利，在梁平县首届农产品展销会上获得最受消费者喜爱产品，产品畅销国内各大中城市。

【其他】

扶贫攻坚　充分发挥政策、项目、资金等聚合效应，精准化、差异化全覆盖走访了解2015年已脱贫贫困对象259户753人。重点对2015年易返贫困户33户93人和2016年回头看新增的贫困户13户37人进行了合理规划，因户施策，落实了一对一的资金、项目和物资帮扶，确保贫困户“两不愁、三保障”。全年13个单位106人投入帮扶资金10.4万元，实施帮扶措施78个。

社会管理　全年排查道路交通安全隐患11起，消防隐患57处，关闭煤矿1家。大力开展食品药品安全宣传、查处。建立健全群众来访及诉求办理反馈机制，安装群工手机终端154个，受理群众事项192件，办结率、评价率均为98%。集中开展社会治安和法治进千家万户走访宣传，全年排查化解各类矛盾纠纷176件，调处率100%。深入开展“平安乡镇”“平安家庭”和“无邪教村（社区）”创建活动，实现了“无邪教村（社区）”和“无邪教镇”目标，社区戒毒康复人员管控率100%，禁毒形势明显好转。

机关效能建设　深入开展“两学一做”学习教育活动，通过认真学习习近平总书记系列重要讲话精神，严格执行《中国共产党廉洁自律准则》和《中国共产党纪律处分条例》，集中整治“不作为、乱作为、慢作为”等损害群众利益问题专项行动。机关效能督查及约谈问责等机制更加制度化、常态化，干部工作作风持续好转。

（明达镇　周　玥）

云　龙　镇

【概况】　云龙镇位于梁平县小南路末端，沪蓉高速公路出口处，距县城24公里。东邻铁门乡、南与垫江县普顺镇接壤，西连荫平镇，北依和林镇。民国初置龙沙镇，1951年改为云龙乡，1958年改为公社，1983年复置乡，1992年建镇。2016年辖街道、龙溪、护云、同心社区居民委员会4个，陡梯、东平、红旗、双河、三清、人民、大石、东风、宝花村民委员会9个；下设33个居民小组、77个村民小组。

2016年年末，户籍人口总户数12903户，总人口38631人，男性20255人，占52.4%，其中农业人口32857人，非农业人口5774人。辖区面积78.4平方公里；人口密度为每平方公里493人。

云龙镇地势西高东低，地形以平坝、浅丘为主，海拔410～1125米。气候属典型的四川盆地气候，全年平均气温17℃，年降水量1000～1500毫米，光照充足，无霜期280～330天。梁平县第一大河——龙溪河纵贯全镇，龙溪河自东平村入境，由北而南，贯穿7个村（居），境内河道长12公里，还有七里滩“世纪冰臼”遗迹。有山坪塘181处，小一型水库（红旗水库）1座，干、支渠道46公里，渡槽18处；引水渠1条，蓄水池27处，总蓄水量290.36万方。

【经济发展】

农业　全镇有耕地面积2962.3公顷，林地面积1905.2公顷。2016年农民人均可支配收入达到13301元。全年种植蔬菜2044公顷，产量为43672吨，种植稻谷2038公顷，产量10558吨，豆类455公顷，产量698吨，油料作物511公顷，产量1037吨，小麦185公顷，产量412吨，玉米560公顷，产量2917吨。畜禽养殖收获颇丰，全年生猪出栏40350头，存栏33100头，家禽存栏47.1万头，出栏76.6万只，牛存栏13900头，出栏14100头。大力发展特色产业，加大土地流转，大石村流转33公顷土地种植李子树；三清无公害蔬菜基地扩增至333公顷。投入315.2万元打造有机蔬菜基地，新建蔬菜大棚30个，修建沟、渠、路等排灌设施14公里，使用有机肥、杀虫灯，建设监测室。丰疆生物科技有限公司依托肉牛场优质牛粪原料，追加技改投入1000万元，标准化生产优质、高效生物有机肥，年产量达20万吨，年产值1亿元。引进重庆市皓映宏农业发展有限公司，投资500万元流转土地100亩利用牛粪养殖蚯蚓。

工业　2016年工业总产值达10.5亿元，其中规上企业全年完成3.15亿元；规模以上工业企业达到6户，规模以下及个体工业企业83户。加快云龙中小企业园建设，努力做强现有企业，大力激活小微企业，目前园区已引进企业11家，投产企业9家，投入近800万元完成园区道路、水电管网、污水管网等建设，并成功申请安装9900千伏专电和工业用气设备。

商贸　2016年全社会消费品零售总额完成3.07亿元，同比增长25%。新增限上商贸企业1家，打造以云龙转盘为中心的商贸聚集区，完成了占地2.3公顷，建设总面积30882平方米、商业建筑面积11500平方米的龙溪锦苑商圈立体建设。引进了多家品牌连锁超市，现有规模化的农贸市场1个，培育了2家知名餐馆和1家星级农家乐。

【社会发展】

扶贫攻坚　2016年集中捆绑、统筹整合专项扶贫、行业扶贫、社会扶贫等资金30余万元，向贫困户集聚的村和贫困户家庭在产业发展、低保兜底、扶贫培训等方面给予倾斜，帮助新增的12户31人贫困户加快脱贫进程。

生态文明　投入100万元对场镇二、三级污水管网改造；实施场镇综合整治攻坚行动，改善了场镇环境面貌；启动2家瓦厂、1家砖厂关停工作，摸排36家畜禽养殖基地污染源情况并督促整改，关闭畜禽养殖场1家。建立环境保洁长效机制，每年设立150万元环保基金专项用于生态文明建设，新添置了垃圾集装箱24个、垃圾桶40余个、手推车65辆，增聘村保洁人员18人，龙溪河清漂、保洁人员6人。

文化体育　启动政府购买公共文化服务进村活动，全年送文化演出进村52场次，开展读书活动2次，编办宣传栏、文化走廊共8期，遍及全镇13个村（居）。实施“农体”工程，为龙溪社区广场安装3台乒乓球台、10副健身器材，为护云、东风等村（居）配备篮球架、乒乓球台，修建龙溪社区健身广场800余平方米、大石村篮球场800余平方米、三清村篮球场1500平方米、东平村篮球场800平方米。推进卫星地面设施“户户通”工程，架设农村卫星电视接收设备900套，让群众收看到更丰富多彩的电视节目。

教育卫生　现有初级中学、中心小学、完全小学各1所。中学在校生945人，教职工104人。小学在校生2166人，教职工104人，学龄儿童入学率100%，小学升初中率100%，初中升高中率90%（含职高）。现有中心卫生院1个，村卫生室23个，个体诊所3个。执业医师24人，执业助理医师16人，护士25人，乡村医生38人，公共卫生助理员12人，病床128张，公共卫生用房和业务用房共7000平方米，其中临床用房4753平方米。

社会保障　全镇参加城乡居民养老保险16831人，参加城乡合作医疗保险34068人。外出人员住院手工报销162人，共报账金额53.09万元。全镇有敬老院1家，五保老人128人，集中供养五保老人25人，分散供养103人，全年发放五保金63.99万元。全镇低保户435户815人，发放低保金176.98万元，发放低保生活补贴及节日慰问金8.15万元。全年发放烈士遗属补助金9.72万元，优抚金167万元，农村老年退役士兵补助金23.74万元，医疗救助金33.09万元，救灾救济款45.76万元。全年共完成倒房重建8户，残疾人建房4户。

就业　新增城镇就业人员614人，引导城镇下岗失业人员实现再就业145人；“4050”就业困难对象就业再就业30人，开发公益性岗位35人，当年新增市外农民工返乡创业就业470人，新增富余劳动力非农就业300人，城镇登记失业率控制在3.6%之内。开展了就业再就业小额担保贷款业务，全年发放小额担保贷款390万元。拓宽就业渠道，开展新市民素质教育培训100人、就业适应性培训两期共150人。

【基础设施】

风情场镇建设　场镇建成区面积达1.5平方公里，城镇化率41.5%。围绕“渝东慢城，风情小镇”的城镇理念规划设计，加快风情场镇建设。启动建筑面积共20万平方米的龙溪锦园和"新天地"小区开发建设，龙溪锦园一期已建成2万平方米。投入120万元完成狮子山文化公园3公里登山步道建设。投资1500万元，启动长1.7公里的场镇过境公路建设，建成后将有效缓解交通压力和改善物流运输环境。投入90多万元对半边街房屋进行立面整治。投入资金118.2万元，铺设龙溪大道人行道5842.2平方米透水砖、安装路沿石968.3米、花台改造建树圈树池87个。投入资金57.9万元完成龙溪大道至半边街路灯改造，安装玉兰（组合）景观灯46盏。投入1200万元完成龙溪河两岸5.1公里河道整治改造和清淤工程，让云龙向"生态滨湖"美景迈进。

美丽乡村建设　完成云龙、同心、护云三村"村改居"工作。完成25户D级危房、26户C级危房改造任务。同时不断提升人民群众综合文化素质，全力让产业优势明显、环境优美、乡风文明、农民物质精神均富裕的美丽新乡村变为现实。

交通设施建设　全镇现有通达线路20条，途经全镇9个村4个社区，全长56.77公里，对通达线路全部进行了管护工作，清除了障碍物，确保了公路畅通。投资100万元，对龙溪河大桥进行加固，整改了通行安全隐患。启动了场镇过境公路建设项目，总投资1500万元，全长1.7公里，路面宽7米，路基宽度8.5米，建成后将极大地带动云龙场镇发展，彻底改善车行交通环境；新建牛头湾中桥一座，桥长80米，桥面宽16米。

水利设施建设　投资78万元新建人民村渡口提灌站，解决了人民村蔬菜基地的灌溉用水问题；投入48万元完成大石、三清、护云、东平、东风等村12口山坪塘整治工程；投资120余万元，修建云龙大桥至人民桥河堤石栏杆；总投资420余万元，新建和整治人民村、三清村、云龙村8公里沟渠。

2017年1月10日，因撤县设区，重庆市梁平县云龙镇人民政府更名为重庆市梁平区云龙镇人民政府，2017年1月22日，重庆市梁平区云龙镇人民政府正式挂牌　　（云龙镇　毕　珊）

荫　平　镇

【概况】

地理位置　荫平镇位于梁平城区西南部，距梁平新城区25公里，东接和林、云龙镇，南抵垫江县普顺镇，西邻回龙镇，北连屏锦镇。渝万高速、高铁分别穿越境内4个村。荫平场镇距离渝宜高速公路云龙出口8公里，与318国道相隔9公里。

政区沿革　清嘉庆年间设场镇，民国8年（1919年）柳荫乡与太平乡合并为荫平乡，1950年隶属梁山县第四区（云龙区），1953年隶属梁平县第四区（云龙乡），1959年划分为荫平、太平两个公社隶属屏锦区，1962年两个公社改属云龙区，1966年两公社分别更名为火炬公社、朝阳公社，1992年荫平、太平两乡合并组建为荫平镇。镇人民政府地址设在荫平镇柚香街1号。

政区划分　2016年辖荫平、太平2个社区和双寨、新拱桥、三坝、乐英、七斗、群乐、大坪、光华8个行政村民，有83个村（居）民小组。

人口面积　2016年年末，全镇户籍人口总户数8358户，总人口25472人，男性13625人，女性11847人，出生登记396人，死亡注销165人。辖区面积54平方公里，其中耕地面积（报调查队：计税面积1940公顷；土地确权面积1940公顷；航测面积2609公顷）。

自然条件　荫平镇属于平坝浅丘地区，地形略微西高东低、北高南低，海拔420～700米。气候属亚热带湿润季风气候区，气候温和，四季分明，雨热同季，年均气温17℃，年降雨量1100毫米。春季温和湿润，夏季气温高雨量集中，秋季干旱少雨，冬季气候湿润。境内七涧河、龙溪河贯穿新拱桥、双寨、荫平、三坝、光华、群乐、太平7个村（社区）。七斗寨风光秀丽，重峦叠嶂，133公顷天子坟林场树木参天。

东境白洋寺，巍峨壮观。

【经济发展】

2016年，全镇经济总量31575万元，增长11.50%，固定资产投资13219万元，比上年13050万元增长1.29%；社会消费品零售总额10477万元，比上年增长14.4%；全年农村常住居民人均可支配收入12755元，比上年增长11%。

农业　2016年农业总产值22235万元，其中种植业11404万元，林业产值559万元，牧业产值7634万元，渔业产业2315万元，农业服务业323万元。农作物总播种面积3191公顷，粮食作物播种面积2316公顷，粮食总产量12721吨，生猪出栏23325头，家禽41.9万只，蔬菜产量9817吨。水产养殖147公顷，年养殖水面0.7公顷以上大户30余户。改造梁平柚33公顷，全程社会化服务107公顷。截至2016年年底，已成立粮油、农机、青蒿、莲藕、蛋鸡、野猪、梁平柚、花椒等25个专业合作社。

工业　2016年，全镇规模以下工业企业2家，比上年达到11家减少9家，减幅达81%。工业个体户43户，比上年37户增加6户，增幅16%。工业总产值4152万元，比上年11500万元下降7348万元。建筑个体户11户，比上年9户增长22%。建筑业产业17632万元，比上年10525万元增长67.52%。第二产业产值21784万元。

商业贸易　2016年，建成综合超市2家，商贸企业4家，社区便民店11家，限上商贸企业2家；农村淘宝服务店销售额突破80万元。民俗农家乐已开业6家。批发零售企业25个、个体户715个，食宿餐饮个体户23个，第三产业总产出23722万元，比上年19962万元增长18.84%。

财政金融　2016年末，金融机构存款余额分别为54900万元，其中荫平农商行存款余额27400万元，荫平邮政支局存款余额27500万元；地方预算内财政收入1565.62万元，支出1565.62万元，收支持平。

【社会发展】

文化艺术　现有综合文化站1个，面积716平方米。各类图书室11个，共藏书10万余册；有数字影院1个，座位76个。截至2016年年末，有癞子锣鼓吹手队7个，农民乐队2个，县非物质文化遗产4个（癞子锣鼓、抬儿调、劁猪调、吹手），市级非物质文化遗产1个（抬儿调），有非物质文化遗产传承基地2个（荫平镇中学为抬儿调传承基地，荫平镇人民政府为癞子锣鼓传承基地），有非物质文化遗产传承人350人。投资80余万元，奖励发展农家乐文化企业8户，挖掘编辑文化故事28个，创作《荫平之恋》镇歌1首。举行庆祝红军长征胜利80周年纪念、光华杯全民运动会等文娱活动10余次。

教育　现有初中、中心小学、完全小学、中心幼儿园各1所，幼儿分园8个，在校学生2269余人。学龄前儿童入学率97.5%、小学适龄儿童入学率100%、初中入学率均为99%。镇初级中学、镇中心小学被国家教委命名为全国校园足球特色学校。

卫生计生　2016年，全镇有镇卫生院1所，私人诊所1个，村级卫生服务室11个，各类医务人员47人。

体育　现有体育篮球场17个，新拱桥、双寨、三坝、乐英、光华、群乐、大坪、七斗8个村已安装篮球架、乒乓球台，学校篮球场6个，政府机关篮球场1个，镇综合文化广场文化篮球场2个。2016年，投资7万余元，成功举办荫平镇第七届“光华杯”全民运动会大型群众性体育活动；承接全县广场舞骨干培训班，与县文化委开展文体互动。

社会保障　2016年，新增就业142人，市外农民工返乡创业就业470人，城乡居民社会养老保险10780人，城乡居民医疗保险人数22554人，均完成任务的100%。城镇职工养老保险率达100%，城镇登记失业率控制为3.8%。现有城市低保41户、74人，农村低保267户、567人，低保金由县居统一发放；资助参合1200余人，资助金额12万余元，救助临时困难群众70余户12万元，救助五保户130户、130人。

【基础设施】

新农村建设　2016年，累计投资400多万元，建设特色院落20个、修建改善乡村小路5公里、硬化观光道路3公里、人行观光步道10多公里，美化农村庭院400户，改造农村危房45户，其中C级危房20户，D级危房25户。全镇共核发乡村建设规划许可证46户，占地面积4471.68平方米，建筑面积8153.08平方米。

交通建设　境内有县道公路14.5公里，渝宜高速公路5.30公里，渝万高铁5.74公里基本建成。2016年开工建设乐英村檬子树至李安居屋前公路硬化、龙溪河流域现代农业示范园道路改造工程（荫平段）、七斗村古寨公路硬化等项目，总投资达547.5万元。

水利建设　全镇现有小二型水库3座，长乐水库容量21万立方米，张伍沟水库容量15.6万立方米，冷塘湾水库容量7.2万立方米。2016年投入200万元连片整治农村环境卫生，整治畜禽养殖场3家，整修山坪塘50口。

环境保护　2016年，投入18万元，新购置垃圾转运箱8个，垃圾桶140个，垃圾手推车36辆，全镇现有专业保洁员34名。加强河流污染治理，集中组织人力对七涧河荫平段10公里河流清漂清淤，清理垃圾100余吨、竹木30多立方米；加强污染源治理，对12家养殖场检查70余次，关闭和转型升级烟花爆竹企业2家，加强荫平污水处理厂、加油站日常监管。

【基层组织建设】

换届选举　全面完成10个村（社区）党组织、机关、卫生院及三所学校党组织及第十五次党代会各项选举任务，选举镇第十五次党代表63名、区第十四次党代表4名；圆满完成第十届村民委员会换届选举和县、镇人大换届工作任务，共选举镇第十八届人大代表55名、区第十七届人大代表8名。

“村改居”　2016年5月，申报了太平村“村改居”工作，8月获得批准。

【其他】　全镇境内有七里滩水电站1座。天然气管道接通新拱桥、双寨、荫平三村共计4.1公里。有农商行分理处1处，邮政局1处、代办所2个。镇内有移动、联通信号塔各5个。

2016年1月24日，在中共荫平镇第十五次代表大会上，全镇首次提出大力推进美丽乡村建设，着力打造“忠义文化名镇、特色名柚之乡、乡村旅游新镇”工作目标。

【名优特产】

柚子、莲藕、野猪、青花椒是荫平镇的名优特产。全镇柚子树总量80万株，标准化柚园面积6000亩。莲藕种植面积2000亩。七斗寨杨令特种野猪养殖基地200亩，圈舍面积1300平方米。光华村味源花椒专业合作社青花椒产品首次出口印度。（荫平镇　徐本立）

和　林　镇

【概况】　和林镇地处梁平县西南部，东与铁门乡、西与仁贤镇、聚奎镇、荫平镇、南与云龙镇、北与金带镇接壤。场镇距梁平城区13公里，距沪蓉高速公路云龙入口6.5公里，距西南佛教祖庭双桂堂2.5公里，区位优势突出。

和林系民国29年（1940年）和清、桂林两乡合并而得名，因山形状若奔马，同时本地马姓人士较多，又得名马家场。1951年设立和林乡，1992年10月平都乡与和林乡合并为和林镇。现辖和林、三龙、蔡家、爱国、茂林、大冲、万安7个村民委员会52个村民小组，2个农村社区居委会19个居民小组，1个街道社区居委会4个居民小组。我党的传奇地下工作者、中共梁平县委第一任书记范纪曼即出生于本镇和林村。

2016年年末，户籍人口总户数9377户总人口26141人，其中非农业人口5484，农业人口

20657人，总人口中男性14024人，占总人口的53.6%。全镇面积58平方公里，人口密度451人/平方公里，从业人口16015人。

和林镇地势为东高西低，东部为山地丘陵，向西南延伸，西部是浅丘平坝，最高峰金竹坪海拔1040米，最低处为爱国村石牛滩，海拔401米。气候属暖温带季风区。常年平均气温16.7℃，年均降水量1200毫米。龙溪河自万安村北入境，由北而南，贯穿5个村，境内河道长5.5公里。有山坪塘138口，小（一）型水库一座，小（二）型水库两座，总蓄水量1000万立方米。境内矿产资源主要有煤、石灰石、页岩等，其中煤矿集中分布在东部高梁山一带，地质储量100万吨，可采储量75万吨。地下水资源可利用量为2486万立方米。

【经济发展】

农业　2016年，农作物总播种面积4391公顷，以种植生姜、水稻、蔬菜为主。2016年农业总产值20519万元，农民人均纯收入达到12580元。粮食总产量13739吨。全年生猪出栏18350头，年末存栏16410头；牛出栏915头，年末存栏552头；羊出栏700只，年末存栏530只；家禽出栏450000只，存栏125000只，产蛋415吨。

工业　2016年，车路沟煤矿关闭，以建筑材料以及五金制造为主，工业总产值0.88亿元，占地区生产总值的14%。

商业　2016年共有商业网点584个，从业人员1002人；社会消费品零售总额达10578万元，相比去年增长14.5%；城乡集贸市场2个，年成交额9500万元。

财政金融　2016年财政总收入2412.38万元，固定资产投资达1.6亿元，居民银行储蓄存款余额达4.6亿元。

【社会发展】

2016年有镇文化服务中心1处，村级文化中心10处，各类文化专业户12户，各类图书室12个，藏书10余万册。幼儿园3所，在园幼儿591人，专任教师22人。小学4所，其中镇小1所、完小1所、村小2所，在校学生1353人，专任教师84人。初中1所，在校学生496人，专任教师51人。小学适龄儿童入学率、小学初中适龄人口入学率、小升初升学率、九年义务教育覆盖率均达100%。有镇村级医疗卫生机构10个，镇卫生院1个，村卫生室9个，有床位60张，每万人拥有病床12.4张；专业卫生人员25名，其中执业医师6人，执业助理医师7人，注册护士4人。全年医疗机构诊疗1.5万人次。新型农村合作医疗参保率达100%。有学校体育场4个，公共体育场6个，经常参加体育活动的人员占常住人口的14.2%。数字电视用户900余户，卫星电视用户3200余户。

2016年享受农村低保共401户674人，享受城市低保共51户75人；全镇居民参加养老保险11136人；参加农村合作医疗22800人，实现医疗保险全覆盖。民政部门资助参加合作医疗1498人，共支出19.47万元。国家救助、援助、抚恤、补助各类对象1238人，各类救援抚恤资金支出近186万元。有敬老院1家，床位20张，收养农村五保人员16人。社区老年活动中心2个。

【基础设施】

和林镇场镇规划面积为117公顷，规划总计居住用地面积为48.30公顷，占总建设用地面积的41.86%，人均31.27平方米。有镇客运站1个，日发客运汽车40班次，日均客运量1000余人次。三龙自来水厂已投入使用，日供水量达5000吨。有变电站4处，电管站1处。邮政支局1处，农村商业银行1处，便民金融服务网点2个。全镇有镇道41公里，村道75公里，组道207公里，村村通水泥路。境内有沪蓉高速、303省道2条公路干线平行，渝万高铁和梁忠高速公路贯穿全境使得和林镇的交通区位优势更加突显。

【乡村旅游】

推进农旅融合发展，引导业主投入700余万元建成“响水峡谷农业观光园”600余亩一期工程，于2016年7月正式开园，率先探索出自助农家乐的乡村旅游发展新模式，正在向“农房变客房、庭院变花园、田园变公园、产区变景区”的目标前进。

【名优特产】

生姜是和林镇的名优特产。和林镇有悠久的种姜历史，有得天独厚的沙壤黏土、气候温和、水源充沛，具有特别适宜优质生姜的生长条件。所产生姜脆嫩鲜香，品质口感俱佳。

2016年，和林镇党委、镇政府持续发力，壮大生姜特色产业。一是规模化、现代化、专业化。通过引进大户，科学种植，继续扩大生姜标准化种植基地规模；通过“基地+大户”带动散户，全镇生姜种植面积扩大到267公顷。深化与农村淘宝、邮乐网等电商合作，进一步推进网销模式，远销全国各地。二是品牌化。建设无公害生姜生产基地，注册“和林生姜”地理商标，走上品牌立业之路。三是产业化。“禅指姜”生姜深加工企业研制辣椒酱姜并成功推向市场；引进重庆市君雄农业开发有限公司进一步加强深加工研发力度，开发鲜姜小吃、鲜姜泡菜、姜汁饮品、姜汁保健食品、老姜中成药品等生姜产品，延长生姜全产业链，提高其产品附加值。

（和林镇）

文 化 镇

【概况】 文化镇地处梁平北部边陲，距县城22公里，北与四川省开江县新街乡接壤，东接合兴镇，南邻城北乡，西依龙门镇、新盛镇。文化镇俗称螺蛳店，因此地有一土包状如螺蛳，据传附近有一座坟，坟上经常布满螺蛳，取名螺蛳坟。后有人在附近修一店子，供过往人食宿，得名螺蛳店。文化则因文化乡而得名，此名系清朝晚期时，一个名叫唐子平的团总，时常在螺蛳店场口上的文庙里处理公务，民国时期在建乡时，他把此地取名“文化乡”。1949年前辖13个保，1949年12月7日解放，1951年建村，将原辖13个保改为13个村，1955年定名为文化乡，1958年建立文化公社。1967年更名为赤卫公社，1976年复名为文化公社，1980年恢复人民代表大会制后为文化乡，1992年撤区并乡建镇，镇址定于螺蛳店，定名为文化镇。

文化镇地势东南高、西北低，除街道社区、长春村、合家村的部分地区属丘陵外，其他村均属低山区。气候属亚热带气候，雨量充足，气候宜人，平均气温16.8℃。年降雨量在1100毫米以上，常年主导风向东北风，阳光充足，日照时间1500小时以上，无霜期达260天左右。境内有小一型朝阳水库1座，蓄水400万立方米。明月河支流自双盐村入境，再由东向北入明月河，境内河道长8.6公里。境内主要矿产资源为青砂石，地质储量300万立方米。

2016年辖长春、合家、三寨、齐发、永远、和平、双盐7个村民委员会48个村民小组，1个社区居委会6个居民小组。2016年末辖区总人口17436人，男性9343人，占53.6%。人口出生率10.3‰，死亡率7.6‰

【经济发展】

2016年，全镇围绕县委、县政府“137”发展思路，按照“中部特色产业集聚区”的功能定位，以党建为引领，以“五个主题年”和平安建设为抓手，努力建设“效益农业示范镇、环境优美宜居镇、休闲旅游观光镇”，接着干、抓紧干、创新干，一张蓝图绘到底，凝心聚力推进“科学发展、富民强镇”各项工作。全镇实现地区生产总值1.82亿元，增长10%以上；社会固定资产投资2.20亿元，增长13%；社会消费品零售总额8075万元，增长14.4%；城镇居民人均可支配收入3万元，增长12%；农村居民人均可支配收入12222万元，增长10.8%；城镇化率42%，人口自然增长率2.7‰以内。

农业　农业总产值17144万元，同比增长13.1%。培育青花椒苗40万株，新栽种青花椒67公顷。在双盐、和平、齐发、永远4个村新栽种速丰桉133公顷。发展分葱60公顷，西瓜27公顷，花卉苗木13公顷。2016年，粮食总播种面积1730公顷，产量8728吨。发展种粮大户2户，规模种植21公顷。发展蔬菜种植287公顷，产量8426吨。大力推广机械化，实施水稻机育插秧面积127公顷、机收面积567公顷。完成农机具购置补贴173台34.09万元，农机使用综合化率达到40%。发放小粮仓550个，惠及农民90750元。关闭场镇规划区（禁养区）内畜禽养殖场9户，巩固发展好现有15户养猪大户，年出栏生猪14510头，鸡210000只。新发展3家淡水鱼养殖基地。适度规模流转土地169公顷。

工业　工业总产值3997万元，增长20%。引进投资1000万元的文康豆筋加工厂正式投产，并建成1条生产线；引进投资200万元的慷信菌业建成投产；金地石材厂投资300万元进行技改扩建。

商贸　新发展综合超市一个，微型企业15个，个体工商户44个，“淘实惠”农村电商4个，电商服务点5个。

财政金融　2016年地方财政总收入1407万元，增长30.03%；年末境内金融机构各类存款余额3.82亿元，增长19%；各项贷款余额968万元，与上年持平。

【社会发展】

社会保障　2016年，全镇积极落实城乡低保、五保、优抚和救灾救济各项惠民政策，累计发放各类定补和抚恤金181万元，救助贫困家庭390户。供养城市低保21户28人、农村低保192户376人、五保对象68人（集中供养7人）；有效应对“5·6”风雹，4户倒房户恢复重建；残疾人危房改造4户。健全社会保障体系，完成市外农民返乡创业就业320人，新增就业人员370人；办理小额担保贷款273人；办理城乡居民养老保险7175人、合作医疗保险15413人。

计生卫生　开展流动人口清查摸底调查工作，流出人口4249人，已婚育龄妇女2684人，及时为21人免费办理“流动人口婚育证明”。办理全国农村部分计划生育家庭奖励扶助对象486人，重庆市特别奖励扶助对象29人，农村独生女报考市内院校中考加分1人，高考加分5人。免费办理一孩生育服务证52个，二孩生育服务证62个，婴儿入户介绍信134个，独生子女父母光荣证8个。开展育龄妇女健康检查2次，免费体检700余人次，发放各类宣传资料1100余份，计生药具800余件。

文化体育　对群众坚持免费开放文化活动室，为村民提供优质的文化服务，实现电子图书阅览室、多功能教室正常开放。8个农家书屋全天免费开放，藏书近3万册，借阅登记人数5000达人次以上。加强对“广播村村响”的安全播放，完成“户户通”1750户，入户率达100%。升级改造场镇有线电视网络，新建移动4G基站4个。向青少年和群众宣传文明合法的上网知识。主办、协办、联办各类大中型文化演出活动2场，送文化下乡演出16场，展览2次、展板12期。

社会治安　道路、水上、建筑、工业企业、消防、烟花爆竹、食品药品、校园、森林防火安全检查常态化，严格执行安全工作“一岗双责制”，安全生产形势总体趋于平稳。办理食品流通许可证7个，餐饮服务许可（变更）11个，食品经营许可证6个。查处违法行为8件，罚款共计20200元；与各村、协管员分别签订食药安全责任书16份。签订《安全信访稳定目标责任书》11份；全镇共排查出矛盾纠纷18件，接待群众42人次，调解469件，调结460件，成功率达98%（其中一件通过诉讼程序维权），无到市进京上访事件；加强邪教人员等重点人群的帮教管理工作，加强落实教育防范社区矫正人员4名和刑释解教人员5名。成功转化邪教“法轮功”人员2名，成功创建无邪教示范乡镇和7个无邪教示范村；积极开展禁毒工作，加强辖区内16名吸毒人员的管理，社区戒毒（康复）执行率达100%；组织开展普法考试，合格率100%；抓好重大节假日期间综治、信访、维稳工作，坚持“日报告”和“零报告”制度。

扶贫攻坚　文化镇2016年扶贫攻坚回头看2015年脱贫户共166户512人（已死亡11人），新增贫困户19户59人。一是与县帮扶单位市政园林局、县计生协会组成文化镇扶贫工作队。每一户贫困户帮扶责任人达3~5名，每个帮扶人每月至少走访贫困户2次。二是投入资金6.4万元免费为贫困户发放李子苗8000余株，种植面积达100余亩。与重庆文然农业开展有限公司达成合作协议，帮助贫困户代管种植青花椒500亩，并组织贫困户在家富余劳动力到青花椒种植基地从事除草、施肥、采摘等工作。三是投入资金18.3万元，为10户贫困户进行危房改造。四是帮助12名贫困学生获得“雨露工程”“泛海助学”等资助共计6万元，帮助63名贫困小学、初中、高中学生获得减免学费、爱心午餐、免费住宿等资助。五是低保兜底35户，发放贫困户临时救助15万元。六是为184户557人贫困户购买小额意外保险，重病贫困户购买医疗保险。七是投入资金7200元，开展专业技术培训3次，参加培训的贫困户120人。

【基础设施】

场镇建设　一是开展场镇环境综合整治，拆除违规搭建的雨棚465户，664间，改造更新老街40盏路灯，建设3个“坝坝席”场地，1个公共水厕及停车场1个。二是关闭场镇畜禽养殖场9家，改造场镇污水管网800米，污水处理厂正式运行，开展场镇河道垃圾、漂浮物清运、河道清淤3次。三是配备专职保洁员16名，修建垃圾池2口，增设垃圾桶80个，四是完成场镇以及敬老院消防设施安装，新建农村幸福院1个。

美丽乡村建设　一是全年新建、改建住房43户。完成D级危房改造25户、C级危房改造20户。二是改造农村电网2个村。三是新增民用天然气100户。四是投资资金80万元改善水库、山坪塘蓄水能力0.53万立方米，恢复蓄水2.71万立方米，恢复灌溉面积24公顷。修建集中供水池2个，改造供水主管道4.5公里。五是投资142万元建成三寨村、长春村移民后扶项目渠道整治共2.7公里。六是完成秦家寨人行便道、休闲观光平台、健身广场、停车场建设。七是完成街道社区便民服务中心及附属设施建设工作。八是完成长春、三寨、街道社区全域整治设计工作。九是完成三寨村美丽宜居村庄市级示范点建设工作。十是调整土地利用总体规划、永久基本农田划定，完善土地流转“非农化”用地手续，拆除复垦巾帼砖厂。十一是栽种垂柳800余株，实施公益生态林补偿112公顷，公益林管护387公顷。

交通设施建设　一是完成双盐村公路硬化6公里，建成双盐村客运临时停靠站，并开通双盐村1组客运线路。二是建设铁路涵洞便道150米。三是延伸开通齐发村客运线路4.5公里，增设错车道10处。四是完成双盐村、和平村、齐发村、永远村、长春村、街道、合家村沿线安保工程8.9公里。

其他　一是完成齐发村刘家院子及和平村冯家院子地质灾害点危岩治理工作。二是完成街道社区、长春村、合家村、永远村、三寨村农村集体资产量化确权工作。三是对1个社区、7个行政村进行村干部任期和离任经济责任专项审计工作。共审计村（居）委干部31人，总资产7389.5万元，其中固定资产净值7192万元。

【名胜旅游】　文化镇有接龙习俗、土法造纸等非物质文化遗产，有青花椒、樱桃、八大碗等特产，并打造出秦家寨青花椒基地公园，朝阳水库原生态湿地公园。

（文化镇）

合兴镇

【概况】　合兴镇位于梁平区东北部，距梁平城区9公里，东南与梁山街道接壤，西与星桥镇、文化镇相连，北接复平乡，在全区“一核一带三区”功能区域划分中属城郊经济绵延带乡镇。全镇面积51.4平方公里，辖2个居民委员会，6个村民委员会，61个村（居）民小组，总人口2.4万人。境内G243国道、二环路、渝万高铁纵横交错，达万铁路梁平火车北站位于境内。

1949年12月，梁平（山）县解放建立合兴乡，辖7个保，属城北区。1955年12月将龙滩、黄茅2个乡并入合兴乡，属新盛区。1958年9月建立合兴公社，1959年7月划归城管区，1962年1月划归合兴区。1966年9月改称五星公社。1984年1月恢复合兴建制，1992年9月建立合兴镇。

境内地处浅丘地带，兼有低山，海拔345～920米，土壤有冷沙黄泥土、暗紫水稻土、灰棕紫泥土。气候属亚热带季风气候区域，春温不稳定，初夏多阴雨，盛夏炎热。主要河流有蓼叶河、普里河，支流分别发源于星桥、合兴、城东，经龙滩、复平，流入万州铁炉。河谷、小溪交错，水源较差，干旱频繁。有小（一）型英勇水库1座。

【经济发展】 2016年，全镇实现地区生产总值（GDP）42944万元，同比增长11.9%；工业生产总值完成30054万元，同比增长13%；社会消费品零售总额10860万元，同比增长14.6%；固定资产投资26114万元，同比增长18%；农民人均纯收入12850元，同比增长12%。

农业　2016年农业生产总值完成19883万元，同比增长15.1%；全镇生产粮食14000吨，其中水稻7791吨，玉米4050吨，小麦212吨。2016年蔬菜种植面积382公顷，产量11009吨。畜牧业以猪、牛、羊、家禽为主。2016年全镇生猪共存栏11825头，出栏16232头；牛存栏650头，出栏170头；山羊存栏412只，出栏380只；家禽存栏11.4万只，出栏39.4万只。发展柚李特色支柱农产业，聚力打造中国名柚园、土种清脆李示范园，面积分别达到1400公顷、233公顷。土地规模流转面积达400公顷。启动全程社会化服务，推进柚产业标准化建设。合兴柚李的知名度、美誉度不断提升。2016年获“全国一村一品示范村镇”称号、获“全国一村一品十大知名品牌”第一名。

工业　2016年工业生产总值30054万元，比上年增长15%。全镇有微型企业达98家，个体工商户419户。先后引进瑞升电化、海绒纸品厂等企业。引导兴达玻陶、金都建材完成技改升级，B区兴达玻陶有限责任公司和金都建材有限责任公司成功申报为规上企业。积极协调渝欧陶瓷有限公司开工事宜。合兴小企业创业基地被认定为市级小企业创业基地。成功申报微型企业44家。

商贸　2016年社会商品零售总额达10860万元，比上年增长14.6%。发展商贸有限公司5家，注册个体工商户500家。场镇新建800平方米大型超市1家、700平方米大型家具卖场1家。名柚园AAA级景区规划初步制定，逐步完善柚园、李子园的旅游配套设施，柚园标美路延伸段在建。全镇现有规模农家乐2家，家庭农家乐10户。完成了四个村的电子商务进村试点工作，龙滩村申报为重庆市电子商务示范村。

【社会发展】

文化艺术　2016年持续推进综合文化站免费开放工作和农家书屋规范管理，积极组织政府购买公共文化下乡演出，集中申报了街道居委、大梨村、南普村农体工程，完成户户通安装任务，龙滩小学建成了土陶文化传承基地。

教育　2016年不断加大教育投入，改善中小学校基础设施，改建合兴幼儿园，镇内四所中小学在教学质量、教育均衡发展、素质教育等方面态势良好，入学率、升学率不断提升，校园建设日趋完善。

卫生计生　2016年，有卫生院1个，村卫生室8个，村（社区）标准化卫生室建设任务全面完成，基本公共卫生服务项目评估工作获市、县充分肯定，颐养中心建成在即。个体诊所1个，新建的梁平区精神病医院已投入使用。积极宣传单独二孩、奖励扶助、“两非”等计划生育政策。全年新增国家奖扶对象80人。

社会保障　2016年，全镇参加城乡居民养老保险10290人，参加城乡居民医疗保险22066人。发放小额担保贷款510万元。城镇新增就业402

人，8个充分转移就业村及村就业和社会保障服务站与村便民服务中心接轨运行。全年享受城乡低保250户、630人，其中农村306户，560人，城镇44户，70人。特殊困难家庭建档95户。在册五保户91人。孤儿1人。困境儿童6人。为临时困难群众发放临时救助金4.87万元，上报县级审批发放大病补助12.84万元。投入9万余元对敬老院厨房进行排危改建工作，目前已投入使用。

环境保护　2016年设立环保基金，生态文明建设专账使用。配备垃圾收运系统，完成场镇污水管网工程建设，制定场镇清扫保洁制度、"门前三包"责任制度、农村环境卫生村规民约、农村垃圾清运管理制度、畜禽养殖管理制度、生态文明建设监督检查制度等长效管理制度，组织专人巡查考绩。以"六改六治六通"和村（居）规民约为抓手，实施"房屋亮化、道路硬化、庭院净化、村庄绿化"的环保"四化工程"。开展"四清四治"、环保大检查、环境监管执法等专项行动，查处移交3起环境违法行为，关闭畜禽养殖7户。治理场镇河道、柚乡雅苑农民新村河道，普里河水质保持Ⅲ类甚至达到Ⅱ类。

安全稳定　2016年落实安全稳定"党政同责、一岗双责、失职追责"的责任制。推进交通、消防、食品药品、建筑、农机安全管理，督促企业落实安全生产主体责任，实现了安全生产零事故发生。全面推进综治"网格化"服务管理建设工作，加强治安巡逻和案件查处，不断增强群众安全感。开展社会稳定风险评估、领导干部接访下访工作，做好重点时段稳控工作，实现敏感时期非访零目标。深化矛盾纠纷排查，坚持"三级联动"排查化解矛盾纠纷制度和月排查制度，矛盾调解率达100%。畅通信访渠道，启用重庆市信访信息系统及村级网上信访代理工作，信访件办结率100%。对全镇流动人口、信访重点人员、重症精神病人、刑释解教人员、涉毒人员建立台账并加强管理。街道社区安全社区建设通过复查。

【基础设施】　2016年，开展场镇综合整治，完成场镇1.2公里"白改黑"，拆除钢篷245户，改造人行道、路沿石、雨污管网、公厕，增设果皮箱、垃圾桶、安装路灯，补植行道树。店招店牌、农贸市场、坝坝席、停车位正后期完善。打造名柚园入口，拆迁名柚园入口民居，搬迁名柚园入口对面梁源塑料厂，拓宽入口道路。完成雨家村"雨翠新苑"、龙滩村"柚乡雅苑"、护城村"郦山景苑"3个农民新村建设。打造护城村"郦山景苑"农民新村环境综合整治市级示范点。完成柚乡路两旁农房立面改造，完成天龙村龙马槽滑坡治理工程。龙滩村被评为市级"美丽乡村""特色景观旅游名村"。　（合兴镇）

福　禄　镇

【概况】　福禄镇位于梁平县东部，东与曲水镇接壤，西与蟠龙镇、柏家镇相邻，南抵石安镇，北达梁山街道、万州区。距县城31公里，地势北高南低，汝溪河及其支流由北向南穿境而过。全镇面积87.5平方千米，辖14村、1个居委会、98个村（居）民小组；总户数10564户，总人口31621人，其中非农业人口7217人，农业人口24404人；人口密度361人/平方千米。

福禄镇地貌属山地丘陵地带，以中山为主。最低海拔（辣坪村1组双河口）252米，最高海拔（大印村3组窄哑口）1221米，山势陡峭，丘陵起伏，大小山丘星罗棋布，重峦叠嶂，沟壑纵横，四季树林葱葱，翠竹青青，素有"福映金山绕，金狮白水涛，玉树天香远，龟宁堰塘高"的美妙写照。

福禄四周环山，中间是平坝，形似葫芦，故称葫芦坝。370年前的明崇祯年间，张献忠入川，10万"铁骑"三次驻兵葫芦坝。民国初年，取谐音改名为福禄坝。1949年12月成立原福禄乡，1986年4月福禄乡人民政府改建为福禄镇人民政府，1992年10月福禄镇合并原紫龙乡、九龙乡建立新的福禄镇。2005年福禄镇被确定为梁平县县级商贸中心镇，在全县统筹城乡发展中，被确定为“两心四片”中的东部片区中心镇，2007年被市规划局确定为全市95个中心镇之一。2015年荣获全县综合目标考核农工商和城镇化重点发展区一等奖。

【经济发展】

2016年全镇实现地区生产总值49595万元，同比增长11.5%，农民人均可支配收入12680万元，同比增长10.4%；城镇居民人均可支配收入21264元，同比增长10.1%以上。

农业　全镇保有耕地面积3309.8公顷，林地面积3600公顷，森林覆盖率达到51%。2016年，实现农业总产值20130万元。种植优质粮油3000公顷，粮油生产基地化发展达到85%以上。规模发展高山绿色蔬菜333公顷、青花椒133公顷、优质油茶133公顷，西蜂养殖突破5000群，培育家庭农场5个、专业合作社26个。新增流转土地67公顷，全镇土地流转经营达到500公顷。

工业　2016年，工业总产值达到2.7亿元，年均增长17.84%；规模以上工业企业1个，规模以下工业企业35个，工业个体户43户，规下工业总产值2.18亿元，年均增长23.16%。

商贸　2016年，加力推进佛印山旅游开发，众筹股权协议引资1300万元，落地资金100万元，拓展露营基地7000平方米，新建登山步梯5公里、生态木屋5个；发展商贸限额企业10个、限额以上商贸企业2家，农村电商4个，各类市场主体达到1150余家，社会零副产品消费达到22415万元，同比增长14.6%。

【乡风建设】

在318国道醒目位置设置广告牌4幅、各村交通要道悬挂宣传横幅30幅，发放《致家长的一封信》4000份，《致妇女的一封信》4000份，为在家农户订制张贴“福禄镇农户干净整洁标准及评比卡”5000张，开展卫生知识进村宣讲活动2次，开展以乡风文明为主要内容的送文化下村活动1次。

【社会发展】

科教文卫　投资1200余万元改建福禄小学、紫龙完小、福山完小，并为贫困学生免费提供营养午餐，减免贫困住校生生活费；开展流动文化进村60场，组织电影下乡120余场，完成第二批800面直播卫星“户户通”工程建设；福禄镇中心医院引进医疗设施，共有职业医师10余人，建设村级卫生室14个，其中标准化卫生室6个，乡村医生29人，合作医疗参保率93.3%。

社会民生　成功探索农村金融担保、产业股权划转等长效扶贫机制，2015年全镇建卡贫困户599户1993人全部脱贫，2016年新增贫困户51户。2016年全镇供养五保户135人，支持残疾人建房6户，累计发放各类定补和抚恤金158万元、救灾救济资金29.7万元，临时救助11.9万元。城乡居民养老保险参保13404人、医疗保险参保28294人，合作医疗本地报账362.7万元。发放小额担保贷款526万元，开发公益性岗位15个，新增就业再就业216人。新增享受国家奖扶210人、特别扶助8人，办理二孩生育证45人。

【基础设施】

道路交通　累计投资6000万元，硬化村组公路130余公里，实现村村通公路，通畅率达100%。

场镇建设　打造鲜花小镇，在国道沿线主要干道种植三角梅、紫薇等景观花卉6000余株，绿化生态河堤8.1公里；整治畜禽养殖场5家、关闭10家，综合治理生态河流4.1公里，修建生态河堤3公里，汝溪河出水断面水质达到优质Ⅱ类。

水利水保　建成集中供水工程23处、分散式集雨池90个、分散式打井370口，新建自来水厂1座，整治山坪塘220口，实施重点人饮工程13个。

（福禄镇　白熙隆）

石 安 镇

【概况】 石安镇位于梁平区东南边陲，与万州、忠县交界，紧邻318国道，省道S411穿镇而过，距梁平城区40公里、万州城区50公里、重庆主城区230公里。东邻万州分水镇，西接梁平柏家镇，南连梁平紫照乡、忠县汝溪镇，北靠梁平福禄镇。1949年12月建立石安乡，1966年改称先锋公社，1984年1月恢复乡的建制，改称石安乡。1992年撤区并乡，将原石安乡、联丰乡和紫龙乡的部分村合并为石安镇。面积60.5平方公里，耕地37776亩，林地27157亩。辖区总户数6731户，总人口21653人，其中城镇人口2144人，场镇面积0.91平方公里。全镇辖荷叶、牌楼、龙坪、莲花、南溪、翟溪、骆马、里程、联丰等9个村67个村民小组，1个街道社区居委会4个居民小组。

全镇地势呈西北高、东南低走向，境内山、丘、坝兼有，以丘陵为主。全镇海拔221米至715米，是全区平均海拔最低的乡镇，里程村双河口海拔221米，是全区海拔最低点。境内气候温和，雨量充沛，年平均气温20℃左右，无霜期280天左右，正常年降雨量1200毫米左右。全镇农业发展以水稻、玉米、油菜、芝麻等为基础产业，以蜜蜂、枇杷、李子、蔬菜等为特色产业。长江支流汝溪河蜿蜒穿镇而过，盛产野生鲶鱼。矿产资源有天然气、页岩气、河沙、页岩、石灰石和黏土等。全镇有小（Ⅱ）型水库5座，水厂2座，山坪塘218口。公路里程230公里，其中硬化农村主道路100余公里、组级道路30余公里。石安镇文化底蕴深厚，“癞子锣鼓”“火龙”等非遗文化得到了很好的传承。

【经济发展】 2016年实现生产总值22645万元，同比增长11.3%；固定资产投资完成20678万元（含上级各项投资），同比增长15.2%；社会消费品零售总额实现8160万元，同比增长14%；农村人均可支配收入11744元，同比增长10.1%。

工业企业　石安天然气、页岩气富集，是梁平工业园区C区的重要节点。其他生产加工企业5个，区级农业龙头企业3个，微型企业50余户。

农业　2016年全镇农业总产值17177万元，其中种植业10591万元，林业241万元，牧业5874万元，渔业303万元，农林牧渔业服务业168万元。一是传统农业稳步发展。农作物播种面积4446公顷，其中粮食播种面积2347公顷，产量10368吨；油料作物播种面积272公顷，产量825吨；生猪存栏6576头，出栏9394头。二是蜜蜂产业发展迅速。出台了《石安镇“蜜蜂之乡”建设工作实施方案》，种植刺槐、国槐、栾树、乌桕、五倍子等蜜源植物300公顷，提档升级了蜂产品包装，开展了蜂产业研讨、蜂产品展销活动，新发展50群以上的标准化养殖大户2户，全镇养蜂量达到6800余群，实现产值1800余万元。三是农村改革稳步推进。荷叶、里程、翟溪、骆马、联丰5个村开展了农村集体资产量化确权工作。新增新型农业经营主体6个，其中农民合作社1个，家庭农场5个。新流转土地22公顷，7公顷以上规模经营35公顷。筹措资金对新增加的21户建卡贫困户、9户易返贫户和362户脱贫户进行精准扶贫，巩固了扶贫成果。

商贸　引进一家营业面积1500平方米的大型超市，新增快递网点2处，建成场镇农村淘宝网点和规范化邮政网点，申报限上商贸企业1家。目前全镇市场主体已发展到502个，其中个体户406户，内资企业83户、专业合作社13个、星级农家乐1户。

财政金融　2016年全镇实现财政收入1199.6万元。镇内农商行、邮政储蓄存款余额3.83亿元。

【社会发展】

科教文卫　投资2000余万元，完成镇中心小学、初中、联丰完小三所学校的改造、扩建工程。9个农家书屋免费开放，藏书近5万册。新建荷叶村农民休闲健身广场，为900户农户安装直播卫星电视户户通。全镇有中学1所，中心小学2所，初级小学4所，幼儿园1所，在校学生1700余人，专任教师100余人。有卫生院1个，设有内、外、康复、中医、放射、化验、心电图、B超、公共卫生服务等科室，专业卫生人员20人，乡村医生23名，床位40余张，民营诊所5家，年诊疗30000余人次。

民生稳定　为189户407人低保对象发放低保金120万余元。开展各类安全生产检查160余次，罚款3万余元，实现全镇安全事故“零”目标。全年领导干部接访258次，办理信访件22件，排查解决矛盾纠纷115件，确保了社会安全稳定。成功创建“梁平县平安乡镇”，里程村被评为“市级民主法治示范村”。

乡风文明　开展了以“全域洁净化、家庭美德化、文明之家评选”为主题的“两化一家”乡风文明建设活动，完善了村规民约，落实了门前（庭院）三包制度，确定了荷叶乡风文明示范村，划定了荷叶—社区—里程乡风文明示范带，配置了一批垃圾清运设施，开着了农村“脏乱差”和精神道德缺失问题治理，引导农户树立了乡风文明意识，探索建立了乡风文明建设长效机制。

【基础设施】

滨河靓镇　新添置垃圾箱（筒）、垃圾手推车等设施40余件，每月对12公里河道进行清漂，对场镇4.1公里河堤和植被开展日常管护，修建了文化墙，整修了场镇河堤，新建了近4公里的登山步道，继续打造生态休闲滨河公园。启动了污水处理厂二、三级污水管网建设，整修公厕2座，建设坝坝席固定场所1处，设立了仿古式指引（示）牌，规范了公共停车场和农贸市场，开展了场镇居民门前三包和镇容秩序整治，查处违法建筑1起。

美丽乡村　筹资900余万元新硬化公路21公里、新挖公路2公里。完成47口山坪塘整治，启动51口山坪塘整治，完善2座水厂运行管理机制。完成125户C、D级危房改造。关闭1家竹料加工污染企业，整改1家养鸡场。加强了全镇4个农民新村和10个集中安置点的管理。

【名胜旅游】

蜂恋花谷　石安蜂恋花谷于2014年建成，位于石安镇里程村3组，总投资200余万元，占地13公顷，建有养蜂房4间、蜂棚400平方米、人行便道1400米、观光亭4个。蜂恋花谷常年存栏西蜂400群，谷内蜜源植物丰富，有油菜、刺槐、国槐、栾树、乌柏、椪柑、蜜柚、五倍子、李树等，基本达到一年四季常绿且都有花开，游客可以在花谷内赏花、购买蜂蜜、蜂王浆、菜油等土特产。此外，石安镇还有庙堂垭、六汇桥2个县级文物保护单位和联丰吹手、里程抬儿调等非遗文化。

石安蜂蜜　“石安河蜂蜜”产自梁平县石安镇，这里地理环境和天然气候独特，蜜源丰富，早在明末清初石安人就开始养蜂采蜜，1983年引入西蜂，率先实行“公司＋蜂农”的养蜂模式，目前规模化养殖已初步形成。2016年，石安镇按照“季节结合、主辅结合、木草结合、蜜粉集合”原则，栽植刺槐、国槐、乌柏、栾树等9种蜜源植物，建成了覆盖所有季节（除12月、1月、2月）的6000余亩蜜源植物基地，致力打造“蜜蜂之乡”。目前，已建成重庆市唯一取得“种畜禽经营许可证”的重点西蜂良种繁育场和西蜂标准化养殖示范园以及中蜂选种繁育基地。全镇现有蜂业公司2户（其中县级蜂业龙头企业1个），蜂产品销售公司1家，养蜂专业合作社3个，蜂产品配送中心1个，商标2件，专利3项，养蜂微型企业和个体工商户30余户，蜂农600余户，年产值1800余万元。“石安河蜂蜜”有“槐花蜂蜜”“菜花蜂蜜”“荆条蜂蜜”“五倍子蜂蜜”“山花蜂蜜”等多种产品，营养丰富、味道纯正、质量优良、绿色环保，现远销到重庆主城、广州、福建、上海等全国各地。

汝溪河（石安段）　汝溪河发源于东山南麓万州孙家槽，在万州分水流入梁平曲水乡三合村，经福禄、石安等镇在双河口出境流入忠县，汝溪河石安段全长15公里，有3条支流，河水清澈无污染，栖息着大量的土著鲶鱼及黄颡鱼、中华倒刺鲃等名优鱼类。沿河两岸村道、组道纵横交错，交通便捷，成片油菜花、槐树、乌桕、栾树、芝麻等可供观赏类蜜源植物广泛种植，其景色优美，生态良好，是垂钓、赏花、休闲的好去处。（石安镇　陈　龙）

柏家镇

【概况】　柏家镇位于梁平县城东南，202省道（忠梁公路）横贯南北，东邻石安镇、紫照乡，西与蟠龙镇、大观镇、忠县石黄镇接壤，北与福禄、蟠龙两镇毗连，南通忠县官坝镇，距梁平城区28公里、忠县县城54公里。素有“梁平小西藏”之美誉。

1949年12月建立柏家乡，辖18个保，属蟠龙区。1950年5月划归城南区，辖18个行政村。1955年12月由三新、伍通两乡和龙峰、双河两乡各一部分划入柏家乡，属柏家区。1958年9月建立柏家人民公社。1962年1月从柏家公社分出双河公社；1966年9月改称为红卫公社。1976年1月又称柏家公社；1984年1月恢复柏家乡建制；1992年10月，撤区并乡建镇，龙江乡与柏家乡合并，建立柏家镇。2016年末，有在职职工42人，其中行政23人（含工勤人员1人），参公人员3人，事业单位17人。内设机构有党政办（含人大办）、社会事务办（计生办、民政办）、经发办、综治办（含安监办）、建管办、食药办、财政所、社保所、农业服务中心、村建服务中心、文化服务中心，以及工会、共青团、妇联等组织。现辖2个社区居委会15个居民小组，6个村民委员会69个村民小组。辖区面积62平方公里，总户数7268户，总人口22402人。其中，常住人口12967人。非农业人口5056人，总人口以汉族为主，占99.73%；少数民族有土家、蒙古、苗、侗等组成。

柏家镇地理气候适宜，适宜山羊养殖和牧草生长。地貌属浅丘陵山区，海拔最低298米，最高647米。属亚热带季风气候，四季分明、气候温和、雨量充沛、日照偏少、湿度大、霜期短，年平均气温18℃，年降水量1634.5毫米，无霜期265—300天，相对湿度81%。林业用地2433公顷，退耕还林面积809公顷，荒山草场资源1000公顷，耕地面积2574公顷。

【经济发展】

2016年，实现地区生产总值3.25亿元，同比增长（下同）11.3%；完成固定资产投资2.75亿元，增长16.37%；社会消费品零售总额10162万元，增长14.5%；农民人均可支配收入12673元，增长11.2%。

农业　2016年全镇农业总产值19950万元，其中农业11973万元，林业382万元，牧业7122万元，渔业93万元，农林牧渔服务业380万元。实施国家重点农业项目“小麦万亩高产示范片”建设，规模种植水稻10公顷，积极推广插秧机、耕田机共200余台，发放农机购置补贴13.17万元，实现机耕167公顷、机收592公顷。全镇种植蔬菜853公顷，蔬菜产量13612吨，同比增长34.74%，其中发展高山榨菜种植200公顷、辣椒133公顷、西瓜33公顷、分葱33公顷。完成中幼林抚育200公顷、天保林封育工程267公顷、新一轮退耕还林100公顷。除治病死松树6482株，安放诱捕器200个，诱杀松褐天牛近6702条，使松材线虫病得到有效控制。打造以伍通村为中心的生猪养殖片，常年存栏100头以上生猪养殖大户36户。其中500头以上的养殖大户16户，生猪年出栏37324头；年出栏家禽17.4万只。

工商业　培育和壮大现有企业。2016年，实现工业总产值21496万元。新增限额以上商贸流通企业1个，新增市场主体21个，其中新增新型农业经营主体4个。目前全镇共有涉农单位87个，其中专业合作社23家，家庭农场25家，涉农企业10家。深化发展中心村、居委会2个农村淘宝网点；做好乡村旅游示范创建工作，深化“佰佳羊庄”农家乐建设，积极培训龙峰村民宿体验示范。

【重点项目】

山羊产业　紧紧围绕“山羊养殖基地，批发交易中心”总体规划，倾力建设“东山片区十万只黑山羊基地”中心镇，山羊产业实现转型。

全镇有养殖大户120余户，有山羊存栏200—299只标准化养殖示范场3个、存栏100—199只示范场13个、存栏50—99只示范场51个、存栏20—49只示范场54个，年存栏山羊3221只、出栏5067只。依托重庆聚仁草业科技有限发展公司，大力推广青贮技术、微贮技术、氨化技术和“半圈半放”的新型生态养殖模式。建立梁平山羊宣传网站，拓宽宣传渠道，大力宣传“梁平山羊”全国地理标志和“柏家黑羊”商标，积极开展“绿色有机山羊产地产品认证”“加工类梁平山羊地理商标”申报工作，提升“梁平山羊”和“柏家黑羊”知名度。玖旺牧业有限公司与川农专家组共建梁平山羊“柏家黑羊”养殖示范和产学研生产基地，建成“梁平山羊”良种繁育基地，初步实现商品羊养殖向种羊养殖销售转型。

扶贫攻坚　严格按照“机构不散、力量不减、投入不少、政策不调、考核不变”的“五不”要求，做好2015年脱贫户调查回访和成果巩固工作，防返贫人口共373户，1190人，对2016年14户26人新增贫困户进行精准识别，落实帮扶责任和帮扶措施，实行动态调整、创新管理、整合资源、精准扶贫，实行三级结对帮扶，每级安排50余人参与帮扶，帮扶责任人达150余人。

三新村整村已实现“八有”、解决“八难”。2017年，根据三新村实际情况因地制宜，着力发展特色产业，强化技术和资金扶持，提高生产技术水平，切实增强贫困群众自我发展、自我“造血”的能力。一是强化山羊养殖；二是发展果树种植500余亩；三是培育西瓜产业，做好西瓜品种选育，扩大“万家爽”西瓜品牌效应；四是做好蔬菜种植，今年预产量超百吨；五是加强技术培训，使群众掌握重要的种养殖技巧，增强群众通过发展产业防返贫的信心。

【社会发展】

社会保障　2016年，全镇城市低保23户41人、农村低保为235户481人，共发放城市低保金117490元，发放农村低保金892621元。发放贫困残疾人生活补贴52500元，一二级重残人员护理补贴87200元，重残人员居家托养金2.5万元，向残疾人发放山羊100只，完成5户残疾人危房改造。发放大额临时救助30万元，小额临时救助2.95万元。2015年城乡居民养老保险参保12016人，中青年人员参保人数8919人，老年人参保人数3097人，领取养老保险待遇人员4716人。2016年城乡居民养老保险参保12195人，中青年人员参保人数9098人，老年人参保人数3097人，领取养老保险待遇人员4936人，办理到龄人员领取养老金初审222人，办理领取待遇人员死亡补助金87人；完成居保、城保领取养老待遇人员指纹比对3853人，异地认证278人。完成转户农民退出宅基地养老保险参保13人。完成城乡居民医疗保险参保19898人，完成参保任务数20424人的97.4%。新采集医保制卡资料485人，挂失补办社保卡196张；办理特殊疾病门诊就医卡41人，收集市外住院报账资料95人次。完成城镇新增就业人数268人，完成市外农民工返乡创业就业415人，完成城镇登记失业人员就业54人，其中“4050”人员就业14人，完成小额担保贷款320万元，办理“4050”灵活就业人员社保补贴13人次。

计生卫生　落实奖扶政策全覆盖，2016年新增国家奖励扶助对象62人，及时率达100%，落实农村高考加分6人、中考加分6人，符合照顾生育三孩人数2人，开展出生人口性别比综合治理专项行动2次。自制宣传资料6000多份、宣传标语20幅，出动流动宣传车20余次，大力宣传《重庆市人口和计划生育条例》《社会抚养费征收管理办法》、全面两孩政策、奖励扶助政策。联合镇妇联、中心医院开展“5·29”纪念日宣传服务活动，对2000余名群众开展了免费生殖健康检查及两癌筛查。为97户困难计划生育家庭，送去慰问品及慰问金5万余元。为36户“六关怀”对象代表发放了慰问金1.8万元。深化完善全镇7个村标准化卫生室设施设备，提高村卫生室医务人员到位率、报账服务覆盖面，提高医疗服务水平，标准化服务村卫生室创建达标率100%，使用率100%。

教育文化　加大教育投入，完善“三校一园”基础设施建设，中心小学新建教学大楼和教师周转房，完善了六大功能室，完成了二校区改建工程并投入使用。有效治理中小学周边环境，高度重视学校安全工作，加强领导和检查，采取得力措施督促排除学校安全隐患。辖区内小学生入学率达100%，小学、初中在校学生辍学率为0，初中毕业生升入县内两类高中的比例达98%，“三校一园”教学成绩连续四年荣获县同类学校一等奖，多名教师教学赛课、教育教学论文荣获市县一等奖，涌现了一批市、县先进教师。丰富镇、村（社区）农家书屋藏书种类，全镇农家书屋藏书达13000余册。免费开放镇文化服务中心图书阅览室、电子阅览室、多功能室、文化活动室2000余小时，开展综合文化站书报刊借阅服务1250余人次，完成650面直播卫星户户通工程建设安装任务。为各村（社区）购买公共文化演出活动28场。积极组织干部职工参与文化体育活动，参加梁平县第二届职工乒乓球比赛获得乡镇组团体第二名，参加“重庆有线·广电网络杯”重庆柚乡·周末篮球之夜荣获第三名。

【基础设施】

村镇建设　完成214户危房改造（D级34户，C级180户），改、扩建房屋16户，开工建设中心村29户127人生态移民新居。有序推进镇综合服务中心建设，完成综合服务中心征地养老保险工作。实施三新村土地整治项目，农网升级改造全面推进，天然气安装用户达240户，行政村光纤通达率、宽带通达率均为100%。

风情集镇建设　按照“七有四无四化”的标准建设特色风情集镇。开展场镇综合整治，发放各类宣传资料2000余份，入户宣传5批次。通过宣传，场镇内123户商户自行拆除遮阳棚276处，完善2个农贸市场设施建设及交易产品分类。聘请10人组建了场镇综合整治巡逻队，重点治理占道经营、乱停乱放等事项，切实形成“坐商归店”、商贩归市、车辆归位的良好风气，保证场镇秩序规范。种植行道树297株、改造人行道924平方米、改造公共水厕3处、完善坝坝席场地2处、建成文化活动广场1处、完善车位100余个、改造路灯100盏。完成场镇透水砖铺设1000余平方米，路面硬化120余平方米，路缘石安装360余米。

美丽乡村建设　促进村容整洁，设置环保基金近30万元，规范场镇垃圾清运制度，聘请保洁员4名。深化农村面源污染整治，对辖区玖旺、升旺牧业等24家养殖大户开展11次全面督导检查，确保污水排放达标。修建垃圾池、中转站，配置垃圾桶20个、垃圾箱6个、转运车等收集转运系统，建立“一组一桶、一村一池、一镇一车”的垃圾收运处理体系。启动龙峰村绿化工程预计种植桂花树、紫薇、杜鹃和石楠球等1000余株，种植李子树6000余株。

乡风文明建设　认真总结提炼出“三定三勤三看”的经验做法，提出了“阳沟院坝一码平、柴火粮菜一展齐，鞋子帕子一条线，农具灶具无一尘”的整洁标准，并在区内外推广。龙峰村被评为市级慈孝村居、市级优秀基层党组织、区级美丽乡村培育村、乡风文明示范村。吸引了150余批次4000余人实地参观交流，其中区领导到龙峰村调研26余次。12月15日，人民网、新华网、《重庆日报》、重庆电视台等13家市级媒体齐聚龙峰村，现场采访农村面源污染治理情况及乡风文明建设情况，得到一致好评。成立镇乡风文明工作领导小组，下设乡风文明办，成立办公室、宣传工作、检查评比、督查考核等4个工作专班配备专人专门抓。制定村规民约，细化考核评比办法，召开院坝会，动员全民参与干净整洁行动。

公路水利建设　硬化桂花村巴巴丫口公路2.5公里，硬化白仙村至陶官公路1公里，硬化龙峰村1组公路2公里，拟硬化白仙村10组、11组公路4公里。修订《柏家镇农村公路养护管理办法》《柏家镇农村公路养护管理考核办法》，形成农村公路管护长效机制，积极争创农村公路管理养护文明示范乡镇和文明示范路。高标准完成52口山坪塘整治，新增有效灌溉面积1200亩，完成“中心水库”建设工程项目选址等前期工作。（柏家镇）

大观镇

【概况】　大观镇位于重庆市梁平区东南部，距城区33公里，东邻柏家镇、西接铁门乡，南与忠县石黄镇、金鸡镇交界，北与蟠龙镇接壤。民国29年（1940年）设为大观乡，1958年改为公社，1983年复置乡建制，1992年改为建制镇。2016年8月撤销千福、村、安乐社区，设立千福社区、安乐社区，目前，全镇辖新路、大观、梅花、庙坝、桐岩、大兴等6个村民委员会44个村民小组，大观、安乐、千福3个居委会25个居民小组。

2016年，全镇辖区总面积53.2平方公里，总户数6630户，总人口18349人，其中农业人口16309人，非农业人口2040人。

大观镇地形以山区为主，有少量丘陵，西北部横亘着一座与梁平东山平行、延绵30多公里的外山，海拔700米；东南部横横着一条石岩高岭，与外山平行，海拔300多米。境内的黄金河与它的几条支流，流经全境，气候属亚热带季风气候，春温不稳定，初夏多阴雨，盛夏炎热，年均降雨量1400毫米，年平均温度17℃。

【经济发展】

2016年，全镇完成社会固定资产投资23331万元；社会消费品零售总额8121万元，国、地税收263.4万元。

农业　2016年，全镇农民人均可支配收入达11819元，比上年增长11.0%。全镇农作物总播种面积4692公顷，以种植水稻、小麦、玉米、高粱、蔬菜为主。2016年全镇实现农业总产值19248万元，其中种植业10535万元，林业673万元，牧业7388万元，渔业400万元，农业服务业252万元。2016年，全镇以梁平柚发展为重点，建成80公顷梁平柚标准化生产园，新建800公顷梁山柚示范基地，在2016年10月参加由市农委组织的原梁平县“柚王”评选中一举夺魁，摘得“柚王”桂冠。结合“一村一品”特色优质产业发展，在安乐社区发展高山错季蔬菜集中连片种植133公顷，在安乐、庙坝、桐岩、新路、大观等村成片种植杭白菊200公顷。全镇养殖业以肉牛、山羊、生猪为主，有肉牛专业合作社1个，山羊养殖专业合作社1个，生猪养殖专业合作社1个，种养家庭农场5家。全镇年出栏肉牛1094头，山羊3291只，生猪3494头，家禽13.35万只。2016年，通过宏展农业专业合社在安乐社区建成并发展至年出栏3000头的藏香猪养殖基地，发展集藏香猪养殖、鱼饲养、蔬菜种植等一体的立体循环生态农业产业。

林业　加强天然林资源保护，加大绿化造林抚育力度，全年累计完成森林抚育4000亩。做好松材线虫病防控工作，全镇除治枯死松树3478株，在全镇松树林挂放诱捕器140个，有效控制疫情。

工业　以白酒为主。“大观白酒”香醇可口，闻名遐迩，全镇共有白酒生产作坊3个，2016年注册成立大观白酒销售企业1家。

商贸　全镇商贸发达，有大观、安乐、千福3个场镇，农贸市场2处，2016年新增限额以上商贸企业1家；积极响应“互联网+”发展模式，大力发展电子商务，并自主发展农产品淘宝店铺4家，开展农产品试点网上营销开展网上代购和网订店取的新模式，销售额达到12万元。

财政金融　2016年，全镇实现财政收入1075.99万元，境内金融机构各类存款余额3.69亿元。

【社会发展】

文化及广播电视　2016 年全镇有重庆市三级综合文化站 1 个，村级文化活动中心 9 处，各类图书室 9 个，藏书 3 万余册，民间乐队 6 个，音乐、美术、书法、摄影及文学业余创作人员 30 余人，2016 年共安装电视户户通用户 600 户。

教育　全镇有中心校 1 个，完小 1 所，基点校 2 个，共有在校学生 936 人。有幼儿园 6 所，在园幼儿 396 人。全镇有专任教师 81 名。小学适龄儿童入学率、初中适龄人口入学率、九年义务教育覆盖率均达到 100%。2016 年，大观中心校 998 平方米教师周转房建成并投入使用。

卫生　全镇现有卫生院 1 个、村级卫生室 8 个，专业卫生从业人员 19 名，乡村医生共 23 名，床位 18 张。2016 年收治住院病人 920 人次，门诊诊治 6000 余人次，全年医疗业务收入 145 万元，开展卫生下乡服务活动 6 次，免费发放常见病预防药品 2 万元，为建卡贫困户、低保、五保、特殊困难等人群减免医疗费用 1 万余元；免费为群众提供 12 大类 45 小项目的公共卫生服务，完成 65 岁以上老年人健康体检 1509 人，高血压规范管理 673 人，糖尿病规范管理 376 人，重性精神疾病管理 76 人；完成千福社区、桐岩村、庙坝村、新路村卫生室的规范化建设，顺利通过验收。

社会保障　2016 年，全镇参加新型农村合作医疗 16332 人，城乡居民养老保险 9850 人；新增富余就业再就业 562 人次，办理社保补贴 18 人；全镇遭受“5·6”“6·16”等暴雨灾害，发放过渡性生活费 6.5 万元，城镇最低生活保障 42 户 58 人，发放最低生活保障金 28.9 万元；农村最低生活保障 230 户 401 人，发放最低生活保障金 123.36 万元，国家抚恤、补助各类优抚对象 136 人；完成灾民倒房重建 21 户，残疾人建房 4 户；有敬老院 1 家，床位 50 张，收养农村五保人员 26 人，农村散居人员 120 人；计生奖扶申报 58 人，落实农村独生女报考加分 8 人、孕优检查 94 人，孕期唐氏综合征筛查 83 人，补贴农村计划生育家庭参合资金 490 人，参加城乡居民养老保险的增发基本养老金 219 人。

【基础设施】

2016 年，在大观上场口修整排水管道 150 米；在安乐场镇新建坝坝席场地 1 处及公共水厕 1 所；完成 D 级危房改造 29 户，完成 C 级危房改造 96 户；投入资金 7.8 万元，养护农村公路 74.453 公里，投资 50 余万元，在梅花村及大观社区新建人行便道 6 公里；投入资金 180 万元，实施 2.3 公里二、三级污水管网、泵站建设。

【名胜旅游】

2016 年，引进梁平县大观镇清凉洞农业旅游发展有限公司投资 2000 万元在安乐社区打造集休闲娱乐、避暑度假、观光踏青于一体的汽车露营基地，占地 2000 亩。基地紧接双桂堂、滑石古寨两个景区，毗邻“二环路”，平均海拔约 814 米，一期汽车房车露营项目正在建设，包括综合娱乐休憩、服务接待、特色森林木屋等七个功能区，建成后可同时接待游客 1000 余名。

【重点工程】

二环路安乐段建设工程　投入资金 2169.03 万元，完成“二环路”安乐段 6.2 公里公路建设并实现通车。

宅基地复垦工程　完成第六批、第七批宅基地复垦项目测绘和资料完善，入库备案。截至目前，全镇已完成复垦竣工面积 1071.422 亩，兑现资金 1.2 亿元。（大观镇　孙思敏）

竹　山　镇

【概况】　竹山镇地处梁平县西部，位于百里竹海风景名胜区腹地。东邻新盛镇、龙门镇、明达镇、礼让镇、聚奎镇；西连袁驿镇、七星镇；南靠屏锦镇，北接龙胜乡。竹山镇人民政府所在地文家坝，距梁平城区 30 公里、渝宜高速 30 公里、张南高速 10 公里、渝万城际高铁梁平南站 30 公里、达万铁路梁平站 33 公里、万州深水港

110 公里。

民国初置丰胜乡，民国30年（1941年）改安丰乡，1950年更名下安丰乡，1958年改公社，1983年置乡。1992年撤区并乡建镇时，竹山镇由原竹山区的上安丰乡和下安丰乡合并而成。2016年，辖街道社区、竹丰社区、正直社区、猎神社区等4个居民委员会和大塘村、邵沟村、正和村等3个村民委员会，下设31个村（居）民小组。2016年12月2日，因撤县设区，中共梁平县竹山镇委员会正式更名为中共重庆市梁平区竹山镇委员会（2017年1月18日正式挂牌）。

2016年全镇总人口7788人，其中农业人口6807人，非农业人口981人；男性4051人，占总人口的52.0%；人口出生率12.4‰，死亡率6.1‰，人口自然增长率6.3‰。辖区面积49.39平方公里，其中陆地面积48.39平方公里，占总面积的97.9%；水域面积1平方公里，占总面积的2.1%。人口密度为每平方公里158人。辖区东西最大距离6千米，南北最大距离16.4千米。

地处山地，地势陡峭，地形属背斜低山。主要山脉有明月山脉，境内最高峰位于竹丰村与猎神村交界处的大石头山，海拔1100米，最低点位于邵沟村境内的邵新纸厂，海拔600米。

气候属四川盆地暖湿亚热带季风气候区，年平均气温18℃，年降雨量1300毫米，气候温和，四季分明，雨量充沛，湿度较大，春季气温不稳定，初夏多阴雨，盛夏凉爽，冬季有雪，生态环境较好，蓄水量、释氧量极高。

森林覆盖率达94%，以竹为主，有成片竹林3000公顷，竹种有寿竹、毛金竹、大琴丝竹、伞把竹、慈竹、罗汉竹、紫竹、黑水竹、苦竹、刺黑竹、八月竹、三月竹、月月竹等竹类品种37个。伴生植物丰富，有灯台、杉木、青杠、映山红等常见木、灌；有山藕、鱼腥草、水黄连、天麻、蝉花、山茶等珍贵药材；有苦菜、蕨菜、狗棒、野李子、野樱桃等野果；还有红豆杉、三尖篦子杉、实心夹叶方竹等30余种珍稀植物和名木古树。鸟类有代胜（珍稀鸟类）、黑鹤、啄木鸟、喜鹊、斑鸠等；兽类有狐狸、黄鼠狼、蛇、鹿（野山羊）等。矿产资源有石膏、煤、石灰石、硅锰等。

【经济发展】

2016年全镇实现经济总量30103万元，固定资产投资16303万元，工业总产值3.08亿元（其中规模以上企业生产总值1.97亿元），实现社会消费品零售总额4438万元，地方财政收入1830.11万元，农民人均可支配收入13564元。

农业　耕地面积287公顷，人均0.56亩。2016年农业总产值9683万元，粮食作物以水稻为主。2016年，生产粮食2011吨，其中水稻843吨、蔬菜2516吨、玉米675吨、薯类337吨。畜牧业以家禽、生猪为主，2016年生猪出栏4020头，年末存栏2910头；家禽存栏5.5万只，出栏6.8万只。2016年，4个村（社区）纳入了农村产权制度改革试点，其中竹山镇文家坝社区股份制合作社767名村民拿到了集体资产分红1.534万元。

林业　林业面积4067公顷，其中成片竹林面积3000公顷。竹类品种达37个，优质竹储蓄量达100万吨，年产竹材12000万余吨、竹笋500余吨。2016年，完成低效竹林改造400公顷，年实现林业总产值2722万元。

工业　镇内有竹制品加工企业5家、硅锰合金企业1家、石膏矿、碎石动采企业各1家，其中有重庆惠成竹制品有限公司、梁平县瑞升电化有限公司等2家规模以上企业，初步形成了以竹制品加工、石膏、碎石为主的工业体系。现有农民专业合作社19家、微型企业39家。2016年实现工业总产值3.08亿元。

商业外贸　以旅游、笋竹商贸、餐饮服务等为主的第三产业快速发展，成为镇域经济的重要组成部分。2016年实现社会消费品零售总额4438万元，第三产业总产值达7303万元。

财政金融　2016年财政收入1830.71万元，固定资产投资16303万元。全镇设有金融分支机构1个，境内金融机构各类存款余额1.07亿元，比上年增加12.63%。

【社会发展】

文化艺术　有文化服务中心1个，村级文化活动中心7处，公共图书室2个，农家书屋7个，共藏书35000册。开展政府购买公共文化服务活动21场次。村民自发组织演出团1个、腰鼓队1支、抬儿队10支、癞子锣鼓队2支。

教育　设中心幼儿园1所、村办幼儿园4所，在园幼儿60人，专任教师5人、保育员1人；小学1所，在校生193人，专任教师23人。2016年小学教育经费达472.7万，财政预算内教育经费472.7万元，小学适龄儿童入学率、初中适龄人口入学率、小升初升学率、九年义务教育覆盖率均达100%。

卫生体育　2016年有各级各类医疗卫生机构5个；病床8张，每千人拥有医疗床位1张，专业卫生技术人员10人，其中执业助理医师4人，中医医师1人，注册护士3人，其他人员2人。平均每千人拥有卫生技术人员1人，2016年完成诊疗0.74万人次。新型农村合作医疗参保98.5%。农村安全饮用水普及率100%。人口平均期望寿命78.2岁，其中男性77.5岁，女性79.8岁。2016年成功申报正直村农体工程3个，现已投入使用，经常参加体育活动的人员占常住人口的2%。

广播电视　现有广播“村村响”喇叭37套，通响率100%；2016年新安装广播电视直播卫星“户户通”设备300户，累计用户达700户，电视广播覆盖率100%。

社会保障　2016年城镇最低生活保障户数16户18人；农村最低生活保障户数89户156人；申请小额临时救助80户，发放临时救助金6万余元；申请大额临时救助15户，申报临时救助金19万元；农村五保分散供养19户19人，国家抚恤、补助各类优抚对象64人，发放各类资金39万余元。2016年，城乡居民养老保险新参保56人，续保3759人，1286人享受待遇；7026人参加城乡居民医疗保险，收缴2017年参保费99.86万元；市外住院报销医疗费48.18万元；办理了特病证56张。累计申报计划生育国家特别扶助6人，国家奖励扶助127人。

【基础设施】

景区建设　完成《重庆百里竹海旅游度假区总体规划》，明确“国家级旅游度假区，国家AAAAA级旅游景区”的目标定位，编制百里竹海艾叶沟景区和百里竹海东入口景区建设的详细规划。完成公路提档升级红线范围内45万平方米田土（林地）的调整、120余座坟墓的搬迁、35000余平方米建（构）筑物的拆迁；完成重点景区景点建设所需的9000余平方米的房屋腾退，返租田土（林地）27公顷，山林清杂67公顷，新（改）建道路5公里；搬迁管杆线200余根。开工建设老鹰窝民俗文化展览馆。

村镇建设　完成D级危房改造10户，C级危房改造160户。开工建设避险解困二期、竹丰社区3组、猎神新农村三期等三个集中居民安置点。硬化人行便道5公里。

生态环境整治　建成污水处理厂1座，投入20万元设立环境保护专项基金，聘请保洁员14名，配备环卫车辆1台、小推车14辆，配备专用垃圾箱体18个，垃圾桶146个，设置环境卫生整治宣传栏7个。关闭小型违法养殖场2家。

交通设施建设　有县镇级公路2条，总长35千米。日均发送5辆客车，日客运量200人次，年货运吞吐量300万吨。2016年，明达至三墩坡9公里百里竹海旅游公路全面建成通车，天生桥至竹丰湖、竹山至袁驿35公里农村公路提档升级项目全面开工建设。

水电设施建设　镇域内有竹丰水库（竹丰村）和花石水库（正和村）等2座水库，有雨量监测站4个。2016年，完成猎神水库（猎神村）规划、选址、勘测等前期工作，并开工建设猎神水库环路。

邮政电信　镇内有邮政网点1个，投递路线单程总长度42千米，投递点7个，乡村通邮率100%。电信、移动、联通网络全覆盖。

【名胜旅游】

百里竹海　百里竹海景区是我国西部三个重要的以“竹”文化为特色的风景名胜区，拥有35万亩成片竹林，竹种质资源十分丰富，其中以寿竹种植面积最广，有“中国寿竹之乡”的美誉。景区自然景观、人文景观与“竹文化”兼有，集竹林、山水、人文于一体，融“雄、奇、险、秀、幽、绝”于一域。百里竹海风景名胜区的负氧离子含量平均值为每立方厘米5700个，为世界卫生组织公布的清新空气负氧离子标准浓度的5倍。同时，空气颗粒物含量较低，达到优级空气标准。2015年，入选全国首批38个“森林氧吧”。

观音洞　观音洞系市级风景名胜区“百里竹海”主要的人文自然景观之一，悬于陡峭石壁之上，寺庙建在溶洞厅内，与山峦融为一体。“洞庙”自然古朴，香火旺盛，洞顶支支石笋倒悬，大的1米以上，粗如木桶，小的仅长30~40厘米。对面山峰的灰色绝壁上有一小石洞，洞口森森，形状恰似一只鹞鹰站立。观音洞旁常年郁郁葱葱、青翠欲滴，涓涓细流玉洁晶莹、清纯甘冽，四季不干。相传观音洞寺庙由唐朝末期3名削发为僧的武士所建。近年，来观音洞拜佛、休闲观光的人络绎不绝，香火越来越旺。

竹丰天池　竹丰天池横卧百里竹海腹心，海拔685.5米，是1975年开凿初建的一个人工湖，整个湖面呈V字状，湖面最大面积可达1342.5亩，总容量达1385万立方米，平均水深16米，最深处30米。竹丰天池集秀、奇、幽、雅于一体，四周群山环抱，竹木苍翠，竹海倒映，湖山一色，浑然天成，漫游其中，犹若“飘飘乎遗世而独立，羽化而登仙”。

天星塘　“百里竹海天星塘，奇松怪石飘竹香，人间仙境随处在，云游巴渝美名扬”，有次原始森林之说，总面积1400余亩。山下段翠竹苍苍，山上半段树藤缠绕，景区内即竹影婆娑，又古树参天，怪石嶙峋，树抱石、藤缠树等奇特景观比比皆是，有红豆杉、黄檀、实心狭叶方竹等多种名木古树，景色极其壮美。

（竹山镇　刘　芳）

屏锦镇

【概况】　屏锦镇历史悠久，始建于明正德八年（1513年），以“山水如屏，形色似锦”而名，始称“屏锦铺”，后名“红石梁”。新中国成立前为梁山“首场”，1992年10月撤区建镇，2003年7月，原屏锦镇与七桥镇合并建立屏锦镇。现位于梁平区西南部，地处国道318线和243线交会处。东临聚奎镇、和林镇，西接七星镇、大竹县，南毗回龙镇、荫平镇，北壤竹山镇；距城区26公里、渝宜高速公路16公里、达万铁路梁平站30公里、万州港90公里。镇域面积102.11平方公里，城镇建成区面积3.07平方公里，耕地面积2647公顷。全镇辖16个村、5个社区，186个村（居）民小组，总人口63869人。

屏锦镇文化底蕴厚重，是著名的“笋竹之乡”和文化部授予的“文化艺术之乡”，是国家级非物质文化遗产·梁平木版年画传承基地，是全国重点镇和重庆市首批市级中心镇，是市级经济百强镇、商贸中心镇、小城镇建设试点镇、重庆市特色小镇，是梁平县经济社会发展的副中心和重要的经济增长极。

屏锦镇资源丰富，林地面积4806公顷（其中竹林面积2334公顷，树林面积1379.4公顷，退耕还林面积532.6公顷，荒山200公顷），森林覆盖率达43.7%。天然气、煤炭、高岭土、石膏矿、铁矿储量丰富。其中天然气是大天池特大气田腹心地带，已建输气配气站2座，开发出天然气井9口；石膏矿是西南地区储量最大的镇之一。

【经济发展】

2016年，全镇上下深入贯彻党的十八大、十八届四中五中六中全会精神，紧紧围绕县“137”总体部署，按照“一核一带三区”五大板块中特色产业集聚区定位，统筹推进稳增长、调结构、促改革、惠民生，积极作为，真抓实干，各项工作成效明显，全面完成了县委、县政府下达的目标任务，实现了经济持续健康发展和社会事业全面进步。全镇实现经济总量11.99亿元，固定资产投资6.2亿元，一般预算总收入5015.09万元，农业总产值、工业总产值分别达3.4亿元、15.6亿元，城镇居民可支配收入23319元，农民人均可支配收入14082元，社会消费品零售总额达8.85亿元，三产业比重为10:45:45。

重点项目　全面完成左柏水库征地拆迁安置工作，拆迁安置72户253人，完成库区环湖公路1、2、3号线路基工程，开工建设公路桥，启动天然气、电力改道工程；实施百里竹海景区天生村至竹山镇旅游公路升级改造工程，完成8.5公顷新占地的清表、挖沟、做埂工作及20户3400余平方米拆迁安置；稳步推进烟花爆竹转型升级，完成辖区9个烟花爆竹企业摸底、制定转型方案、兑付民工工资等工作，企业员工补偿率达99%以上，成立21个打非小分队，每队每月开展不少于5次排查，形成常年“打非”的高压态势；重拳出击整治土地流转“非农化”，在2015年完成11家企业土地流转“非农化”整治的基础上，组织拆除复垦到位企业5家，拆除违法用地厂房等建筑物3万余平方米，复垦面积100亩。

现代农业　着力建设现代循环农业示范区，扩建龙溪河两岸农业产业大道4.6公里，完成2公顷土地返租、路基填方、农业灌溉设施和管道工程等基础工程。深化推进农村综合改革试点，探索出“部分退出，定制用地”土地承包经营权有偿退出模式，退地1.3公顷；完成11个村的集体资产量化确权，在万年村成立新集体经济组织“梁平县凤鹤社区股份合作社”，搭建全县首个村级融资担保基金。着力提高农业科技含量，推广机插秧面积92公顷，组织大户水稻参保57公顷，开展病虫害统防统治73公顷，新增土地流转27公顷；设立农产品质量安全监督管理检验室，检测农产品22批次，合格率100%。

商贸旅游　“天宝山”景区骨架基本成型，扩建、硬化景区主干道4.7公里，建成8500平方米高山生态移民安置点，返租或流转土地133公顷，培育花卉20公顷，重庆一箭春生态茶叶种植有限公司被CCTV发现之旅频道授予“华商论见”栏目展播企业。“蝴蝶谷”景区建设进展顺利，完成蝴蝶谷登山休闲步道建设1.5公里、景区道路路基建设7公里；建成文化长廊150余米；完成翠竹山庄度假酒店基础设施建设及彭家店景区入口形象大门土地流转、房屋搬迁等前期工作。

【社会发展】

教育　全镇共有3所小学、1所高完中、1所初级中学，教职工800余人、学生6766余人；幼儿园25所，在园幼儿1758余人。小学适龄儿童入学率、初中适龄人口入学率、九年义务教育覆盖率均达100%。

医疗卫生　全镇现有一级甲等医院（梁平县第二人民医院）1所，村级标准化卫生室46个，共有病床163张，医护人员153人（其中，主任医师2名、副主任医师5名、副主任护师3名）。梁平县第二人民医院现已发展成为全区规模最大、医疗设备最完善的镇乡医院。

社会保障　新增就业岗位850个，新增城镇就业人数1140人；落实就业再就业税费减免70人、10万元，新增居民养老参保176人；稳妥实施“全面两孩”政策，新增国家奖扶37人，特别扶助3人；落实高龄老人生活补贴政策，为479户城市低保户790人、369户农村低保户发放低保金514万元；发放救助金、各类抚恤金、困难生活补助等312万元；实施C、D级危房修建200余户；分配入住廉租房67户。成立梁平区慈善会屏锦镇分会，募集爱心捐款40万元。

文化体育　实现电视网络整体移交重庆市广播电视信息网络有限公司梁平分公司，完成数字电视改造3100余户；完成户户通电视惠民工程650户；新桥社区建成社区健身点；为各村（社区）图书阅览室配备图书500册；筹办乡风文明建设文艺汇演等文化下乡演出38场。

平安建设　认真落实《重大事项社会稳定风险评估办法》，实施风险评估3项；严格落实镇党政班子成员带班接待群众来访制度，全镇机关干部接访群众3156人次，其中领导接访件186件、200余人次；强化社区戒毒（康复）工作，报到率达100%，外流贩毒人员数较去年下降63%；建立并落实"党政同责、一岗双责"制度和部门监管责任、企业安全主体责任，加强高危企业、食品药品重要行业领域和重要时间节点安全监管，积极开展安全生产执法活动，全年安全检查459次、巡查106次，排查出安全隐患1015条，整改治理985条，整改治理率达97.04%，全面完成区级下达的安全生产指标任务。

扶贫攻坚　镇村两级干部108人与58户建卡贫困户结成帮扶对子，逐户制订帮扶计划，安排帮扶责任人进村到户倾情帮扶，结合贫困户实际需求，投入扶贫专项资金83万元，帮助贫困户子女上学、看病就医、发展产业等。

【基础设施】

投入资金180余万元，启动公路建设项目5个；全年维修农村公路4.27公里，农村公路养护105.5公里；筹资220万元新建桂湾村便民服务中心、楠木村便民服务中心。

【环境治理】

场镇环境整治方面，建成和睦污水处理厂并通过竣工验收，新建公厕1座，改4个旱厕为水冲式厕所，实施10公里二、三级污水管网铺设；招聘9名协勤，长期维持场镇秩序；新增"坝坝席"固定点、综合市场各2个，停车场3个，停车位300余个，行道树400余株，购买洒水车、扫路车各1辆，率先实行清扫保洁机械化作业。农村环境整治方面，采用示范村组先行示范，驻村干部、村干部、党员指导帮助农户1～5户的方式，全面开展农村环境整治，呈现出天生、横梁、楠木3个生态文明建设示范点；验收畜禽养殖关闭整治22家，兑付资金126万元；推进12家畜禽养殖场关闭整治搬迁工作，对屏锦籍82辆黄标车、老旧车开展了报废淘汰工作，从源头上解决污染问题。

（屏锦镇）

回　龙　镇

【概况】　回龙镇位于梁平县西南部，东与荫平镇接壤，南连垫江县，西邻四川大竹县，北与屏锦镇相邻，距梁平城区38公里，距重庆主城区148公里。

民国31年（1942年）称文峰乡，1949年12月隶属屏锦区，辖16个保。1951年将16个保改为16个村。1953年7月，将文峰乡划分为回龙、寒岭、白河、杨柳4个小乡。1955年12月，将4个小乡合并为回龙乡。1958年9月改建回龙公社。1966年9月改名葵花公社，1976年1月又称回龙公社，1992年10月，将回龙、杨柳、青杠3个乡合并，建立回龙镇。2016年8月撤销回龙镇杨柳村、安居村，设立回龙镇杨柳社区、安居社区。2016年12月，梁平撤县设区，梁平县回龙镇人民政府改为重庆市梁平区回龙镇人民政府。2016年辖八一、青杠、山河、民胜、回龙、红星、天福、双龙、兴农、清平、云阳、鹞子、寒岭13个村委会93个村民小组，3个社区居委会13各居民小组。

2016年辖区户籍总人口44912人，男性24226人，占53.9%，女性20686人，占46.1%。乡村人口32117人，城镇人口12795人。全镇辖区面积89.5平方公里，人口密度为每平方公里502人。

回龙镇大部分为丘陵，东西两边高，中间稍微低。海拔432～1064米。气候属亚热带季风气候区域，具有气候温暖、四季分明的特点，年平均气温16.5摄氏度，年降雨量1100毫米，无霜期为240天。降雨多集中在夏季，冬季较少。间有伏旱每年20～40天。

【经济发展】

2016年全镇地区生产总值达到6.65亿元，规模工业产值达到6.2亿元，固定投资4.5亿元。农业生产总值达到2.5亿元，农民人均可支配收入达到12960元。落实惠农资金800余万元，农业龙头企业固定资产1000万元，销售收入达到1亿元。社会消费品零售总额达到2.95亿元。全镇地方财政收入2176.06万元，税收收入3700万元，非税收入10万元。金融机构存贷款余额双增，存款余额达到7.3亿元，贷款达到900万元。

农业　农作物播种面积（含复种子数）6000公顷，粮食作物播种面积4000公顷。在发展青蒿、莲藕等传统优势农业的基础上，探索发展特色效益农业和经济林业，建成33公顷标准化柚园、寒岭村花椒基地、清平村10万只自动化生态养鸡基地、鹞子村精品水果基地、民胜村花果山农家乐和云阳村天云米业等现代农业发展亮点。以双龙生态园为龙头，成立“双龙优质柑橘种植专业合作社”，已入社社员62户，带动农户137户，已发展优质柑橘种植33公顷、水产养殖13公顷，年产值约450万元。

工业　大力发展电子、雨伞、农副产品加工等行业发展，新增规上企业1户。完成4家烟花爆竹企业的转型升级，1家煤矿和1家非煤矿山的关停以及1家建材企业的拆除复耕工作。主动靠前服务海螺水泥项目，稳步推进海螺水泥项目遗留问题的处理。按照“政府主导、部门联动、社会参与”的招商机制，完成协议资金5000万元，落地资金2745万元。发展微型企业10户，新增就业人员400人。

商贸　加大商贸市场主体培育，辖区4家商贸企业成功申报限额以上企业，2家正在申报过程中。依托海螺水泥项目落户，延伸水泥下游配套产业链，成功打造出辐射垫江、梁平、开县的建材专业市场。以宏胜伞业为基础，创建伞具批发市场，以每年150万把伞具抢占西南地区最大市场份额。以花果山农家乐为典型，积极创建集农业景观、特色旅游、民俗体验、森林氧吧为一体的农家乐综合体。

财政　2016年全镇财政一般公共预算收入完成2176万元，财政总支出2176万元，实现了财政收支平衡。

【社会发展】

文化艺术　开展“手牵手·心连心·共筑中国梦”情暖群众文化惠民巡回展演52场，通过开展“一线两点”和“以一带十”的乡风文明建设、创建善行义举榜、创办“回龙之声”广播节目、打造回龙文化墙、开展感动人物推荐等活动，宣传社会主义核心价值观，增进了干群关系。安装地面卫星电视接收设施3700套，坚持落实“农家书屋”开放、留守儿童周末读书活动。

教育　辖小学3所，现有教学班58个，在校学生2500余名，教工150余名；辖镇中1所，现有24个教学班，在校学生1300余名，教工90余人。全镇教育教学质量稳步提高，获得上级考核一、二等奖。

人口　全面落实二孩政策。2016年全镇出生人口604人，人口出生率为13.5‰，全年死亡246人，人口死亡率5.5‰。

社会保障　低保管理动态化，现有农村低保586户，1001人；城市低保55户，89人。五保集中供养20人，农村五保290人。完成4户受灾困难群众倒房重建工作。全年发放小额临时救助2万元，冬春救助12万元。建立扶贫帮扶长效机制，确保全镇447户、1123名贫困人口越线脱贫，不再返贫。

【基础设施】

场镇建设　改造自来水管道20余公里，天然气管道10余公里。完成175户农村危旧房改造，拆除违法建筑面积800余平方米，加大场镇整治力度，拆除乱搭乱建钢棚421户，面积达3000平方米左右，乱摆摊、乱停放车辆等场镇秩序整治工作有序推进。建立健全农村垃圾收运、网格化管理等制度，新增环保基金80余万元，新增垃圾池12个，完善污水处理厂二、三级管网建设，完成安居村污水处理站建设，筹建杨柳污水处理站。扎实开展渝巫路沿线环境整治工作，加强对畜禽养殖场、工业企业、饮用水源监管，累计投入500余人次，巡查企业、养殖场等200余家次，配合环保执法2次，独立开展执法1次。强化水环境整治，水质同比改善，回龙河大河桥出水断面水质达到Ⅲ类达标。

美丽乡村建设 按照“生态宜居、环境优美、因地制宜、突出特色”的指导思想，大力推进美丽乡村建设，着重打造“一线两点”，即渝巫路沿线和八一村、场镇两个示范点，稳步推进场镇占道经营、乱搭乱建、车辆乱停乱放等整治工作，美丽乡村建设成效初现。

交通 2016年全镇硬化公路30余公里、人行便道50余公里。目前，全镇已实现村村通水泥路，组组通公路，甚至许多较大院落已通水泥路。

左柏水库建设 左柏水库房屋拆迁安置涉及山河村14户，52人，房屋拆迁面积2984.71平方米，2016年完成全部房屋拆迁和人员安置任务。（回龙镇）

袁 驿 镇

【概况】 袁驿镇位于梁平县西部区域中心，东与竹山镇相接，南与七星镇接壤，西与碧山镇连接，北与虎城镇、龙胜乡毗邻。距县城55公里。清嘉庆年间，袁驿街道叫丹凤场，设有旅馆和马栈，供来往官员和传递公文的人歇宿、换马，故称“驿站”，因袁姓人多，人们就叫袁坝驿。民国属章丘县二区，民国24年（1935），置袁驿镇属梁山县。1949年12月，梁平（山）县解放后建立袁驿乡，乡址袁驿街上翼记盐店，属袁驿区，辖23个保。1951年春废除保甲制度，建立村政权，将23个保改为23个行政村。1953年3月划乡时，将袁驿乡划为袁驿、高粱、复兴、黄泥、新民5个小乡，1955年5个小乡又合并为袁驿乡。1958年9月建立袁驿人民公社，1962年1月分出民主公社。1966年9月改名为战旗人民公社，1976年1月复名袁驿公社，1984年1月废除人民公社体制，恢复袁驿乡建制。1986年4月撤销袁驿乡，建立袁驿镇。1992年9月，撤销袁驿区建制，将响滩乡与袁驿镇合并，建立新的袁驿镇，镇址袁坝驿，内设由党政办、经发办、综治办、社事办、建管办、财政所、农服中心、文服中心、社保所、食药监办、村建中心等部门，共有行政编制32个、事业编制27个。

袁驿镇地处丘陵地带，地势略为西高东低、南高北低，地面高程一般在海拔404～567米。辖区东西最大距离7.2千米，南北最大距离15.2千米，总面积42.6平方千米。其中陆地41.8平方千米，占98.1%；水域0.8平方千米，占1.9%。地形属背斜低山。主要山脉有谭家山、袁家山，境内最高峰袁家山位于邵兴村3组，海拔567米，最低点张家坝位于响滩村6组，海拔404米。

气候属亚热带季风气候，其特点是：气候温和，四季分明，雨量充沛，湿度较大，日照偏少，无霜期较长，春季气温不稳定，初夏多阴雨，盛夏炎热，秋季多绵雨，冬季较温和。多年平均气温12℃～16℃，1月平均气温6.9℃；7月平均气温35.2℃。最低月均气温6.5℃，最高月均气温35.5℃。平均气温年较差28.3℃。生长期年平均200天，无霜期年平均240天，最长达250天，最短为226天。年平均降水量400毫米，年平均降雨日数为55天，最多达80天（2008年），最少为35天（2010年）。极端年最大雨量500毫米（2008年），极端年最少雨量350毫米（2010年）。降雨集中在每年5月至9月，5月最多。境内河道属长江流域，有小溪河2条，属小清河水系，自东向西流，在临碧山镇界处出境。

袁驿镇到梁平城区35公里，20分钟车程，总面积42.6平方千米，辖10个村，1个社区，82个居民小组，户籍总人口25216人。是全国重点镇、市级中心镇、市级商贸中心镇、市级中小企业创业基地、市级创新型小城镇。镇党委下辖11个党总支、5个党支部，772名党员。新区建设于2011年启动，占地8公顷，建设体量22万平方米。通过近4年的建设，初步形成了“一圈二街五市场”总体格局。目前已完成建筑面积1

万平方米三星级酒店建设，完成了建筑面积约6万平方米的商业住宅楼建设，其中商业面积达1万平米，住宅面积5万平方米。投资近2000万元完成了道路等基础设施建设。是全国重点镇、市级中心镇、市级商贸中心镇、市级经济百强镇、市级中小企业创业基地、市级创新型小城镇。

【经济发展】

小综述 2016年实现经济总量10.8亿元，固定资产投资6.96亿元，社零总额2.50亿元，农业总产值2.1亿元，工业总产值16.78亿元。

农业 全镇2016年农民人均可支配收入13865元，全年种植农作物3164公顷，其中，种植粮食2635公顷，产量12432吨。畜禽养殖收获颇丰，全年生猪出栏21467头，存栏15506头，家禽存栏223509头，出栏433393只，牛存栏598头，出栏412头。效益农业成效显著，年推广机插秧667公顷以上，农业耕种机械化水平60%以上。新建标准化柚园33公顷，改造梁平柚67公顷，其中有机柚园13公顷；发展白茶7公顷，香椿、车厘子20公顷。打响“袁驿豆干”“袁驿黄粑”等特色品牌，成功申报市级龙头企业2家，县级龙头企业3家。大力实施兴水改土造林工程，实施土地整治2.5万亩，低效竹林改造133公顷，完成山坪塘整治105口。

工业 工业招商引资签约项目7个，签约资金3.2亿元，到位资金1.2亿元；新上工业项目11个，新增工业产值4亿元；新申报规上工业企业8家，新增产值5.5亿元。都梁实业已成功创建为县循环利用和环保示范企业。为更好的服务工业企业发展，规划了占地20公顷的竹木工艺品产业园，筹资280万元硬化了企业专用通道——袁邵公路。策划申报了投资达2亿元的中央工矿区改造项目1个。现有工业企业198家，实现利税近4000万元（含邵煤）。

商贸 2016年袁驿镇按照覆盖全镇、辐射周边，全力打造市级商贸重点镇的目标，完成近5万平方米商圈一期项目，推进三星级酒店建设运营，“古驿新城”中心商圈初具规模。大力发展市场主体，引进品牌连锁店50家以上，新发展超市4家、微企150家，个体户1300户。快速发展餐饮住宿业，现有宾馆15家，餐饮店88家，农家乐2家。培育限上商贸企业12家，年社零总额突破5亿元，年均增长18.37%。建设“农村淘宝”“邮乐网”等电商平台村级服务店5处，完善网上交易平台、直销等营销模式，年交易额突破4000万元。策划川渝特色农产品营销电商孵化园项目，项目总投资300万元，仓储、门市面积达3000余平方米。

【社会发展】

文化艺术 建有二级综合文化站一个，农家书屋10个，农体健身工程8个，除两所完全小学和一所中学的体育场地和设施外，建有健身公园一个，塑胶篮球场一个，健身广场3个，有小印刷厂、网吧、歌厅等文化企业3家，民间乐队8个。文物保护、非物质文化遗产传承和申报工作取得巨大进展，“传统铜锣锻铸工艺”和“袁驿豆干”成功申报市级非遗项目，许国祥、罗书平入选市级非物质文化遗产代表性传承人。

教育 2016年年末有幼儿园5所，在园幼儿800余人，教职工45人；小学4所，在校生2000余人，专任教师118人，小学适龄儿童入学率100%；初中1所，在校生1800余人，专任教师135人，初中适龄人口入学率100%，小升初升学率100%，九年义务教育覆盖率达100%；普通高中1所，在校生500余人，专任教师53人。

医疗卫生 现有卫生院1所，2016年底在岗职工64人，拥有专业技术人员54人，其中高级职称1人，中级职称8人，执业（助理）医师24人，主管技师1人，麻醉师2人。医院固定资产1487.8万元，2016年医疗业务收入686.5万元。开放床位72张，病床利用率达85%，2016年住院病人2185人次，门诊病人20744人次。

广播电视 现有广播喇叭47只，通响率76.5%。有线电视用户3000余户。

社会保障 2017年城镇最低生活保障户数

105户，人数158人，发放低保金60476元/月；农村最低生活保障户数203户，人数358人，发放低保金91299元/月；全镇共有农村五保对象82人，其中分散供养68人，每人落实五保供养金600元/月，集中供养14人，每人落实五保供养金600元/月。农村孤儿6人，每人每月1000元；截至2017年6月，全镇共有伤残军人14人，在乡老复员退伍军人8人，带病回乡军人36人，参战回乡退伍军人23人，“三属”3人，烈士遗属6人。全年发放优抚金1157240元。全镇共有31位90周岁以上老人，每人每月发放生活补贴50元。

【基础设施】

场镇建设　建成商住房5万平方米，“古驿新城”新区建设初步成型；投入200余万元，完成宝珠大道提档升级；投资近500余万元，完成国道东路近2万平方米的立面综合整治。征地1.9公顷、房屋拆迁38户（共计6000平方米），完成270米紫云桥引道道路油化、排水及照明工程。高起点开展场镇综合整治，规范、清理占道经营、店外经营，对场镇广告牌、沿街建筑立面风貌进行规范整治。

美丽乡村建设　全面推进农村面源污染治理，实施重点畜禽养殖场环境综合整治7家，关闭10家不达标养殖场。完善污水处理厂二三级管网建设，实施袁驿河主要河段清淤、农村垃圾清理收运工程。启动西山片区垃圾中转站建设。完成“一池三改”任务1597户，新建农村沼气池500口，添置、更换垃圾箱100个。

交通设施建设　梁忠高速如期建成通车。投资2000多万元，征地8.5公顷、房屋拆迁近4000平方米、平整土地30万立方米，打通袁驿绕城公路。征地28亩、房屋拆迁6000余平方米，完成平桥移建及刷坊街改造前期工作。协助县交通局完成了“318”国道（袁驿至虎城段）“白改黑”工程。投入近500万元完成梁忠高速公路袁驿出入口扩宽取直工程。投入近750万元的袁龙路扩宽、硬化工程争取年底建成通车。

【名胜旅游】

土特产品　境内土特产品有袁驿豆干。始创于1863年，已有150多年的历史，形如火柴盒般大小的豆腐干通过上榨主压，坚韧软绵、厚薄均匀，不易破碎，多味适度，细嚼慢品，其味无穷。采用优质大豆，经十多种工艺精心加工而成，风味独特，是巴渝有名小吃，畅销全国各地。

（袁驿镇　朱刚祥）

碧　山　镇

【概况】　碧山镇位于梁平县西部边陲，东邻袁驿镇，南接七星镇，西连四川省大竹县，北倚虎城镇，距梁平城区68公里。1958年建立璧山公社，1966年9月改称旭日公社，1981年6月恢复璧山公社，1984年改称碧山乡，隶属袁驿区。1992年10月，碧山、清平两个乡合并，建立碧山镇。碧山镇辖街道社区、清平社区、新元村、碧山村、金屏村、水岩村、川主村、龙桥村、平桥村、小河村等10个村（居）民委员会，耕地面积2340公顷，辖区总人口2.7万人，318国道、梁忠高速公路贯通东西，交通十分便利；境内碧清河流经清平、平桥、黄桥、新元等村，于新元村汇入波漩河。有小（二）型水库2座、山坪塘143口，总蓄水量180余万立方米，灌溉面积7000余亩。

碧山镇以浅丘、平坝为主，海拔390—501米。地层侏罗系中统沙溪庙祖，岩层倾角24°—19°，地形地貌为红层单面山横向谷，区域内覆盖层较好。属暖湿亚热带季风气候区，气候温和，雨量充沛。年均气温15℃—16℃，年降雨量1200毫米，无霜期300多天，冬季极端最低温度零下2℃。

【经济发展】

农业　以政策为准绳、以产量为基础、以特色占先机、以市场为导向、以规模求发展，主要以香椿连片规模种植为主，黑花生、无茎青菜、水稻等产业为辅来进一步提升农业效益，着力打造“碧山”红油香椿品牌。香椿种植面积达267公顷，发展黑花生面积近267公顷，产值1200万元，形成了一批具有碧山地域特色的农业品牌。为促进品牌农业提效，镇出台了品牌创建的奖励通知，通过有机农产品认证的农业经营主体1个，通过绿色食品认证的经营主体1个，新增家庭农场27个。同时，坚持稳粮、扩菜、增猪的原则，完成水稻社会化服务68公顷，水稻机插秧17公顷，建成了近万亩高标准农田，完善了优质粮油链条，农机耕、种、收作业面积分别达到2333公顷、800公顷、1133公顷，综合机械化率达到68%，推广各类农业新机具300台，农业机械作业不断成熟，实现粮食产量1.6万吨；全镇10户生猪养殖大户，预计年底生猪出栏将达到2万头，特色产业和综合生产力均进一步增强。

2016年，全镇农业总产值21232万元，其中农业产值12625万元，林业产值521万元，牧业产值7018万元，渔业产值793万元，农业服务业275万元。粮食播种面积2590公顷，总产量13535吨，水稻产量8526吨，玉米产量6500吨，薯类产量3031吨，油菜籽产量512吨。

工业　2016年全镇工业总产值达7亿元，其中5家规模以上企业总产值3.4亿元，完成全年目标任务103%；规下工业（含个体工业）总产值3.6亿元；培育规模企业和限额以上商贸企业各6家，亮典家私年产值由500万元盘大到1500万元，碳化硅在市场不景气的情况下由半停产状态转变为正常生产，大量引进外地资源来缓解本镇资源不足导致企业运转困难的问题，宏发竹签厂更是完成了内销转出口的转变，现有工业企业均在原来基础上有所强化。

财政金融　全镇经济总量实现4.70亿元，5家辖区规模以上工业企业实现年产值3.4亿元，固定资产投资完成2.1亿元，社会消费品零售额完成1.09亿元，农业总产值完成2.1亿元；农村常住居民人均可支配收入13807元。

【社会发展】

2016年有镇文化站1处，有村级文化活动中心10处，各类文化微型企业4户，从业人员68人，农家书屋11家，配备图书15000余册。有县级文物保护单位2处，即城垣碧山寨，孟浩然故居（碧山镇新元村）。幼儿园2所，村幼儿班6个，在园幼儿691人，专任教师20人。小学2所，村小2个，在校学生1566人，专任教师71人。初中1所，在校学生520人，专任教师36人。卫生机构有碧山镇卫生院、清平卫生院、标准化村卫生室10个，门诊部（所）2个；有床位50张；从业人员27人。体育场7个，已安装篮球架、乒乓球台等体育设施的村5个，经常参加体育锻炼的人员占常住人口的18%。全年资助医疗救助对象1168名，发放救助资金18万余元，新增计生奖扶享受87人，独生子女升学加分11人，完成24671人参合信息核对、录入和筹资工作。组建了10个扶贫工作队，对已脱贫贫困户开展长效扶贫，防止返贫，对新增20户51名贫困群众实施一对一结对帮扶。

【基础设施】

硬化村级公路12公里、人行便道2公里，完成9口山坪塘整治工作；规划改造农村D级危房24户，C级危房53户。投入20万对场镇基础设施进行了修补和美化；投入5万元对碧山小学转盘和旭日街进行美化和绿化，投入4万元完成了华滩坝广场标志碑安装工程；投入40万元，完成碧山镇中至塑料编织袋厂3000平方米的透水砖及500米雨水管网工程。安排场镇环卫专项资金15万元用于场镇环境卫生管理维护，聘请专职清洁工10人全天候清扫、转运场镇垃圾，随时保持整洁靓丽。

（碧山镇）

虎城镇

【概况】　虎城镇地处梁平县西北边陲，位于梁平、四川达县、大竹三区县交界处，东接龙胜乡、竹山镇、龙门镇，南临袁驿镇、碧山镇，西邻四川省达州市大竹县永胜乡，北至四川省达州市达县南岳镇、黄庭乡，辖区面积78平方公里，距梁平城区48公里，距重庆主城区213公里，是区级中心镇和市级边贸重镇。

民国初置虎城镇。民国17年（1928年），川东第一块赤区——虎（城）南（达县南岳乡）大（达县大树乡）赤区在这里建立。梁山（今梁平区）中心县委机关最早设在虎城镇沙石村（现砂石社区）水井湾，辖达县、开江、大竹、宣汉、万源等县。四川红军第三路游击队也诞生于此地。民国30年（1941年），改虎城乡，1958年改为虎城公社，1984年恢复虎城乡建制，1992年撤乡建镇，将虎城、波漩、楚家三个乡合并为虎城镇。现辖集中、礼仁、五角、大兴、永和、聂家、清河、桐子、水口、波漩、八林、千丘、大荣、楚家、河口等15个村委会125个村民小组，街道社区、陈家社区、砂石社区等3个居委会19个居民小组。2016年年末，辖区在籍14148户、总人口42573人，全镇共有三个场镇，其中街道社区中心场镇面积0.8平方公里，常住人口1万余人。

虎城镇地势较高，海拔高度450～700米，地势以丘陵为主，山、丘、坝兼有。西部有旋顶山，东部有小峨眉山，中部为浅丘地带。气候属亚热带季风气候区，四季温差较小，气候温和，四季分明，雨量充沛，年均气温16.7℃，年降水量约1100毫米。东北部有施家河，南部有龙安河，西部有波漩河。主要矿藏有天然气、煤、铁矿石、石灰石、黏土等。

【经济发展】

2016年虎城镇实现地区生产总值59574万元，固定资产投资70658万元，社会消费品零售总额31844万元，农业总产值24622万元，工业总产值35277万元，国、地税收418.3万元，农村常住居民人均可支配收入12358元。

农业　全镇农作物总播种面积5467公顷，盛产水稻、玉米、油菜、小麦、杂粮和柚、柑、橘、梨、李、桃等水果，尤以虎城柚驰名。2016年，全年完成粮食播种面积4255公顷，水稻、玉米优良品种推广种植2666公顷。实施了（60公顷）柚树幼果林管护（123公顷）虎城柚成年树管护社会化服务和（1400吨）柚子营销服务，新发展虎蜜柚标准柚园107公顷，全镇共有柚子667公顷，其中虎蜜柚400公顷，年产虎蜜柚2万余吨。全镇现有良桑面积400公顷，全年蚕种发放量超过6000余张，产量达300吨，产值达700万元。现有各类养殖大户500余户，水产类养殖面积167公顷，生猪存栏1452头，牛羊存栏612头，家禽存栏13.5万只。大力推广机械化生产，全年完成机耕面积近4000公顷，机插面积800公顷，机收面积1667公顷。积极落实惠民政策，全年完成农业支持保护补贴发放9027户次，补贴面积约1577公顷，补贴资金350余万元。2016年全镇退耕还林补贴共涉及8个村的3997户农户，退耕还林总面积为447公顷，兑现补助资金83.7835万元；公益林补助2421公顷，补贴42634.875元。新发展新型农业主体6户，其中专业合作社2户，家庭农场4户，较去年增长11.1%，全镇农业合作社、农业公司、家庭农场达到60户。农村土地适度规模流转面积60公顷。全镇共推广农机具393台（套），购机户共享受补贴43.619万元，农机综合化率达56%，节本增效达1000万元。

工业　2016年，全镇大力扶持服务绿色、环保、可持续的小微企业，特别是创新型小微企业发展，全年实现工业总产值35277万元；规模以上工业实现总产值7600万元；签订招商引资协议4个，协议引资额6500万元，实际到位1300万元，完成固定资产投资70658万元；新增规上企业1家。

商贸旅游　全镇具有得天独厚的旅游资源，旅游发展规划初具雏形，“一山一寨一品”优势凸显。“一山”即小峨眉山旅游景区，有远近闻名的峨眉寺，是观光旅游、休闲度假之乡。“一寨”即猫儿寨，寨四周悬崖峭壁，寨上舒缓开阔，为重庆第一大寨。“一品”即虎城柚。

2016年，创建为重庆市市级小企业创业基地，新增营业面积在400平方米以上的超市2家，发展微型企业12家、个体工商户61家，培育限上企业1家。猫儿寨、小峨眉山等天然旅游资源，涌现了石氏四杰、红岩三英、蔡奎、金映武等众多英烈，是100位为新中国成立作出突出贡献的英雄模范人物旷继勋战斗过的地方，是100位新中国成立以来感动中国人物邓平寿的故乡。

【基础设施】

场镇建设　全镇有邮政支局1个、代办点3个，电信企业3家、服务网点38个，邮政业务总量近7000万元，报纸、杂志累计发行6.5万份。电话交换机总容量1万门，固定电话用户0.4万户，移动电话用户1.8万户，互联网用户0.1万户。截至目前天然气管网线铺设共计28公里，现有用户居民3000余户。全年完成市政基础设施建设投资60余万元，在百果园等4处新建下水道220余米，完成场镇下水道清淤300余米，新增和改造场镇路灯95盏次，集中绿化整治2次。投资400余万元，完成虎城镇污水处理厂及污水一级管网建设。

美丽乡村　规范农村建房管理，办理乡村建设规划许可证65件，选址意见书和建设用地规划许可证10件，规划验收核实（确认）书42件，竣工备案42件；完成2016年农村D级危房改造11户，C级危房改造68户；投资600万元在五角村、集中村、砂石村实施土地连片整治1300亩。实施集中村猫儿寨“美丽乡村”基础设施改造，注重红色文化传承，加强对古寨的保护，对损毁破败的寨门、城墙、步道、阶梯等进行了修复，对寨内91栋传统巴渝民居进行排危和保护性修缮，对环寨路等旅游观光带进行绿化美化，整治湿地水塘3口，新建环寨步道1.7千米，硬化寨域交互公路1.6千米。

道路交通　境内有梁平区S410、X120线达袁公路通过，村级公路硬化率100%，组级公路硬化率92%以上。2017年，完成八林村农村公路通畅工程，杨柳桥至杨家岭2.5公里公路，完成八林村一事一议公路硬化1.6公里，完成礼仁村一事一议公路硬化5公里，完成千丘村涪陵对口帮扶项目公路扩宽工程2.0公里。桐子村86.5米长，1.8米宽马头滩人行便桥进入施工阶段。

水利建设　波漩河、施家河横贯全境，境内有小（一）型水库1座，小（二）型水库4座，山坪塘426口，年发电量100万度的水电站1座，蓄水量403万立方米。2016年完成整治山坪塘50口，新增蓄水能力0.34万立方米，恢复蓄水10.47万立方米，能解决1034人、1580口牲畜饮水问题；恢复灌溉面积65公顷。完成自来水厂技改扩建工程，管网已延伸到各村，年供水超10万立方米。

【社会发展】

文化体育　虎城还拥有虎南大赤区、梁山中心县委等革命文化底蕴，全镇有镇级综合文化站1个，村级文化活动中心18个，农家书屋17个，书刊外借点54个，藏书10万余册，完成全镇广电网络数字化改造，组织开展“迎新春、送春联”、送文化下乡、送图书、清明扫墓、钓鱼比赛、烈士纪念日等节庆文化活动50余次，惠及群众近2万人次，新增农村体育健身工程3个。

教育　现有中学1所，在校学生1350余人，中心小学1所，完全小学2所，村小6所，在校学生2400余人，小学龄儿童入学率、初中适龄人口入学率、九年义务教育覆盖率均达到100%。虎城中学综合考核获全区一等奖，虎城镇教管中心综合考核全区一等奖，虎城镇中心小学综合考核全区二等奖，虎城镇幼儿园综合考核全区一等奖。

医疗卫生　现有中心卫生院1个，卫生技术员70人，2016年新建健康档案166份，累计建档24039份，建档率达77%，规范建档率在95%以上；全面开展家庭医生签约服务，累计签约重点人群7950人，签约率达95%以上，累计签约22036人，累计签约率达71%，新型城乡医疗保险覆盖率95%以上，合作医疗筹资人数38300余人，筹得合作医疗资金550万余元，全年报销医疗补偿费用350余万元。

社会保障　2016年，全镇农村低保户358户625人，城市低保23户39人。组织开展就业培训1次，解决就业200人，发放就业再就业小额担保贷款7笔，共计70万元，城乡居民养老保险参保人数18500人，享受养老待遇人员达到6800多人，每月发放待遇74万余元。全年共发放各类救灾救济款17.4元，临时救助金81.3万元、各类优抚及补助资金203.9万元，公共服务质量和水平不断提升，社会保障覆盖面100%。

扶贫工作　2016年投入27680元，为119户采购养殖饲料；投入10310元，帮助80户收剥玉米110.2亩；投入17780元，为223户脱贫户及31户贫困户购买小额意外保险；投入26500元，为已脱贫户入新增贫困户送去“两节”慰问金。

【本土特产】　境内土特产品主要是虎城柚，其特点具有外形美观、油胞细腻、皮薄肉厚、汁多化渣、味甜略酸、酸甜爽口之特点，已成功注册“虎城尖柚”地标商标。虎城柚包括“虎蜜柚”和“虎城尖柚”，尤以“虎蜜柚”最受欢迎，1999年“虎蜜一号”曾获全国第六次柚类评比“金杯奖”，是全国三大名柚之一的梁平柚中的精品。

【名胜旅游】

小峨眉山旅游风景区　小峨眉山旅游风景区距虎城街道11千米。可与百里竹海旅游风景区、猫儿寨红色旅游形成旅游环线。小峨眉山上本来有一座峨眉寺为渝东古迹，建于清光绪三十年（1904年），毁于“文化大革命”。2004年8月，重庆市民宗委、梁平县政府批准重建峨眉寺景点。如今上山公路已硬化为水泥路，小峨眉寺也得以复建。

猫儿寨　猫儿寨距虎城街道半千米，四周悬崖峭壁，寨上舒缓开阔，周长2000米，面积17公顷，为重庆第一大寨，是梁平区唯一的红色旅游景点。猫儿寨地势险要，解放前一直被地主豪绅霸占，鼎盛时期住有一万多人。猫儿寨是梁平地下党的发祥地，是“虎南大赤区”的中心，是中共梁平县第一届委员会所在地，培育了众多的英雄儿女（在重庆渣滓洞英勇就义的胡芳玉烈士就生于斯，长于斯），是进行革命传统教育的理想场所。

（虎城镇　陈修明）

七　星　镇

【概况】　七星镇位于重庆市梁平县西北边陲，西与四川省大竹县观音镇接壤，北与袁驿镇、碧山镇为邻，东临竹山镇，南与屏锦镇接壤。政府驻地“李唐坝”，距梁平县城57公里。

1949年成立七星乡辖7个保，1958年建立七星乡人民公社，1966年9月改称为竹园人民公社，1968年成立成立竹园公社改革委员会，1976年恢复七星公社委员会；1984年改称七星乡人民政府，1992年改成七星镇建制，辖8个村；2002年村组合并，辖5个村。2016年，辖平滩、马梁、金柱、仁安4个村民委员会和1个街道社区居委会，36个村（居）民小组，总户籍数4283户，总人口12053人，辖区33.1平方公里，其中耕地面积850公顷，林地面积2133公顷，森林覆盖率超过65%。

七星镇地处川渝交界处，地势东南为山地丘陵，西北为丘陵间少数平坝，最高海拔1180.7米，最低海拔425米，相对高差较大。气温属暖湿亚热带季风性气候，四季分明，气候温暖，雨量充沛。年平均温度在17.5℃，年平均降水量1300毫米。辖区内矿产、竹木、石材等资源丰富，拥有市级非物质文化遗产项目“二元纸”。

有中心小学1所、村小学1所、村教学点1个、幼儿园4所，辖区内适龄儿童入学率达100%，镇中心小学在教育部均衡教育验收中获得好评；有卫生院1个、村级卫生室5个、撤并村标准化卫生室3个，镇卫生院迎接市传染病防控检查获得好评；有竹园休闲公园1座，图书室1个、农家书屋5个、村级活动中心5个、组级活动中心1个，广播、电视、通信覆盖率100%，辖区内村组公路通畅率100%。全镇各项社会民生事业健康有序发展。

【经济发展】

农业　粮食作物以水稻、小麦、玉米为主。2016年，粮食播种面积704公顷，总产量4221吨，水稻产量3370吨，玉米产量570吨，小麦产量80吨。农业总产值12852万元，农业增加值8237万元。农业机械化率达45%，良种良法覆盖率达98%。累计培训产业农民近300人次。建成大棚蔬菜，全镇蔬菜产量4259吨，水果种植基地2个，新发展林下养殖大户2家，新整治山坪塘5口。

工业　以矿产、竹木加工制造业为主，市级微型企业特色村1个。丽新科技、春祥石材建成投产，顺鑫采矿、金竹竹业、宏扬竹材完成技改扩能。新发展个体工商户30户，完成固定资产投资16195万元，增长18%，社会消费品零售总额5011万元，增长14.4%。

【社会民生】

文化教育　举办流动文化服务进村8场次，积极参加节庆和广场文体活动，参加2016年柚乡群众大舞台“庆七一”文艺展演，荣获三等奖，文化工作在市文化委的检查中被充分肯定。领购600套直播卫星户户通，打通文化惠民的“最后一公里”。寻找传承人1名，使市级非物质文化遗产“土法造纸技艺”得到继承和发扬。全镇农家书屋及镇图书室上下架图书1000余册。适龄儿童入学率保持100%。镇中心小学在教育部均衡教育验收中获得好评。

医疗卫生　全面落实人口计划生育政策。新增42人享受计生奖励扶助，认真开展计生特殊家庭结对帮扶工作，超额完成孕优检查等任务。基本公共卫生服务覆盖城乡居民，镇卫生院代表梁平县迎接市传染病防控检查获得好评。

社会保障　城乡低保实现动态管理，新增47人享受最低生活保障。城乡居民医疗保险、养老保险实现全覆盖。新增城乡居民养老保险56人，城镇就业77人。组织新市民参加各类培训129人次。发放五保、低保等各类救助资金175.53万元。成立七星镇慈善分会，并募集慈善资金5.5万元。

【基础设施】

场镇建设　新建占地1667公顷的坝坝席场地和公共停车场，新建占地2333公顷的竹园文化健身广场，整治并绿化场镇河堤1.2公里，配套建设公共厕所、安装垃圾收运设施，完成中心小学扩建5亩征地任务，硬化农村公路4公里，新建人行便道6公里，铺设天然气管道7公里，建成“四山”管制区生态搬迁金柱安置点，集中安置14户52人。完成农村危房改造37户。

美丽乡村建设　全力推进乡风文明建设，综合整治、关闭畜禽养殖场5家。新增垃圾池5口，共达到33口，配备垃圾桶35个、手推车35辆，聘请保洁员13名。安装污水收集二、三级管网2公里，日处理300吨污水的污水处理厂投用使用。推广使天然气等清洁能源，400余户居民用上天然气。出境断面水质保持Ⅱ类，水质达标率100%。

交通设施　318国道及G5515张南高速穿境而过，辖区内村组公路通畅率100%，公路硬化率80%。

【名胜旅游】

旅游景点　依托市级非物质文化遗产项目“二元纸”，倾力打造以“仁安天下桃溪人家”为主题的农村休闲观光养生基地。搭配特色风情建筑木屋、黑金展示馆、梁平土陶基地等休闲娱乐项目，在娱乐中更好的传承和保护非物质文化遗产。

土特产品　高接换种改造67公顷板栗园实现初挂果，引进试种的人头芋长势良好，正大力发展稻田养鱼、中药材、甜茶、花椒等生态产业。

（七星镇）

新盛镇

【概况】 新盛镇地处梁平县北部，东起文化镇，南至龙门镇，西邻四川省达州市黄庭乡，北界四川省开江县新街乡、任市镇，区域面积68平方公里，下辖10个行政村、2个社区，103个村（居）小组，总户籍人口35524人，基层党组织22个，党员1028人。地形以平坝、浅丘为主，海拔最低处443米，最高处1015米。气候为亚热带湿润气候，年平均温度16.6℃，无霜期272天，年平均降水量1242毫米。境内蕴藏着丰富的石灰石、煤矿和天然气资源，地下水、地表水充沛，土地肥沃，适宜农作物生长。

【经济发展】

新盛镇把发展经济作为第一要务，坚持发展经济与保护生态并举。2016年实现地区生产总值62607万元，固定资产投资71760万元，社会消费品零售总额29201万元，农业总产值21643万元，工业总产值45102万元，国、地税收232万元；农村常住居民人均可支配收入12684元。

农业 新盛镇是梁平县农业重镇，主导农业产业以水稻为主，其次是小麦、玉米、薯类，经济作物以黄豆、花生、青蒿为多，经济果林有梁山柚、柑橘、西瓜等，林木以慈竹、白竹和松树为主。2016年，全镇紧抓“效益农业提质增效”策略，坚持市场导向，提升品质，做响品牌，打造特色产业助农增收。全年土地适度规模流转167公顷，粮食播种面积3.7万亩，良种覆盖率96%，农业耕种收综合机械化率60%；打造杂交水稻制种133公顷；推广水稻机插秧面积800公顷，实施连片种植287公顷；试点水稻全程社会化服务107公顷；新发展竹荪菌种植基地1个，面积达4.4公顷，产值达388万元。新发展农民专业合作社1个，新培育家庭农场2家，新增农业开发公司1个。

工业 镇内工业基础良好，重点以建材、门窗、地砖、实木家具加工制造及大米加工、竹木器具加工、猪鬃加工等农副产品加工产业为主。成功引进三兰不锈钢制品有限公司，预计年产值可达到6000万元；扶持引导梁平县兴盛米业有限公司技改扩能，新建日产200吨大米的生产线；新增工业企业4家，规上企业1家；联盟村正在创建市级特色微企村。

商业贸易 2016年，按照“市级边界市场”定位，重商贸，兴旅游。完成黄桷树商圈一期工程建设，新增商业面积6000平方米，成功引进营业面积约1000平方米的欣欣购物中心，新增营业面积600平方米的康儿超市，新发展限上商贸企业2家，农村淘宝2家，并建成占地200余平方米的县第一家乡镇农村淘宝服务中心，繁荣了商贸，活跃了市场，正积极争创重庆市商贸百强镇；重锤打造“百里竹海后花园”，深挖土法造纸、白果古树、云雾山、大峡谷、古民居等本土自然人文资源，坚持“点上开发、面上保护”，做靓做活集观光、露营、休闲、避暑为一体银杏村生态旅游，完成了银杏村入口、指路碑、土法造纸坊、刘家老院四个景观节点的土方工程。

场镇建设 场镇规划区面积1.49平方公里，其中城镇常住人口1.4万余人，城镇化率41%。2016年，启动长71米，宽16米的逐月桥建设工程；完成绕城公路灯饰工程，新安装路灯95盏；启动绕城公路和场镇绿化工程，新栽种天竺桂1000余棵；完成35千伏变电站建设。

环境整治 连片整治农村面源污染，大力实施垃圾清运，集中对场镇1.3公里绕城路及河道两边开展垃圾清理，在场镇周边主要路段新建垃圾池8个，消除陈年垃圾点5个；成功关闭3家畜禽养殖场；常态化开展河道清漂行动，力争新盛河出境断面水质达到Ⅳ类；完成了3.6公里场镇二、三级污水管网铺设和污水处理厂技改升级；严格控制农药化肥使用，实施水稻统防统治5000亩，生态得到明显改善。

【社会发展】

文化艺术 镇内文化事业繁荣。2016年新开办市级非物质文化遗产梁平狮舞培训班2个，免费招收学员80人，并将梁平狮舞编印成本土教材2000余册，同时编排梁平狮舞情景剧，多次代表新盛在梁平非遗、全县教育工作会、元宵节、柚花节、重庆电视台第四季为你喝彩、采柚节开幕式等大型活动上展演；开展送流动文化服务、送政策法规、送图书共计48场次；成功举办2016年春晚活动及七月“献给我们伟大的党”文艺会演等大型活动。

广播电视　现有广播站1个，数字电视中转站1个。2016年新增卫星“户户通”900套，翻新广播终端88只，广播村村响实现全覆盖，数字电视用户600余户。

教育　现有中学1所，教师（76）人，在校学生（975）人；小学2所，教师（111）人，在校学生（1842）人；幼儿园2个，教师（26）人。

卫生计生　现有中心卫生院1个，病床80张，卫生技术人员66人。村级卫生室13个，乡村医生30人。全镇城乡居民医疗保险参保28890人，办理异地就医报账审核300人、办理特殊疾病门诊治疗证195个，医疗机构（门诊部以上）完成诊疗1.4万人次；2016年，完成乐都、高升2个撤并村卫生室新建工程。全年共落实各种计生奖励扶助对象962人，其中新增对象143人。

社会保障　完成就业培训250人、新增创业260人，办理发放小额担保贷款46笔，共计465万元，办理就业困难人员灵活就业社保补贴61人次，发放补贴17.3万元；城乡居民养老保险参保人数13277人、全年征缴保费159.8万元；为城市低保26户47人、农村低保384户711人，发放低保金172.48万元；发放临时救助金、各类抚恤金、困难生活补助等289.3万元；落实离任村（居）三职干部生活补贴149人，发放生活补助金13.6万元。

扶贫攻坚　精准发力脱贫攻坚，针对2015年261户920人脱贫户，发动扶贫工作组每月定期回访，掌握脱贫户生产动态，制定防返贫增收措施，防止脱贫户返贫；精准识别2016年建卡贫困户30户91人，落实帮扶队伍，制定脱贫增收措施，建立台账，助力产业增收脱贫。

基础设施　实施新盛村提灌站建设工程，改善灌溉条件；完成永兴村2.2公里公路拓宽工程，由3.5米扩宽至5米；完成金刚村“一事一议”公路硬化3.5公里；全面完成了76户农村C、D级危房改造；新建日供水5000吨的自来水厂和4公里主管网，大大改善群众饮水质量。

【本地特色】

新盛镇是全国第二大纸花专业生产基地。现已初步形成了以特色纸花产业为中心，涵盖香烛、黄表纸、寿衣、石碑等生产加工和乐队、吹鼓的祭祀产业专业市场。2016年，纸花产业从业人员7000余人，年生产纸花900万朵，产值1.4亿元。

（新盛镇）

龙门镇

【概况】　龙门镇位于梁平县西北部，东邻文化镇、城北乡，南接明达镇，西倚竹山镇、达区黄庭乡，北连新盛镇，距梁平城区32公里，达万铁路开江火车站9公里，忠梁高速公路仁贤站20公里。政府驻地龙凤社区。1959年1月建立龙门乡，1966年8月改名为红日公社，1984年恢复龙门乡，1992年10月将拱桥乡、龙门乡合并成立为龙门镇。龙门镇辖龙凤、乐胜2个社区，以及文圣、明亮、河源、三官、河龙、沙井、拱桥、马鞍、花庙9个行政村，下设84个村（居）民小组。全镇面积53平方公里，2016年总人口28065人，其中非农业人口2696人，占总人口9.63%。

龙门镇地形呈南北走向，地势南高北低，海拔452～952米，平坝、丘陵、山区皆有，唯岭谷之间的平坝区域系梁平大坝向北伸延部分。气候属亚热带季风气候，年平均气温17℃，无霜期256天，年降雨量1200毫米。境内有周家河穿过，与另一条小溪相接，河道长度4.6千米。有小（一）型水库3座，山坪塘146口，蓄水量274.2万立方米。龙门镇地处天然气矿“大天池”核心地带，已有10口气井建成投入使用，日产气量80万立方米，年产量达3亿立方米。

【经济发展】

农业　全镇有耕地面积2555公顷，森林面积1973公顷，其中，优质粮油基地1707公顷。2016年，粮食总产量为13680万吨，出栏生猪31148万头，家禽44.39万只。全镇栽桑67公顷，产茧4000公斤；种植竹子1000公顷；水稻、蔬菜种植面积上万亩。成立农村专业合作社20个，推广农业新技术20余项，水稻无公害栽培1067公顷，测土配方施肥800公顷，农作物病虫害防治560公顷。2016年，农业总产值实现18594万元，农村居民人均可支配收入达到11908元，同比增长11.0%。

工业　全镇有微型企116余家，规模以上工业企业2个。其中，页岩砖厂1个，矿石开采厂1个，大米加工厂1个。工业总产值达到4.15亿元。

商业外贸　境内有农贸市场2个，商业门市600多个，运输、餐饮、建筑等行业个体工商户1000余户，非公企业2800余家，从业人员5500余人，年营业额2.9亿元。

财政金融　2016年，全镇实现经济总量40457万元，同比增长11.2%；工业总产值4.15亿元，同比增长9.21%；农业总产值1.86亿，同比增长15.0%；辖区内工商税收完成71万元；完成固定资产投资2.11亿元，同比增长11.65%；社会消费品零售总额达11876万元，同比增长14.4%。

【社会发展】

文化教育　2016年，有文化服务中心、广播电视站各1个，村级公共文化服务中心11个，村级文化室（农家书屋）11个，文化活动场所11个。已对癞子锣鼓、梁平抬儿调、跳端公等非物质文化遗产收集整理，建立非物质文化遗产传承基地，开办癞子锣鼓培训班培养传承人，梁平傩戏和梁平孝歌被成功申报为区级非物质文化遗产名录。全镇广播电视覆盖率90%。有小学5所，中学1所，幼儿园4所，专任教师129人，小学适龄儿童入学率、初中适龄人口入学率、小升初升学率、九年义务教育覆盖率均达100%。完成标准化塑胶操场、教师周转房建设，实施六大功能室、实验室、图书室进行标准化装备。

卫生计生　有综合性卫生院1个，门诊部2个，床位19张，专业医务人员21名。村卫生室16个，乡村医生28名。2015年，共开展健康教育咨询活动10次，健康知识讲座12次，发放宣传资料24000余份，65岁以上老年人免费健康体检2644人次，“两癌”筛查600余人次，国家基本公共卫生免费项目全部落实，逐步实现人人享有均等化公共卫生服务，群众的健康指数明显提高；兑现落实各类奖励扶助政策措施72人，其中特扶2人，落实独生女高考加分3人，中考加分6人，PIC系统数据更新万余条，准确率达95%以上。慰问贫困计生家庭、失独家庭和留守儿童29户，慰问资金15280元。

社会保障　2016年，全镇享受农村低保443人，累积发放资金120.84万元。发放各类救灾资金15.6万元，优待金、抚恤金等146万元。有敬老院1个，床位40张，供养农村五保人员15人。全镇参加养老保险15317人，城乡居民参加新型合作医疗实现全覆盖。

生态环境　加强畜禽污染防治工作，关闭整治畜禽养殖场16家，杜绝了“未批先建”现象。加强工业企业排污监管，督促企业完善了相关排污设施设备，严格做到污染物达标排放。定期开展路面清扫、河道清理工作，公路沿线暴露垃圾、废弃渣土堆积、占道堆放、积水等现象有所减少。同时，加强农村院落环境整治，对入户道路、农村院落不定期保洁，消除卫生死角，做到房前屋后干净整洁，镇、村环境卫生状况明显改善。

安全稳定　2016年，重点抓好道路交通、煤矿、非煤矿山、建筑施工、烟花爆竹等行业领域安全生产隐患排查整治工作，整治各类隐患105处，罚款3万余元。做好群众来信来访工作，实现干部大下访462人次，走访案件256件，接访群众295人次，积案化解率100%。全镇未发生影响社会稳定政治事件，无集体越级上访事件。

【基础设施】

场镇建设　镇区规划面积4.5平方公里（450公顷），其中建设用地0.14平方公里（13.69公顷），城镇化率14.38%。总投资约1035万元完成龙门镇污水处理厂建设，总建筑面积约880平方米，服务人口近期（2015年）0.6万人，远期（2020年）1万人。镇政府自筹资金350万元，实施龙门、拱桥场镇市政基础设施升级改造工程。拆除钢架遮阳棚、灶台等违规建筑物217处，疏通完善雨污水沟3000米，浇筑混凝土路缘3000米，铺设人行道20000平方米，配套路灯工程，场镇环境已基本实现“净、靓、美”的预期目标。投资200万元建设拱桥片区环境连片整治项目，全面完善龙门场镇、拱桥场镇垃圾收运系统。投资19万元，聘请7名人员，专职负责场镇秩序管理，营造一个舒适、优美、整洁的人居环境。

农村公路建设　完成拱桥场镇连接星桥镇的3.28公里“断头”公路，花庙村环竹丰水库的3公里旅游道路工程建设，2.7公里沙井村自力路拓宽基础工程，农村交通“四通八达”。

农民新村建设　实施三官村40户高山生态扶贫搬迁项目，实施花庙村“四山”搬迁安置点项目，并不断完善基础设施建设，彻底改善高山村民的居住环境；完成农村D级危旧房改造25户，帮扶困难弱势群体获得住房保障。

水利设施建设　总投资1870.18万元完成乐胜村国土整治整村推进项目，新建和维修排灌水沟13000米，新修100立方米，蓄水池8口，灌溉保证率80%，防洪及排涝标准10年一遇。整治山坪塘30口。完成龙凤、马鞍等村（社区）土地整理项目和龙凤、马鞍、河龙、乐胜、沙井五个村（社区）万亩高标准农田建设。实施场镇160毫米直径的自来水主管网改造，完成明亮、三官等村农村饮水工程，实现了全镇人畜安全饮水全覆盖。

【特色产业】

竹编产业　镇党委政府以乐胜、拱桥等村为东片，花庙、明亮等村为西片，实施“两大片”战略，优化发展布局，做大做强竹制品加工主导产业。培育发展销售大户9户，区级龙头企业1户，发展收购销售经纪人15名，成立专业合作社4个，成功申办微型企业11户。产品具有竹条、竹席、香签、花圈龙骨架、竹箱挞等五个品种，远销甘肃、新疆、吉林、黑龙江等10多个省（自治区），带动农户4500余户，年销售产值1.6亿元，农户户均增加收入5000元以上。

（龙门镇　张译丹）

蟠　龙　镇

【概况】

地理位置　蟠龙镇位于梁平县东南部，北距梁平区主城12公里，东距万州区79公里。东邻福禄镇，南接柏家镇、大观镇，西连梁山街道，北抵梁山街道和福禄镇，辖区面积96.27平方公里。镇政府驻地青垭湾。

政区沿革　蟠龙于明正德八年（1513年）设蟠龙铺，是梁山4镇23铺之一。清康熙二十一年（1682年）是全县22铺之一。民国24年（1935年），蟠龙隶属梁山县第一区。新中国成立后的1950年，设蟠龙区（第十区），1953年蟠龙乡隶属于第十区，1959年蟠龙乡隶属于福禄区，改乡为人民公社。1966年更名为红旗公社，1976年12月复名蟠龙公社，1984年改社为乡。1992年建制调整时原属福禄区的蟠龙乡与原属中城区的城南乡合并建立城南乡，1999年撤城南乡建立城南镇，2003年5月更名为蟠龙镇。

政区划分　全镇辖五星、义和、老林、平安、聚水、新店、银河、扈槽、蟠龙9个村，80个村民小组；一个街道社区，下辖9个居民小组。

人口面积　2016年年末，辖区总面积96.27

平方公里。辖区总人口25973人，总户数8748户。其中城镇常住人口4107人，城镇化率15.27%。总人口中，男性13612人，占52.4%；女性12361人，占47.6%。人口出生率12.7‰，死亡率7.0‰，人口自然增长率5.7‰，人口密度每平方公里270人。

自然条件　境内为神农架山脉延伸。有东山、外山一高一低两道山脉对峙，中间夹一槽相对平缓。地势东高西低、北高南低。山高坡陡，沟壑纵伸。地面高程从海拔350米上升到1221米，最高点在扈槽村的窄垭口，海拔1221米，最低点银河村，海拔350米。

【经济发展】

农业　全镇2016年生产粮食13143吨，其中水稻5205吨，玉米3712吨，小麦400吨。主要经济作物为高山蔬菜、西瓜等。2016年蔬菜种植面积526公顷，产量13460吨，主要品种有葱、西瓜、土豆、元荽等。畜牧业以猪、牛、羊、家禽为主。2016年全镇生猪共存栏24983头，出栏22180头；牛存栏728头，出栏258头；山羊存栏1032只，出栏915只；家禽存栏5.2万只，出栏14.3万只。

工业　2016年末有非煤矿山企业9家，其他工商贸企业5家。货运汽车车辆260余辆。2016年工业生产总值36000万元，比上年增长19.8%。拥有工业产值1000万元的骨干企业9家。工业企业职工256人。全镇有微型企业达74家。个体工商户86户。

商业贸易　2016年年末共有商业网点521个，职工1250人；2016年社会商品零售总额达9873万元，比上年增长14.5%；集贸市场2个，年成交额3256万元。主要产品有蔬菜、鸡鸭、山羊、猪肉等农副产品。

财政金融　2016年，全镇实现地区生产总值（GDP）38304万元，工业生产总值完成36000万元，农业生产总值完成18307万元，公共预算收入1682万元，完成税收810万元，社会消费品零售总额9873万元，固定资产投资33839万元，农民人均纯收入12593元，金融机构存款余额3.49亿元。

【社会发展】

文化艺术　2016年年末有文化服务中心一个，农家书屋10个，有民间文艺演出团体3支，均已申办微型企业。

开展流动文化进村活动。在各村（社区）开展了“送宣讲、送展览”活动共40场次，其中文艺演出20场次，书法展、摄影展各10场次。镇组织老年腰鼓队、青垭街道文艺爱好者开展了新春送文化下乡活动。以腰鼓、钱棍、龙船、快板、舞蹈等形式进行院坝表演50多场次。3月市委宣传部、市文化委主办的渝州大舞台送文化下乡活动在石垭子场镇举行。

积极参与县级组织的文化活动。镇组织一支“吹手队”积极参与了县文化委举办了的2016春节“兴茂杯”梁平吹手大赛；镇市级非遗传承人杨学超的“抬儿班”参加了县第四届柚花节的非物质文化展演；镇组织的演出队伍参加县“庆七一”文艺展演，荣获全县第一名。

教育　全镇现有幼儿教学点9个（其中乡村幼儿教学点7个），在园幼儿330人，专任教师11人，保育员5人。小学4所，其中村小2所。小学在校学生948人，专任教师66人，师生比为1:14.36；初中1所，初中在校学生200人，专任教师32人，师生比为1:6.25。

2016年，投资560万元完成蟠龙中学教学楼、学生宿舍、食堂、运动场地改造。全镇小学校舍建筑面积8806平方米，小学生均9.29平方米，中学建筑面积4812平方米，初中生均20.07平方米。

适龄儿童、少年入学率均为100%，15周岁人口初等教育完成率为100%，17周岁人口初级中等教育完成率为100%，2016年度中小学毕业率均为100%，六周岁儿童全部接受学前教育。本辖区户口的县内初中毕业生升入县内两类高中的比例为97%。

体育　蟠龙中心小学建有150米标准塑胶运

动场一个，全镇在青垭村、蟠龙村、义和村、老林村、聚水村、五星村、镇政府、蟠龙中学、蟠龙完小、蟠龙中心小学共有10个篮球场。蟠龙中学运动场地2016年经改建后，具有两个篮球场、一个排球场、一个乒乓球场和塑胶运动场。镇政府及9个村1个社区、三所学校共设有乒乓球场15个；敬老院老年活动中心健身场地1个。镇篮球队参加了县柚乡周末篮球赛。

医疗卫生　2016年，有镇、村（社区）医疗卫生机构16个（其中乡村卫生室10个，地名卫生室3个），门诊部1个；有床位30张，每万人拥有病床12张；固定资产总值290万元。专业卫生人员40名，其中执业医师6人，执业助理医师4人，注册护士7人，乡村医生20人，乡村医生助理员3人。

全年进村进校举办健康知识讲座15次，签约4573户，签约覆盖率达到88.7%。完成银河、聚水、五星3个标准化村卫生室建设工作。接种儿童人数468人，年内辖区四苗接种率达到99%。2016年出生202人，产前检查188人，0—3岁儿童系统管理482人。0－36个月儿童中医药健康管理人数228人。对188名孕产妇开展产前服务，产前检查率达到93.06%。对1853名65岁以上常住居民开展健康管理，管理率达到68.83%。对35岁以上人群实行门诊首诊测血压，全年确诊20人，较上年增加6人，服务1006人。

2016年Ⅱ型糖尿病172人，增加7人。报告传染病63例，法定传染病报告率100%。管理肺结核病人6例。对辖区重性精神疾病患者进行登记管理75人。

人口和计划生育全年符合政策生育率为96.96%。新增国家奖扶对象88人，共计奖扶848人，落实国家计划生育奖扶资金118.488万元。

广播电视　“户户通”工程全年新安装用户710户，累计新安装户户通达1704户；有线电视用户（包括数字电视和模拟电视）尚存120户。

社会保障　截至2016年12月，全镇参加养老保险总人数13098人，其中，领保老年人员3452人，正常参保人员9646人。发放养老金574.0827万元，征收养老金177.64万元。养老保险扩面319人，其中老年人员2人。按时做好了待遇享受人员的审核工作，全年共审核到龄养老待遇人员260人，死亡待遇审核146人；全年完成待遇领取人员2858人的生存认证工作。发放老农保6人，共2100元。

城乡低保对象273户681人，发放低保金245万元；163名优抚对象发放优抚定补资金170万元；发放18名义务兵家属优待金14.4万元；141户五保对象（分散供养109人，集中供养32人）发放五保金102万元。对809户2200名困难群众发放临时救助资金52万元；筹集13.4万元帮助11户困难群众进行危房改造；完成残疾人危房改造4户。29名90岁以上老人每月享受50元生活补助，全年发放各种节假日慰问金13万元。全年补贴农机175台，资金16万元。

安全稳定　2016年，查处并取缔非法违法采矿行为2起；排查各类安全隐患1698条，现已全部整改到位。出具执法文书439份。其中：出具《现场检查记录》399份、《限期整改指令书》15份、《停产整改指令书》5份、《当场处罚决定书》19份、《现场强制处置措施》1份。农村道路交通安全整治，全年共查处各类违规违章行为728件。

全镇10个村（社区）完成网格化建设，共划分网格90个，聘请网管员90名，网格化管理正稳步推进；街道社区成立4个邻里自管会；聘请了4名社区专职治安巡逻队员，各村分别组建了10名队员的治安义务巡逻队，配备10名专职信息员和89名兼职信息员，做到信息收集、治安巡查无盲区，实现治安刑事案件零发案率。全镇在册社区戒毒（康复）人员有21名，社区戒毒比例达100%。

食品药品　扎实开展各食药专项整治行动，共出动执法人员152人次，查处隐患36起。开展了2016秋季学校及周边食品安全专项检查、美容美发场所综合整治、医疗器械冷链管理专项检查、复方磷酸可待因口服溶液专项检查等专项整治行动。办理餐饮服务许可证5个、食品流通许可证12个。办理案件完结8件，其中药品案件3件，食品案件5件。全年共完成抽样检查取样16批次，上交13批次。快检7批次。

场镇建设　场镇建设持续进行。保证服务东山片区8个乡镇的垃圾中转站正常运行；场镇环境综合整治达标建，完成街道社区人行道违法搭建彩钢棚的拆除工作。维护和保证了石垭子和青垭湾场镇路灯的正常运行，场镇318国道和青铁线两旁无占道摊位。

巴渝新居建设有序开展。2016年规划审批建房41户，占地面积3672平方米，建筑面积6442平方米；完成竣工验收23户，验收竣工建筑面积4201平方米。

全镇上报国有土地存量违法违章建筑共54户。其中22户在2014年核实已办理手续（未纳入处置）；今年完成补办手续3户，违法建筑面积大于1000平方米以上共8户，完成竣工测量6户，目前未达处置条件2户。制止违法建设行为2起，发出违法建设停工通知书7份。

农民新村建设　全年共审批农村村民改建住宅用地23户。全面完成青垭湾、义和村1组高山生态扶贫搬迁居民点建设。2016年完成D级危房改造任务30户，C级危房改造任务85户。

交通设施建设　二环路建设工程，在蟠龙的路段23.9公里。其中新建路段起于扈槽村5组村办公室，止于扈槽村8组磕头坡，全长3.8公里；拓宽路段起于蟠龙洞岔路口，止于扈槽村办公室，全长2.8公里。2016年5月全部铺设沥青路面，通车运行。完成五星村到青垭村（南华段）路面硬化1公里。

水利设施建设　投资9.6万元，完成了蟠龙村蟠龙洞提水工程。投入4.29万元，完成了大沟水厂排污池建设和排污管改造工程。投资13.1万元，完成了扈槽村农村饮水分散工程，新建减压池3个、蓄水池1个、沉沙井6个，安装引、供水管道8000米；投资3.5万元，完成了蟠龙镇扈槽村供水工程及大沟水厂新增管材管件闸阀等维修工程；投资25万元，完成了蟠龙镇老林村排水沟整治300余米。完成义和村河道整治300米。

环保保护　加强了石河沟、七里沟、大沟水库、罗家湾水库四大饮用水源的环境保护。关闭新店村高爽养鸡场，督促陈正权等3家养殖场完善排污设施整治。全面开展了美丽乡村建设，对境内的汝溪河、黄金河源流实施河道垃圾、漂浮物清运，每月月初和每次洪水后开展河道清漂行动。新修垃圾池10个，增设垃圾筒22个，垃圾箱24个。9个村1个社区开展了以“干净整洁”为抓手的乡风文明建设。

【名胜旅游】　蟠龙洞风景区完成蟠龙洞内步道、灯光改造升级。新建了游客接待中心，配套餐厅、住宿、棋牌等休闲设施。

2016年，牧阳公司已在蟠龙花海种植各种花卉500余亩、建成牧阳科技接待中心：配套有餐厅、住宿、棋牌、K歌及多媒体会议室、儿童游乐场、水上乐园。已动工修建动物园，引进老虎、狮子、黑熊、孔雀、天鹅等稀有动物供游客观赏。

（蟠龙镇）

星　桥　镇

【概况】　星桥镇位于梁平县城以北，东连合兴镇，西接安胜乡，南临县城，北依文化镇，辖区面积53.1平方公里，2016年8月辖下星桥村撤销，设立星桥社区，现辖7个村55个村民小组，1个街道社区10个居民小组，人口21040人，镇政府驻地星桥街道距县城5公里。因撤县设区，2017年1月10日梁平县星桥镇人民政府变更为重庆市梁平区星桥镇人民政府，2017年1月18日正式挂牌。

星桥镇森林资源丰富，景色优美，环境宜人，交通便利，县道城文公路贯穿南北，“二环路”、达万铁路横跨东西。全镇基础配套设施完善，农业产业优势明显，建设有肉鸭良繁基地、高端食用菌基地、渔业养殖基地、时令蔬菜基地、经果林示范基地和土李子示范基地。

星桥镇地形起伏，以山丘地带为主，西南面为平坝。海拔高度最低处 418 米，最高处 610 米。城（北）文（化）县乡公路，达万铁路横穿乡内，距梁平火车站 2 公里。气候属暖温亚热带气候区，季风气候显著，春季气温不定，初夏多阴雨，盛夏炎热多伏旱，秋冬暖和。平均气温为 16.5℃。常年降雨量 1262 毫米，无霜期 270 天，日照 1500 多小时，常年主导风向为北风。境内有生态河流一条，从张家沟水库自西向东在合兴出境，境内有河道长约 18 公里。有小二型水库 1 座。

【经济发展】

农业　镇党委、镇政府按照城郊经济延绵带定位，根据生态涵养的要求，持续推进农业“四片六基地”产业布局和“一个观光带”建设，打造商品鸭生态养殖示范片、渔业养殖示范片、经果林示范片、采摘观光农业示范片，盘大做强肉鸭良繁基地、高端食用菌基地、渔业养殖基地、钢架大棚蔬菜基地、经果林示范基地和李子示范基地，做靓休闲、采摘、观光农业带。2016 年，粮食播种面积 2462 公顷，粮食总产量 13201 吨。新建标准化梁平柚柚园 67 公顷果园。新建小龙虾养殖基地一个。

工业　全镇 2016 年实现工业总产值 8100 万元，比上年增长 14%，2016 年镇内梁平县冠香食品有限公司实现年产值 3000 万，成功升为规上工业企业，成为镇第一家规上工业企业。

旅游业　2016 年，星桥镇依托县城，服务县城，发展现代农业特色产业，投入 20 万元新建观光亭 2 个，在“二环路”、城文公路沿线设置主要观光点指路牌，着力打造休闲观光旅游带，现已形成双桥、高都、两路、河井四个村五公里现代农业采摘观光带，每年的 3 月到 8 月可以品尝到种类繁多、美味可口的水果，还可以欣赏到樱桃花、李子花、桃花、油菜花、荷花等美景。

商贸　2016 年，全镇经济总量 24607 万元，较上年增长 11.4%；社会固定资产投资实现 14720 万元，较上年增长 45.7%；社会消费品零售总额实现 5291 万元，较上年增长 14.5%；农民人均可支配收入实现 12599 元，较上年增长 10.6%。2016 年新发展个体工商户 21 户，微型企业 7 户。引进农业专业合作社在双桥流转土地 1000 余亩，投入 100 多万元栽种油茶。引进业主拟投入 500 万元在星桥社区 10 组建设占地 3 亩的加油站 1 座。

财政金融　2016 年实现税收收入 91 万元，较上年减少 9.5%。

【社会发展】

文化教育　2016 年有镇文化服务中心 1 个，镇文化站被评定为三级综合文化站。村级文化活动中心 8 处，公共图书馆 1 个，藏书 2 万余册，文化传播队伍 11 支，文化中心户 11 户，县级不可移动文物保护单位 4 处。

幼儿园 2 所，在园幼儿 320 余人，专职教师 14 人。小学 4 所，在校学生 585 人，专任教师 42 人。初级中学 1 所，在校学生 185 人，专任教师 27 人。小学适龄儿童入学率、初中适龄儿童入学率、小升初升学率、九年义务教育覆盖率均达到 100%。

医疗设施　有各级医疗机构 11 个，病床 32 张，乡卫生院有 x 光机、心电图机 2 台、B 超 2 台、全自动化分析仪，全血分析仪、经颅多普仪、电解质分析仪、理疗等设备，固定总产值 260 余万元。专业卫生人员 16 名，其中执业医师 1 名，执业助理医生 6 名。全年医疗机构（门诊部以上）诊疗 1.2 万余人次。

社会保障　2016 年组织干群抗灾救灾 1 次，参加抗洪救灾 60 人，发放救灾棉被 95 床，救灾棉衣 12 件。发放各类困难群众冬春救助资金 18 万元，现有集中供养五保户老人 4 人分散供养 91 人。为 1218 名民政资助参保，参保金 14.8 万元通过民政电子报账系统及时上报因病住院的民政对象，方便了他们住院救助。为 43 名困难群众办理了临时救助，发放了 41.7 万元临时救助款；全镇共有农村低保对象 328 户 554 人，其中低保兜低132户327人；城市低保27户、34人。定期定量抚恤和补助重点优抚对象92人，其中“三属”2人，烈士遗属4人，伤残军人8人，在乡老复员军人14人，带病回乡退伍军人26人，参战退役人员38人，伤残民兵15人、精简退职5人。敬老院1所，床位20张，收养城镇五保老人4人。农村合作医疗保险19144人，参保率99%，城乡居民养老保险投保超1万人。发放社保卡20816张，遗失补办卡214人次。

【基础设施】

场镇建设　2016年，投入4万余元新建、改建公共厕所2间；投入57万余元对人行道进行改造升级；投入6万余元建设了坝坝宴席场地；投资3万余元安装文体活动广场灯；投入4万余元对场镇人行道树木进行了修枝整形及新栽人行道树70棵；改造D级危房24户、C级危房21户。

道路交通建设　境内有城（北）文（化）县乡公路、“二环路”，达万铁路横穿境内，实现村村通公路，全镇公路里程达到103公里。机场至老城北客运线路恢复运行。投资70多万元，完成两路村移民后公路硬化2公里。投入130万元，完成星桥社区“一事一议”3.8公里生产生活便道建设。

生态环境建设　扎实开展环保宣传活动，开展生态文明户评比活动，评出195户文明户，发放奖励物品价值3万余元。投入3万元，新建垃圾池、购置垃圾箱（桶）。投入近20万元，聘请保洁公司清运全镇垃圾、养护主要道路。投入1万元清理维护污水管网，确保污水处理厂正常运行。投入3万元对河流的重点地段实施清漂、清淤。建立企业、养殖场一户一档。加大企业排污监管，加强环境保护执法力度，关闭畜禽养殖场7家。2016年镇群众的生活环境得到极大改善。

扶贫攻坚　2016年，全镇有脱贫户383户1213人，贫困户45户109人，投入7.5万余元用于节日慰问，投入2.2万元落实以养殖为主的产业帮扶；投入10万元扶贫资金到位于两路村的重庆市仙源生态农业开发有限公司，采取保本分固定红利1万元的方式，实现贫困户的稳定帮扶；对重病户18户18人，发放医疗救助资金1.9万元；县慈善会星桥分会筹得扶贫资金22.5万元；产业帮扶、教育资助、医疗救助、低保兜底、危房改造等措施确保脱贫户无一返贫，贫困户加快脱贫。

重点项目　2016年完成高都铺气田增压站至镇龙配气站气源管线（星桥段）全长11公里工程建设，两路村配气站开工建设。两路村、河井村天然气安装整村推进，新增天然气用户近1000户。星桥镇小学搬迁项目开工建设。

其他　有重庆农村商业银行梁平支行城北分理处1处。有邮政代办所1处，负责接送信件、书籍、报纸杂志等邮件。

【特色产业】　观光休闲农业在海拔500米，高都村高山晚熟土李子40公顷，全镇土李子规模达到200公顷。全镇着力打造以李子、樱桃、柚子、西瓜、草莓、梨、柑橘等多种水果和品质蔬菜采摘、观光、休闲为主的农业。

（星桥镇　李晓刚）

曲　水　乡

【概况】　曲水镇位于梁平县东部，紧邻万州区分水镇，镇政府驻地黄泥堡，距梁平城区41公里，国道318贯穿全境，达万铁路、沪渝高速路经曲水，分水火车站、高速出入口距镇仅6公里。全镇辖区面积47.43平方公里，辖中丰、长榜两个社区和曲水、龙山、三合、宝石、聚宝、中鹿6个行政村共49个村民小组。2016年8月撤销中丰村、长榜村，设立中丰社区、长榜社区。2016年年末，辖区总人口16747人，全镇地区生产总值达到3.16亿元，固定资产投资达1.5亿元，社会消费品零售额达到5418万元，农村居民人均可支配收入达12964元，财政收入4425.4万元。形成辣椒、油菜、油桐、水果、蔬菜等特色产业，服务昌鑫植物油、香顺调味品两家龙头企业。

【经济发展】

农业　紧紧围绕“果蔬油”三大产业，种植蔬菜、李子、柑橘、柠檬等果蔬，建成沿白洋河畔蔬菜大棚集群、318沿线柑橘园、聚宝李子“一带四园”。做大做强李子产业，深入推进李子产业规模化、标准化、品牌化，注册“李果老”商标并实现线上销售。发展油菜示范基地407公顷，打造油菜区级核心示范片20公顷，规划发展标准柚子园34公顷，老果园改造67公顷，发展辣椒333公顷，发展方块田11公顷，新建柑橘园20公顷。

工业　2016年实现工业总产值3亿元。续建昌鑫植物油有限责任公司技改扩建项目，征地0.7公顷扩建生产车间3000平方米，新增菜籽油生产线和全自动灌装线各1条，年产值超2亿元。

商贸旅游　曲水油菜花被重庆地理杂志收录为全市25个春季赏花点之一。聚宝村为全区美丽乡村培育村，同时聚宝村被市建委评为重庆市2016年度绿色村庄。长榜社区被评为重庆市宜居村庄。成功承办第二届赏花节、采李节。

生态环保　辖区水源监测持续保持在Ⅲ级及以上标准。建立生态保护长效机制、村镇生活垃圾收集处理机制、环保基金管理机制、生态环保宣传机制。严控辖区内畜禽养殖场污染源，关闭宝圣水库上方养鸡场1个，实现养殖场零新增目标。扎实开展松材线虫病防治。完成退耕还林延长补助申报、公益林管护和森林生态效益补偿资金兑现，完成森林抚育任务。

【社会发展】

教育　不断加大教育投入，改善中小学校基础设施，建成镇中心幼儿园，完成初级中学、聚宝完小教师周转房建设和中心小学教师周转房购买。中小学适龄生入学率达100%，巩固率100%，小升初100%，初升高在同类学校中名列前茅。

卫生　城乡居民医疗保险参保1511人，参保率为100%，完成中鹿村、三合村、长榜社区卫生室标准化建设。

文化　持续推进综合文化站免费开放工作和农家书屋规范管理，积极组织文化下乡，开展政府购买公共文化演出服务，举办全民阅读活动，完成“村村响”工程检修维护和有线电视移交，完成户户通工程870户。

计生　积极宣传生育政策，抓好优生优育服务，落实计生奖扶政策，做好整治“两非”工作，大力开展村级“送服务”活动。

民政社保　全年享受城乡低保170户、301人，发放低保金47万元，发放各类救灾救济优抚金78万元，特殊困难家庭建档185户。投入18万余元实施残疾人家庭无障碍改造项目。启动敬老院建设。城镇新增就业人数77人，城乡居民养老保险参保率96.15%。

【基础设施】　完成中丰社区、聚宝村、中鹿村12公里的公路建设，规划长榜街道至长榜水厂、长榜社区至中鹿村的道路建设。投资约1700万元，在宝石、中丰、曲水、龙山等村实施土地整理项目，改造高标准农田100公顷，实施田型调整13公顷，修建农田排灌渠系、机耕道、人行便道46公里。实施坡改梯3公顷，新开发未利用地8公顷。启动中鹿村、长榜村土地整理项目。新修蓄水池6口、山坪塘2座，完成47口山坪塘整治。修建“生态曲水、百年李园”文化广场。

【名胜旅游】

万善桥位于曲水镇中丰社区5组白杨河上，距离镇政府驻地1公里。该桥建于明清之交（1630—1650年间），是一座空腹式的圆弧形石拱桥，桥体全部用石料建成，最长石条4米多，桥长40米，跨径6.5米，桥高14米，桥共65步台阶，相传为鲁班所建，于鸡鸣之时用一猪槽合拢，曾为万梁古道（西大路）繁华之处，孕育了白羊铺这一古镇。该桥保存完好，桥栏上“万善

桥”三字、护栏等雕饰清晰可见。（曲水镇）

安胜乡

【概况】 安胜乡位于梁平县城西北部，距县城6公里，距全国第二高石塔文峰塔4公里，与梁山街道、双桂街道、星桥镇、明达镇、仁贤镇接壤。1949年12月前称兴隆场，1966年8月更名为解放公社，1982年复名为安胜乡。1992年撤区并乡建镇时，为县直管乡。2002年，13个村合并为6个村委会49个村民小组。2009年12月梁盐村1至6组和安复村并入双桂街道。2012年辖梁安、金平、龙印、高峰、井坝5个村委会38个村民小组。2016年8月梁安村完成村改居，安胜乡辖梁安1个社区，金平、龙印、高峰、井坝4个村委会。

2016年总人口13455人，男性6948人，占51.6%。人口出生率11.1‰，死亡率7.8‰，自然增长率3.3‰。辖区面积28平方公里，耕地面积1528.75公顷，人口密度480人/平方千米。

安胜乡地处梁平大坝腹心地带，地势东南低西北高，以平坝丘陵为主，海拔443～638米。气候属于热带湿润季风气候区，四季分明，气候温和，年均气温16℃，年降雨量1200毫米，全年无霜期270天。境内有1条龙溪河横穿金平、龙印、梁安等村，有备战、团结、胜利小（一）型水库3座，高峰小（二）型水库一座，山坪塘75口，排灌水渠65公里。

【经济发展】 2016年，安胜乡紧紧围绕县委、县政府“137”发展思路，按照城郊经济绵延带的功能定位，始终坚持“面上保护、点上开发”，抢抓“二环路”、旅游快速通道战略机遇，融入县城，对接县城，服务县城，突出项目为要、产业为基，重点抓好“产业融合发展、特色风情集镇、美丽乡村”三篇文章，为全面建成小康社会奠定坚实基础。

农业 2016年，农业总产值实现12794万元，其中种植业7580万元、林业656万元、牧业4229万元、渔业181万元、农业服务业148万元、粮食播种面积1361公顷，产量7207吨；蔬菜面积11399亩，产量10958吨；水果及瓜果2470吨；肉类总产量1669吨、猪肉1039吨、禽蛋12950吨，生猪出栏13157头、存栏3915头，家禽出栏34.4万只、存栏16.2万只。目前，全乡狠抓特色效益农业，多种特色产业初见成效。一是大力发展特色种植业。整合国土整治、山坪塘、农综开发、“一事一议”等项目，进一步完善133公顷印屏山杨梅基地、200公顷蔬菜基地道路、水系等基础配套设施。目前，87公顷杨梅长势良好，预计明年扬花结果。小米花生是安胜乡的传统优势产业。以井坝、高峰7公顷花生高产种植示范区为龙头，辐射带动全乡播种花生503公顷，产量1449吨。蓝莓、杨梅、沃柑、土李子、白沙枇杷等特色优质水果基地市场前景广阔，发展态势良好。二是大力发展特色农产品加工业。支持本土资源型产业向深加工型产业转型，提升品质，打造品牌，重庆“好地生”花生糖系列产品在重庆各大超市上市，销售供不应求。依托33公顷有机稻生产基地，大力营销推广光华米业“高梁山”牌富硒生态米，市场反响良好。

工业 2016年完成工业总产值19204万元，同比降低13.4%，实现利税150.24万元，其中规模以上工业企业3个。2016年，全乡聚焦工业发展，特色工业发展态势良好。一是工业企业运行良好。重庆好地生农业有限公司开发产品3种，成功入驻新世纪、永辉超市，年产值达4000多万元。重庆名正电子有限公司，建成生产线4条，塑料制件实现自动化，生产的电子配件80%为出口，年实现外贸3705.6万元。通过培育壮大、牵线搭桥，已入驻梁平工业园区。二是招商引资成效明显。采取政府主导，通过以商招商，引进线上规模企业1家。以发展农副产品加工产业为突破，推动李子、花生等本土资源型产业向深加工型产业转移，发展农副产品生产加工企业3家。

财政金融 2016年全乡财政总收入1146万

元。金融机构存款余额1.82亿元。实现社会消费品零售总额6073万元。

【社会发展】 2016年全乡城乡居民医疗保险11999人，城乡居民养老保险参保人数达5948人。全年共办理农村低保151户285人，城市低保24户30人，孤儿3人，五保79人，其中集中供养4人，分散供养75人。建成残疾人康复社区1个，完成1户残疾人危房改造，实现贫困重度残疾人居家托养共8人，完成3户灾民倒房重建工作。全乡有文化站1个，电子阅览室1个，图书室1个，农家书屋5个，广播站1个，中学、小学各1所，卫生院1所。

【基础设施】

交通更加畅达 完成“二环路”安胜段8.9公里建设任务。新建3米宽以上公路36公里，人行便道18.2公里，养护村级公路36公里。完成旅游快速通道拆迁3户，协助完成挖填路基工作。

场镇更加整洁 完成公共水厕改造、农贸市场改造升级等特色风情集镇建设“七有四无四化”任务并通过区初步验收。

居住更加舒适 改建住房31户。龙印阁高山生态扶贫搬迁集中安置点完成建筑面积9326平方米，完成室内水电气安装和外墙装饰并实现户入住。

环境更加优美 加强龙溪河沿岸垃圾处理，完成金平村、梁安村农村环境连片整治工作。村、企业安排专人负责环保工作；场镇污水处理厂建成并投入运行，场镇生活污水收集率达100%。

乡风更加文明 大力推进乡风文明建设，针对农村家庭、场镇门面、机关单位分别制定“六好”“五无”“四无”等评比标准，定期评比整改，全乡环境得到较大提升。建立乡、村、组干部组成的帮扶小组，对农户进行指导并逐户验收。

（安胜乡）

铁门乡

【概况】 铁门乡位于梁平县东南边陲，东与忠县金鸡镇，南与垫江县普顺镇接壤，西与云龙镇、和林镇为邻，北临大观镇。政府驻新龙村，距县城34公里。1958年9月设立铁门公社。1984年2月改为铁门乡。2011年辖长塘、铁门、新龙3个村民委员会，24个村民组。辖区人口7412人，人口出生率13.5‰，死亡率5.1‰，人口自然增长率为8.4‰。辖区面积31平方公里，人口密度为每平方公里239人。

铁门乡大部分是低山，少部分为平地，地势为西高东低。东西两山夹一槽，俗称“槽里头”，最高处海拔1120米，最低处海拔为680米。气候属温带季风区中的大陆性气候。春季少雨，夏季雨量集中，常伏旱，秋季温和凉爽，冬季干冷少雨。多年平均气温16.5℃，年均降雨量1200毫米。境内无河流、湖泊，地面水和地下水均外流其他地方。矿产资源主要为石灰石和煤，石灰石储量1亿多立方米，煤炭隐藏深层难以开采。

【经济发展】

农业 全年农作物总播种面积1095公顷，以种植水稻、玉米、红苕、洋芋为主。2016年农业生产总值6644万元，其中农业3789万元，牧业2685万元，林业30万元，渔业80万元，农业服务业60万元，农民人均可支配收入11908元。畜牧业以生猪、山羊、肉牛、家禽养殖为主。全年生猪出栏9306头，存栏8877头；山羊出栏1182头，存栏988头；肉牛出栏623头，存栏836头；家禽出栏123055只，存栏33441只。

工业 全年工业产值1.25亿元，有碎石生产企业4家，规模以上企业——超凡粮油贸易公司，占地0.6公顷，总投资600万，年产值3612万，规模以上企业——新益石材，占地7公顷、生产规模达100万吨/年，总投资2000万元，年产值3140万元。全社会完成固定资产投资总额6700万元，社会消费品零售总额3782万元，比上年增长14.4%。

旅游业 大白水旅游景区建设初见成效，已完成6.2公里景区道路硬化、400株景观树木培育、景观水池建设和雨污管网铺设，土地调规后正在进行基础设施建设；乾丰农业观光园已流转土（林）地5000多亩、完成18公里的景区道路建设、土地改良1900多亩。

财政金融 2016年财政总收入1021万元，完成年初预算的161.4%，国地两税实现税收792.07万元，非税收入20.41万元。金融机构年存款余额5542万元。

【社会发展】 全乡有文化服务中心1个、有村级活动中心3处，各类文化专业户9户，各类图书室5个，藏书21余万册。幼儿园3所，在园幼儿72人，专职教师5人；小学2所，在校生237人，专职教师23人，小学适龄儿童入学率100%。各级医疗卫生机构5个，门诊部5个；专业卫生员16人，其中执业医师3人。辖区居民全部参加新型农村合作医疗，参保率100%。

2016年城乡居民社会养老保险投保4828人。乡内有1个敬老院，床位10张，收养农村五保户4人。农村和城市最低生活保障64户。国家抚恤、补助各类优抚对象58人，抚恤事业费支出322376元。

【基础设施】

境内有青（垭口）铁（门）路、云（龙）铁（门）两条县级公路与周边县、镇相通。梁忠高速公路横贯乡境，并设有出口，与乡内交通网线互通，车行20分钟可到县城。2016年全年投资850余万元，整治山坪塘18口、贯通辖区天然气主线管道17公里，入户安装275户、整治高速公路出口农民集中居住区的水渠2.5公里、硬化大白水景区道路2.2公里，接通铁门村大地坪断头路0.85公里、硬化铁门村便民道路5公里。目前，全乡共硬化公路32公里，完成人行便道硬化34.8公里，基本实现组组通公路，户户有便道，公路里程长度超过前十五年之和，实现了出门不湿脚，进户不沾泥的梦想。整合资金720余万元完成辖区内两个场镇过境公路“白改黑”改造工程2公里，解决了困扰居民多年雨污横流街面的局面。

【扶贫攻坚】

2016年，大力巩固扶贫攻坚成果，对166户已脱贫建卡贫困户建立了月走访制度，由联系干部每月走访，并对新增的17户建卡贫困户建立了切实可行的创收帮扶措施，正在逐步实施。

【乡风文明】

为促进乡风文明建设，着力从村容村貌干净整洁入手。2016年，政府投入资金40万元大力开展环境卫生整治，配置垃圾箱4个、垃圾桶50个、垃圾转运手推车16个，聘请保洁员14名，对辖区内生活垃圾进行定期清扫。同时，投入2万元开展“最美庭院”评选活动。推选治家有为、孝老爱幼、热心公益、带头致富、清洁庭院等方面的乡贤9名、优秀党员15名，发挥先锋模范作用，营造人人参与乡风文明建设的浓厚氛围，并形成长效机制，为铁门乡美丽乡村建设奠定基础。

（铁门乡）

龙 胜 乡

【概况】 龙胜乡位于梁平县西北部，东毗竹山，南邻袁驿，西北接虎城，距梁平城区36公里，距梁忠高速公路袁驿出入口8公里，省道410穿境而过。全乡辖区面积36平方公里，其中耕地面积916公顷，森林面积2375公顷，森林覆盖率达64.51%。辖龙胜社区居民委员会和公平、双凤、新口、三和4个村民委员会，7个居民小组和15个村民小组。辖区总户数2796户，户籍总人口8349人，其中男性4426人，占53.0%，女性3923人，占47.0%。人口出生率11.0‰，死亡率7.8‰。人口密度为每平方公里232人。

龙胜乡属典型丘陵山区，海拔高度407～1086米。气候属亚热带季风气候，四季分明，气候温暖，雨量充沛，日照偏少。年平均气温16.5℃，无霜期年平均270天，年降雨量1100毫米。境内有小清水河3条，河道长约41.7公里，小（Ⅱ）型水库2座（龙君庙水库、红升水库），山坪塘39口。龙胜乡矿产资源丰富，森林茂密，景色迷人，文化底蕴深厚。矿产资源主要是煤炭、矿石，煤炭初测储量达1000万吨。竹类有寿竹、白竹、慈竹、罗汉竹、水竹、苦竹等20多个品种，树木有松树、柏树、杉树、丝栗等60余个品种。

【经济发展】

农业　2016年农业总产值9764万元，其中农业种植业3842万元，林业2290万元，牧业3498万元，渔业74万元，农业服务业60万元。全乡粮油共计播种600公顷，粮食总产量2590吨，小麦32吨，水稻1398吨，玉米662吨，薯类278吨，油菜籽186吨，蔬菜5847吨，水果及瓜果669吨。积极开展农业支持保护补贴，完成粮食综合直补2233户，面积3863.8亩；新增农机具99台，补助资金14.18万元。

工业　全年新增农业新型经营主体9个，增加16.7%。2016年全乡实现国内生产总值（GDP）5.1亿元，较上年增长4.1%，工业总产值23500万元，固定资产投资达到21763.24万元。

财政金融　2016年国地“两税”收入81.01万元。完成固定资产投资21763.24万元。全社会消费品零售额达到4181万元，较去年同期增长14.4%；农村常住居民人均可支配收入达到12470元，增长10.0%。

【重点产业】

甜茶　甜茶富含钾、镁、磷、铁等多种元素，具有清热解毒，减肥、降脂、降压的保健功效，2012年“梁平甜茶”成功申报国家地理商标，2016年完成野生甜茶移栽1000余亩，建成甜茶育苗基地1个，修建甜茶产业便道3公里，万亩甜茶基地正稳步推进。

竹林　全乡现有竹林面积1696公顷，年销售竹制品8000吨，带动农民增收480万元。竹制品加工企业4个，年产值过千万元。

花椒　龙胜乡花椒远近驰名，畅销重庆、四川等地。现有规模133公顷，年产花椒50余吨，年产值80余万元。

【社会事业】

文化艺术　有乡文化服务中心1处，村文化活动中心5处，农家书屋5处，各类文化中心户7户，全乡藏书达22000余册。拥有梁平区不可移动文物保护名录2处（双凤村3组向炳桥、三和村1组李培夫妇合葬墓）。全乡有音乐、美术、书法、摄影及文学业余创作队伍30人，体育场5个。2016年开展文化下乡20场，安装户户通300台。

教育　全乡有中心小学1所，村小2所，在校学生474人，教师31人。有幼儿园5所，在园幼儿106人，教师7人。小学适龄儿童入学率、小升初升学率、九年制义务教育覆盖率均达100%。

医疗卫生　全乡有卫生医院1个、村卫生室5个，其中标准化卫生室4个，病床9张，专业卫生技术人员15人，村医生8人。2017年参加城乡居民医疗保险7466人，参保率100%。

社会保障　落实五保户25户25人，城镇最低生活保障户数5户8人，全年发放保障金31248元。农村最低生活保障户数168户306人，年发放生活保障金717600元。90岁以上老人10人，离任村“三职”干部31人，全年发放优抚金29900元。参加城乡居民养老保险4504人，1374人享受基本养老保险金。全乡共有带病回乡军人7人，参战参试退役军人17人，在乡老复员退伍军人10人，烈士遗属3人，60岁以上农村退役士兵31人，全年发放优抚金374800元。

【基础设施】

场镇建设　完成场镇总体规划修编，规划场镇0.3平方公里发展目标。完善政府文化广场配套健身设施，新增文化墙2处和垃圾箱30个，极大改善场镇居住环境。完成河道两岸绿化，在河道两旁新栽桂花树500余株、红叶石兰500余株。

交通建设　全乡村村通水泥路、组组通公路。完成龙胜至袁驿公路拓宽硬化工程；投资150万元完成双凤村至三和村公路拓宽硬化工程。

民生工程　启动新建龙胜社区便民服务中心及场镇公厕。开通龙胜至梁平客运汽车，切实解决群众出行难问题。成立龙胜乡慈善分会，实现辖区内慈善工作站全覆盖，募集善款82600元。投资100余万元完成D级危房12户修建和巴渝新居10户改造。投资67.5万元，完成90户C级危房维修。（龙胜乡）

复　平　乡

【概况】　复平乡位于梁平区东北边陲，距县城19公里。东连万州区余家镇，南靠梁山街道，西接合兴镇，北临四川省开江县广福镇。1966年前称复平公社，1984年改名为复平乡，2016年辖小山、永和、安平、大龙4个村委会，33个村民小组。2016年，面积32平方公里，户籍总人口8345人，男性4532人，占54.3%。人口出生率10.2‰，死亡率6.6‰，人口密度为每平方公里260人。

复平乡地处深丘，间有低山，北高东低，海拔高度最低处315米，最高处1118米。气候属暖湿亚热带季风性气候，春节气温不稳定，初夏多阴雨，盛夏炎热多伏旱，秋多绵雨，冬季暖和，无霜期较长，湿度大，云雾多。多年平均气温16.7℃，无霜期年约300天。年降雨量1100毫米。境内有两条河流，一条是普里河，从复平乡永和村1组入境，自南向北，在大龙村7组漫水桥出境，境内河道长8.6公里。另一条是李家河，属普里河水系，流域面积16.4平方公里，源于梁山街道太安村毛二沟，到复平乡大龙村李万沟，汇入普里河主河流，境内河道长6公里。森林面积2067公顷，其中，生态林1152公顷，经济林271公顷，退耕还林644公顷，森林覆盖率达64.6%。

【经济发展】

农业　全乡农作物总播种面积1418公顷，种植水稻、玉米、小麦、薯类、豆类、花生、水果、油桐、烟叶、茶叶等作物。2016年农业总产值8546万元，种植业6042万元，林业116万元，牧业2318万元，渔业10万元，农业服务业60万元，农民人均可支配收入11114元。粮食总产量4192吨，小麦41吨，水稻2202吨，玉米631吨，薯类648吨，油菜籽169吨，蔬菜6977吨，水果及瓜果347吨。生猪出栏8111头，存栏5356头，家禽出栏11.0万只，存栏2.5万只。2016年，引进重庆庆桐健油桐开发有限公司，栽种油桐133公顷，建成油桐基地1个，新培育占地40公顷的标准化柚园1个，山羊、肉兔、肉牛产业持续发展。

工业　2016年，实现工业总产值3200万元，比上年增加20%。境内有页岩砖厂1家，木材加工厂1家，加油站1家。全年完成固定资产投资总额10055万元，社会消费品零售总额3730万元。

财政金融　2016年地方财政收入981.616万元，社会消费品零售总额3730万元，比上年增长14%。2016年，新增个体工商户3户，新增微型企业1家。

【社会发展】

文化艺术　2016年，有乡综合文化站1个和文化广场1个，村级农家书屋4个，藏书3千余册，文化传播队伍2人，文化中心户2户。文化站免费开放，文化微型企业2户。举办了癞子锣鼓、秧歌、钱棍等艺术演出，开展了送文化、送电影下乡等活动。

教育　幼儿园1所，在园儿童115人，专任教师5人；小学1所，在校学生378人，专任教师26人，小学适龄儿童入学率100%、小升初升学率100%。

医疗卫生　乡卫生院1个，有病床10张，固定资产230万元。专业卫生人员11名，其中执业医师2名，助理医师4人。村卫生室5个，其中标准卫生室4个，共计门诊部1个，药房7个，乡村医生8人。医疗机构（门诊部以上）全年诊疗2648人次。

体育　有农体工程4个，永和、大龙、安平等村建成篮球场和乒乓球场。开展了田径、运动、竞技等农民体育活动。

广播电视　广播电视站1个，实现了广播“村村响”，电视“户户通”。4个村共安装20对高音喇叭，场镇安装了3个立体音柱。电视户823户，无线地面卫星接收装置850套。

社会保障　居民全部参加城乡居民合作医保，参保率100%。2016年，农村最低生活保障91户188人，支出39余万元，医疗救助510人次，民政部门资助参加合作医疗535人次，城市最低生活保障6户6人，共支出2.3万余元。国家抚恤、补助各类优抚对象84人，抚恤事业费支出58余万元。敬老院1个，床位10张，收养农村五保人员2名。2016年新增建卡贫困户8户18人，支出2.4万余元。参加城乡居民养老保险4082人，参保率93.73%。

【基础设施】

场镇建设　2016年，新建场镇污水处理站1个，铺设雨污分流管道4.2公里，将场镇清洁卫生外包，新增停车位12个，对场镇实施规范化管理。完成场镇及公路沿线天然气安装并投入使用。

农村居住环境建设　以线带点，以点带面，开展村容整洁卫生保洁行动，各村聘请保洁员1名，不定时清扫，在各村公路沿线新建垃圾收运台共计16个，定时定点处理垃圾；完成危房改造52户，其中D级危房改造22户，C级危房30户。

交通设施建设　省道S303云复路升级为国道G243，线路穿越复平乡3个村。2016年全乡村级公路80余里，其中村级公路硬化30余公里，组级公路开始硬化，村公路畅通率100%，组公路畅通率50%。2016年，完成各村村级公路安保工程，投入10万余元对各村农村公路进行养护和管理。

其他　有重庆农村商业银行分理处1个，邮政网店1个，电信企业1家，农村淘宝代理店1个，电话交换机总容量1200门，固定电话用户836户；移动电话用户3450户，互联网用户160余户，互联网光缆用户6户。有“万村千乡市场工程信息终端”4个。　（复平乡　蒋显海）

紫照乡

【概况】　紫照乡位于梁平县东南边陲，距离县城38公里，西接柏家镇，东连忠县金声乡，北倚石安镇，南靠忠县兴峰乡、官坝镇。辖区面积35平方公里。紫照乡原名耙子丘，始建于清嘉庆年间，1992年改为建制乡。2016年辖1个社区3个行政村41个村（居）民小组，总户数4472户，户籍总人口14368人。境内海拔高度为308—695米，地处深丘地带，地势东高西低，年均气温17℃，年降雨量1100毫米，土地肥沃，气候温和，物产丰富，盛产水稻、小麦、玉米、油菜等粮油作物和柚、柑、桃、李等水果，矿藏丰富，以页岩气和页岩为主。乡内森林资源丰富，水草丰美，畜牧业发展空间广阔，山羊养殖已成规模。境内有河流1条名板桥河，发源于桂香村（原会龙村），出口在该乡青峰社区（原油桥村），河道长度5.8公里，流域面积4平方公里。202省道贯穿全境，现有耕地面积1101公顷，林地面积1500公顷，森林覆盖率达50%。

【经济发展】　2016年实现经济总量15419万元，比上年增长11.3%；消费品零售总额达4434余万元，同比增长14.4%；农村常住居民人均可支配收入11382元，同比增长10.3%。

农业　充分结合紫照自然地理环境，综合考虑群众生产生活习惯和产业基础，确立了以山羊养殖和生态蔬菜种植为支柱产业的发展思路，连续5年出台山羊养殖奖励扶助办法，累计发放奖扶资金200余万元。2016年，全乡山羊养殖户达1300余户，其中100只以上大户17户，50只以上大户30余户，积极培育养殖专业合作社5个，建设山羊良种繁育场1个，山羊年存出栏4万余只，产业可持续发展能力有效提升；结合市场需求，引导村民每年种植榨菜、矮子青菜等200公顷，培育生态蔬菜加工龙头企业1个。着力实施农业部万亩小麦、万亩玉米高产示范片建设。成功探索出“玉米、红薯、小麦、榨菜”间种套种的“一年四熟”种植模式，得到市农科院和县农委的认可和推广。累计完成38530亩农资直补工作，兑现直补资金539万元。动物重大疫病防控工作实现四个100%目标。

2016年，全乡农业总产值14189万元，农业种植业8753万元，林业405万元，牧业4628万元，渔业10万元，农业服务业393万元。粮食总计产量8889吨，其中小麦801吨，水稻3661吨，玉米2050吨，薯类2138吨，油菜籽455吨。牛出栏1032头、存栏1582头；生猪出栏19258头、存栏10579头；山羊出栏4819只，存栏3132只；家禽出栏16.8万只，存栏8.1万只。

工业　继续做好中石化在境内作业服务工作。梁平区紫青现代农业开发有限公司规模进一步扩大，建成一条完整榨菜生产条，年处理榨菜6000吨，产值近500万元。

商贸流通　2011年以来，以紫照商会为平台，积极开展招商引资工作，成功举办紫照经济社会发展恳谈会，累计引资1300余万元，成立了重庆紫照商贸有限公司、重庆紫青现代农业开发有限公司，发展微型企业36家，新增个体工商户172家。以山羊和生态蔬菜两大特色产业为支撑，不断延长产业链，成立山羊贸易公司，培育山羊贸易经纪人40余名；重点打造以土山羊为主打菜品的特色农家乐4家，其中星级农家乐2家，实现产销结合，吸引周边游客10000余人次。

财政金融　2016年全乡财政收入972万元。全乡设有金融分支机构1个，2016年底居民银行存款余额达到2.2亿元，较上年增长1850万元。

【社会发展】

文体　乡文化服务中心投入使用，设有电子阅览室和图书室，配有电脑15台。4个村（社区）均设有农家书屋，配备文学、科技、政治等书籍3000册。新建800平方米群众性文化健身广场1个，设有篮球场、羽毛球场、乒乓球台、各类健身器材，切实方便群众开展体育锻炼和精神文化活动。

教育　现有中心小学1所，村小3所，幼儿园1所，教职员工43人，在校学生779人。大力推进素质教育，加强教师队伍的培训，教师周转房和学生宿舍建设全面完工，2016年乡中心小学在全县67所同级同类学校的教育教学质量考评中获得一等奖。

医疗卫生　现有中心卫生院1所，病床20张，医技人员13名；村级公共卫生服务机构9所，从业人员16名；进一步完善4个村（社区）卫生服务室建设，提高基层医疗卫生机构服务能力，方便群众看病就医。全乡新型农村合作医疗参合率达到了100%。

广播电视　现有加密卫星接收系统1套，加密电视用户1000余户，卫星地面接收设施2500余套，广播系统5套，实现了广播电视全覆盖，全面完成广播电视“户户通”建设，截至2016年共新增“户户通”用户700户。

社会保障　落实低保政策，共涉及221户、571人；2016年共办理城乡居民养老保险6554人，缴费总额480.4791万元，年审60岁以上待遇领取人员2629人，完成年度任务的100%；不断完善救灾、救助政策，落实措施，切实关注困难群众，全年发放救灾救济资金11.2万元；继续贯彻落实优抚保障政策和制度，2016年共计发放优抚经费101.92多万元，扶助优抚对象157人；继续推进“两大关爱”工程，完成敬老院院坝的改造，实现了硬化、绿化、美化；通过结对帮扶、节假日慰问等方式加大对留守儿童、农村困难空巢老人的关爱、关心力度。

【基础设施】

场镇建设　完成场镇总体规划调整修编，科学指导集镇建设及城乡规划管理；采取商户集资、政府补贴、村民维护的方式清理场镇垃圾，场镇公厕建设和垃圾池改建顺利完工并投入使用；完成了场镇约1200米人行道透水砖的铺装以及行道树的配套，并投入正常使用，场镇面貌焕然一新。

农民新村建设　新建了桂香村便民服务大厅，完成了桂香村土地整治项目，安装青锋社区居民点4盏路灯、大丘村便民服务大厅及健身广场建设，安装高杆路灯1盏、场镇2盏，桂香村便民服务大厅2盏；推进农村危房改造，完成农村危房改造31户（其中C级危房12户、D级危房29户）。

交通设施建设　完成紫照至石安联网公路建设；建成先进村到柏家镇白仙村通乡公路2.8公里，硬化农村公路26公里、产业路12公里、便民道35公里，实现了组组通水泥路；增设错车道84个，安装防护栏20公里，安装凸面镜68个，养护公路36公里。完成紫金公路白岩路段损毁塌方，确保村民出行安全；获全县农村公路养护综合考评优秀单位。

水利设施建设　积极协调、大力支持“蟠水柏调”工程建设，解决了全乡近万人的饮水难问题；充分调动群众参与积极性，切实抓好山坪塘整治工作，完成60口山坪塘集中整治任务，整治效果得到群众认可。

【特色产业】

山羊产业　继续出台《山羊规模养殖户奖扶实施意见》，提高规模养殖奖扶标准，积极引导村民通过养殖山羊增收致富。抓好养殖户技术培训，全年开展“扶贫开发培训”“田间学校”等实用技术推广培训20多场，累计培训村民1000多名，有效地提高了村民的养殖能力。创新试点山羊养殖“寄养模式”，整合扶贫资金引进优质种羊发放给有条件的村民进行寄养繁殖，回收仔羊进行再次分配，从而利用有限资金实现“滚雪球”式的发展效应，推进了山羊产业的可持续发展。2016年全乡山羊养殖示范户1000余户，其中：年出栏200只以上规模养殖户4户、100只以上规模养殖户16户，全年存出栏山羊4万余只。

生态蔬菜产业　根据全乡土地现状，积极引导全乡村民利用冬闲田种植榨菜、生态蔬菜。推行“公司+基地+农户”的发展模式。2016年全乡榨菜种植200公顷，生态蔬菜133公顷，年产值近500万元。全年蔬菜总产量11892吨。

（紫照乡）

大事记

乡村炊烟(双桂街道凉水村)

梁平县（区）大事记

1 月

4日

△县委常委、常务副县长陈道彬到县发改委、经信委调研指导全县“十三五”规划纲要编制及2016年工业经济发展等工作。

△梁平县召开脱贫攻坚冲刺迎检工作部署会。

5日

△县长蒲继承到复平乡、星桥镇督查指导脱贫攻坚及安全生产工作。

6日

△县委书记吴盛海先后到梁平工业园区新拱桥、盐河桥，仁贤镇王家桥、熊家桥，和林镇爱国电站等地，查看河流水环境情况，对全县水污染治理进行调研。

△县委书记吴盛海主持召开县规委会全体会议，审查梁平城乡规划事业“十三五”规划、2016年城乡规划工作要点及任务分解、规委会工作规则及专委会工作规程。

△县长蒲继承主持召开县政府第91次常务会议，审议《关于推进公立医院综合改革及重点任务责任分工的通知》和棚户区改造有关事宜。

7日

△县委书记吴盛海主持召开县委常委会会议，组织学习新修订的《中国共产党地方委员会工作条例》，审定“感动梁平十大人物”名单。

8日

△由梁平县人民法院出品，全国首部以人民陪审员参审履职为题材的微电影《柚乡陪审员》在县横店电影城举行首映仪式。

△县领导陈道彬、唐诗平赴重庆理工大学就深化战略合作协议进行沟通，就梁平县“一支柱四集群”产业、建立塑料和光电研究院、开展不锈钢产业规划、集成电路改造升级、企业服务、筹建高职院校等进行深入交流。

10日

△7—10日，县长蒲继承在赴广州参加广东省重庆商会十一周年庆典活动期间，先后到佛山、深圳、东莞、中山、广州等地，对金发科技、飞旋轮胎、金新像科技、安德丰电池、圣丽灯饰、芯华电器、南海振智、大达商贸等8个企业进行招商考察和商务洽谈，并拜访广东省塑协负责人。

△台湾、深圳企业家考察团一行到梁平县进行商务考察。

11日

△国家信访局来访接待司副司长刘智刚一行莅梁调研群众来访接待大厅建设工作。

△第二届“感动梁平十大人物”评选结果正式揭晓，分别是伍三云、刘中余、刘诗祺、李国光、杨贤仁、屈银碧、胡忠政、贺志灿、黄海丰、楚镜。

12日

△中共梁平县委十三届十次全会召开，县委书记吴盛海代表县委常委会作工作报告，县长蒲继承作关于2016年全县经济工作安排的讲话。

15日

△县长蒲继承主持召开县政府常务会议，安排部署《2016年政府工作报告》《梁平县国民经济和社会发展“十三五”规划纲要》以及新版梁平形象宣传片的征求意见和修改完善工作。

18日

△县政协十三届第20次常委会议召开，传达学习习近平总书记视察重庆重要讲话和市委、县委全会精神，协商讨论“一府两院”工作报告，审议县政协常委会工作报告和提案工作报

告，审议通过县政协十三届五次全体会议有关事项。

19日

△县委书记吴盛海先后到仁贤镇五一完小、屏锦镇和睦村等地，看望慰问全国劳模唐芳及低保对象、计生特殊家庭、特困党员、五保对象代表。

△县长蒲继承主持召开县政府全体会议和92次常务会议，审议梁平县《政府工作报告》《国民经济和社会发展“十三五”规划纲要》《2015年国民经济和社会发展计划执行情况及2016年计划草案的报告》和《2015年财政预算执行情况和2016年财政预算草案的报告》，传达贯彻全市发展改革工作、全市工业和信息化等会议精神。

△县人大常委会主任郑云山主持召开梁平县第十六届人大常委会第四十次会议。

△市总工会副主席吴良和一行莅临梁平，走访慰问了困难职工和困难农民工家庭。

20日

△县委书记吴盛海主持召开县委常委会会议，审议即将召开的县“两会”相关报告，审议《梁平县会议纪律“六不准”》，听取全县平安和政法综治工作情况汇报，专题听取全县环保工作情况汇报，普及环保知识。

△梁平县召开信访稳定及安全生产工作会。

△县长蒲继承到金带镇双桂村七组看望慰问特困党员。

△市林业局一行莅梁调研，重点考察了百里竹海、花椒等产业。

21日

△左柏水库开工奠基仪式在屏锦镇龙河村举行。市水利局副局长刘正平、市水投集团总经理段如勇及县领导吴盛海、蒲继承、郑云山、周仁胜等出席开工仪式。

△市供销总社主任梁从友一行莅梁调研，实地了解梁山街道供销社、新城菜市场、三方物流项目等经营场所发展建设情况。

25日

△市人大代表、县委书记吴盛海应邀参加华龙网“华龙会客厅”访谈栏目，畅谈梁平县“十三五”时期经济社会发展与民生事业改善。

27日

△从县公安局干部大会上获悉，经组织考核，邱树洪提名为梁平县副县长人选，任梁平县公安局局长和梁平县公安局督察长（兼）；陈正洪不再担任原职务，提名任合川区人民政府副区长、区公安局局长。

28日

△县委书记吴盛海主持召开县委常委会会议，传达学习市“两会”精神并研究贯彻落实意见。会议还研究讨论了《中共梁平县委2016年工作要点》。

△县政协主席周仁胜到虎城镇看望慰问困难群众、困难党员等。

29日

△县政协十三届五次全会隆重开幕。县政协副主席蒋明书主持会议，县政协主席周仁胜作工作报告，县政协副主席廖文宪作提案工作情况报告。

△下午，参加县十六届人大八次会议的人大代表和县政协十三届五次会议的政协委员们先后前往双桂湖片区、重庆巨源不锈钢公司、梁平工业园区、二环路、县职教中心、新城商业综合体和中央公园下广场等地视察，参加卓航实业有限公司改性塑料加工及拆解循环经济项目开工仪式。

30日

△上午，县十六届人大八次会议隆重开幕，执行主席郑云山主持大会，县长蒲继承作县政府工作报告。

31日

△县政协十三届五次全会胜利闭幕。大会由县政协主席周仁胜主持，大会通报了县政协十三届五次全会期间提案征集情况，审议并表决通过了《中国人民政治协商会议梁平县第十三届委员会第五次全体会议决议》。

2　月

1 日

△县十六届人大八次会议胜利闭幕，会议表决通过了大会相关报告的决议。

△县委书记吴盛海、县长蒲继承分别率队，看望慰问一线职工、五保老人和驻梁官兵。

2 日

△县纪委十三届六次全会召开。县委常委、县纪委书记李德平作了题为《全面从严治党把纪律挺在前面坚定不移推进党风廉政建设和反腐败斗争》的工作报告。

△晚 7 点 30 分，梁平县 2016 年春节联欢晚会在县影剧院上演。县委书记吴盛海、县长蒲继承、县人大常委会主任郑云山、县政协主席周仁胜等县领导与近千名市民一起观看演出。县长蒲继承代表县委、县人大、县政府、县政协发表新春致辞。晚会还隆重地举行了 2015 年“感动梁平十大人物”颁奖仪式。

△县委书记吴盛海先后到县城万运集团梁平分公司大河坝汽车站、人民广场永辉超市和梁山街道上八村部分烟花爆竹销售点，检查节前交通运输、消防及烟爆销售安全。

△县人大常委会主任郑云山到梁山街道慰问老党员、村社离任干部、优抚对象和困难群众。

△县领导陈孟文、彭锋、扈先斌、胡立、蒋明书、杨雄、徐向阳等分别到部分驻梁部队、县人大家属院、柏家镇等地看望慰问驻梁官兵、退休干部和优秀人才、特困党员等。

3 日

△县委书记吴盛海与意大利驻重庆总领事馆总领事马非同一行举行会谈，双方就加强产业发展等方面的合作进行了深入交流。

△县委书记吴盛海，县长蒲继承，县人大常委会主任郑云山，县政协主席周仁胜一行到县交委听取交通工作汇报。

△县长蒲继承实地调研三甲医院、亿联西南总部等重点项目进展情况，研究解决有关问题，并就园区科技创新孵化中心、平伟塑胶，园区医院、中小学校、汽车站等配套项目规划选址进行调研。

4 日

△县长蒲继承主持召开县政府第 93 次常务会议，审议《关于进一步健全临时救助制度的通知》《梁平县国家专项建设基金管理暂行办法》等。

14 日

△县委书记吴盛海到县纪委（监察局）主持召开座谈会专题调研纪检监察工作。

△县长蒲继承到县行政服务中心等单位检查督促节后上班情况。

15 日

△县委书记吴盛海到县委组织部、宣传部调研。

△县长蒲继承主持召开“特色工业集群三年行动计划”和“十三五”工业发展专项规划调研座谈会。

16 日

△县委书记吴盛海到县委统战部、县委政法委主持召开座谈会，调研统战、政法工作。

△县长蒲继承主持召开“三农”工作和生态文明建设调研座谈会。

△县长蒲继承到县安监局召开烟花爆竹企业整顿规范转型升级、煤矿关闭退出及土地流转“非农化”整改工作调研座谈会。

17 日

△重庆高速集团总经理田世茂一行莅梁，考察洽谈 G42 高速梁平新建服务区相关事宜。

△县委书记吴盛海到县群众来访接待中心，调研信访稳定工作。

19 日

△梁平县安监局、垫江县安监局负责人召开座谈会，双方就如何做好烟花爆竹生产企业整顿规范和转型发展工作等问题进行交流讨论。

23 日

△县委书记吴盛海会见到梁考察的雨润控股集团副总裁、雨润地产集团总裁戴海明一行。

△县长蒲继承主持召开县政府第 94 次常务会议，审议《梁平县特色工业集群三年行动计划实施方案》等议题。

24 日

△县委书记吴盛海主持召开县委常委会会议，审议《梁平县人大常委会 2016 年工作要点》《政协梁平县委员会 2016 年工作要点及协商计划》和《梁平县特色工业集群发展三年行动计划实施方案》。

△市委教育工委委员、国家督学、市教委专职督学张荣一行莅梁，到城东小学、合兴初中、实验小学等地调研创建义务教育发展基本均衡县工作并召开座谈会。

26 日

△梁平县召开特色工业集群发展大会。

△县长蒲继承到金带镇调研双桂堂修缮保护工作。

3　　月

1 日

△县委书记吴盛海带领县农委相关负责人到合兴镇、梁山街道调研农村基层工作。

△县长蒲继承率县级相关部门负责人，调研百里竹海旅游景区开发建设等相关工作。

3 日

△市委常委、市纪委书记徐松南到梁平县调研党风廉政建设工作。

△县委书记吴盛海主持召开县委常委会会议，简要通报当天市委常委、市纪委书记徐松南到梁调研情况，审议并通过《梁平县 2016 年生态文明建设实施意见》《梁平县 2016 年水污染防治行动工作方案》。

△水利部政策法规司副司长陈晓军一行到梁平县调研水行政执法及水行政审批改革情况。

6 日

△梁平县以“享新城之美展女性风采”为主题的庆“三八”千人健步走活动在双桂新城区行政中心广场隆重举行，来自全县各行各业的 1000 余名妇女代表参加此次活动。

7 日

△县长蒲继承主持召开会议，安排部署百里竹海旅游景区开发建设相关工作。

△梁平县正式启用市网上行政审批平台，工商、林业、民政等单位的行政许可事项已在该平台上办理。

8 日

△市国土房管局局长董建国一行到梁平，先后深入云龙国土房管所、金带镇石龙村土地开发整理项目、正龙寺公园、重庆平伟实业股份有限公司和巨源不锈钢制品有限公司、梁山街道八角村“非农化”整改点、合兴镇名柚园等地调研。

△县长蒲继承主持召开县政府第 95 次常务会议，听取 2015 年食品药品安全工作情况汇报，会议还审议了其他议题。

9 日

△市城乡建委主任程志毅一行到梁，先后到正龙寺公园、双桂湖、合兴镇名柚园等地，对梁平县城市建设、美丽乡村、城市地下综合管廊和海绵城市建设进行调研。

△县长蒲继承一行赴江苏开展招商活动，实地考察了江苏南通富士通微电子有限公司，并与该公司总裁石磊进行深入交谈。

10 日

△县委书记吴盛海会见了中国德兆环保工程有限公司董事长郑顺潮一行，双方就推进梁平县德兆环保项目的工程进度和在梁平打造环保产业进行了深入交流。

△县长蒲继承在上海出席 2016 国际车用塑料暨汽车零部件产业链高峰论坛，向与会嘉宾推介了中国西部（重庆）塑料生态产业园的建设及政策优势，会见了中塑协常务理事长曹俭等塑料界的领导和专家，并邀请他们莅临梁平指导。

△梁平县举行产业人才公寓入住仪式，40 名到梁平工业园区就业创业的高层次人才领到了人才公寓的“金钥匙”。

11 日

△县长蒲继承到江苏扬州考察扬杰电子集团

公司，参观企业芯片生产线，就加快与平伟实业公司的合作、打造梁平集成电路封测与应用产业集群等问题与公司董事长王毅进行深入交谈，并向他详细介绍了梁平县支持企业的相关政策。

14 日

△由市委宣传部、市科委、市农委、市司法局、市文化委、市卫生计生委、团市委、市妇联、市科协 9 家单位和梁平县委、县政府共同主办的重庆市 2016 年文化科技卫生“三下乡”集中服务活动在梁平县合兴镇万亩名柚园举行。市委宣传部副部长、市文明办主任万相兰，县委书记吴盛海参加活动并致辞。

△枫叶教育集团董事长任书良一行莅梁，先后到双桂湖、枫叶国际学校拟规划用地考察，就在梁平县打造高端国际化教育进行座谈交流。

△县委书记吴盛海主持召开县委常委会会议，听取全县食品药品监督管理工作情况汇报。

△市文化委副主任谢宾到梁平检查“文图”两馆改建等公共文化服务工作。

15 日

△县委书记吴盛海率队前往合兴镇、曲水镇，对两地的李子产业进行调研。

△市安监局副局长刘光才一行到梁平县督查安全生产工作。

17 日

△渝万铁路有限责任公司董事长、总经理王明慧一行莅梁，协商解决了渝万铁路梁平段建设过程中存在的困难和问题，确保渝万铁路建设顺利推进。

△重庆环投集团副总经理段黎明等一行 3 人来梁实地调研德兆环保垃圾处置项目，为项目投资继续做好调研。

18 日

△梁平县与万州区签订现代物流战略合作框架协议。

21 日

△县委书记吴盛海接受重庆电视台采访，畅谈梁平县深入贯彻落实习近平总书记视察重庆重要讲话精神的思路、举措、进展。

22 日

△县长蒲继承到屏锦镇、聚奎镇检查调研烟花爆竹企业整顿规范及土地流转“非农化”整治工作。

23 日

△县长蒲继承主持召开县政府第 96 次常务会议，传达学习了刘强副市长莅梁调研重要指示精神并研究贯彻落实意见，听取 2016 年专项建设基金项目和中央预算内投资项目储备申报情况汇报。

△市市政委党组成员、副巡视员刘建东一行莅梁调研城市管理综合执法工作，听取梁平相关工作汇报，并就相关工作提出要求。

△市测绘地理信息局一行莅梁走访查看了梁平县基础测绘工作开展情况，并召开座谈会，就梁平测绘单位资质升级工作提出要求。

24 日

△市环保局副局长裴智一行莅梁调研畜禽养殖污染防治工作，实地查看了解丰疆实业有限公司的生产工艺技术，并就相关工作提出要求。

△县长蒲继承率到十里长街、迎宾路等地，调研城区环境综合整治工作。

25 日

△市四届人大代表联系组在市人大常委会主任张轩的率领下，视察梁平县扶贫攻坚工作。

△市交委专题召开梁平、大足机场军民合用推进会，对有关工作提出要求。

29 日

△梁平县召开“迎宾路交通组织”优化方案、“夜市街”选址讨论会。

△第 45 期“重庆好人榜”出炉，坚守山区教育 43 年的城东小学龙磨村小教师伍三云荣登“重庆好人榜”。

30 日

△市政协副主席李钺锋带队到梁平县督导干部下访接访群众和信访稳定工作开展情况。

△县长蒲继承主持召开县政府第 97 次常务会议，研究特色工业集群发展、棚户区改造、招商引资等有关事项。

△梁平10万吨粮食储备项目建设开工仪式在梁山街道上八村举行，市商委副主任蒋寿光，市粮食集团副总裁薛黎明，市粮食储备粮公司副总经理周业平参加活动。

31日

△县委书记吴盛海主持召开县委常委会会议，听取全县一季度安全生产和信访稳定工作情况汇报及2016年争取专项建设基金项目、中央预算内投资项目储备申报有关情况的汇报。

△市国土房管局副局长许金刚、市巴渝民宿经营有限责任公司董事长、总经理一行到合兴镇名柚园调研巴渝民宿规划选址布点工作。

4　月

6日

△县委书记吴盛海先后到柏家镇、紫照乡两地，对两地经济社会发展情况进行调研。

△兰考县副县长金永杰一行到梁平县考察农村道路交通安全工作开展情况，就相关工作进行交流。

7日

△县委书记吴盛海会见了梁平籍全国知名编剧曾有情，并就文化建设和为梁平县创作影视作品进行了交流。

△市经信委党组成员、总工程师赵刚一行到梁平县调研指导工业经济发展工作。

△黄河水利委员会稽查组一行对梁平县盐井口水库至小沙河连通工程进行专项稽查。

8日

△县委书记吴盛海先后到屏锦镇万年村7组和湖洋村3组，看望脱贫户谢世均和许云武，并到屏锦镇桂湾村调研。

△县长蒲继承主持召开县政府第98次常务会议，听取一季度经济运行情况汇报，研究部署二季度经济工作。

12日

△市科协副主席张基荣一行到梁平县调研创新驱动助力工程，各学会专家先后到梁平工业园区、合兴镇中国名柚园、安胜乡优质水稻基地实地调研，并召开座谈会。

13日

△12—13日水利部水资源司巡视员程晓冰到梁平县稽查盐井口水库至小沙河连通工程，召开意见交换会，通报相关情况，提出工作要求，并实地到双桂湖调研。

△县委书记吴盛海主持召开县委常委会会议，听取全县第一季度经济运行情况及下一步工作安排汇报，传达学习市全面推开群团改革工作会议精神并研究贯彻落实意见。

15日

△14—15日市人力社保局举办了“万名专家服务基层行动计划”梁平县系列活动。市人力社保局党组书记、局长陈元春，县领导吴盛海、蒲继承、陈孟文、唐军、彭锋、李志祥、廖文宪参加活动。

△市国土房管局副局长许金刚一行到梁平县专题调研农村建设用地复垦有关工作。

18日

△副市长谭家玲率队到梁平县，先后深入百里竹海景区竹丰湖、天星塘等地，听取汇报和实地查看，调研百里竹海风景区。

△重庆市委机要局局长胡定国一行到梁平县委机要局检查指导屏蔽机房、涉密机房、涉密网络建设工作，对梁平县机要工作给予充分肯定并提出要求。

20日

△县委书记吴盛海、县长蒲继承率梁平县党政代表团到璧山区考察城市建设、产业发展情况。

△市教委专职督学张荣一行到梁平调研义务教育均衡发展工作。

22日

△县委书记吴盛海主持召开县委常委会会议，传达学习中央有关巡察工作精神和重庆市区县巡察工作座谈会精神，传达学习全市“两学一做”学习教育工作会精神，研究贯彻落实意见。

△县委中心组学习（扩大）会暨梁平大讲堂

（第十四期）举行，邀请中国人民大学教授、外交学博士生导师金正昆教授为梁平县广大党员干部作《政务礼仪与人文修养》专题讲座。县委书记吴盛海，县长蒲继承等在家县领导及各乡镇（街道）、部门干部职工共850人参加会议。

△县委书记吴盛海、县长蒲继承会见了前来梁平县参加中国林学会竹子分会五届五次常委会暨重庆市竹业创新发展研讨会会议的专家傅懋毅一行，并与专家们就开发梁平县竹林资源进行了深入交流。

△市经信委主任助理张义一行深入到重庆利财管道、平伟实业、巨源不锈钢等企业，考察调研梁平县“一支柱四集群”特色产业发展。

△梁平县召开招商引资暨不锈钢产业推介会。

23日

△中国林学会竹子分会常委会成员，中国林科院、浙江、福建、江苏、四川、重庆等省市林业专家、教授及行业龙头企业负责人到百里竹海景区、星星套装门等地调研。当天，中国林学会竹子分会在梁平县召开五届五次常委会。

27日

△梁（平）开（江）高速公路交流座谈会在四川省达州市开江县举行，两县就“梁开高速”建设项目相关事宜进行洽谈，并签订《合作建设梁（平）开（江）高速公路意向性协议书》。

△梁平县召开第十六届人大常委会第四十三次会议，会议听取并审议了县人民法院关于未成年人刑事审判工作的报告的议案、县人民检察院关于未成年人刑事检察工作的报告等事项。

△梁平县召开政协十三届22次常委会，传达学习全国政协十二届四次会议精神，通报梁平县“十三五”重大项目规划及2016年重大项目计划情况。

28日

△县委书记吴盛海的署名文章《问题导向真改革？精准发力求实效》，在农业部《农村工作通讯》2016年第7期农村改革书记市长谈专栏进行了刊载。

29日

△西部战区空军参谋部对梁平、大足机场军民合用建设方案进行专题研究和座谈。参谋部中将副参谋长王燕崎到会指导。

△中国人民解放军总装备部少将张蜀平在县教委相关负责人的陪同下为虎城镇杰华希望小学送去一批学习用品。

5　月

4日

△共青团梁平县十六届四次全委（扩大）会暨“五四”表彰大会召开。

△市供销社总会计师何健带领第7督查组莅梁，检查县供销社综合改革推进情况。

5日

△县长蒲继承主持召开教育工作专题调研会，听取县教委关于“十三五”教育资源布局及教育专项规划汇报，安排部署创建国家义务教育基本均衡发展合格县迎检工作。

6日

△县委书记吴盛海、县长蒲继承、县人大常委会主任郑云山、县政协主席周仁胜一行到梁平工业园区召开现场办公会，研究工业发展、园区建设、招商引资相关工作。

△县委书记、县规委会主任吴盛海主持召开县规委会扩大会议，审查并原则通过梁平县碧湖大道中段概念城市设计、县职教中心二期建筑、双桂新城区体育馆和游泳馆项目、县委党校邓平寿展览馆规划方案。

7日

△2016中国县域院长高峰论坛在梁平县召开。

9日

△县长蒲继承主持召开县政府第100次常务会议，传达贯彻全市铁路建设工作会议精神，研究重点项目建设、城市环境整治等事项。

10 日

△县委书记吴盛海主持召开县委常委会会议，听取2015年全县落实党风廉政建设主体责任情况汇报，对下一阶段工作作安排。

△农业部2016年“百乡万户调查”活动调研组莅梁，将围绕农村改革建议展开为期五天的专题调研。

11 日

△市人大常委会副主任、农工党重庆市委主委杜黎明一行莅梁，到双桂湖、利财管道、龙溪河流域云龙段实地调研，并召开龙溪河生态经济带建设对策研究座谈会，听取相关工作情况汇报并作指导。

△召开梁平县“十三五”教育事业发展规划专项评审会，邀请市教委、重庆大学、重庆理工大学、县教科所等相关领域专家组成专家评审组并原则通过评审。

13 日

△国家农业部经管司合同处处长孙邦群一行到蟠龙镇义和村冷水鱼养殖场调研农村土地流转工作，详细了解林权、农村土地承包经营权及宅基地复垦有偿退出工作机制。

16 日

△重庆市高级人民法院院长钱锋率队莅梁调研。

17 日

△县人大常委会主任郑云山到梁山街道龙磨村调研指导“两学一做”学习教育和后进基层党组织建设整顿工作。

18 日

△受县委书记吴盛海委托，县委副书记、县长蒲继承主持召开县委常委会（扩大）会议，传达学习了市委关于进一步规范领导干部配偶、子女及其配偶经商办企业行为会议精神。

△市公安局副巡视员石继明率市政府安全生产督查组到梁平县召开二季度督查交流座谈会。

△市林业局副局长王声斌一行到梁，到新盛镇银新村对全国“生态文化村”、市级“绿色新村”进行实地考察，就古树保护、景点开发、生态文化等工作提出要求。

△市国土房管局副局长周时洪、市政府办公厅副巡视员陈超英一行莅梁，到蓼叶水库、曲水镇、屏锦镇等地实地督查梁平县防汛防地灾相关工作，召开防汛防地灾督查工作座谈会，听取相关工作情况汇报并作指导。

19 日

△第十九届中国（重庆）国际投资暨全球采购会（简称“渝洽会”）在重庆渝北区悦来国际博览中心开幕。平伟实业、利财管道、巨源不锈钢、宸胜新材料科技、欧美加塑胶电子、梁平竹帘、张鸭子等亮相梁平展厅，向广大客商宣传推介梁平。在“渝洽会”开幕式暨重大项目签约仪式上，县长蒲继承代表梁平县与海上丝路（澳洲）有限公司签订梁平县百里竹海生态资源综合开发项目协议。

△市体育局副局长刘显忠、巡视员徐青一行到梁调研梁平县体育事业发展。

20 日

△重庆市2016年义务教育发展基本均衡区县创建工作现场推进会在梁平县召开。市教委主任、市政府教育督导室主任周旭出席会议并讲话，县长蒲继承在会上致辞，国家督学、市委教育工委委员张荣主持会议。

21 日

△2016《中国好声音》全国城市海选梁平赛区总决赛在县人民广场完美落幕，曾小琴、雨禾、余雪三位选手分获冠、亚、季军，晋级重庆赛区决赛。

△西部战区空军参谋部作战处、重庆空管局等单位专家莅梁，对空军梁平机场通用航空项目可研和飞行程序设计方案进行预审。

23 日

△县人大常委会主任郑云山一行到蟠龙镇调研“二环路”建设、特色效益农业发展和蟠龙花海建设推进情况。

24 日

△县领导蒲继承、郑云山、周仁胜率队到白沙河上游、石马支路、纸箱厂片区、白沙河下游

等地，调研棚户区改造及城区河道整治工作。

△梁平县召开会议专题研究双桂文化旅游景区规划事宜。

25 日

△市地方志办公室主任周焕强一行到梁，调研指导梁平县地方志工作。

△县长蒲继承带领县级相关部门负责人到屏锦镇、回龙镇、荫平镇、云龙镇，督导防汛防地灾及安全生产工作。

26 日

△县长蒲继承主持召开县政府第 101 次常务会议，审议《梁平县城区教育资源优化布局规划及实施方案》《梁平县推进供给侧结构性改革工作方案》，研究公立医院综合改革、食品安全整治等事项。会议还举行了县政府新任命国家工作人员宪法宣誓仪式，4 名新任县管领导干部一同向宪法宣誓。

27 日

△县委书记吴盛海主持召开县委常委会会议，审议并通过《梁平县党建工作领导小组 2016 年工作要点》。会议还审议并通过了《梁平县城区教育资源优化布局规划及实施方案（2016—2025)》《2016 年县委进一步推动“两个责任”落实责任分工表》、群团改革工作相关方案，研究讨论关于在全县开展向“七一”献礼系列活动相关事宜，听取梁平通用航空工作推进情况汇报。

28 日

△27—28 日，国家信访局综合指导司副司长郭守松率中央信访工作组到梁，对梁平县信访工作开展情况进行督察并作指示。

30 日

△县长蒲继承带队到重庆渝富集团对接梁平县龙头企业巨源不锈钢制品有限公司，利用全市战略性新兴产业引导基金与股权投资基金融资，赴重庆通航集团考察通用航空产业发展。

△市委统战部副部长、市侨联党组书记史全波带领检查组一行莅梁，对县委开展贯彻落实中央和市委关于统一战线一系列重大决策部署情况进行督查，并召开交流会。

6 月

1 日

△县人大常委会主任郑云山一行到碧山镇调研。

△市国税局局长李杰一行到梁，调研梁平县“营改增”工作推进情况，并召开座谈会。

2 日

△1 日 0 时至 2 日 9 时，梁平县出现一次连续性暴雨天气过程，40 小时共 55 个雨量点累计雨量达 50 毫米以上，25 个雨量点累计雨量达 100 毫米以上，最大雨量点新店村达 158 毫米。暴雨袭击导致省道 S202 线 K371 + 700 路段交通中断，县交通、公安等部门第一时间赶赴现场投入抢险，下午 2 点恢复交通。

6 日

△县长蒲继承到县文化馆、图书馆、电视台、精神卫生中心等地就民生工作进行调研。

7 日

△重庆煤监局、市煤管局局长方佳军一行来梁督导煤矿安全生产和关闭退出工作。

△县长蒲继承主持召开县政府第 102 次常务会议，研究教育、医疗、旅游重点项目推进等事项。

8 日

△梁平县召开走进梁忠高速建设工地梁平采访活动记者通气会，人民网、新华网、《重庆日报》等 13 家媒体记者参会。

13 日

△县长蒲继承到老城区检查市容环卫整治工作，到双桂街道安宁村调研美丽乡村建设工作。

△市政协副主席彭永辉在梁平县主持开展“主席接待委员日”活动，20 余名市区县政协委员和基层代表积极建言献策。

△梁平县召开乡镇煤矿企业关闭退出工作座谈会。

14日

△县长蒲继承到龙胜乡督查安全生产工作，并召开座谈会听取虎城镇、竹山镇及相关单位负责人关于煤矿、烟花爆竹等重点行业领域安全监管及防汛防地灾工作情况报。

△13—14日，香港特区政府驻成都经济贸易办事处主任刘锦泉、重庆市政府外事侨务办公室副主任唐文一行携香港企业家到梁考察调研经济发展及非遗文化产业。

△重庆市塑料行业协会会长付志敏带领顾地塑胶电器、路博润管理、一龙管道、四通八达管业、泽通管业、伟凡环保科技等多家企业到梁平县考察塑料产业发展情况并洽谈投资事宜。

15日

△重庆通航集团机场有限公司莅梁考察，洽谈组建梁平通航机场公司有关事宜。

22日

△由中电建路桥集团承建的梁忠高速公路项目长11038.3米的礼让隧道于21日实现全线贯通。至此，梁忠高速公路主体工程全部完工。

23日

△2016年梁平县高考再创佳绩，重点本科上线人数达1120人，一般本科及以上达3017人，专科线及以上达4900人。其中，重点本科上线率20.8%，比去年提高3.7个百分点，一般本科上线率56.1%，比去年提高6.4个百分点。理科最高分687分，文科最高分610分。

△受县委书记吴盛海委托，县委副书记、县长蒲继承主持召开县委常委会会议，审议并通过了建党95周年全县“优秀共产党员、优秀党务工作者、先进基层党组织”拟表彰对象名单。会议还审定和研究了《梁平县推进供给侧结构性改革实施方案》《梁平县村（社区）干部及直系亲属享受惠农惠民政策“十公开”制度》等其他事项。

24日

△县长蒲继承到金带镇，走访慰问退休老干部党员、特困党员和离任村社干部党员。

27日

△梁平县特色产品展销会暨第十届啤酒节在亿联控股集团西南总部大楼隆重开幕。在开幕式上，县政府与22家企业代表签订项目投资协议，协议引资43.94亿元；与23家客户签订产品供销共同，采购金额达7.6亿元。市农委副主任王健，市商委巡视员蒋寿光，县领导蒲继承、郑云山、周仁胜、陈孟文等参加开幕式并见证签约仪式。

△梁平县举行隆重集会，热烈庆祝中国共产党成立95周年。

△梁平县召开乡镇领导班子和村（社区）“两委”换届工作会。

29日

△县人大常委会主任郑云山主持召开梁平县第十六届人大常委会第四十五次会议。

30日

△梁平县召开工商业联合会第十三次会员代表大会，县委副书记、县长蒲继承出席大会并讲话。市工商联党组副书记、副主席张莉到会指导。陈宝涛当选为新一届县工商联执行委员会主席、总商会会长。

△县长蒲继承到蓼叶水库、二环路部分路段，检查指导防汛防地灾工作。在张星桥水库，现场观摩指导防汛抗洪及山洪灾害抢险应急演练。

7　月

1日

△梁平县特殊教育学校党支部书记周娟在北京召开的庆祝中国共产党成立95周年大会上被党中央表彰为“全国优秀共产党员”。

△梁平县召开第二届党外知识分子联谊会会员大会，县委副书记、县长蒲继承出席大会并讲话，扈先斌当选为新一届知联会理事会会长。

△县人大常委会主任郑云山到梁山街道慰问优秀共产党员胡萍、特困党员李国菊和离任村干部党员曹仁华。

△县政协主席周仁胜到虎城镇看望慰问困难老党员和邓平寿亲属，还查看该镇防汛防灾工作开展情况。

4日

△县委中心组召开会议，专题学习习近平总书记“七一”重要讲话精神。

△县委副书记、县长蒲继承看望慰问全国优秀共产党员周娟。

△市发改委副主任杨昌学一行莅梁，实地走访捷尔士、巨源不锈钢等企业，就梁平县上半年经济形势开展调研并提出要求。

△县长蒲继承赴渝万高铁梁平南站站前广场建设工程、体育馆工程等新区重点项目建设现场检查调研，召开座谈会研究重点项目推进事宜。

5日

△市委统战部副部长王茂春、西南大学教授杨永辉、市委统战部民宗处处长周先常一行莅梁调研佛教文化、旅游等相关工作。

6日

△县长蒲继承主持召开县政府第104次常务会议，研究乡镇煤矿关闭退出工作、美丽乡村建设、行政审批制度改革等事项。

8日

△市委宣传部副部长马岱良到梁平县调研指导宣传文化工作。

△渝东北部分区县“两学一做”学习教育座谈会在梁平县召开。市委督导一组副组长、市委组织部党代表联络处处长李贯吾参会。

10日

△在涪陵奥体中心体育馆举行的重庆市第五届运动会跆拳道女子青少年甲组42公斤级比赛中，梁平代表团运动员郑绍红喜获亚军。

14日

△市委组织部部务会成员、市委非公经济和社会组织工委专职副书记覃正杰一行莅梁，督促推进梁平县“两学一做”、村（社区）换届、扶贫攻坚等工作。

18日

△县委书记吴盛海主持召开县委常委会会议，传达学习市委领导莅梁讲话精神和中纪委关于七起落实全面从严治党主体责任不力被问责典型问题的通报，听取全县关于“两学一做”、村（社区）两委换届和基层组织建设等工作情况的汇报。

△梁平机场通用航空项目可研评审会预备会、航空业务建设方案技术咨询会在成都召开。

19日

△县长蒲继承到文化镇、龙门镇、安胜乡、复平乡等镇乡调研特色效益农业和经济社会发展情况，副县长胡立一同参与调研。

20日

△县长蒲继承主持召开县政府第105次常务会议，听取县政府班子成员上半年工作总结及下半年工作打算。

△县政协主席周仁胜主持召开第三十九次主席（扩大）会议，传达学习市委领导莅梁讲话精神及县委贯彻落实意见，研究县政协下半年工作。

21日

△国务院发展研究中心农村部副部长、研究员张云华带队到梁，就新型农业经营体系建设和农村土地承包经营权退出试点工作进行调研。

△市经信委副主任杨丽琼到梁平县调研指导工业经济等工作。

△全市2016年价格工作调研座谈会在梁平县召开，市物价局局长赵宝权、副局长杨建立等出席会议，渝东北、渝东南17个区县的发改委相关人员参会。

22日

△县长蒲继承到屏锦镇明月湖，通过实地走访、听取汇报和座谈等方式，研究部署百里竹海景区明月湖保护开发、周边环境整治等相关事宜。

△县人大常委会主任郑云山主持召开梁平县召开第十六届人大常委会第四十六次会议。

25日

△中国工程院院士、大连理工大学教授蹇锡高到梁平县，深入塑料生态产业园核心片区、平

伟实业、梁平特色产品展览馆、利财管道等地考察调研，并召开座谈会指导梁平生态塑料产业发展。

△县委书记吴盛海主持召开特色工业集群招商引资工作专题会。

26 日

△农业部产业政策与法规司副司长赵长保率调研组到梁平县，对梁平县承担的改革工作——进城农民工“两权”处理问题开展专项调研。

△重庆出入境检验检疫局局长施宗伟带队到梁考察调研。

28 日

△县委书记吴盛海，县长蒲继承，县人大常委会主任郑云山，县政协主席周仁胜率队到县人武部、县消防大队、县军休中心、95762 部队，看望慰问部队官兵和军队离退休老干部。

△县长蒲继承主持召开计生领导小组暨医改领导小组、公立医院管委会会议。

△市公路局局长李建明带队万州片区参观组到梁平县开展全市公路行业半年工作会暨文明文化建设工作现场推进会。

△一尊铸铜劲牛“开拓”雕塑在双桂新区正式落成。此座雕塑长约 10.8 米，高 4 米，宏伟地屹立于云复路交叉地段绿地之上，成“卧牛起身寻开拓”之意，为梁平县新城再添一处景观。

8 月

1 日

△2016 年“八一”建军节军民文艺联欢晚会在县影剧院举行。

△市委保密办主任、市国家保密局局长杨林一行莅梁检查指导工作。

2 日

△县委书记吴盛海、县长蒲继承率队到驻渝空军某部对接空军梁平机场发展通用航空相关事宜。

3 日

△县委书记吴盛海主持召开县委常委会会议，听取县委常委上半年分管、负责、联系的重点工作开展情况及下半年工作打算汇报。

△县委书记吴盛海主持召开城市环境卫生综合整治专题会。

△市公安局副巡视员石继明一行代表市综治委莅梁进行社会治安专题调研并召开座谈会。

△武警重庆市总队原政委、著名书法家、少将董书民一行到梁，参加滑石文艺文苑创作基地暨华龙网书画艺术联谊会梁平滑石古寨创作基地揭牌。

△市商委到梁平县调研农村电商工作开展情况。

4 日

△市水利局局长王爱祖一行到梁平，对梁平县水利工作开展调研。

△县长蒲继承主持召开县政府第 106 次常务会议，审议《梁平县品牌农产品建设实施方案》《关于发展众创空间推进大众创业万众创新的实施意见》等事项，传达全市文物工作会议精神。

8 日

△梁平县选举委员会召开第一次会议。讨论通过了《梁平县第十七届人民代表大会、乡镇第十八届人民代表大会换届选举工作实施方案》《梁平县第十七届县人大代表、乡镇第十八届乡镇人大代表名额分配建议表》和《梁平县选举委员会公告》。

10 日

△县政协召开十三届第四十次主席扩大会议，协商紫照乡、安胜乡、复平乡撤乡建镇工作，视察梁黔高速、渝万高铁建设情况。

11 日

△县委书记吴盛海主持召开县委常委会会议，传达学习全市区县委书记、区县长座谈会精神，并研究贯彻落实意见。会议还对深入贯彻落实中央八项规定精神作了强调，并审议通过了《关于发展众创空间推进大众创业万众创新的实施意见》。

△在重庆市第五届运动会乒乓球女子双打（青少年丙组）比赛中，梁平县代表队运动员廖

容竹妍、刘永珊喜获冠军。

12日

△县委书记吴盛海主持召开县规委会全体会议，审议并原则通过枫叶国际学校，双桂湖梁山小学，物流通道、快速通道、内环通道等城区重点道路，梁山城区修补更新等规划方案。

15日

△市人大常委会副主任夏祖相一行到梁调研农村综合改革和村镇供水工作。

△市商委主任赖蛟、副主任廖红军一行莅梁指导工作。

16日

△全市电子商务进农村综合示范工作推进会在梁平县召开。

17日

△梁平县举行2016年“金秋助学”助学金发放仪式，为175名受资助贫困学生发放助学金53万元。

18日

△县委书记吴盛海到龙胜、虎城、碧山、袁驿等乡镇，深入龙胜乡甜茶基地、虎城镇三供农业有限公司虎蜜柚基地、碧山镇华滩坝商圈、袁驿镇老街等地，听取汇报和实地察看，对四个乡镇“两学一做”学习教育活动、村“两委”换届及经济社会发展进行调研。

△16—18日，县长蒲继承到深圳，出席在富士康总部召开的深圳台商协会龙华联席会并作招商推介。

△县政协召开第23次常委会议，传达学习习近平总书记在庆祝中国共产党成立95周年大会上的讲话和全市换届工作精神，通报梁平县上半年经济社会发展、县政协十三届五次全体会议提案办理情况，专题协商农产品质量安全监管体系建设工作，视察特色工业发展情况。

△重庆市投资促进公司董事长金蕾带韶关市磊信机械制造董事长许卫军、广东冠宇节能环保科技有限公司董事长邹人养一行到梁平考察立体智能停车库项目。

19日

△四川省社会科学院一行莅梁开展农村改革中期评估调研。

△县长蒲继承到广东揭阳市，与塑料、不锈钢行业部分企业负责人会面，并实地考察了豪威尔实业有限公司、永汇塑胶实业有限公司、大阳实业有限公司、振兴实业有限公司等塑料企业。

20日

△20—21日，国家集成电路产业投资基金总裁丁文武、中国科学院微电子研究所所长叶甜春、电子科技大学光电信息学院院长蒋亚东等国家集成电路行业的专家一行到梁平，走进平伟实业等企业现场调研，并召开座谈对梁平县发展集成电路产业进行定位、导航。原中国人民解放军总装备部军用电子元器件合同管理办公室主任张蜀平，市经信委主任郭坚，重庆半导体行业协会会长徐世六，县领导吴盛海、蒲继承、周仁胜、陈道彬、付云、唐诗平陪同调研或参加座谈。

21日

△重庆市第五届运动会武术散打项目在涪陵区体育馆结束，梁平县选手秦强波、龚贤龙分获男子成人组50公斤级、青少年甲组48公斤级第三名。

22日

△县长蒲继承到屏锦镇、礼让镇检查督导农村改革及烟花爆竹生产企业转型升级工作。

23日

△县政协主席周仁胜带领经济界委员到梁山街道、星桥镇视察天然气管线工程建设情况，就加快工程建设，满足居民用气需求提出意见、建议。

△县长蒲继承主持召开县政府第108次常务会议，专题研究扶贫工作，审议了《梁平县人民政府工作规则》、城区医疗卫生机构布局、招商引资等事项。

24日

△市政府党组成员陈和平到梁平县，对渝万高铁梁平南站地方配套工程建设进展情况进行调研。

△县委书记吴盛海主持召开县委常委会会议，通报县领导赴广东省考察招商、东北大学RAL——重庆巨源技术创新基地暨35万吨七连轧项目落户梁平系列活动、全国集成电路行业专家到梁考察等相关情况。

25日

△市委副书记张国清莅临梁平，先后调研了龙溪河流域梁平云龙段水污染治理、双桂堂保护修缮工程、梁平万亩泥鳅生态养殖示范园区、咪兔实业有限公司、巨源不锈钢制品有限公司。市农委主任路伟、市发展改革委副主任杨昌学、市委办公厅二处处长谭明智等随同调研。

△县长蒲继承到铁门乡、大观镇、蟠龙镇检查指导森林防火和安全工作。

28日

△梁平县首次公车拍卖会在梁平会堂举行，吸引了近千名群众现场竞拍，经过5个多小时的激烈角逐，最终126辆公车全部拍卖成功，起拍总价223.39万元，成交总价464.3万元，溢价率达到107.84%。

30日

△县长蒲继承到柏家镇龙峰村、紫照大丘村和桂香村等地，调研生态文明建设和扶贫工作开展情况。

△县人大常委会主任郑云山到梁山街道调研扶贫攻坚、美丽乡村工作。

△29—30日，市环保局纪检组长陶志刚一行到梁平督查环保工作。

△梁平县召开“十三五”水利发展规划专家评审会，《规划》通过专家评审。

31日

△县委书记吴盛海主持召开县委常委会会议，传达学习市委副书记张国清莅梁调研指示精神，并研究贯彻落实意见，通报2016年二季度全县安全生产工作及2016年以来全县环保工作情况。

△县长蒲继承主持召开县政府第109次常务会议，审议工业园区征地，畜禽养殖场关闭搬迁，梁平县农村承包土地“三权分置”改革试点实施办法和农村土地经营管理权管理办法以及一批重点工程项目建设等事项。

9　月

1日

△县委书记吴盛海主持召开百里竹海景区规划建设推进专题会议。

2日

△中国社会科学院崔红志一行到梁开展农村改革评估调研座谈会，就农村集体产权股份合作制改革试点工作开展情况进行了探讨和交流。

3日

△国家土地督察成都局到梁验收土地流转“非农化”后续整改情况，国家土地督察成都局党组成员、副专员高明，市国土房管局相关负责人，县领导吴盛海、蒲继承、陈孟文、雷旭东等出席会议。

5日

△西部战区空军梁平机场通用航空领域协同会在梁平县召开，研究论证了利用空军梁平机场发展通用航空业务所需空域和空管保障事宜。

△国家督学、市委教育工委委员、市教委专职督学张荣一行到梁平县检查开学情况。

6日

△市第九督查组黄强一行莅梁，对梁平县重点项目建设、工业园区企业发展、“三去一降一补”政策落地等情况进行实地考察，并召开座谈会。

7日

△县长蒲继承主持召开县政府第110次常务会议，听取接受国务院第三次大督查市级督查组莅梁督查情况、全县生态文明建设工作进展等专题汇报，审议梁平县2016年深入推进简政放权放管结合优化服务改革工作方案等事项，学习市人大常委会新修订的《重庆市招标投标条例》。

△梁平县召开“十三五”农业农村发展规划专家评审会，《规划》通过专家评审。

9 日

△县委书记吴盛海先后到蟠龙镇蟠龙完小、金带镇双桂初中、县特殊教育学校、县红旗中学等地，看望慰问乡村学校任教 30 年以上教师、贫困教师、在职优秀教师、离休教师代表。

△县长蒲继承到梁平中学、实验小学等地看望慰问在职优秀教师、贫困教师、离休教师、乡村学校教师代表。

△县人大常委会主任郑云山、副主任扈先斌到梁平中学、西苑小学看望慰问退休教师代表肖成和优秀教师代表彭世伟。

△县政协主席周仁胜到合兴镇、新盛镇、云龙镇看望慰问离休老教师、优秀教师、贫困教师、乡村学校任教 30 年以上教师。

△县委书记吴盛海主持召开县委常委会会议，传达学习市委四届九次全会精神并研究贯彻落实意见。会议还审定了国有企业负责人薪酬改革制度实施意见，通报了梁平柚参评全国“一村一品”十大知名品牌投票活动情况，并对“三级换届”工作的纪律要求作了强调。

△县委书记吴盛海会见了到梁考察的重庆博智达控股有限公司常务副总裁肖通俊一行。

△梁平县召开第十六届人大常委会第四十八次会议。

△重庆传化公路港物流有限公司董事长一行莅梁洽谈合作建设梁平公路物流园有关事宜。

12 日

△梁平县召开严肃换届纪律专题宣讲会。县委书记吴盛海就换届纪律作主题宣讲。

13 日

△梁平县老城区三级污水管网全接入工程在梁山街道南华社区正式动工建设。

△梁平县召开“十三五”生态文明建设规划专家评审会，5 位市级专家参加评审。

△梁平县召开内环及二环连接通道方案论证研究会。

14 日

△县长蒲继承到企业、超市、建筑施工现场等重点行业领域检查节前安全生产。

△全市村（居）委会与乡镇人大代表换届选举工作座谈会在梁平县召开。

19 日

△重庆市第五届运动会开幕式在涪陵区奥体中心体育场举行，县委书记吴盛海、副县长徐勇参加开幕式。梁平县代表团共派出 180 余名运动员、教练员，将参加足球、排球、乒乓球、跆拳道等 9 个大项的角逐。

△梁平县“一支柱四集群”创新创业人才专题培训班在重庆理工大学两江校区开班。

△梁平县召开“十三五”卫生计生事业发展规划专家评审会，5 位市级专家参加评审。

20 日

△全国人大常委会委员，农工党中央常委、重庆市委主委，重庆市人大常委会副主任杜黎明等 20 余名全国人大代表莅临梁平县，召开座谈会对梁平县司法体制改革及人民陪审员制度改革工作开展视察。市高级人民法院副院长黄明耀主持座谈会。市第二中级人民法院院长孙启福，县领导吴盛海、蒲继承、郑云山、孙代勇、王峻波、石溅泉等参加座谈会。

△梁平县召开“十三五”社会治理规划专家评审会，5 位市级专家参加评审。

21 日

△县政协召开第四十三次主席会议，视察“十三五”城区学校规划布局工作。

22 日

△县长蒲继承主持召开县政府第 111 次常务会议，研究县级行政权力清理规范工作，听取环保工作及迎接中央环保专项督查准备情况，审议了梁平县国有林场改革实施方案等事项。

27 日

26—27 日，县长蒲继承赴河北考察国家高新技术企业石家庄京华电子实业有限公司。

△市城乡建委副主任丛刚一行莅梁，实地走访合兴镇龙滩村、蟠龙镇扈槽村，就名柚园改善农村人居环境市级示范片和渝汉族农耕文化的夯土建筑群开展调研。

28 日

△市政府督查室、市环保局一行到梁平县指导环保工作，实地察看了喜雀河、县城污水处理厂、德兆环保城市生活垃圾资源处理厂项目的运行情况并召开了座谈会。

29 日

△梁平县举行升国旗仪式，隆重庆祝新中国成立 67 周年。县委书记吴盛海在升国旗仪式上讲话，县长蒲继承主持升国旗仪式。全县干部职工代表、驻梁部队官兵、学生、市民共计 1000 多人参加升国旗仪式。

△梁平县在县革命烈士陵园庄重举行以“缅怀先烈，建功立业”为主题的烈士公祭活动。县委书记吴盛海，县长蒲继承，县政协主席周仁胜，县委副书记陈孟文等在家县领导，以及驻梁部队官兵、学生代表、机关职工代表、市民代表等共计 400 余人参加活动。

△县委书记吴盛海主持召开县委常委会会议，审定《梁平县国有林场改革实施方案（送审稿）》，传达国庆期间作风建设要求及安全生产会议精神，对国庆期间党风廉政建设及安全生产工作作部署。

△28—29 日，农业部经管司副司长黄延信一行莅梁督导指导农村改革工作。

△28—29 日，第五届重庆市戏剧曲艺大赛在奉节县文化馆剧场举行，梁平县文化委选送的梁山灯戏《你的眼我的手》《亲家情缘》获得二等奖，竹琴《八阵图》获得三等奖。

30 日

△红旗中学举行建校 100 周年纪念活动，数千名校友从全国各地纷纷回到自己的母校，与在校师生和各地宾客共同庆祝母校百岁生日。

10 月

9 日

△市经信委党组成员、总工程师赵刚一行莅梁，调研梁平县工业园区发展情况及“第二届中国国际工程塑料产业创新峰会暨中国西部（重庆）塑料生态产业园投资峰会”活动筹备情况。

10 日

△县长蒲继承主持召开县政府第 112 次常务会议，专题研究全县安全生产工作，审议了土地流转“非农化”后续整改工作方案、烟爆生产企业转型发展奖扶办法、全县保障性住房分配管理等事项。

△重庆市 90 个中小学校长培训实践基地名单公布，梁平县实验小学、西苑小学、礼让初中、七桥初中 4 所学校被确定为首批中小学校长培训实践基地。

11 日

△10—11 日，县委书记吴盛海深入到仁贤、礼让、蟠龙、福禄、七星等乡镇实地察看，并召开座谈会听取部分乡镇及部门汇报，对全县美丽乡村和乡风文明建设工作开展专题调研。

△梁平县政府与重庆大学校地合作座谈会在重庆大学（A 区）召开。

12 日

△11—12 日，攀枝花一通集团董事长刘峰一行莅梁投资考察。

△由重庆市众创空间联盟、县科委主办的“重庆市创投每周行走进梁平暨梁平县首届创新创业大赛”进行初赛，全县有 48 个企业（创业团队）参赛。

13 日

△县委书记吴盛海主持召开县委常委会会议，研究部署安全稳定工作，审定《关于进一步加强预防道路运输事故工作方案》，传达学习全市党委办公室主任会议精神并研究贯彻落实意见。会议还审定县侨联等 6 个团体组织改革工作方案，听取将于近期举行的采柚节和第二届中国国际工程塑料产业峰会相关方案汇报。

△12—13 日，市文化委考核组一行莅梁对梁平县公共文化场馆免费开放情况进行检查督导，实地察看县文化馆、图书馆以及县新城区文化体育中心、梁平县竹帘和木版年画保护基地等场所，并查阅相关资料。

17日

△微电影《梁平柚》在双桂堂举行开机仪式并进入拍摄。

18日

△梁平县召开烟花爆竹生产企业转型发展工作会。

△市民政局一行莅梁，对和林镇福和社区便民服务中心建设进行检查督导，通过实地察看走访、查阅相关资料，对日间照料室使用、留守儿童之家及四点半课堂应用等方面提出具体要求。

△17—18日，市政府参事、重庆银监局副巡视员陈明柱一行莅梁，调研梁平县农村“两权”融资现状并召开座谈会。

19日

△中航集团通飞机场公司董事长一行莅梁考察，与梁平县就通用航空发展进行了深入交流。

20日

△第五届“全国道德模范故事汇”基层巡演活动暨第十六期梁平大讲堂在梁平会堂举办。本次巡演由中央文明办、中国文联主办，中国曲协、重庆市文明办承办，梁平县委、县政府协办。中国文联副主席、中国曲协名誉主席刘兰芳老师带领国内一流的曲艺表演艺术家，用曲艺形式演绎大爱之美，昭彰模范精神。陈林、王茵等中央文明办、市文明办领导和全国道德模范秦开美出席活动。

△19—20日，县委书记吴盛海先后到龙门、新盛、文化、星桥、回龙、复平、安胜等乡镇，对各乡镇经济社会发展、乡风文明建设、换届选举、基层党建工作进行调研。

△县长蒲继承主持召开县政府第113次常务会议，听取环保“五大行动”工作、全县重点工程项目建设及全县“18+10”民生实事推进情况汇报，审议财政预算调整等事项。

21日

△梁平县第一次全国可移动文物普查工作经重庆市专家组验收合格。本次共计普查登录文物11类978件（套），3185单件，其中一级文物1件，二级文物77件，三级文物422件。

△重庆医科大学附属第一医院梁平医院挂牌仪式隆重举行，重庆医科大学副院长吕富荣参加挂牌仪式。

△市交委副主任滕英明带队在梁平县组织召开梁忠高速公路收费标准研讨会。

22日

△“渝东北生态涵养发展区纪检监察系统·第五届‘忠诚杯’乒乓球联谊赛”在东门体育馆圆满落幕，梁平纪检监察代表队获得冠军，奉节县纪检监察代表队获得亚军，万州区纪检监察代表队获得季军。

24日

△市政协副主席李钺锋一行莅梁，通过实地走访、听取汇报、召开座谈会等方式，就梁平县经济社会发展进行调研。

△梁平县召开县委中心组学习（扩大）会，邀请市委宣讲团成员、市农委副主任吴纯宣讲市委四届九次全会精神。

25日

△市农委副主任吴纯带领渔业发展处、水产总站负责人，到梁平县生态泥鳅示范园区、现代渔业示范园区调研渔业发展情况。

△县长蒲继承带队现场督办县政协《关于加大老城区棚户区改造力度的建议》重点提案办理落实情况，研究加快棚户区改造及旧城提质工作。

27日

△县委书记吴盛海主持召开县委常委会会议，听取《梁平县2016年第一轮巡察工作情况的报告》汇报。

△县长蒲继承主持召开中央资金（基金）项目建设暨环保工作督查约谈会。

28日

△县长蒲继承到工业园区调研集成电路产业及重点企业建设。

△梁平县召开第十六届人大常委会第四十九次会议。

△重庆市第十五次医疗纠纷防范与鉴定工作研讨会在梁平县召开。来自全市各区县医学会秘

书长及各医疗机构从事医疗纠纷防范与鉴定的工作人员共400余名代表参加了本次会议。

31日

△第二届中国国际工程塑料产业创新峰会暨中国西部（重庆）塑料生态产业园投资峰会在重庆举行，梁平县签订塑料项目37个，协议引资106.8亿元。

△梁平县30个乡镇（街道）挑选推荐的87个梁平柚参评样品齐聚合兴镇中国名柚园广场，角逐一年一度的梁平柚“柚王”桂冠。经过专家仔细品鉴，大观镇梅花村柚农吕承波选送的柚子获评2016年度梁平柚“柚王”，金带镇柚子股份合作社柚农董万贵、合兴镇龙滩柚子股份专业合作社柚农连官平选送的柚子分别获得二、三等奖。

△重庆出入境检验检疫局副局长吴德荣莅梁调研，并主持召开万州出入境检验检疫梁平办事处开验仪式。

△县供销合作社承办的梁平农产品（梁平柚）成都展示展销中心——“印象梁平”在成都市金牛区万达广场写字楼A座16楼开业。

11　月

1日

△渝州大舞台——走进柚乡梁平2016年文化下乡文艺会演在行政中心梁平会堂举行。

△在县行政中心综合大楼召开2016重庆·梁平第八届采柚节活动新闻通气会。《重庆日报》、重庆电视台、新华网、凤凰网、华龙网等多家市级媒体参加会议。

2日

△2016重庆·梁平第八届采柚节活动在合兴镇名柚园盛大开幕。

△在2016重庆·梁平第八届采柚节活动开幕式当天，梁平县成功签订涉及集成电路、不锈钢制品、旅游等领域项目15个项目，协议引资36亿元。

△2016年度梁平柚网上销售优秀网店评选结果揭晓，网上销售平台“梁平柚”在本次评选活动中斩获一等奖，网店“重庆梁平特产专销店”“渝味铺子”获二等奖，网店“重庆府”“柚美滋”“悠然人家”获三等奖。

△重庆大学弘深学院院长唐胜利一行到平伟实业、捷尔士显示技术公司、职教中心等地调研。

3日

△县委书记吴盛海主持召开县委常委会会议，传达学习党的十八届六中全会精神，研究贯彻落实意见。

△渝东北片区人民满意的公务员示范单位和示范岗创建工作推进会在梁平县召开。

4日

△县长蒲继承主持召开县政府第114次常务会议，传达学习十八届六中全会精神及市委、县委贯彻意见，学习贯彻全市安全生产工作视频等会议精神。审议生态文明建设等“十三五”专项规划、招商引资协议等事项。

7日

△县委中心组召开会议，专题学习党的十八届六中全会精神。

8日

△由重庆市商委和北京贡天下网络有限科技公司合资的重庆贡天下商务有限公司来到梁平县，寻找梁平柚供货渠道。

△梁平县召开“十三五”特色旅游产业发展规划专家评审会，5位市级专家参加评审。

9日

△由国务院参事杜鹰、王石奇率领的国务院参事室调研组莅梁调研农村集体产权制度改革工作，市政府副秘书长郑立伟一行一同调研。

△县长蒲继承到屏锦、虎城和碧山等镇乡调研安全生产、环保和经济社会发展工作。

△梁平县召开“十三五”特色工业集群发展规划专家评审会，5位市级专家参加评审。

10日

△市供销合作总社党委书记、主任梁从友一行到梁调研工作，对梁平供销社整合本县农特产

品，开展线上线下宣传、展示、推销的做法给予充分肯定。

△市工商局电子商务工作渝东北片区调研座谈会在梁平县召开。

11日

△10—11日，市政协副主席周克勤莅梁调研指导梁平县特色产业等经济社会发展情况，助推生态涵养发展。

△县委书记吴盛海主持召开常委会会议，传达学习全市区县委书记座谈会精神，并研究贯彻落实意见。

△县长蒲继承主持召开县政府第115次常务会议，听取棚户区改造工作进展情况汇报，审议《梁平工业园区联合执法检查改革试点工作方案》《梁平县城市道路及市政管线工程规划管理办法》等事项。

△梁平县召开座谈会专题研讨“十三五”商贸服务业发展规划及“十三五”对外开放发展规划。

△以引导广大中老年人“走出家门，融入自然，体验健身，增进健康”为主题的梁平县2016年第四届全国健步走活动启动仪式在梁平机场举行，县城约2000人参加。此活动在梁平县各乡镇同步举行，共近万人参加。

15日

△以“推进生态文明建设倡导绿色生产生活”为主题的重庆环保世纪行2016年采访活动走进梁平。

16日

△梁平县首批公租房在梁平北门影剧院进行实物配租摇号。本次共有312套房源以电脑摇号的方式进行选房。

17日

△《光明日报》、中国新闻社、中国交通报、人民网、《重庆日报》等18家媒体记者深入渝万高铁梁平南站采访并召开座谈会了解渝万高铁开通前的准备。

20日

△县委书记吴盛海到屏锦镇天生村主会场参加县、乡镇两级人大代表的选举投票。县长蒲继承到金带镇金城村投票站参加选举投票。县人大常委会主任郑云山在梁山街道第二选区北池社区投票主会场参加选举投票。县政协主席周仁胜到虎城镇第二选区砂石社区投票站参加选举投票。

21日

△渝广梁忠高速路公司召开梁忠高速公路通车协调工作会，专题研究处理开通前的扫尾工作和遗留问题。

22日

△县长蒲继承主持召开县政府第116次常务会议，传达贯彻全市环保督查工作会议精神，听取塑料产业集群发展情况，审议了物流园区建设等事项。

△2016年重庆市无线电综合演练启动仪式在梁平县举行。市经信委党组成员、副巡视员，市无线电办公室主任艾万忠出席启动仪式。

△梁平县召开“十三五”城市基础设施建设规划专家评审会，5位市级专家参加评审。

△由重庆市公安局交通管理局、重庆华龙网集团举办，国通石油等爱心企业协办的2016年文明交通宣传作品（文艺作品类）评选揭晓，梁平县选送的梁山灯戏《小朋友大朋友》荣获一等奖。

23日

△县委书记吴盛海，县长蒲继承，县政协主席周仁胜带队，通过现场查看、听取汇报、召开现场办公会等方式，专题调研渝万铁路和梁忠高速建设扫尾工作。

△县长蒲继承率队督查调研环境突出问题整改情况，县政府办、县环保局、县水务局、县市政园林局等部门负责人一同参加。

△市科协考察调研组一行莅梁考察调研，检查验收创新驱动助力工程。

△梁平县召开“十三五”文化发展规划专家评审会，五位市级专家参加评审。

24日

△县委书记吴盛海主持召开县委常委会会议，传达学习市委四届十次全会精神，会议还传

达学习了市政协副主席周克勤来梁调研指示精神并研究贯彻落实意见，传达贯彻全市迎接中央环保督察会议精神，对其他工作作了部署。

△梁平县召开“十三五”现代物流业发展规划专家评审会，五位市级专家参加评审。

△市民政局副局长张明一行到梁平县调研民政工作。

△梁平县行政中心广场正式命名为柚乡广场。广场东西最长距离400米，南北最长距离约200米，于2015年建设竣工，总占地面积为67000平方米。广场设置有音乐喷泉和铜质大型雕版梁平地图等设施和地域文化元素等。

25日

△县委书记吴盛海主持召开县规委会，听取百里竹海指挥部当前工作推进情况汇报，审议百里竹海部分景点规划设计。

28日

△渝万高铁正式开通，早上7时01分首趟经过梁平南站的高铁列车G8703驶出梁平南站站台，将经过重庆北，直奔蜀地成都，渝万高铁正式投入运营。梁平南站首发日上车人数2127人，下车人数2050人。

29日

△梁平县国家级生态原产地产品保护评定暨示范区创建评审会召开。会议通过了梁平县首批申报的生态原产地保护产品，以及生态原产地产品示范区验收。

12 月

1日

△县政协主席周仁胜主持召开第四十四次主席扩大会议，审议通过第24次政协常委会议题、优秀政协委员名单，审议新一届政协一次会议有关事项，安排落实市政协副主席周克勤莅梁调研交办任务。

5日

△县委书记吴盛海主持召开县委常委会会议，传达学习“12·4”全国全市安全生产紧急会议精神，研究部署全县安全生产工作。

△县长蒲继承主持召开县政府第117次常务会议，听取承接市委、市政府年度任务、中央专项建设资金及预算内投资项目、市县级民生实事推进情况，审议污水处理厂环境问题处置、电子商务进农村综合示范工作等事项。

6日

△5—6日，文化部非遗司原司长、中国非遗保护协会会长马文辉一行莅梁，通过实地走访、听取汇报、召开座谈会等方式，考察调研梁平县非遗文化的保护传承与开发利用工作。市文化委领导郭晓泉、王发荣，县领导吴盛海、蒲继承、张子玉、徐勇等参加调研或座谈。梁平县共有国家级非遗项目5项，重庆市级非遗项目20项，县级非遗项目86项。国家级代表性传承人3名，市级代表性传承人31名，县级代表性传承人108名。

△县政协召开十三届第24次常委会议，传达学习中共十八届六中全会精神，审议通过了县政协十四届委员会界别设置、参加单位、委员名额及人选，审议通过了关于召开县政协十四届一次会议的决定等事项。

7日

△中国人民解放军后勤工程学院和重庆煤科院专家组到梁平县评审烟花爆竹生产企业（转型升级）剩余危险物品处置实施方案，并提出建议。

△梁平县召开“十三五”现代商贸服务业及对外开放发展规划专家评审会，邀请十位市级专家参加评审。

8日

△县委书记吴盛海实地查看桂东大桥、石马山变电站等地道路交通状况，召开城市内环等干线公路融资、设计、建设专题会，研究部署相关工作。县领导蒲继承、郑云山、周仁胜等参会。

9日

△梁忠高速公路正式通车运营，梁平至忠县两地车程将从1.5小时缩短至30分钟左右。梁忠高速公路起于梁平县碧山镇，止于忠县拔山

镇，全长71.6公里，为双向四车道高速公路，设计时速为80公里/小时。

△县长蒲继承主持召开县政府第118次常务会议，审议梁平县创新驱动战略发展实施意见、2017年拟实施十大民生工程，研究部署安全生产等工作。

10日

△县委书记吴盛海到铁门乡毛庵寨生态农业观光园、大观镇清凉洞休闲露营基地、石安镇蜂恋花谷等地，走进铁门乡大塘村五组、大观镇安乐村十二组等村组部分村民家中，调研各乡镇产业发展及乡风文明建设推进情况。

13日

△涪陵区区委书记李洪义、区长种及灵、区人大常委会主任李景耀、区政协主席徐志红率涪陵区党政代表团来到梁平县，先后到渝万铁路梁平南站、双桂湖北岸示范段、梁平工业园区平伟光电二期、巨源不锈钢技术研发中心、德兆环保等地，了解梁平县工业发展、城市建设、产业布局等方面的情况。

△县政协召开第四十五次主席扩大会，协商环保产业发展、跟踪龙溪河污染治理工作。

△县长蒲继承到县卫生计生委、县残联、县计生协会、县红十字会等单位调研，召开卫生计生工作专题会。

△县长蒲继承组织召开动员会，研究部署迎接义务教育发展基本均衡县国家督导认定相关工作。

14日

△县委中心组举行学习（扩大）会，邀请市委宣讲团成员，市委党校教授戚攻做学习贯彻党的十八届六中全会精神专题辅导报告。

△科技部及专家组一行到梁平，深入到梁平工业园区重庆捷尔士显示技术有限公司、重庆平伟实业股份有限公司和集成电路封测与应用产业基地调研，指导和帮助梁平县创建国家高新技术产业化基地。

△重庆市地方志办公室主任姚红一行莅临梁平县调研相关工作。

15日

△县委书记吴盛海主持召开县委常委会会议，听取党建工作情况汇报，审议创新驱动战略发展实施意见。

△重庆市区县工会专项改革工作片区座谈会在梁平县召开，市总工会副主席杨帆出席会议并讲话。

16日

△县长蒲继承主持召开县政府第119次常务会议，听取2017年经济社会发展重点工作安排、新区指挥部、工业园区管委会工作汇报，审议了乡镇（街道）行政权力、责任事项通用目录等事宜。

△梁平县召开2016年承接市委、市政府经济社会发展实绩考核工作推进会，通报全县2016年1—11月相关工作进展情况。

19日

△中国共产党梁平县第十三届委员会第十六次全体会议召开。全会听取和讨论了吴盛海代表县委常委会所作的工作报告，全面部署了2017年经济社会发展工作。蒲继承对2017年经济社会发展具体工作作了安排和说明。

△梁平县组织召开2016年禁毒工作落实不力单位约谈会，通报被约谈单位情况，分析当前存在的问题，对下一步工作提出具体要求。

20日

△市委、市政府、市人大、市政协主要领导亲临梁平，出席梁平撤县设区干部大会。市委常委、秘书长张鸣宣读《市委、市政府关于梁平县武隆县撤县设区有关工作的通知》。吴盛海、蒲继承、郑云山、周仁胜等县领导及梁平县各乡镇(街道)、部门负责人参加会议。

△撤县设区干部大会召开后，县委书记吴盛海紧接着主持召开专题会议，传达学习贯彻干部大会精神。

21日

△县长蒲继承主持召开县政府第120次常务会议，审议了《梁平县鼓励创新驱动奖扶办法》等事项，研究了环境保护和农业农村等工作。

△国务院参事、住建部风景园林专家、教授级高级工程师刘秀晨，市规划局原副局长邱建林等国家级、市级专家一行实地调研了双桂城区、双桂湖码头、双桂湖南岸等地，并就《双桂湖公园西区、南区深化设计及北区山体大坝景观方案》《中华非遗博览园选址》《农田湿地公园策划前期》提出咨询意见。

△在科技部组织的国家高新技术产业化基地评审论证会上，梁平申报的国家集成电路封测高新技术产业化基地顺利通过专家组评审，将获批认定为“国家重庆功率半导体封测高新技术产业化基地”。副县长唐诗平、重庆邮电大学专家及相关部门和企业负责人出席答辩。

22 日

△梁平县召开第十六届人大常委会第五十二次会议。

△梁平举行第二批公租房实物配租现场会，本次活动共有位于惠民家园 B 区的 388 套房源进行摇号分配，其中一室一厅 202 套，两室一厅 186 套。

23 日

△县政协召开十三届 25 次常委会议，传达学习梁平撤县设区干部大会精神，协商“一府两院”工作报告，审议县政协常委会工作报告及提案工作情况的报告，审议通过区政协十四届委员会界别设置、参加单位、委员名额及人选，审议区政协十四届一次会议有关事项。

△县长蒲继承主持召开县政府第 121 次常务会议，传达贯彻市委四届十一次全会、梁平撤县设区干部大会主要精神，审议《2017 年政府工作报告》《2016 年国民经济和社会发展计划执行情况及 2017 年计划草案的报告》《2016 年财政预算执行情况及 2017 年财政预算草案的报告》。

26 日

△县委书记吴盛海主持召开中国共产党重庆市梁平区第十四次代表大会主席团第一次会议。

△县委书记吴盛海主持召开县委常委会会议，传达学习市委主要领导在梁平撤县设区干部大会上的重要讲话精神并研究贯彻落实意见，传达学习重庆市委四届十一次全会精神并研究贯彻落实意见，审议区“两会”有关报告。

27 日

△中国共产党重庆市梁平区第十四次代表大会，在双桂城区行政中心梁平会堂隆重开幕。吴盛海代表中国共产党梁平县第十三届委员会向大会作题为《站在新起点展现新作为为加快建设“面上保护、点上开发”示范区而努力奋斗》的报告，蒲继承主持会议并宣布开幕。

△中央网信办网络新闻信息传播局副局长刘冲率国家禁毒委督导检查组到梁，先后到双桂街道、皂角社区以及仁贤镇中心小学等地实地视察指导，召开座谈会。李宪辉、汪绍敏等国家禁毒办、市禁毒委领导出席会议并讲话。

28 日

△中国共产党重庆市梁平区第十四次代表大会举行第二次全体会议。

△27—28 日，由国家督学、福建师范大学附属中学校长温青率领的国家督导认定专家组一行莅梁，对梁平创建“全国义务教育发展基本均衡区（县）”进行督导认定。

29 日

△中国共产党重庆市梁平区第十四次代表大会在双桂城区行政中心梁平会堂胜利闭幕。

△中国共产党重庆市梁平区第十四届委员会第一次全体会议在双桂城区行政中心 2 号楼 301 会议室举行。毛大春、付云、孙代勇、李钟斌、李德平、吴盛海、张子玉（女）、陈孟文、陈道彬、蒲继承（按姓氏笔画为序）10 名同志当选为中国共产党重庆市梁平区第十四届委员会常务委员会委员，吴盛海当选区委书记，蒲继承、陈孟文当选区委副书记。

△中国共产党重庆市梁平区第十四届纪律检查委员会召开第一次全体会议，选举产生了新一届区纪委领导班子，李德平任书记，彭彬、唐红、罗小松任副书记。

30 日

△梁平召开 2016 年度财税金融工作座谈会。

2017年1月

1日

△国家统计局重庆调查总队总队长朋琳带队重庆市第三次全国农业普查领导小组，到双桂街道安宁村指导农业普查登记工作。

4日

△国家安监总局党组成员、总工程师王浩水率队到梁，督导检查梁平烟花爆竹生产企业转型发展工作。市政府副秘书长罗德，市安监局局长冉进红参加座谈会。

△市总工会副主席姚程武一行到梁平对困难劳模、困难职工（农民工）开展送温暖活动。

5日

△区委副书记、区政府党组书记蒲继承主持召开第122次政府常务会议，研究争取国家激励支持任务分工、安全生产等工作，审议《降低实体经济企业成本工作方案》等事项。

△区政协党组书记、县政协主席周仁胜主持召开区政协十四届一次会议第一次临时召集人会议。

6日

△中国人民政治协商会议重庆市梁平区第十四届委员会第一次会议隆重开幕。周仁胜作县政协十三届常委会工作报告，廖文宪作提案工作情况报告。

7日

△重庆市梁平区第十七届人民代表大会第一次会议隆重开幕。县人大常委会主郑云山主持大会并宣布开幕，县长蒲继承作政府工作报告。

△出席区十七届人大一次会议、区政协十四届一次会议的代表、委员，先后到渝万城际铁路梁平枢纽站、双桂湖公园林荫广场、梁平工业园区、平伟光电二期、区规划展览馆等地视察。

△区委书记吴盛海会见韩中文化交流协会会长金荣哲、理事李钟喆以及三星集团原副社长崔丰德一行，并就做大做强梁平区光电产业，完善上下游产业链等事宜进行深入交流。

8日

△区委书记吴盛海主持召开区委常委会2016年度民主生活会征求意见座谈会，面对面听取各界代表对区委常委会班子及成员在理想信念、政治纪律和政治规矩、作风、担当作为、组织生活、落实全面从严治党责任等方面的意见建议。

9日

△中国人民政治协商会议重庆市梁平区第十四届委员会第一次会议胜利闭幕。大会宣布：周仁胜当选为区政协十四届委员会主席，廖文宪、陈命安、王峻波、蒋明书、唐天敏、周毅当选为区政协十四届委员会副主席。

10日

△重庆市梁平区第十七届人民代表大会第一次会议在圆满完成各项议程后胜利闭幕。大会选举郑云山为重庆市梁平区第十七届人民代表大会常务委员会主任，李志祥、扈先斌、李庆双、屈猛、戴晓稳为重庆市梁平区第十七届人民代表大会常务委员会副主任。选举蒲继承、陈道彬、唐军、唐诗平、胡立、雷旭东、徐勇、邱树洪为重庆市梁平区人民政府副区长。选举石溅泉为重庆市梁平区人民法院院长、王鸣隆为重庆市梁平区人民检察院检察长（根据地方组织法的规定，选出的人民检察院检察长，还须报经重庆市人民检察院提请重庆市人民代表大会常务委员会批准）。选举王显贵等29名同志为重庆市梁平区第十七届人民代表大会常务委员会委员，胡发海等20名同志为重庆市梁平区第十七届人民代表大会财政经济委员会、法制委员会、农业与农村委员会组成人员。

△重庆市梁平区第十七届人大常委会召开第一次会议，决定蒲继承同志为重庆市梁平区人民政府代理区长。区领导吴盛海、蒲继承、郑云山、陈孟文、孙代勇、陈道彬、李志祥、扈先斌、屈猛、戴晓稳、李庆双、石溅泉、王鸣隆参加、应邀参加或列席会议。会议还审议通过了重庆市梁平区人民代表大会常务委员会《关于撤县设区有关事项的决定（草案）》，审议了重庆市梁平区人民政府《关于邱树洪同志任职的议案》。

文　献

书画楹联作品展

文　献

中共梁平县委　梁平县人民政府 关于深化改革扩大开放加快实施创新驱动发展战略的实施意见

（梁平委发〔2016〕11号　2016年12月5日）

创新是引领发展的第一动力，决定着发展的速度、规模、结构、质量和效益，决定着发展思路、方向和面貌。为深入贯彻落实市委四届九次全会精神，根据《中共重庆市委重庆市人民政府关于深化改革扩大开放加快实施创新驱动发展战略的意见》（渝委发〔2016〕29号），结合梁平实际，提出如下实施意见。

一、总体要求

（一）指导思想

以党的十八大、十八届三中四中五中六中全会精神以及习近平总书记系列重要讲话和视察重庆重要讲话精神为指引，按照统筹推进“五位一体”总体布局和协调推进“四个全面”战略布局要求，紧扣渝东北生态涵养发展区功能定位，坚持创新、协调、绿色、开放、共享的发展理念，坚持以人民为中心的发展思想，按照“137”发展思路，进一步深化改革、扩大开放，以企业创新为主体，以人才驱动为支撑，以开放合作为路径，加快建立促进创新的体制架构，营造良好创新生态，推动以科技创新为核心的全面创新，形成以创新为主要引领与支撑的经济体系和发展模式，为如期全面建成小康社会提供强大动力支撑。

（二）基本原则

——坚持需求导向。立足“一支柱四集群”特色工业和“1+3”特色效益农业等重点产业发展需求，突出工业园区和农业科技园区等重点区域，围绕产业链布局创新链，加快构建以创新为主要引领与支撑的经济体系和发展模式。

——坚持深化改革。遵循科技创新规律，破除科技与经济深度融合的体制机制障碍，强化市场导向作用，突出企业创新主体地位，转变政府职能，营造良好制度环境，充分激发全社会创新创造活力。

——坚持开放引领。强化引资引智，以开放视野谋划创新，加快构建开放式创新生态，在更大范围内集聚创新资源，推进各类创新主体的创新协同，促进各类创新要素综合集成和高效利用。

——坚持人才为先。把人才资源摆在创新驱动发展的优先位置，以充分发挥各类人才的积极性和创造性为核心，改革人才评价、引进、培养和使用机制，加快建设科技创新平台，增强人才吸引力，在创新事业中集聚人才，在创新实践中培养人才，让各类人才各展其长、用有所成。

——坚持全面创新。以科技创新为核心，把科技创新和制度创新结合起来，全方位推进产品创新、品牌创新、产业组织创新、商业模式创新等，把创新驱动发展战略落实到经济社会发展全过程和各方面。

（三）发展目标

到2020年，科技创新推动经济社会发展能力明显增强，基本建成全市创新驱动发展示范区、高新技术产业开发区和国家现代农业示范区。

——创新型经济结构基本形成。形成一批具有竞争力的创新型企业。特色工业产值达到400亿元，特色效益农业产值占农业总产值比重达到60%以上。认定科技型企业300户（其中国家高新技术企业50户），上市企业2户。战略性新兴制造业增加值占规模以上工业增加值比重达到35%，知识密集型服务业增加值占地区生产总值比重达到20%，科技进步贡献率提高到60%以上。

——区域创新能力明显提升。产学研高效协同。国家和市县级科技研发机构达到30家，聚集一批高层次创新人才，形成并转化一批关键核心技术和科技成果。研究与试验发展（R&D）经费支出占地区生产总值比重达到2.5%，每万人有效发明专利拥有量和高新技术产品销售收入翻一番。

——创新生态更加优化。支持和激励创新创业的政策体系更加高效，服务体系更加健全，基础设施更加完备，创新成果保护更加有力，创新价值得到充分体现，倡导崇尚创新、宽容失败的价值导向，形成大众创业、万众创新的良好局面。

二、实施产业集群创新引领工程，构建产业新体系

（四）聚力发展新兴制造业。以发展特色工业集群为重点，推进产业链、创新链、资金链、生态链高度融合。大力开展科技引资引智，构建科技创新服务平台，培育引进一批国家高新技术企业。实施一批重大科技专项，加大创新支持力度，培育产业竞争新优势，推动集群发展、提速发展。

（五）改造提升传统产业。以实施消费品工业增品种、提品质、创品牌“三品行动”为重点，引导支持机械、农副产品深加工、竹木工艺制品等传统产业企业采用新技术、新工艺、新设备、新材料，统筹推进科技、品牌、标准、产业协同创新，促进提档升级和节能降耗减排治污，提升综合竞争力。

（六）大力发展效益农业。以特色效益农业提品质、创品牌、增效益为目标，强化发展理念、发展方向、发展方式和经营模式创新。坚持以工业化思路抓农业，走“一二三产融合，种养加旅一体”发展路子，突出生态、绿色、安全生产和品牌建设、农产品电商平台建设、农业科技和机械化服务体系建设、农产品溯源和质量安全监管体系建设，建设重点农产品生产基地，打造“梁平农业”名片，推进农业大县向农业强县转变。

（七）加快发展战略性新兴服务业。加快推进文化、旅游、高新技术研发设计、大健康、电子商务和商贸服务、通用航空等六大战略性新兴服务业发展。建设梁平中华非遗博览园，培育以非遗文化为重点的梁平特色文化品牌。加快建设百里竹海、双桂堂两大核心景区，创建市级全域旅游示范县。加快发展研究开发、技术转移、检验检测认证、创业孵化、知识产权、科技咨询、科技金融、科学技术普及等专业性和综合性科技服务业。大力发展养心养老养身等“大健康”产业。加快建设全国农村电子商务示范县。推进通用航空产业发展。

三、实施科技型企业培育引进工程，发挥创新主体作用

（八）充分激发企业创新动力。发挥企业科技创新主力军作用，引导企业建立研发准备金制度，支持企业加强科技人员队伍建设，鼓励企业加强产品创新、品牌建设和牵头制订各级标准。落实首台（套）重大技术装备扶持政策，健全优先使用创新产品和服务的采购政策，试行创新产品与服务远期约定采购制度。

（九）培育引进科技型企业。加快培育和引进一批科技型小微企业，鼓励种子期科技型企业参加创新创业大赛等赛事。推进科技型企业持续开展研究开发与成果转化，实现销售收入快速增长，聚力培育一批高成长性科技企业。

（十）培育引进国家高新技术企业。建立国

家高新技术企业培育储备库，加大招商引资力度，用好用足高新技术企业财税优惠政策，培育和引进一批国家高新技术企业。支持企业持续加大研发投入，开展技术、产品、工艺创新，创造和转化科技成果，推动科技型企业提档升级。

（十一）培育创新型领军企业。积极对接“巴渝创新型领军企业培育计划”，力争将平伟实业和巨源不锈钢培育成市级创新型领军企业，并推动其在创业板上市。

四、实施创新创业载体建设工程，增强创新资源集聚能力

（十二）创建高新技术产业开发区。以工业园区为“主战场”，发展特色工业集群，建成重庆市高新技术产业开发区、重庆市创新驱动助力工程示范区和国家高新技术产业化基地，创建国家高新技术产业开发区。加快构建各类研发机构和技术创新平台，重点建设重庆市塑料检测中心、院士专家工作站，联合重庆理工大学建设重庆高分子材料产业技术创新研究院，支持平伟实业建设国家企业技术中心。升级重庆集成电路封测与应用产业技术创新研究院，争创高端研发机构。推动巨源不锈钢建设市级不锈钢制品产业技术创新研究院和研发检测中心。加快建设以园区科技企业孵化器、亿联电子商务和屏锦镇竹工艺品等为重点的众创空间和孵化器。

（十三）创建国家现代农业示范区。以梁平柚、鱼、鳅、竹、甜茶等产业为重点，建设市级农业科技园区，创建农产品安全示范县、国家现代农业示范区。提档升级重庆市梁平竹子研究所、农机安全技术检测考试中心，构建梁平柚、水产等市级星创天地、农业科技专家大院、产学研协同创新服务中心。深化科技特派员制度，强化农业科技服务体系建设，加强品种选优提纯、优（新）品种试验示范推广，推广绿色、生态、循环、高效标准化种养殖技术的集成示范与应用。新增“三品一标”农产品125个，积极组建农产品品牌运营中心。完善农产品质量检测系统、特色优势农产品质量监管物联网公共服务平台建设。

五、实施创新人才引进培育工程，增强人才支撑能力

（十四）大力引进高层次人才。坚持引资引智并举，建立健全人才引进、培养、评价、使用、激励相结合的政策体系和工作机制。积极引进院士、知名专家等领军人才、高层次人才、急需紧缺人才和创新创业团队。通过设立“科技创新突出贡献奖”和鼓励企业采用股权、期权、分红等激励方式，调动科技人员创新创业积极性。

（十五）加强创新创业人才队伍建设。对接全市“特支计划”等人才专项，培养一批创新创业领军人才及团队。支持科技型企业建立首席专家和技能大师工作室。争取市属高校或三峡职业学院与梁平职教中心合作，在我县开设分校、特色专业或创办二级学院，建设实训基地，培育一批高素质、应用型的高级技工、本土技术管理人才和企业家。鼓励在校学生参加各级各类创新创业大赛，持续开展全县“杰出人才”“优秀人才”评选活动。

六、实施科技金融服务工程，增强金融支撑能力

（十六）建立创业种子投资基金。设立总规模2000万元（首期规模1000万元）的创业种子投资引导基金，以免息信用贷款方式支持创业团队和种子期科技型小微企业发展。

（十七）加快发展股权投资基金。对接国家、市级各类股权投资基金，争取各类基金到梁平落户或设立子基金。积极组建“双创基金”，引导各类基金支持梁平主导产业及企业创新创业。

（十八）支持企业融资。支持金融机构开展科技型企业创新风险投资、科技贷款、科技保险等金融产品投贷联动业务。支持科技型企业以政府采购项目《中标通知书》和合同向银行申请贷款，改制上市（挂牌）、发行各类债券及债务融资工具融资。深入推进知识产权、股权、应收账款及存货、仓单等质押贷款业务。做大中小微企业融资风险补偿基金、微型企业贷款担保补偿基金，探索设立创新创业担保贷款风险补偿基金。

七、实施科技成果转移转化工程，增强成果

应用能力

（十九）强化科研项目市场化导向。设立以企业家和产业专家为主体的科研项目评审委员会，推动科技成果转化应用。强化财政科技经费“事后补助”和“事后奖励”，本级财政科技经费用于企业牵头实施的市场类科技项目和科技研发平台类项目比例不低于县级科技计划的80%。

（二十）构建新型科技成果转化体系。支持企事业单位利用“互联网+”，发展专业化众创空间、星创天地和科技型企业孵化器。支持引进国内外知名孵化器核心运营团队来梁设立孵化平台。加快完善重庆科技资源共享平台梁平工作站建设，促进科技资源开发利用与共享。

（二十一）大力开展科技应用示范。大力引进高校、科研院所的先进技术和成果在我县集成应用和示范推广。加快推进设计数字化、装备智能化、生产自动化、管理网络化、商务电子化，着力提升企业设计、制造、工艺、管理水平。深化智慧城市建设，提升城市管理、政务服务、公共服务信息化水平。强化教育教学成果转化，积极推进“数字校园”建设。开展污染治理、节能降耗、水污染和环境质量监控等科技应用示范，提升生态环保科技水平。建设人口健康、医疗服务等信息管理平台，加强重大疾病防控、生殖健康等领域技术成果示范推广，提升“大健康”创新能力和服务水平。

（二十二）完善科技成果转化收益激励机制。事业单位的职务发明成果转让收益可在重要贡献人员、所属单位与转移转化机构之间合理分配，对科技人员奖励应不低于净收入的50%。其中，做出主要贡献的人员所得份额应不低于奖励总额的50%。事业单位按规定使用科技成果转化产生的收益、横向课题收入和财政项目资金向科技人员发放的奖励，不纳入单位绩效工资总额管理。科技人员在取得企业股权激励时的个人所得税递延至取得股权分红或转让股权取得收入时，并原则上在5年内分期缴纳。国有企业科技成果转化所得收入，作为企业上缴利润抵扣项。

八、强化保障措施，加大组织实施力度

（二十三）健全组织领导机制。全县各级党政“一把手”是推动创新驱动发展的第一责任人，要以第一力度抓“第一生产力”。建立创新驱动发展联席会议制度，统筹推进创新驱动发展工作。建立以新发展理念为导向的考核机制和问责机制，将创新驱动发展指标纳入各乡镇（街道）和县级相关部门年度实绩考核，并加大考核权重。

（二十四）营造良好创新生态。深化科技管理体制改革，让创新主体有更大的自主空间。统筹协调创新支持政策，加强科技政策与财税、金融、投资、产业、社会保障等政策的协同，建立创新政策协同审查机制。实行严格的知识产权保护制度，加大知识产权侵权打击力度。鼓励社会力量兴办一批科技中介服务机构、建设一批特色科普基地，为创新创业提供优质高效服务。落实结构性减税和企业研发费用加计扣除等政策。优化整合财政资金的支持方向和结构，确保每年财政投入用于研发经费不低于1亿元，并逐年适度增长。

（二十五）弘扬创新创业精神和文化。大力弘扬创新精神、企业家精神和工匠精神，宣传创新创业者典型事迹，营造大众创业、万众创新的浓厚氛围。建立鼓励创新、宽容失败的容错纠错机制，对单位和个人在创新活动中勤勉尽职但未达到预期目标的，不做负面评价，不影响政绩考核和提拔使用；符合中央大政方针、理念正确、程序正当的创新举措与现行政策有一定冲突，未造成不良影响的，免除单位和个人相关责任。对创新改革探索违反程序或造成严重不良后果的，及时叫停和纠正；对抵制、阻挠、延误改革创新，造成不良后果的，严格追责。

（二十六）形成推动创新发展强大合力。全县各级各部门要把加快实施创新驱动发展战略摆上重要议事日程，既各司其职、各负其责，又相互协调、密切配合，充分发挥整体效应。县委办、县政府办牵头分解落实创新发展目标任务，制定《鼓励科技创新奖扶办法》《引进高层次人才若干优惠政策》等政策。工业园区管委会、县农委分别牵头制定《创建国家高新技术产业开发区方案》和《创建国家现代农业示范区方案》。县科委要强化统筹协调，在科技创新中发挥牵头组织作用。县科协要团结带领广大科技工作者，深入实施创新驱动助力工程和全民科学素质行动计划。各行业协会、商会、社团等要充分发挥在推动创新驱动发展中的积极作用。县委督查室和县政府督查室要加强督查和通报，努力形成大众创业、万众创新的新格局。

中共梁平县委　梁平县人民政府
关于推进特色风情集镇管理建设的意见

（梁平委发〔2016〕6号　2016年6月11日）

推进特色风情集镇管理建设是落实“137”发展思路，实施“山水园林城市—特色风情集镇—美丽新乡村”三级同建的重要内容，对于加快城乡统筹步伐、实现城乡一体化发展意义重大。结合梁平实际，现对推进特色风情集镇管理建设提出如下意见。

一、特色风情集镇建设的总体原则和目标

牢固树立五大发展理念，深入实施五大功能区域发展战略，以“137”发展思路为引领，按照“三级同建”要求，坚持问题导向、目标导向、民生导向，重在“保基本”“保必需”，不断完善场镇功能、提升场镇品质。

（一）总体原则

1. 突出重点，分类推进。31个乡镇全面启动特色风情集镇建设，以云复路、318国道、渝巫路等“三线”上的重要节点的乡镇为重点，将全县乡镇分成三类，做到主次分明，目标分层，不平均用力。一类13个乡镇，包括云龙、和林、金带、合兴、仁贤、聚奎、屏锦、袁驿、礼让、明达、竹山、龙门、新盛；二类9个乡镇，包括蟠龙、星桥、安胜、回龙、碧山、虎城、福禄、曲水、柏家；三类9个乡镇，包括复平、文化、荫平、铁门、龙胜、七星、石安、紫照、大观。

2. 乡镇主体，量力而行。乡镇是特色风情集镇管理建设的主体，要敢抓敢管、真抓真管。工作推进中，坚持量力而行、尽力而为，不追求高大上，不搞大拆大建，在整洁美化上求实效，在完善功能上善作为，在形成长效上拼韧劲，做到当期可承受、长远可持续。

3. 统筹兼顾，上下联动。统筹考虑各类乡镇的发展现状和预期，实施差异化管理指导和项目资金投入。强化县级部门在推进特色风情集镇建设的作用，立足部门职能职责，加大县级部门对乡镇的帮助和支持力度。

4. 注重长效，健全机制。围绕“环境干净整洁、功能逐步完善”的总体要求，建立健全保洁、管理、投入、居民共同参与等方面的长效机制，巩固和扩大工作成果，不断彰显特色风情。

（二）工作目标

长期以来，多数乡镇“重建轻管”“等靠要”思想较为突出，致使当前集镇管理建设存在摊位乱占、垃圾乱扔、车辆乱停、棚架乱撑、管线乱拉、店牌乱挂、酒席乱摆、污水乱倒、房屋乱建、缺必要设施等“九乱一缺”突出问题。通过连续三年的环境综合整治和必需的项目建设，各乡镇垃圾收集处理率达到100%，污水收集处理率达到80%，配套设施逐步完善。各类乡镇分别达到以下工作目标（详见附件1）。

一类乡镇实现“九有、六无、四化”。“九有”：有2~3个卫生的公共水厕，有1~2个固定的“坝坝席”场地，有规范统一的店招店牌，有设置合理的停车位，有1个管理有序的农贸市

场，有一套较为完备的垃圾收运设施，有运行通畅的污水收集处理系统，有1个文体活动场地，有务实管用的保洁机制；“六无”：无占道经营、无乱停乱放、无暴露垃圾、无“蜘蛛网”、无“牛皮癣”、无新增违法建筑；“四化”：人行道规范化、街面绿化、路灯亮化、河道净化。

二类乡镇实现“七有、四无、四化”。“七有”：有2~3个卫生的公共水厕，有1~2个固定的“坝坝席”场地，有设置合理的停车位，有一套较为完备的垃圾收运设施，有运行通畅的污水收集处理系统，有1个文体活动场地，有务实管用的保洁机制；“四无”：无占道经营、无乱停乱放、无暴露垃圾、无新增违法建筑；“四化”：人行道规范化、街面绿化、路灯亮化、河道净化。

三类乡镇实现“五有、三无、四化”。“五有”：有1~2个卫生的公共水厕，有1个固定的“坝坝席”场地，有一套较为完备的垃圾收运设施，有运行通畅的污水收集处理系统，有务实管用的保洁机制；“三无”：无占道经营、无暴露垃圾、无新增违法建筑；“四化”：人行道规范化、街面绿化、路灯亮化、河道净化。

以上“几有几无几化”的具体标准，由县城乡建委牵头另行制定。

二、2016—2018年特色风情集镇建设主要工作任务

（一）开展环境综合整治，保持干净整洁。一是建立垃圾定期清运机制，完善垃圾收运体系，清除街面“牛皮癣”，对人行道、路灯、行道树等进行修补完善。二是规范店招店牌，实行“两统一”（统一高度、统一风格）。三是清理不规范的棚架，必须建棚架的要实现“两统一”（统一规格、统一颜色）。四是加强市场秩序管理，在没有农贸市场的乡镇实施划片管理，防止乱设摊点、占道经营。五是全面整治违法建筑，拆除违章私搭乱建房屋。六是清理河道污物，净化过境河道。七是控制和减少场镇扬尘污染。

（二）逐渐配套必备设施，完善集镇功能。一是全面完成所有乡镇污水处理厂和三级管网建设并投入运行，各乡镇履行所属管网日常管理和维护的主体责任，县环保局履行监管责任，确保污水管网正常运行。二是加快完成公共水厕的新（改）建工作。三是整合集镇资源，调整或新建1-2个“坝坝席”场地。四是整合利用文体活动场地，充分利用集镇周边场所，对集镇小学等单位场地附条件对外开放。五是规范农贸市场管理，提高闲置农贸市场利用率。六是划停车线（或设停车点）规范车辆停放秩序。七是规范集镇“蜘蛛网”，减少乱扯乱挂，有条件的乡镇实施弱电管线入地。

（三）总结固化经验做法，建立长效机制。一是建立健全“门前三包”制度（包卫生、包绿化、包秩序）。二是探索通过公司化运作和购买服务等方式，建立场镇保洁机制，实现垃圾日积日清。三是充分发挥社区作用，建立消防队、派出所、工商所等部门联动执法机制。四是筹集必要的资金，建立符合自身实际且可持续的经费保障机制。五是推进乡风文明，通过完善村规民约、建立激励机制等方式，引导居民共同关注、支持、参与风情集镇建设，确保“不反弹、不回潮”。六是建立历史文化沉淀保护机制，挖掘、传承和利用本地文脉，逐步塑造集镇特色，提升集镇内涵。

三、分类分步实施（详见附件2）

第一阶段（2016年），侧重于开展集镇环境综合整治，完善在急必需的功能配套。

第二阶段（2017年），侧重于巩固环境综合整治成果，加快完善场镇功能，逐步建立机制。

第三阶段（2018年），侧重于形成符合镇情的各类长效机制，并逐步彰显特色。

四、保障措施

（一）搭建工作机构。成立全县风情集镇建设领导小组，由县委专职副书记任组长，相关县领导任副组长，相关县级部门主要负责人为成员，领导小组办公室设在县城乡建委，具体负责日常工作。各乡镇要搭建特色风情集镇建设工作班子，制定工作方案，明确任务，落实责任，限时推进。县领导要加强对所联系乡镇特色风情集镇管理建设的指导和督促力度。

（二）加强统筹协调。县规划局、县国土房管局要对乡镇修建公共水厕、“坝坝席”场地、活动广场、停车场地等配套设施用地予以支持，依法依规进行调规供地，受用乡镇不得挪作他用。县经济信息委、县文化委要协调各类通讯、有线电视等相关单位规范各类管线，治理“蜘蛛网”。县城乡建委、县环保局、县规划局、县市政园林局、县工商局等单位要加强对乡镇在市政执法、环境执法、违法建筑整治、市场秩序管理等方面的指导、支持，必要时可以实施委托执法或联合执法。县规划局牵头，指导各乡镇加强历史文化、民风民俗保护与利用，以及建筑物风貌规划设计。

（三）做好资金筹措。从2016年起，县财政连续三年每年安排1000万元资金（市以上争取的资金除外）作为特色风情集镇建设奖补资金。各乡镇围绕工作目标，采取“项目申报制”“部门会商制”等方式制定年度工作方案。县城乡建委牵头，建立竞争奖补机制，按照先建先补、后建后补的原则，对验收合格后的乡镇进行奖补，当年特色风情集镇建设奖补资金安排完为止，不足资金来年再补。各乡镇要节流开源，按照“谁污染、谁付费”原则，创新资金筹措方式，实现可持续发展。县发展改革委、县财政局、县文化委等部门要加强项目包装，争取项目资金，支持乡镇完善文化体育设施等建设。乡镇特色风情集镇建设资金使用办法由县城乡建设牵头另行制定。

（四）强化宣传引导。县委宣传部要加强对各乡镇的宣传指导。县文明办、爱卫办，各乡镇要创新宣传方式，通过喜闻乐见群众易于接受的形式广泛深入宣传，不断提高广大群众的卫生意识和文明素质，营造共建特色风情集镇的浓厚氛围。

（五）抓实督促检查。县委督查室、县政府督查室要会同县级相关部门加强督促检查，建立定期督促检查制度，防止“反弹”。县城乡建委牵头，每半年组织开展一次风情集镇建设集中巡察式评比活动，以相互借鉴提高。县考核办把特色风情集镇建设纳入综合考核内容，对建设成效显著的乡镇给予表彰奖励，对成效不明显的乡镇给予通报批评并责令限期改进，对改进无成效的乡镇党政负责人启动行政问责。

附件：1. 特色风情集镇建设分类目标明细表

2. 特色风情集镇建设年度工作重点安排表

附件1

特色风情集镇建设分类目标明细表

项目 乡镇类别	公共水厕	“坝坝席”场地	垃圾收运设施	污水收集处理系统	保洁机制	停车位	文体活动场地	店招店牌	农贸市场
一类乡镇	√	√	√	√	√	√	√	√	√
二类乡镇	√	√	√	√	√	√	√		
三类乡镇	√	√	√	√	√				

乡镇类别＼项目	无占道经营	无暴露垃圾	无新增违法建筑	无乱停乱放	无“蜘蛛网”	无“牛皮癣”
一类乡镇	√	√	√	√	√	√
二类乡镇	√	√	√	√		
三类乡镇	√	√	√			

乡镇类别＼项目	人行道规范化	街面绿化	路灯亮化	河道净化
一类乡镇	√	√	√	√
二类乡镇	√	√	√	√
三类乡镇	√	√	√	√

附件2

特色风情集镇建设年度工作重点安排表

类别		乡镇	工作重点		
			2016年	2017年	2018年
一类	重要节点乡镇（13个）	云龙、和林、金带、合兴、仁贤、聚奎、屏锦、袁驿、礼让、明达、竹山、龙门、新盛	开展环境综合整治，清理过境河道，修补完善路灯、人行道、行道树，清理“牛皮癣”，落实“门前三包”制度；规范市场秩序，坐商归店、流商归摊；规范统一店招店牌和遮阳篷规格；完善必要的垃圾清扫收运设施；已建成的污水处理厂加快投入使用，推动二三级污水管网建设，污水收集处理率达60%以上；划出公共停车位，规范停车行为；划出1～2个“坝坝席”场地；规范管理农贸市场，农贸市场利用率达100%。无新增违法建筑。	巩固环境整治成果。完成新（改）建公共水厕2～3个，完善利用文体活动场地，通讯、电缆等弱电线入地或就现状进行规范整理；保洁机制逐步建立，垃圾收集处理率达100%；污水管网基本投运，污水收集处理率达70%以上；无新增违法建筑。	建立健全保洁长效机制，污水收集处理率80%，垃圾收集处理率保持在100%；建立健全可持续经费保障机制、部门联动执法机制、历史文化沉淀保护、激励机制等。无新增违法建筑。

续表

类别		乡镇	工作重点		
			2016 年	2017 年	2018 年
二类	次级节点乡镇（9 个）	碧山、蟠龙、福禄、曲水、虎城、安胜、回龙、星桥、柏家	开展环境综合整治，清理过境河道，修补完善路灯、人行道；落实“门前三包”制度；规范市场秩序，坐商归店、流商归摊；完善必要的垃圾清扫收运设施；已建成的污水处理厂加快投入使用，推动二三级污水管网建设，污水收集处理率达 60% 以上；划出公共停车位，规范停车行为；划出 1 ~ 2 个“坝坝席”场地；规范管理农贸市场，农贸市场利用率达 100%。无新增违法建筑。	巩固环境整治成果。完成新（改）建公共水厕 2 ~ 3 个；完善利用文体活动场地；保洁机制逐步建立，垃圾收集处理率达 100%；污水管网基本投运，污水收集处理率达 70% 以上；无新增违法建筑。	建立健全保洁长效机制，污水收集处理率 80%，垃圾收集处理率保持在 100%；建立健全可持续经费保障机制、部门联动执法机制、激励机制等。无新增违法建筑。
三类	一般乡镇（9 个）	复平、铁门、文化、荫平、七星、龙胜、石安、紫照、大观	开展环境综合整治，清理过境河道，修补完善路灯、人行道；落实“门前三包”制度；规范市场秩序，坐商归店、流商归摊；完善必要的垃圾清扫收运设施；已建成的污水处理厂加快投入使用，推动二三级污水管网建设，污水收集处理率达 60% 以上；划出 1 个“坝坝席”场地；无新增违法建筑。	巩固环境整治成果。完成新（改）建公共水厕 1 ~ 2 个；保洁机制逐步建立，垃圾收集处理率达 100%；污水管网基本投运，污水收集处理率达 70% 以上；无新增违法建筑。	建立健全保洁长效机制，污水收集处理率 80%，垃圾收集处理率保持在 100%；建立健全可持续经费保障机制、部门联动执法机制、激励机制等。无新增违法建筑。

站在新起点　展现新作为
为加快建设“面上保护、点上开发”示范区而努力奋斗

——在中国共产党重庆市梁平区第十四次代表大会上的报告（节录）

（2016年12月27日）

吴盛海

同志们：

现在，我代表中国共产党梁平县第十三届委员会向大会作报告。

中国共产党重庆市梁平区第十四次代表大会，是在千年梁平成就撤县设区的崭新时期，召开的一次十分重要的大会。

站在新起点，开启新征程。这次大会的主题是：高举中国特色社会主义伟大旗帜，以马克思列宁主义、毛泽东思想、邓小平理论、“三个代表”重要思想、科学发展观为指导，全面贯彻党的十八大和十八届三中四中五中六中全会精神，深入贯彻习近平总书记系列重要讲话和视察重庆重要讲话精神，动员全区各级党组织和广大党员、干部、群众，紧密团结在以习近平同志为核心的党中央周围，走对路、扎实干，为顺利实施“十三五”规划，加快建设“面上保护、点上开发”示范区，如期全面建成小康社会而努力奋斗！

一、过去五年的主要成就与主要启示

县第十三次党代会以来的五年，是梁平发展史上极不平凡的五年。面对错综复杂的宏观环境和艰巨繁重的改革发展任务，在市委的坚强领导下，县委团结带领和依靠全县广大党员、干部、群众，深入贯彻习近平总书记系列重要讲话和视察重庆重要讲话精神，按照“五位一体”总体布局和“四个全面”战略布局的要求，认真践行创新、协调、绿色、开放、共享五大发展理念，大力实施全市五大功能区域发展战略，全面落实“137”发展思路和“345”党建工作思路，一手抓发展、一手抓党建，一任接着一任干、一张蓝图绘到底，躬耕不辍，克难奋进，经济建设、政治建设、文化建设、社会建设、生态文明建设和党的建设取得可观可感的变化，圆满完成了县第十三次党代会确定的各项目标任务，为加快建设“面上保护、点上开发”示范区和如期全面建成小康社会奠定了坚实的基础。地区生产总值增速连续五年超过全市平均水平，走在同考核组前列，经济总量不断壮大；全县地区生产总值、人均地区生产总值、公共财政预算收入、全社会固定资产投资、社会消费品零售总额等主要经济指标在2011年基础上均翻了一番及以上；市场主体突破4万个，全民创业蔚然成风。五年风雨兼程，凝聚起磅礴力量；五年砥砺前行，书写了壮丽篇章。

这五年，我们低调务实，成就了一件大事。

在梁平置县1463年波澜壮阔的历史长河中，自强不息的梁平人民创造了灿若星辰的瑰丽文化，孕育了向善向上的精神特质。在重庆直辖近20年的光辉岁月里，梁平人民一直怀揣撤县设区的美好愿望，一贯保持低调务实的工作作风，促改革、抓转型、强产业、兴城镇、重生态、保民生、防风险，聚力推进“面上保护、点上开发”

示范区建设各项工作，干出了市委满意、群众点赞的新业绩。今年 11 月 24 日，国务院批复同意梁平撤县设区，12 月 20 日，市“四大家”主要领导及有关市领导莅临梁平召开干部大会宣布撤县设区，“梁平县”从此画上了圆满句号。这是彪炳梁平史册的一件大事，值得永远铭记和珍惜。20 年孜孜以求，雕铸了一幕幕追梦圆梦的“群英像”；20 年接续奋斗，演奏了一曲曲荡气回肠的“大合唱”；20 年励志图强，描绘了一幅幅振奋人心的“新画卷”。

梁平撤县设区，是党中央、国务院亲切关怀的结果，是市委、市政府正确领导的结果，也是历届县委、县政府不懈努力的结果，更是梁平全体干部群众团结奋斗的结果。数载好梦今朝圆，感怀之情油然生。在这里，感恩市委、市政府对梁平一直以来的关心和厚爱，这给予了我们勇往前行的正确方向和强大力量；感谢历任县委领导和历届人大、政府、政协的同志，大家凝心聚力、真抓实干，为梁平的发展营造了风清气正的政治生态，构筑了行稳致远的坚实平台；感激广大干群的热情参与和鼎力支持，大家以逢山开路、遇水架桥的拼劲和韧劲，抓执行，抓落实，推动梁平站在了新的起点，开启了新的征程。

撤县设区是梁平发展史上的重大转折，是市委、市政府对梁平以前工作的充分肯定，更是对梁平今后能有更大作为的殷切期望。这不是简单意义上的换牌子、变称呼，而是发展坐标系的全新定义。因此，撤县设区，是新的起点，对梁平的发展提出了新要求、赋予了新使命，需要我们的思维方式、工作状态、发展质量与行政区划调整同频共振、同步升级，不断增强发展动力，激发发展活力，释放发展潜力。

这五年，我们少说多干，实现了三大突破。

五年来，“干”是梁平最鲜明的时代符号。我们扭住发展干，抓住关键干，创造创新干，齐心协力干，推动梁平从农业大县向工业强县转变、从传统工业向特色工业转型、从粗放型发展向集约化发展转轨迈出坚实步伐。

特色工业走向集群化、高端化。坚定不移走特色工业强县之路，积极主动参与全市十大战略性新兴产业分工。通盘考量梁平的区位条件、发展基础和未来产业发展趋势等综合因素，突出生态塑料的支柱地位，着力培育生态塑料、集成电路、不锈钢制品、环保产业“一支柱四集群”特色工业体系。通过抓招商引资、抓项目落地、抓创新驱动、抓要素保障，“一支柱四集群”特色工业产值达到 100 亿元，集群效果初显。同时，大抓特抓牵一发而动全身的关键项目，生态塑料突出产品和产业结构，抓规模做大和增量做大，集成电路抓封测与应用项目，不锈钢制品抓七连轧项目，环保产业抓德兆环保总部经济，大力推进特色工业向高端化迈进。

城镇建设走向扩规模、提质量。坚持经营城市的理念，按照以城载产、以产促城、产城融合的要求，双桂城区、工业园区有序完善和拓展，梁山城区建设和管理不断升级。城市建成区面积突破 20 平方公里，常住人口达到 19 万，较五年前均接近翻一番，给全县人民最直观的感受是，城区更宽了，城市更靓了，休闲的地方更多了，就业的机会更大了，一座宜居宜业宜游的滨湖山水园林城市跃然于渝东北大地。同时，坚持产业支撑，注重历史传承，强化规范整洁，分类别分标准分年度推进全县 31 个乡镇特色风情集镇管理建设，乡镇场镇面貌大为改观，场镇的集聚功能和辐射带动力进一步增强。

基础设施走向便捷性、舒适性。渝万城际铁路、梁忠高速公路建成通车，形成“两高两铁”对外交通格局，国省道改造升级，“二环路”基本建成，新（改）建的 1241 公里农村公路竣工使用，构建起内畅外联的交通网络。蓼叶水库、“蟠水柏调”工程竣工运营，左柏水库、猎神水库开工建设，一大批水利设施修缮投运，城乡用水得到基本保障。城镇燃气化普及率 97%，行政村宽带通达率 100%，乡镇 4G 网络基本实现全覆盖，群众生产生活更加舒适。

这五年，我们敢于担当，勇闯了五道难关。

前进的道路布满荆棘，奋斗的历程充满艰辛。逆境顺境看胸襟，大事难事看担当。五年来，广大党员干部众志成城，闯关夺隘，跨过一道道坎，越过一重重关，为梁平经济社会又好又快发展创造了条件。

加快传统产业结构调整，全县27家烟花爆竹生产企业转型发展取得阶段性重要成效，2万余名相关从业人员有序重新择业就业，为特色产业发展注入了活力。积极稳妥淘汰过剩产能，20家乡镇煤矿全部闭坑，推动了生态保护和修复。扎实开展土地流转“非农化”整治，整治项目197个，涉及面积11500余亩，为长远发展换取了空间。大力推进城市棚户区改造，拆除城市危旧房15.8万方，既有效改善了群众居住条件，又促进了房地产市场健康发展。有序实施土地征收，保障了工业发展、城市建设和重点基础设施建设需要。

闯关的道路崎岖不平，有的时候，既在斗勇也在斗智，既有流汗也有流血。这一批批肩扛重担、不辱使命、攻城拔寨的战将，县委非常满意，群众不会忘记，梁平的发展史上有你们厚重的一笔。

这五年，我们积极作为，统筹推进了九项工作。

建设“面上保护、点上开发”示范区的工作林林总总，纷繁庞杂，需要思路明晰、轻重得当、统筹有方，积极作为加以推进。

推动改革创新。以经济体制改革为重点，统筹抓好经济、政治、文化、社会、生态文明和党的建设六大领域改革。供给侧结构性改革、行政审批制度改革、商事登记制度改革、医药卫生体制改革、群团改革、司法体制改革等重点改革成效明显，农村改革试验项目获农业部肯定。大力实施创新驱动发展战略，围绕特色产业发展，加大科研投入，加强与高校院所合作，建设了一批创新载体。

优化发展环境。以“特色工业集群发展三年行动计划”为契机，出台了降低制度性成本、降低物流成本、人力社保服务、金融服务、工业园区要素保障等系列制度，落实市场主体公平待遇，优化行政审批流程，推行“专员代办”服务制度，民营经济发展的政策环境、政务环境、市场环境、法治环境和舆论环境更加宽松，以环境招商、以商招商的“葡萄串效应”正在显现。

狠抓效益农业。突出梁平柚品牌打造，优化发展粮菜、水产、畜禽三大特色产业，“1+3”特色效益农业体系加快构建。建成梁平柚标准化生产基地、现代渔业园、蔬菜基地等重点农业项目，梁平柚获得全国“一村一品”十大知名品牌第一名。全国农村改革试验区、全国水稻高产示范县、全国农业机械化示范区等诸多殊荣纷至沓来，农业规模化集约化效益化程度越来越高。

繁荣商贸旅游。亿联商贸城、海韵重百商场、渝惠农产品批发市场等重点商贸项目投入运营并日趋成熟，开放型经济发展提速，名豪商圈、乾街特色夜市不断繁荣，新城商圈逐渐形成，10万吨粮食储备仓库开始投入使用，天农八部、超级美味、农村淘宝等“互联网+”新兴业态竞相涌现。双桂堂修缮工程基本完工，百里竹海景区入选首批“中国森林氧吧”，景区建设基础性工程加快推进，滑石古寨、蟠龙花海等乡村旅游不断升温，采柚节、啤酒节、采笋节等文旅节庆活动成功举办，梁平的知名度、美誉度快速提升。

强化生态建设。以水环境治理为重点，开展“蓝天、碧水、宁静、绿地、田园”五大环保行动，实施河湖连通工程，提高水资源利用率；坚持“两规范一基金”制度，推进农村面源污染治理和环境连片整治，关闭搬迁了一批畜禽养殖场，整治了一批未达标排放的工业企业；加强污水处理设施和垃圾收运体系建设，污水集中处理率、垃圾无害化处理率不断提高；推进国土绿化和森林植被保护，森林覆盖率提高到44.2%。龙溪河等六条主要河流水质持续变好，城乡环境质量明显改善。

改善民生事业。坚持民生第一目标，实施了职教中心搬迁、农村危房改造、高山生态扶贫搬迁等一批民生实事，完成了县医院新建、农村公路安保等一批民生工程，教育、卫生计生、文化、就业、社会保障等各项社会事业同步发展，群众的获得感显著增强。推进精准脱贫和长效扶贫，不断补齐迈向全面小康的短板。

维护社会稳定。坚持党政同责、一岗双责，常态化抓好烟花爆竹、煤矿、非煤矿山、食品药品、道路交通、建筑等各领域安全生产，杜绝了较大以上安全事故发生。深入开展对敌斗争，社会政治大局平安稳定。加强社会治安综合治理，严密防范、严厉打击各类违法犯罪活动，公众安全感指数位列全市前茅。强化各类风险防控，加强矛盾纠纷排查化解，保持了社会和谐稳定。

加强民主法治。积极支持人大及其常委会依法履行职权，高度重视政协发挥协商民主重要渠道作用，营造了“四大家”精诚团结、和谐共事的生动局面。巩固扩大广泛的爱国统一战线，积极推进与民主党派、工商联、无党派人士合作共事。工青妇等人民团体、双拥、民族、宗教、侨台等工作进一步加强。坚持党管武装，积极推动军民军地融合发展。全面推进依法治县，各级政府依法行政的水平和能力进一步提升，全社会尊法学法守法用法的氛围更加浓厚，为改革发展稳定提供了坚强法治保障。

抓实党的建设。坚持党要管党、从严治党，扛稳抓牢党建主体责任，深入贯彻落实中央八项规定精神和市委实施意见，扎实开展党的群众路线教育实践活动、“三严三实”专题教育和“两学一做”学习教育，将党的建设与经济社会发展融会贯通，全面加强党的思想、组织、作风、反腐倡廉和制度建设，党的创造力凝聚力战斗力显著提升。强化宣传思想工作。充分发挥“梁平大讲堂”、各级中心组学习及基层理论宣讲队伍的作用，不断加强理论武装；改进党对意识形态工作的领导，利用报台网等媒体加强正面宣传，壮大主流舆论，《梁平报》连续3年获评“重庆市优秀区县报”；强化乡风文明建设、志愿服务活动、先进典型培育、精神文明创建，积极践行社会主义核心价值观，成功创建“重庆市文明县城”；加快完善公共文化服务设施，广泛开展群众喜闻乐见的文化活动，承办了“全国道德模范故事汇”、市文化科技卫生“三下乡”等大型活动，创作推出了梁山灯戏《三个和尚》等一批获得国家级和市级奖的优秀文艺作品，全县改革发展稳定的思想保证、舆论支持和精神动力进一步增强。加强干部队伍和基层党组织建设。坚持“二十字”好干部标准，按照“五看”办法选人用人，着力营造“组织关心干部，干部关心工作”的良好氛围；强化干部教育监督管理，聚焦党性教育和专业素养，广泛开展干部“素质能力大提升”，“邓平寿党员志愿服务团”联系服务社区工作法，在《重庆日报》《当代党员》刊载并在全市推广；突出政治功能、强化服务功能，纵深推进基层服务型党组织建设，加强“群工系统”使用，稳步推进电商、超市、金融“三进村”，大力发展村级集体经济，成功整顿转化了一批后进基层党组织，统筹抓好机关、事业单位和非公党建工作，基层基础进一步夯实；立足服务产业发展引才引智，全县人才队伍进一步壮大。持之以恒改进作风，扎实开展以“治懒治乱治奢，严管党员干部”为抓手的正风肃纪专项行动，严查公款旅游、公车私用、违规公款吃喝、公款收送节礼等顶风违纪行为，紧盯重要节点、突出问题、关键人群，推行明察暗访、通报曝光常态化，坚决防止“四风”反弹，形成持续震慑。深入推进党风廉政建设和反腐败工作。认真学习贯彻《党章》等党内法规规章，坚持党风廉政建设两个“季报告”“两个责任”笔录式约谈、“一案双查”，推动党风廉政建设“两个责任”落地生根，立案查处了违规违纪人员。不断加强制度建设，制定完善《县委工作规则》《县委常委会工作规则》等制度，规范权力运行；出台党员干部《服务企业“十严禁”》《烟花爆竹生产企业转型升级“六不准”》等规定，严管党员干部行为；建立容错纠错机制和澄清保护制度，旗帜鲜明地为敢于担当者担当，为敢于负责者负责。同时，加强常委会自身建设，常委会执政能力和领导水平不断提高，党政领导班子近三年在全市综合考核中连续获得“优秀”等次。五年来，党的建设与经济社会发展相得益彰，风清气正的政治生态和干事创业的良好局面更加巩固；广大党员的政治意识、大局意识、核心意识、看齐意识树得更牢，对中国特色社会主义的道路自信、理论自信、制度自信、文化自信不断增强，涌现出全国优秀共产党员周娟同志等一大批邓平寿式的先进模范人物。

同志们，过去五年取得的成绩，得益于市委的坚强领导和五大功能区域发展战略的深入推进，得益于“面上保护、点上开发”发展路径的落地生根和“137”发展思路的全面落实，得益于梁平历届“四大家”领导班子和干部队伍打下的良好基础，得益于全县各级党组织和广大党员干部的团结拼搏和社会各界的共同努力。在此，我代表区委向全区人民，向所有关心、支持和参与梁平发展的同志们、朋友们，表示衷心的感谢并致以崇高的敬意！

政府工作报告（节录）

——2017年1月7日在梁平区第十七届人民代表大会第一次会议上

梁平县人民政府县长　蒲继承

各位代表：

现在，我代表县十六届人民政府，向大会报告工作，请予审议，并请各位政协委员提出意见。

一、过去五年工作回顾

县十六届人民政府在市委、市政府和县委的坚强领导下，在县人大、县政协的监督支持下，团结带领全县人民，坚持以马克思列宁主义、毛泽东思想、邓小平理论、“三个代表”重要思想、科学发展观为指导，全面贯彻中共十八大和十八届三中四中五中六中全会精神，深入贯彻习近平总书记系列重要讲话精神和视察重庆重要讲话精神，自觉践行五大发展理念，大力实施全市五大功能区域发展战略，认真落实“137”发展思路，一任接着一任干，一张蓝图绘到底，扎实推进区域生态涵养发展，圆满完成了县十六届人大一次会议确定的主要目标任务，呈现出“路数对、态势好、作风实”的发展新局面，为梁平实现“撤县设区”历史性跨越、加快建设“面上保护、点上开发”示范区、如期全面建成小康社会奠定了坚实基础。

——*这五年，综合实力显著增强，发展质量明显提升。*预计（下同）地区生产总值从2011年的131.5亿元增加到260亿元，年均增长12.7%，增速连续多年超过全国、全市平均水平。一般公共预算收入达到19.5亿元，年均增长15.8%。固定资产投资累计完成1122.4亿元，年均增长23.7%，一批重大项目建成投产。工业总产值达到350亿元，增长2.3倍。社会消费品零售总额达到90亿元，年均增长14.7%。城镇、农村常住居民人均可支配收入分别达到29016元、12608元。各类市场主体由16708户发展到42040户。抢抓政策机遇，累计争取上级财政投资139亿元、专项建设基金28亿元、政府债券42.6亿元，置换了一大批高息债务。我们抓发展、控风险，经济步入快车道、总量实现翻一番。

——*这五年，产城融合提速提质，城市格局焕然一新。*注重发挥规划的战略引领和刚性控制作用，不断推动产城融合发展，县城建成区面积达20平方公里。中央商务区“一楼两馆四中心”和柚乡广场全面建成，城市道路、桥梁等重大基础设施投入使用，一批高品质商住楼盘建成入住，教育、医疗、商贸等公共服务配套设施不断完善，近4平方公里的双桂新城一期“五年成城”。二期（双桂湖片区）建设全面启动。改造城市棚户区15.8万平方米，提档升级梁山大道等道路32万平方米，完善雨污管网47公里，实施7个社区环境综合整治，梁山城区人居环境持续改善。工业园区“四横四纵”道路格局全面形成，5个回居小区、13万平方米标准厂房、3.5万平方米公租房全部建成，产业配套和学校、医院、菜市场、公园绿地等生活设施加快推进，园区双桂组团开工建设面积7.3平方公里，建成区面积5.6平方公里，累计入驻企业165户，投产企业116户，园区工业总产值达224亿元。我们重规划、抓配套，力推产城融合、齐头并进。

——这五年，特色产业加快集聚，经济结构提档升级。聚力培育特色产业，立足实际淘汰落后产能，调整优化产业结构，三次产业比重由2011年的18.5:49.1:32.4调整为2016年的15.1:53.2:31.7。中国西部（重庆）塑料生态产业园落户工业园区，生态塑料、不锈钢制品上升为市级产业层面，集成电路纳入全市十大战略性新兴产业布局，“一支柱四集群”总产值突破100亿元，占工业总产值的28.6%。利财管道、平伟光电、巨源不锈钢、海螺水泥等一批重点企业投产达效，规上工业企业发展至151家，预计产值达219亿元。粮食产量保持在40万吨左右，梁平柚、蔬菜、水产、畜禽等特色农业增量提质。土地规模流转经营40万亩，建成万亩名柚园、万亩鱼鳅园等大型农业产业化基地40余个。农业龙头企业、农民合作社分别达到163家、899个。获批国家地理标志商标9个。耕种收综合机械化率连续5年保持全市第一。亿联商贸城、商投世纪中心等专业市场建成营业，名豪-重百等城区商圈和11个乡镇商圈联动发展。电子商务快速增量，会展、购物和美食消费持续增长。百里竹海、双桂堂旅游景区加快建设，成功创建3A级景区2个、星级农家乐43家，累计实现旅游收入25.7亿元，年均增长23.8%。全县存贷款余额分别达到365亿元、115亿元，金融业对税收贡献达到6.2%。我们抓实体、优结构，增添发展新动能。

——这五年，统筹城乡协调发展，农村面貌日益改善。渝万高铁、梁忠高速、二环路等重要交通干线建成通车，完成国省干线大修141公里，实施仁贤场镇改道及22个场镇过境公路“白改黑”工程，新改建农村公路1241公里，在渝东北率先实现“4个百分百”目标。蟠水柏调工程、蓼叶水库及大井水厂建成投运，除险加固小型水库44座，治理中小河流45公里。完成160项农网工程，基本实现城乡用电同网同价。乡镇燃气气化率和光纤、宽带、4G等覆盖率大幅提升。成功创建屏锦等3个国家级重点镇，突出管理建设明达等16个风情集镇和合兴龙滩、荫平乐英等12个美丽乡村。建成高山生态扶贫搬迁集中安置点35个、累计搬迁3500余人；建设农民新村46个，改造农村危房1.8万户。实施环保“五大行动”，出台并严格执行“两规范一基金”政策，整治工业企业186家，关闭搬迁整治畜禽养殖场540家；新建4个片区乡镇垃圾收运系统并投运。实施新一轮退耕还林8.5万亩，森林覆盖率达44.2%，荣获“全国绿化模范县”。我们重协调、补短板，面上保护整体推进。

——这五年，社会事业全面进步，生活水平明显提高。启动建设国家可持续发展试验区，实施“863计划”等国家重点科技项目6项，认定国家高新技术企业10家，平伟实业被认定为国家火炬计划重点高新技术企业，国家授权发明专利增长27.5倍。义务教育阶段年巩固率小学、初中分别达99.9%、99.1%，重点本科上线率比上一个五年提升7个百分点，新改扩建职教中心、实验小学（新城校区）等学校18所，改造农村义务教育薄弱学校92所。一批文化体育服务设施建成投用，文化体育场馆免费开放，“好体育人”为民服务、流动文化服务进村等工作持续推进，全民健身和竞技体育蓬勃开展。成功创建市级文明县城。医药卫生体制改革顺利推进，取消公立医院药品加成，落实国家基本药物制度。迁建县人民医院，新改建标准化乡镇卫生院18个、行政村卫生室186个、撤并村卫生室70个，新增民营医院3个，基本形成以“县级为龙头、乡镇为枢纽、村级为网底、民办为补充”的医疗服务体系。城镇登记失业率控制在3.5%以内，社保待遇稳步提高，城乡低保实现“应保尽保、应退尽退”。养老服务体系进一步完善，孤残病、困境儿童等困难群体救助水平不断提升。社会治安防控体系建设持续推进，信访工作机制更加健全，安全事故总量连年下降，法律援助实现全覆盖，应急保障能力得到加强，食药品监管体系进一步完善。规范建成上下联动联通的县乡村三级便民服务体系和“群工系统”网络平台。如期高质量完成扶贫攻坚任务。滚动实施市级民生实事和县级十大民生工程，民生保障支出143亿元，占一般公共预算支出的60%以上。我们重民生、办实事，群众获得感显著增强。

——这五年，民主法治纵深推进，发展环境持续优化。成功申报全国第二批农村改革试验区，农村土地承包经营权退出等多项改革走在全国前列。乡镇财政管理体制持续完善，“营改增”改革平稳实施。完成32个县级部门“两集中、两到位”改革，“三证合一、一照一码”商事登记制度改革在全市率先推行。科教、文化、卫生等领域改革都取得新进展。依法行政深入推进，创新建立“3324”重大决策等长效机制；推进政务公开，深化“放管服”工作，行政审批时限压缩率达59%。完成政府机构改革，编制县、乡镇（街道）两级权责清单。认真开展党的群众路线教育实践活动、“三严三实”专题教育和“两学一做”学习教育，作风建设取得明显成效。自觉接受人大、政协监督，广泛听取社会各界意见，办理议提案1241件。全面落实党风廉政建设“两个责任”，强化行政监察和审计监督。双拥共建活动深入开展，军政军民团结不断巩固。工会、共青团、科协、工商联、编制、人事人才、统计、消防、民防、物价、司法、档案、修志取得新成效，老龄、残疾人、对台、保密、气象、地震、工商、质监、通讯、供销、外事侨务、民族宗教、妇女儿童和老干部工作都取得了新进步。

各位代表：2016年是全面实施“十三五”规划的开局之年，更是千年梁平发展历史中意义重大、影响深远的一年，“两高两铁”全面通车、撤县设区梁平梦圆！一年来，我们深入贯彻市委领导莅梁调研重要指示精神，认真落实县委十三届十次全会安排部署，坚持“走对路、扎实干”，重点抓了六方面工作：

（一）突出特色培育产业集群。实施特色工业集群三年行动，建立“五个一”机制，同步推进招商、建设、投产和物流销售各环节工作。组建四大特色工业产业招商组，依托“三大招商平台”，引进巨源“七连轧”等工业项目67个，合同引资106亿元；实际利用内资预计达238亿元；平伟实业半导体封测线等9个重点项目建成投产；园区新征土地3300亩，屏锦回龙组团拓展区通过市级认定。强化科技创新，成立塑料生态产业园院士工作站、重庆市高分子材料产业技术研究院和塑料检测中心。培育平伟实业等国家、市级知识产权优势企业11家。落实全市企业减负“30条”，为民营企业争取中央专项基金3.5亿元；县上筹集1.1亿元，出台“1+6”扶持措施；将“梁平造”工业品纳入政府重点鼓励采购产品目录，举办第二届中国国际工程塑料产业创新峰会、首届梁平特色产品展销会；与万州区合作共建多式联运物流通道；全方位扶持实体经济发展。

（二）扩容提质建设宜居城市。抢抓土地利用总体规划调整完善和永久性基本农田划定机遇，优化城乡总体规划，完善双桂城区一期公共服务配套设施，中央商务区商业综合体基本建成，规划展览馆投入使用；高标准启动二期功能性牵引项目，双桂湖公园北岸示范段、城市地下综合管廊、体育馆及游泳馆、梁平枫叶学校等重点工程全面开工。改善城区市容市貌，完成13.4万平方米棚户区改造，实施迎宾路房屋立面改造。加快商贸发展，引进跨境电商、进出口贸易等7家企业入驻亿联总部大厦；建成“梁平特色馆”、10万吨粮食储备库。成功申报国家电子商务进农村示范县。

（三）调整结构推进农旅升级。实施“一核一带三区”板块联动，优化调整产业结构和空间布局，突出梁平柚“扩面创牌”、粮菜“稳面提质”、水产“生态延链”、畜禽“盘大做强”，引导效益农业向全产业链发展。梁平柚种植面积达15万亩，年产8万吨。着力打造“两大”核心景区，完成百里竹海旅游景区总规深化和双桂文化旅游景区总规编制，加速建设百里竹海旅游快捷通道等基础设施；双桂堂保护修缮工程全面竣工。启动特色风情集镇、美丽乡村建设三年行动，金带镇、屏锦镇获批“市级特色小镇”，合兴龙滩等3个村入选“市级美丽宜居村庄”。因地制宜发展乡村旅游，打造采柚节等系列特色文旅品牌活动。

（四）闯关攻坚推动转型发展。全县上下思想统一、认识到位，全力打好“去产能、促转型”攻坚战。坚持依法、科学、安全处置，平稳关停27家烟花爆竹生产企业，安全关闭12个乡镇煤矿、削减产能50万吨。积极稳妥整改土地流转“非农化”问题，拆除建（构）筑物面积30万平方米，复耕复绿土地697亩，建立规范土地流转长效机制。指导帮助企业做好从业人员再就业培训和就业安置，促进转型发展。

（五）聚焦民生办好惠民实事。滚动实施“18+10”重点民生实事。抓住公、廉租房并轨管理政策机遇，完善配套措施，已累计交付3785套，2238户居住困难群众搬入新居。实施农村危房改造3353户。优化教育、公共卫生资源布局，建成知德小学等4所学校、县精神卫生中心（一期）、安宁社会福利中心。完成文图两馆扩建和老年大学迁建，建成双桂城区文化体育活动中心。新改扩建村（社区）便民服务中心36个。优化城区客运站设置，开通14个行政村客运，“二环路”实现客运全覆盖。整治山坪塘718口，左柏水库、猎神水库等一批重点民生工程启动建设。设立县级后续扶贫基金，落实常态长效帮扶，贫困发生率控制在1%以下。在2016年义务教育发展基本均衡县国家认定中，以94.3的高分名列全市11个区县第一名。

（六）严守底线改善生态环境。突出水环境综合治理，严格落实“河长制”，与四川大竹、开江协作开展水环境区域联动共治，县域6条主干河流水质持续改善，集中式饮用水源地水质达标率100%；实施梁山城区55公里污水管网建设，完成大河河等6.2公里河道整治，新建污水处理厂（站）18个，完成30个行政村环境连片综合整治，城镇生活污水、生活垃圾无害化处理率分别达80%、90%。强化环境执法联动，依法查办环境违法案件53起，着力化解了一批群众关注的环保热点难点问题。

在总结成绩的同时，我们应清醒地看到，与市委市政府的要求相比，与发展的需要相比，与全县人民的期盼相比，政府工作还存在一些差距和不足，面临的困难和挑战还很多。主要是经济总量不够大、结构不够优、综合经济实力偏弱；投资增长乏力，缺重大工业项目、龙头企业带动支撑；城市管理精细化水平不高，公共服务与人民群众的期待还有差距；人才、企业融资、能耗等制约因素仍未得到有效解决，发展环境有待进一步优化；政府公共服务和社会管理仍需加强，个别干部不作为、慢作为，行政效率有待进一步提高等。我们要增强忧患意识和担当精神，做到敢担当、善作为，具体抓、抓具体，尽心竭力加以解决。

各位代表：五年风雨兼程，凝聚干群同心；五年艰苦创业，奋力赶超跨越！回顾五年的实践探索，我们深刻体会到：

一是必须坚持党的基本路线不动摇。坚定不移地增强“四个意识”特别是核心意识、看齐意识，按照市委“核心党委、高效政府”要求，增强贯彻中央精神、落实市委部署、执行县委决策的自觉性，不断提高政府工作的执行力和落实力，做到表里如一、知行合一、以上率下。

二是必须坚持发展第一要务不动摇。牢固树立“五大发展”新理念，立足“生态涵养发展”功能定位，坚定不移地走“137”发展之路，大力发展实体经济，紧紧扭住项目建设“主引擎”，形成策划储备一批、落地建设一批、投产达效一批的良性循环，做到项目滚动实施、接续不断、后劲有力。

*三是必须坚持以人为本不动摇。*始终把广大群众的利益作为政府工作的根本出发点和落脚点，集中力量办好民生实事，让更多发展成果惠及人民群众，做到聚民心、同心干。

*四是必须坚持依法行政不动摇。*自觉把法治要求贯穿到政府工作全过程，运用法治思维和法治方式推动工作，持续提高政府科学行政、民主行政、依法行政水平，做到心有所惧、行有所止。

*五是必须坚持底线思维不动摇。*坚守安全底线和生态红线，坚决遏制较大以上安全事故发生，全力维护和谐稳定，持续巩固平稳向好的发展态势，做到盯紧红线看、严谨细致干。

各位代表！本届政府任期的五年，是我县各项事业全面发展、基础设施显著改善、人民生活稳步提高、社会大局和谐稳定的五年，县党政领导班子 2013、2014、2015 年连续三年被市委、市政府表彰为“先进领导集体”。这些成绩的取得，是市委、市政府坚强领导、深切关怀的结果，是县委统揽全局、科学决策的结果，是历任政府班子接力奋进、扎实工作的结果，是县人大、县政协鼎力支持、监督帮助的结果，是全县广大干部群众齐心协力、共同奋斗的结果。在此，我代表县十六届人民政府，向全县各条战线上的广大干部群众、人大代表、政协委员，向驻梁单位、部队、武警官兵、公安干警，向离退休老同志、关心支持梁平发展的社会各界朋友，表示衷心的感谢，并致以崇高的敬意！

二、未来五年经济社会发展的主要目标任务

各位代表：梁平“撤县设区”后未来五年，是我们重新定位发展“坐标”、锁定全市“位次”、争创发展新业绩的“考验”期；是加快融入重庆大都市区，参与大都市资源配置和生产力布局，提升城市形象的“担当”期；是看齐城市发展新区，更多更好集聚产业、要素和创新资源，加速推进新型城镇化、新型工业化的“蝶变”期。我们要按照市委领导莅梁调研指示精神，尤其是在梁平撤县设区干部大会上的新要求，坚持发展第一要务不动摇，着力强化改革引领、开放支撑、创新驱动，统筹推进“四化”同步发展，加强以保障和改善民生为重点的社会建设，加快全面建成小康社会步伐，力争在全市发展大局中发挥更大作用。

综观未来五年态势，从宏观环境看，我国经济发展长期向好的基本面没有变，经济韧性好、潜力足、回旋余地大的基本特征没有变，经济持续增长的良好支撑基础和条件没有变，经济结构调整优化的前进态势没有变，新产业、新技术、新业态等新动能加快成长，“一带一路”、长江经济带等重大战略蕴含重大机遇。从全市大局看，创新驱动发展战略和五大功能区域发展战略深入实施，有利于更好地在全市范围内优化配置资源；重庆自贸区、中新（重庆）战略性互联互通示范项目红利加速释放，内陆开放高地建设全面发力，有利于进一步拓展发展空间。从梁平自身看，行政区划的调整，有利于各类要素资源的集聚；“两高两铁”带来了人流、物流、信息流、资金流；特色工业集群参与全市十大战略性新兴产业分工与配套，农业、商贸、旅游、文化产业紧跟全市十大战略性新兴服务业步伐，发展前景更加广阔。市委、市政府对梁平厚爱有加，给予我们一系列政策关怀、项目资金支持，梁平正成为投资热土，我们一定要倍加珍惜，继续保持风清气正的政治生态，奋发有为的精神状态，把政策关怀转化为发展优势，实现更好更快发展。

今后五年政府工作的指导思想是：高举中国特色社会主义伟大旗帜，以马克思列宁主义、毛泽东思想、邓小平理论、“三个代表”重要思想、科学发展观为指导，全面贯彻党的十八大和十八届三中四中五中六中全会精神，深入贯彻习近平总书记系列重要讲话和视察重庆重要讲话精神，按照“五位一体”总体布局和“四个全面”战略布局，坚持稳中求进工作总基调，牢固树立崇尚创新、注重协调、倡导绿色、厚植开放、推进共享的理念，认真落实市委、市政府重大决策部署，深化拓展创新驱动发展战略和全市五大功能区域发展战略，坚持“137”发展思路为引领，主动适应经济发展新常态，走对路、扎实干，推动全区经济更活跃、政治更清明、文化更繁荣、社会更和谐、生态更美好、人民更幸福。

今后五年的奋斗目标是：以经济发展新常态的大逻辑为引领，统筹推进“四化”同步发展，圆满完成“十三五”规划目标任务，确保如期全面建成小康社会，“面上保护、点上开发”示范区建设取得重要进展。

——经济持续健康发展。地区生产总值年均增长 10.5% 以上，经济总量排在全市 38 个区县 20 位左右。一般公共预算收入年均增长 10%。固定资产投资年均增长 15% 左右。社零总额年均增长 12%。规上工业产值年均增长 26% 以上，特色工业产值年均增长 40% 以上，2020 年产值达 400 亿元，工业总产值实现五年翻一番，园区工业集中度达到 80% 左右，园区双桂组团建成区面积达到 10.6 平方公里。效益农业产值占农业总产值 60% 以上。三年基本建成双桂湖国家乡村公园，完成 10 平方公里双桂城区建设，梁山城区功能不断完善，城市建成区面积达到 27 平方公里，宜居宜业宜游的滨湖山水园林城市基本成城。成功创建全国卫生区、国家园林城市和国家森林城市。建成百里竹海旅游景区、双桂文化旅游景区两个 4A 级景区。

——生态功能明显增强。高度重视生态文明建设，严守耕地、林地和森林三条红线，农村环境干净整洁，实行最严格的水资源管理制度，水生态环境持续改善，龙溪河等 6 条主干河流水质不断改善，创建全国水生态文明城市。

——推动文化繁荣发展。坚持社会主义先进文化前进方向，弘扬社会主义核心价值观，加强精神文明建设，提升全民文明素质，推进文化产业、文化事业和文化民生同步发展，争创全国文明城市。

——人民生活更加幸福。大力发展教育、医疗、就业、收入、养老、住房、公共文化等群众最关心最迫切的民生事业，推进基本公共服务均等化，扎实开展“平安梁平”建设，全面建成小康社会，让人民群众拥有更多幸福感。

——依法治区深入推进。自觉运用法治思维和法治方式推动工作、营造环境、保障发展，深入推进全面依法治区和政府职能转变，提升法治化建设水平和政府公信力，致力建设法治政府。

为实现上述目标，我们必须始终坚持五大发展理念，树立辩证、系统思维，掌握科学统筹方法，增强统筹贯彻新发展理念的能力和水平，注重相互结合、协同推进，将其全面地、具体地体现到全区未来五年经济社会发展的方方面面，努力实现更可持续、更高质量、更有效率、更加公平的发展。我们必须强化“改革、开放、创新”三大动力支撑，将改革作为破解制约发展“瓶颈”的治本之策，按照“四个有利于”要求，提高改革整体效能，扩大改革受益面，进一步释放发展的动力活力；以更宽广的视野推进全方位开放，深度融入全市开放大局；把创新驱动摆在更加突出位置，融入促进经济转型升级的全过程，推动以科技创新为核心的全面创新，营造大众创业、万众创新的良好环境。

今后五年主要任务是：

（一）更加注重创新发展，培育经济增长新动能。深入实施创新驱动发展战略，力争到 2020 年，支持创新创业的政策体系更加健全，创新型经济结构基本形成，国家知识产权试点城市和“全市创新驱动示范区”建设取得重大突破。围绕特色工业抓创新。坚持“工业强区”战略，优化产业结构调整，围绕产业链布局创新链，实施一批重大创新项目，推动产业转型升级，建成国家高新技术产业开发区。优化产品结构、创新运营模式，推进实施“三品行动”，引导和支持农副产品深加工、建材等传统产业提档升级。依托龙头企业，创建一批新型研发机构和科技成果转化平台，引进一批以院士为代表的高水平创新人才和行业领军人才。鼓励企业持续加大研发投入，开展技术创新和知识产权保护，培育一批科技型企业特别是高新技术企业。围绕农业抓创新。全面建设全国农村改革试验区，着力推进农业供给侧结构性改革，突出梁平柚质量标准体系建设，促进粮菜、水产、畜禽向全产业链发展，建设梁平柚、水产两个现代农业科技园区。加快适度规模经营主体培育，打造梁平柚、甜茶、花椒等特色经济带；构建农产品质量溯源体系和安全监管体系，着力打造安全农产品示范区。突出农产品生产加工和品牌建设，探索“互联网+农业”发展模式，发展休闲农业和乡村旅游，提速农村一二三产业融合发展，促进农业大县向农业强区转变，加快建成国家现代农业示范区。围绕新兴服务业抓创新。推动以商旅融合、文旅融合、农旅融合为重点的全域旅游创新发展，推广一批新业态、新模式，提高现代服务业发展水平。挖掘和利用好历史文化资源，双桂文化旅游景区全面开工建设，百里竹海旅游景区力争2018年“国庆”开园。建设国家级非遗项目教学研发基地，推动特色传统文化产业、创意文化产业加快发展。积极发展通航产业。支持各乡镇因地制宜发展特色乡村旅游。打造养心养老养身等“大健康”产业，推进旅居结合、医养融合。推动发展现代商贸服务业，建成综合物流园，壮大专业市场，发展电子商务，构建多元化、多层级、多类别的商业服务体系。支持帮助发展加工贸易、服务贸易。

（二）*更加注重协调发展，彰显城乡发展新内涵*。深入推进以人为核心的新型城镇化建设，构建“一心六点、三轴两带”城乡空间格局。推进城市开发建设管理。把握城市发展趋势，建设海绵城市、智慧城市，统筹“三区一片”开发建设，加快城区道路交通、综合管网、信息通讯等基础设施建设，完善公共服务与产业设施配套，引导人口向城区集聚。健全城市治理体系，提高城市治理能力，着力解决“城市病”等突出问题，不断提升城市环境质量、市民生活质量、城市综合竞争力。促进镇域经济社会发展。加强风情集镇管理建设，建成市级特色小镇、市级全域旅游示范镇、一批区级特色风情集镇。支持和鼓励乡镇差异化发展，培育壮大各有特色的骨干产业，走生态优先、绿色低碳循环的产业发展新路。加强美丽乡村建设，按照“环境干净整洁、功能逐步完善”思路，不断改善农村路、水、电、讯等基础设施，补齐公共服务短板，打造优良农村人居环境。丰富城乡文明发展内涵。建成一批文化体育设施，基本形成“农村半小时”和“城镇一刻钟”文体服务圈。加强非遗、禅宗、易学等文化遗产保护传承和开发利用，打造“文化梁平”名片，提升文化自信。大力弘扬社会主义核心价值观，营造仁贤厚德、礼让包容、文明和谐的新风尚。

（三）*更加注重绿色发展，构筑生态文明新家园*。牢牢把握“五个决不能”底线，严格落实党政领导干部生态环境损害责任追究及环境保护工作责任规定，努力改善环境质量，保障生态安全。推动低碳循环发展。构建循环经济体系，建成国家循环经济示范区和可持续发展实验区。强化生态文明宣传教育，倡导勤俭节约、绿色低碳、文明健康的生活方式。注重环境综合治理。深化完善“河长制”，强化源头控制和污染整治，深入推进龙溪河等主干河流水环境综合治理，不断改善水生态环境。开展土壤污染状况调查，以农用地和建设用地为重点，分类别、分用途开展治理与修复，逐步改善土壤环境质量。推进重点行业大气污染整治，严格控制扬尘粉尘，持续改善城区空气质量。加强生态保护修复。严控敏感区域开发强度，守住耕地、林地和森林三条红线，构建明月山等重点生态屏障，建设龙溪河等六个水域生态带，增绿量、提质量，协调推进生态效益和经济效益同步发展。严格环保执法监管，常态化开展环保与政法机关联动执法，形成环保执法震慑。加强跨区域环境监测监管，强化与邻近区县环保合作，构建区域联动联防联治机制，推动生态全境域治理。

（四）*更加注重开放发展，厚植跨越发展新优势*。开放是连通内外的桥梁、合作共赢的纽带、全面深化改革的动力源和试验场。加快通道联通建设。建成城区内环路，提升景区道路等级，完善农村联网公路，构建“二环七射”区域交通大网络。推动开工建设梁平－开江高速公路。深化区域交流合作。主动寻求承接中新（重庆）战略性互联互通示范项目、全市十大战略性新兴产业和新兴服务业、七大农业特色产业，积极参与全市乃至全国性产业分工。对接“万开云”板块建设，谋求更大范围的区域交流合作。推进“互联网+”行动计划，培育和发展分享经济，构建开放型经济体系。全面稳妥推进改革。坚持问题导向抓重点、关键突破带全局、结果导向求实效，持续深入稳妥推进供给侧结构性改革等重点改革专项和重要改革任务，发挥好改革先导性作用。

（五）更加注重共享发展，提升民生福祉新高度。按照“五个坚持”原则，大力发展社会事业，努力扩大公共服务供给，确保城乡居民共享改革发展成果。促进教育公平和质量提升。优化教育资源布局，深化教育综合改革，提升教育教学质量。大力发展普惠性学前教育，巩固提高义务教育水平，普及高中阶段教育。办好特殊教育。做特职业教育，积极创办高等职业技术学院或高等院校（梁平校区）。推进文体事业发展。广泛开展群众文体活动，形成一批有区域影响力的柚乡文化节庆、体育健身活动品牌，推出一批展现时代风貌和区域特色的文艺精品，促进基本公共文化服务标准化、均等化。提高城乡居民健康水平。深化医药卫生体制改革，把健康融入所有政策，增加基本医疗卫生资源供给，优化资源配置，区级公立医院全部提档升级，加快乡镇卫生院、村卫生室向更高标准建设。同步发展中医药事业和健康产业。坚持计划生育基本国策，深入落实“二孩”政策，促进人口长期均衡发展。推动社会保障更公平更持续。提标扩面落实城乡居民养老保险、医疗保险政策，做好社会救助、城乡低保工作，加快完善多层次的保障体系。积极应对人口老龄化挑战，推进家庭、社区、社会等多层次养老服务体系建设。多渠道多形式增加就业，解决好就业难与招工难的结构性矛盾。落实最低工资保障和工资正常增长政策。大力发展公益慈善事业。持续关爱农村留守儿童、留守妇女、空巢老人、残疾人等特殊群体。建立健全扶贫长效工作机制。持续发挥群工系统联系群众、服务群众作用。加强双拥工作。创新和加强社会治理。坚持党委领导、政府主导、社会协同、公众参与、法治保障，推进社会治理体系法治化、精细化。加强治安立体化防控，严密防范、依法惩治违法犯罪活动，增强群众安全感。健全公共安全体系，持续开展重点专项整治，坚决遏制较大以上安全事故发生。加强各类风险防控和研判，积极化解社会突出矛盾。大力创建食品安全城区。健全处突维稳机制，提高应急处置能力，确保全区大局和谐稳定。

各位代表：新起点开启新征程，新目标赋予新使命！承载着市委、市政府的殷切希望，肩负着全区人民的信任重托，我们必须以“咬定青山不放松”的坚韧、以“敢教日月换新天”的豪迈，坚持发展实体经济不动摇，创新干、务实干。我们坚信：随着国家高新技术产业开发区、国家现代农业示范区、国家生态保护和建设示范区，以及竹海生态休闲养生旅游度假区、非遗文化特色区的全面建成，一座经济繁荣、特色彰显、宜居宜游的现代城市必将乘势崛起，“面上保护、点上开发”示范区的目标定会如期实现！

统计资料

双桂堂广场

统计资料

梁平县统计局
2016 年梁平县国民经济和社会发展统计公报

（梁平县统计局　2017 年 4 月 6 日）

2016 年是“十三五”开局之年，县委县政府全面贯彻落实五大功能区域发展战略，紧紧围绕“137 发展思路”，扎实推进“面上保护，点上开发”示范区建设，统筹推动“稳增长、促改革、调结构、惠民生、防风险”各项工作，扎实推进供给侧结构性改革，国民经济运行保持总体平稳、稳中有进、进中提质的发展态势。

一、综合

初步核算，全年实现地区生产总值 2710170 万元，比上年增长（下同）10.6%。按产业分，第一产业增加值 414901 万元，增长 5.6%；第二产业增加值 1456441 万元，增长 12.6%；第三产业增加值 838828 万元，增长 9.7%。三次产业结构比为 15.3∶53.7∶31.0。

图 1　2012—2016 年地区生产总值及其增长速度

单位：万元、%

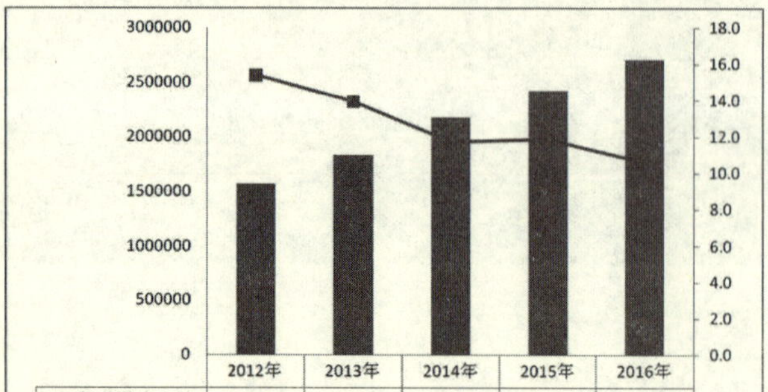

	2012年	2013年	2014年	2015年	2016年
绝对额（万元）	1566506	1826584	2178288	2423308	2710170
增　速（%）	15.4	13.9	11.7	11.9	10.6

年末全县常住人口 65.36 万人，城镇化率 43.08%，比上年提高 1.47 个百分点。按常住人口计算，全县人均地区生产总值达到 41138 元，增长 11.3%。

年末户籍总人口 930099 人。其中，城镇人口 292275 人，乡村人口 637824 人。男女性别比 109.25（女性为 100）。年内出生 11187 人，出生率为 12.06‰；年内死亡 5533 人，死亡率为 5.96‰；人口自然增长率为 6.09‰。

全年全县各级公共就业服务机构免费办理各类人员求职登记 5579 人次，免费开展职业指导 5184 人次，成功介绍 3387 人就业。全年实现城镇新增就业人员 14351 人。城镇登记失业人员实现就业 5802 人。年末城镇登记失业 2250 人，登记失业率 2.97%，下降 0.43 个百分点。

全年一般公共预算收入 194663 万元，增长 12.3%。其中税收收入 102824 万元，增长 23.7%。一般公共预算支出 567662 万元，增长 0.7%。

2016 年，全县共发展各类市场主体 5110 户。其中，内资企业 1280 户，外资企业 1 户，个体工商户 3731 户，农民专业合作社 98 户。全年新发展微型企业 645 户。

二、农业

全年实现农林牧渔业增加值 419935 万元，增长 5.6%。其中，种植业 272636 万元，增长 6.0%；畜牧业 102627 万元，增长 0.8%；林业 15052 万元，增长 18.5%；渔业 24587 万元，增长 15.4%；农林牧渔服务业 5033 万元，增长 5.8%。

全年全县农林牧渔业总产值达624899万元。其中农业、林业、牧业、渔业、农林牧渔服务业产值分别为357321万元、22452万元、204844万元、33092万元和7190万元。

全年粮食播种面积113.4万亩，增长0.8%。油料播种面积13.7万亩，增长3.7%。蔬菜播种面积27.2万亩，增长2.9%。水果种植面积11.2万亩，增长4.2%。

全年粮食总产量达39.0万吨，增长1.0%。其中，夏粮产量3.4万吨，减产3.6%；秋粮产量35.6万吨，增长1.5%。全年谷物产量31.0万吨，增长0.7%；其中，稻谷产量22.1万吨，增长1.1%；小麦产量0.9万吨，减产17.0%；玉米产量8.0万吨，增长1.8%。水果产量10.6万吨，增长10.0%。

全年肉类总产量达到7.8万吨，下降0.1%，其中猪肉产量5.3万吨，下降3.0%。全年出栏生猪72.4万头，下降3.3%；出栏牛2.8万头，增长13.6%；出栏羊3.3万头，增长25.4%；出栏家禽1307.2万只，增长2.9%。

表17　　2016年主要农产品产量

产品名称	产量	比上年增长（%）
粮食（万吨）	39	1
油料（万吨）	1.7	6.7
蔬菜（万吨）	51.3	6.4
水果产量（万吨）	10.6	10
出栏生猪（万头）	72.4	-3.3
出栏牛（万头）	2.8	13.6
出栏羊（万头）	3.3	25.4
出栏家禽（万只）	1307.2	2.9
猪肉（万吨）	5.3	-3

三、工业和建筑业

全年实现工业增加值1133080万元，增长10.7%，占全县地区生产总值的41.8%。

规模以上工业企业实现总产值2127193万元，增长10.9%，增加值增长10.8%。其中，园区工业完成产值1538389万元，增长24.5%。按规模划分，大中型企业总产值1029588万元，增长26.2%，占规上工业总产值的48.4%；高技术制造业总产值316372万元，增长39.3%，占规上工业总产值的14.9%。其中，一支柱四集群特色工业企业规上产值666797万元，增长44.1%；不锈钢及机械制造产业完成产值218538万元，增长60.1%；生态塑料产业完成产值143783万元，增长38.1%；集成电路产业完成产值283603万元，增长38.4%；环保产业完成产值20873万元，增长19.9%。

图2　　2012—2016年全部工业增加值及其增长速度

单位：万元、%

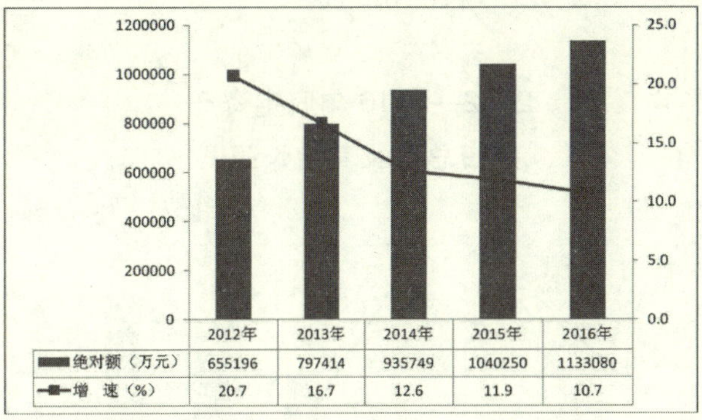

全年规模以上工业企业实现利润总额183957万元，减少1.2%；总资产贡献率19.6%，下降5.1个百分点；产品销售率99.2%，提高0.3个百分点。规模以上工业企业能源综合消耗为33.45万吨标准煤。

全年实现建筑业增加值323361万元，增长18.7%。全县26家资质内建筑企业，建筑业注册地产值达1165517万元，增长18.1%。

图 3　　2012—2016 年建筑业增加值及其增长速度

单位：万元、%

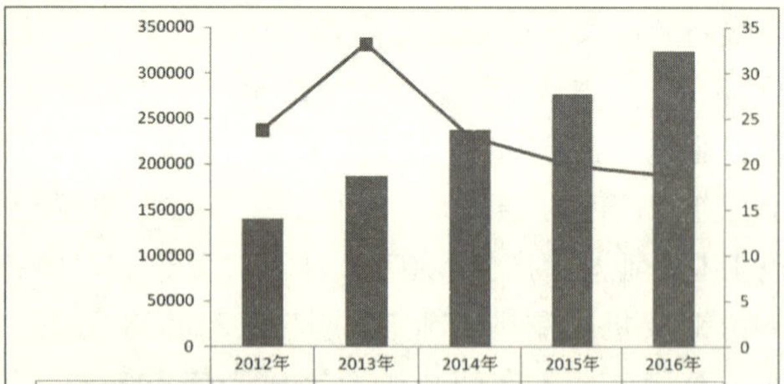

	2012年	2013年	2014年	2015年	2016年
绝对额（万元）	139428	187183	237849	277133	323361
增　速（%）	23.7	33.2	23	19.8	18.7

四、固定资产投资

全年完成固定资产投资总额（含跨区、农户投资）3103829 万元，增长 16.0%。其中，第一产业投资 216749 万元，增长 3.3%；第二产业投资 883149 亿元，增长 14.7%；第三产业投资 2003931 亿元，增长 18.2%。

图 4　　2012—2016 年固定资产投资总额及其增长速度

单位：万元、%

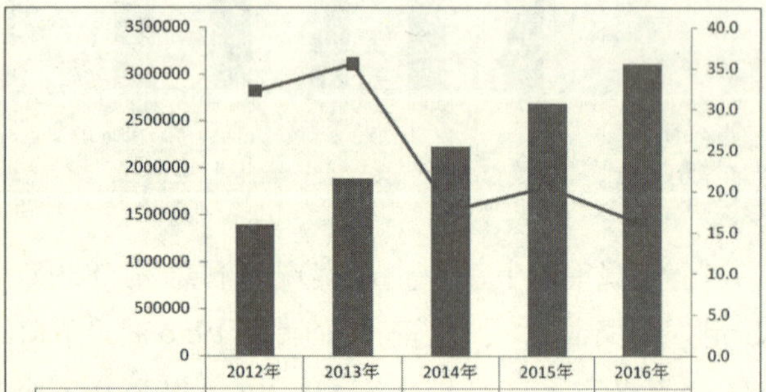

	2012年	2013年	2014年	2015年	2016年
绝对额（万元）	1392117	1887184	2220111	2675263	3103829
增　长（%）	32.2	35.6	17.6	20.5	16.0

其中，基础设施建设投资 1366199 万元，增长 21.1%，占全县固定资产投资的 44.0%；民间投资 1925717 万元，增长 8.6%，占全县固定资产投资的比重为 62.0%；工业投资 883149 万元，增长 14.7%，占全县固定资产投资的比重为 28.5%。

全年房地产开发投资 231216 万元，增长 13.2%。其中，住宅投资 162136 万元，增长 14.0%；办公楼投资 4102 万元，下降 45.5%；商业营业用房投资 51906 万元，增长 20.3%。

全年全县商品房销售面积 72.2 万平方米，增长 24.6%。其中，住宅 66.9 万平方米，增长 27.5%；商业营业用房 4.5 万平方米，减少 3.2%；办公楼 0.1 万平方米。

全年全县商品房销售额 30.3 亿元，增长 21.6%。其中，住宅 24.5 亿元，增长 17.2%；商业营业用房 5.6 亿元，增长 43.7%；办公楼 0.1 亿元。

完成棚户区改造 14.08 万平方米。完成农村危旧房改造 3353 户。

图 5　　2012—2016 年社会消费品零售总额及其增长速度

单位：万元、%

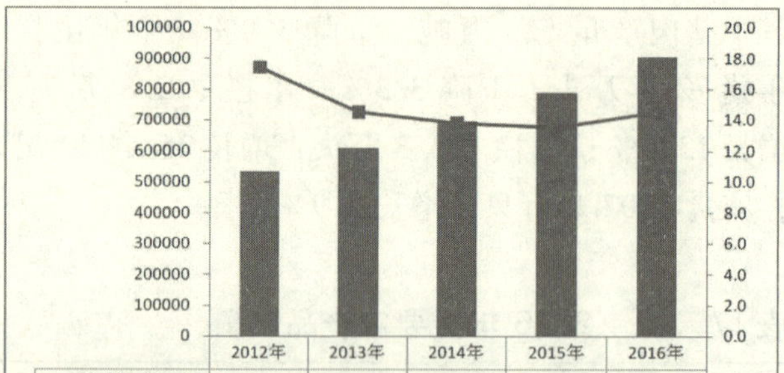

	2012年	2013年	2014年	2015年	2016年
绝对额（万元）	533194	610519	694770	788729	902890
增　长（%）	17.4	14.5	13.8	13.5	14.5

五、贸易

全年实现社会消费品零售总额 902890 万元，增长 14.5%。按经营地统计，城镇消费品零售额 839688 万元，增长 14.3%；乡村消费品零售额 63202 万元，增长 16.5%；按行业统计，批发和零售业零售额 752177 万元，增长 14.0%；住宿和餐饮业零售额 150713 万元，增长 17.1%。

在限额以上法人企业商品零售额中，通讯器材类增长 23.4%，文化办公用品类增长 15.3%，粮油食品类增长 23.2%，饮料类增长 34.0%，烟酒类增长 22.7%，中西药品类增长 23.0%，汽车类增长 34.0%，建筑及装潢材料类增长 27.6%，家用电器和音像器材类增长 21.3%，化妆品类增长 26.7%，日用品类增长 18.9%，石油及制品类增长21.3%，金银珠宝类下降7.7%。

全年进出口总额达到22425万元，增长29.0%。实际利用内资2416577万元，增长22.1%。

六、交通、邮电和旅游

全县公路通车里程2732.2公里，其中高速公路通车总里程92.6公里。全县铁路运营里程达到77.6公里，其中高速铁路营运里程46公里。全年完成公路货物运输量1863万吨，增长0.6%，公路货物周转量247805万吨公里，增长7.4%；完成公路旅客运输量1522万人次，下降29.5%；公路旅客周转量73978万人公里，下降14.3%。

年末全县汽车拥有量114223辆。公共汽车营运车辆690辆，其中客运车辆443辆、公交车73辆、出租汽车174辆。全县行政村公路通达率100%，行政村公路通畅率为100%，行政村客运班车通达率为94.4%。

全年完成邮电业务总量35835万元，增长11.4%。邮政业全年完成邮政函件业务40871件，包裹业务110655件，快递业务量40859件。年末固定电话用户69157户，下降6.4%；年末移动电话用户554037户，增长6.4%。年末互联网用户88869户，增长57.8%。

2016年，全县共接待游客300万人次，增长19.6%，其中国内游客接待299.9万人次，增长19.5%，海外游客接待857人次，增长89.6%；旅游总收入10亿元，增长29.0%。全县星级宾馆3家，旅行社2家。

七、金融

2016年年末，金融机构各项存款余额3594680万元，比年初增加532047万元，比年初增长17.4%；各项贷款余额1189801万元，比年初增加185798万元，比年初增长18.5%。

全年实现保费收入51760万元，增长15.1%，其中人寿保险34856万元，增长15.2%，财产保险16904万元，增长14.9%。全年保险赔付26010万元，增长109.8%，其中人寿保险赔付18551万元，增长365.8%，财产保险赔付7459万元，减少11.4%。

八、人民生活和社会保障

全县常住居民人均可支配收入19353元，增长11.4%。按常住地分，城镇常住居民人均可支配收入28990元，增长9.7%；农村常住居民人均可支配收入12485元，增长10.8%。全县常住居民人均消费性支出15068元，增长9.3%。按常住地分，城镇常住居民人均消费支出20568元，增长9.3%；农村常住居民人均生活消费支出11147元，增长7.4%。

表18　**2016年常住居民人均可支配收入**

指标	全县常住居民		城镇常住居民		农村常住居民	
	绝对量（元）	比上年增长（%）	绝对量（元）	比上年增长（%）	绝对量（元）	比上年增长（%）
人均可支配收入	19353	11.4	28990	9.7	12485	10.8
工资性收入	9261	11.6	15398	8.8	4888	12.6
经营净收入	3978	10.1	4221	14.6	3805	6.7
财产净收入	1360	13.4	2611	12.9	469	4.7
转移净收入	4753	11.3	6761	7.6	3323	14.1

全县城镇企业职工基本养老保险参保人数6.07万人，增长4.66%。参加城乡居民社会养

老保险人数34.69万人，下降0.2%。城镇职工基本医疗保险参保人数5.23万人，增长3.16%；城乡居民基本医疗保险参保人数79.77万人，下降3.57%。工伤保险参保人数4.08万人，增长1.24%。生育保险参保人数3.08万人，增长1.65%；0.2万人次享受生育保险待遇，增长100%。失业保险参保人数2.43万人，和上年持平。

九、教育、科学技术和文化

全县共有中等职业学校3所，普通中学28所，小学73所，幼儿园83所，特殊教育学校1所。在校生123519人，毕业生32216人；中等职业学校招生2135人，在校生5592人，毕业生1442人；普通高中招生4757人，在校生14512人，毕业生5457人；普通初中招生9090人，在校生25543人，毕业生8059人；普通小学招生8170人，在校生56484人，毕业生8895人；学前教育招生6513人，在校生21292人，毕业生8344人；特殊教育招生22人，在校生96人，毕业生19人。高中毛入学率为92.8%，初中毛入学率为99.85%，小学毛入学率为100%。

2016年，全县共建立2家市级工程技术研究中心，实施市级以上科技项目14项，认定有效期内高新技术企业8家，高新技术产品28个。全年共受理专利申请532件，其中发明专利138件；获得专利授权300件，其中发明专利15件。截至年底，全县有市级专家大院4家，专利授权数1468件，其中发明专利68件。有注册商标3806件。有驰名商标1件、著名商标17件、地理标志量9件。

县级广播电视台1座，影剧院2个，文化馆1个，乡镇综合文化站33个，农家书屋313个。公共图书馆1所，藏书74200册。非物质文化遗产保护中心1个，青少年儿童体育学校1个。全年有线广播电视实际用户在册83288户，其中数字电视实际用户在册53179户。广播人口综合覆盖率98.53%，电视人口综合覆盖率达到95.55%。

十、卫生和社会服务

年末全县共有各级各类医疗卫生机构（含村卫生室，个体办诊所）616个。共有医疗卫生机构床位数3815张，其中医院床位1762张。全县共有卫生技术人员4556人，其中执业医师和执业助理医师1210人，注册护士1295人。

年末全县共有3815人享受城镇居民最低生活保障，发放保障金1617.4万元。16173人享受农村居民最低生活保障，发放保障金3681.9万元。特困人员供养3371人。城镇居民最低生活保障标准为460元/月，农村居民最低生活保障标准为300元/月，特困人员最低供养标准为600元/月。全县建有29个敬老院，1个社会福利院，一个福利中心，拥有床位2289个，集中供养796人，社区活动服务中心75个，网络社会服务站75个。

十一、扶贫

全年安排财政性扶贫资金3106万元，其中市级以上财政专项扶贫资金800万元。全年农村扶贫对象脱贫人数28人，年末农村扶贫对象1438人。

十二、资源和环境

全年水资源总量103021万立方米。年平均降水量1142.5毫米。全年总用水量16512万立方米，增长1.04%。

全县森林面积84749.6公顷，其中新造林4000公顷。森林覆盖率达44.85%。

2016年环境污染治理投资总额达12593.7万元。工业废水处理量433.51万吨，占排放总量的84.0%；工业二氧化硫排放量4437.51吨，减少0.6%。城市生活污水处理量1199.42万吨，增长17.5%。全县区域声环境噪音平均等效声级为54.9分贝。全年空气质量满足优良天数357天。环境空气细颗粒物（PM2.5）平均浓度为47微克/立方米。

注：

1. 本公报中2016年数据均为初步统计数，部分数据因四舍五入的原因，存在着与分项合计不等的情况。

2. 地区生产总值、各产业增加值绝对数按现价计算，增长速度按可比价计算。

3. 常住人口是指在本乡镇（街道）居住半年以上的人口，或虽居住不满半年，但离开户口登记地半年以上人口以及户口待定人口。外出区外人口是指户口所在地为重庆市梁平县，现居住在重庆市梁平县外，离开户口登记地半年以上的人口。区外外来人口是指户口所在地为重庆市梁平县外，现居住在重庆市梁平县内，离开户口登记地半年以上的人口。

4. 基础设施投资是指建造或购置为社会生产和生活提供基础性、大众性服务的工程和设施的支出。本文中的基础设施投资包括交通运输、邮政业，电信、广播电视和卫星传输服务业，互联网和相关服务业，水利、环境和公共设施管理业投资。

5. 民间固定资产投资是指具有集体、私营、个人性质的内资企事业单位以及由其控股（包括绝对控股和相对控股）的企业单位建造或购置固定资产的投资。

6. 行业统计标准：

规模以上工业：年主营业务收入2000万元及以上的工业法人单位。

有资质的建筑业：有总承包、专业承包和劳务分包资质的建筑业法人单位。

限额以上批发和零售业：年主营业务收入2000万元及以上的批发业、年主营业务收入500万元及以上的零售业法人单位。

限额以上住宿和餐饮业：年主营业务收入200万元及以上的住宿和餐饮业法人单位。

房地产开发经营业：全部房地产开发经营业法人单位。

规模以上服务业：年营业收入1000万元及以上或从业人员50人及以上的执行企业会计制度的法人或视同法人单位。包括：交通运输、仓储和邮政业，信息传输、软件和信息技术服务业，租赁和商务服务业，科学研究和技术服务业，水利、环境和公共设施管理业，居民服务、修理和其他服务业，教育，卫生和社会工作，文化、体育和娱乐业；以及物业管理、房地产中介服务等行业。

2016 年梁平县各镇乡经济总量

单位：万元

镇乡名称	2016 年	镇乡名称	2016 年
双桂街道	622081	金带镇	34905
梁山街道	483352	和林镇	33936
屏锦镇	119931	柏家镇	32531
袁驿镇	107978	荫平镇	31575
礼让镇	72439	竹山镇	30103
云龙镇	69802	曲水镇	28556
回龙镇	66468	大观镇	26676
聚奎镇	62788	星桥镇	24607
新盛镇	62607	安胜乡	24599
虎城镇	59574	文化镇	23486
福禄镇	49595	石安镇	22645
明达镇	48659	龙胜乡	19836
碧山镇	46970	七星镇	17230
仁贤镇	44623	紫照乡	15419
合兴镇	42944	铁门乡	13453
龙门镇	40457	复平乡	11132
蟠龙镇	38304		

注：1、双桂街道经济总量包含工业园区数据

2、镇乡经济总量不含天然气、金融等

3、由于2016 年烟花爆竹、煤炭开采转型升级、部分镇乡2015 年地区生产总值有所调整

光 荣 榜

一箭春茶场

光 荣 榜

记集体三等功单位

重庆市梁平县发展和改革委员会
重庆市梁平县财政局

梁平县 2016 年度专项建设基金工作优秀组织单位

中国农业发展银行梁平县支行
重庆市梁平县文化委员会
重庆市梁平县经济和信息化委员会
重庆市梁平县教育委员会
重庆市梁平县水务局

梁平县 2016 年度专项建设基金工作优秀实施单位

重庆平伟实业股份有限公司
百里竹海建设指挥部
梁平县融康彩印包装有限公司
重庆新梁投资开发（集团）有限公司
梁平县新城建设指挥部

梁平县 2016 年度优秀工业企业名单（12 家）

梁平海螺水泥有限责任公司
重庆梁山群星装饰建材有限公司
重庆啤酒股份有限公司
重庆巨源不锈钢制品有限公司
九厂重庆平伟实业股份有限公司
重庆捷尔士显示技术有限公司
重庆市梁平张鸭子食品有限公司
重庆欧美加塑胶电子有限公司
梁平双胞胎饲料有限公司
梁平天胜电子有限公司
梁平奇爽食品有限公司
重庆利财管道有限公司

梁平县 2016 年度重点纳税工业企业名单（12 家）

中石油西南油气田分公司重庆气矿梁平采输气作业区
梁平海螺水泥有限责任公司
重庆啤酒股份有限公司九厂
重庆市邵新煤化有限公司
国网重庆市电力公司梁平供电分公司
重庆平伟实业股份有限公司
重庆市梁平张鸭子食品有限公司
梁平新益石材有限公司
重庆梁平天然气有限责任公司
梁平福韵建材有限公司
梁平吉龙混凝土有限公司
梁平双胞胎饲料有限公司

梁平县 2016 年度优秀工业企业家名单（12 名）

李述洲　重庆平伟实业股份有限公司董事长
李国万　重庆市邵新煤化有限公司总经理
刘昌仁　重庆市梁平张鸭子食品有限公司总经理
陈剑英　梁平奇爽食品有限公司总经理
蒋永明　重庆东创机械有限责任公司总经理
孙祥敏　重庆捷尔士显示技术有限公司总经理
李开平　重庆市鹏宇五金制品有限责任公司董事长
邢国伟　重庆欧美加塑胶电子有限公司总经理
刘　勇　重庆市蜀达饲料有限公司总经理
谭天胜　梁平天胜电子有限公司董事长
张世健　重庆利财管道有限公司总经理
蒋礼燕　重庆咪兔实业有限公司总经理

梁平县 2016 年招商引资贡献奖名单（13 名）

马占峰　中国塑料加工工业协会副理事长
符　岸　广东省塑料行业协会会长
徐世六　重庆半导体行业协会会长
刘汉龙　重庆市塑料工业协会秘书长
赖　彪　重庆市塑料工业协会副秘书长
陈建辉　广东灿盛塑料实业有限公司总经理
张伟光　广东狮特龙塑胶有限公司总经理
管敏峰　重庆悍豹机电制造有限公司董事长
余　健　重庆融康包装材料有限公司董事长
吴顺汉　中国花样年集团公司城更办总经理
陈金财　重庆奇爽食品有限公司董事长
胡　钢　重庆平伟实业股份有限公司总经理
谭天胜　梁平天胜电子有限公司董事长

梁平县优秀共产党员名单（98 名）

张　蕾（女）　梁山街道大众社区党委书记
吕厚生　梁山街道机关工会专职副主任
旷权章　梁山街道天鼓村综合服务专干
蔡勇波　双桂街道综合科干部
黄晓红（女）　双桂街道社区卫生服务中心党支部书记
陈世均　梁平（温州）流动党支部书记
唐建英（女）　蟠龙镇银河村综合服务专干
胡晓波（女）　星桥镇横山村党总支书记
邓小江　星桥镇卫生院住院部主任
许银花（女）　合兴镇龙滩村党支部副书记
何祖波　合兴镇雨家村村民
廖坤祥　复平乡小山村党总支书记
秦志元　安胜乡村建服务中心主任
王国安　重庆三秒电子有限公司负责人
任　静（女）　仁贤镇街道社区党总支副书记
范家平　金带镇仁和村党总支书记
李茜茜（女）　金带镇双桂村综合服务专干
谭德林　梁平县滑石寨度假村有限公司工人
方相维（女）　聚奎镇街道社区主任
张选维（女）　聚奎镇大来村主任
王治国　礼让镇川西村村民
陈传芳（女）　明达镇党委委员、纪委书记
廖锡平　梁平县回味食品有限公司总经理
姚平川　龙门镇农业服务中心主任
冉　彭（女）　新盛镇街道社区主任
叶秀平　梁平县宏发水泥制品有限公司工人
刘明鹏　文化镇合家村党总支书记
肖明蓉（女）　重庆市英利育才小学教师
张　璟（女）　屏锦镇桂湾村村民
吴　平　屏锦镇综治办主任兼安监办主任
邹柏仕　原梁平县竹山区国税所所长（退休）
彭小利（女）　回龙镇党委宣传委员
万仁祥　回龙镇宏盛伞业利祥电子联合党支部书记、利祥电子元件厂总经理
石世文　荫平镇党委委员、副镇长
刘波平　云龙镇同心村党总支书记兼村委会主任
吴远发　云龙镇双河村综合治理专干
金昌玉（女）　和林镇福和村党总支书记
李祥柏　和林镇和林村 9 组村民
邓大飞　铁门乡长塘村党总支书记
刘　鹏　袁驿镇社事办主任兼民政办主任
吕纪铧　袁驿镇清顺村党总支书记
楚　镜　碧山镇社保所所长
吴明英（女）　梁平县瑞予农业有限公司党支部书记
朱朝碧（女）　虎城镇永和村综合服务专干
叶泽明　虎城镇礼仁村主任
李连松　龙胜乡经发办主任
石思辉　竹山镇建设管理办公室主任
汪仁琼（女）　竹山镇街道社区居民
田德兴（女）　七星镇街道社区居民
罗秋容（女）　福禄镇经发办主任
刘　涛　县水务局福禄片水利水保站站长
陈正轩　曲水镇中鹿村村民
莫治胜　石安镇联丰村党总支书记
唐治权　紫照乡大丘村党总支书记
刘太芬（女）　柏家镇中心村综合服务专干
易小琴（女）　柏家中心卫生院门诊部主任
蒋光奎　大观镇安乐村主任
林永富　大观镇千福村主任
刘明山　县政府办党组书记、主任
常奇烨（女）　委办秘书科科长
李超洪（女）　县考核办专职副主任
曾　涛　县委统战部办公室主任
杨　西　县经济信息委党组书记、主任
张兴英（女）　梁平县环境监测站站长
刘明庆　县司法局社区矫正管理局局长

吕　艳（女）　县规划局办公室主任
欧　阳　县金融服务中心金融管理科科长
杨　柯　县机关事务局综合科科长
石思灯　县信访信息中心副主任
王克利　县文化遗产保护中心副主任
秦元纬　县殡仪馆职工
周　娟（女）　梁平县特殊教育学校党支部书记
罗远丽（女）　紫照中心学校教师
经　燕（女）　碧山镇初级中学教师
周忠勤　红旗中学教师
唐　聪　县城乡建委职工
罗　刚　梁平县福韵建材有限公司技术员
莫红艳（女）　县运管所行政（审批）服务科科长
何友碧　县公路养护所金柱站工人
熊万富　万运集团梁平分公司职工
喻建新　县商务局流通科科长
朱家全　中意格格酒楼厨师长
王双伟　县公安局梁山第二派出所民警
邵　森　县公安局指挥中心民警
陈　红（女）　县社会保险局参保三科副科长
孙　红（女）　县市容环境卫生管理所工人
奉永亮　县园林绿化管理处工人
陈　瑶（女）　县水文局综合科科长
杨代述　县委农工委副书记、县农委主任
陈晓琴（女）　县人民医院外科片区护士长、重症医学科护士长
冉春红（女）　县第二人民医院内科护士长
高勇军　县林木种苗和林业科技站站长
谭天胜　梁平县天胜电子有限公司董事长
朱思发　重庆巨源不锈钢制品有限公司总经理
郑永敏　梁平县亿联商贸城有限公司党支部书记
魏雪琴（女）　县供销合作社联合社办公室主任
高雪峰　县委党校工会主席、行政后勤科科长
蒋德建　县新区指挥部工作人员

梁平县优秀党务工作者名单（59名）

胡　平（女）　梁山街道党工委组织委员
肖仁美（女）　梁山街道北池社区党委书记
姚万祥　县平安运输有限责任公司党支部书记
陈泽田　双桂街道党工委书记
周荣贵　双桂街道大河坝社区党委委员
卢国莉（女）　蟠龙镇机关党支部书记
李　佳（女）　星桥镇高都村党总支部“第一书记”、星桥镇纪委副书记
钟　进（女）　合兴镇党委组织委员
伍明盛　复平乡安平村党总支书记
李华全　安胜乡井坝村党支部书记
邓智辉　仁贤镇长龙村党委委员
刘妮娜（女）　金带镇党委组织委员
周飞云（女）　聚奎镇党委组织委员
杨昌平　明达镇字库村党支部书记
何大发　龙门镇龙凤社区党总支书记
屈经亮　新盛镇铁树村党总支书记
刘文博　文化镇三寨村党总支书记
曾祥孝　屏锦镇龙溪村党总支书记
肖正平　回龙镇双龙村党总支书记
彭　罗　荫平镇新拱桥村党总支书记
詹彩余　云龙镇党委政法书记
李正凡　梁平县丰疆生物科技有限公司党支部书记
邱景娇（女）　和林镇党委组织委员
刘志宪　铁门乡铁门村党总支书记
邓顺友　袁驿镇党委书记
陈秀国　碧山镇新元村党支部书记
廖国坚　虎城镇八林村党支部书记
杨代斌　龙胜乡龙胜村党总支书记
王绍元　竹山镇正和村党总支书记
蒋启菊（女）　七星镇街道社区党总支委员

刘　畅（女）　福禄镇工会工委专职副主任
龚朝春　曲水镇纪检干事
陈学芬（女）　石安镇牌楼村党支部书记
肖　江　紫照乡党委委员、纪委书记
谢吉富　柏家镇街道社区党总支部委员、居委会副主任
刘兴杰（女）　大观镇大兴村党总支部书记
曹刚静（女）　县委办机关党支部副书记、县委研究室副主任
李成毅　县纪委组织部部长
屈　刚（女）　县社科联秘书长
周　娇（女）　县委政法委纪检组长
陈镜银（女）　县工商局机关党委组织委员、非公党建科科长
刘兴炜　县安监局机关党支部副书记、办公室主任
胡　波　县统计局机关党支部书记、副局长
王春艺　县国土房管局党总支部委员、土地利用科科长
卿生金　县行政服务中心党支部书记、主任
雷雪梅（女）　实验幼儿园党支部纪检委员
黄俊懿（女）　梁山小学党总支部委员
苏武华　重庆市圣华建筑劳务有限公司党支部书记
张　强　县委农工委事业一支部书记、县农经站站长
吴天胜　县公安局政治处副主任、团委书记
李晓江　袁驿派出所党支部书记、副所长
王江凌　县人力社保局党委书记、局长
兰支曼（女）　县市政园林局机关党支部组织委员
张　川（女）　县水务局机关第一党支部委员、办公室主任
陈世斌　县卫生计生委组织人事监察科科长
秦国军　县林业局机关党支部委员
李进海　梁平工业园区党群服务中心党支部书记
李光辉　梁平张鸭子食品有限公司党支部书记
周春松　梁平县新合农业生产资料有限责任公司党支部书记

梁平县先进基层党组织名单（98 个）

中共梁平县梁山街道石马山社区委员会
中共梁平县梁山街道白沙村支部委员会
中共梁平县西苑小学总支部委员会
中共梁平县梁山街道云佛村总支部委员会
中共梁平县双桂街道皂角社区委员会
中共梁平县双桂街道安宁村总支部委员会
中共梁平县双桂街道大河坝社区委员会
中共梁平县蟠龙镇老林村总支部委员会
中共梁平县蟠龙镇扈槽村总支部委员会
中共梁平县星桥镇高都村总支部委员会
中共梁平县星桥镇星桥村总支部委员会
中共梁平县合兴镇雨家村总支部委员会
中共合兴镇龙滩完全小学支部委员会
中共梁平县复平小学支部委员会
中共梁平县安胜乡梁安村支部委员会
中共梁平县仁贤镇五一村委员会
中共梁平县仁贤镇中心小学支部委员会
中共梁平县金带镇滑石村总支部委员会
中共梁平县聚奎镇街道社区总支部委员会
中共梁平县聚奎镇石牛村总支部委员会
中共梁平县聚奎镇初级中学支部委员会
中共梁平县礼让镇中心小学支部委员会
中共梁平县礼让镇凤凰村总支部委员会
中共梁平县明达镇明达村总支部委员会
中共梁平县明达镇新益村总支部委员会
中共梁平县龙门镇中心学校支部委员会
中共梁平县龙门镇文圣村总支部委员会
中共梁平县新盛镇万炉村总支部委员会

中共梁平县新盛镇运输公司支部委员会
中共梁平县文化镇长春村支部委员会
中共梁平县屏锦镇兴平社区委员会
中共梁平县屏锦镇屏锦村总支部委员会
中共梁平县屏锦镇竹海村总支部委员会
中共梁平县回龙镇安居村总支部委员会
中共梁平县回龙镇民胜村总支部委员会
中共梁平县荫平镇乐英村委员会
中共梁平县荫平镇中心小学支部委员会
中共梁平县云龙镇街道社区总支部委员会
中共梁平县云龙镇红旗村总支部委员会
中共梁平县云龙镇东平村总支部委员会
中共梁平县和林镇福和村总支部委员会
中共梁平县和林镇街道社区总支部委员会
中共梁平县铁门乡铁门村总支部委员会
中共梁平县袁驿镇机关一支部委员会
中共梁平县袁驿镇中心医院支部委员会
中共梁平县碧山镇水岩村总支部委员会
中共梁平县碧山镇川主村总支部委员会
中共梁平县虎城镇五角村支部委员会
中共梁平县虎城镇大兴村总支部委员会
中共梁平县龙胜乡新口村支部委员会
中共梁平县竹山镇猎神村总支部委员会
中共梁平县七星镇机关支部委员会
中共梁平县福禄镇青桥村总支部委员会
中共梁平县福禄镇中心小学支部委员会
中共梁平县曲水镇中丰村总支部委员会
中共梁平县曲水镇聚宝村总支部委员会
中共梁平县石安镇荷叶村总支部委员会
中共梁平县石安镇街道社区总支部委员会
中共梁平县紫照乡桂香村总支部委员会
中共梁平县柏家镇龙峰村总支部委员会
中共梁平县柏家镇龙江完小支部委员会
中共梁平县大观镇桐岩村支部委员会
中共梁平县大观镇卫生院支部委员会
中共梁平县委办公室机关支部委员会
中共梁平县人大常委会机关支部委员会
中共梁平县人民政府办公室机关支部委员会
中共政协梁平县委员会机关支部委员会
中共梁平县纪律检查委员会机关支部委员会
中共梁平县委组织部机关支部委员会
中共梁平县人民法院执行局支部委员会
中共梁平县人民检察院机关委员会第一支部委员会
中共梁平县地方税务局机关支部委员会
中共梁平县科学技术委员会机关支部委员会
中共重庆新梁投资开发（集团）有限公司联合支部
中共梁平县发展和改革委员会机关支部委员会
中共梁平县审计局机关支部委员会
中共梁平县投资促进中心支部委员会
中共中国邮政集团公司重庆市梁平县分公司支部委员会
中共国家统计局梁平调查队支部委员会
中共梁平县教师进修学校总支部委员会
中共梁平县合兴初级中学支部委员会
中共梁平县实验小学支部委员会
中共梁平县建筑工程质量监督站支部
中共梁平县交通委员会机关支部委员会
中共梁平县农委退休五支部委员会
中共梁平县商务行政执法大队支部委员会
中共梁平县公安局梁山第一派出所支部委员会
中共梁平县公安局办公室支部
中共梁平县公安局警卫处支部
中共梁平县人力资源和社会保障局机关支部委员会
中共梁平县市容环境卫生管理所支部委员会
中共梁平县大河坝水库管理站支部委员会
中共梁平县妇幼保健计划生育服务中心支部委员会
中共梁平县竹海林场支部委员会
中共梁平工业园区党群服务中心支部
中共梁平县亿联商贸城有限公司支部
中共重庆平伟实业股份有限公司支部委员会
中共梁平县新合储运有限责任公司支部委员会

网言网语·哲理

一杯清水会因一滴污水而变污浊，一杯污水却不会因一滴清水而变清澈。

世界没有悲剧和喜剧之分，如果你能从悲剧中走出来，那就是喜剧，如果你沉湎于喜剧之中，那它就是悲剧。

马在松软的土地上易失蹄，人在甜言蜜语中易摔跤。

网言网语·人生

贪婪是最真实的贫穷，满足是最真实的财富。

成功的人不是赢在起点，而是赢在转折点。

不同傻子争辩，否则你就是傻子。

很帅很漂亮而自己不知道，那就是气质；有钱有才华而别人不知道，那就是修养。

附　录

观音洞景区水上游乐园

附　　录

2016年梁平县建制村、组和社区一览表

序号	乡镇、街道名称	村、居委会名称	组数	村、居委会名称	组数	村、居委会名称	组数
1	梁山街道	清都村	10	白沙村	9	大福社区	11
		迎水村	6	罗汉村	6	蓼叶社区	12
		上八村	6	群益村	5	南华社区	4
		沙坝村	9	云佛村	8	北池社区	5
		东山村	10	梦梁村	9	大众社区	4
		土桥村	3	天鼓村	12	双桂社区	5
		时代村	4	金桥村	9	西池社区	5
		东明村	6	龙磨村	10	石马山社区	4
		西池村	3	八角社区	8	文峰社区	4
		石马村	4				
		梁山街道辖18个村委会、129个村民组，10个社区、64个居民组					
2	双桂街道	松竹村	11	黄泥村	9	回兴社区	9
		兴隆村	5	安复村	5	皂角社区	5
		安宁村	9	盐河村	6	新民社区	10
		响水村	9	凉水村	13	张桥社区	9
		千明村	8	正龙社区	10	太和社区	8
		牛头村	5	大河社区2－5组	4		
		双桂街道辖10个村委会、80个村民组，7个社区、55个居民组					
3	蟠龙镇	五星村	9	聚水村	8	扈槽村	11
		义和村	8	新店村	7	蟠龙村	8
		老林村	14	银河村	7	蟠龙镇街道社区	9
		平安村	8				
		蟠龙镇辖9个村委会、80个村民组，1个街道社区、9个居民组					
4	合兴镇	大梨村	7	天龙村	7	护城社区	12
		银恒村	5	龙滩村	7	合兴街道社区	10
		南普村	6	雨家村	7		
		合兴镇辖6个村委会、39个村民组；2个街道社区、22个居民组					

序号	乡镇、街道名称	村、居委会名称	组数	村、居委会名称	组数	村、居委会名称	组数
5	仁贤镇	仁贤村	14	长龙村	12	仁贤街道社区	4
		白鹤村	14	广福村	12		
		宏山村	11	仁贤镇五一社区	15		
		仁贤镇辖5个村委会、63个村民组，2个街道社区、19个居民组					
6	金带镇	仁和村	9	石龙村	9	双桂村	8
		金城村	10	石燕村	8	金带街道社区	3
		千河村	7	滑石村	7		
		金带镇辖7个村委会、58个村民组，1个街道社区、3个居民组					
7	聚奎镇	聚奎村	11	桥铺村	7	大来村	6
		青龙村	7	石牛村	6	顺安村	9
		海峰村	12	长岭村	8	聚奎街道社区	5
		安寿村	11	爱和村	11		
		高碑村	12	席帽村	9		
		聚奎镇辖12个村委会、109个村民组，1个街道社区、5个居民组					
8	礼让镇	老营村	10	玉石村	8	民中村	10
		川西村	9	凤凰村	7	礼让街道社区	4
		同河村	8	新华村	8		
		新拱村	8	河川村	9		
		礼让镇辖9个村委会、77个村民组，1个街道社区、4个居民组					
9	明达镇	明达村	8	长久村	12	龙马村	5
		福来村	8	新益村	9	明达镇天台社区	13
		坪山村	7	字库村	8	明达街道社区	2
		红八村	11	朝阳村	6		
		明达镇辖9个村委会、74个村民组，2个街道社区、15个居民组					
10	龙门镇	文圣村	4	沙井村	7	花庙村	4
		明亮村	10	拱桥村	10	龙门镇街道社区	10
		河源村	8	马鞍村	7	龙门镇乐胜社区	7
		三官村	12	河龙村	5		
		龙门镇辖9个村委会、67个村民组，2个街道社区、17个居民组					
11	新盛镇	新盛村	9	高升村	10	铁树村	9
		联盟村	9	银新村	9	金刚村	9
		永兴村	12	三河村	9	新盛镇乐都社区	10
		万炉村	8	五福村	5	新盛街道社区	4
		新盛镇辖10个村委会、89个村民组，2个街道社区、14个居民组					

序号	乡镇、街道名称	村、居委会名称	组数	村、居委会名称	组数	村、居委会名称	组数
12	文化镇	三寨村	8	和平村	8	长春村	5
		合家村	9	双盐村	5	文化街道社区	6
		齐发村	7	永远村	6		
		文化镇辖7个村委会、48个村民组，1个街道社区、6个居民组					
13	屏锦镇	笋沟村	8	横梁村	7	桂湾村	11
		柏树村	8	竹海村	9	四方村	10
		龙河村	7	天生村	8	屏锦镇屏锦社区	10
		楠木村	10	明月村	7	屏锦镇和睦社区	10
		腰塘村	10	龙溪村	7	屏锦镇万年社区	9
		新合村	9	七桥村	8	兴平社区	10
		芋禾村	10	湖洋村	7	新桥社区	10
		屏锦镇辖16个村委会、136个村民组，5个街道社区、49个居民组					
14	回龙镇	回龙村	10	八一村	5	天福村	7
		云阳村	6	山河村	8	回龙镇安居社区	5
		鷂子村	6	民胜村	7	回龙镇杨柳社区	5
		寒岭村	6	兴农村	10	回龙街道社区	3
		清平村	8	红星村	7		
		双龙村	6	青杠村	7		
		回龙镇辖13个村委会、93个村民组，3个街道社区、13个居民组					
15	荫平镇	新拱桥村	7	光华村	7	荫平镇太平社区	9
		三坝村	9	双寨村	8	荫平镇街道社区	14
		七斗村	8	大坪村	6		
		乐英村	8	群乐村	7		
		荫平镇辖8个村委会、60个村民组，2个街道社区、23个居民组					
16	云龙镇	陡梯村	6	东风村	6	云龙镇龙溪社区	9
		东平村	14	三清村	7	云龙镇护云社区	11
		红旗村	9	人民村	11	云龙街道社区	5
		双河村	8	宝花村	7		
		大石村	9	云龙镇同心社区	8		
		云龙镇辖9个村委会、77个村民组，4个街道社区、33个居民组					
17	和林镇	和林村	12	大冲村	9	和林镇平都社区	11
		蔡家村	9	万安村	7	和林街道社区	4
		爱国村	6	三龙村	5		
		茂林村	4	和林镇福和社区	8		
		和林镇辖7个村委会、52个村民组，3个街道社区、23个居民组					

序号	乡镇、街道名称	村、居委会名称	组数	村、居委会名称	组数	村、居委会名称	组数
18	袁驿镇	兴山村	9	民主村	8	响滩村	6
		石榴村	9	胜名村	7	柳河村	6
		邵兴村	5	叶岩村	10	袁驿街道社区	6
		袁驿村	8	清顺村	8		
		袁驿镇辖 10 个村委会、76 个村民组，1 个街道社区、6 个居民组					
19	碧山镇	小河村	5	龙桥村	9	碧山镇清平社区	10
		新元村	8	川主村	7	碧山镇街道社区	12
		碧山村	7	水岩村	7		
		金屏村	6	平桥村	5		
		碧山镇辖 8 个村委会、54 个村民组，2 个街道社区、22 个居民组					
20	虎城镇	礼仁村	9	桐子村	12	集中村	4
		五角村	6	水口村	8	楚家村	5
		大兴村	8	波漩村	11	河口村	6
		永和村	10	八林村	10	虎城镇陈家社区	8
		聂家村	11	千丘村	8	虎城镇砂石社区	8
		清河村	7	大荣村	10	虎城街道社区	15
		虎城镇辖 15 个村委会、125 个村民组，3 个街道社区、31 个居民组					
21	竹山镇	大塘村	5	竹山镇猎神社区	4	竹山镇街道社区	4
		邵沟村	3	竹山镇竹丰社区	4		
		正和村	4	竹山镇正直社区	7		
		竹山镇辖 3 个村委会、12 个村民组，4 个街道社区、19 个居民组					
22	七星镇	金柱村	12	仁安村	4	七星镇街道社区	7
		马梁村	8	平滩村	5		
		七星镇辖 4 个村委会、29 个村民组，1 个街道社区、7 个居民组					
23	福禄镇	光荣村	5	乐园村	4	福山村	6
		月亮村	6	紫龙村	7	陆坪村	7
		青桥村	9	福禄村	7	九龙村	8
		辣坪村	10	四安村	5	大印村	7
		天塔村	7	和平村	6	福禄街道社区	4
		福禄镇辖 14 个村委会、94 个村民组，1 个街道社区、4 个居民组					
24	石安镇	龙坪村	7	翟溪村	10	牌楼村	7
		里程村	8	荷叶村	5	石安街道社区	4
		骆马村	5	莲花村	7		
		联丰村	9	南溪村	9		
		石安镇辖 9 个村委会、67 个村民组，1 个街道社区、4 个居民组					

序号	乡镇、街道名称	村、居委会名称	组数	村、居委会名称	组数	村、居委会名称	组数
25	柏家镇	中心村	12	白仙村	13	柏家镇龙江社区	12
		三新村	10	伍通村	12	柏家街道社区	3
		龙峰村	13	桂花村	9		
		柏家镇辖6个村委会、69个村民组，2个街道社区、15个居民组					
26	大观镇	新路村	7	梅花村	11	大观街道社区	5
		大兴村	8	庙坝村	6	大观镇安乐社区	12
		大观村	7	桐岩村	5	大观镇千福社区	8
		大观镇辖6个村委会、44个村民组，3个街道社区、25个居民组					
27	星桥镇	双桥村	7	狮子村	7	横山村	6
		高都村	7	两路村	12	星桥镇星桥社区	10
		大长村	7	河井村	9		
		星桥镇辖7个村委会、55个村民组，1个街道社区、10个居民组					
28	复平乡	复平乡小山社区	9	安坪村	7		
		永和村	10	大龙村	7		
		复平乡辖3个村委会、24个村民组，1个街道社区、9个居民组					
29	安胜乡	金平村	7	高峰村	9	梁安社区	2
		龙印村	10	井坝村	10		
		安胜乡辖4个村委会、36个村民组，1个街道社区、2个居民组					
30	铁门乡	长塘村	7	新龙村	6	铁门乡铁门社区	11
		铁门乡辖2个村委会、13个村民组，1个街道社区、11个居民组					
31	龙胜乡	公平村	4	新口村	4	龙胜乡龙胜社区	7
		双凤村	3	三河村	4		
		龙胜乡辖4个村委会、15个村民组，1个街道社区、7个居民组					
32	曲水乡	曲水村	5	聚宝村	5	曲水镇长塝社区	7
		龙山村	6	宝石村	6	曲水镇中丰社区	7
		三合村	7	中鹿村	6		
		曲水乡辖6个村委会、35个村民组，2个街道社区、14个居民组					
33	紫照乡	紫照乡青峰社区	11	先进村	12		
		桂香村	10	大丘村	8		
		紫照乡辖3个村委会、30个村民组，1个街道社区、11个居民组					

2016年梁平县建制村汇总一览

单位：个

序号	乡镇街道名称	村民委员会		社区居委会		序号	乡镇街道名称	村民委员会		社区居委会	
		村	组	居	组			村	组	居	组
1	梁山街道办事处	18	129	10	64	18	袁驿镇	10	76	1	6
2	双桂街道办事处	10	80	7	55	19	碧山镇	8	54	2	22
3	蟠龙镇	9	80	1	9	20	虎城镇	15	125	3	31
4	合兴镇	6	39	2	22	21	竹山镇	3	12	4	19
5	仁贤镇	5	63	2	19	22	七星镇	4	29	1	7
6	金带镇	7	58	1	3	23	福禄镇	14	94	1	4
7	聚奎镇	12	109	1	5	24	石安镇	9	67	1	4
8	礼让镇	9	77	1	4	25	柏家镇	6	69	2	15
9	明达镇	9	74	2	15	26	大观镇	6	44	3	25
10	龙门镇	9	67	2	17	27	星桥镇	7	55	1	10
11	新盛镇	10	89	2	14	28	复平乡	3	24	1	9
12	文化镇	7	48	1	6	29	安胜乡	4	36	1	2
13	屏锦镇	16	136	5	49	30	铁门乡	2	13	1	11
14	回龙镇	13	92	3	13	31	龙胜乡	4	15	1	7
15	荫平镇	8	60	2	23	32	曲水镇	6	35	2	14
16	云龙镇	9	77	4	33	33	紫照乡	3	30	1	11
17	和林镇	7	52	3	23		合计	268	2108	75	571

2017 年 1 月梁平区市管领导干部名册

序号	姓名	性别	现任职务
1	吴盛海	男	区委书记
2	蒲继承	男	区委副书记、区政府党组书记、副区长，代理区长
3	陈孟文	男	区委副书记
4	张子玉	女	区委常委、宣传部长
5	孙代勇	男	区委常委、组织部长
6	李钟斌	男	区委常委、统战部长
7	李德平	男	区委常委、纪委书记
8	陈道彬	男	区委常委，区政府常务副区长、党组副书记
9	毛大春	男	区委常委、县委政法委书记
10	付　云	男	区委常委、区政府党组成员
11	颜俊安	男	区委常委、区人武部部长
12	郑云山	男	区人大常委会主任、党组书记
13	李志祥	男	区人大常委会副主任、党组副书记
14	扈先斌	男	区人大常委会副主任（兼）
15	李庆双	男	区人大常委会党组成员、人大副主任
16	屈　猛	女	区人大常委会副主任、党组成员
17	戴晓稳	男	区人大常委会副主任、党组成员
18	唐　军	男	区政府副区长、党组成员
19	唐诗平	男	区政府副区长
20	胡　立	女	区政府副区长、党组成员
21	雷旭东	男	区政府副区长、党组成员
22	徐　勇	男	区政府副区长、党组成员
23	邱树洪	男	区政府副区长、党组成员、公安局局长、督察长（兼）
24	周仁胜	男	区政协主席、党组书记
25	廖文宪	男	区政协副主席、党组副书记
26	陈命安	男	区政协副主席、党组成员
27	王峻波	男	区政协副主席（兼）
28	蒋明书	男	区政协副主席、党组成员
29	唐天敏	男	区政协副主席（兼）
30	周　毅	男	区政协副主席（兼）
31	石溅泉	男	区人民法院院长、党组书记
32	王鸣隆	男	区人民检察院检察长、党组书记
33	徐向阳	男	区公安局政委、党委副书记
34	刘国平	男	区人大常委会副巡视员
35	吴　晓	男	区政府副巡视员
36	陈祖保	男	区政协享受正厅级待遇干部

2016年12月梁平县县直部门（单位）领导干部名册（共405人）

序号	姓名	性别	现任职务	序号	姓名	性别	现任职务
1	彭　彬	男	县纪委副书记、县监察局局长	21	张　涌	男	县委办常务副主任、县委研究室主任
2	唐　红	男	县纪委副书记、县委巡查办主任（2016.08）	22	唐奇利	女	县委办副主任、县委机要局局长、密码管理局局长（兼）（挂牌）
3	罗小松	男	县纪委副书记				
4	李　波	男	县纪委常委、县卫计委纪委书记	23	曾庆华	男	县委办副主任、督查室主任
				24	叶海波	男	县密码管理局专职密码督查员
5	王茜婷	女	县纪委常委、金带镇党委委员、纪委书记	25	陈学仁	男	县委组织部常务副部长、县考核办主任（兼）（2014.11）、县委巡查办副主任（兼）（2016.08）
6	廖猛娟	女	县纪委常委、县监察局副局长				
7	汪元凤	女	县纪委常委、县监察局副局长	26	王文波	男	县委组织部副部长（2012.02）、县委副处级组织员、县直机关工委书记（兼）（2014.11）
8	杨红军	男	县纪委常委				
9	江云辉	男	县监察局副局长	27	廖　宇	男	县委组织部副部长、县委非公工委书记
10	魏　国	男	县纪委第二纪检监察室主任				
				28	李超洪	女	县考核办专职副主任
11	贾　云	男	县纪委党风政风监督室主任	29	唐　清	女	县党员教育中心主任
				30	王　森	女	县委非公工委专职副书记
12	任　丽	女	县纪委案件监督管理室主任	31	徐文峰	男	县委宣传部常务副部长、县文明办主任（兼）
13	魏德明	男	县纪委宣传部部长	32	彭　莱	男	县委宣传部副部长、县社科联主席（兼）
14	钟雅平	男	县纪委法规室主任				
15	李成毅	男	县纪委组织部部长	33	屈　刚	女	县委宣传部副部长、县文联主席（兼）
16	唐俊梅	女	县纪委办公室主任				
17	张　鹏	男	县纪委第一纪检监察室主任	34	李　静	女	县文联秘书长
18	彭　峰	男	县纪委信访室主任	35	周祥文	男	县互联网信息办公室专职副主任、县网络信息中心主任（兼）
19	徐晶晶	女	县纪委纪检监察干部监督室主任				
20	吴　惠	女	县委巡查办专职副主任	36	邓达国	男	县文明办专职副主任

序号	姓名	性别	现任职务	序号	姓名	性别	现任职务
37	唐思禔	男	县委统战部常务副部长，民宗办主任（兼）、社会主义学院副院长（兼）（2014.12）	58	孙建明	男	县委老干局副局长
				59	王显贵	男	县人大常委会党组成员、办公室主任
				60	胡发海	男	县人大财政经济委主任委员
38	柏　林	男	县委统战部副部长、台办主任（挂牌）	61	姚新政	男	县人大农业农村委主任委员
				62	唐尚芬	女	县人大常委会社工委主任
39	汪青元	男	县委政法委副书记、县综治办主任（兼）	63	黄　涛	男	县人大常委会社工委副主任
40	唐高寨	男	县委政法委副书记	64	楚德海	男	县人大法制委主任委员、县法学会副会长（兼）（2012.08）
41	吴玉玲	女	县委政法委副书记、县防邪办主任（兼）（挂牌）	65	李家玲	女	县人大法制委专职副主任委员
				66	张天文	男	县人大农业农村委专职副主任委员
42	黄家云	男	县防邪办副主任	67	石光富	男	县人大常委会法工委副主任
43	徐　晓	男	县法学会秘书长、县委政法委政治处主任（兼）（2014.11）	68	梁培春	女	县人大常委会人代工委主任
				69	许有学	男	县人大常委会人代工委副主任
				70	杨衡山	男	县人大常委会预算工委主任
44	段道余	男	县综治办副主任	71	周　丽	女	县人大常委会办公室副主任
45	周　娇	女	县委政法委纪检组长	72	徐继春	女	县人大常委会办公室副主任
46	万　敏	男	县编办主任	73	谢文祥	男	县人大常委会办公室副主任
47	刘　峰	男	县编办副主任	74	李立华	男	县人大常委会预算工委副主任
48	曹刚静	女	县委研究室副主任	75	谭佐祥	男	县政协秘书长、党组成员，县政协办公室主任
49	邓宣波	男	县委研究室副主任				
50	周　斌	男	县信访办主任、党组书记	76	刘京贵	男	县政协副秘书长、办公室副主任（兼）（2015.01）
51	任　翠	女	县信访办副主任、党组成员				
				77	刘　华	男	县政协提案联络委主任
52	肖后祥	男	县信访办党组成员、信访信息中心主任	78	陈果立	男	县政协文史民宗委主任
				79	杨学伟	男	县政协经济发展委主任
53	钟大明	男	县信访办副主任、党组成员	80	唐仕富	男	县政协社会事务委主任
				81	邹晓燕	女	县政协社会事务委副主任
54	肖泽山	男	县信访办副主任、党组成员，县公安局治安管理大队副大队长（兼）（编制在公安局）	82	谭红梅	女	县政协文史民宗委副主任
				83	盛如春	男	县政协经济发展委副主任
				84	周中建	男	县政协经济发展委副主任
55	李明川	女	正科级信访督查专员	85	王家淦	男	县政协社情民意信息中心主任，县政协副秘书长、办公室副主任（兼）
56	王海波	男	正科级信访督查专员				
57	易小波	男	县委老干局局长	86	吕春坪	女	县政协提案联络委副主任

序号	姓名	性别	现任职务
87	刘明山	男	县政府党组成员，政府办主任、党组书记
88	楚德云	男	政府办副主任、党组成员，县政府法制办主任（兼）(2014.12)
89	唐光艳	男	县应急办主任、县政府办党组成员
90	朱均燕	女	县政府办副主任、党组成员
91	范峰波	男	县政府办副主任、党组成员
92	汪建祥	男	县应急办副主任
93	胡晓中	男	县发改委主任、党组书记
94	李耀昕	男	县发改委副主任、党组成员
95	李秀才	男	县发改委副主任、党组成员
96	常金芳	女	县发改委党组成员、纪检组长
97	秦华俊	男	县发改委副主任、党组成员、县统筹办主任（兼）
98	唐俊义	男	县财政局局长、党组书记
99	胡显平	男	县财政局副局长、党组成员
100	罗东升	男	县财政局副局长、党组成员
101	杨　西	男	县经信委主任、党组书记
102	杨长平	男	县经信委副主任、党组成员
103	钟　岚	女	县经信委党组成员、纪检组长
104	潘　明	男	县经信委副主任、党组成员
105	周　刚	男	县教委主任、教育工委副书记
106	唐诗雷	男	县委教育工委书记
107	常金亮	男	县教委副主任、教育工委委员，县教师进修校党总支书记（兼）
108	徐云豪	男	县委教育工委委员、县教育工会主席
109	张云屏	男	县教委副主任
110	谭尚前	男	县教委副主任、教育工委委员
111	黎小金	女	县委教育工委委员、纪工委书记
112	郭培元	男	县科委主任、党组书记
113	谭洪彬	男	县科委党组成员、纪检组长
114	谭　飚	男	县科委副主任、党组成员
115	刘启楷	男	县科委副主任、党组成员
116	孙　涛	女	县科委副主任
117	李定贵	男	县城乡建委主任、党委副书记(2014.01)
118	吴朝杰	男	县城乡建委党委书记、副主任（兼），民防办主任（兼）(2014.12)
119	刘明清	男	县城乡建委副主任、党委委员(2014.01)
120	邓六三	男	县城乡建委党委委员、纪委书记（2014.01）
121	李红波	女	县城乡建委副主任
122	蒋　洋	男	县交委副主任、党委委员
123	邱章俊	男	县交委副主任、党委委员(2006.10)
124	唐　云	男	县交委副主任、党委委员(2006.10)
125	孙作平	男	县交委委员、纪委书记
126	杨代述	男	县农委主任（农综办主任、移民局局长）、农工委副书记
127	张　成	男	县委农工委书记
128	冉懋国	男	县农委副主任、农工委委员
129	黄大权	男	县委农工委委员、纪工委书记
130	张照权	男	县农委副主任、农工委委员

序号	姓名	性别	现任职务
131	胡文祥	男	县农委副主任
132	唐　红	男	县商务局局长、党委书记
133	周启荣	男	县商务局副局长、党委委员
134	文国树	男	县商务局副局长（2003.04）、党委委员
135	李　淳	女	县商务局副局长、党委委员
136	张存寿	男	县公安局副局长、党委副书记，县法学会副会长（兼）（2012.08）
137	石　毅	男	县公安局副局长、党委委员
138	高武军	男	县公安局副局长、党委委员
139	石慎丰	男	县公安局党委委员、政治处主任
140	陶远见	男	县公安局党委委员，交巡警大队大队长
141	陈宗镇	男	县公安局党委委员、治安管理大队大队长
142	陈厚清	男	县公安局党委委员、刑事侦查大队大队长
143	秦　俭	男	县公安局警卫处政委
144	杨君凡	男	县公安局警卫处处长
145	李辉斌	男	县公安局刑事侦查大队教导员
146	陈小林	男	县公安局治安管理大队教导员
147	罗兴义	男	县公安局党委委员、工会工委主任
148	涂善志	男	县公安局党委委员
149	李　舫	男	县公安局交巡警大队教导员
150	彭文昆	男	县民政局局长、党组书记
151	李义明	男	县民政局副局长、党组成员
152	谭　荣	男	县民政局副局长、党组成员
153	李　伟	男	县民政局副局长、党组成员，县委非公工委副书记（兼）（2015.01）
154	袁德川	男	县民政局党组成员、纪检组长
155	欧诗云	男	县司法局局长、党组书记
156	罗华英	女	县司法局副局长
157	李承兴	男	县司法局副局长、党组成员
158	潘文芳	女	县司法局党组成员、纪检组长
159	滕厚斌	男	县司法局副局长、党组成员
160	王江凌	男	县人力社保局局长、党委书记（2014.11）、行政学校副校长（兼）
161	李进印	男	县人力社保局副局长、党委委员（2012.03）
162	邓立宏	男	县人力社保局副局长、党委委员
163	韩晓燕	女	县人力社保局党委委员、纪委书记
164	郑绍东	男	县人力社保局副局长、党委委员
165	刘圣全	男	县国土房管局局长、党组书记
166	李发友	男	县国土房管局党组成员、纪检组长（2010.07）
167	郑　权	男	县国土房管局副局长
168	唐天平	男	县国土房管局副局长、党组成员，县统征办主任
169	周红兵	男	县国土房管局副局长、党组成员
170	伍元中	男	县环保局局长、党组书记
171	池清刚	男	县环保局副局长、党组成员
172	高仁盘	男	县环保局党组成员、纪检组长
173	周祥芬	女	县环保局副局长、党组成员
174	张　钊	男	县环保局副局长、党组成员
175	陈世康	男	县规划局局长、党组书记

序号	姓名	性别	现任职务
176	唐胜利	男	县规划局副局长、党组成员
177	杨代斌	男	县规划局副局长
178	王久新	男	县规划局副局长、党组成员
179	李剑勤	男	县市政园林局局长（2014.02）、党委书记
180	刘　成	男	县综合执法局局长，县市政园林局副局长、党委委员（兼）
181	童富敏	男	县市政园林局副局长、党委委员
182	雷仁友	男	县市政园林局副局长、党委委员
183	唐　峰	男	县综合执法局副局长
184	游　涛	男	县综合执法局副局长
185	陈宝涛	男	县水务局局长、县工商联主席（2016.07）
186	赵洪越	男	县水务局党委书记、副局长（兼）（2015.01）
187	张海泉	男	县水务局副局长、党委委员（2012.03）
188	孙金华	男	县水务局副局长、党委委员（2012.03）
189	王安华	男	县水务局党委委员、纪委书记（2012.03）
190	黎克全	男	县文化委主任、党组书记
191	周世波	男	县文化委副主任
192	赵德波	男	县文化委副主任、党组成员（2010.11）
193	孙艾华	女	县文化委党组成员、纪检组长（2012.03）
194	李永畅	男	县文化委副主任、党组成员（2012.03）
195	李泓波	男	县卫计委主任、党委书记
196	蒋昌仁	男	县卫计委副主任、党委委员
197	高小俐	男	县卫计委副主任、党委委员
198	沈海林	男	卫计委党委委员、副书记
199	李　波	男	卫计委党委委员、纪委书记
200	谭　平	男	县卫计委副主任、党委委员
201	涂善俊	男	县审计局局长、党组副书记
202	程　伟	男	县审计局党组书记、副局长（2014.08）
203	高保勇	男	县审计局副局长、党组成员
204	刘　坚	男	县审计局副局长、党组成员
205	廖忠文	男	县审计局党组成员、纪检组长
206	黄朝国	男	县安监局局长、党组书记
207	高晓勇	男	县安监局副局长、党组成员
208	阳明胜	男	县安监局副局长、党组成员
209	朱正萍	女	县安监局党组成员、纪检组长
210	易光大	男	县统计局局长、党组书记
211	毛子书	男	县统计局党组成员、纪检组长
212	胡　波	男	县统计局副局长、党组成员（2012.03）
213	龚朝芹	女	县统计局副局长、党组成员
214	黄素琴	女	县统计局副局长、党组成员
215	龚绍军	男	县林业局局长、党委书记
216	丁昌全	男	县林业局副局长、党委委员（2012.03）
217	董海斌	男	县林业局副局长、党委委员
218	薛　奎	男	县林业局党委委员、纪委书记
219	王光会	男	县林业局副局长、党委委员（2012.03）
220	邹正国	男	旅游局局长、党组书记
221	王良平	男	县旅游局副局长、党组成员
222	鄢　顶	女	县旅游局副局长、党组成员
223	肖中杰	女	礼让镇副镇长、县旅游局副局长（挂职）（2016.03）
224	李江山	男	县机关事务管理局局长、党组书记
225	谭春玲	女	县机关事务管理局副局长、党组成员
226	祝顺利	女	县机关事务管理局副局长、党组成员

序号	姓名	性别	现任职务	序号	姓名	性别	现任职务
227	唐泽利	男	县机关事务管理局党组成员、纪检组长	245	朱慧懿	女	县人民检察院工会主席
228	卢剑波	男	县人民法院副院长、党组副书记	246	周江平	男	县总工会副主席、党组书记（兼），县委非公工委副书记（兼）（2015.01）
229	邓　健	男	县法院党组成员、工会主席	247	黄小波	男	县总工会副主席、党组成员
				248	黎万国	男	县总工会副主席
230	胡　松	男	县人民法院副院长、党组成员	249	周万莲	女	团县委书记、党组书记
				250	王素华	女	县妇联主席、党组书记
231	陈龙明	男	县人民法院党组成员、纪检组长	251	田正慧	女	县妇联副主席、党组成员
				252	黎万刚	男	县科协主席
232	龚　专	男	县人民法院党组成员、政治处主任（副处级）	253	田世君	男	县科协副主席、党组成员
				254	刘中培	男	县科协副主席、党组成员
233	刘晓峰	男	县人民法院审判委员会专职委员	255	向时明	男	县工商联党组书记，副主席（兼），县委统战部副部长，侨办主任（兼），县委非公工委副书记（兼）
234	邓先富	男	县人民法院审判委员会专职委员				
235	陈华东	男	县人民法院党组成员、执行局局长	256	陈代平	男	县工商联副主席、党组副书记
				257	秦建国	男	县工商联秘书长、党组成员
236	许　锋	男	县人民检察院副检察长、党组成员	258	石辉健	男	县侨联主席
				259	陶玉翠	女	县侨联副主席
237	谭永东	男	县人民检察院副检察长、党组成员、政治处主任	260	高文辉	男	县残联副主席、理事长、党组书记
238	舒国兵	男	县检察院副检察长	261	曹宏钧	男	县残联副理事长、党组成员
239	陈栋梁	男	县人民检察院副检察长、党组成员	262	侯　江	女	县红十字会常务副会长、党组书记
240	王诚林	男	县人民检察院党组成员、纪检组长	263	郑　平	女	红十字会副会长兼秘书长、党组成员
241	罗　健	男	县人民检察院党组成员、职侦局局长，纪委常委（兼）（2014.02）	264	杨荣忠	男	县计生协会常务副会长、党组书记
				265	唐显平	女	县计生协秘书长、党组成员（2014.10）
242	黄晓丽	女	县人民检察院检察委员会专职委员	266	罗　勇	男	梁平工业园区管委会常务副主任、党委副书记
243	唐林祥	男	县人民检察院检察委员会专职委员	267	高健华	男	梁平工业园区党委副书记、党群活动服务中心主任（兼）
244	高　玲	女	县人民检察院职侦局教导员	268	王洪洋	男	梁平工业园区管委会副主任

序号	姓名	性别	现任职务	序号	姓名	性别	现任职务
269	李定川	男	梁平工业园区管委会副主任、党委委员	285	段郑洁	女	县委党校副校长、党委委员、行政学校副校长（兼）、社会主义学院副院长（兼）
270	程霞飞	女	梁平工业园区管委会党委委员、纪委书记	286	黄运勇	男	县委党史研究室主任
271	王　瑶	女	重庆梁平工业园区党委委员、梁平工业园区总工会主席	287	粟先敬	男	县委党史研究室副主任
272	张洪恩	男	县行政服务中心管理办公室主任、县政府办党组成员（2014.10）	288	唐文书	男	县人社局党委委员（2016.05）、社会保险局局长
273	李望军	男	县行政服务中心管理办公室副主任	289	舒宗全	男	县社会保险局副局长
274	阮正礼	男	县行政服务中心管理办公室副主任	290	徐小玲	女	县社会保险局副局长
275	余　辉	男	县档案局局长、党组书记	291	刘　剑	男	县人社局党委委员（2016.05）、就业局局长
276	丁廷东	男	县档案局副局长、党组成员（2007.05）	292	周汉权	男	县就业局副局长（副处）
277	文小琴	女	县档案局副局长、党组成员	293	刘　辉	男	县新闻中心副主任
278	张幸玮	女	县供销社主任、党委书记	294	高小华	男	县新闻中心副主任
279	黄珠邦	男	县供销社副主任、党委委员	295	刘　原	女	县电视台台长、党组书记
280	徐向荣	男	县供销社副主任、党委委员	296	方　潇	女	县电视台党组成员、纪检组长
281	朱濒涛	男	县供销社副主任、党委委员	297	蔡志刚	男	县电视台副台长（2011.03）、党组成员
282	于成林	男	县委党校常务副校长、党委副书记，行政学校常务副校长、社会主义学院常务副院长	298	李铁军	男	县电视台副台长（2011.03）、党组成员
283	成天鸿	男	县委党校党委书记、副校长，行政学校副校长（兼）、社会主义学院副院长（兼）（2014.08）	299	姜升辉	男	县电视台副台长、党组成员
284	聂月红	女	县委党校党委委员、纪委书记	300	欧　阳	男	县金融服务中心副主任
				301	丁　远	男	县投资促进中心主任，县经信委副主任（兼）、党组成员
				302	刘小毅	男	县投资促进中心副主任
				303	邓履娟	女	县投资促进中心副主任
				304	章　华	男	县投资促进中心副主任
				305	高义君	男	县统筹办副主任
				306	胡长平	女	县统筹办副主任
				307	高　翔	男	县公管办主任，县财政局党组成员、纪检组长（兼）
				308	黄俊锋	男	县公共资源招投标交易中心主任
				309	吕万清	男	县统征办副主任
				310	唐智勇	男	县统征办副主任
				311	王　涛	男	县统征办副主任

序号	姓名	性别	现任职务	序号	姓名	性别	现任职务
312	熊应坤	男	煤管局局长、煤管办主任，县安监局副局长、党组成员（2014.12）	334	黄秦光	男	县劳动争议仲裁院院长
				335	刘安俊	男	县劳动和社会保障行政执法大队大队长
313	罗朝国	男	县安监局党组成员、煤管局副局长、煤管办副主任	336	向帮秀	女	县不动产登记中心主任
				337	陈长江	男	县环境监察大队大队长
314	吴杰流	男	县煤管局副局长、煤管办副主任	338	肖朝河	男	县测绘地理信息管理中心主任
				339	刘　勇	男	县城管执法大队大队长
315	蒋凤翼	男	县土地整治储备中心常务副主任	340	蒋邦全	男	县水文局局长
316	洪建军	男	县土地整治储备中心副主任	341	文国锋	男	县文化市场行政执法大队大队长
				342	高亚君	男	卫生计生监督执法局局长
317	陈廷轩	男	县土地整治储备中心副主任	343	李松声	男	县基本药物采购中心主任
				344	曾海平	男	县森林公安局教导员
318	高仁平	男	县机关后勤服务中心主任	345	石　勇	男	县森林公安局局长
319	杨　柯	男	县机关后勤服务中心副主任	346	卿生全	男	县行政服务中心主任
320	张　川	女	县机关后勤服务中心副主任	347	冉瑞武	男	新梁（集团）公司董事、董事长
321	蒋和波	男	县党政专用通信网络管理中心主任	348	单新奎	男	新梁（集团）公司董事、总经理
322	唐　梅	女	县事业单位登记管理局局长	349	王炳坤	男	新梁集团公司监事会监事、主席
323	刘　键	男	县政府电子政务中心主任	350	易同仁	男	新梁集团公司董事、副总经理
324	冯波霞	女	县税费征收管理局局长	351	欧胜富	男	新梁集团公司董事、副总经理
325	龙伦奎	男	县财政局党组成员、县国库集中支付中心主任	352	李纯林	男	工业园区建设开发有限责任公司董事、董事长，县兴农融资担保有限公司董事长
326	罗勇杰	男	县财政局党组成员、县国有资产监督管理局局长	353	张永红	男	工业园区建设开发有限责任公司董事、总经理
327	唐永鸿	男	县经信委党组成员、中小企业服务中心主任	354	蒋模琴	女	工业园区建设开发有限责任公司监事会主席，恒达融资担保有限责任公司董事长
328	谢正光	男	县招办主任				
329	杨永洪	男	县公路局局长	355	宋小燕	男	工业园区建设开发有限责任公司董事、副总经理
330	孔令伟	男	县运管所所长				
331	黄豫峰	男	县交通执法大队大队长	356	张高成	男	工业园区建设开发有限责任公司董事、副总经理
332	张晓鸿	男	县老龄办主任				
333	陈代立	男	县社会福利院院长、支部书记	357	彭文福	男	县恒达融资担保有限公司监事会主席

序号	姓名	性别	现任职务
40	陶俊峰	男	星桥镇党委委员、纪委书记
41	唐万军	男	星桥镇党委委员、武装部长，副镇长
42	李仁菊	女	星桥镇党委委员、组织委员
43	陈兴国	男	星桥镇党委委员、宣传统战委员
44	许有蓉	女	星桥镇党委委员、政法书记，副镇长
45	杨小军	男	合兴镇党委书记
46	万明全	男	合兴镇党委副书记，镇长
47	邓海燕	男	合兴镇党委委员、人大主席
48	钟　进	女	合兴镇党委委员、专职副书记
49	秦圣云	男	合兴镇党委委员、副镇长
50	詹彩余	男	合兴镇党委委员、政法书记，副镇长
51	刘良学	男	合兴镇党委委员、武装部长，副镇长
52	陈　勇	男	合兴镇党委委员、副镇长
53	彭小利	女	合兴镇党委委员、组织委员
54	张天国	男	合兴镇党委委员、宣传统战委员
55	黄　英	女	合兴镇党委委员、纪委书记
56	丁梦明	男	复平乡党委书记
57	宋雪梅	女	复平乡党委委员、副书记、乡长
58	刘清梅	女	复平乡党委委员、人大主席
59	李良明	男	复平乡党委委员、专职副书记
60	唐先云	男	复平乡党委委员、纪委书记
61	刘海波	男	复平乡党委委员、副乡长、宣传统战委员
62	黄　鹏	男	复平乡党委委员、政法书记、武装部长、副乡长
63	朱占斌	男	复平乡党委委员、组织委员
64	常迎春	男	安胜乡党委书记
65	袁华春	男	安胜乡党委副书记、乡长
66	张奉峰	男	安胜乡党委委员、人大主席
67	李万祥	男	安胜乡党委委员、专职副书记
68	余亚平	男	安胜乡党委委员、政法书记、副乡长（2011.11）
69	王　君	女	安胜乡党委委员、纪委书记
70	罗日仁	男	安胜乡党委委员、宣传统战委员
71	蒋元涛	女	安胜乡党委委员、组织委员
72	周村红	男	安胜乡党委委员、武装部长、副乡长
73	张习腾	男	仁贤镇党委书记
74	刘友建	男	仁贤镇党委副书记、镇长
75	廖廷鼎	男	仁贤镇党委委员、人大主席
76	唐帮元	男	仁贤镇党委委员、专职副书记
77	卜华玲	女	仁贤镇党委委员、纪委书记
78	常正平	男	仁贤镇党委委员、武装部长，副镇长
79	王世玉	女	仁贤镇党委委员、副镇长
80	贺华政	男	仁贤镇党委委员、政法书记，副镇长
81	谢晓花	女	仁贤镇党委委员、组织委员
82	周强胜	男	仁贤镇党委委员、副镇长
83	盛文军	男	仁贤镇党委委员、宣传统战委员
84	蒋明号	男	金带镇党委书记
85	张　健	男	金带镇党委副书记、镇长
86	余绍涛	男	金带镇党委委员、人大主席

序号	姓名	性别	现任职务
87	朱林军	男	金带镇党委委员、专职副书记
88	罗中国	男	金带镇党委委员、副镇长
89	陆元奎	男	金带镇党委委员、宣传统战委员
90	廖　铭	男	金带镇党委委员、政法书记，副镇长
91	陈秋枫	女	金带镇党委委员，副镇长
92	陈　瑶	男	金带镇党委委员、武装部长，副镇长
93	王茜婷	女	金带镇党委委员、纪委书记
94	刘妮娜	女	金带镇党委委员、组织委员
95	邱报平	男	聚奎镇党委书记
96	孙泽高	男	聚奎镇党委副书记，镇长
97	魏智章	男	聚奎镇党委委员、人大主席
98	周飞云	女	聚奎镇党委委员、专职副书记
99	姜世荣	男	聚奎镇党委委员、副镇长
100	杨华林	男	聚奎镇党委委员、政法书记，副镇长
101	眭国俊	男	聚奎镇党委委员、纪委书记
102	陈华克	男	聚奎镇党委委员、副镇长
103	刘明庆	男	聚奎镇党委委员、武装部长，副镇长
104	廖芸良	男	聚奎镇党委委员、组织委员
105	高　燕	女	聚奎镇党委委员、宣传统战委员
106	唐小平	男	礼让镇党委书记
107	刘正辉	男	礼让镇党委副书记、镇长
108	黄绪祥	男	礼让镇党委委员、人大主席
109	楚义武	男	礼让镇党委委员、专职副书记
110	郑高祥	男	礼让镇党委委员、副镇长
111	丁　红	女	礼让镇党委委员、纪委书记
112	杨浪琴	女	礼让镇党委委员、组织委员
113	肖中杰	女	礼让镇副镇长
114	于兴中	男	礼让镇党委委员、武装部长，副镇长
115	熊　鹰	男	礼让镇党委委员、政法书记，副镇长
116	曾　涛	男	礼让镇党委委员、宣传统战委员
117	兰家飞	男	明达镇党委书记
118	廖启树	男	明达镇党委副书记，镇长
119	游承权	男	明达镇党委委员、人大主席
120	陈传芳	女	明达镇党委委员、专职副书记
121	张奉文	男	明达镇党委委员、政法书记，副镇长
122	廖东升	男	明达镇党委委员、副镇长
123	刘连勋	男	明达镇党委委员、武装部长，副镇长
124	程国义	男	明达镇党委委员、副镇长
125	唐传红	女	明达镇党委委员、纪委书记
126	肖　娟	女	明达镇党委委员、宣传统战委员
127	游　涛	男	明达镇党委委员、组织委员
128	梁　明	男	龙门镇党委书记
129	栾　红	女	龙门镇党委副书记、镇长
130	熊朝树	男	龙门镇党委委员、人大主席
131	唐　毅	男	龙门镇党委委员、专职副书记
132	张道平	男	龙门镇党委委员、政法书记，副镇长
133	文明友	男	龙门镇党委委员、副镇长
134	唐　聪	男	龙门镇党委委员、纪委书记
135	张　旺	男	龙门镇党委委员、副镇长

序号	姓名	性别	现任职务	序号	姓名	性别	现任职务
136	郭　丹	男	龙门镇党委委员、武装部长，副镇长	162	周登顺	男	屏锦镇党委委员、专职副书记
137	杨昌树	男	龙门镇党委委员、组织委员	163	胡培峰	男	屏锦镇党委委员、武装部长，副镇长
138	常　评	男	龙门镇党委委员、宣传统战委员	164	叶兴义	男	屏锦镇副镇长
139	董成俊	男	新盛镇党委书记	165	彭楷隆	男	屏锦镇党委委员、副镇长
140	徐朝寿	男	新盛镇党委副书记、镇长	166	高　丕	男	屏锦镇党委委员、纪委书记
141	刘安文	男	新盛镇党委委员、人大主席				
142	刘运凡	男	新盛镇党委委员、专职副书记	167	李小燕	女	屏锦镇党委委员、组织委员
143	袁显明	男	新盛镇党委委员、纪委书记	168	曹诗令	男	屏锦镇党委委员、宣传统战委员
144	贺燕平	男	新盛镇党委委员、副镇长				
145	邓惠国	男	新盛镇党委委员、副镇长	169	罗书兵	男	屏锦镇党委委员、副镇长
146	谢　松	男	新盛镇党委委员、政法书记，副镇长	170	艾文建	男	屏锦镇党委委员、政法书记
147	廖茫茫	女	新盛镇党委委员、组织委员	171	高保华	男	回龙镇党委书记
148	王文江	男	新盛镇党委委员、宣传统战委员	172	杨德凡	男	回龙镇党委副书记、镇长
				173	邓步福	男	回龙镇党委委员、人大主席人选
149	许　权	男	新盛镇党委委员、武装部长，副镇长	174	蒋克琼	女	回龙镇党委委员、专职副书记
150	黄　君	男	文化镇党委书记				
151	雷小平	男	文化镇党委副书记、镇长	175	雷相国	男	回龙镇党委委员、政法书记
152	张高政	男	文化镇党委委员、人大主席（2008.07）				
				176	肖仁彬	男	回龙镇党委委员、武装部长，副镇长
153	谢明友	男	文化镇党委委员、专职副书记	177	谢华栋	男	回龙镇党委委员、副镇长
154	吴明成	男	文化镇党委委员、纪委书记	178	李安翠	女	回龙镇党委委员、组织委员
155	向　杰	男	文化镇党委委员、政法书记，副镇长				
				179	郭　灶	男	回龙镇党委委员、宣传统战委员
156	陈颖异	女	文化镇党委委员、组织委员				
157	刘　伟	男	文化镇党委委员、武装部长，副镇长	180	陈定龙	男	回龙镇党委委员、纪委书记
158	谭锦绣	女	文化镇党委委员、宣传统战委员	181	唐　曦	男	回龙镇党委委员、副镇长
				182	田小芳	女	回龙镇人大专职副主席
159	陶斯俊	男	屏锦镇党委书记	183	姜在莲	女	荫平镇党委书记
160	周龙举	男	屏锦镇党委副书记，镇长				
161	张成华	男	屏锦镇党委委员、人大主席	184	邓少华	男	荫平镇党委副书记、镇长

序号	姓名	性别	现任职务
185	李文胜	男	荫平镇党委委员、人大主席
186	石世文	男	荫平镇党委委员、专职副书记
187	尹泽平	男	荫平镇党委委员、纪委书记
188	鄢究生	男	荫平镇党委委员、政法书记，副镇长
189	黄德英	女	荫平镇党委委员、宣传统战委员
190	陶思涛	男	荫平镇党委委员、武装部长，副镇长（2010. 10）
191	蔡俊勇	男	荫平镇党委委员、副镇长
192	刘　勋	男	荫平镇党委委员、副镇长
193	周建华	男	荫平镇党委委员、组织委员
194	谭功胜	男	云龙镇党委书记
195	王任辉	男	云龙镇党委副书记、镇长
196	段云峰	男	云龙镇党委委员、人大主席
197	曹　祥	男	云龙镇党委委员、专职副书记
198	刘先才	男	云龙镇党委委员、政法书记
199	曹乾桂	女	云龙镇党委委员、纪委书记
200	周　军	男	云龙镇党委委员、副镇长
201	黄　倩	女	云龙镇党委委员、宣传统战委员
202	温厚洪	男	云龙镇党委委员，副镇长、武装部长
203	唐晓娟	女	云龙镇人大专职副主席
204	徐召军	男	云龙镇党委委员、副镇长
205	谭佐林	男	云龙镇党委委员、组织委员
206	邓清洪	男	和林镇党委书记
207	邓元科	男	和林镇党委副书记、镇长
208	邝胜国	男	和林镇党委委员、人大主席（2010. 05）
209	曹树林	男	和林镇党委委员、专职副书记
210	胡晓斌	男	和林镇党委委员、副镇长
211	李国权	男	和林镇党委委员、宣传统战委员
212	陈明君	男	和林镇党委委员、政法书记，副镇长
213	朱传楷	男	和林镇党委委员、武装部长，副镇长
214	李志明	女	和林镇党委委员、纪委书记
215	邱景娇	女	和林镇党委委员、副镇长
216	陈洪琳	女	和林镇党委委员、组织委员
217	刘兴伍	男	铁门乡党委书记
218	石思燕	女	铁门乡乡长
219	刘永武	男	铁门乡党委委员、人大主席
220	廖存静	男	铁门乡党委委员、专职副书记
221	邹正敏	男	铁门乡党委委员、纪委书记
222	张立进	男	铁门乡党委委员、政法书记、武装部长、副乡长
223	陈秋霞	女	铁门乡党委委员、组织委员
224	陈　云	男	铁门乡党委委员、副乡长、宣传统战委员
225	邓顺友	男	袁驿镇党委书记
226	陈游伟	女	袁驿镇党委副书记、镇长
227	谢荣禄	男	袁驿镇党委委员、人大主席（2010. 05）
228	蒋方忠	男	袁驿镇党委委员、专职副书记
229	唐春水	男	袁驿镇党委委员、武装部长，副镇长
230	刘　干	男	袁驿镇党委委员、政法书记
231	郑小丽	女	袁驿镇党委委员、纪委书记
232	温中斌	男	袁驿镇党委委员、副镇长
233	曹学荣	男	袁驿镇党委委员、副镇长

序号	姓名	性别	现任职务
234	陈传义	男	袁驿镇副镇长
235	陈强毅	男	袁驿镇党委委员、组织委员
236	吕厚生	男	袁驿镇党委委员、宣传统战委员
237	熊朝林	男	碧山镇党委委员、书记
238	蒋锡江	男	碧山镇党委副书记、镇长
239	袁 挺	男	碧山镇党委委员、人大主席
240	李依周	男	碧山镇党委委员、专职副书记
241	龚一军	男	碧山镇党委委员、政法书记，副镇长
242	秦德蓉	女	碧山镇党委委员、纪委书记
243	杨德智	男	碧山镇党委委员、宣传统战委员
244	刘人波	男	碧山镇党委委员、武装部长，副镇长
245	龙 娟	女	碧山镇党委组织委员
246	钟贤波	男	虎城镇党委书记
247	刘 波	男	虎城镇党委委员、副书记，镇长
248	刘明德	男	虎城镇党委委员、人大主席
249	童 俊	男	虎城镇党委委员、专职副书记
250	李修业	男	虎城镇党委委员、宣传统战委员
251	贺旭红	男	虎城镇党委委员、副镇长
252	胡汉中	男	虎城镇党委委员、政法书记
253	何超边	男	虎城镇党委委员、纪委书记
254	熊国金	男	虎城镇党委委员、武装部长，副镇长
255	张尚春	女	虎城镇党委委员、组织委员
256	蓝芳园	男	虎城镇党委委员、副镇长
257	何 妮	女	虎城镇人大专职副主席
258	齐 峰	男	龙胜乡党委书记
259	李 军	男	龙胜乡党委副书记、乡长
260	屈超友	男	龙胜乡党委委员、人大主席
261	谢廷海	男	龙胜乡党委委员、专职副书记
262	熊中林	男	龙胜乡党委委员、宣传统战委员
263	黄存根	男	龙胜乡党委委员、纪委书记
264	李连松	男	龙胜乡党委委员、武装部长、副乡长
265	王海兵	男	龙胜乡党委委员、组织委员
266	游中丽	女	龙胜乡党委委员、政法书记、副乡长
267	熊 健	男	竹山镇党委书记
268	杨 颂	男	竹山镇党委副书记、镇长
269	周宇婷	女	竹山镇党委委员、人大主席
270	王大会	女	竹山镇党委委员、专职副书记
271	张 勤	男	竹山镇党委委员、政法书记，副镇长
272	唐孝锋	男	竹山镇党委委员、纪委书记
273	曾凡林	男	竹山镇党委委员、组织委员
274	蒋涛军	男	竹山镇党委委员、宣传统战委员
275	陈 功	男	竹山镇党委委员、武装部长，副镇长
276	王益术	男	七星镇党委书记
277	张 宏	男	七星镇党委副书记，镇长
278	石思兵	男	七星镇党委委员（保留副处级待遇）
279	黄运河	男	七星镇党委委员、专职副书记
280	张才上	男	七星镇党委委员、政法书记，副镇长

序号	姓名	性别	现任职务
281	许明轩	男	七星镇党委委员、武装部长，副镇长
282	唐金星	男	七星镇党委委员、纪委书记
283	罗云锋	男	七星镇党委委员、宣传统战委员
284	李金龙	男	七星镇党委委员、组织委员
285	陈　焰	男	福禄镇党委书记
286	唐满涛	男	福禄镇党委副书记、镇长
287	万成龙	男	福禄镇党委委员、人大主席
288	陆朝江	男	福禄镇党委委员、专职副书记
289	周启华	男	福禄镇党委委员、副镇长
290	张世辉	男	福禄镇党委委员、宣传统战委员
291	张元平	男	福禄镇党委委员、纪委书记
292	张元兵	男	福禄镇党委委员、政法书记，副镇长
293	李　汀	男	福禄镇党委委员、武装部长，副镇长
294	简安娟	女	福禄镇党委委员、副镇长
295	石小成	男	福禄镇党委组织委员
296	刘国云	男	曲水镇党委书记
297	杨宁春	女	曲水镇党委副书记、镇长
298	曹玖武	男	曲水镇党委委员、人大主席（2010.06）
299	游念华	男	曲水镇党委委员、专职副书记
300	程传义	男	曲水镇党委委员、宣传统战委员
301	陶明铨	男	曲水镇党委委员、武装部长，副镇长
302	谭凤明	女	曲水镇党委委员、政法书记，副镇长
303	邓红丹	女	曲水镇党委委员、纪委书记
304	陈世斌	男	曲水镇党委委员、组织委员
305	罗小松	男	石安镇党委书记
306	罗世贵	男	石安镇党委副书记、镇长
307	邓兴德	男	石安镇党委委员、人大主席（2010.05）
308	郑延芳	女	石安镇党委委员、专职副书记
309	刘　江	男	石安镇党委委员、政法书记，副镇长
310	詹志明	男	石安镇党委委员、纪委书记
311	陆顺才	男	石安镇党委宣传统战委员
312	唐治权	男	石安镇党委委员、组织委员
313	姚平川	男	石安镇党委委员、武装部长，副镇长
314	邓　蒲	女	紫照乡党委书记
315	杨　军	男	紫照乡党委副书记、乡长
316	刘小波	男	紫照乡党委委员（保留副处级待遇）
317	肖江	男	紫照乡党委委员、专职副书记
318	陈吉祥	男	紫照乡党委委员、政法书记、副乡长
319	罗正平	男	紫照乡党委委员、武装部长、副乡长（2007.01）
320	刘　建	男	紫照乡党委委员、宣传统战委员
321	张　静	女	紫照乡党委组织委员
322	舒　锐	男	紫照乡党委委员、纪委书记
323	邓　卫	男	柏家镇党委委员、书记
324	邓传祥	男	柏家镇党委副书记，镇长
325	王　谦	女	柏家镇党委委员、人大主席
326	游祖华	男	柏家镇党委委员、专职副书记
327	蓝家仁	男	柏家镇党委委员，副镇长
328	黄麒麟	男	柏家镇党委委员、政法书记，副镇长

序号	姓名	性别	现任职务	序号	姓名	性别	现任职务
329	刘民兰	女	柏家镇党委委员，副镇长	337	陈 杉	男	大观镇党委委员、专职副书记
330	黎林松	男	柏家镇党委委员、纪委书记	338	邱 田	男	大观镇党委委员、纪委书记
331	秦家寿	男	柏家镇党委委员、武装部长，副镇长	339	黄 妮	女	大观镇党委委员、宣传统战委员
332	廖志群	女	柏家镇党委委员、组织委员				
333	付 星	男	柏家镇党委委员、宣传统战委员	340	李玉晓	男	大观镇党委委员、武装部长，副镇长
334	蒋方芬	女	大观镇党委书记	341	黎 夏	男	大观镇党委委员、组织委员
335	郇秀斌	男	大观镇党委副书记，镇长				
336	龙绍斌	男	大观镇党委委员、人大主席	342	熊孟贵	男	大观镇党委委员、政法书记，副镇长

梁平之歌

1=♭B 4/4
♩=72 优美、抒情地

周廷发、李光飞 词
王祖皆、王泽亮 曲

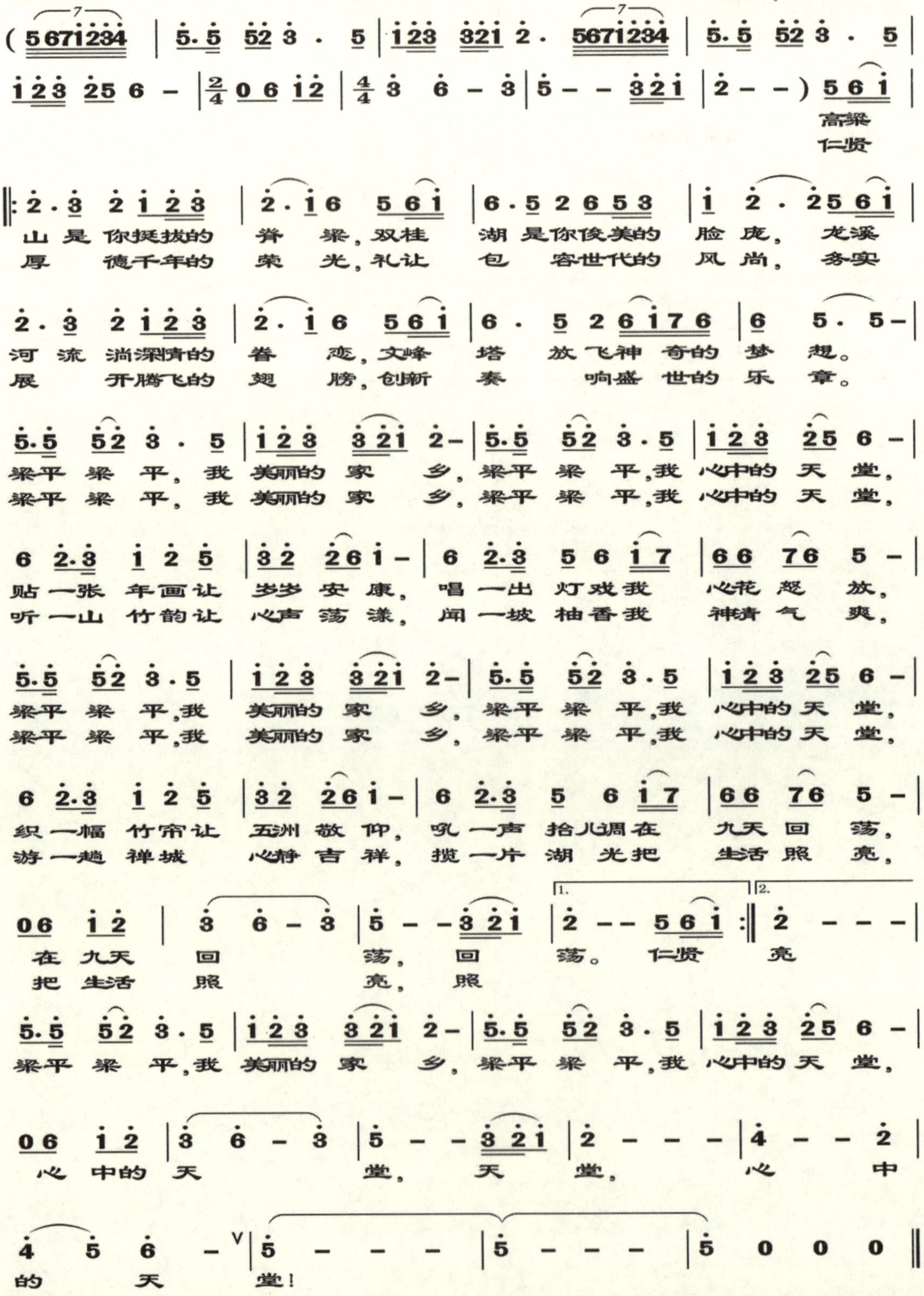